普通高等教育"十一五"国家级规划教材
高等院校木材科学与工程专业规划教材

木 材 学

（第 2 版）

刘一星　赵广杰　主编
李　坚　主审

中国林业出版社

图书在版编目（CIP）数据

木材学／刘一星，赵广杰主编．－2版．－北京：中国林业出版社，2012.12（2024.10重印）

普通高等教育"十一五"国家级规划教材．高等院校木材科学与工程专业规划教材

ISBN 978-7-5038-6829-0

Ⅰ．①木… Ⅱ．①刘… ②赵… Ⅲ．①木材学－高等学校－教材 Ⅳ．S781

中国版本图书馆CIP数据核字（2012）第268563号

国家林业局生态文明教材及林业高校教材建设项目

中国林业出版社·教育出版分社

策划、责任编辑：杜 娟

电话：（010）83143553　　　　　　传真：（010）83143516

出版发行	中国林业出版社(100009　北京市西城区德内大街刘海胡同7号) E-mail:jiaocaipublic@163.com　电话：(010)83143500 http://lycb.forestry.gov.cn
经　销	新华书店
印　刷	北京中科印刷有限公司
版　次	2004年8月第1版(第1版共印5次) 2012年12月第2版
印　次	2024年10月第9次印刷
开　本	850mm×1168mm　1/16
印　张	25.75
字　数	606千字
定　价	42.00元

未经许可，不得以任何方式复制或抄袭本书之部分或全部内容。

版权所有　侵权必究

第 2 版前言

《木质资源材料学》（第 1 版）作为全国高等林业院校"木材科学与工程"专业指导委员会确定的主干课程教材，出版于 2004 年 8 月。出版后被众多高校所选用，同时也被作为《木材学》国家级精品课程的教学用书，几年来的使用收到了较好的反馈。

经中国林业出版社推介和作者们集体的努力，《木质资源材料学》的修订版计划列为教育部"普通高等教育'十一五'国家级规划教材"，这是对此书编写工作的高度认可，也是对专业课程教材建设的有力推进。

关于本书的修订，中国林业出版社和本书的编辑委员会均高度重视，先后征集了全国多所高校执教本课程老师的意见，并召开了意见反馈会及修订方案审议会。来自全国 10 多所高校相关课程教学第一线的教师代表出席了会议，大家热烈讨论，并积极荐言修改建议，为本书的修订提供了宝贵的基础素材。

在全国同行的共同帮助下，我们认真采纳了各方面建议，在保留原书主体内容的基础上，对部分章节内容进行了一些修订。为保证书名的历史延续性，以及它与专业课程名称的对应性，经教育部批准将《木质资源材料学》更名为《木材学》。主要修订工作为：(1) 根据各校对本课程的学时安排，以及教师的讲课进度，本书的授课内容以第 1 篇（"木材学"部分）和第 2 篇（"竹材"部分）为主。(2) 第 1 章中，适当加入了一些树木学、树木分类学的知识。(3) 第 2 章中，对一些重要概念如边材、心材等更加细化，并尽量清楚准确；增加一些关于树皮形态结构的插图；2.2.3 节部分，对管孔的排列和分布的顺序进行了调换。(4) 第 4 章中，木射线的组成中，修改了"型"和"形"字的混淆；图 4-17 的标注进行了修订。(5) 第 6 章中，对木材中的水分重新明确和细化，加强对纤维饱和点、平衡含水率、吸湿滞后等知识点的介绍，并叙述它们与木材干燥的联系；改正了共振频率的求取公式。(6) 第 8 章中，对木材力学的部分内容进行了调整，并补充了相关指标调整到对应含水率为 12% 时的换算公式。

参加原书编写和本次修订工作人员的分工如下：

绪　　论　东北林业大学刘一星教授、于海鹏教授
第 1 篇第 1 章　东北林业大学郭明辉教授
第 1 篇第 2 章　北京林业大学罗文圣高级工程师、曹琳讲师
第 1 篇第 3 章　南京林业大学李大纲教授
第 1 篇第 4 章　南京林业大学徐永吉教授
第 1 篇第 5 章　东北林业大学方桂珍教授
第 1 篇第 6 章第 1~3 节　北京林业大学赵广杰教授、曹金珍教授
第 1 篇第 6 章第 4~6 节　东北林业大学刘一星教授、刘镇波副教授

第 1 篇第 7 章第 1~2、4~5 节　东北林业大学刘一星教授、刘迎涛副教授
第 1 篇第 7 章第 3 节　北京林业大学曹金珍教授
第 1 篇第 8 章　北京林业大学赵广杰教授、曹金珍教授；北华大学孙耀星教授
第 1 篇第 9 章第 1~2 节　北京林业大学罗文圣高级工程师、曹琳讲师
第 1 篇第 9 章第 3 节　东北林业大学刘一星教授
第 2 篇第 10~12 章　南京林业大学潘彪教授
第 3 篇第 13 章　东北林业大学刘一星教授；中南林业科技大学刘元教授
第 3 篇第 14 章　内蒙古农林大学王喜明教授、冯利群副教授
第 4 篇第 15~22 章　东北林业大学方桂珍教授
第 4 篇第 23 章　南京林业大学潘彪教授
附　录　东北林业大学王清文教授

全书修订工作由东北林业大学刘一星教授负责和汇总，由李坚院士主审。
诚挚地希望本书能够继续为"木材学"课程的教学起到积极作用，欢迎来自各方面的批评和指正。

编　者
2012 年 9 月

第1版前言

随着科技进步和学科（专业）内涵的拓宽，木材科学与工程所用资源材料的范围正在不断扩展。时至今日，作为资源和原料的木质材料仍在被广泛利用，并且已被重新定义，不再只是木材或来源于木材的物质，而是将一切能够提供木质部成分或植物纤维以供利用的天然物质都可统称为木质资源材料，如木材、竹材、藤材、灌木的根茎、各种作物秸秆（如稻草、麦秸、麻秆、棉秆、芦苇、玉米秸、甘蔗渣、高粱秸）等。木质资源材料的特点是广泛存在于自然界中、蓄积量大、可再生、可循环利用、对环境无污染、经济成本低、符合生态环境材料的要求，具有可持续发展的重要意义。

全书共分为4篇23章。第1篇：木材资源材料（第1~9章），第2篇：竹类资源材料（第10~12章），第3篇：藤类、灌木类资源材料（第13~14章），第4篇：作物秸秆类资源材料（第15~23章）。本书配有附录：中英文名词对照。在内容篇幅的比例分配上以第1篇木材资源材料为重点和主体；在内容详略安排上除对木材资源材料全面系统地加以详细介绍之外，对其他各种木质资源材料，主要从资源分布、生物结构和解剖构造、化学和物理性质几个方面加以介绍；在总体内容上主要介绍木质资源材料的解剖构造和各种基本性质，而将工艺学特性留给后续专业课课程介绍；在内容阐述上以为木材科学与工程以及相关专业学生的后续有关加工工艺、理论设计等课程的学习打下一个良好基础为目标，力求内容更新、简繁适当、不做泛论，而是尽量挑选对读者今后学习及应用最有帮助的基础性知识进行重点讲解，适当融入国内外新近研究成果的结论性观点和内容，不做过于具体、深入的学术探讨。为了便于教学，各章都附有重点内容提示和思考题。

本书可作为木材科学与工程专业的教材，还适用于林产化工、轻化工程（制浆造纸）、艺术设计（家具与室内设计）、工业设计、包装工程、环境工程等相关专业作为教材或参考书，亦可供有关工程技术人员和生产企业管理者学习参考。

本书由东北林业大学刘一星教授和北京林业大学赵广杰教授任主编，由东北林业大学刘一星教授汇总和修改，由东北林业大学李坚教授主审。南京林业大学尹思慈教授对本书提供了许多宝贵的建议。编写过程中还得到崔永志、于海鹏、刘镇波、赵新革、吴玉章、任世学、黄占华、张斌、谢满华等同志的大力帮助，在此谨向他们表示由衷的感谢！

由于是第一次把木材、竹材、藤材、灌木材、作物秸秆等各类木质资源材料的内容合编为一部教材，又限于水平和时间，故疏漏和不足之处在所难免。恳请读者指正。

编 者
2003年11月

木材科学及设计艺术学科教材
编写指导委员会

顾　　　问	江泽慧　张齐生　李　坚　胡景初
主　　　任	周定国
副 主 任	赵广杰　王逢瑚　吴智慧　向仕龙　杜官本　费本华

"木材科学与工程"学科组

组 长 委 员　周定国

副组长委员　赵广杰　刘一星　向仕龙　杜官本

委　　　员（以姓氏笔画为序）

于志明　马灵飞　王喜明　吕建雄　伊松林　刘志军
刘盛全　齐锦秋　孙正军　杜春贵　李凯夫　李建章
李　黎　吴义强　吴章康　时君友　邱增处　沈　隽
张士成　张　洋　罗建举　金春德　周捍东　周晓燕
夏玉芳　顾继友　徐有明　梅长彤　韩　健　谢拥群

秘　　　书　徐信武

《木质资源材料学》（第1版）编写分工

绪　论　刘一星（东北林业大学）
第1章　郭明辉（东北林业大学）
第2章　罗文圣（北京林业大学）
第3章　李大纲（南京林业大学）
第4章　徐永吉（南京林业大学）
第5章　方桂珍（东北林业大学）
第6章6.1~6.3节　赵广杰、曹金珍（北京林业大学）
第6章6.4~6.6节　刘一星（东北林业大学）
第7章7.1、7.2、7.4、7.5节　刘一星（东北林业大学）
第7章7.3节　曹金珍（北京林业大学）
第8章　赵广杰、曹金珍（北京林业大学），刘一星（东北林业大学）
第9章9.1、9.2节　罗文圣（北京林业大学）
第9章9.3节　刘一星（东北林业大学）
第10~12章　潘　彪（南京林业大学）
第13章　刘一星（东北林业大学），刘元（中南林学院）
第14章　王喜明（内蒙古农业大学）
第15~22章　方桂珍（东北林业大学）
第23章　潘　彪（南京林业大学）
附　录　王清文（东北林业大学）

目 录

第2版前言
第1版前言
绪 论 ··· (1)

第1篇 木材资源材料

第1章 树木的生长与木材的形成 ··· (16)
    1.1 中国特有树种和分布区概况 ··· (16)
    1.2 树木的生长与木材的形成 ·· (21)
    1.3 树干的构造 ·· (25)
    1.4 幼龄材 ·· (27)

第2章 木材的宏观构造 ·· (31)
    2.1 木材的三切面 ··· (31)
    2.2 木材的主要宏观特征 ·· (32)
    2.3 木材的次要宏观特征 ·· (44)
    2.4 树皮的宏观特征 ·· (49)
    2.5 木材宏观识别 ··· (52)

第3章 木材细胞 ··· (63)
    3.1 木材细胞的生成 ·· (63)
    3.2 木材细胞壁结构 ·· (64)
    3.3 细胞壁上的结构特征 ·· (68)

第4章 木材显微构造 ··· (75)
    4.1 针叶树材的显微构造 ·· (75)
    4.2 阔叶树材的显微构造 ·· (84)
    4.3 组织、构造的变异 ··· (97)

第5章 木材的化学性质 ··· (103)
    5.1 木材的化学组成 ·· (103)
    5.2 木质素 ·· (106)
    5.3 纤维素 ·· (116)

5.4 半纤维素 …………………………………………………………………… (124)
5.5 木材抽提物 …………………………………………………………………… (133)
5.6 木材的酸碱性质 ……………………………………………………………… (137)

第6章 木材的物理性质 …………………………………………………………… (143)
6.1 木材密度和比重 ……………………………………………………………… (143)
6.2 木材和水分 …………………………………………………………………… (148)
6.3 木材的电学性质 ……………………………………………………………… (161)
6.4 木材的热学性质 ……………………………………………………………… (169)
6.5 木材的声学性质 ……………………………………………………………… (176)
6.6 木材的光学性质 ……………………………………………………………… (183)

第7章 木材的环境学特性 ………………………………………………………… (189)
7.1 木材的视觉特性 ……………………………………………………………… (189)
7.2 木材的触觉特性 ……………………………………………………………… (194)
7.3 木材的室内环境湿度调节特性 ……………………………………………… (198)
7.4 木材空间声学性质 …………………………………………………………… (200)
7.5 木材的生物体调节特性 ……………………………………………………… (202)

第8章 木材的力学性质 …………………………………………………………… (205)
8.1 应力与应变 …………………………………………………………………… (205)
8.2 弹性与木材的正交异向弹性 ………………………………………………… (207)
8.3 木材的黏弹性 ………………………………………………………………… (209)
8.4 木材的强度、韧性与破坏 …………………………………………………… (214)
8.5 木材主要力学性能指标 ……………………………………………………… (218)
8.6 影响木材力学性质的主要因素 ……………………………………………… (226)
8.7 木材的容许应力 ……………………………………………………………… (230)

第9章 木材缺陷 …………………………………………………………………… (232)
9.1 木材缺陷概述 ………………………………………………………………… (232)
9.2 木材的主要缺陷 ……………………………………………………………… (233)
9.3 木材缺陷检测方法简介 ……………………………………………………… (245)

本篇参考文献 ………………………………………………………………………… (251)

第2篇 竹类资源材料

第10章 竹材资源分布 ……………………………………………………………… (254)
10.1 竹子的植物分类 …………………………………………………………… (254)
10.2 竹类植物的地理分布 ……………………………………………………… (254)

第 11 章 竹材的生物学特性与解剖构造 ……………………………………… (257)
    11.1 竹子的植物形态 …………………………………………………… (257)
    11.2 竹子的生长与繁育 ………………………………………………… (259)
    11.3 竹材解剖构造 ……………………………………………………… (261)

第 12 章 竹材的性质 …………………………………………………………… (268)
    12.1 竹材的化学性质 …………………………………………………… (268)
    12.2 竹材的物理性质 …………………………………………………… (271)
    12.3 竹材的力学性质 …………………………………………………… (273)

本篇参考文献 ……………………………………………………………………… (275)

第 3 篇 藤类、灌木类资源材料

第 13 章 藤类资源材料 ………………………………………………………… (278)
    13.1 资源分布概况 ……………………………………………………… (278)
    13.2 植物形态与细胞结构 ……………………………………………… (280)
    13.3 化学和物理性质 …………………………………………………… (284)
    13.4 几个重要的商品棕榈藤种 ………………………………………… (289)

第 14 章 灌木类资源材料 ……………………………………………………… (295)
    14.1 灌木类资源概述 …………………………………………………… (295)
    14.2 灌木材的构造和物理化学性能 …………………………………… (297)

本篇参考文献 ……………………………………………………………………… (328)

第 4 篇 作物秸秆类资源材料

第 15 章 禾本科植物茎秆概述 ………………………………………………… (330)
    15.1 禾本科植物茎秆的生物学构造与细胞形态 ……………………… (330)
    15.2 禾本科植物的细胞类型 …………………………………………… (331)
    15.3 禾本科草类纤维超微构造结构模型 ……………………………… (333)

第 16 章 稻 草 …………………………………………………………………… (335)
    16.1 稻草的资源分布 …………………………………………………… (335)
    16.2 稻草的生物学构造与细胞形态 …………………………………… (335)
    16.3 稻草的化学和物理性质 …………………………………………… (337)

第 17 章 麦 秸 …………………………………………………………………… (340)
    17.1 麦秸资源分布 ……………………………………………………… (340)
    17.2 麦秸的生物学构造与细胞形态 …………………………………… (340)

17.3　麦秸的化学性质和物理性质 …………………………………… (343)

第18章　麻　秆 ……………………………………………………… (347)
18.1　麻秆资源分布 ………………………………………………… (347)
18.2　麻秆的生物学构造与细胞形态 ……………………………… (348)
18.3　麻秆的化学和物理性质 ……………………………………… (355)

第19章　棉　秆 ……………………………………………………… (357)
19.1　棉秆资源分布 ………………………………………………… (357)
19.2　棉秆的生物学构造与细胞形态 ……………………………… (357)
19.3　棉秆的化学和物理性质 ……………………………………… (359)

第20章　芦　苇 ……………………………………………………… (362)
20.1　芦苇资源分布 ………………………………………………… (362)
20.2　芦苇的生物学构造与细胞形态 ……………………………… (362)
20.3　芦苇的化学和物理性质 ……………………………………… (365)

第21章　玉米秸 ……………………………………………………… (368)
21.1　玉米秸资源分布 ……………………………………………… (368)
21.2　玉米秸的生物学构造与细胞形态 …………………………… (368)
21.3　玉米秸的化学和物理性质 …………………………………… (370)

第22章　高粱秸 ……………………………………………………… (373)
22.1　高粱秸资源分布 ……………………………………………… (373)
22.2　高粱秸的生物学构造与细胞形态 …………………………… (373)
22.3　高粱秸的化学和物理性质 …………………………………… (375)

第23章　甘蔗渣 ……………………………………………………… (377)
23.1　甘蔗资源分布 ………………………………………………… (377)
23.2　甘蔗的生物学构造与蔗茎的解剖构造 ……………………… (378)
23.3　甘蔗渣的化学性质 …………………………………………… (384)

本篇参考文献 ………………………………………………………… (387)

附录　中英文名词对照 ……………………………………………… (388)

绪 论

材料是人类一切生产和生活水平提高的物质基础，是人类进步的里程碑，材料对于每一时代的国民经济建设也都有着举足轻重的作用。在漫长的人类历史上，人类对材料的获取经历了等待自然恩赐、适应自然、改造自然3个阶段。今天，人类已经进入了与自然协调发展的阶段，材料、环境和自然资源保护利用已成为国际社会最为关心和最迫切需要解决的问题。

我国将21世纪的材料学研究定位在信息材料、复合材料、新能源材料、智能材料、生态环境材料等方面优先发展。其中，生态环境材料是强调了材料的功能特性与生态环境的协调性、与人类可持续发展关系的一类重要材料。纵观人类发展的历史，与人类关系最密切、与环境发展最协调的材料无疑将是木质材料。几千年来，木质材料以其独特的材料性能以及优良的环境学特性深受人们喜爱，广泛被用于人类的生产生活环境当中，发挥着重要的作用。时至今日，作为资源和原料的木质材料仍在被广泛利用，并且已被重新定义，不再只是木材或来源于木材的物质，而是将一切能够提供木质部成分或植物纤维以供利用的天然物质都统称为木质资源材料，如木材、竹材、藤材、灌木的根茎，各种作物秸秆（如稻草、麦秸、麻秆、棉秆、芦苇、玉米秸、高粱秸、甘蔗渣）等。

为什么会有这样大的转变呢？笔者认为具有以下三方面的原因。第一，上述的这些材料都与人和环境有着协调统一的关系，深受生活在后工业化时代中人们的喜爱；第二，木质资源材料的特点是广泛存在于自然界中、蓄积量大、可再生、可循环利用、对环境无污染、经济成本低、符合生态环境材料的要求，具有可持续发展的重要意义；第三，随着当今科学技术的进步，人们对材料的认识从物理到化学再到生物学，对材料的研究从宏观到微观再到超微观分子水平，对材料的加工利用也从粗加工到精加工再到高附加值加工，使得人们利用消耗性的自然资源更具合理性，也使得人们利用作物秸秆等木质资源更具可行性。这些都为木质资源材料概念的形成和发展提供了基础。

0.1 概　况

0.1.1 我国木质资源概况

木材、竹材、藤本、灌木、作物秸秆类资源当中，无疑木材的重要性是第一位的。自古木材就是人类生存所依赖的主要原材料，迄今仍是世界公认的四大原材料（木材、钢铁、水泥、塑料）之一。与其他源于矿产、石油化工等资源的材料相比，木材是上述四大原材料中唯一可再生的生物物质材料，它不仅可以从天然森林中获得，而且可以从人工培育的森林中获得。第七次全国森林资源清查（2004~2008年）统计结果表明，我国森林面积为 1.95 亿 hm^2，森林覆盖率 20.36%，森林蓄积量 137.21 亿 m^3；人工林保存面积 0.62 亿 hm^2，蓄积量 19.61 亿 m^3，人工林面积继续保持世界首位。据联合国粮农组织汇编的《世界森林资源状况 1997》统计，我国森林面积居俄罗斯、巴西、加拿大、美国之后，列第 5 位；森林蓄积量居俄罗斯、巴西、加拿大、美国、扎伊尔、印度尼西亚之后，列第 7 位；人工林面积居世界第一。我国树种资源也十分丰富，约 8 000 种，其中可作木材使用者约 1 000 种，常见的乔木树种约有 300 种。林木从培育到成熟利用一般只需 10~50 年的时间，应用现代林业科学技术，科学经营，合理采伐，完全可以实现森林资源的持续发展和永续利用，成为取之不尽、用之不竭的资源材料，符合人类当今社会可持续发展的战略构想。而其他资源，如矿产资源，只会因人类的需求而越采越少。

我国竹类资源丰富，无论是竹子的种类、面积、蓄积量还是年采伐量均居世界之首。据统计，全国共有竹类植物 40 多属 500 余种，竹林面积 520 万 hm^2，主要分布在福建、江西、浙江、湖南、广东和四川 6 省。近年来由于天然林保护工程的实施，木材资源日趋紧缺；而竹类植物生长速度快、产量高、代木性好，竹类资源日益受到重视，人工竹林面积迅速扩大。我国对竹的科学研究、生产和开发利用也已具有国际领先水平，已研制出多种竹制产品，如竹制家具、竹人造板、竹地板、竹筷、竹席、竹牙签等，正在向以竹代木、以竹养木目标发展。中国竹产业的产值由 1981 年的 3.49 亿元人民币增长到 2000 年的 200 亿元人民币，2006 年达到 660 亿元人民币，2007 年竹产业产值达 800 亿元人民币。国际竹藤组织就将总部设在了中国，表明了中国竹藤科学研究与开发利用在世界上的地位，以及对中国竹藤事业发展的重视和关注。

藤类是世界植物资源和森林资源的重要组成部分，具有生产周期短、经济价值高、特殊观赏文化价值、易实现可持续经营等显著特点，已成为仅次于木材和竹材的重要非木材木质资源之一。估计全世界约有 7 亿人正在从事或涉及藤产品的生产和消费，其相关产业已形成数十亿美元的国际市场，吸纳 100 余万人就业，对地区经济和社会发展起到了重要推动作用。我国藤类资源天然分布有 3 属 40 种 21 变种，约占全世界总属数的 23.1%，已知种数的 6.7%。除了省藤属原始省藤亚属和钩叶藤属藤种外，其余都不同程度被利用。我国主要商品藤年产量为 4 000~6 000t，以海南岛和云南为主产区。目前，主要藤产品为家具等编织品，其他有手杖、登山杖、马球棒、棒球及曲棍球棒、伞柄等。另外，多种藤果和藤梢富含营养，为优质热带水果和森林蔬菜，还可萃取"麒麟血竭"作为药品等。

灌木类是无明显直立主干的木本植物。灌木的经济价值大体可分为薪炭用灌木、工艺灌木、观赏灌木、饲料灌木、香料灌木和药用灌木等。灌木薪炭林燃烧后产生大量的热能可用于取暖、做饭等，与煤和石油相比，可以做到永续利用。工艺灌木的枝条纤细，可用于编织工艺品，如柽柳、紫穗槐、胡枝子、柠条、沙柳、乌柳等都是编制筐篓、席和日用工艺品的必要原料。因此，灌木虽不提供粗壮的骨干供家具等利用，但其在日常生活中的利用仍是十分广泛的。

稻是禾本科植物，是世界重要的粮食作物。根据联合国粮食组织统计，世界每年产稻约7亿t；我国是世界稻米的最高产国，每年稻的产量占世界产稻量的1/3。稻的谷草比一般在1.0左右，照此计算，每年全世界将约7亿t的稻草作为副产品产生，是一笔十分巨大的资源。但目前对它的利用却不十分理想，除在部分地区有作造纸（制造包装纸、普通文化用纸、草纸板等）、种植食用菌等外，大部分作为废物直接燃烧，不但造成了资源的巨大浪费，还给环境带来了污染。目前，我国应用稻草制作人造板的研究开发工作已取得很重要的进展。

麦是1年生的禾本科植物，是世界重要粮食作物，也是我国北方的粮食主作物之一。我国麦秸资源年产量达1亿t以上，但大部分未得到合理利用，造成了资源的极大浪费。其实，小麦的茎秆（麦秸）可供编织与造纸，也是生产人造板的原料之一。

麻是禾本科1年生草本植物。我国为最早栽培麻的国家，蔡伦造纸所用的破布和渔网，其原料就主要是麻。其后日本、越南、朝鲜、印度和东南亚各国均从我国引种，后来渐渐传入欧美、非洲等地，但质量不佳。我国是世界上麻类资源最丰富的国家之一，至2007年底，麻类作物的种植总面积167万hm^2以上，收获面积约为64.7万hm^2，产量60.3万t，分别占全世界的32%和11.45%，工业产值近230亿元，产业工人近14万人，麻纺织品进出口贸易总额近13亿美元。其中苎麻收获面积（年收获3次，收获面积应为种植面积的3倍）39.6万hm^2，产量27.7万t，分别占世界面积和产量的97%和98%，位居世界第一；纤用亚麻面积超过16万hm^2，产量8万~10万t，种植面积和加工能力已位居世界第二；黄麻、红麻和大麻约为6.7万hm^2，产量15万t，分别占世界的21%和40%；剑麻1.8万hm^2，产量1.6万t，分别占世界的4.7%和5%；油用亚麻、野生罗布麻、野生大麻种植面积超过133万hm^2。麻1年可收割2~3次，是纺织的优良原料，麻纺布透气性、抗水性较好，柔韧、坚韧，可织造麻布、帆布、强韧绳索、降落伞等。麻秆是造纸的优良原料，钞票纸、证券纸、字典纸、卷烟纸等也常掺部分麻纤维。纺织工业中麻制品的下脚料和工业剩余物可以用作人造板的原料。

棉是禾本科双子叶草本植物，是半木质化原料。黄河流域、西北、华北、东北、华南为主要产棉区。棉的应用主要是作为纺织工业的原料，而它的副产物棉秆一般被燃烧或丢弃。2010年，全国棉花产量约600万t，棉秆年产量约2 500万t，大量的棉秆资源未被充分利用。其实，棉秆中纤维素含量高，其中以性能优良的α-纤维素为主，是棉短绒、木浆原料的重要补充；棉秆皮即棉花茎秆的韧皮用于制绳、织麻袋、造纸、造船填缝等；棉秆芯制成浆后可与长纤维浆料配合抄纸；全秆是很好的造纸和人造板的原料。各国都在研究棉秆制板技术，国内外也都建立了棉秆刨花板生产线。

芦苇是根茎型的禾本科高大草本植物，营养繁殖力强，具有较高的经济价值，可用于造纸、编织、药材等，营养生长期粗蛋白含量在禾本类植物中居于上等，是优良的饲草；叶、茎、花序、根亦可入药；与木材相仿，是优质的造纸原料，在我国造纸工业中居重要的地位；同时也可作为刨花板、纤维板的原料。我国每年大约生产芦苇200万t，约占世界总产量的6%，主要分布在湖南、湖北、江苏、河北、辽宁、黑龙江和新疆等地。

玉米是禾本科旱地栽培粮食作物，在世界粮食生产中的产量居第3位。玉米秸秆资源丰富,可作为酿酒、生产人造板和造纸的原料。全世界每年玉米秸的产量目前约为8.5亿t,其中我国约为1.7亿t,仅次于美国而位居世界第二。但目前玉米秸除了极少一部分被用作牛羊等畜类饲料外,绝大部分被废弃,并未得到合理应用。

甘蔗是制糖的主要原料,蔗糖占我国食糖总产量的80%左右。甘蔗在压榨制糖过程中,除获得主产品蔗糖外,还有蔗渣、废糖蜜、蔗泥三大副产品,以压榨1t甘蔗计,大约可获得蔗糖120kg、湿蔗渣270kg,蔗渣数量巨大。蔗渣是优良的非木材植物纤维原料,可直接用来作燃料,或作制浆造纸、纤维板和刨花板原料,还可用作饲料或培养食用菌,制取纤维素、糠醛、乙酰丙酸、木糖醇等化学产品。

高粱是禾本科旱地栽培作物,世界四大粮食作物之一。在世界的谷物粮食中,高粱排在小麦、稻谷、玉米和大麦之后,位居第五。近年来国外高粱发展较快,美国由于饲料用量的增加,高粱种植面积比原来扩大了近3倍,总产量提高近13倍;欧洲面积扩大1倍,总产量提高3倍。我国高粱的分布较广,种植面积较大的地区有辽宁、河北、山东等,其次是吉林、黑龙江、山西等省,高粱年产量在200万t左右,为世界第3位。高粱秸纤维的平均长度和直径之比与一般木材的相当,表皮坚硬且轻,容易得到笔直的秆茎。原料丰富,价格低廉,适宜重量轻强度大的板材;与木材人造板比较,具有绝热、保温、隔音、防水、轻便、坚固耐用等优点,应用领域广泛。高粱秸人造板另一重要特点是素板与贴面一次热压成型,省去贴面生产线的设备。

0.1.2 我国木质资源的特点及应用现状

0.1.2.1 在资源量上,木材资源匮乏,非木材资源巨大 在蓄积量和年供应量上,我国木质资源的特点是个体上表现为木材的资源量低、短期供应量小,一段时期内将出现供应严重紧缺的现象,一段时期后应可保持供需持平。总体上表现为非木材资源丰富、蓄积量大、年产量高,但还没有被很好地利用,尚未成为有效的代木资源。

我国是一个少林的国家,全国的森林覆盖率为20.36%,仅相当于世界森林覆盖率水平的67%;人均森林面积0.145hm^2,不足世界人均占有量的1/4;人均森林蓄积10.151m^3,只有世界人均占有量的1/7。此外,森林资源质量不高。乔木林每公顷蓄积量85.88m^3,只有世界平均水平的78%,平均胸径仅13.3cm,人工乔木林每公顷蓄积量仅49.01m^3,龄组结构不尽合理,中幼龄林比例依然较大。森林可采资源少,森林资源的增长不能满足经济社会发展对木材需求的增长。而当前我国面临着水土流失、土地沙化、水资源短缺、物种减少等生态环境问题,频繁的洪水、干旱和沙暴等气候灾害已唤醒了人们对生态环境重要性的认识,天然林的生态环境保护作用显得至关重要,国家已开始实施天然林保护工程,停止对天然林的采伐,因此木材供求矛盾将更加突出。这些使得我国的木材人均消耗量仅0.28m^3,只有现在世界人均木材消耗量的1/3。

我国经济发展已步入稳定和快速增长时期,目前国民生产总值保持平均8%~9%的增长率,国民经济的整体规模跃居世界第2位,而我国人口达到14亿。可以预计,随着人口增长,国家经济建设的发展及人民生活水平的提高,对木材的需求量必将与日俱增。现在我国木材缺口量已达1亿~1.5亿m^3之巨,占需求量40%的木材不能保障供应,严重影响了国家的经济建设。为填平这个缺口,国家每年要花几十至上百亿美元外汇从国外进口木材,来满足国民经济建设和人民生活的需要,成为世界第二大木材进口国。然而进口木材不但受制于我国外汇能力,而且受制于国际市场的可供能力,许多森林资源丰富的国家,为防止森林资源的进一步破坏,对木材出口采取严格的限制,甚至有些国家如印度尼西亚已完全禁止原木出口,因此近10年来世界木材市场上工业原木出口量一直徘徊在1亿~1.2亿 m^3,而价格却不断上扬。显然,像我们这样的木材消费大国,靠进口木材,决非长久之计。

20世纪60年代以来,我国已营造了大面积工业人工林。据全国森林资源清查结果,我国人工林面积居世界各国之首,同时国家现在十分重视人工林的种植和培育,假以时日必将可以大大缓解我国木材供求矛盾,向国家建设提供急需的木材。

同时,我们不应该将希望全部寄托于人工林的迅速成熟与利用上,还应该着眼于前面提到的潜力巨大的非木材资源。竹材、藤材、作物秸秆的年产量都十分巨大,如果将其转化为材料或材料来源使用,每年则可节约相当于2 000万~3 000万 m^3 的木材,占全国年木材采伐量的1/3~1/2,是一笔重要的资源,将有利于缓解木材供应紧张的现状。

0.1.2.2 在研究上,对木材、竹材开展的科学研究较多,其他较少 我国对木质资源材料的探索可以追溯到古代。但具有系统理论性的研究要从20世纪30年代算起,老一辈科学家如唐耀、梁希、朱惠芳、成俊卿、陈桂升、葛明裕、梁世镇、柯病凡、申宗圻、尹思慈等为中国木材科学的奠基和发展做出了突出贡献,使得发展至今的木材科学理论日趋成熟完善,有关"木材学"的专著和教材出版多部,部分理论成果已接近或领先于国际水平。对于竹材的研究,也是起始于20世纪30年代,温太辉、李正理、朱惠芳、江心、方伟、乔士义对竹的科学研究做出了突出贡献,使竹也逐步形成了一套自己的科学理论,其中《世界竹藤》一书较系统地阐述了有关研究。关于灌木、作物秸秆的研究较少,尚未形成体系,只能见著一些论文发表。

0.1.2.3 在利用上,非木材资源远未充分开发 在利用上,我国木质资源的特点表现为木材的使用比例非常高、利用的场合多和方式比较多样;近年来,竹材、藤材的利用呈上升趋势,产品也逐渐多样化,已逐渐进入人们的生活中;而资源量丰富的作物秸秆的利用现在已引起广泛关注。

目前,木材的使用占到了木质资源材料总使用的60%以上,使用在人们日常生活的各个场合;竹材的利用主要表现为竹家具、竹编织物、竹地板、竹胶合板、竹材层积板、竹材碎料板、竹复合板材等,竹材的利用可以从近年来日益增多的竹筷、竹地板乃至竹制的菜板窥豹一斑;藤材的利用基本上还是以传统的藤皮、藤笪、藤席、藤家具及藤织件为主,利用的方式和场合还有待于扩展;作物秸秆的利用还比较差,因为形态以及对材性了解不充分的原因,对它们利用的知识很少,利用的方式更少,资源的浪费令人十分可惜。但近年来,已有对其材性的研究,并已开展一些人造板的研究,如麦秸人造板、稻草人造板、麻屑人造板、芦苇人造板等,已有一些喜人的进展。但这方面的理论研究还很不够,导致一些重要工艺环节的问题尚未很好地解决,从而也制约了其产品的进一步发展。

0.1.2.4 在加工手段上,整体水平有待提高 我国的工业化的步伐在20世纪90

年代后才逐步加快，但目前只有大中城市才有一些大型木制品加工厂，而这些大厂也多数未经过优化整合，加工能力和效率都不很高；小地方基本仍停留在手工业的地步，谈不上高级加工。在自动化程度上，即使一些大厂，也只有一些半自动化机械，基本上都需员工操控，而自动化程度略高一些的数控机床就遇到技术障碍，使设备无法发挥正常功效。这与发达国家的流水线设计、计算机操控、CAD/CAM 制造的现状差距较大。在加工方式上，基本为原材料的形体加工、组合加工、简单复合加工等，大量先进的材料加工方式还未很好地运用到木质资源材料的加工上。

0.1.3 发达国家在木质资源利用上的一些做法

世界各国都为保护、合理利用自然资源制订了一些措施。发达国家的木材综合利用率和加工剩余物的工业利用率很高，他们在从开源和节流两方面来满足对木材需求的不断增长上有很多可借鉴的做法。

0.1.3.1 以木材科学研究为基础，实现林木的集约栽培和定向培育 国外利用木材可再生的特点，大力培育工业人工林，增加森林资源。木材科学是营林培育科学技术发展的基础，是木材加工利用技术提高的前提。木材性质与树木的遗传结构、立地条件和栽培措施有密切的关系。不同树种间，同一树种不同地理种源、不同家系和无性系间，相同的种源、家系、无性系的不同树株间，木材性质均有差异，此种差异还受不同立地条件和栽培措施的影响，差异和影响的规律和原理极为复杂。而树木的良种选育、立地条件的选择和栽培措施的优化，均有赖于对此种规律和原理的认识。通过木材性质与营林培育关系的研究，可以探明这种规律和原理，可以揭示不同的良种在不同的立地条件下，采用不同的栽培措施培育出来的木材的解剖学特性、化学特性、物理学特性、力学特性和生物学特性的变异规律；可以探寻什么样的良种在什么样的立地条件下，采取什么样的栽培措施使培育出来的木材不但生长快、干形好、抗性强，而且木材性质好，甚至具有用材部门所需要的某些特定性质指标，从而为实现林木定向培育研究良种选育新技术和集约栽培新技术提供科学依据。因此，加强木材科学的基础研究，是实现林木定向培育和木材资源高效利用的先导，是缓解木材供求矛盾和保障木材供给的源泉。

0.1.3.2 以木材科学研究为基础，实现对木材资源的科学加工和高效利用 实现木材资源高效利用的主要途径是适材适用、因材使用、材尽其用、小材大用、劣材优用，提高木材利用率，达到高效利用，使木材资源发挥最大的效益。木材性质决定木材用途和加工工艺，对木材加工利用有着直接的影响，这种影响的原理和规律是实现木材科学加工、高效利用的理论依据。通过木材性质与加工利用关系的研究，可以探明木材性质对木材加工利用影响的规律，揭示木材性质与木材加工利用关系的原理，获知什么样的木材根据其性质适合于什么样的加工和做什么样的用途，以及什么样的加工或什么样的用途要求木材应具有什么样的性质，从而为研究木材最佳利用途径、最优加工工艺、提高加工生产效率、改进产品质量、增加产品附加值、延长产品使用寿命提供理论依据和技术基础。在稳定或少量增加木材采伐量的前提下，通过优先发展精加工产品（包括人造板、纸浆和家具等）和扩大加工层次（如装饰材料、工艺制品、功能制品等）有助于提高单位木质资源原材料的产值。

0.1.3.3 拓展非木材资源的产品开发 加速非木材资源产品补充木材产品的供应，并为农作物资源的长期利用做准备。

0.1.3.4 以工养林，林工结合发展 林产工业整体化将是各国的共同发展趋势，随之林产工业的技术也要发生变化。现在，世界发达国家制材科学技术的主攻方向是提高出材率和成材价值；人造板工业研究的主攻方向是提高原料的利用率，开发新原料品种和扩大木基复合材料的应用范围；人造板生产工艺将继续向自动化、连续化、高效节能方向发展，并将普遍采用计算机、过程逻辑控制和产品质量控制技术。

以上措施的实质是用剩余物扩大资源，用加工深度增加产值，以林产工业支持发展林业，这些都是可以借鉴的途径。

0.2 木质资源材料的一些优缺点

随着科学技术和材料加工工业的发展，木质资源作为原材料，其应用范围日益广泛，这是由木质资源的自身结构和化学组成构筑的材料特性所决定的。木质资源材料在性质上集中了许多其他材料不能相比的优点。

木质资源材料的主要优缺点包括：

0.2.1 易于加工

用简单的工具就可以加工，经过锯、铣、刨、钻等工序就可以做成各式各样轮廓的零部件，还可使用各种金属连接件以及胶黏剂进行结合装配。如果加以蒸煮还可以弯曲、压缩成曲形部件；至于小材大用、劣材优用，则可以采用胶拼、层积、指接、复合等工艺。木质资源材料的加工能耗少、环境污染小、可自然降解和回收利用等鲜明的环境特性，符合21世纪人类社会对材料的环境协调性要求。

0.2.2 强重比高

强重比是每单位质量下强度的值，计算时以强度与密度的比值表示。某种材料的强重比高时表示该种材料的质轻却强度高，是材料学和工程力学比较注重的指标。木质资源材料的强重比较其他材料高，以鱼鳞云杉木材为例，它的顺纹抗拉强度为133MPa，其基本密度为 $0.378g/cm^3$，因此它的强度与密度的比值约为351.8；同密度竹材的强重比值可达520，藤材可达570以上；而钢材的抗拉强度为1 960MPa，钢材的密度为 $7.8g/cm^3$，强重比值约为251.3，与木质资源材料的差距很明显。

0.2.3 热绝缘与电绝缘特性

木质资源材料中均很少含有能自由移动的电子，从而不像金属那样具有良好的导热性与导电性；而且木质资源材料多数为具有很多空气孔隙的多孔性材料，因此导热和导电能力极差。但它们还是具有极微弱的导热、导电能力的，这主要是由于离子的移动所产生的。日常生活中木材常在建筑中用作保温、隔热材料，以及在民用品中用于炊具把柄材都是基于木材的热绝缘特性；对胶层选择性加热的木材高频胶合工艺技术也是基于木材具有的较低交流电导率特性设计的。

0.2.4 能引起亲近感的颜色、花纹和光泽

木材、竹材、藤材的不同切面均能呈现不同的颜色、花纹和光泽。木材的环境学特性研究表明，木材的颜色近于橙黄色系，能引起人的温暖感和舒适感；木材纹理自然多变，并符合人的生理变化节律，常能带给人自然喜爱的感觉；木材的光泽不如金属和玻璃制品那么强，呈漫反射和吸收反射，因而能产生丝绢般的柔和光泽，具有非常好的装饰效果；竹材、藤材特殊的外观形态及其颜色、光泽本身就具有很美丽的视觉特征，常被用于园艺以及装饰。

0.2.5 对紫外线的吸收和对红外线的反射作用

虽然紫外线（波长330nm以下）和红外线（波长780nm以上）是肉眼看不见的，但对人体的影响是不能忽视的。强紫外线刺激人眼会产生雪盲病；人体皮肤对紫外线的敏感程度高于眼睛。木材的木质素可以吸收阳光中的紫外线，减轻紫外线对人体的危害，同时木材又能反射红外线，这一点与人对木材有温暖感有直接联系；此外，木质资源材料还具有一定的固碳作用，且不会产生石材建筑那样对人体的射线侵害。

0.2.6 良好的声学性质

木材、竹材的声振动特性均十分优良，因而常被做成乐器的共鸣板、直接制成乐器或在声学建筑环境中使用，这些都与它们特有的构造形式及弹性体性质有关。

0.2.7 是纤维素的主要来源之一

木材中纤维素的含量占到42%~45%；竹材的纤维素含量为45%~52%；藤材的综纤维素一般为60%~75%；大部分农作物秸秆的纤维素含量也可达到40%~60%。纤维素是许多工业的基础，因而为木质资源材料在工业中的广泛应用奠定了基础。

0.2.8 可提供一些保健药品成分

木材中含有的木糖醇、紫杉醇、阿拉伯半乳聚糖、精油等，竹材中含有的黄酮、活性多糖、特种氨基酸，藤材中含有的麒麟血竭的药用成分，具有防衰老、活血、养颜、抗癌、治疗甲亢、清除活性氧自由基等功效。但这些成分在木质资源材料中的比例一般很低，提取也较困难，但售价特别贵，有的价值远超过黄金，所以可以当作一种特别产业开展。

0.2.9 具有吸收能量和破坏先兆预警功能

木质资源材料使用于铁道的路枕时可以缓冲颠簸，使乘客感到比较舒适；在损坏时还往往会有一个延迟期，如矿柱损坏时除了不时地会发出咔嚓的声音外，外形也有裂纹等迹象，能给人以破坏先兆预警，从而具有一定的安全感。

0.2.10 具有湿胀干缩性

木质资源材料含有吸水的极性羟基基团,在水分进入或析出时会出现体积尺寸的湿胀和干缩。这种胀缩是各向异性的,变化率一般随纹理方向而不同,从而会造成木质资源材料几何形体的不稳定性;有时因胀缩的各向不均匀性,还会导致木质资源材料发生开裂、翘曲等弊病。为了克服湿胀、干缩给木质资源材料使用带来的障碍,通过各种物理、化学或物理-化学手段进行处理,以提高它们的尺寸稳定性。但有时人们也会巧妙利用木质资源材料的这种湿胀、干缩性质的吸、放湿性能来达到某种目的,如用它们进行自动的吸湿、放湿,达到调节居室温湿环境的作用,所以木造居室的温湿环境条件优于混凝土造居室。

0.2.11 可燃烧性

木质资源材料多为碳素材料,受热至一定温度时还可以散发出一些可燃性的气体和焦油,因此具有一定的可燃性。但研究发现,尺寸较大的木材比较难以燃烧,尺寸越大,越不易燃烧。一根外表未经防护的钢梁,长度为1.8m,在火灾中热到593℃便会膨胀12.7cm,即使长度的改变不使墙坍塌,也会由于钢梁变软不能支持自重而坍塌。相反,大尺寸的木梁只是外层处于燃烧状态下,由于导热系数小,内部并无多大变化,仍保持一定的强度,可以赢得时间救火扑灭,反较钢梁安全。

0.2.12 易病性

木质资源材料的有机成分和少量矿物质常被一些菌虫当作食物加以侵害,侵害的结果是使木材出现腐朽特征或虫蛀孔洞。腐朽或孔洞会极大地降低木材的使用价值和强度,木材易于发霉、变色,也影响加工与利用。针对防腐和防虫蛀也开展了一些研究,主要是控制木质资源材料使用环境的温湿度,使其不利于菌虫的生长,如干燥处理就是一种很有效的防腐防虫办法。有时对于室外使用的木质资源材料,需通过特殊的防腐防虫处理。

0.2.13 具天然缺陷

自然生长的木质资源材料常会产生如节疤、斜纹、油眼、内应力等天然缺陷,降低了材料的使用性。中国人不喜欢这种缺陷,常常想尽一切办法加以剔除,如裁切、分级等;而西方人则认为这是自然美感的体现,对它加以搭配组合以达到装饰的目的,达到了反劣为优的效果。

总之,木质资源材料作为一种天然高分子复合物所独有的一些性质,使它有区别于其他如钢材、水泥、塑料等材料,它既有许多优点,也带有不少缺点,因此需要通过其材料学的系统学习,了解它的优缺点及产生的原因,以提高其功能和价值为目的,辩证地认识它,充分发挥其优点,减少或改变其缺点,使木质资源材料更好地应用到各个领域。

0.3 木质资源材料学产生的背景及客观基础

任何一种材料要做到合理加工和利用都必须全面了解它的性质与特征,例如木材。材料科学家一般把木材看作是"低密度、细胞结构的、聚合的复合材料,它变异性既大又不均匀,不能归属于哪一类材料,因为它跨几种材料的性质,所以对它的研究需要一门专门的科学——木材科学"。如同木材一样,木质资源材料也需要有自己的一套理论方法。竹材、藤材和农作物秸秆的性质、加工利用方式不能完全等同于木材,木材科学的知识在这里也不能完全适用。但在材料学的范畴里,它们之间存在共性,比如它们的组成成分、构成方式都相似,区别只是在含量的不同以及宏观表现出来的形态和加工利用性质的区别而已。因此,它们可以归并到一类学科中加以研究,这就是木质资源材料学。木材资源材料学是以认识木质资源材料自然本质、探索其自然规律为内容的一门基础科学。木材资源材料学将应用现代生物学、物理学、化学和力学的原理来研究木质资源材料的解剖学特性、物理特性、化学特性和力学特性,并探究这些特性与林木良种选育、生长环境、营造培育之间,与加工、利用之间的关系。

木质资源材料学是在木材科学、竹材科学、藤材科学、农作物秸秆科学等学科之上发展产生的,它的产生标志着人们对木质资源利用的广度和深度上又迈上了一个新的台阶。

国际木材科学学会(The International Academy of Wood Science,IAWS)曾对"木材科学"做了一个广义的定义,它规范"木材科学"是指木质化天然材料及其制品的生物学、化学和物理性质,以及生产、加工工艺的科学依据。现在看来,这个定义并没有明确指"木材科学"就是单纯以木材为对象的材料科学,而是引申为以木材为典型代表的木质化天然材料的科学。换言之,伴随着木质资源利用范围的扩大,它更适合于作为以木材为主体,以竹材、藤材以及多种农作物秸秆为重要补充的木质资源材料科学的定义。

从学科性质上说,木质资源材料学的性质应属于专业基础学科,它探讨的应是材料本质的问题,扩大对材料的理性认识,以作为新技术、新发现的先导和源泉,为木质资源材料的科学应用提供理论依据,以推动科技与经济的发展。

0.4 木质资源材料学的指导思想

木材受各种因素变异影响较大,如生长条件、气候、水分、材种、密度、成材含水率等都是成材的重要因素,都会对成材的性质以及加工利用产生影响。其中,木质资源材料的重要特点包括:①各项物理力学性质参数都会因含水率而产生很大程度的变化;②物理力学性质具有明显的各向异性;③具有良好的环境学特性;以及探究①~③这些作为生物资源材料的明显不同于金属、塑料等人工材料的宏观表现与其本身宏观、微观、超微观构造直至化学分子结构之间具有的内在联系,是我们深刻认识、学习木质资源材料学的重要思路之一。

要科学地使用木材，就必须先了解木材，中国人常说"知其然，知其所以然"，这说明一个问题，对木质资源的开发不能离开对其品性的研究，对木质资源材料的利用也离不开对其材料性质、加工条件的研究。

因此，木质资源材料学的指导思想也就是：以生物质材料的观点和角度，探索、解析木质资源形成的内在奥秘，研究、认识其材料学性质的内涵，解释其材料学性质受环境、加工因素影响的规律及原因，为正确评价木质资源材料、对它合理开发利用提供理论基础和专业指导。

0.5 木质资源材料学的研究范畴

木质资源材料学的研究范围包括木质资源材料的生长与成材、宏观、微观结构、化学性质、物理性质、环境学性质、力学性质、缺陷、加工基础和性能改良理论等，这种内容安排相当于我国高等林业院校现行的木材学课程的内容安排，这样有利于知识的延续性。同时，与20世纪90年代的《木材学》教材相比，在保证木材资源材料（第1篇）为重点的前提下，将竹材单列为第2篇，并增加了第3篇——藤类、灌木类资源材料，第4篇——作物秸秆类资源材料（包括稻草、麦秸、麻秆、棉秆、芦苇、玉米秸、高粱秸、甘蔗渣8个章节），涵盖了当今木质资源材料学的全部内容，能够适应当前木材科学与技术学科的加工利用资源材料（原料）正在逐步拓展的要求；也适应根据我国国情，大力发展各种天然生物质资源的有效利用，保障天然林保护工程的实施，促进生态环境和经济建设可持续发展的需要。

深入研究木质资源材料的构造（尤其是微观构造和超微观构造）以及它们的化学、物理、力学性质，能更好地发挥木质资源材料潜在的利用价值，并对它们进行充分合理的利用。电子显微镜（透射电子显微镜、扫描电子显微镜、环境扫描电子显微镜、原子力探针显微镜、激光共聚焦显微镜等）的广泛应用，使木质资源材料的有些微观结构已能揭露得很清楚，例如放大16 000倍就可以清楚地看到具缘纹孔的纹孔膜和纹孔塞结构，从而可以进一步研究纹孔闭塞或张开的机理与木材的渗透性。另外，许多人研究细胞壁层次结构的结果，认为木质素—碳水化合物的比例变化和微纤丝排列方向的变化，从胞间层到胞腔可以分为初生壁和次生壁，而次生壁又可分为外、中、内三层，且各层木质素—碳水化合物的比例不同、微纤丝排列方向也不同。随着设备仪器和技术的发展，在这方面又进行了精心研究，发现关于木质素的分布情况，虽然在胞间层和初生壁中的相对含量较多，但最大的含量是在次生壁中，如云杉在次生壁中的木质素含量就达70%。至于微纤丝的排列方向，原被认为是4个层次的概念（初生壁和次生壁S_1、S_2、S_3层）现已扩大到一个新的概念，单S_3层就认为有12个层次。机械制浆可以使纤维的胞壁完全分层，每个微纤丝层约为5nm厚，在2μm厚的胞壁中就可能有400层。

木质资源材料多为各向异性、多孔性的毛细管胶体，它们的物理力学性质不同于一般均质的、各向同性材料。因此，木质资源材料的物理力学性质是材料学中一个单独的分科，它关系到木质资源材料机械和化学加工工艺的确定。例如，现代机械加工技术最重要的问题之一就是成材窑干的强化问题。要解决这个问题必须寻找合理的干燥基准，在确保干燥质量的前提下最大限度地强化干燥过程。这样就首先要解决两个主要的基础课题，即干燥运动学和干燥动力学，而这些都需要有关木材物理力学性质的基础理论知识。

在木材综合利用的发展中，纤维板和刨花板的生产是利用采伐剩余物和加工剩余物的最有效办法，也是解决木材供应不足的重要措施。这两种木质产品的制造工艺主要是木材原材料的重新组合过程。纤维板有纤维分离和纤维自身相互再粘合的过程，也有和刨花板一样的胶合过程，这些工艺过程都关系到木材的构造和材性问题；至于纤维板和刨花板的物理力学性质也有它们本身的特点，需要结合木材学的知识进行研究。

在木质材料的环境学特性的研究中，涉及实验心理学和人体生理学的知识的研究方法，用于反映木质材料、木质环境对人体心理和生理的影响作用。

总之，木质资源材料是天然高分子复合体的生物材料，与它交叉的学科甚多，因此要求基础知识也比较多。近年来，随着相关学科的迅速发展，它们和木质资源材料科学之间形成新交叉，新的测试手段不断使木质资源材料学的研究加以深化，给木质资源材料学的范畴增添了新的内容。

0.6 本书的内容安排及学习方法

本书的主要内容是木质资源的材料学内涵以及材料学性质，全书共分为4篇22章。分篇是根据材料类别和形态的不同进行的，依次为木材资源材料篇，竹类资源材料篇，藤类、灌木类资源材料篇以及禾草类资源材料篇。其中，"木材资源材料"是重点的一篇，占篇幅也最大，对木材的生长、宏微观构造、化学性质、物理性质、力学性质等一一做出系统的阐述；而其他3篇则根据这些资源材料加工工艺学的需求，应用目前国内外现有的资料和数据，着重阐述了它们的资源分布、生物结构与细胞形态、化学性质和物理性质。

本书是教科书，也是一本木质资源材料研究的入门书，因此比较注重对基础内容的安排，希望为木材科学与工程、林产化学加工工程以及材料科学与工程相关专业的学生的后续有关加工工艺、理论设计等课程的学习打下一个良好的基础。内容尽量压缩，不做泛论，而是尽量挑选对读者今后学习及应用最有帮助的基础性知识进行重点讲解，适当融入国内外较新研究成果的结论性观点和内容，不做过于具体、深入的学术探讨。同时，本书对一些具有未来意义和学术价值的内容虽未详细展开，但还是预留了一定的伏笔，对其重要的基础知识和影响变化规律做出了归纳和预示，以利于读者自行开展实验研究。

为配合读者的学习需要，本书各章均配有重点内容提示，同时章节末配有若干习题，均为现时国内正规本科院校日常授课的长期积累所得，每篇末录有对该篇内容最重要参考价值的著作或论文，供读者参考。

对于本书的学习，著者既希望读者（特别是学习这门课程的本科大学生）能够通过学习，扎实地掌握木质资源材料的基础知识，牢固掌握一些已被长期科学研究所揭示、所证明的基本概念、基本原理和基本方法，这对于后续专业课程的学习乃至今后的工作会大有益处。同时也并不希望读者单纯地生搬硬套,而是希望采用灵活的学习方法、发散性的思维和知识迁移的能力,希望书内的知识能被读者掌握,成为发现问题、思考问题和解决问题的工具。鼓励在学习时不受著者思维框架的限制,可以尝试与多学科的知识交叉融合以寻求解决问题的新途径,但应注意这种灵学活用的客观基础和可行性。

科学是以探寻未知为目的,诚挚希望本书能成为读者了解木质资源材料,进而作为开展科学、高效利用木质资源材料的铺路石和有力助手。

第1篇

木材资源材料

第1章　树木的生长与木材的形成　*16*
第2章　木材的宏观构造　*31*
第3章　木材细胞　*63*
第4章　木材显微构造　*75*
第5章　木材的化学性质　*103*
第6章　木材的物理性质　*143*
第7章　木材的环境学特性　*189*
第8章　木材的力学性质　*205*
第9章　木材缺陷　*232*

第 1 章

树木的生长与木材的形成

本章简要介绍了中国特有树种和分布区概况以及木材的命名，着重介绍了树木的生长、木材的形成及树干的构造，并对幼龄材的形成机理、幼龄材的性质与识别进行了论述。

树木是组成森林的主要部分，而森林不仅具有重大的经济效益，而且是陆地生态系统的主体，具有重大的生态效益和社会效益，与人类生活、生产有着十分密切的关系。树木也是乔木、灌木和木质藤本的总称。供人类使用的木材主要来源于乔木，我国地域辽阔，跨寒温带、温带、亚热带，地形复杂，环境差异很大，树种资源十分丰富，有8 000余种。其中，可作木材使用者约1 000 种，但常见的乔木树种仅约有300 种。这些木材，在木材加工和商品流通中必然要涉及它们的名称。由于不同种的木材构造有差异，用途也不尽相同，这就要求对木材有一个科学的分类，每一种木材也必须有一个科学的名称。

1.1 中国特有树种和分布区概况

中国树木种类繁多，区系成分复杂，参照吴征镒《中国种子植物属的分布区类型》（1991），将中国木本植物属的区系成分进行了统计。根据恩格勒系统统计，中国木本植物包括引栽种共计207 科，木本蕨1 科2 属，裸子植物11 科41 属，被子木本植物195 科1 221 属，属的区系成分以热带亚洲成分所占比例最大，为26.54%。

1.1.1 中国特有树种

中国特有树种主要是指仅在我国境内分布的树种，但也包括少数以我国境内分布为主少量分布到国外邻近地区的树种。据统计，中国特有树种的科有5 科86 属（种很多未作详细统计）。其中裸子植物特有科为银杏科，含1 属1 种。松科的特有属为金钱松属（*Pseudolarix*）和银杉属（*Cathaya*）各只有1 种。杉科有水杉属（*Metasequoia*）、水松属（*Glyptostrobus*）、台湾杉属（*Taiwania*），各属只有1 种。杉木属有3 种，其中除杉木（*Cunninghamia lanceolata*）少量分布到越南北部外其余均产我国。紫杉科白豆杉属只1 种白豆杉（*Pseudotaxus chienii*），为我国珍稀特有树种。裸子植物中中国特有种在有些属中所占比例很大，如冷杉属（*Abies*）全世界有50 种，中国特有种占15 种，油杉属（*Keteleeria*）全世界有11 种，中国特有种占9 种。被子植物中国树种特有科有4 科，即杜仲科（Eucommiaceae）、珙桐科（Davidiaceae）、伯乐树科（Bretschneideracea）、大血藤科（Sargentodoxaceae）；大血藤科有2种，一种为三出复叶，另一种为单叶，均可分布到秦岭以南。被子植物中树种特有属有78属，包含在37科中。木兰科有华盖木属（*Manglietiastrum*）等3属，金缕梅科有牛鼻栓属（*Fortunearia*）等5属，山茶科有圆籽荷属（*Apterosperma*）等5属，无患子科有茶条木属（*Delavaya*）等4属，竹亚科有筇竹属（*Qiongzhuea*）等16属。被子植物中具有重要经济价值和观赏价值的特有树种有杜仲（*Eucommia ulmoides*）、青檀（*Pteroceltis tatarinowii*）、蚬木（*Excentrodendron hsienmu*）、珙桐（*Davidia involucrata*）、金花茶（*Camellia chrysantha*）、猬实（*Kolkwitziz zmabili*）等等。分布到北方的特有树种还有蜡梅属（*Chimonanthus*）、虎榛属（*Ostriopsis*）、文冠果（*Xanthoceras sorbifolia*）、金钱槭（*Dipteronia sinensis*）、蚂蚱腿子（*Myripnoica dioica*）等。被子植物中国特有种在各个较大的科、属中均占有很大数量，最突出的如樟科，中国有420多种，其中特有种就有192种。

1.1.2　中国树种分布区概况

中国树种分布区主要受水、热条件限制；反过来说，中国树种的分布区可以反映各区的水、热等自然环境。参照吴征镒主编的《中国植被》（1980）分区，将中国树种分布区区分为7个区。树种分布区与行政区不一致。

1.1.2.1　东北区　范围北自黑龙江漠河，南至辽宁沈阳至丹东一线，西至东北平原，东至国境线，由北纬40.30°~53.30°，分为4个小区。

1.1.2.2　华北区　范围北自沈阳丹东一线，南至甘肃天水、武都，沿秦岭山分水岭，伏牛山，淮河主流，安徽凤台、蚌埠，江苏江坝、盐城至海滨，西界由辽宁彰武，阜新，河北围场，沿坝上南缘，山西恒山北坡，兴县，过黄河进入陕西志丹，吴堡，安塞，沿子午岭至天水，北纬32.30°~42.30°，东经103.5°~124.5°。华北区从地形上明显分为丘陵、平原和山地3个部分。树木种类丰富，据《华北树木志》记载，有89科245属799种。如果加上陕西、甘肃的树种，估计在1 000种以上。本区以松属和栎属的树种为代表树种。

1.1.2.3　蒙宁区　范围包括东北平原以西，大兴安岭南段，华北区以北，西界大致从内蒙古的阴山，贺兰山至青海湖东缘。另外还包括新疆北部天山地区。地势较高，辽阔坦荡。区内有大兴安岭、阴山山脉、贺兰山、六盘山。气候寒冷干燥，为温带草原区。

1.1.2.4　新、青、甘区　范围包括甘肃，青海北部，新疆大部，由准噶尔盆地、塔里木盆地、柴达木盆地、阿拉善高平原、诺敏戈壁、哈顺戈壁6块盆地或台原与大体上东西走向的阿尔泰山、天山、昆仑山、阿尔金山和祁连山组成。四周高山环绕，地形闭塞。气候特点是冷热变化剧烈，降水很少，属温带荒漠地区。

1.1.2.5　华中、华东、西南区　北界以秦岭、淮河主流一线为界，南界大致在北回归线附近，东至台湾阿里山一线以北，西至青藏高原东坡，大约在四川的松潘、天全、木里一线，属于亚热带地区。从地理上分为华东、华中、西南3个小区，从气候和植被上分为北亚热带、中亚热带和南亚热带。

本区树木种类繁多，资源丰富，针叶树以杉木、马尾松为主。阔叶树以木兰科、樟科、壳斗科、山茶科的种类为主。据位于北亚热带的鸡公山资料统计，有树种71科181属543种。据位于中亚热带的湖南省资料统计有木本植物114科431属1 868种及变种。著名的水杉、银杉、水松、珙桐等多种珍稀树木均分布在本区。

1.1.2.6 华南区 大致包括北回归线以南地区，东至台湾阿里山一线以南，西至西藏察隅，墨脱以南低海拔地区。全年基本无霜，年降水量3 000~5 000 mm。

主要树种有罗汉松科的鸡毛松、陆均松，龙脑香科的青皮、望天树，野生的荔枝等。平地多棕榈树木，如椰子、槟榔等，此外还有木本蕨类的桫椤树等。

1.1.2.7 青藏高原区 包括昆仑山，阿尔金山以南至察隅、墨脱一线，东至横断山脉东支山脊。海拔多在3 000~5 000 m。树木主要分布在南部，森林上限海拔4 300~4 400 m。主要树种有西藏红杉、长苞冷杉、丽江云杉、高山松、乔松、华山松等。阔叶树种有川滇高山栎、桦属、柳属、杨属等多种。灌木有锦鸡儿属、杜鹃花属等。

1.1.3 植物分类和木材名称

1.1.3.1 植物分类 植物分类就是根据自然界植物有机体的性状分门别类，并按照一定的分类等级和分类原则进行排列，从而建立一个合乎逻辑的、能反映各类植物间亲缘关系的分类系统。所谓系统，即是对植物界大类群亲缘关系排列的结论。分类的过程包括植物的命名、分类等级的确定、分类性状的选择及植物标本的鉴定等。

（1）植物分类系统的阶层：植物分类的一项主要工作就是将自然界的植物按一定的分类等级进行排列，并以此表示每一种植物的系统地位和归属。常用的植物分类的等级包括界、门、亚门、纲、目、科、属、种，其中种是最基本的分类单元，最常用的是科、属、种三级。以刺槐为例：

界——植物界 Plantae
　门——种子植物门 Spermatophyta
　　亚门——被子植物亚门 Angiospermae
　　　纲——双子叶植物纲 Dicotyledones
　　　　目——豆目 Leguminosae
　　　　　科——蝶形花科 Papilionaceae
　　　　　　属——刺槐属 *Robinia*
　　　　　　　种——刺槐 *R. pseudoacacia* L.

植物界的各种植物，根据其相似性和相异性，严格地说，是根据亲缘关系或联系，可划分为藻类植物、苔藓植物、蕨类植物以及种子植物四大门。这四大门（类）植物在形态结构上反映出植物界从简单到复杂、从低级到高级的进化过程。乔木树种属种子植物门，是植物界中形态结构比较复杂、进化比较高级的一大类植物。

（2）植物的命名：植物的科学命名法是采用双名法（也称两段命名法）。双名法是由瑞典植物分类学家林奈（Carolus Linnaeus）创立的，所谓双名命名法是指用拉丁文给植物起名字，每一种植物的种名都由两个拉丁词或拉丁化形式的字构成，第一个词是属名，第二个词是种加词；一个完整的学名还需要加上最早给这个植物命名的作者名，故第三个词是命名人；因此，属名＋种加词＋命名人构成一个完整的学名。如华山松的学

名是 *Pinus armandii* Franch.，学名中 *Pinus* 是松属的属名，*armandii* 是由人名 Armand 转化而来的种加词，Franch（或简写为 Fr.）是定名人 Andrien R. Franchet（1834~1900）的缩写。银杏的种名为 *Ginkgo bioloba* L.。

植物的属名和种加词都有其特定的含义和来源，并有一些具体规定。另外，在植物名称中，常会出现某个植物种学名后有数个定名人的现象，如长毛臭檀〔*Evodia daniellii*（Benn）Hemsl. var. *villicarpa*（Rehd. et Wils.）Huang〕等。这类记载明确地反映了该植物种数次订名的经历过程，这种记载对植物分类学家查考来说是很重要的。上述长毛臭檀的学名共由 10 个词组成，对木材工作者来说其中最重要的只是 *Evodia*（属名），*daniellii*（种加词）和 var. *villicarpa*（变种名）。有了这 3 个词就可明确地肯定变种的名称，这也可称为三段命名法，它适用于命名至变种。木材工作者应该掌握这种三段命名法，即属名+种加词+变种名，对于非变种树种，第 3 段自然空缺，这样就可以准确地区分和命名包括变种在内的所有树种。

1.1.4　植物分类系统

按照自然分类系统，根据植物的亲缘关系和演化发展程度对植物进行归类与排列的方法，有裸子植物分类系统和被子植物分类系统。

1.1.4.1　裸子植物分类系统（郑万钧系统）

（1）苏铁纲 Cycadopsida：因本纲只有 1 科，故纲的特征与科同。现存的仅有 1 目 1 科 9 属约 110 种，分布于南、北半球的热带及亚热带地区，其中 4 属产美洲、2 属产非洲、2 属产大洋洲、1 属产东亚。我国仅有铁树属 Cycas，8 种。

（2）银杏纲 Ginkgopsida：本纲现存 1 目 1 科 1 属 1 种，即银杏。为我国特产，国内外栽培很广。银杏科（Ginkgoaceae）特征与银杏相同。银杏木材纹理细致，为珍贵用材。

（3）松杉纲（松柏纲）Coniferopsida：为现存裸子植物中种类最多、经济价值最大、分类最广的 1 个类群，44 属 400 余种，隶属于 4 科：松科、杉科、柏科、南洋杉科。我国有 3 科 23 属约 150 种。

（4）红豆杉纲（紫杉纲）Taxopsida：有 14 属约 162 种，隶属于 3 科，即罗汉松科、三尖杉科和红豆杉科。我国有 3 科 7 属 33 种。

（5）买麻藤纲 Gnetopsida：共有 3 目 3 科（即麻黄科、买麻藤科和百岁兰科）3 属约 80 种。我国有 2 科 2 属 19 种，几乎遍布全国。

全世界现有裸子植物 4 纲 9 目 12 科 71 属 800 种。我国 4 纲 8 目 11 科 41 属 250 余种。

1.1.4.2　被子植物分类系统　被子植物通常分为双子叶植物（木本称阔叶树材）和单子叶植物（竹类及棕榈科植物），被子植物比裸子植物更进化，世界上有 25 万~30 万种，我国约有 3 万种。被子植物分 2 个纲：木兰纲和百合纲。商品材主要都是木兰纲的植物。

木兰纲（Magnoliopsida）分为 6 个亚纲：木兰亚纲、金缕梅亚纲、石竹亚纲、五桠果亚纲、蔷薇亚纲、菊亚纲。其中木兰亚纲（Magnoliides）的植物为商品材。

(1) 木兰目 Magnoliales：包含木兰科、番荔枝科（Annonaceae）、肉豆蔻科（Myristicaceae）等 10 科。

(2) 樟目 Laurales：樟目与木兰目关系密切，自木兰目演化而来，但较之进化。樟目 8 科。中国有 2 科（樟科、莲叶桐科）。分布于热带和亚热带，以樟科为代表。

樟科（Lauraceae）有 45 属 2000 多种，主产热带至亚热带，中国有 20 属 420 多种，大部分分布于长江以南多为组成常绿阔叶林树种。本科经济意义大。乔木多为珍贵用材树种，如樟为造林树种，木材好，又为提取樟脑，樟油的原料；楠木为高大乔木，木材极坚实，为建筑材；有些是香料植物，如肉桂可提取芳香油，还为著名药材，有滋补、健胃、驱风和祛寒的作用。鳄梨为我国引种栽培，果可食或作罐头。

(3) 杜仲目 Eucommiales：1 科 1 属 1 种，中国特有树种。从形态特征分析其与荨麻目有亲缘关系。

(4) 荨麻目 Urticales：6 科，分布于热带至温带。中国有 4 科。其中，榆科（Ulmaceae）有 16 属 230 种，主产温带。中国 8 属 50 种，分布于全国各地。多为优良用材树种。树皮纤维丰富，可代麻，造纸。桑科（Moraceae）有 53 属，主产热带和亚热带。我国有 16 属，主产长江以南，榕属 *Ficus* 是本科中最大的属，1000 多种。榕树、印度橡皮树、无花果、桑葚、菩提树都是此科植物。

(5) 胡桃目 Juglandales：2 科，胡桃科和马尾树科（单属单种，中国特有树种，马尾树）。在本目中较原始。胡桃科（Juglandaceae）9 属 70 余种，主产北半球，中国 7 属 28 种，主要分布秦岭，淮河以南，以广西和云南种类最多。

(6) 壳斗目（水青冈目，山毛榉目）Fagales：本目有 3 科，假橡树科、壳斗科、桦木科。假橡树产南太平洋地区。壳斗科和桦木科主要分布在北半球温带和亚热带地区。中国有壳斗科和桦木科，都是木本植物，分布广泛，在林业生产中占有重要地位。

壳斗科（旧名山毛榉科，又称水青冈科）Fagaceae：本科 8 属 900 多种，主要分布北半球。中国有 7 属，分布全国各地，以长江以南种类较多，是组成暖温带阔叶林和夏绿阔叶林树种，用途广泛，材质硬，为建筑、家具、地板块优良用材。

(7) 杨柳目 Salicales：杨柳科（Salicaceae）只有木本，无草本，木本又分为落叶的乔木或灌木。世界约 420 种，我国 320 多种，各省均有分布，以东北、华北、西北种类为多。杨柳科植物大多是速生树种，且树形较好。故常为造林或四旁绿化、行道、防护林等树种。木材较轻，供造纸、火柴杆、家具等用。

(8) 昆栏树目 Trochodendrales：木本。本目包括昆栏树科和水青树科。水青树科（Tetracentraceae）为落叶乔木。

1.1.5 木材名称

正确的木材名称，世界各国都应遵循《国际植物命名法规》所规定的命名法，也就是植物（树木）分类系统的名称，即拉丁学名。这种名称不仅科学，不会产生木材种类上混淆，而且利于国际、国内学术交流和木材贸易，因而它是规范化的名称。

木材科学采用的木材名称，大多沿用植物分类学、树木分类学的名称，其中最重要也是最常用的是属名、种加词和变种名，其他附加词常予以省略。应该说明，在某些情况下，为防止树种间混淆，木材名称中加上定名人名也是有必要的。

木材名称除上述规范化的拉丁学名以外，各国都还有一般的俗名。我国幅员广阔，树木种类繁多，加之长期习惯，一种木材在某地叫一种的名称，而在另一地方则又叫另一种名称。甚至同一树种在同一地区也有几个名称，这种同物异名的现象屡见不鲜。如枫杨（*Pterocarya stenoptera*），其名称在全国竟有十数个之多。由于名称不统一，故常常造成混乱，妨碍了国内和国际间的学术交流，因此植物学家创立了双命名法。

木材名称的俗称，除上述弊端外，还有词义欠明确、欠严谨之虞。例如，松木一词，按照科学的概念应该是指松属某种木材（*Pinus* sp.），或松属某几种木材（*Pinus* spp.）。而俗称常把除柏木、杉木之外的几乎全部针叶树材，皆统称为松木。又如市场上习惯称的白松，实际上是指冷杉属中的多种木材，也有把云杉属也包括在内，更有甚者则把铁杉、落叶松等也列入其中。这种现象必然给木材名称造成混乱，给木材识别带来很多困难。因此，在科学研究和市场贸易中必须要求木材名称是拉丁学名。

1.1.5.1 木材的标准名称 通过标准化的形式发布木材名称，见国家标准《中国主要木材流通商品名称》。例如：

GB/T16734—1997《中国主要木材名称》

GB/T18513—2001《中国主要进口木材名称》

GB/T18107—2000《红木》

1.1.5.2 木材的商用名称 木材名称不规范，易误导消费和引起争议，不利于企业经营和消费者利益的保护。木材在商品流通过程中使用的名称，可以指一个属的木材，也可指某类材色或材性相近的木材。例如：

椎木属（红椎、黄椎、白椎）

黄檀属（香枝木、黑酸枝木、红酸枝木）

紫檀属（紫檀木、花梨木）

1.2 树木的生长与木材的形成

树木的生长是指树木在同化外界物质的过程中，通过细胞分裂和扩大，使树木的体积和重量产生不可逆的增加。树木是多年生植物，可以生活几十年至几千年。树木的一生要经历幼年期、青年期、成年期，直至衰老死亡。而木材产自高大的针叶树和阔叶树等乔木的主干。要了解主干是怎样生成的，首先有必要了解树木的组成和生长过程。

1.2.1 树木的组成部分

树木是有生命的有机体，是由种子（或萌条、插条）萌发，经过幼苗期、长成枝叶繁茂，根系发达的高大乔木。纵观全树，它是由树冠、树干和树根三大部分组成（图1-1）。

1.2.1.1 树根 树根是树木的地下部分，占立木总体积5%~25%。是主根、侧根和毛根的总称。主根的功能是支持树体，将强大的树冠和树干稳着于土壤，保证树木的正常生长；侧根和毛根则主要是从土壤中吸收水分和矿物质营养，供树冠中的叶片进行光合作用。它们是树木生长并赖以生存的基础。

1.2.1.2 树冠 树冠是树木最上部分生长着的枝丫、树叶、侧芽和顶芽等部分的总称。它的范围通常是由树干上部第一个大活枝算起，至树冠的顶梢为止。侧枝上生长着稠密的叶片。树冠中的树枝把从根部吸收的养分，由边材输送到树叶，再由树叶吸收的二氧化碳，通过光合作用制成碳水化合物，供树木生长。树冠中的大枝，可生产一部分径级较小的木材，通称为枝丫材，占树木单株木材产量的5%~25%，充分地利用这部分木材制造纤维板、刨花板和细木工板等，在提高森林资源效益上有重要意义。

1.2.1.3 树干 树干是树冠与树根之间的直立部分，是树木的主体，也是木材的主要来源，占单株木材总产量的50%~90%。在活树中，树干具有输导、贮存和支撑三项重要功能。木质部的生活部分（边材）把树根吸收的水分和矿物营养上行输送至树冠，再把树冠制造出来的有机养料通过树皮的韧皮部，下行输送至树木全体，并贮存于树干内。表1-1列出活树各部分体积所占比例。

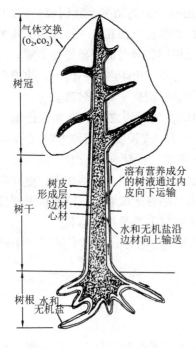

图1-1 树木的组成部分

1.2.2 树木的生长

树木的生长，是初生长（顶端生长，高生长）与次生长（径生长）的共同作用结果（图1-2）。

表1-1 活树各部分的体积比例

树　种	体积（%）		
	树　干	树　根	树　枝
松　树	65~67	15~25	8~10
落叶松	77~82	12~15	6~8
栎　树	50~65	15~20	10~20
梣树（白蜡）	55~70	15~25	15~20
桦　树	78~90	5~12	5~10
山　杨	80~90	5~10	5~10
山毛榉	55~70	20~25	10~20
枫　树	65~75	15~20	10~15

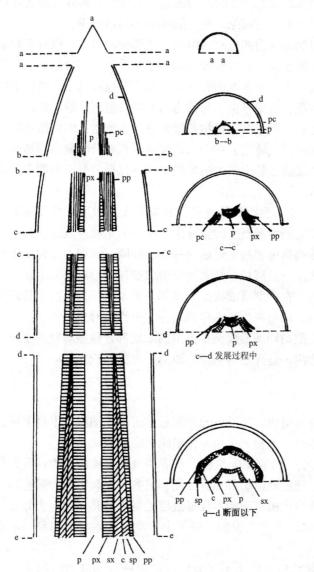

图 1-2 树茎梢高生长至直径生长的发展过程

三角形 a-a-a 是生长点的原分生组织。树干的增高就起源于原分生组织能持久地再分裂。

在 b-b 处，细胞已成为明显不同层次；d 为单层细胞，将发展成为表皮；pc 为束状原形成层；d 和 pc 间为皮层原；p 为髓心。

c-c 处，原形成层束（pc）最外和最内层的细胞已分化为初生韧皮部（pp）和初生木质部（px）。

在 c-d 发展过程中，原形成层束连结成圆柱鞘，其中除形成层（c）外，其他均已陆续转变为初生木质部和初生韧皮部。

在邻近 d-d 断面部分，由外向内的组织依次是：表皮、皮层、初生韧皮部、原形成层、初生木质部和髓心。在形成层组织细胞活动前，树茎嫩端的所有组织，都属初生组织。

在 d-d 断面，初生韧皮部和初生木质部之间为形成层，或称侧生分生组织。

在 d-d 断面以下，形成层向外生成次生韧皮部（内树皮，sp），向内形成次生木质部（木材，sx）。说明树茎已开始直径生长。

1.2.2.1 初生长（高生长） 在树木的芽上有称为生长点的顶端分生组织，具有强烈的分生能力。由生长点的细胞分裂而产生的细胞，进一步分裂，增加细胞数目，此外，已形成的细胞本身也伸长，芽也逐渐伸长。

随着芽的伸长，生长点的下部开始发生变化，细胞的形状和大小产生明显的差别。该部分称为初生分生组织，由原表皮层、原形成层和初生基本组织构成。最外部的原表皮层是由表皮原变成的。其内部都是顺着原分生组织纵向排列的细胞群，细胞内出现倾斜的隔膜而逐渐分裂，进行滑移生长，在纵剖面上伸长，而且两端稍稍变尖，在横剖面上形成比周围细胞小得多的富有原生质的细胞群，称为原形成层，在树木中，形成孤立的束，在初生基本组织内为纵向的细线条，呈环状分布。除了原表皮层和原形成层部分，初生基本组织中进行纵横分裂而形成原分生组织的细胞，不伸长，形体比原表皮层和原形成层的细胞大，因为细胞间通常存在间隙，所以能区别于其他组织。

再经过一段时间，初生分生组织转变为初生永久组织。该部分由表皮、维管束和基本组织组成。其中，维管束由初生韧皮部、初生形成层和初生木质部三部分组成。基本组织由初生皮层和中柱两部分构成。中柱在茎的中央部分，维管束通过其中，维管束以外称为初生中柱鞘，维管束以内称髓，而维管束之间称为初生射线组织。原形成层进行分裂，向外形成初生韧皮部，把芽和叶制造的有机物和激素等向下输送，向内形成初生木质部，把根吸收的含有养分的水分向上输送，在中间仍保留一列有分生能力的细胞组成薄的初生形成层，初生形成层的细胞在整个树木的生长中始终保持着分裂的能力。这是初生长结束后的树干部分的组织。

1.2.2.2 次生长（径生长） 永久组织的特点是，如果除去形成层，则其细胞分裂就停止。但是，一般树木初生皮层的细胞产生次生分生组织——木栓形成层，其细胞不断分裂。此外，初生射线组织的细胞也和初生形成层一样，在同一圆周上分化次生形成层，开始分裂。初生形成层和次生形成层相联结而组成形成层环。形成层环不断进行细胞分裂，在外部形成次生韧皮部，在内部形成次生木质部，树木这样进行次生长而逐渐变粗。把形成层称侧面分生组织，以与把生长点称顶端分生组织相对应。

由初生长产生的初生木质部在髓的周围形成极小范围的木质部，髓是薄壁的生长点细胞，直到第1年末还在发挥其作用，是死亡后仍原样地留下来的组织。

1.2.3 木材的形成

木材是由基本的构造和生理单元组成。这种单元，即通常所谓的细胞。木材中形态和作用相似的细胞聚合体，称为组织。木材又是由多种组织共聚而成。

从木材生长的角度，组织可分为分生的和永久的。前者涉及新细胞的形成；后者在树木内，其生长至少是暂时停止，细胞和组织都充分分化和成熟。永久组织的某些部分或是全部可再变为分生组织，重获分生机能，如木栓形成层的发生就是如此。充分分化的木质部（木材）和韧皮部（树皮）为永久组织。树干中木质部是木材的源泉，木质部是由形成层原始细胞分生而来。

形成层的纺锤形原始细胞一般弦向的纵隔形成后，在径向进行一分为二的平周分裂。其结果形成了和原来的原始细胞等长的两个细胞。其中的一个仍留在形成层内生长成纺锤形原始细胞，另一个向外分离时变成韧皮部母细胞，向内分离时变成木质部母细胞。母细胞保持原状或进一步以弦向纵隔进行分裂形成子细胞，较快地分化并形成韧皮部和木质部的组织。

由形成层原始细胞分裂形成的细胞，木质部明显地多于韧皮部。在木质部，木质部母细胞进行分裂产生2个子细胞，一般子细胞进一步分生，产生4个木质部细胞，它们首先在径向增大其直径，分化为木质部单元。但是韧皮部母细胞分裂形成2个子细胞，它们直接分化成韧皮部细胞。并且，产生木质部细胞的原始细胞的分裂比产生韧皮部细胞的分裂持续时间长，分裂次数多为7~10倍。再者，因为韧皮部细胞受到内部压力而被压溃，所以，壮龄树的树干一般由约90%的木质部和约10%的韧皮部组成。

在一株树干内形成层的年龄也因形成层存在的位置不同而异。从树梢到树根逐渐增大，在树根和树干交界处的形成层年龄正好和该树木的年龄是一致的。在中部的横断面上的年轮数就相当于在该横切面位置上的形成层的年龄。

在初生长点的下部由原形成层分化成形成层时，纺锤形原始细胞是短小的细胞，一般正常生长的树木，在最初 10～15 年间明显地变大，随后其平均长度明显增大而成为细长的细胞，然后，再随着生长轮龄的增加其伸长速度迅速地衰减，平均长度、宽度和形状大体上稳定下来，但经过更长的年月，纺锤形原始细胞的平均长度似乎逐年略为变短。就这样使原始细胞生长很快，特别把纺锤形原始细胞的平均长度每年有明显伸长的初始 10～15 年作为形成层的未成熟期或幼年期，把以后平均长度大体恒定的时期，定名为形成层的成熟期或成年期，把经过更多年数后年平均长度缩短的时期称为形成层的过熟期或老年期。

由形成层的射线原始细胞集团分生的细胞一般在径向伸长，在水平方向进行联结形成窄带状的细胞集团，形成从树干内部向外经过形成层至树皮的射线组织。分生的射线细胞伸长量受射线原始细胞的分裂速度控制，分裂快时变短，而慢时变长。树干的直径变大，形成层内的射线原始细胞的集团相互间距增大，由于某适当的间隔内纺锤形原始细胞进一步细分裂，在形成层内就产生了新的射线原始细胞，开始分生射线细胞。从髓开始的射线组织称初生射线，从木质部中部开始的射线称次生射线。射线的外端都经过形成层伸到韧皮部。形成层的射线原始细胞开始形成射线后就会在整个树木的生长中继续形成。射线中，在形成层以内的部分称木射线，在形成层以外的部分称韧皮部射线。

形成层是具有最强生命力的组织，即使有时停止分生，只要有了良好营养就会重新开始分裂。一般认为，形成层带细胞重新活动要求气温均值在 4.4℃ 以上约 1 周才开始。除了气温升高的影响外，形成层活动的恢复显然是依靠激素的刺激。刺激首先在膨胀芽，稍后在生长点和新叶内产生。

1.3 树干的构造

树干由树皮、木质部和髓三部分构成，在宏观条件下即可区分。在树皮和木质部之间，还有一层极薄、不易为人们肉眼分辨的形成层。

1.3.1 树　皮

树皮为包裹在树木的干、枝、根次生木质部外侧的全部组织的统称。

幼茎或成熟树干嫩梢的树皮包括表皮、周皮、皮层和韧皮部等部分（图 1-3）。

表皮仅产生在很短的时间内，对树木的幼茎起保护作用，树木的幼茎仅在很短时间内由表皮保护，使茎内水分不致丧失并使幼茎免受外界操作。经过 1 年之后，表皮即行脱落，代之以新生的保护层——新生周皮。

周皮可分为 3 层，位于周皮中层的组织为木栓形成层，木栓形成层向外分生木栓层，向内分生栓内层，它们合起来统称周皮。在表皮脱落前，周皮是由皮层中的活细胞恢复分生能力，经分生和分化产生。由于木质部直径的不断增长，外表的周皮有一个破

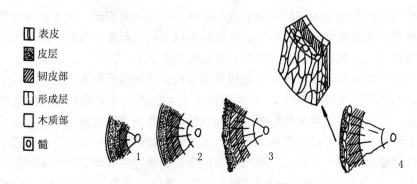

图 1-3 树皮生成中的变化
1. 表皮、皮层、初生韧皮部、形成层、初生木质部、髓　2. 次生韧皮部、次生木质部生成
3. 表皮破裂，皮层中有木栓形成层生成　4. 木栓层（周皮）生成，并有累积

裂脱落的过程，以后周皮的分生细胞可由韧皮部的活细胞转化而成，从而又产生新的周皮。每当新的周皮产生后，最后形成的木栓层以外的全部树皮组织，因隔绝水分而死亡。内侧含生活细胞的树皮组织称内（树）皮，而已无生机的树皮组织习惯上称为外（树）皮——粗树皮。

随着木质部的直径生长，外皮逐渐破裂而剥落，其方式因树种而异。如桦木呈薄纸状剥落；柳杉、扁柏等呈带状剥落；还有的树种呈环状或鳞片状剥落等。外皮的剥落方式主要取决于木栓形成层细胞的排列方式。

1.3.2　形成层

形成层位于树皮和木质部之间，是包裹着整个树干、树枝和树根的一个连续的鞘状层，由于它的分生功能在于直径加大，故又称为侧向分生组织。形成层在生长季节向外分生新的韧皮部细胞，向内分生新的木质部细胞。可见形成层是树皮和木质部产生的源泉。形成层是形成层带中的 1 列细胞层，其细胞特点是它具有反复分生能力。针叶树材和阔叶树材一样，其形成层都是由纺锤形原始细胞和射线原始细胞两种形成层原始细胞构成。纺锤形原始细胞占有形成层的大部分容积，长轴沿树干方向，两端细，在形成层的弦切面上呈纺锤形，横切面在弦向呈平板状。树木的木质部和韧皮部沿树干方向的组织全部由这种原始细胞组成。射线原始细胞在形成层的弦切面上是类似于木射线组织的横切面上的成团的小细胞。射线原始细胞主要是由纺锤形原始细胞细分成几个近于方形的原始细胞形成的。木质部和韧皮部的径向组织全部由这种原始细胞组成。

1.3.3　木质部

木质部位于形成层和髓之间，是树干的主要部分。根据细胞的来源，木质部分为初生木质部和次生木质部。初生木质部起源于顶端分生组织，常与树干的髓紧密相连接，合称髓心。初生木质部占很小一部分，在髓的周围。次生木质部来源于形成层的逐年分裂，占绝大部分，是木材的主体，加工利用的木材就是这一部分。

在有季节变化的地方，生长发育的树木由于季节条件的不同而存在生长的快慢和终止，形成粗松的木质部和致密的木质部。因此，在木质部形成同心圆状的组织层，在树干和树枝的横切面上可见到生长轮。新生长的木质部在树干的横切面上虽表现为轮带状，但实际上是包围整个树体的连续的较薄的一层生长层。此生长层逐年相互重叠而形成树体的木质部。因此，最外层的生长层是最新的木质部。

1.3.4 髓

髓是位于树干的中心部位，被木质部所包围的一种柔软的薄壁组织在髓的周围。由于树木生长过程中常受多种环境因子的影响，髓有时并不完全处于树干中心位置。树干各高度的髓都在这一高度的最初时期形成，一年以后就不再增大。它的生命活动短则数年，多则数十年，因树种而异。髓在这一期间的功能是贮存养分供给树木生长。髓的颜色、大小、形状、质地因树种不同而有差异，使其成为可用于木材识别的构造特征之一。大多数树种的髓呈褐色或浅褐色。在横切面上，大多数树种的髓呈圆形或椭圆形，但也有一些特殊形状的，如白青冈、椴木近似为星形，桤木、鼠李等呈三角形，栎木、毛白杨等呈五角形，石梓、桉木等呈矩形，杜鹃树等呈八角形，大叶黄杨呈菱形。

髓的组织松软，强度低、易开裂，使木材质量下降，因此，对于某些具有严格要求的特殊用材（如航空用材）被视为缺陷，必须剔除。但是，对于一般用途的木材，在非重要部位可带有髓。

1.4 幼龄材

树木在个体的生长、发育过程中，经历了幼龄—成熟—老龄各个阶段，最后形成木材。幼龄材是次生人工林快速生长树株中严重影响木材品质的部分。研究幼龄材，可进一步提高对木材的综合利用率。

关于幼龄材，有两种错误的认识：一是把幼龄材只看成是小树的木材，误认为在成熟树干中就谈不上存在幼龄材；二是把树株生长最初年份形成的木材看做是幼龄材，误认为幼龄材为高度一定的圆锥形，只限于成熟树干下方中心部位。

由于这些错误认识，就低估了幼龄材对木材品质的影响；也可以说，对这种影响没有足够认识。

1.4.1 幼龄材形成的机理

1.4.1.1 木材在生成中的差别 成熟树干靠近树梢区域的生长较其他部分旺盛；而一株幼树，它的全体均生长旺盛。可以把这种生长旺盛比喻为幼童状态。它为了正常发育需要有营养物质平衡，在达不到这种平衡时，发育就受到威胁、压抑。这种状况下生成的木材也就与成熟材不同，常被视为品质较差者。

树干的中心是髓，它的周围环绕着一薄层初生木质部，这两部分都是树茎在这一高度时的第一年中形成，它们的组织均与以后形成层产生的次生木质部不同。还要认识的一个要点是，在树茎长到任何一个高度上的前 5~25 年间产生的次生木质部和在同一高度上的这段幼龄期后的次生木质部有不同，前者即为这一高度上的幼龄材。这就从理论上说明了幼龄材在树干内不为圆锥形而近于圆柱状；它不限存在于树干基部，而是自基部延伸至树梢。

1.4.1.2　木材生成后的变化　树株早年生长形成的木材，初始薄壁细胞还保持生机，以后这部分木材发展为心材。在这一转变的前后，占木材体积大部分的厚壁组织无改变。以后整个木材更无变化。那种只把小树的木材看成是幼龄材，认为随树龄的增加幼龄材就会生成为成熟材，以及成熟树干的全部木材均为成熟材等看法均是错误的。

1.4.1.3　成熟树干主茎的两部分　根据木材结构和性质上的主要差异，树干的主茎可以区分为2个区域。幼龄材是环绕髓心的周围呈圆柱状。它的形成是活性树冠区域的顶端分生组织长期对形成层的木材分生影响的结果。在生长的树木中，当树冠进一步向上移，顶端分生组织对下面某一高度形成层区域的影响就减小，成熟材也就开始形成。

1.4.2　幼龄材的概念

幼龄材又称未成熟材。它位于髓心附近，幼龄材围绕髓呈柱体，是受顶端分生组织活动影响的形成层区域所产生的次生木质部。

这个定义可用来解释为什么幼龄材和成熟材之间在木材性质上呈平缓过渡。幼龄材在树干的外部就不大可能形成，因处于一定位置的形成层在连续使树干直径加大的同时，也就逐渐远离顶端分生组织，并且受它的影响也在减弱。

应该把幼龄材和成熟材看作同一株树上两个有明显不同的部分。成熟材具有那些被认为是这个树种的正常特性，而幼龄材在结构特征和物理性质方面次于同一树株的成熟材。

这就进一步明确了"幼龄"两字不是对树株而言，而是针对树干某一高度的中心部分。因它的生成在这一高度树茎断面上属"早"，故名幼龄材。

1.4.3　幼龄材的性质

1.4.3.1　木材结构方面

（1）纤维长度：幼龄材细胞比成熟材短。针叶树成熟材细胞是幼龄材细胞长度的3～4倍。阔叶树成熟材纤维长度常为邻近髓心处纤维的2倍。

（2）纤维的尺寸：纤维的径、弦向直径是幼龄材小于成熟材。纤维的径、弦向壁厚是幼龄材小于成熟材。纤维的长宽比、腔径比都是幼龄材小于成熟材。壁腔比为绝大多数木材是幼龄材略大于成熟材。

（3）螺旋纹理：把幼龄材和成熟材进行对比，幼龄材中出现螺旋纹理的倾向较大。

（4）次生壁中层的微纤丝角度：由于幼龄材有较短和较薄壁的管胞和纤维，因此，具有较大的微纤丝角，具特征性。

1.4.3.2　木材物理力学性质方面

（1）密度：与成熟材相比，幼龄材的密度低。

（2）晚材百分率：幼龄材晚材细胞数量相对较少，年轮中占比例较多细胞的壁薄。

（3）干缩性：幼龄材细胞壁 S_2 层微纤丝倾角大，造成它的纵向收缩大，而横向收缩则有相应的减小。因此影响固体木材的尺寸稳定性以及与正常材的并用。

（4）幼龄材严重降低锯材质量：主要由于干燥时的翘曲、纵向收缩大，不适合锯制小尺寸锯材。

（5）含水率从幼龄材到成熟材变化很大：大多数针叶材在株内从基部向上随高度增加，含水率也增加，因为有较大的幼龄材比例。

（6）幼龄材里有较高的应压木比例：其具有短的管胞，生产中容易破裂；由于有较高的木质素，很难漂白。

（7）力学性质一般：幼龄材的强度降低15%～30%，也有的比正常成熟材在同一强度上降低50%。由于纤丝角度大，顺纹抗拉强度明显降低。

1.4.3.3 木材化学性质方面

（1）针叶树幼龄材与成熟材通常化学性质差异很大，有较高比率的木质素和高聚糖，较低的纤维素和半乳甘露聚糖。这些对木材最终产品的质量、纸浆产量和生产效率有很大影响。

（2）幼龄材单位体积的浆产量比成熟材低5%～15%。由幼龄材和成熟材制造出纸的质量有明显的差异。

幼龄材材性的总体特征劣于成熟材，具体表现为：幼龄材的纤维（管胞或木纤维）长度均小于相应的成熟材，树干的螺旋纹理倾角（针叶树材的管胞倾角）和细胞壁微纤丝倾角均大于成熟材，因此幼龄材刚性小、强度低，受外力后易挠曲，不适于作承重构件；而成熟材的强度和刚性均稳定，能充分抵抗外力的影响。幼龄材干缩系数大，木制品尺寸不稳定，易产生翘曲变形。因此幼龄材在一些用途方面要受到限制。

1.4.4 识别、界定幼龄材

1.4.4.1 识别幼龄材 幼龄生长期的终止，在一些木材树种是陡变。

一些树种，特别是针叶树材，在至成熟条件之间有一过渡期，成熟材和幼龄材间无明显的界限。这就使得粗略的观察尚难以区分出幼龄材和成熟材。最初生成的年轮，密度最低，纤维最短，纤维角最大。而后自树心向外密度增加，纤维增长。对大多数性质，在开始的几个年轮变化率较大，以后逐渐相似于成熟材的性质。这种木材结构和性质的逐渐变化，使得在树干横截面上难于判别何处幼龄材结束和成熟材开始。因此，这一区界的位置就应取决于用来定义这个区域的个别性质或一些性质。但运用这项原则时，应注意尚有一些复杂情况，如细胞长度可在其他性质（如细胞厚度）之前到达成熟。目前研究的共同结论是，幼龄材持续期在树种间有很大变化，一般为5～20年，即短者约5年，而长者可达20年，主要取决于树种。一些研究者认为，在幼龄木形成期间，通过生长刺激（如施肥、灌溉或造林措施）将会延长幼龄木的时限。

在幼龄木形成以后的生长加速，不会导致幼龄木形成的重新开始。但这种生长加速对材质的影响如何，则是另一个问题。

应注意，定义幼龄材的主要依据是木材的细胞结构和木材性质。人工林树木中的幼龄材是与髓附近的快速生长有关，但在所有树木中的宽生长轮并非必定与幼龄材有关。例如，幼茎生长在不利的竞争条件下时近髓处有窄生长轮，而一旦生长条件改善，就会形成宽生长轮。

1.4.4.2 界定幼龄材 关于幼龄材与成熟材的界定，渡边治人认为：不管树木生长快慢，在树干任何横切面上未成熟的范围总是与髓心距离有关，针叶树大概在 5～7cm 的半径范围内。Pashin 等则认为：幼龄期的长短，在各树种之间变化很大，通常在 5～20 年间，且围绕髓心呈圆柱体。Haygreen J. G. 等人认为：尤其是在针叶树材中，成熟材和幼龄材间的过渡期，使得幼龄材与成熟材界限划分变得困难。幼龄期生长的终止，有些树种是陡变，如某些阔叶树材，有些则是具有明显的过渡期。

鉴于上述情况有关幼龄材与成熟材的界定，国内外学者有很多不同学术观点。由于出发点不同，界定的标准与结果存在着一定的差异。从实验分析结果可以看出，不同指标所界定的成熟期年龄不同。综合不同研究所得结论，认为以反映木材最基本特征的几种指标为界定幼龄材与成熟材的标准，即以管胞长度、微纤丝角、生长轮宽度、晚材率、胞壁率和基本密度等指标为标准。这不仅是因为它们测定方便，更主要的是每项指标从不同侧面综合反映出木材物理力学性能，而且它们之间有着紧密的联系。

1.4.5 幼龄材的利用

幼龄材的利用，其主要作为纤维原料，一般认为幼龄材是低级的纸浆材料。其原因是它的木素和半纤维素含量比成熟材高，纤维素含量低，导致纸浆得率低，制出的纸张撕裂强度低。但爆裂强度和折叠强度高。测定爆裂强度的方法是，对纸面的小范围区域施加逐渐增大的流体压力，测出使纸面破裂所需力的大小。

研究还发现，使用幼龄材木芯制出的纸具有较高的拉伸强度。

很多研究表明，当幼龄材和成熟材分别在各自理想的条件下加工时，它们木浆的质量无差异。另外，将材质松软、力学强度低的幼龄材用于细木工板或复层结构木质材料的芯层部，也不失为有效利用幼龄材的途径之一。充分利用幼龄材的性质，设计新的处理工艺，可以改变其对木材品质的影响。这样能够实现木材科学加工和高效利用，使有限的木材资源得到充分、合理的利用。

复习思考题

1. 名词解释：形成层、木质部。
2. 木材是怎样形成的？
3. 描述树干的主要构造。
4. 描述幼龄材的形成机理、概念、性质、识别及利用。

第 2 章

木材的宏观构造

本章主要介绍木材的主要宏观构造、次要宏观构造及木材宏观构造的识别，并简要地介绍了树皮的宏观特征。同时，介绍了木材的检索方法及对分检索表的使用方法。

木材的宏观构造（或木材粗视构造）是指用肉眼或借助 10 倍放大镜所能观察到的木材构造特征。木材的宏观特征，分为主要宏观特征和辅助宏观特征两部分。木材的主要宏观特征是木材的结构特征，它们比较稳定，包括心材和边材、生长轮、早材和晚材、管孔、轴向薄壁组织、木射线、胞间道等。木材的辅助宏观特征又称次要特征，它们通常变化较大，只能在宏观识别木材中作为参考，如髓斑、色斑、乳汁迹、内含韧皮部、油细胞和黏液细胞等。

木材的颜色、光泽、纹理、花纹、结构、材表、气味、滋味、轻重和软硬等一些物理特征，作为木材识别的辅助依据，也被列入木材宏观特征的范畴。

木材是由无数不同形态、不同大小、不同排列方式的细胞所组成的。同一类别的细胞在木材中聚合为组织。木材的宏观特征实际就是这些组织在肉眼和低倍放大镜下的形态表现。树木由于受遗传因子、有性繁殖过程可能产生的变异、生长的地理环境和气候条件等各种因素的影响，致使各种树种木材的构造具有多样性。但对亲缘关系相近树种的木材来说，其构造和物理特征仍然存在一定的规律。通过对这些共性和异性特征大量的观察及归纳，就能达到识别木材的目的。

2.1 木材的三切面

木材的构造从不同的角度观察表现出不同的特征，符合下边定义要求的木材 3 个切面（图 2-1）可充分反映出木材的结构特征。要充分认识木材的结构特征，必须从三切面进行观察。木材的 3 个切面是人为确定的 3 个特定的木材截面，它们本身不是木材的特征，但对它们的观察可以达到全面了解木材构造的目的。

2.1.1 横切面

横切面是与树干长轴或木材纹理相垂直的切面，亦称端面或横截面。在这个切面上，可以观察到木材的生长轮、心材和边材、早材和晚材、木射线、薄壁组织、管孔（或管胞）、胞间道等，是木材识别的重要切面。

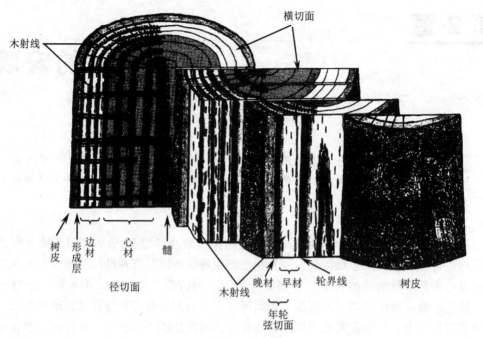

图 2-1　木材的宏观构造

2.1.2　径切面

径切面是顺着树干长轴方向，通过髓心与木射线平行或与生长轮相垂直的纵切面。在这个切面上可以看到相互平行的生长轮或生长轮线、边材和心材的颜色、导管或管胞线沿纹理方向的排列、木射线等。

2.1.3　弦切面

弦切面是顺着树干长轴方向，与木射线垂直或与生长轮相平行的纵切面。弦切面和径切面同为纵切面，但它们相互垂直。在弦切面上生长轮呈抛物线状，可以测量木射线的高度和宽度。

在木材加工中通常所说的径切板和弦切板，与上述的径切面和弦切面是有区别的。在木材生产和流通中，借助横切面，将板宽面与生长轮之间的夹角在 45°~90° 的板材称为径切板；将板宽面与生长轮之间的夹角在 0°~45° 的板材称为弦切板。

2.2　木材的主要宏观特征

2.2.1　边材和心材

2.2.1.1　定义　在木质部中，靠近树皮（通常颜色较浅）的外环部分称为边材。在成熟树干的任意高度上，处于树干横切面的边缘靠近树皮一侧的木质部，在生成后最初的数年内，薄壁细胞是有生机的，即是生活的，除了起机械支持作用外，同时还参与水分输导、矿物质和营养物的运输和储藏等作用。属于边材的木质部宏观结构差异不大，具有木质部全部的生理功能，不但沿树干方向，并能在径向与树皮有联系。

心材是指髓心与边材之间（通常颜色较深）的木质部。心材的细胞已失去生机，树木随着径向生长的不断增加和木材生理的老化，心材逐渐加宽，并且颜色逐渐加深。

2.2.1.2 心材的形成 边材的薄壁细胞在枯死之前有一个非常旺盛的活动期，淀粉被消耗，在管孔内生成侵填体，单宁增加，其结果是薄壁细胞在枯死的同时单宁成分扩散，木材着色变为心材。形成心材的过程是一个非常复杂的生物化学过程。在这个过程中，生活细胞死亡，细胞腔出现单宁、色素、树胶、树脂以及碳酸钙等沉积物，水分输导系统阻塞，材质变硬，密度增大，渗透性降低，耐久性提高。

在树干的横切面，边材及心材的面积占总面积的比率分别叫边材率和心材率。受遗传因子、立地条件、树龄、在树干中的部位等因素的影响，心材率存在显著的差异。日本扁柏、柳杉、铅笔柏的心材率分别为50%～80%、52%～70%和88%。图2-2是159年树龄的松木在树干不同高度的心、边材面积。

较早形成心材的树种，心材率高，如圆柏属、红豆杉属、梓属、刺槐属、檫木属和桑树属等。有些树种，如银杏、马尾松、落叶松、柿树、金丝李和青皮等，一般需要10～30年才能形成心材，心材率低。

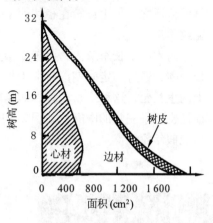

图 2-2　心、边材面积沿树干高度的变化

2.2.1.3 心材树种、边材树种和熟材树种
在实际工作中，通常根据心、边材的颜色，立木中心、边材的含水率，将木材分为以下3类：

（1）心材树种（显心材树种）：心、边材颜色区别明显的树种叫心材树种（显心材树种），如松属、落叶松属、红豆杉属、柏木属、紫杉属等针叶树材，楝木、水曲柳、桑树、苦木、檫木、漆树、栎木、蚬木、刺槐、香椿、榉木等阔叶树材。

（2）边材树种：心、边材颜色和含水率无明显区别的树种叫边材树种，如桦木、椴木、桤木、杨木、鹅耳枥及槭属等阔叶树材。

（3）熟材树种（隐心材树种）：心、边材颜色无明显区别，但在立木中心材含水率较低，如云杉属、冷杉属、山杨、水青冈等。

有些边材树种或熟材树种，由于受真菌的侵害，树干中心部分的材色会变深，类似于心材，但在横切面上其边缘不规则，色调也不均匀，将这部分木材叫假心材或伪心材。国产阔叶树材中常见于桦木属、杨属、柳属、槭属等树种。另有些心材树种，如圆柏，部分心材由于真菌危害，偶尔出现材色浅的环带，与内含边材很相似，应注意区别。

2.2.2 生长轮、年轮、早材和晚材

2.2.2.1 生长轮、年轮 通过形成层的活动，在一个生长周期中所产生的次生木

质部，在横切面上呈现一个围绕髓心的完整轮状结构，称为生长轮或生长层。生长轮的形成是缘于外界环境变化造成木质部的不均匀生长现象。温带和寒带树木在一年里，形成层分生的次生木质部，形成后向内只生长一层，将其生长轮称为年轮。但在热带，一年间的气候变化很小，四季不分，树木在四季几乎不间断地生长，仅与雨季和旱季的交替有关，所以一年之间可能形成几个生长轮。

生长轮在不同的切面上呈不同的形状。多数树种的生长轮在横切面上呈同心圆状，如杉木、红松等；少数树种的生长轮则为不规则波浪状，如壳斗科、鹅耳枥、红豆杉、榆木等；石山树则多作偏圆形；蚬木似鲑壳的环纹。生长轮在横切面上的形状是识别木材的特征之一。生长轮在径切面上作平行条状，在弦切面上则多作 V 形或抛物线形的花纹。

树木在生长季节内，由于受菌虫危害、霜、雹、火灾、干旱、气候突变等影响，生长中断，经过一定时期以后，生长又重新开始，在同一生长周期内，形成 2 个或 2 个以上的生长轮，这种生长轮称作假年轮或伪年轮。假年轮的界线不像正常年轮那样明显，往往也不呈完整的圆圈，如图 2-3 所示，其类型如图 2-4 所示。杉木、柏木、马尾松常出现假年轮。

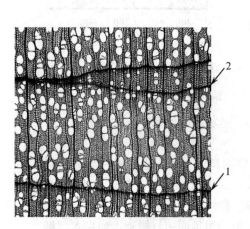

图 2-3　假年轮（崔永志，2003）
1. 正常年轮　2. 假年轮

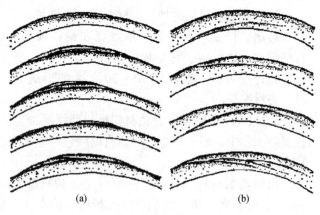

图 2-4　假年轮的类型
(a) 从上往下依次是：简单式、外轮比内轮长的复式、内轮较长的复式、同时发生的及交搭的　(b) 断轮的一端敞开，从上往下依次是：靠内的、靠外的、厚密靠内的及复式靠外的

2.2.2.2　早材与晚材　形成层的活动受季节影响很大，温带和寒带树木在一年的早期形成的木材，或热带树木在雨季形成的木材，由于环境温度高，水分足，细胞分裂速度快，细胞壁薄，形体较大，材质较松软，材色浅，称为早材。到了温带和寒带的秋季或热带的旱季，树木的营养物质流动缓慢，形成层细胞的活动逐渐减弱，细胞分裂速度变慢并逐渐停止，形成的细胞腔小而壁厚，材色深，组织较致密，称为晚材。在一个生长季节内由早材和晚材共同组成的一轮同心生长层，即为生长轮或年轮。

由于早、晚材的结构和颜色不同，在它们的交界处形成明显或不明显的分界线。某一年晚材与翌年早材之间的分界线称为轮界线。它的明显与否，称为生长轮明显度。明显度可分为不见、可见、明显三种。而在 2 个轮界线之间，早材至晚材的转变和过渡则有急有缓，树种间差异很大。急骤变化者是早材至晚材过渡为急变，如马尾松、油松、柳杉、樟子松；反之，平缓变化者是早材至晚材过渡为缓变，如华山松、红松、杉木和白皮松。

晚材在一个生长轮中所占的比率称为晚材率。其计算公式为：

$$P = \frac{a}{b} \times 100\%$$

式中：P 为晚材率（%）；a 为相临两个轮界线之间晚材的宽度（cm）；b 为相临两个轮界线之间的宽度（cm）。晚材率的大小可以作为衡量针叶树材和阔叶树环孔材强度大小的标志。树干横切面上的晚材率，自髓心向外逐渐增加，但达到最大限度后便开始降低。在树干高度上，晚材率自下向上逐渐降低，但到达树冠区域便停止下降。

生长轮宽度指在横切面上与生长轮相垂直的2个轮界线之间的宽度。生长轮宽度因树种、立地条件、生长条件和树龄而异。泡桐、杨树、杉木、辐射松、臭椿和翅荚木在适宜条件下，可以形成很宽的生长轮；而紫杉木、黄杨木即使在良好的生长条件下，形成的生长轮也很窄。在同一株树木中，越靠近髓心，生长轮越宽，靠近树干基部生长轮较窄，靠近树梢生长轮较宽。

在识别木材树种时，对生长轮的观察，针叶树和阔叶树应各有所侧重。针叶树材要注意观察生长轮的形状、宽窄是否均匀、早、晚材带的大小及所占的比率、颜色，从早材带过渡到晚材带的缓急，晚材带宽窄是否均匀等。阔叶树材中的环孔材、半环孔材，早、晚材的区别较明显，要注意观察早材管孔的列数及其大小，从早材过渡到晚材管孔的变化是突变还是渐变，晚材带（特别是靠近生长轮末端）管孔的排列方式等。阔叶树材中的散孔材，辐射孔材、横列孔材中早、晚材区别困难或不能区分，其生长轮间多以色素线来区别，这种情况除了观察其生长轮的形状外，还要注意观察管孔在生长轮中的大小及分布情况。

2.2.3 管 孔

导管是绝大多数阔叶树材所具有的中空状轴向输导组织，在横切面上可以看到许多大小不等的孔眼，称为管孔。在纵切面上导管呈沟槽状，叫导管线。导管的直径大于其他细胞，可以凭肉眼或放大镜在横切面上观察到导管，管孔是圆形的，圆孔之间有间隙，所以具有导管的阔叶树材被称为有孔材。作为例外，我国西南地区的水青树科水青树属和台湾地区的昆栏树科昆栏树属，在宏观下看不到管孔的存在。

管孔的有无是区别阔叶树材和针叶树材的重要依据。管孔的组合、分布、排列、大小、数目和内含物是识别阔叶树材的重要依据。

2.2.3.1 管孔的组合 管孔的组合是指相邻管孔的连接形式，常见的管孔组合有以下4种形式：

（1）单管孔：指一个管孔周围完全被其他细胞（轴向薄壁细胞或木纤维）所包围，各个管孔单独存在，与其他管孔互不连接［图2-5（a）］，如黄檀、槭木等。壳斗科、茶科、金缕梅科、灰木科、木麻黄科等树种几乎全为单管孔。

（2）径列复管孔：指2个或2个以上管孔相连成径向排列，除了在两端的管孔仍为圆形外，在中间部分的管孔则为扁平状［图2-5（b）］，如枫杨、毛白杨、红楠、椴树、黑桦、槭属等。

（3）管孔链：指一串相邻的单管孔，呈径向排列，管孔仍保持原来的形状［图2-5（c）］，如冬青、油桐等。

（4）管孔团：指多数管孔聚集在一起，组合不规则，在晚材内呈团状［图2-5（d）］，如榆木属、榆木属、桑树、臭椿等。

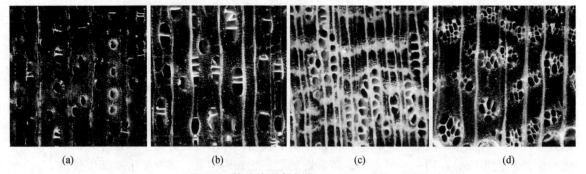

图2-5　管孔的组合方式（崔永志，2003）
（a）单管孔（槭木）　（b）复管孔（黑桦）　（c）管孔链（厚皮山榄）　（d）管孔团（榆木）

2.2.3.2　管孔的排列及分布　管孔排列指管孔在木材横切面上的排列方式。管孔排列用于对散孔材的整个生长轮、环孔材晚材部分的特征进行描述。

（1）管孔的排列类型：

① 星散状：在一个生长轮内，管孔大多数为单管孔，呈均匀或比较均匀的分布，无明显的排列方式［图2-6（a）和图2-7（a）］。

② 径列或斜列：管孔组合成径向或斜向的长行列或短行列，与木射线的方向一致或成一定角度。又分为：

a. 溪流状（辐射状）：管孔径列，似小溪流水一样穿过几个生长轮［图2-6（b）］。

b. Z字形（之字形）：生长轮中管孔的斜列有时中途改变方向，每个与2~3个互为"之"字形排列，呈"Z"字形。

c. "人"字形或"<<"形：生长轮中管孔成"人"字形排列或成串作"<<"形排列［图2-7（c）］。

d. 火焰状：在径列管孔中，早材管孔大、似火焰的基部，晚材管孔小、形状好似火舌，管孔排列似火焰一样［图2-7（d）］。

e. 树枝状（交叉状、鼠李状）：在一个生长轮内管孔大小相等，1至数列管孔组合成交叉状排列，排列不规则［图2-6（d）］。

③ 弦列：在一个生长轮内全部管孔沿弦向排列，略与生长轮平行或与木射线垂直。

a. 花彩状（切线状）：在一个生长轮内，全部管孔成数列链状，沿生长轮方向排列，并且在两条宽木射线间向髓心凸起，管孔的一侧常围以轴向薄壁组织层［图2-6（c）］。

b. 波浪状（榆木状）：管孔几个一团，连续成波浪形或倾斜状，略与生长轮平行，呈切线状的弦向排列。但也有少数树种（如槐树）在生长轮中部呈分散状，靠近生长轮边缘，有少数管孔呈切线状［图2-7（e）］。

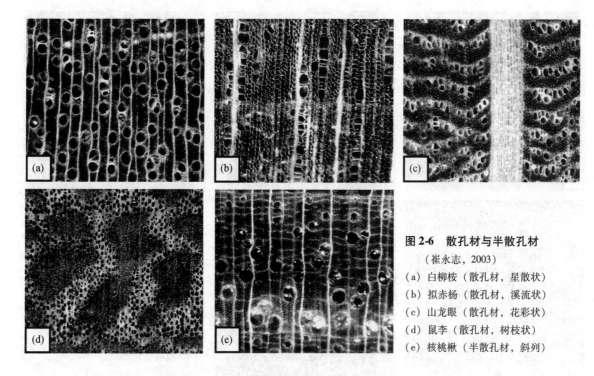

图 2-6 散孔材与半散孔材
（崔永志，2003）
(a) 白柳桉（散孔材，星散状）
(b) 拟赤杨（散孔材，溪流状）
(c) 山龙眼（散孔材，花彩状）
(d) 鼠李（散孔材，树枝状）
(e) 核桃楸（半散孔材，斜列）

（2）管孔的大小及分布：根据管孔在横切面上一个生长轮内的分布和大小情况，可将其分为3种类型：

① 散孔材：指在一个生长轮内早晚材管孔的大小没有明显区别，分布也比较均匀，如杨木、椴木、冬青、荷木、蚬木、木兰、槭木等。根据管孔的排列方式，又可分为以下几种类型：

  a. 星散状：如桦木、楠木、枫香等 [图 2-6 (a)]。
  b. 溪流状（辐射状）：如青冈、椆木属等 [图 2-6 (b)]。
  c. 花彩状（切线状）：如山龙眼等 [图 2-6 (c)]。
  d. 树枝状（交叉状、鼠李状）：如桂花树、鼠李等 [图 2-6 (d)]。

② 半散孔材（半环孔材）：指在一个生长轮内，早材管孔比晚材管孔稍大，从早材到晚材的管孔逐渐变小，管孔的大小界线不明显，如香樟、黄杞、核桃楸、枫杨等 [图 2-6 (e)]。

③ 环孔材：指在一个生长轮内，早材管孔比晚材管孔大得多，并沿生长轮呈环状排成1至数列，如刺楸、麻栎、刺槐、南酸枣、梓木、山槐、檫树、栗属、栎属、桑属、榆属等。根据管孔的排列方式，又可分为以下几种类型：

  a. 星散状：如水曲柳、香椿、梧桐、白蜡、檫树等 [图 2-7 (a)]。
  b. 径列（辐射状）：如蒙古栎、栓皮栎、短柄枹树等 [图 2-7 (b)]。
  c. 斜列（"人"字形或"<<"形）：如黄连木、桉树、刺楸等 [图 2-7 (c)]。
  d. 火焰状：如板栗、麻栎、栲属等 [图 2-7 (d)]。
  e. 团状：如桑木、榆木等 [图 2-7 (e)]。

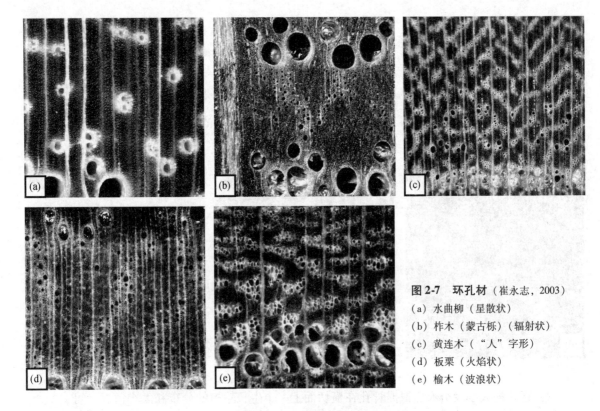

图 2-7 环孔材（崔永志，2003）
(a) 水曲柳（星散状）
(b) 柞木（蒙古栎）（辐射状）
(c) 黄连木（"人"字形）
(d) 板栗（火焰状）
(e) 榆木（波浪状）

f. 波浪状（榆木状）：如榆木、榉树等［图2-7（e）］。

2.2.3.3 管孔的大小 在横切面内，绝大多数导管的形状为椭圆形，椭圆形的直径径向大于弦向，并且在树干内不同部位其形状和直径有所变化。导管的大小是阔叶树材的重要特征，是阔叶树材宏观识别的特征之一。管孔大小是以弦向直径为准，分为以下五级：

(1) 极小：弦向直径小于 $100\mu m$，肉眼下不见至略可见，放大镜下不明显至略明显，木材结构甚细，如木荷、卫矛、黄杨、山杨、樟木、桦木、桉树等。

(2) 小：弦向直径 $100\sim200\mu m$，肉眼下可见，放大镜下明晰，木材结构细，如楠木。

(3) 中：弦向直径 $200\sim300\mu m$，肉眼下易见至略明晰，结构中等，如核桃、黄杞木。

(4) 大：弦向直径 $300\sim400\mu m$，肉眼下明晰，木材结构粗，如檫木、大叶桉。

(5) 极大：弦向直径大于 $400\mu m$，肉眼下很明显，木材结构甚粗，如泡桐、麻栎等。

导管在纵切面上形成导管槽，大的沟槽深，小的沟槽浅，构成木材花纹，如水曲柳、檫树等，但管孔大小相差悬殊者，单板干燥时容易开裂，木材力学强度不均匀，管孔大的部分力学强度低。

2.2.3.4 管孔的数目 对于散孔材，在横切面上单位面积内管孔的数目，对木材识别也有一定帮助。可分为以下等级：

(1) 甚少：每 $1mm^2$ 内少于 5 个，如榕树。

(2) 少：每 $1mm^2$ 内有 $5\sim10$ 个，如黄檀。

(3) 略少：每 $1mm^2$ 内有 $10\sim30$ 个，如核桃。

(4) 略多：每 1mm² 内有 30～60 个，如穗子榆。

(5) 多：每 1mm² 内有 60～120 个，如桦木、拟赤杨、毛赤杨。

(6) 甚多：每 1mm² 内多于 120 个，如黄杨木。

2.2.3.5 管孔内含物 管孔内含物是指在管孔内的侵填体、树胶或其他无定形沉积物（矿物质或有机沉积物）。

(1) 侵填体：在某些阔叶树材的心材导管中，常含有一种泡沫状的填充物，称侵填体。在纵切面上，管孔内的侵填体常呈现亮晶晶的光泽［图 2-8（a）］。具有侵填体的树种很多，但只有少数树种比较发达，如刺槐、山槐、槐树、檫树、麻栎、石梓等。侵填体的有无或多少，可帮助识别木材。如麻栎和栓皮栎木材之间难以区别，但栓皮栎心材略含或不含侵填体，而麻栎心材含有较多的侵填体，可利用该特征对两树种加以区分和识别。

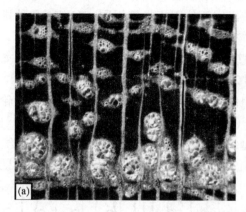 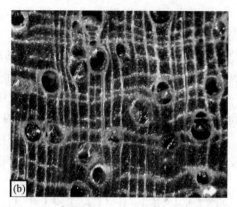

图 2-8　管孔内含物（崔永志，2003）
(a) 侵填体（刺槐）　　(b) 树胶（红酸枝）

侵填体多的木材，因管孔被堵塞，降低了气体和液体在木材中的渗透性，木材的天然耐久性提高，但同时也难以进行浸渍处理和药剂蒸煮处理。

(2) 树胶和其他沉积物：树胶与侵填体的区别是树胶不像侵填体那样有光泽，呈不定形的褐色或红褐色的胶块［图 2-8（b）］，如楝科、香椿、豆科、蔷薇科。皂荚心材导管中有丰富的淡红色沉积物，而肥皂荚导管中则没有，依据这点就可以将二者区别。

矿物质或有机沉积物，为某些树种所特有，如在柚木、桃花心木、胭脂木的导管中常具有白垩质的沉积物，在柚木中有磷酸钙沉积物。木材加工时，这些物质容易磨损刀具，但它提高了木材的天然耐久性。

2.2.4　轴向薄壁组织

轴向薄壁组织是指由形成层纺锤状原始细胞分裂所形成的薄壁细胞群，即由沿树轴方向排列的薄壁细胞所构成的组织。薄壁组织是边材贮存养分的生活细胞，随着边材向心材的转化，生活功能逐渐衰退，最终死亡。在木材的横切面上，薄壁组织的颜色比其他组织的颜色浅，用水润湿后更加明显。

薄壁组织在针叶树材中不发达或根本没有，仅在杉木、柏木等少数树种中存在，但用肉眼和放大镜通常不易辨别，所以对针叶树材宏观识别意义不大。在阔叶树材中，薄壁组织比较发达，它是阔叶树材的重要特征之一。在横切面上，薄壁组织的清晰度和分布类型是识别阔叶树材的重要依据。

2.2.4.1 显明度 根据薄壁组织的发达程度，可以将其分为以下三类：

（1）不发达：在放大镜下看不见或不明显，如毛白杨、木荷、枫香、母生、冬青等。

（2）发达：在放大镜下可见或明显，如香樟、黄桐、枫杨、柿树等。

（3）很发达：在肉眼下可见或明显，如麻栎、泡桐、梧桐、铁刀木等。

2.2.4.2 轴向薄壁组织的排列 根据在横切面上，轴向薄壁组织与导管连生情况，将其分为离管型轴向薄壁组织和傍管型轴向薄壁组织两大类型。

（1）离管型轴向薄壁组织：指轴向薄壁组织不依附于导管周围。有以下几种排列方式：

① 星散/聚合状：在横切面上，轴向薄壁组织于木射线之间聚集成短的弦线，如大多数壳斗科树种、木麻黄属、核桃木等［图2-9（a）］。

② 独立带状：在横切面上，轴向薄壁组织聚集成较长的同心圆状或略与生长轮平行的线或带，如日本血槠、蚊母树［图2-9（b）］。

③ 轮界状：在生长轮交界处，轴向薄壁组织沿生长轮分布，单独或形成不同宽度的浅色的细线。根据轴向薄壁组织存在的部位不同，又分为轮始型和轮末型轴向薄壁组

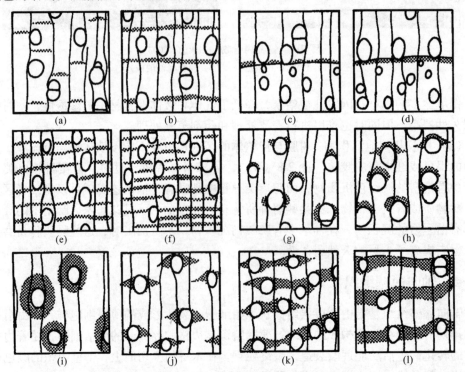

图2-9 轴向薄壁组织类型

织。轮始状存在于生长轮起点,如枫杨、柚木、黄杞［图2-9（c）］。轮末状存在于生长轮终点,如木兰科树种、杨属［图2-9（d）］。

④ 网状:在横切面上,聚集成短弦状或带状的薄壁组织之间的距离与木射线之间的距离基本相等,相互交织成网状,如柿树［图2-9（e）］。

⑤ 梯状:在横切面上,聚集成短弦状或带状的薄壁组织之间的距离明显比木射线之间的距离窄［图2-9（f）］。

⑥ 带状:指在横切面上,轴向薄壁组织聚集成同心圆状的线或带,导管被包围在其中,如黄檀、红花羊蹄甲、榕树等［图2-9（l）］。

（2）傍管型轴向薄壁组织:指排列在导管周围,将导管的一部分或全部围住,并且沿发达的一侧展开的轴向薄壁组织。有以下几种排列方式:

① 稀疏状:指围绕在导管周围的轴向薄壁组织未形成完全的鞘,或星散分布于导管的周围,如枫杨、七叶树、胡桃科、樟科［图2-9（g）］。

② 帽状:指轴向薄壁组织仅聚集于导管的外侧或内侧,如枣树等［图2-9（h）］。

③ 环管状:指轴向薄壁组织围绕在导管周围,形成一定宽度的鞘,在木材横切面上呈圆形或卵圆形,如红楠、合欢、榧树［图2-9（i）］。

④ 翼状:指轴向薄壁组织围绕在导管周围并向两侧呈翼状展开,在木材横切面其形状似鸟翼或眼状,如合欢、臭椿、泡桐、苦楝［图2-9（j）］。

⑤ 聚翼状:指翼状轴向薄壁组织互相连接成不规则的弦向或斜向带,如梧桐、铁刀木、无患子、皂荚等［图2-9（k）］。

应该注意的是,有的阔叶树材仅有1种类型的轴向薄壁组织,有的阔叶树材具有2种或2种以上的轴向薄壁组织,但在每一种树种中的分布情况是有规律的。在日本产木材中,以离管型轴向薄壁组织为主的树种约占55%,以傍管型轴向薄壁组织为主的树种约占25%,2种类型的轴向薄壁组织都明显的约占12%,轴向薄壁组织非常少的树种约占7%。

2.2.5 木射线

在木材横切面上,有许多颜色较浅,从树干中心向树皮方向呈辐射状排列的细胞构成的组织,称为木射线。有些木射线可以到达髓心,称为髓射线。髓射线起源于初生组织,后来由形成层再向外延伸,它从髓心穿过生长轮直达内树皮,被称为初生木射线。起源于形成层的木射线,达不到髓心,称为次生木射线。木材中的射线大部分属于次生木射线。在木质部的射线称为木射线;在韧皮部的射线称为韧皮射线。射线是树木的横向组织,由薄壁细胞组成,起横向输送和储藏养料作用。

针叶树材的木射线很细小,在肉眼及放大镜下一般看不清楚,对木材识别没有意义。木射线的宽度、高度和数量等在阔叶树材不同树种之间有明显区别,是识别阔叶树材的重要特征之一。在弦切面上,顺着木材纹理方向的木射线尺寸为木射线的高度,垂直木材纹理方向的木射线尺寸为木射线的宽度。同一条木射线在木材的不同切面上,表现出不同的形状。在横切面上木射线呈辐射条状,显示其侧面宽度和长度;在径切面上呈横向的线状或带状,显示其长度和高度;而在弦切面上呈短线或纺锤状,显示其宽度和高度。识别木材时应从3个切面去观察木射线的形态,观察木射线宽度和高度应以弦切面为主,其他切面为辅。

2.2.5.1 木射线的宽度 有两种表示方法,即木射线的尺寸或肉眼下的明显度,最大木射线与最大管孔对比。

(1) 木射线的尺寸或肉眼下的明显度:

① 极细木射线:宽度小于0.05mm,肉眼下不见,木材结构非常细,如松属、柏属、桉树、杨树、柳树等。

② 细木射线:宽度在0.05~0.10mm,肉眼下可见,木材结构细,如杉木、樟木、银杏等。

③ 中等木射线:宽度在0.10~0.20mm,肉眼下比较明晰,如冬青、毛八角枫、槭树等。

④ 宽木射线:宽度在0.20~0.40mm,肉眼下明晰,木材结构粗,如山龙眼、密花树、梧桐、水青冈等。

⑤ 极宽木射线:宽度在0.40mm以上,射线很宽,肉眼下非常明晰,木材结构甚粗,如椆木、栎木等(肉眼下最明显)。

(2) 最大木射线与最大管孔对比:

① 最大木射线小于管孔直径,如榀树、格木等。

② 最大木射线等于管孔直径,如阿丁枫、鸭脚木等。

③ 最大木射线大于管孔直径,如木麻黄、山龙眼、冬青、青冈属等。

2.2.5.2 木射线的高度

(1) 矮木射线:高度小于2mm,如黄杨、桦木等。

(2) 中等木射线:高度在2~10mm,如悬铃木、柯楠树等。

(3) 高木射线:高度大于10mm,如桤木、麻栎等。

2.2.5.3 木射线的数量 在木材横切面上覆以透明胶尺(或用低倍投影仪),与木射线直角相交,沿生长轮方向计算5mm内木射线的数量,取其平均值。木射线在5mm长度中的数量对木材识别有一定的意义。

(1) 少:每5mm内木射线的数量少于25条,如鸭脚木、刺槐等。

(2) 中:每5mm内有25~50条木射线,如樟木、桦木等。

(3) 多:每5mm内有50~80条木射线,如冬青、黄杨等。

(4) 甚多:每5mm内木射线的数量多于80条,如杜英、子京、七叶树等。

2.2.5.4 木射线的类型

(1) 聚合木射线:有些阔叶材在肉眼或低倍放大镜下显示出的宽木射线,实际上是由许多细木射线聚合而成,称为聚合射线,如桤木、鹅耳枥、木麻黄等。

(2) 宽木射线:宽木射线指全部由射线细胞组成的宽木射线,如山龙眼、麻栎、梧桐等。在识别木材时,宽射线还应观察其反光程度的强或弱,以及一条宽射线的宽窄是否均匀等。

2.2.6 胞间道

胞间道指由分泌细胞围绕而成的长形细胞间隙。储藏树脂的胞间道叫树脂道，存在于部分针叶树材中。储藏树胶的胞间道叫树胶道，存在于部分阔叶树材中。胞间道有轴向和径向（在木射线内）之分，有的树种只有一种，有的树种则两种都有。

2.2.6.1 树脂道 针叶树材的轴向树脂道在木材横切面上呈浅色的小点，氧化后转为深色。轴向树脂道在木材横切面上常呈散分布于早晚材交界处或晚材带中，沟道中常充满树脂［图2-10（a）］。其排列情况各个生长轮互不相同，偶尔有断续切线状分布的，如云杉。在纵切面上，树脂道呈各种不同长度的深色小沟槽。径向树脂道存在于纺锤状木射线中，非常细小［图2-10（b）］。

具有正常树脂道的针叶树材主要有松属、云杉属、落叶松属、黄杉属、银杉属及油杉属。前5属具有轴向与径向2种树脂道，而油杉属仅有轴向树脂道。一般松属的树脂道体积较大，数量多；落叶松属的树脂道虽然大但稀少；云杉属与黄杉属的树脂道小而少；油杉属无横向树脂道，而且轴向树脂道极稀少。轴向树脂道和横向树脂道通常互相沟通，在木材中形成树脂道网。

根据有无正常树脂道和树脂香气的大小，常把针叶树材分为三类：

（1）脂道材：具有天然树脂道的木材，如松属、云杉属、落叶松属、黄杉属、银杉属及油杉属等。

（2）有脂材：无正常树脂道而具有树脂香气，初伐时常有树脂流出的木材，如铁杉、杉木、柏木等。

（3）无脂材：无树脂道又无树脂香气的木材，如银杏，鸡毛松，竹柏等。

创伤树脂道指生活的树木因受气候、损伤或生物侵袭等刺激而形成的非正常树脂道，如冷杉、铁杉、雪松等。轴向创伤树脂道体形较大，在木材横切面上呈弦向排列，常分布于早材带内［图2-10（c）］。

2.2.6.2 树胶道 树胶道也分为轴向树胶道和径向树胶道。油楠、青皮、柳桉、

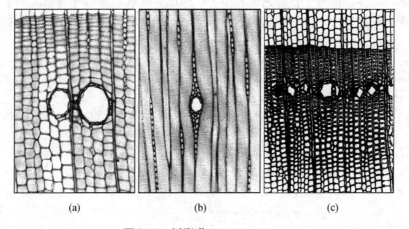

(a) (b) (c)

图 2-10 树脂道（崔永志，2003）
(a) 轴向树脂道 (b) 径向树脂道 (c) 创伤树脂道

坡垒等阔叶树材具有正常轴向树胶道，多数呈弦向排列［图 2-11（a）］，少数为单独分布，不像树脂道容易判别，而且容易与管孔混淆。漆树科的野漆、黄连木、南酸枣，五加科的鸭脚木，橄榄科的嘉榄等阔叶树材具有正常的径向树胶道，但在肉眼和放大镜下通常看不见［图 2-11（b）］。个别树种，如龙脑香科的黄柳桉同时具有正常的轴向和径向树胶道。

创伤树胶道的形成与创伤树脂道相似。阔叶树材通常只有轴向创伤树胶道，在木材横切面上呈长弦线状排列，肉眼下可见，如枫香、山桃仁、木棉等。

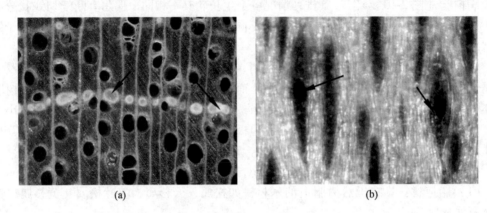

图 2-11　树胶道（崔永志，2003）
(a) 轴向树胶道（柳桉）　　(b) 径向树胶道（黄连木）

2.3　木材的次要宏观特征

2.3.1　颜色和光泽

2.3.1.1　颜色　表 2-1 是部分树种木材的颜色。构成木材细胞壁的主要成分之间无明显的颜色差异，但由于各种色素、单宁、树脂、树胶及油脂等物质沉积于木材细胞腔，并渗透到细胞壁中，使木材呈现不同的颜色。边材树种和熟材树种边心材的颜色无

表 2-1　木材的颜色

颜　色	树　种
白色至黄白色	云杉、樟子松（边材）、山杨、青杨、白杨、枫杨
黄色至黄褐色	红松、臭松、杉木、落叶松、圆柏、铁杉、银杏、雪松、樟子松（心材）、水曲柳、刺槐、桑树、黄檀、黄波罗、黄连木、桑树、冬青
红色至红褐色	香椿、红椿、毛红椿、厚皮香、红柳、西南桦、水青冈、大叶桉、荷木
褐色	黑桦、齿叶枇杷、香樟、合欢
紫红褐色至紫褐色	紫檀、红木
黑色	乌木、铁刀木（心材）
黄绿色至灰绿色	漆树心材、木兰科（心材）、火力楠

明显的区别，心材树种边材颜色较浅、心材颜色较深，应分别进行描述。木材的颜色能够反映树种特征，可以作为识别木材的特征之一。

木材的颜色变异性较大，易受各种因素影响。如少叶黄杞刚采伐时横切面呈黄色，干燥后变为灰褐色；花榈木心材刚锯开时呈鲜红褐色，久之变为暗红褐色。多数木材由于风化和氧化作用，其表面的颜色会变深或变浅。栎木、丝栗、苦槠等木材，在水中浸泡，材色变深，锯解时板面上常出现黑色斑纹。有些木材的颜色遭受变色菌的侵蚀后产生改变，如马尾松边材常为青变，水青冈变为淡黄色，桦木变为淡红褐色。

使木材产生各种特征颜色的色素能够溶解于水或有机溶剂中，可以从木材中提取各种颜色的染料，用于纺织或其他化学工业。

2.3.1.2 光泽　木材的光泽是指光线在木材表面反射时所呈现的光亮度。不同树种之间光泽的强弱与树种、表面平整程度、木材构造特征、侵填体和内含物、光线入射（反射）角度、木材切面的方向等因素有关。可以借助木材的光泽，鉴定一些外观特征相似的木材。如云杉和冷杉外观特征和颜色极为相似，但云杉材面呈绢丝光泽，而冷杉材面光泽较淡。

2.3.2　气味和滋味

木材的气味来源于细胞腔所含有的树脂、树胶、单宁以及各种挥发性物质。由于不同树种的木材所含有的化学物质不同，因而会散发出各种不同的气味，可用于木材的识别。松木有松脂气味；雪松有辛辣气味；杉木有杉木香气；柏木、圆柏、侧柏有柏木香气；银杏有苦药气味；杨木有青草气味；椴木有腻子气味；愈疮木有香兰气味；肾形果有杏仁气味；红椿有清香气味；八角有浓厚的八角气味；香樟、黄樟有樟脑气味。

木材的滋味来源于木材中所含的水溶性抽提物中的一些特殊化学物质。如黄柏、苦木、黄连木有苦味；糖槭有甜味；栎木、板栗有单宁涩味；肉桂具有辛辣及甘甜味。

木材的气味和滋味不仅有助于木材树种的识别，而且还有一些重要的用途。如香樟可以提取樟脑油，用樟木制作的衣箱和书柜可以防虫蛀；檀香木可以提取白檀油，制作檀香扇及雕刻玩具。但有些木材中所含有的挥发性物质对人体是有害的，如紫檀、红木、漆树可以使皮肤产生过敏等现象。

2.3.3　纹理、结构和花纹

2.3.3.1 纹理　木材纹理指构成木材主要细胞（纤维、导管、管胞等）的排列方向。通常分为以下几类：

（1）直纹理：直纹理指木材轴向细胞的排列方向基本与树干长轴平行，如杉木、红松、榆木、黄桐、鸭脚木等。这类木材强度高，易加工，但花纹简单。

（2）斜纹理：斜纹理指木材轴向细胞的排列方向与树干长轴不平行，呈一定角度。如圆柏、香樟、桉树、枫香、木荷等。斜纹理使木材强度将低，不易加工，但其中有一些花纹美丽，可在室内装饰和家具中发挥特殊的作用。斜纹理又可分为以下几种：

① 螺旋纹理：指木材轴向细胞围绕树干长轴成单方向向左或向右的螺旋状排列，如侧柏、桉树等（图2-12）。

② 交错纹理：指螺旋纹理的方向有规律的反向，即左螺旋纹理与右螺旋纹理分层交替缠绕，如海棠木、大叶桉、母生等（图2-13）。具有这类纹理的木材，在径切板上形成带状纹理，劈开后在板面上形成交错纵列的楔形槽。

③ 波浪纹理：指木材轴向细胞按一定规律向左右弯曲，呈波浪起伏状，如七叶树、樱桃、笔木等（图2-14）。

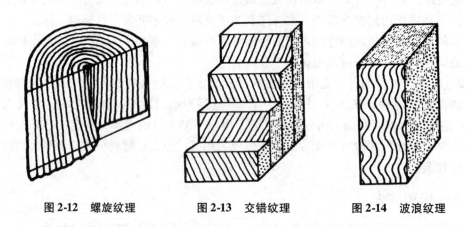

图2-12　螺旋纹理　　　图2-13　交错纹理　　　图2-14　波浪纹理

④ 皱状纹理：基本上与波状纹理相同，只是波浪的幅度较小，形如皱绸，常见于槭木、杨梅、桃花心木。

木材构造所形成的各种纹理，对于木材识别有一定的帮助。

2.3.3.2 结构　木材的结构指构成木材细胞的大小及差异的程度。

针叶树材以管胞弦向平均直径、早晚材变化缓急、晚材带大小、空隙率大小等表示。晚材带小、缓变，如竹叶松、竹柏等木材结构细致，叫细结构；晚材带大、急变的木材，如马尾松、落叶松等木材粗疏，叫粗结构。针叶树材结构分级如下：

(1) 很细：晚材带小，早材至晚材渐变，射线细而不见，材质致密，如柏木、红豆杉等。

(2) 细：晚材带小，早材至晚材渐变，射线细而可见，材质较松，如杉木、红杉、竹柏等。

(3) 中：晚材带小，早材至晚材渐变或突变，射线细而可见，材质疏松，如铁杉、福建柏、黄山松等。

(4) 粗：晚材带小，早材至晚材突变，树脂道直径小，如广东松、落叶松等。

(5) 很粗：晚材带大，早材至晚材突变，树脂道直径大，如湿地松、火炬松等。

阔叶树材则以导管的弦向平均直径和数目，射线的大小等来表示。细结构是由大小相差不大的细胞组成，称为均匀结构。粗结构由各种大小差异较大的细胞组成，又称为不均匀结构。环孔材为不均匀结构，散孔材多为均匀结构。阔叶树材结构分级如下：

(1) 很细：管孔在肉眼下不见，在10倍放大镜下略见，射线很细或细，如卫矛。

(2) 细：管孔在肉眼下不见，在10倍放大镜下明显，射线细，如冬青、槭木。

(3) 中：管孔在肉眼下略见，射线细，如桦木。

（4）粗：管孔在肉眼下明显，射线细，如樟木；管孔在肉眼下不见或可见，射线宽，如水青冈。

（5）甚粗：管孔在肉眼下很明显，射线细，如红椎；管孔大，射线宽，如水曲柳、青冈、椆木。

2.3.3.3 花纹 木材的花纹指木材表面因生长轮、木射线、轴向薄壁组织、颜色、节疤、纹理等而产生的图案。不同树种木材的花纹不同，对木材识别有帮助，并可作各种装饰材，使木制品美观华丽。常见的花纹有：

（1）"V"形花纹：在原木的弦切面或旋切单板上，由于生长轮早、晚材带管孔大小不同或材色不同，形成形似"V"状的花纹，如酸枣、山槐等。

（2）银光花纹：具有宽木射线或聚合木射线的树种，在径切面上由于宽木射线斑纹受反射光的影响而显示的花纹，如水青冈、栎木、山龙眼等。

（3）鸟眼花纹：原木局部的凹陷形成圆锥形，其图案近似鸟眼，故称鸟眼花纹。

（4）树瘤花纹：树瘤是树木的休眠芽受伤或其他原因不再发育，或由病菌寄生在树干上形成的圆球形凸出物，木质曲折交织，多见于核桃、榆木和桦木等。

（5）树丫花纹：枝丫的薄木花纹由于木材细胞排列相互呈一定角度，近似鱼骨，故又称鱼骨花纹。

（6）虎皮花纹：由具有波浪状或皱状纹斑而形成的花纹，如槭木等。

（7）带状花纹：由于木材中的色素物质分布不均匀，在木材上形成许多颜色不同的条带，如香樟。

2.3.4 材 表

材表（材身）指紧邻树皮最里层木质部的表面，即剥去树皮的木材表面。各种树种的木材常具有独自的材表特征，对木材识别有一定的帮助。材表的主要特征有：

（1）平滑：材表饱满光滑。多数树种属于平滑，如茶科、木兰科的一些树种，特别是大部分针叶树材如杉木、红松等。

（2）槽棱：是由宽木射线折断时形成的。宽木射线如在木质部折断，材表上出现凹痕，呈槽沟状；如在韧皮部折断，则在材表上形成棱，如石栎属、青冈属、鹅耳枥属等。

（3）棱条：由于树皮厚薄不均，树干增大过程中受树皮的压力不平衡，材表上呈起伏不定的条纹，称棱条。横断面树皮呈多边形或波浪形的材表上可以见到棱条。棱条分为大、中、小3种。棱条基部宽2cm以上的称为大棱条，如槭树、石灰花楸等；棱条基部宽1~2cm的称为中棱条，如广东钓樟、黄杞；棱条基部宽1cm以下的称为小枝条，如拟赤杨等。

（4）网纹：木射线的宽度略相等，且为宽或中等木射线，排列较均匀紧密，其规律形如网格的称为网纹，如山龙眼、水青冈、密花树、南桦木等。

（5）灯纱纹（细纱纹）：细木射线在材身上较规则的排列，呈现形如气灯纱罩的纱纹，称为灯纱纹或细纱纹，如冬青、猴欢喜、毛八角枫、鸭脚木等。

（6）波痕：木射线或其他组织（如薄壁组织）在材身上作规律的并列（叠生），整齐地排列在材身的同一水平面上，与木纹相垂直的细线条，称为波痕或叫叠生构造，如柿木、梧桐、黄檀等。

(7) 条纹：材身上具有明显凸起的纵向细线条，称为条纹，常见于阔叶材中的环孔材和半环孔材，如甜楮、山槐、南岭栲等。

(8) 尖刺：由不发育的短枝或休眠芽在材身上形成的刺，称为尖刺，如皂荚、柞木等。

2.3.5 质量和硬度

木材的质量与硬度可以作为识别木材树种的参考依据。例如红桦和香桦的外部特征很相近，但香桦较重且硬，而红桦较轻且软，二者就容易区别开来。在木材识别时通常将木材分为轻、中、重与相应的软、中、硬三大类：

(1) 轻-软木材：密度小于 $0.5g/cm^3$，端面硬度在 5 000N 以下的木材，如泡桐、鸡毛松、杉木等。

(2) 中等木材：密度在 $0.5\sim0.8g/cm^3$，端面硬度 5 001~10 000N 的木材，如黄杞、枫桦等。

(3) 重-硬的木材：密度大于 $0.8g/cm^3$，端面硬度在 10 000N 以上的木材，如子京、荔枝、蚬木等。

木材的硬度用试验机测定，但在木材识别时要求较粗放，一般是用拇指指甲在木材上试之有无痕迹，或用小刀切削，以试其软硬程度。

2.3.6 髓斑和色斑

(1) 髓斑：髓斑是树木生长过程中形成层受到昆虫损害后形成的愈合组织。有些树种的木材在横切面上可以见到一些不规则的浅色或深色的形似月牙状的斑点，在纵切面上为深褐色的粗短条纹，即髓斑。髓斑不是木材的正常构造，但常发生在某些特定树种中，如杉木、柏木、桦木、椴木、枫杨、槭木、柳、樱属等，因而在木材识别上有参考意义。

髓斑的大量存在会降低木材强度，但因髓斑很小，对一般的用途来说影响较小而被允许。但对航空或仪器用材以及其他特殊要求的用途来说，髓斑被视为一种木材缺陷而加以限制；大量的髓斑出现于单板，也会降低其制成品的等级。

(2) 色斑：有些树种的立木受伤后，在木质部出现各种颜色的斑块，称为色斑。如交让木受伤后形成紫红色斑块，泡桐受伤后形成蓝色斑块。

2.3.7 乳汁迹

乳汁迹是一种沿木材径向呈裂隙状的孔穴，起源于叶及轴芽迹，通过某些阔叶树材具有乳液树种的木质部，在弦切面呈细长的透镜状，常误认为是小虫眼。

2.3.8 内含韧皮部

在树干直径增大过程中，通常次生木质部位于形成层的内侧，次生韧皮部位于形成层的外侧。但在少数阔叶树材的次生木质部中具有韧皮束或韧皮层，称为内涵韧皮部。有以下 2 种类型：

（1）同心圆型：形成层的寿命短，新的分裂组织在皮层中陆续产生，进行组织的形成，在树干产生筛部和木质部交替的连续层，或不连续的束状，如马鞭草科的海茄冬和豆科的紫藤。

（2）星散型：与同心圆型不同，单一永续的形成层进行分裂活动，但部分木质部的形成产生异常，在木质部中包含有筛部的束条，如白木香、小叶谷木和密花马钱子等。

2.4 树皮的宏观特征

2.4.1 树皮的形成

树皮指树木维管束形成层外侧的全部组织，它以形成层为界线，内侧为木质部，外侧为树皮。树皮的组织因树龄而异，树皮的初生构造由表皮、皮层、初生韧皮部组成，树皮的次生构造由形成层和木栓形成层形成的次生韧皮部组成（图 2-15）。

表皮由原始表皮层分裂出来，细胞壁极厚，富有角质，具有气孔，可以防止内部组织中的水分蒸发，同时起到保护作用。在树木生长过程中，紧贴表皮的皮层其外边的薄壁细胞产生弦向分裂，生成木栓形成层。木栓形成层向内分生栓内层，向外分生木栓层。木栓层、木栓形成层和栓内层合称周皮。表皮破裂后，木栓层替代表皮成为保护层。随着木质部直径的不断增长，在皮层的内部生成新的木栓形成层，形成新的周皮。新的周皮形成后，木栓组织外侧的树皮组织因缺水而死亡。

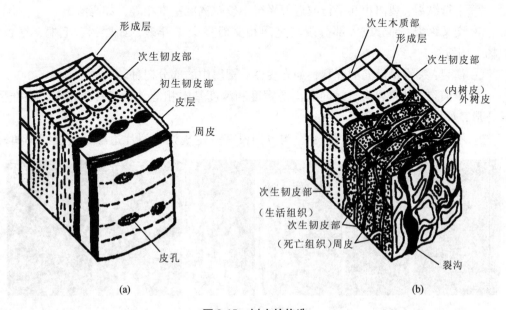

图 2-15 树皮的构造
（a）幼龄树皮的构造　（b）成熟树皮的构造

2.4.2 外树皮

以周皮为界,其外侧已经死亡的组织叫做外树皮。不同树种,其外树皮具有独自的特征,如颜色、外形、剥落、皮孔等,这些特征可以用来识别木材的树种。

2.4.2.1 颜色 各树种的树皮具有比较固定的表面颜色,如松木、杉木等针叶树材多为红褐色,阔叶树材多为褐色。这些颜色随着树龄、生长环境、含水率等常有很大的变异。如白桂木为红褐色,罗浮柿为黑褐色,光皮桦为灰白色。此外,一些树种树皮剥落前后颜色也有变化,如柠檬桉剥落前树皮为红褐色,剥落后则为粉白色;白桦树皮剥落前粉白色,剥落后为褐色。

2.4.2.2 外形 树皮的外形指其外观形态(图2-16),分为不开裂和开裂两大类。

(1) 不开裂:树干在直径生长过程中,从幼龄至老龄树皮始终不开裂。不开裂树皮又分为以下4种情况:

①光滑(或近光滑):树皮不粗糙,手摸有光滑感,如紫荆、山茶、舟柄茶、部分桂皮树等。

②粗糙:树皮因有瘤状突起或大而密集的皮孔,而显得粗糙,如石栎属、青冈属、朴树属等。

③皱缩:树皮因收缩而形成纵向皱纹,如梧桐、多花山竹子等。

④斑驳痕:系树皮脱落而留下的痕迹,如豺皮黄肉楠、广东琼楠、桂皮等。

(2) 开裂:树干在直径增大过程中,多数树种的表皮会产生开裂现象。开裂的隙为裂沟,无隙的部分为裂脊。根据裂沟的走向、深浅分为以下几种类型:

① 纵裂:裂沟方向与树干纵轴方向基本一致,如杉木。

② 平行纵裂:裂沟相互平行或近似平行,裂脊宽度基本相等,如南酸枣。

③ 交叉纵裂:部分或大部分裂沟之间相交而呈交叉开裂,如檫树、毛桐、银杏、枫杨、刺槐等。

④ 横裂:裂沟呈横向的开裂,如光皮桦、樱属中的部分树种。

⑤ 纵横裂:纵向裂沟与横向裂沟的宽度和深度基本相等,近似直角相交,裂脊呈长方形,如柿树等。

⑥ 不规则裂(或鳞片状裂):裂沟方向没有一定规则,裂片边缘常呈弧线,如松

浅纵裂　　深纵裂　　交叉纵裂　　鳞片状裂　　纵横裂　　皮刺

图 2-16　各种树皮的外形特征

属、英国梧桐等。

⑦深裂：裂沟较深，通常为树皮厚度的 1/3～1/2，如白桦、栓皮栎、刺槐等。

⑧浅裂：裂沟较浅，不及树皮厚度的 1/3 者，如桑树。

⑨微裂：裂沟不甚明显，但又可见到浅的裂沟，如千年桐、拟赤杨等。

2.4.2.3 皮孔 在树皮上看到的一些长形、圆形、扁形或其他形状的突起部分，称为皮孔（图 2-17）。皮孔是周皮的组成部分，是树木水分和气体交换的通道。

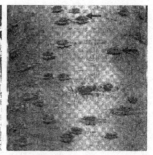

毛白杨（菱形皮孔）　　　樱树（横向皮孔）

图 2-17　皮　孔

不同树种皮孔的形状不同，针叶树材皮孔一般不明显，只有冷杉较多，且呈圆形；阔叶树材的皮孔一般较明显，多数树种的皮孔呈圆形或卵圆形，只有少数树种特殊。另外，不同树种其皮孔的大小、多少均有差异，樱桃有显著横列皮孔，红花荷具有数量多、绿豆大小的白色皮孔，山杨为纵列皮孔。

2.4.2.4 皮刺 树皮上的坚硬棘刺，是由不发育的叶子形成的，如刺楸和刺臭椿等。

2.4.2.5 瘤状突起 树皮上具有许多高低大小不一的坚硬小瘤，称瘤状突起，如石栎属、青冈属、栲属中的部分树种等。

2.4.2.6 剥落 在树木的生长中，外树皮的先开裂后脱落的过程叫做剥落。通常针叶树材外树皮自然剥落较为普遍，阔叶树材外树皮的剥落不如针叶树材明显。外树皮剥落可以分为以下几种情况：

（1）块状：外皮呈方块状剥落，如鸡毛松和柿树等。

（2）鳞片状：外皮剥落形状不规则，形似鳞片，如松科树种、豺皮黄肉楠和桂树等。

（3）纸片状：剥落的外皮很薄，似纸片，如楠木、白楠和梭椤树等。

（4）条状：因纤维长，呈条状剥落，如杉木、柏木和红豆杉等。

（5）条片状：外皮呈长而宽的片状剥落，如黄连木和黄檀等。

2.4.3　树皮的厚薄

树皮的厚薄指未受到外力损伤时树皮的横切面厚度。通常接近树木根部的树皮最厚，树木顶端的树皮最薄。不同树种之间差异较大，可分厚、中、薄三级：

（1）厚树皮：树皮厚度在 10mm 以上，如栓皮栎、厚皮丝栗和椴树等。

（2）中等厚度树皮：树皮厚度为 3～10mm，如桂花树、石栎和桂树等。

（3）薄树皮：树皮厚度在 3mm 以下，如油茶、杜鹃和紫薇等。

2.4.4　质　地

树皮质地与含水率、纤维的长短及粗细有关，且内树皮和外树皮的质地差异较大。通常根据软硬、脆性和韧性、纤维的长短及粗细等衡量树皮的质地。青冈属、石栎属、麻栎、大头茶、木荷等较硬；栓皮栎、粗糠树、银杏、榆属等较软。杜鹃、乌饭树等较脆；光皮桦、山樱桃等韧性高。甜槠、板栗、椴树、梧桐等树皮的纤维长；红豆杉、三尖杉、柏木、红楠等树皮的纤维短。纤维粗的如石栎、栲树、猴欢喜等；纤维细的如杜英、山矾等。

2.4.5 其他特征

（1）胶质丝：杜仲、卫矛、丝棉木等树皮折断时可见银白色的胶质丝。

（2）气味：在现场识别原木，树皮的气味有很大的帮助，如樟木有樟脑气，桢楠有楠木气，柏木有柏木香气，光皮桦有癣药水气等。

（3）树液：树皮上的树液有多种颜色，大戟科、漆树科、桑科为乳白色；多花山竹子为黄色树液；楝科、山龙眼科、茜草科为红色树液。另外，如刨花楠、绒楠、榆木、莽草、梧桐等树皮遇水有黏液流出。

2.5 木材宏观识别

2.5.1 木材宏观识别的方法

木材宏观识别，就是根据不同树种木材宏观构造及树皮宏观构造的差异，对未知树种木材进行区分和鉴定。

木材的宏观识别比较简单，仅需一把锋利的小刀和10倍放大镜。待鉴定木材为气干状态的木材，不能使用带有缺陷、腐朽或变色木材。

根据待鉴定木材的产地，首先收集该地区有关树种木材识别的相关资料，如各种树种木材宏观性质的描述、木材检索表、木材穿孔检索卡或计算机检索程序等。

用锋利小刀将木材局部削光，然后用肉眼或10倍放大镜观察木材光滑切面上所展现的特征。将清水滴在木材切面上，可以增强特征的明显度，如轴向薄壁组织、波痕及油细胞等。光泽度的判别需要在阳光或灯光下进行。

木材的三个切面具有不同的宏观特征，横切面呈现的识别特征最多，是主要的切面；其次为弦切面，可以观察到导管、射线的粗细和排列情况、波痕、木材纹理等；径切面上的特征最少，除纹理、导管外，可以观察射线斑纹（包括银光纹理）等。木材的主要和次要宏观特征随着树种不同而有所变化，所以要进行全面观察，切忌片面性。

将所观察到的木材特征与有关资料进行对照，确定待鉴定木材的树种。

2.5.2 木材宏观特征观察

首先根据导管的有无来区分针叶树材与阔叶树材，因为针叶树材一般没有导管，阔叶树材在我国除极个别树种如水青树、昆栏树等以外，都有导管。依次为生长轮的类型、明显度、宽度；早晚材带的变化；心边材区别是否明显以及材色；导管（或管孔）的大小、排列、内含物等；轴向薄壁组织的数量、分布；木射线的宽度、粗细；波痕和胞间道的有无；木材的光泽度；特殊气味和滋味的有无；硬重等。对针叶树材和阔叶树材的观察应各有所侧重。

(1) 针叶树材主要观察以下特征：

①生长轮：生长轮明显度（假生长轮除外）；生长轮的形状、宽窄是否均匀；早、晚材带的大小及所占的比率，颜色；从早材带过渡到晚材带的缓急；晚材带宽窄是否均匀等。

②心边材：区别是否明显，宽度，颜色。

③树脂道：是否具有正常轴向树脂道；是否具有正常径向树脂道；是否具有泌脂细胞且具厚壁；泌脂细胞数目；是否具有创伤树脂道（轴向或径向）。

④木材的气味。

⑤木材的滋味。

⑥木材的油性感觉。

(2) 阔叶树材主要观察以下特征：

①导管（或管孔）：没有导管，如水青树、昆栏树等；有导管，区分环孔材、半环孔材、散孔材等。

②生长轮：生长轮的形状，以及是否分明。

③心边材：区别是否明显，颜色。

④早材导管是否一行，管孔单独，径列复管孔，管孔团，管孔链；径向或斜向排列，弦向排列；侵填体；心材含有有色的或白色的树胶或其他沉积物；散孔材平均弦向直径等。

⑤轴向薄壁组织：明晰度；轴向薄壁组织的排列，星散状、星散—聚合、离管带状、轮界状、梯状、网状、傍管型占优势、稀疏状、帽状、环管状、环管束状、翼状、聚翼状、（双）傍管带状等。

⑥木射线：明晰度；宽度；高度；数量；最大木射线与最大管孔对比，小于管孔直径，等于管孔直径，大于等于管孔直径；聚合木射线，宽木射线等。

⑦木材密度、硬度。

⑧木材的特殊气味、特殊滋味。

⑨木材纹理、结构与花纹。

⑩木材的光泽。

⑪叠生构造（或波痕）：射线叠生，轴向组织（轴向薄壁组织、纤维或导管分子等）叠生等。

⑫胞间道：具有正常轴向胞间道，具有创伤轴向胞间道等。

⑬其他特征：具有内含韧皮部，具有油细胞或黏液细胞等。

2.5.3 木材检索表

对于一块已知来源的待鉴定木材，根据观察到的特征，与该地方已被描述的木材特征进行比较，一种接一种，直至找到与特征相符合的木材为止。但该方法烦琐，需要较长时间。因此，在不断积累和总结经验的基础上，确立了能够迅速识别木材的检索方法和程序。

木材检索方法有三类：对分检索表、穿孔卡检索表、计算机木材识别系统。对分检索表是使用最广泛的方法。

2.5.3.1 对分检索表（dichotomous key） 在木材一对最容易区别、最具有普遍意义的或最稳定的特征的基础上，将它们分成两组，然后再将新的特征分成两组，依次类推直至最后列出树种，编制出某一地区或某一科树种木材的检索表。应用检索表时，选择符合待鉴定标本的一组特征，直至最后列出的树种，该树种就是待鉴定的木材。该方法以互相排斥为条件，成对对列，逐渐缩小范围，最后找出标本的个性。

对分检索表的缺点主要是：①检索表中所用的特征必须依一定的次序检索；②检索表一经编制，除非重新订正，否则不能增减任何树种的木材。

2.5.3.2 穿孔卡检索表（perforated-card key） 自1938年Clarke介绍穿孔卡检索表以来，许多国家都普遍采用。穿孔卡片检索表（简称穿孔卡）是把木材的全部识别特征排列在一张卡片周围，并在每一特征上方打一小孔，一个树种制成一张卡片，将该树种木材所具有的特征上方的小孔剪穿，把"O"变成"U"形缺口，该树种木材不具有的特征不要剪穿，如果具有的特征不够明显的，则在"U"形下划横线即为"U"。剪去每张卡片的右上角，使所有卡片按同一方向放在卡片盒内。检索时，按需鉴定木材所具有的特征的明显程度顺次用钢针穿卡片上相应特征的圆孔，轻摇抖落具有该特征的卡片，留在针上的放在一边，将抖落的卡片叠好，又按第二个特征再进行穿挑分离，逐次淘汰，直到最后几张时，再与需鉴定的木材切面对照，以确保鉴定结果的可靠性。该检索表的优点是：①随时可以增减树种或修正特征；②识别木材时可按标本的任何显著特征进行，不需要固定的顺序；③欲知某一特征有些什么树种非常容易，用钢针在需要的特征上将一叠卡片穿透一次即可。

穿孔卡检索表的主要缺点是：①逐次穿挑卡片较为繁琐，可能出现漏检现象；②树种数目过多时，则无能为力。

2.5.3.3 木材树种识别计算机检索系统 木材树种识别计算机检索系统是以穿孔卡检索表为依据，利用计算机快速处理数据的特性，采用数据文件或数据库管理木材树种名称及构造特征。具有高效、准确、灵活、综合功能强等特点。

2.5.4 中国主要商品木材宏观特征检索表

2.5.4.1 针叶树材 木材无管孔，木射线在肉眼下不明晰。

A1. 具有正常树脂道，在横切面上呈浅色或深色斑点。
1. 树脂道多，肉眼下可见，放大镜下明显；有松脂气味 ……………………………………… 2
1. 树脂道少，肉眼下不易见，放大镜下不明显；略具松脂气味 …………………………… 6
  2. 材质轻，软；晚材带不明显，通常较窄 ……………………………………………… 3
  2. 材质较重，较硬；早材至晚材通常急变，晚材带明显 ……………………………… 4
3. 边材颇宽，心材红褐色；结构中 ………………………………………………………… 红松
3. 边材狭窄，心材浅红褐色；结构中至细 ……………………………………………… 华山松
  4. 树脂道大而多，在肉眼下呈小孔状；边材较宽；生长轮不均匀，常宽；晚材带常宽；结构甚粗
    ………………………………………………………………………………………… 马尾松
  4. 树脂道小，稍少，肉眼下呈浅色或褐色斑点；边材窄至较宽；生长轮均匀或不均匀，较窄；

晚材带较窄；结构粗 ··· 5
5. 心边材区别不明显或略明显；边材宽；生长轮不均匀 ························· **云南松**
5. 心边材区别不明显或略明显；边材窄；生长轮较均匀 ························· **樟子松**
　6. 心边材无区别；材色浅；早材至晚材缓变；材质软；生长轮窄 ·············· **云杉**
　6. 心边材区别明显；材色深；早材至晚材通常急变 ································ 7
7. 心材深红褐色 ·· **黄杉**
7. 心材浅红褐色或黄褐色；材质硬 ·· **落叶松**
A2. 不具有正常树脂道。
1. 木材有香气 ·· 2
1. 木材无香气 ·· 7
　2. 柏木香气显著或不显著 ··· 3
　2. 杉木香气显著或不显著 ··· 6
3. 柏木香气不显著；早材至晚材急变，晚材带宽；结构粗；有油性感 ··········· **福建柏**
3. 柏木香气显著；结构细至甚细 ·· 4
　4. 心材紫红色；生长轮较明显，晚材带极窄；香气甚浓 ························ **红桧**
　4. 心材黄褐色 ·· 5
5. 边材浅黄色；生长轮明显，略宽；髓斑甚多 ·· **柏木**
5. 边材黄褐色；生长轮明显，宽窄不均匀；有油性感 ··································· **侧柏**
　6. 早材至晚材渐变，早晚材硬度无明显差别，晚材带窄；香气显著；心材灰褐色 ··· **杉木**
　6. 早材至晚材略急变，早晚材硬度有显著差别，晚材带略宽；香气不显著；心材红褐色 ··· **柳杉**
7. 心边材区别明显 ·· 8
7. 心边材区别不明显 ·· 9
　8. 边材白色至黄白色，宽；生长轮窄，早材至晚材略至急变；结构粗至甚粗 ··· **水杉**
　8. 边材浅黄色，窄；生长轮窄，早材至晚材渐变；结构细 ··········· **红豆杉**
9. 早材至晚材渐变，晚材带窄；边材甚宽；结构细；放大镜下横切面有细小斑点 ··· **银杏**
9. 早材至晚材急变；具创伤树脂道 ··· 10
　10. 木材黄白色带褐色；生长轮明显，宽窄均匀 ····································· **臭冷杉**
　10. 木材红褐色；生长轮明显，宽窄不均匀 ·· **铁杉**

2.5.4.2　阔叶树材

B. 木材无管孔，仅具有管胞 ·· B1
B. 木材具有管孔 ·· B2
B1. 生长轮明显，宽度略均匀或不均匀；早材至晚材渐变；木射线中至多，极细至中 ··· **水青树**
B1. 生长轮明显，宽度不均匀；早材至晚材急变。木射线少至中；甚细至中 ··· **昆栏树**
B2. 环孔材 ·· C1
B2. 半环孔材或半散孔材 ·· C2
B2. 散孔材 ·· C3
　C1. 环孔材。
1. 有宽木射线，明显 ·· 2
1. 无宽木射线 ··· 6
　2. 早材管孔略大，在肉眼下明显；晚材管孔略小，略少，斜列或径列；薄壁组织量多，除轮界
　　状外在肉眼下可见，翼状及聚翼状 ·· **梧桐**
　2. 早材管孔在肉眼下可见至明显；晚材管孔单个分布，复串排列成火焰状；星散聚合及离管带

状薄壁组织在放大镜下可见至明显 ……………………………………………………… 3
3. 宽木射线在肉眼下不明显，数少，较窄，分布不均匀；径切面上射线斑纹少见，不发达；生长
　　轮在宽木射线处凹下，呈波浪形；早材管孔2至多列，呈斜径列或簇集，长达2~7个管孔；心
　　边材无区别 ……………………………………………………………………………………… 锥树
3. 宽木射线在肉眼下明显，数多，分布颇均匀；径切面上射线斑纹明显；生长轮不呈波浪形；早
　　材管孔1至多列，通常排列连续；心边材有区别 …………………………………………… 4
　4. 早材带通常1~2（稀3）列管孔；早材至晚材急变；晚材管孔在放大镜下略见，数多，宽多
　　　列管孔；材色较浅，心材浅栗褐色或栗褐色；宽木射线较窄 …………………………… 槲栎
　4. 早材带通常2~4（稀5）列管孔；早材至晚材略急变；晚材管孔在放大镜下可见至明显，数
　　　少，宽1~2（稀3）列；材色较深，心材通常红褐色 ……………………………………… 5
5. 心材浅红褐色至红褐色；树皮硬 ……………………………………………………………… 麻栎
5. 材色稍深，心材红褐色至鲜红褐色；早材管孔更大；树皮软；木栓层发达 ……………… 栓皮栎
　6. 晚材管孔呈弦向波浪状或长短弦线 ……………………………………………………… 7
　6. 晚材管孔不呈弦向波浪状或长短弦线 …………………………………………………… 18
7. 晚材管孔呈典形波浪状或人字形 ……………………………………………………………… 8
7. 晚材管孔在生长轮末端呈长短弦线，斜线，或略呈波浪状 ………………………………… 13
　8. 早材管孔1（稀2~3）列 …………………………………………………………………… 9
　8. 早材管孔数列 ………………………………………………………………………………… 11
9. 心边材有区别；早材至晚材急变 ……………………………………………………………… 10
9. 心边材无区别；材色较浅，多为黄褐色；早材管孔中至略大，在肉眼下可见至明显；早材至晚
　　材渐变；木射线在肉眼下可见 ………………………………………………………………… 朴树
　10. 材色较深，心材暗红褐色或浅栗褐色；早材管孔中至甚大，在肉眼下明显至甚明显；木射
　　　线在肉眼下不可见或不见 ……………………………………………………………… 榉树
　10. 材色较浅，心材黄褐色；早材管孔略大，在肉眼下明显；木射线较窄，在肉眼下可见；材
　　　身呈细沙纹 ……………………………………………………………………………… 刺楸
11. 心边材区别明显；心材橄榄黄或金黄色；晚材管孔呈典型人字形排列；味苦 …………… 黄连木
11. 心边材区别明显；心材红褐色或灰褐色 …………………………………………………… 12
　12. 晚材管孔小，呈复管孔或管孔团，断续切线状 ………………………………………… 白榆
　12. 晚材管孔小至甚小，沿生长轮聚集成不连续的波浪状 ………………………………… 春榆
13. 心材管孔中常含侵填体 ……………………………………………………………………… 14
13. 心材管孔中不含侵填体 ……………………………………………………………………… 15
　14. 轴向薄壁组织颇丰富，肉眼下可见，放大镜下明显；心边材区别明显，边材浅黄色，心材
　　　黄褐色 …………………………………………………………………………………… 刺槐
　14. 轴向薄壁组织较少，在放大镜下可见；径切面上射线斑纹明显；材身呈细沙纹 ……… 楸树
15. 心边材区别明显 ……………………………………………………………………………… 16
15. 心边材区别不明显；木射线宽，肉眼下明显；径切面射线斑纹可见；早材管孔含有树胶 … 臭椿
　16. 材色浅，浅红褐色；轴向薄壁组织肉眼下可见，傍管型；径切面射线斑纹明显；材身呈细
　　　沙纹 ……………………………………………………………………………………… 苦楝
　16. 材色深，心材栗褐色至暗褐色 …………………………………………………………… 17
17. 轴向薄壁组织发达，放大镜下明晰，翼状及聚翼状；生长轮明显，窄，不均匀 ………… 槐树
17. 轴向薄壁组织放大镜下可见，傍管型、环管状；生长轮明显，窄，均匀 ………………… 黄波罗
　18. 早材管孔1至数列 ………………………………………………………………………… 19

18. 早材管孔 2 至数列 ……………………………………………………………………… 20
　　19. 生长轮明显，均匀；早材管孔大至甚大，在肉眼下明显至甚明显；常含侵填体；轴向薄壁组
　　　　织量多，在放大镜下可见，呈断续细弦线状 …………………………………………… 板栗
　　19. 生长轮明显，略均匀；早材管孔中至略大，在肉眼下可见至明显；少数含有侵填体；轴向薄
　　　　壁组织量多，在放大镜下明显，呈星散—聚合状及离管带状 ………………………… 苦槠
　　　　20. 心材导管中有侵填体至丰富 …………………………………………………………… 21
　　　　20. 心材导管无侵填体 ……………………………………………………………………… 24
　　　　21. 心边材区别明显 ………………………………………………………………………… 22
　　　　21. 心边材区别不明显或略明显 …………………………………………………………… 23
　　　　　　22. 边材浅褐色，心材栗褐色；轴向薄壁组织在放大镜下明显，环管束状；木射线少至中，极
　　　　　　　　细至略细，在肉眼下可见 …………………………………………………………… 檫木
　　　　　　22. 边材黄褐色至红褐色，心材暗红褐色；轴向薄壁组织量多，肉眼可见，放大镜下明显，离
　　　　　　　　管带状，环管束状；木射线中至多，甚细致中，在放大镜下明显 ………………… 山核桃
　　　　23. 心边材区别不明显，木材灰白色至浅黄色；木材甚轻，甚软；轴向薄壁组织发达，肉眼下可
　　　　　　见，傍管型、翼状或聚翼状 ……………………………………………………………… 泡桐
　　　　23. 心边材区别略明显，边材灰白色，心材红褐色；轴向薄壁组织在放大镜下可见，环管状；有
　　　　　　射线斑纹；横向树胶道在弦切面呈褐色小点 …………………………………………… 酸枣
　　　　　　24. 心边材区别明显，边材红褐色，心材深红褐色；早材管孔中含红褐色树胶，有创伤树胶道；
　　　　　　　　木射线甚小至略小，在肉眼下可见；径切面射线斑纹明显 ……………………… 香椿
　　　　　　24. 心边材区别明显，边材黄白色，心材灰褐色；木射线细，在放大镜下明显 ……… 水曲柳
C2. 半环孔材或半散孔材。
1. 有宽木射线 ……………………………………………………………………………………… 2
1. 无宽木射线 ……………………………………………………………………………………… 7
　　2. 宽木射线在肉眼下明显，数多，分布颇均匀；径切面上射线斑纹甚明显，发亮；生长轮不
　　　　呈或略呈波浪形；管孔散生或溪流状 ………………………………………………………… 3
　　2. 宽木射线在肉眼下通常明显或不明显，数多至少，分布略均匀或不均匀；径切面上射线斑
　　　　纹不发亮；生长轮遇宽木射线下凹，呈波浪形；管孔径列或溪流状 ……………………… 4
3. 宽木射线较窄，较密；星散—聚合及离管带状薄壁组织在放大镜下不见或略见；生长轮遇宽
　　木射线下凹，略呈波浪形；管孔散生，放大镜下可见 ……………………………………… 水青冈
3. 宽木射线较粗，较疏；离管带状薄壁组织在肉眼下略见；生长轮不呈波浪形；管孔呈溪流状
　　长径列，在肉眼下略见 …………………………………………………………………………… 青冈
　　4. 心边材无区别；聚合木射线数少；管孔径列；轴向薄壁组织呈星散—聚合及离管带状 …… 5
　　4. 心边材有或无区别；聚合木射线数略多或多；管孔呈溪流状长径列；轴向薄壁组织以离管
　　　　带状为主 …………………………………………………………………………………………… 6
5. 材质重，硬；强度大 …………………………………………………………………………… 高山锥
5. 材质轻，软；强度小 …………………………………………………………………………… 裂斗锥
　　6. 心边材有区别，材色深，心材红褐色 ………………………………………………………… 红桐
　　6. 心边材无区别，材色浅，浅灰褐色或暗黄褐色 …………………………………………… 黔粤桐
7. 心边材区别不明显 ……………………………………………………………………………… 8
7. 心边材区别明显 ………………………………………………………………………………… 12
　　8. 轴向薄壁组织不见 ……………………………………………………………………………… 9
　　8. 轴向薄壁组织在放大镜下可见 ………………………………………………………………… 10

9. 生长轮明显，轮间界以浅色细线；管孔略多，通常略小，在放大镜下可见，由内往外逐渐减小减少，径列；木射线中至多，极细至甚细，在放大镜下不明显；径切面上射线斑纹不见 …… **大叶杨**

9. 生长轮略明显，轮间界以深色带；管孔略小，大小略一致，在放大镜下可见，分布不均匀，在生长轮末端较小较少，斜列或径列；木射线中至多，极细至略细，在放大镜下可见；径切面上射线斑纹略明显 …… **白辛树**

10. 生长轮略明显至明显，宽度不均匀；管孔在肉眼下可见，斜列或呈之字形排列；侵填体偶见；轴向薄壁组织排列成连续或不连续离管细弦线；木射线极细至略细，在放大镜下明显，比管孔小 …… **枫杨**

10. 生长轮略明显，宽度均匀至略均匀 …… 11

11. 生长轮宽度均匀至略均匀，轮间界以深色带；管孔在肉眼下可见；轴向薄壁组织呈断续细弦线（较稀疏）及傍管状；木射线极细至甚细，在放大镜下可见；径切面上射线斑纹可见 …… **乌桕**

11. 生长轮宽度略均匀；管孔在肉眼下可见；轴向薄壁组织呈离管弦向排列，兼呈傍管状；木射线极细至略细，在放大镜下明显；径切面上射线斑纹不明显 …… **柿树**

12. 轴向薄壁组织呈离管带状 …… 13

12. 轴向薄壁组织呈傍管状 …… 14

13. 边材浅黄褐色或浅栗褐色，心材红褐色或栗褐色，有时带紫色，轮间有深色条纹；早材管孔中等大小，在肉眼下可见，呈之字形排列；木射线中至多，极细至中，在肉眼下略见，比管孔小 …… **核桃**

13. 边材黄褐至红褐色，心材暗红褐色；早材管孔中至略大，在肉眼下可见至明显，稀疏，多呈斜列；木射线中至多，甚细至中，在放大镜下明显 …… **核桃楸**

14. 生长轮明显，宽度均匀至略均匀；边材灰红褐或灰黄褐色，心材深红褐色；管孔数少，中至甚大，在肉眼下可见至甚明显，多数散生，含红褐色树胶；木射线少至中，甚细至中，在肉眼下可见；径切面上射线斑纹明显 …… **红椿**

14. 生长轮明显，宽度不均匀 …… 15

15. 木材光泽强，新切面上樟脑气味浓厚，经久不衰，味苦；管孔略多，略小至中，在肉眼下可见；木射线少至中，极细至略细，在放大镜下明显；径切面上有射线斑纹 …… **香樟**

15. 木材有光泽，微具皮革气味，无特殊滋味，触之有油性感；早材管孔略大至甚大，在肉眼下明显，并具白色沉积物；木射线数少，甚细至中，在肉眼下略见 …… **柚木**

C3. 散孔材。

1. 有宽木射线 …… 2
1. 无宽木射线 …… 11
   2. 轴向薄壁组织不见 …… 3
   2. 轴向薄壁组织量多，在肉眼下可见 …… 7
3. 木材色浅，白色至黄白色 …… 4
3. 木材色深，浅红褐色至红褐色 …… 6
   4. 管孔甚小至略小，在放大镜下可见或略见，分布不均匀，径列 …… 5
   4. 管孔略多，甚小至略小，在放大镜下明显，分布略均匀，散生；生长轮略明显，宽度不均匀，轮间界以浅色带；径切面上红褐色射线斑纹明显 …… **悬铃木**
5. 生长轮不明显，宽度不均匀；径切面上射线斑纹明显；材身呈灯纱纹 …… **鸭脚木**
5. 生长轮略明显，宽度略均匀，轮间界以细线；径切面上射线斑纹略明显至明显；材身界于灯

纱纹与细纱纹之间 ··· 冬青
　6. 生长轮略明显，遇宽木射线时略向内弯曲、使轮间界以深色波浪形线带；管孔略多，甚小
　　至略小，在放大镜下可见，分布不均匀，径列（多数宽1列管孔） ····· 江南桤木（西南桤木）
　6. 生长轮略明显或明显，宽度略均匀，轮间界以细线；管孔略少，略小至中，在肉眼下常呈
　　白点状，分布颇均匀，散生 ··· 红桦
7. 轴向薄壁组织多呈单侧环管状 ··· 8
7. 轴向薄壁组织以离管带状为主 ··· 9
　8. 心边材区别欠明显，从外向内材色逐渐加深，边材黄褐色，心材红褐色；管孔大小中等，在
　　肉眼下可见，放大镜下明显；生长轮不明显；胞间道创伤者在横切面上呈弦向排列，甚明显
　　··· 银桦
　8. 心边材区别不明显，木材灰褐色或灰褐色微红；管孔较大，在放大镜下略明显；生长轮略
　　显，宽度不均匀，轮间界以浅色带 ·· 越南山龙眼
9. 轴向薄壁组织量多，主为离管带状，并似傍管状 ····························· 10
9. 轴向薄壁组织略多，断续离管带状；心边材区别不明显或略明显，由外往内材色逐渐加深，
　　木材红褐色；生长轮略明显，宽度略均匀，轮间界于以深色带；管孔略少，大小中等，在肉
　　眼下略见，放大镜下明显，径列 ··· 木麻黄
　10. 心边材区别不明显，木材灰黄色、灰褐色带红或浅红褐色带灰；管孔大小中等，在肉眼下
　　不见至略见，宽1~3列管孔；径切面上宽射线斑纹明显 ··················· 白青冈
　10. 心边材区别略明显，边材红褐色或浅红褐色，心材暗红褐色或紫红褐色；管孔大小中等，
　　在肉眼下略见，放大镜下明显，通常宽1（稀2）管孔；径切面上宽射线斑纹极明显 ··· 红青冈
11. 轴向薄壁组织不见 ·· 12
11. 轴向薄壁组织可见 ·· 25
　12. 轴向薄壁组织在放大镜下亦不可见 ··· 13
　12. 轴向薄壁组织在放大镜下湿切面上可见 ·· 21
13. 心边材区别明显或略明显 ·· 14
13. 心边材区别不明显 ·· 17
　14. 生长轮略明显至明显，宽度均匀至略均匀 ····································· 15
　14. 生长轮不明显 ·· 16
15. 管孔多至甚多，甚小至略小，在放大镜下可见，大小一致，分布均匀，散生；木射线数目中
　　至多，极细至甚细，在放大镜下略见，比最大管孔小；径切面上射线斑纹不见或略明显 ··· 垂柳
15. 管孔甚多，甚小至略小，在放大镜下可见，大小略一致，分布略均匀，散生；木射线数目中
　　等，甚细至略细，在放大镜下可见，比最大管孔小；径切面上射线斑纹欠明显 ······ 连香树
　16. 管孔略少，中等大小，在肉眼下可见，分布略均匀，通常径列；部分管孔中含有侵填体；
　　木射线数目中等，甚细至中，在放大镜下明显，比管孔小；径切面上射线斑纹明显 ····· 秋枫
　16. 管孔略小至中，大小略一致，在肉眼下略见，分布不均匀，呈之字形排列；侵填体未见；
　　木射线多至甚多，极细至略细，在放大镜下略见；径切面上射线斑纹不明显 ········ 赤桉
17. 管孔数少至略少，在肉眼下可见 ·· 18
17. 管孔数多至甚多，在放大镜下可见 ··· 19
　18. 生长轮明显或明显，轮间界以细线；侵填体未见；木射线少至中，极细至甚细，在放大
　　镜下明显，比管孔小；髓斑常见，呈锈色斑点或条纹 ··················· 光皮桦
　18. 生长轮略明显，轮间常界以深色带；侵填体少见；木射线数目中等，极细至略细，在肉眼
　　下可见，放大镜下明显，比管孔小ぶ ·· 山黄麻

19. 管孔分布均匀，散生 …………………………………………………………………………… 20
19. 管孔大多呈 2 至数个径向复管孔；材色略带红褐，有绢丝光泽；生长轮明显，晚材带色深；木射线甚细，略小；径切面射线斑纹不见；有时具有白色至黄褐色髓斑 …………… 山杨
　　20. 生长轮略显明至不显明，宽度略均匀或不均匀；木射线中至多，甚细至略细，在放大镜下可见；轴向创伤树胶道偶尔出现，在横切面上呈长弦线，纵切面上呈沟状；常含白色沉积物 …………………………………………………………………………………………… 枫香
　　20. 生长轮略明显，宽度略均匀，轮间界以深色带；木射线数目中等，甚细至略细，在放大镜下可见；无轴向创伤树胶道 ………………………………………………………………… 木荷
21. 轴向薄壁组织在放大镜下湿切面上呈傍管状 …………………………………………………… 22
21. 轴向薄壁组织在放大镜下湿切面上呈离管短细弦线或轮界状 ……………………………… 23
　　22. 心边材区别不明显或略明显，边材黄褐色微红或灰红褐色，心材草绿或草褐色；湿切面上有难闻气味（药味）；生长轮间界以深色带；管孔略少，略小至中，在肉眼下略见，斜列或散生，具黄色内合物；木射线少至中，甚细至略细，在放大镜下可见，比管孔小；髓斑常见 ……………………………………………………………………………………… 广东钓樟
　　22. 心边材区别不明显，木材浅红褐色至红褐色；微有油臭气味；生长轮间界以浅色细线；管孔略小，在放大镜下明显，径列或斜列；木射线少至中，极细至中，在肉眼下可见至略明显，比管孔略大或约等大；波痕在湿切面上可见 ……………………………………………… 椴木
23. 轴向薄壁组织在放大镜下湿切面上呈轮界状；生长轮略明显，轮间界以浅色线；管孔数多，甚小至略小，在放大镜下可见，分布不均匀，斜列或径列；波痕略见 ……………… 七叶树
23. 轴向薄壁组织在放大镜下湿切面上呈离管短细弦线 …………………………………………… 24
　　24. 木材浅红褐或黄褐色；湿切面上略有难闻气味；无滋味；生长轮间界以浅色细线；管孔在放大镜下可见，长径列；径切面上有射线斑纹 ………………………………………… 拟赤杨
　　24. 木材鲜黄色，久则转呈深黄色；无特殊气味；滋味苦；生长轮间界以深色带；管孔在肉眼下略见，斜列或径列；径切面上射线斑纹不明显 …………………………………… 乌檀
25. 轴向薄壁组织呈傍管带状及离管带状或轮界状 ……………………………………………… 26
25. 轴向薄壁组织呈离管状 ……………………………………………………………………… 39
　　26. 轴向薄壁组织呈傍管状 ……………………………………………………………………… 27
　　26. 轴向薄壁组织呈傍管带状及离管带状或轮界状 …………………………………………… 32
27. 管孔散生 ………………………………………………………………………………………… 28
27. 管孔斜列或散生 ………………………………………………………………………………… 29
　　28. 管孔甚少，中至略大，在肉眼下可见至明显，大小一致，分布颇均匀；含侵填体及白色沉积物；无树胶道 ………………………………………………………………………… 胭脂
　　28. 管孔略少，中至略大，在肉眼下可见，大小略一致，分布不均匀；侵填体未见，含褐色树胶；正常轴向树胶道在肉眼下呈白色短弦带，沿生长轮断续排列 …………… 越南龙脑香
29. 生长轮不明显 …………………………………………………………………………………… 30
29. 生长轮略明显至明显 …………………………………………………………………………… 31
　　30. 心边材区别明显，边材黄褐色微红或浅红褐色，心材红褐至深红褐色；木射线中至多，甚细至中，在放大镜下明显，比管孔小 …………………………………………………… 蚬木
　　30. 心边材区别明显，边材黄褐或灰褐色，心材暗黄褐色；有油性感；滋味微苦；木射线少至中，极细至中，在肉眼下略见；径切面上射线斑纹明显 ………………………… 青皮
31. 生长轮明显，宽度颇均匀，轮间界以深色带；心边材区别不明显；新切面有香气，易消失，滋味微苦；管孔略少，略小至中，在肉眼下略见，具侵填体；径切面上射线斑纹明显 …… 桢楠

31. 生长轮不明显至略明显，宽度不均匀；心边材区别略明显；无特殊气味和滋味；管孔略少；大小中等，在肉眼下可见，白色沉积物丰富；径切面上射线斑纹不明显 ……………………… **荔枝**
  32. 傍管状及离管带状 ……………………………………………………………… 33
  32. 傍管状及轮界状 ………………………………………………………………… 36
33. 管孔甚少，中至略大，在肉眼下可见至明显，散生 …………………………… 34
33. 管孔数少，中等大小，在肉眼下可见，径列或斜列 …………………………… 35
  34. 心边材区别不明显，木材黄褐色；木材光泽弱或无；无特殊气味和滋味；含侵填体；木射线数目中等，甚细至中，在肉眼下明显 …………………………… **高山榕**
  34. 心边材区别略明显或明显，边材灰红褐色微黄，心材浅红褐色；木材有光泽；湿切面上微具难闻气味；侵填体未见；木射线数多，甚细至略细，在放大镜下可见 ………… **山棟**
35. 心边材区别不明显，木材浅灰褐色或浅红褐色，常带蓝变色杂斑；生长轮不明显至略明显，宽度略均匀；侵填体偶见 ……………………………………… **黄杞**
35. 心边材区别不明显，木材浅黄褐色；生长轮明显，轮间界以深色带；侵填体不见 ……… **橡胶树**
  36. 心边材区别不明显 ……………………………………………………………… 37
  36. 心边材区别明显，边材黄褐色，甚宽，心材深红褐色或暗褐色；生长轮略明显；管孔甚多，甚小，在放大镜下方可见，分布均匀；木射线极细，在放大镜下可见 …………………… **枣木**
37. 木射线中至多，甚细至略细，在放大镜下明显，比管孔小 …………………… 38
37. 木射线少至中，较宽，在肉眼下可见至略明显；心边材区别不明显，木材红褐色微黄或红褐色；径切面上射线斑纹略明显；矿物斑常见 …………………………… **槭木（色木）**
  38. 心边材区别不明显，木材浅红褐色或浅灰褐色；光泽弱；生长轮不明显至略明显，宽度略均匀；管孔数少，略小至中，在肉眼下可见，分布均匀 …………… **琼楠**
  38. 心边材无区别，木材黄色，浅黄褐色至黄褐色；有光泽；生长轮不明显至略明显，宽度不均匀；管孔数少，中至略大，在肉眼下可见，在生长轮外部较小较少；偶含红褐色树胶；侵填体偶见；波浪可见 ………………………………………… **黄檀**
39. 轴向薄壁组织轮界状 …………………………………………………………… 40
39. 轴向薄壁组织离管带状或星散状 ……………………………………………… 41
  40. 心边材区别略明显，边材黄白色或浅红褐色，心材灰黄褐色或微带绿色；管孔略多，略小，在放大镜下明显，散生或斜列；木射线少至中；极细至略细，在肉眼下可见，多数与管孔约等大 ……………………………………………… **鹅掌楸**
  40. 心边材区别明显，边材浅栗褐色或灰黄褐色，心材黄色或黄色微绿；管孔略少至略多，甚小至略小，在放大镜下明显，散生；木射线数目中等，极细至略细，在放大镜下可见或明显，比管孔小 ……………………………………………… **绿兰（木莲）**
41. 轴向薄壁组织呈星散状；心边材区别明显，边材灰褐色或灰黄褐色，心材红褐色；管孔略少，在肉眼下略见，分布均匀，散生或斜列 ………………………… **润楠**
41. 轴向薄壁组织离管带状 ………………………………………………………… 42
  42. 心边材区别明显 ………………………………………………………………… 43
  42. 心边材无区别，木材浅黄褐色，久则转呈深黄褐色；生长轮不明显或略见；管孔少至略少，在肉眼下可见，分布不均匀，径列 ……………………………… **黄梁木**
43. 生长轮不明显；管孔少至略少，略小至中，在肉眼下呈白点，放大镜下明显，斜列或径列；侵填体未见；木材无特殊气味和滋味 ………………………………… **铁力木**
43. 生长轮不明显或略明显，轮间界以深色带；管孔略小至中，在肉眼下可见至略明显，斜列或呈之字形；心材管孔中侵填体可见；木材具辛辣滋味 ………………… **海南子京**

复习思考题

1. 木材有哪些主要的宏观特征?
2. 木材宏观特征的意义是什么?
3. 木材的宏观识别依据是什么?
4. 掌握用对分式检索表检索木材树种的基本方法。

第 3 章

木材细胞

简单介绍了木材细胞的生成，详细讲解了木材细胞壁上的纹孔、螺纹加厚、瘤层等特征及木材细胞壁的结构（超微结构与分层结构）。

木材是由细胞组成的，在显微构造水平上，细胞是构成木材的基本形态单位。木材细胞在生长发育过程中历经分生、扩大和胞壁加厚等阶段而达到成熟。对木材中的厚壁细胞，这一过程可能几周内完成，但这在树木生长中只是极短暂的一时刻。要了解木材，就必须了解木材细胞。对于木材工作者，应该了解细胞的生成，更重要地是应该了解木材细胞壁的超微构造和壁层结构，因为木材各种物理力学性质在宏观表现的各向异性都与之有关；同时，了解细胞壁上的结构特征也很重要，它们不仅是木材树种识别的构造特征依据，同时对木材加工过程也有着重要的影响。

3.1 木材细胞的生成

3.1.1 形成层原始细胞的分裂

树木的生长包括高生长和直径生长。树木中木质部的绝大部分是由直径生长形成，它是形成层原始细胞分生的结果。

形成层有 2 种原始细胞：纺锤形原始细胞和射线原始细胞（图 3-1）。纺锤形原始细胞的长轴沿树高方向，两端尖削，呈纺锤形，为木质部中纵行排列细胞的来源；射线原始细胞形小、聚集成射线状，为木质部中横行细胞的来源。

多数树种的形成层原始细胞排列不整齐，即它们的排列上下互相交错，不在同一水平面上，这种形成层称为非叠生形成层 [图 3-1（a）]。但有些阔叶树种形成层原始细胞排列整齐，从垂直于形成层的方向观察，它呈显明的层次，称为叠生形成层 [图 3-1（b）]。叠生形成层有的仅有一种原始细胞叠生，或为纺锤形原始细胞，或为射线原始细胞，也有 2 种细胞均呈叠生者。叠生形成层所产生的组织也呈叠生。

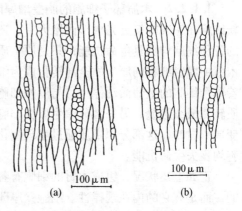

图 3-1 纺锤形原始细胞和射线原始细胞
（尹思慈，木材学）
（a）非叠生形成层　（b）叠生形成层

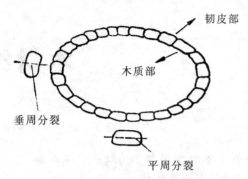

图 3-2　形成层原始细胞的分裂方向

形成层原始细胞的分裂有 2 种类型 (图 3-2)：①在弦向纵面的平周分裂，即原细胞一分为二，所形成的 2 个子细胞和原细胞等长，其中的一个仍留在形成层内生长成纺锤形原始细胞，另一个向外则生成为韧皮部细胞，向内则生成为木质部细胞。平周分裂使树干的直径增加。②垂周分裂在径向两侧产生新的形成层原始细胞，以适应树干直径加大中形成层周长增加的需要。

形成层原始细胞仅 1 层，它在树木生活年代始终保持分生能力，但形成层区域由 6~8 层细胞组成。在生长季节中，形成层向木质部方面的分裂次数要比向韧皮部方面高 7~10 倍，故木质部比韧皮部的增长快得多。

3.1.2　木材细胞的形成和胞壁增厚

3.1.2.1　木质部子细胞的形体扩大阶段　木质部子细胞经由形成层原始细胞分生出后，即进入细胞形体的扩大阶段。细胞形体的扩大主要表现为细胞尺寸增大，一般为直径增加和长度伸长。直径增加在一些种类细胞中特别明显，而另一些种类细胞的直径增大较小。在横向尺寸变化的同时，有些细胞的长度也增加，其中部分细胞最为明显，而其他种类的细胞延伸较小，或并不增长。细胞尺寸的纵向增长，主要是细胞延伸的结果。

3.1.2.2　木质部子细胞的胞壁增厚阶段　形成层分生的木质部新细胞的胞壁很薄，新细胞在完成或接近完成形体增大后，还需要进入胞壁增厚的阶段。在这一阶段，木材的各种细胞均仍具生命机能，只是原生质逐渐转化成为胞壁物质并添加在细胞壁上。当木材中厚壁细胞的原生质全部转化成为细胞壁时，胞壁增厚阶段即告结束，同时也意味着单个细胞的生命活动停止。与厚壁细胞不同的是，薄壁细胞在增厚阶段只有部分原生质转化成细胞壁，另一部分原生质在细胞位于边材范围的年份内尚保持生机；当边材转变成心材时，这部分原生质通过生理生化反应生成木材抽提成分。至此，木材的全部细胞均丧失生命机能。

正如上述状况，组成木材的细胞有各种类型，形成层木质部子细胞的分化不是随机的，而是有它的内在规律性。细胞壁厚薄有不同，在木材中按相对固定的方式组合而构成木材。木材就是按这种规律生成的结果。

3.2　木材细胞壁结构

木材中的厚壁细胞在胞壁加厚以后变成围绕空腔的外壳，木材主要是由这类细胞构成，这是木材构成上的一个重要性状。木材细胞壁的结构，往往决定了木材及其制品的性质和品质。因此，对木材在细胞水平上的研究，也可以说主要是对细胞壁的研究。

3.2.1 木材细胞壁的超微构造

木材的细胞壁主要是由纤维素、半纤维素和木质素3种成分构成的，它们对细胞壁的物理作用分工有所区别。纤维素是以分子链聚集成排列有序的微纤丝束状态存在于细胞壁中，赋予木材抗拉强度，起着骨架作用，故被称为细胞壁的骨架物质；半纤维素以无定形状态渗透在骨架物质之中，借以增加细胞壁的刚性，故被称为基体物质；而木质素是在细胞分化的最后阶段才形成的，它渗透在细胞壁的骨架物质之中，可使细胞壁坚硬，所以被称为结壳物质或硬固物质（图3-3右）。因此，根据木材细胞壁这3种成分

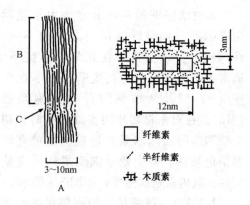

图3-3 微纤丝
A. 微纤丝 B. 结晶区 C. 非结晶区

的物理作用特征，人们形象地将木材的细胞壁称为钢筋混凝土建筑。

利用各种物理的和化学方法，特别是电子显微镜，能够对于木材细胞壁的超微构造有比较明确地了解。

3.2.1.1 基本纤丝、微纤丝和纤丝　木材细胞壁的组织结构，是以纤维素作为"骨架"的。它的基本组成单位是一些长短不等的链状纤维素分子，这些纤维素分子链平行排列，有规则地聚集在一起称为基本纤丝（又称微团）。在电子显微镜下观察时，认为组成细胞壁的最小单位是基本纤丝。基本纤丝宽3.5~5.0nm，断面大约包括40（或37~42）根纤维素分子链，在基本纤丝内纤维素分子链排列成结晶结构。

由基本纤丝组成一种丝状的微团系统称为微纤丝（图3-3左）。微纤丝宽10~30nm，微纤丝之间存在着约10nm的空隙，木素及半纤维素等物质聚集于此空隙中。由微纤丝的集合可以组成纤丝；纤丝再聚集形成粗纤丝（宽0.4~1.0μm）；粗纤丝相互接合形成薄层；最后许多薄层聚集形成了细胞壁层。

3.2.1.2 结晶区和非结晶区　沿基本纤丝的长度方向，纤维素大分子链的排列状态并不都相同。在大分子链排列最致密的地方，分子链规则平行排列，定向良好，反映出一些晶体的特征，所以被称为纤维素的结晶区。在纤维素结晶区内，纤维素分子链平行排列，在x射线衍射图反映是高度结晶的，分子链与分子链间的结合力随着分子链间距离的缩小而增大。与结晶区的特征相反，当纤维素分子链排列的致密程度减小、分子链间形成较大的间隙时，分子链与分子链彼此之间的结合力下降，纤维素分子链间排列的平行度下降，此类纤维素大分子链排列特征被称为纤维素非结晶区（有时也称作无定形区）。结晶区与非结晶区之间无明显的绝对界限，而是在纤维素分子链长度方向上呈连续的排列结构。因此，一个纤维素分子链，其一部分可能位于纤维素的结晶区，而另一部分可能位于非结晶区，并延伸进入另一结晶区。也就是说，在一个基本纤丝的长度方向上可能包括几个结晶区和非结晶区（图3-3左）。木材胞壁为层状结构，壁上具有纹孔、眉条、螺纹加厚、锯齿状加厚、瘤层等特征。

3.2.2 木材细胞壁的壁层结构

木材细胞壁的各部分常常由于化学组成的不同和微纤丝排列方向的不同，在结构上分出层次。在光学显微镜下，通常可将细胞壁分为初生壁（P）、次生壁（S）以及两细胞间存在的胞间层（ML）。在对木材切片用番红着色时，初生壁和胞间质因木素含量较次生壁高而都染色较深。初生壁是细胞最外的完整壁层，其内就是次生壁，如图3-4所示。

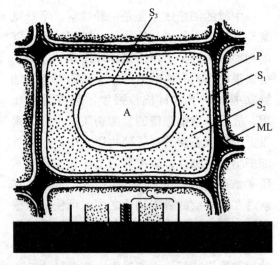

图3-4 细胞壁的壁层结构
A. 细胞腔 P. 初生壁 S. 次生壁 ML. 胞间层
S_1. 次生壁外层 S_2. 次生壁中层 S_3. 次生壁内层

3.2.2.1 胞间层
胞间层是细胞分裂以后，最早形成的分隔部分，后来就在此层的两侧沉积形成初生壁。胞间层主要由一种无定形、胶体状的果胶物质所组成，在偏光显微镜下呈各向同性。不过，在成熟的细胞中已很难区别出胞间层，因为通常在胞间层出现不久，很快在其两侧形成了初生壁。当细胞长大到最终形体时，胞间层往往已很薄，很难再将胞间层与初生壁区别开。实际上，通常将相邻细胞间的胞间层和其两侧的初生壁合在一起称为复合胞间层。例如，在松杉类木材的管胞或被子植物的纤维和导管上，一般只能看到复合胞间层。

3.2.2.2 初生壁
初生壁是细胞分裂后，在胞间层两侧最早沉积、并随细胞继续增大时所形成的壁层。所以鉴定初生壁的标准，是看细胞不断增大时，壁层是否继续增大；细胞停止增大以后所沉积的壁层，被认为是次生壁。初生壁的形成初期主要由纤维素组成，随着细胞增大速度的减慢，可以逐渐沉积其他物质，所以木质化后的细胞，初生壁木质素的浓度就特别高。初生壁一般较薄，通常只有细胞壁厚度的1%或略多一点。其实，初生壁也是会出现分层现象的，这是由于壁层生长时沉积了不同物质的结果。

3.2.2.3 次生壁
次生壁是细胞停止增大以后，在初生壁上继续形成的壁层，这时细胞已不再增大，壁层迅速加厚，使细胞壁固定而不再伸延，一直到细胞腔内的原生质体停止活动，次生壁也就停止沉积，细胞腔变成中空。在细胞壁中，次生壁最厚，占细胞壁厚度的95%以上，次生壁的主要成分是纤维素和半纤维素的混合物，后期也常含有大量木质素和其他物质，但因次生壁厚，所以木质素浓度比初生壁低。次生壁的形成几乎都是在细胞特化时形成的，这些成熟细胞种类很多，而且形态上有多种多样的变化，因此次生壁的结构变化也较复杂。木材中的管胞、导管和木纤维等重要组成分子的细胞壁均有明显的次生壁，所以次生壁是木材研究时的重要对象。

3.2.3 木材细胞壁各层的微纤丝排列

细胞壁上微纤丝的排列方向,各层都很不一样。一般初生壁上多成不规则的交错网状,而在次生壁上,则往往比较有规则。下面具体论述。

3.2.3.1 初生壁的微纤丝排列 初生壁基本上由纤维素微纤丝组成,当细胞生长时,微纤丝不断沉积在伸展的细胞壁内壁,随着细胞壁的伸展而改变其排列方向。如木质部的管胞、木纤维等长形细胞,开始发生时,微纤丝沉积的方向非常有规则,与细胞轴略成直角,围绕细胞轴成横向地一圈圈互相平行,像桶匝一样,这样就限制了细胞的侧面生长,最后只有伸长。随着细胞伸长,微纤丝排列方向逐渐转变,并出现交织的网状排列,尔后又趋向横向排列。总的来说,初生壁整个壁层上的微纤丝排列都很松散,这种结构和微纤丝的排列状态,有利于细胞的长大。

3.2.3.2 次生壁的微纤丝排列 在次生壁上,由于纤维素分子链组成的微纤丝排列方向不同,可将次生壁明显地分为3层,即次生壁外层(S_1)、次生壁中层(S_2)和次生壁内层(S_3)。次生壁各层的微纤丝都形成螺旋取向,但斜度不同。S_1层的微纤丝呈平行排列,与细胞轴呈50°~70°,以S型或Z型缠绕;在S_2层,微纤丝与细胞轴呈10°~30°排列,近乎平行于细胞轴,微纤丝排列的平行度最好;而S_3层的微纤丝与细胞轴呈60°~90°,微纤丝排列的平行度不甚好,呈不规则的环状排列。在电子显微镜下管胞壁分层结构模式如图3-5所示。

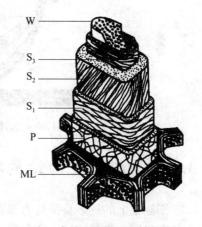

图3-5 电子显微镜下管胞壁的分层结构模式

ML. 胞间层 P. 初生壁 S_1. 次生壁外层
S_2. 次生壁中层 S_3. 次生壁内层 W. 瘤层

次生壁S_1和S_3层都较薄,S_1的厚度为细胞壁厚度的9%~21%;S_3的厚度为细胞壁厚度的0%~8%;S_2层最厚,在管胞、木纤维等主要木材细胞中可占细胞壁厚度的70%~90%。所以,细胞壁的厚或薄主要S_2层的厚薄决定。

3.2.4 木材细胞壁的各级构造

至此,我们已学习了纤维素的壁层结构、构成成分、壁层中微纤丝的排列等知识,下面,将用图3-6来回顾一下细胞壁的各级构造,并用它解释由最小单元构成细胞壁的过程。

由许多吡喃型D-葡萄糖基以1→4β苷键联结形成线型分子链(纤维素大分子链);再由纤维素分子链聚集成束,构成基本纤丝(微团);基本纤丝再组成丝状的微团系统——微纤丝;然后再经过一些列的组合过程:微纤丝组成纤丝,纤丝组成粗纤丝,粗纤丝组成薄层,薄层又形成了细胞壁的初生壁,次生壁S_1、S_2和S_3层,进而形成了木材的管胞、导管和木纤维等重要组成分子。

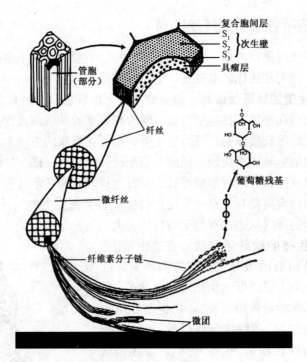

图 3-6 木材管胞细胞壁微细结构（成俊卿，1985）

3.3 细胞壁上的结构特征

细胞壁上的许多特征是为细胞生长需要而形成的，它们不仅为木材识别提供证据，而且直接影响木材的加工和利用。

细胞壁上的主要特征有纹孔、眉条、螺纹加厚、锯齿状加厚、瘤层等。

3.3.1 纹孔

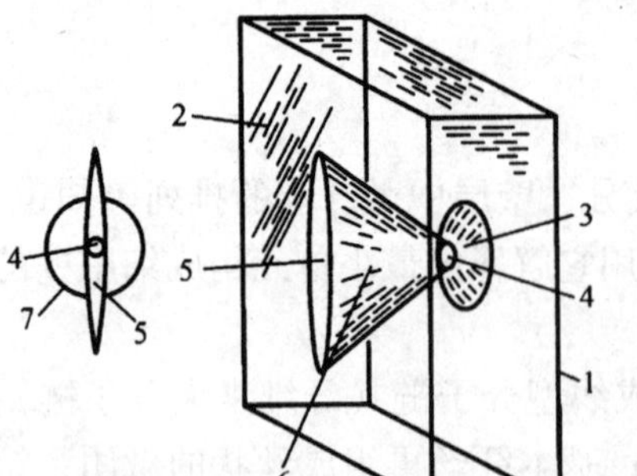

纹孔是指木材细胞壁加厚产生次生壁时，初生壁上未被增厚的部分，即次生壁上的凹陷。在立木中，纹孔是相邻细胞间的水分和养分的通道；在木材被伐倒加工时，纹孔又对木材干燥、胶黏剂渗透和化学处理剂浸注等有较大的影响。在木材识别中，纹孔是木材细胞壁的重要特征，在木材显微识别上有重要作用。

3.3.1.1 纹孔的组成部分 纹孔主要由纹孔膜、纹孔环、纹孔缘、纹孔腔、纹孔室、纹孔道以及纹孔口组成，如图3-7。

（1）纹孔膜：分隔相邻细胞壁上纹孔的隔膜，实际上是两个相邻细胞的初生壁和胞间层组成的复

图 3-7 纹孔的各组成部分
1. 胞间层 2. 次生壁 3. 纹孔室 4. 纹孔外口 5. 纹孔内口 6. 纹孔道 7. 纹孔环

合胞间层。

(2) 纹孔环：在纹孔膜周围的加厚部分。

(3) 纹孔缘：在纹孔膜上方，纹孔的开口周围形成的拱形突起称纹孔缘。

(4) 纹孔腔：由纹孔膜到细胞腔的全部空隙，称纹孔腔。

(5) 纹孔室：由纹孔膜与拱形环绕纹孔缘之间的空隙部分称纹孔室。

(6) 纹孔道：由纹孔腔通向纹孔室的通道。

(7) 纹孔口：纹口室通向细胞腔的开口，称纹孔口。纹孔口又分纹孔内口和纹孔外口，由纹孔道通向细胞腔的开口叫纹孔内口；由纹孔道通向纹孔室的开口称为纹孔外口。

3.3.1.2 纹孔的类型 根据纹孔的结构，将纹孔分为单纹孔和具缘纹孔。

(1) 单纹孔：当细胞次生壁加厚时，所形成的纹孔腔在朝着细胞腔的一面变宽或逐渐变窄。单纹孔的特点是，纹孔腔宽度无变化；纹孔膜一般没有加厚现象，其纹孔只有1个纹孔口，纹孔口多呈圆形。单纹孔是薄壁细胞上存在的纹孔类型。

如图3-8，薄壁细胞间的纹孔为单纹孔对，单纹孔的正面呈一个圈。两相邻薄壁细胞间的单纹孔对是对称排列，正面观察也呈现一个圈。

(2) 具缘纹孔：是指次生壁在纹孔膜上方形成拱形纹孔缘的纹孔，它是厚壁细胞上存在的纹孔类型。具缘纹孔的特点是，纹孔腔宽度有变化。具缘纹孔的构造比单纹孔的构造远为复杂。在不同细胞的细胞壁上，具缘纹孔的形状和结构有所不同。

在针叶树材中，轴向管胞壁上具缘纹孔的纹孔膜中间形成初生加厚，其微纤丝排列呈同心圆状，加厚部分被称为纹孔塞。针叶材管胞的纹孔塞通常是圆形或椭圆形的轮廓。针叶材其他种类细胞的胞壁上的具缘纹孔通常不具有纹孔塞。针叶树材细胞的胞壁上的具缘纹孔，一般只具有一个纹孔口。其构造如图3-9所示。

阔叶树材具缘纹孔的细微结构与针叶树材的基本相似，但其纹孔膜通常没有纹孔塞；纹孔室与纹孔腔相通有较窄的纹孔道；纹孔膜不形成加厚状，纹孔膜周围没有辐射状的网状结构，膜上也没有明显的孔隙；纹孔多为1个纹孔口，但在纤维状管胞壁上的具缘纹孔常出现2个纹孔口，其纹孔口的形状和大小变异较大。纹孔外口多呈圆形，其直径小于纹孔环直径；而纹孔内口呈椭圆形、透镜形或裂隙形，其直径有时小于或等于

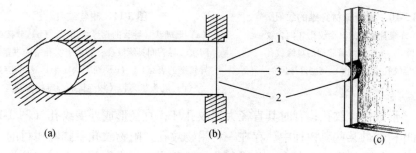

图3-8 单纹孔

(a) 正面图 (b) 剖视 (c) 轴侧投影（半剖立体图）

1. 纹孔口 2. 纹孔膜 3. 纹孔腔

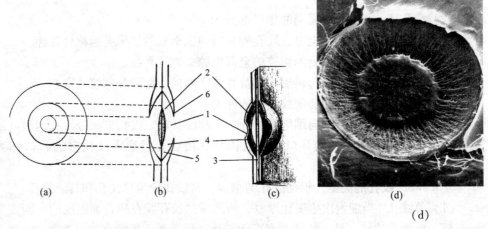

图 3-9 针叶树材管胞具缘纹孔（崔永志，1993）
（a）正面图　（b）剖视　（c）轴侧投影（半剖立体图）　（d）电镜照片
1. 纹孔口　2. 纹孔塞　3. 纹孔环　4. 纹孔腔　5. 塞缘　6. 纹孔缘

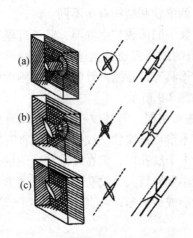

图 3-10 阔叶树材纤维的纹孔
（a）纤维管胞间的具缘纹孔（内含纹孔口）　（b）纤维管胞间的具缘纹孔（外延纹孔口）　（c）韧型纤维间的单纹孔

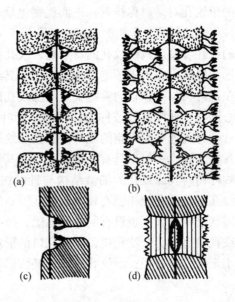

图 3-11 附物纹孔
（a）珊瑚状（导管的具缘纹孔）　（b）分枝或网状（导管间具缘纹孔，着生于纹孔室的拱壁和导管壁的表面）　（c）珊瑚状（半具缘纹孔对）　（d）乳头状突起（相连接的纤维状管胞）

纹孔直径，形成内含纹孔；有时其直径大于纹孔环；直径形成外展纹孔（图 3-10）。

在阔叶树材的某些科树种中，存在一种附物纹孔。附物纹孔系阔叶树材的一种具缘纹孔，在纹孔缘及纹孔膜上存在一些突起物，称为附物。附物分布由细胞腔一直到纹孔腔，甚至延及纹孔膜（图 3-11）。附物纹孔一般常见于导管壁上的具缘纹孔，也见于纤维状管胞壁上的具缘纹孔。它可见于某属的树种，或该属的某一树种，或者完全没有。

附物纹孔是鉴别阔叶树材树种所依据的特征之一，尤以豆科（紫荆属除外）最为显著。

3.3.1.3 纹孔对 纹孔多数成对，即细胞上的一个纹孔与其相邻细胞的另一个纹孔构成对，即纹孔对。纹孔有时通向细胞间隙，而不与相邻细胞上的纹孔构成对，这种纹孔称为盲纹孔。

典型的纹孔对有3种：

（1）单纹孔对［图3-12（a）］：是单纹孔之间构成的纹孔对，存在于薄壁细胞之间，某些特殊的厚壁细胞之间。

（2）具缘纹孔对［图3-12（b）］：是两个具缘纹孔所构成的纹孔对，存在于管胞、纤维状管胞、导管分子和射线管胞等含有具缘纹孔的细胞之间。

（3）半具缘纹孔对［图3-12（c）］：是具缘纹孔与单纹孔相构成的纹孔对。

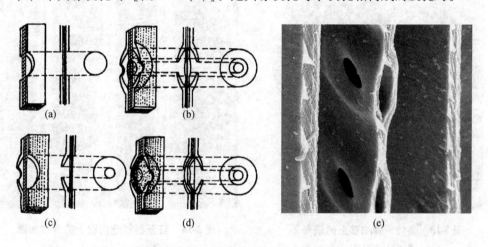

图3-12 纹孔对（崔永志，2003）

（a）单纹孔对 （b）具缘纹孔对 （c）半具缘纹孔对 （d）闭塞纹孔 （e）具缘纹孔电镜照片

针叶材的具缘纹孔，由于相邻细胞不均衡压力，致使纹孔塞侧向位移，从而将一个纹孔口堵住，呈闭塞状态的纹孔称闭塞纹孔［图3-12（d）］。闭塞纹孔对木材干燥和浸注处理均有不利的影响。

具缘纹孔对的形态，特别是纹孔缘的厚薄，可随树木生长的早、晚而变化。早材管胞的具缘纹孔，从正面看，有明显的大而圆形的纹孔缘，中间为圆形的或椭圆形的纹孔口，纹孔室也大。由于早材管胞壁较薄，所以纹孔缘没有显著加厚，因而纹孔道不显著，一般看不出外口和内口，纹孔膜中间的纹孔塞也显得较为柔韧，因此，早材易发生闭塞纹孔。到了晚材中的管胞，细胞壁增厚，纹孔小，纹孔缘也变厚，纹孔道增长，内口和外口显著。

半具缘纹孔对和单纹孔对的纹孔膜结构比具缘纹孔对显著地复杂。针叶材早材管胞与射线薄壁细胞相交的交叉场纹孔系半具缘纹孔对，是鉴别针叶树材的重要特征之一。半具缘纹孔对也见于轴向薄壁细胞与管胞，或射线薄壁细胞与射线管胞相毗邻的胞壁之间。半具缘纹孔对一侧的纹孔缘变化多样，纹孔膜由细胞间层和二层初生壁组成，没有纹孔塞和塞缘的区别，微纤丝之间填以非结晶物质。薄壁细胞之间单纹孔对的纹孔膜结构与半具缘纹孔的大致相同。所不同之点，在单纹孔对的纹孔膜上发现有原生质痕迹的小孔。

3.3.2 眉条

在针叶树材管胞径面壁上的具缘纹孔上下边缘有弧形加厚的部分，形似眼眉，故称为眉条（图3-13）。眉条的功能是加固初生纹孔场的刚性。

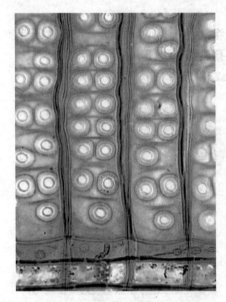

图3-13 落叶松管胞壁上的眉条
（崔永志，2003）

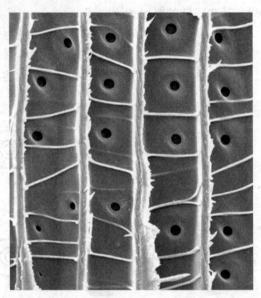

图3-14 红豆杉管胞内壁上的螺纹加厚
（径切面）（崔永志，2003）

3.3.3 螺纹加厚

在次生壁内表面上，由微纤丝局部聚集而形成的屋脊状突起，呈螺旋状环绕着细胞内壁，这种加厚组织称为螺纹加厚（图3-14）。它由平行的微纤丝聚集而成，微纤丝聚集覆盖于S_3层之上，通常呈S型螺旋围轴缠绕，但偶尔亦可呈Z型缠绕，多数情况与S_3层的微纤丝方向一致。一般来说，螺线倾斜角度与细胞腔直径大小成反比，即细胞腔大者，螺纹平缓；反之，细胞腔小者，螺纹陡峭。

螺纹加厚的宽度、间距及形状随树种而异，有的呈纤细的条纹，这样的加厚通常并不突出于S_3层；有的呈显著的加厚，其棱脊突出于S_3层。有的非常紧密靠拢；有的比较松散。

螺纹加厚出现于有些针叶材的管胞、射线管胞；也可存在于某些阔叶材的导管、木纤维、导管状管胞等厚壁细胞中。有时也偶见于薄壁细胞中。螺纹加厚通常出现于整个细胞的长度范围，亦有仅存在于细胞末端的。

总之，螺纹加厚的有无、显著程度、形状等等均可作为鉴别木材的参考依据。

3.3.4 锯齿状加厚

射线管胞内壁的次生加厚为锯齿状突起的,称为锯齿状加厚。锯齿状加厚只存在于针叶树材松科木材中,是识别它的重要特征。锯齿状加厚的高度可分为4级:①内壁平滑;②内壁为锯齿状,齿纤细至中等,高达2.5μm;③齿高超过2.5μm,至细胞腔中部;④网状式舱室,如图3-15所示。

通常观测射线管胞内壁的锯齿状加厚高度,多以晚材与早材管胞之间的射线最外缘的射线管胞内壁的锯齿状加厚高度为准。锯齿状加厚通常在晚材中最发达。

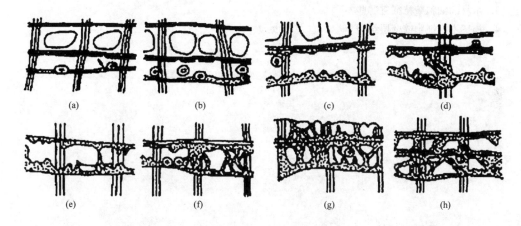

图3-15 松属木射线管胞内壁的锯齿状加厚(李坚,2002)
(a)(b) 内壁平滑 　(c)(d) 锯齿高达2.5μm 　(e)(f) 锯齿高超过2.5μm 　(g)(h) 网状加厚

3.3.5 瘤 层

瘤层系细胞壁内表面的微细突起物和包括覆盖它的附加层或结壳层,此层一般认为是无定形的,存在于细胞腔和纹孔腔内壁。

瘤层结构的大小和形状随树种而异,但在同一树种中较为一致。瘤状物一般大小在0.01~1.00μm,平均直径在0.10~0.25μm,高0.5~1.0μm;形状多为圆锥形,亦有其他形状,其变化多样。

瘤状层是在次生壁的分化和木质化将完成时发育形成的,它在原生质消失时出现,很可能是细胞中死原生质的残存物。据研究,在次生壁S_3层形成后,首先在瘤状物预期发育的区域内,原生质膜向胞腔方向发生许多凹陷,尔后留存在细胞质中的所谓瘤状物质沉积在上述S_3层上的凹陷处;瘤层常首先在细胞角隅处和具缘纹孔内表面发育,而后扩散至细胞壁的其他部分,最后形成为覆盖在次生壁S_3层内表面上的、有规则突起的一种非纤维素膜,如图3-16。

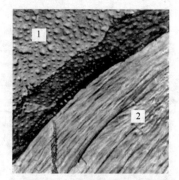

图3-16 臭松管胞内壁的瘤层
(安玉贤)
1. 瘤层　2. S_3层的微纤丝

瘤层常出现在许多针、阔叶树材，竹材及草本植物的厚壁细胞中，它是区别针叶树材中一些科属及亚属的重要标志。如我国松属中的软松类（单维管束松亚属）除白皮松组外，瘤状层多不易见或偶尔出现于管胞内表面角隅处；硬松类（双维管束松亚属），瘤状层则普遍出现于管胞内表面及纹孔缘、纹孔室表面、纹孔膜等处。

复习思考题

1. 名词解释：纹孔、螺纹加厚、微纤丝。
2. 木材的细胞壁由什么组成？
3. 木材的细胞壁特征有哪些？
4. 描述木材细胞壁壁层结构。

第4章

木材显微构造

本章重点介绍了针叶树材与阔叶树材的显微构造，并比较针、阔叶材组织构造的差异。同时简要讲解了木材组织与构造的变异情况。

木材构造特征分宏观构造、微观构造和超微构造。宏观构造受放大倍数的限制，通常只能观察到构成木材的组织，而组成木材各种细胞的微细构造以及相互之间的关系，用肉眼或扩大镜就无法辨清，必须借助显微镜。用显微镜观察的木材构造，称为显微构造。用电子显微镜观察到的，称为超微构造。

木材是由细胞组成的，不同树种，木材的细胞组成及排列不同，形成了各树种木材的构造特征。木材构造是木材分类的主要依据，木材构造对木材化学、物理、力学性质有重大影响，通过木材构造、性质和林木生长条件的综合研究，对指导营林措施也有重要意义。

4.1 针叶树材的显微构造

针叶树材的解剖分子简单，排列规则，主要有轴向管胞、木射线、轴向薄壁组织和树脂道。

4.1.1 轴向管胞

广义轴向管胞是针叶树材中沿树干主轴方向排列的狭长状厚壁细胞。它包括狭义轴向管胞(简称管胞)、树脂管胞和索状管胞三类，后两者为极少数针叶树材才具有，前者为一切针叶树材都具有。轴向管胞是构成针叶树材的最主要的组成分子(图4-1)，占整个木材体积的90%以上。

轴向管胞是轴向排列的厚壁细胞，两端封闭，内部中空，细而长，胞壁上具有纹孔(图4-2)，起输导水分和机械支撑的作用，是决定针叶树材材性的主要因素。

4.1.1.1 管胞的排列、形状及大小 横切面上管胞沿径向排列，相邻两列的早材管胞位置前后略有交错，使管胞形状变为多角形，常见为六角形，在晚材中稍对齐。早材管胞，两端呈钝阔形，细胞腔大壁薄，横断面呈四边形或多边形；晚材管胞，两端呈尖楔形，细胞腔小壁厚，横断面呈扁平状的四边形(图4-2)。早材至晚材管胞壁的厚度逐渐增大，在生长期终结前所形成的几排细胞的壁最厚、腔最小，使得针叶树材的生长轮界线均明显。早、晚材转变度的程度因树种而异，如冷杉、云杉、银杏、侧柏、刺柏等为缓变，而落叶松、马尾松、火炬松等为急变。

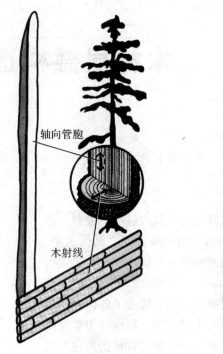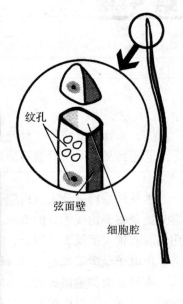

图 4-1　针叶材的主要细胞　　　　　　　　图 4-2　轴向管胞

　　管胞的大小是指管胞的直径和长度。管胞的直径分径向和弦向。管胞的径向直径变化大，弦向直径，早、晚材几乎相等，所以测量管胞的直径以弦向直径为准。管胞的平均弦向直径为 30~45μm。轴向管胞弦向直径决定着木材结构的粗细，弦向直径小于 30μm 的木材为细结构；30~45μm 的为中等结构；45μm 以上的为粗结构。凡早晚材转变度为急变的树种，木材结构粗；凡缓变的树种，木材结构细。

　　管胞平均长度为 3~5mm，最长的管胞可达 11mm，如南洋杉（*Araucaria cunninghamii*）；最短的为 1.21mm，如矮桧（*Juniperus squamata* var. *fargasii*）。管胞宽度（弦向直径）为 15~80μm，长宽比为 75:1~200:1。晚材管胞比早材管胞长。

　　管胞长度的变异幅度很大，不仅因生长环境、立地条件、树种和树龄不同而异，而且在同株内的不同部位也存在差异。株内管胞的径向变异，自髓心向外，管胞长度逐渐增大，当达到成熟期时，长度基本保持不变，过了成熟期，长度开始减小。沿树高方向上的变异，由树基向上，管胞长度逐渐增长，至一定树高便达最大值，然后又减少。针叶树材的成熟期有早有晚，管胞达到最大长度的树龄也不同。树木的成熟期关系到树木的采伐期和材质。针叶树材管胞一般在 60 年左右可达到最大长度，在这期间内管胞增长较快，以后保持稳定。

4.1.1.2　管胞壁上的特征

　　（1）纹孔：具缘纹孔是管胞壁上的重要特征。管胞与管胞之间形成具缘纹孔对，管胞与射线薄壁细胞之间形成交叉场纹孔。交叉场纹孔类型对木材识别有重要意义。

　　早材管胞在径切面上，纹孔大而多，圆形，主要分布在管胞两端，通常 1 列或 2

列；在弦切面上，纹孔小而少，没有识别价值。而晚材管胞，纹孔小而少，通常1列，纹孔内口呈透镜形，分布均匀，径、弦切面都有。

针叶树材的具缘纹孔具有纹孔塞，一般纹孔塞为圆形，但雪松属的纹孔塞，边缘曲折，呈蛤壳状，称雪松型纹孔[图4-3(a)]，系雪松属木材的典型特征。有时在松及落叶松树种中，间或亦有雪松型纹孔。铁杉属纹孔边缘上具有折皱和极细至颇粗的辐射线条，称铁杉型纹孔[图4-3(b)]，为铁杉属木材的特征。

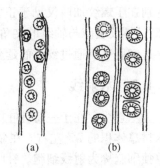

图4-3 纹孔（径切面）
(a)雪松型纹孔 (b)铁杉型纹孔

纹孔是水分和营养物质进行交换的主要通道。纹孔的多少、大小、排列的类型对水分及液体的渗透有很大的影响，对木材识别也有一定的价值，而且对木材强度也有一定的影响，尤其对抗压强度和抗弯强度影响较大，在纹孔密集的地方，其强度必然有显著的降低，一般破坏面均在该处发生。

(2)螺纹加厚：针叶树材中，有些树种管胞内壁具有螺纹加厚，但并非所有针叶树材都具有。黄杉属、银杉属、紫杉属、榧属、粗榧属、穗花杉属等具有，是这些木材轴向管胞的固定特征。其中紫杉属、榧属、粗榧属是早、晚材管胞壁上都具有；黄杉属是早材管胞壁具有；落叶松属、云杉属是部分晚材管胞具有。

螺纹加厚的倾斜度随树种和细胞壁的厚度而异，如红豆杉近45°[图4-4(a)]，榧树达62°，粗榧多数近于水平。一般胞腔狭窄而壁厚者，螺纹倾斜角度大，反之，螺纹比较平缓。因此在一个生长轮中，晚材管胞的螺纹加厚比早材管胞的倾角大。在应压木中，有些管胞壁上具有一种贯穿胞壁的螺纹裂隙[图4-4(b)]。螺纹裂隙与螺纹加厚的

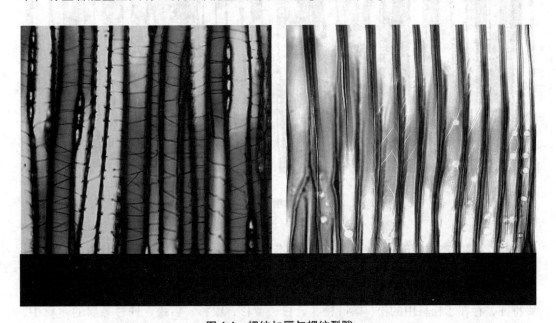

图4-4 螺纹加厚与螺纹裂隙
(a)螺纹加厚(红豆杉) (b) 螺纹裂隙(马尾松)

区别在于螺纹加厚仅见于正常材,螺纹裂隙见于应压木;螺纹加厚与轴线的夹角大于45°,螺纹裂隙与轴线的夹角小于45°;螺纹加厚仅限于细胞壁的内层,螺纹裂隙往往穿透细胞壁,通过纹孔而延至复合胞间层。

4.1.2 木射线

木射线存在于一切针叶树材中,为组成针叶树材的主要分子之一,但含量较少,占木材总体积的7%左右。在显微镜下观察,木射线为许多的细胞组成,呈辐射状。每个单独细胞称为射线细胞。针叶树材的射线细胞全部是由横卧细胞组成,其中大部分是射线薄壁细胞,在边材,活的薄壁细胞起储藏营养物质和径向输导作用。在心材、薄壁细胞已经死亡。木射线由形成层射线原始细胞所形成,通常是由在径向伸展的带状细胞群组成的带状组织。有些树种木射线组成细胞中也具有厚壁细胞,这类厚壁细胞称为射线管胞,如松科的松、云杉、落叶松、银杉和黄杉属树种的木射线均具有射线管胞。

4.1.2.1 木射线的种类 根据针叶树材木射线在弦切面上的形态,可分两种:

(1) 单列木射线:仅有1列或偶有2个细胞所组成的射线,称为单列木射线[图4-5(a)]。如冷杉、杉木、柏木、红豆杉等不含树脂道的针叶树材的木射线几乎都是单列木射线。

(2) 纺锤形木射线:在多列射线的中部,由于横向树脂道的存在而使木射线呈纺锤形,故称纺锤形木射线[图4-5(b)]。具有横向树脂道的树种有松属、云杉属、落叶松属、银杉属以及黄杉属的树种。

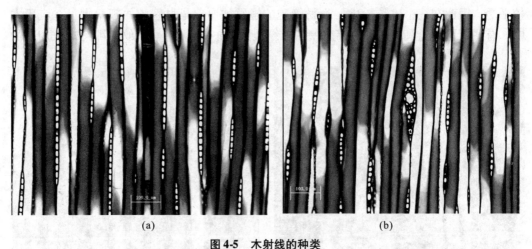

图 4-5 木射线的种类
(a) 单列木射线 (b) 纺锤形木射线

4.1.2.2 木射线的组成 针叶树材的木射线主要由射线薄壁细胞组成,部分松科木材含有射线管胞。

(1) 射线管胞:是木材组织中唯一呈横向生长的厚壁细胞,是松科部分属木材的重要特征,存在于松科中的松、落叶松、云杉、黄杉、银杉、雪松、铁杉等属的木材中,但松科的冷杉属、油杉属、金钱松属则无射线管胞,而柏科的侧柏、翠柏、崖柏、花柏等属木材间或有射线管胞,这些木材中的射线管胞并非木材的正常特征,而是形状奇异、短而高。

射线管胞多数为不规则形状，长度较短，仅为轴向管胞长度的1/10，细胞内不含树脂，胞壁上纹孔为具缘纹孔，但小而少。其通常存在于木射线组织的上下边缘或中部1至数列。硬松类的短射线有时完全由射线管胞组成。

射线管胞内壁形态在木材鉴别和分类上有重大价值。在径切面射线管胞内壁有锯齿状加厚[图4-6(a)]，如马尾松、油松、黑松、赤松、樟子松等松属树种称硬松类。而内壁平滑[图4-6(b)]，如红松、华山松、白皮松等松属树种称软松类。有些树种射线管胞内壁具螺纹加厚如黄杉属，北美花旗松为黄杉属树种，常用该木材特征来区别松属木材和花旗松木材。

一般认为比较高等的针叶树材不存在射线管胞，射线管胞从形成层分生之后迅速失去内含物而死亡。射线管胞有无齿状加厚及齿的大小是识别松科树种的主要特征之一。松科除冷杉、油杉、金钱松外，其他各属均具射线管胞。有时冷杉、杉木、扁柏等不具射线管胞的树种因受外伤也可能形成受伤射线管胞。

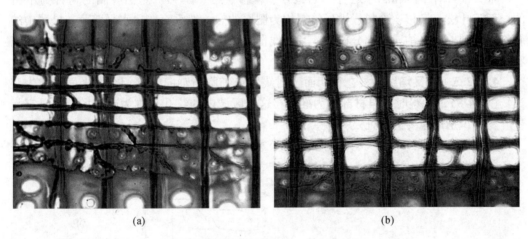

图 4-6　射线管胞(崔永志, 2003)
(a)射线管胞内壁呈锯齿状加厚　(b)射线管胞内壁呈平滑状

(2)射线薄壁细胞：是组成木射线的主体，是横向生长的薄壁细胞。射线薄壁细胞形体大，矩形、长方形(砖形)或呈不规则形状。壁薄，壁上具单纹孔，胞腔内常含有树脂。射线薄壁细胞与射线管胞相连接的纹孔为半具缘纹孔对。

水平壁：射线薄壁细胞水平壁的厚薄及有无纹孔为识别木材的依据之一。在径切面早材部位观察，射线薄壁细胞的水平壁厚薄是由通过其相邻的管胞壁厚度比较来确定的，如果比相邻的管胞壁薄，就认为该木射线的水平壁薄，反之，则射线细胞水平壁厚。水平壁较薄[图4-7(a)]是南洋杉科、罗汉松科、柏科的少数属、松科的松属及杉科的水松、水杉等属木材的特征。水平壁较厚[图4-7(b)]是榧属、粗榧属、松科的云杉属、冷杉属、落叶松属、黄杉属等的特征。云杉、落叶松、黄杉、铁杉、雪松、油杉及金钱松等因射线薄壁细胞具有真正次生壁，故水平壁上有显著的纹孔。而杉科、南洋杉科及松科的松属和金松属射线薄壁细胞无真正的加厚，故没有显著的纹孔。

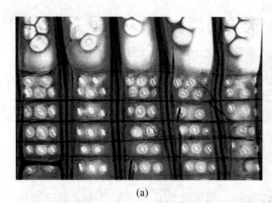
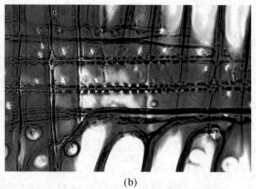

图 4-7 射线薄壁细胞(崔永志,2003)
(a) 水平壁薄不具纹孔(南洋杉) (b) 水平壁厚具纹孔(铁杉)

垂直壁：有平滑和肥厚之分。如银杏、粗榧、松、紫杉、侧柏等属的树种为平滑的，而落叶松、云杉、冷杉、铁杉等属均为肥厚的。一般垂直壁比水平壁薄。松属中的软松类，刺柏属、柏属的部分树种，其射线薄壁细胞的垂直壁具节状加厚。垂直壁具节状加厚与否是鉴别木材的特征之一。

4.1.2.3 交叉场纹孔 在径切面上射线薄壁细胞与轴向管胞相交的平面，称为交叉场(图 4-8)，观察时以早材部分为准。在这个区域内的纹孔，称为交叉场纹孔，它是针叶树材识别最重要的特征之一。

交叉场纹孔可分 5 种类型：窗格状、松木型、云杉型、杉木型和柏木型(图 4-9)。

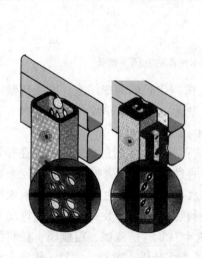

图 4-8 交叉场(松型纹孔)

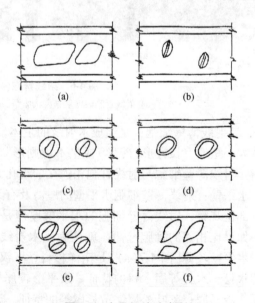

图 4-9 交叉场纹孔类型
(a) 窗格状 (b) 云杉型 (c) 柏木型
(d) 杉木型 (e)(f) 松木型

窗格状[图4-9(a)]：窗格状为单纹孔，或近于单纹孔，形大呈窗格状，每一交叉场内有1~3个，横列，是松属木材的特征之一，以马尾松、红松、樟子松、华山松最为典型。亦存在于罗汉松和杉科的某些属的木材中。

云杉型[图4-9(b)]：具窄而稍外延的或内含的纹孔口，形状小，纹孔缘狭。是云杉属、落叶松属、黄杉属、粗榧属等木材的典型特征。在南洋杉科、罗汉松科、杉科的杉属及松科的雪松属木材中云杉型纹孔与其他型纹孔同时出现。

柏木型[图4-9(c)]：纹孔口较云杉型稍宽，纹孔缘较窄，内含，其长轴从垂直至水平，纹孔数目一般为1~4个。柏木型纹孔为柏科的特征。亦存在杉科、南洋杉科和松科的部分属中。

杉木型[图4-9(d)]：纹孔略大，从卵圆形到圆形，纹孔口内含，且宽，纹孔口长轴与纹孔缘一致。杉木型纹孔不仅存在杉科，也见于冷杉属、崖柏属、油杉属，并能与其他纹孔类型同时存在于黄杉属、罗汉松属、雪松属、落叶松属、落羽杉属等木材。

松木型[图4-9(e)和(f)]：较窗格状纹孔小，为单纹孔或具狭的纹孔缘，纹孔数目一般为1~6个。常见于松科松属木材，如白皮松、长叶松、湿地松、火炬松。

4.1.3 轴向薄壁组织

轴向薄壁组织是由许多轴向薄壁细胞聚集而成的。组成轴向薄壁组织的薄壁细胞是由纺锤形原始细胞分生而来，由长方形或方形较短的和具单纹孔的细胞串联起来所组成。在木质部的薄壁组织称木薄壁组织，因是轴向串联又称轴向薄壁组织，在横断面仅见单个细胞，有时也称为轴向薄壁细胞。轴向薄壁细胞在针叶树材中仅少数科、属的木材具有。含量少，平均仅占木材总体积的1.5%，仅在罗汉松科、杉科、柏科中相对含量较多，为该类木材的重要特征。在松科木材中除雪松属、铁杉属、冷杉属、油杉属及金钱松属等有时含有少量轴向薄壁细胞，或具树脂道树种在树脂道周围具有外，其余均

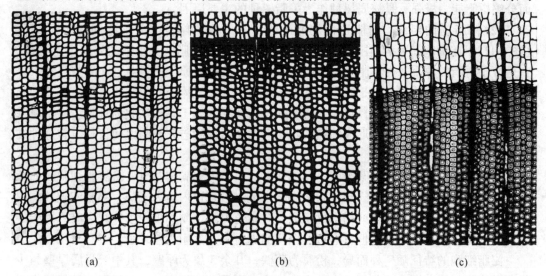

图4-10 轴向薄壁细胞形态(崔永志，2003)

(a)星散型(杉木)　(b)切线型(福建柏)　(c)轮界型(长苞铁杉)

不具有。在南洋杉科和紫杉科的紫杉属木材不具有。在紫杉科的榧属和澳洲紫杉属及粗榧科的粗榧属和穗花杉属均具有轴向薄壁细胞。

4.1.3.1 形态特征 其组成细胞的胞壁较薄，细胞短，两端水平，壁上为单纹孔，细胞腔内常含有深色树脂。横切面为方形或长方形，常借内含树脂与轴向管胞相区别。纵切面为数个长方形细胞纵向相连成一串，其两端两个细胞端部尖削。

4.1.3.2 分类 根据轴向薄壁细胞在针叶树材横断面的分布状态，可分为3种类型(图4-10)。

(1)星散型：指轴向薄壁细胞呈不规则状态散布在生长轮中，如杉木。
(2)切线型：指轴向薄壁细胞呈2至数个弦向分布，呈断续切线状，如柏木。
(3)轮界型：指轴向薄壁细胞分布在生长轮末缘，如铁杉。

4.1.4 树脂道

树脂道是由薄壁的分泌细胞环绕而成的孔道，是具有分泌树脂功能的一种组织，为针叶树材构造特征之一。平均占木材体积的0.1%~0.7%。根据树脂道发生和发展可分为正常树脂道和创伤树脂道。

4.1.4.1 正常树脂道 在针叶树材中，并非所有针叶树材都有正常树脂道，仅在松科的6个属中，即松属、云杉属、落叶松属、黄杉属、银杉属和油杉属。

(1)树脂道的形成：树脂道是生活的薄壁组织的幼小细胞相互分离而成的。轴向和横向泌脂细胞分别由形成层纺锤形原始细胞和射线原始细胞分裂的细胞，这两种情况均有簇集的子细胞，子细胞未能以正常方式成熟为轴向细胞和射线细胞。每个子细胞进行有丝分裂产生许多排列成行的小细胞，平行于形成树脂道的轴。随后在靠近细胞簇中心细胞间的胞间层分离，在其中心形成一个胞间隙通道，称为树脂道。围绕树脂道成一完整的1至数层薄壁细胞层，称泌脂细胞层。松属的泌脂细胞壁上无纹孔，未木质化，因而分泌树脂能力极强，是松属树种作为采脂树种的主要原因。

(2)树脂道的组成：树脂道由泌脂细胞、死细胞、伴生薄壁细胞和管胞所组成(图4-11)。在细胞间隙的周围，由一层具有弹性且分泌树脂能力很强的泌脂细胞组成，它是分泌树脂的源泉。在泌脂细胞外层，另有一层已丧失原生质，并已充满空气和水分的木质化了的死细胞层，它是泌脂细胞生长所需水分和气体交换的主要通道。在死细胞层外是活的伴生薄壁细胞层，在伴生薄壁细胞的外层为属于厚壁细胞的管胞。伴生薄壁细胞与死细胞之间，有时会形成细胞间隙。但在泌脂细胞与死细胞之间，却没有这种细胞间隙存在。

泌脂细胞为纤维质的薄壁细胞，有弹性。当树脂道充满树脂时，将泌脂细胞压向死细胞层，泌脂细胞完全展平。当割脂和松脂外流时，孔道内压力下降，泌脂细胞就向树脂道内伸展，可能堵塞整个或局部树脂道，树脂道内充填物称拟侵填体。它有碍松脂的外流及木材防腐剂的渗透。但具有拟侵填体的木材则天然耐久性较强。

泌脂细胞的特征随树种而异，松属为薄壁，其余5属为厚壁，其中云杉属厚壁与少量薄壁泌脂细胞共存。泌脂细胞个数也常作为区别属的特征之一，如松属、黄杉属常由6个左右、云杉属7~9个、落叶松属12个以上组成；受伤树脂道泌脂细胞数多于正常

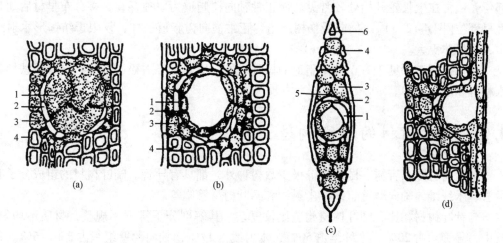

图 4-11　树脂道
(a)没有树脂而有拟侵填体　(b)充满树脂道　(c)横向树脂道　(d)纵向树脂道与横向树脂道连生情况
1. 泌脂细胞　2. 死细胞　3. 伴生薄壁细胞　4. 管胞　5. 胞间隙　6. 射线管胞

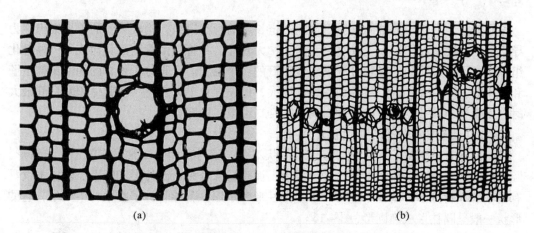

图 4-12　正常树脂道与受伤树脂道（崔永志，2003）
(a)正常树脂道(鱼鳞云杉)　(b)受伤树脂道(臭冷杉)

树脂道，最高可达 30 个以上。

(3)树脂道的大小：在具有正常轴向树脂道的 6 属中，松属树脂道最多也最大，其直径为 60~300μm，落叶松次之为 40~80μm，云杉为 40~70μm，银杉和黄杉为 40~45μm，油杉为最小。树脂道长度平均为 50cm，最长可达 1m，它随树干的高度而减小。

(4)横向树脂道：上述具正常轴向树脂道的 6 属中，除油杉属之外，都具有横向树脂道。横向树脂道存在于纺锤形木射线之中。它与轴向树脂道相互沟通，形成完整树脂道体系。横向树脂道直径较小，在木材弦切面上，用放大镜仔细观察有时也能发现。

4.1.4.2　受伤树脂道　在针叶树材中，凡任何破坏树木正常生活的现象，都可能产生受伤树脂道[图 4-12(b)]。针叶树材的受伤树脂道可分为轴向和横向 2 种，但除雪松外很少有 2 种同时存在于一块木材中。轴向受伤树脂道在横切面上呈弦列分布于早材部位，通常在生长轮开始处较常见。而正常轴向树脂道为单独存在，多分布早材后期和晚材部位[图4-12(a)]。横向受伤树脂道与正常横向树脂道一样，仅限于纺锤形木射线中，但形体更大。

受伤树脂道除见于有正常树脂道的树种之外，也常见于雪松、红杉、冷杉、铁杉和水杉等属的木材中。

4.2 阔叶树材的显微构造

阔叶树材除水青树、昆栏树等极少数树种外，都具有导管。阔叶树材的组成分子有导管、木纤维、轴向薄壁组织、木射线和阔叶树材管胞等。

与针叶树材相比，阔叶树材构造比较复杂，其解剖分子排列不规整，材质不均匀。其中，导管约占20%，木纤维占50%，木射线占17%，轴向薄壁组织占2%~5%。各类细胞的形状、大小和壁厚相差悬殊。

4.2.1 导 管

导管是由一连串的轴向细胞形成无一定长度的管状组织，构成导管的单个细胞称为导管分子。在木材横切面上导管呈孔状，称为管孔。导管是由管胞演化而成的一种进化组织，专司输导作用。导管分子是构成导管的一个细胞。导管分子发育的初期具初生壁和原生质，不具穿孔，以后随面积逐渐增大，但长度几乎无变化，待其体积发育到最大时，次生壁与纹孔均已产生，同时两端有开口形成，即穿孔。

4.2.1.1 导管分子的形状和大小

（1）导管分子的形状：导管分子的形状不一，随树种而异，常见有鼓形、纺锤形、圆柱形和矩形等，一般早材部分多为鼓形，而晚材部分多为圆柱形和矩形。若树木仅具有较小的导管分子，则在早晚材中都呈圆柱形和矩形；若导管分子在木材中单生，它的形状一般呈圆柱形或椭圆形（图4-13）。

（2）导管分子的大小和长度：导管分子的大小不一，随树种及所在部位而异。大小以测量弦向直径为准。小者可小于25μm，大者可大于400μm。通常将100~200μm定为中等，小于100μm者为小，大于200μm者为大。

导管分子长度在同一树种中因树龄、部位而异，不同树种因遗传因子等影响差异更大，短者可小于175μm，长者可大于1 900μm。将350~800μm定为中等，小于350μm为短，大于800μm为长。一般环孔材早材导管分子较晚材短，散孔材则长度差别不明显。树木生长缓慢者比生长快者导管

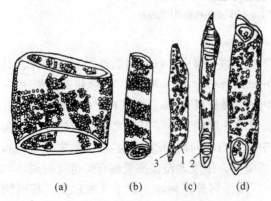

图4-13 导管分子的形态
(a)鼓形 (b)圆柱形 (c)纺锤形 (d)矩形
1. 穿孔 2. 穿孔隔 3. 穿孔板

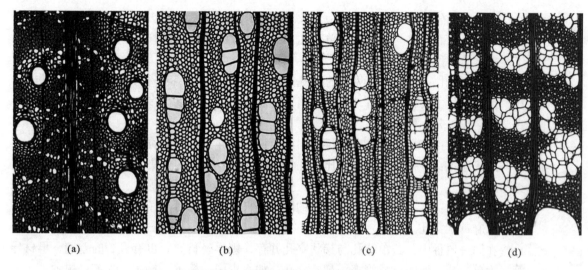

图4-14　管孔的组合(崔永志，2003)
(a) 单管孔(栎木)　(b) 复管孔(白桦)　(c) 管孔链(千金榆)　(d) 管孔团(大果榆)

分子短。较进化树种导管分子长度较短。

4.2.1.2 管孔的分布与组合

(1) 管孔的分布：导管分子的横切面称为管孔。根据管孔的分布状态，可将木材分成环孔材、散孔材、半散孔材等不同类型，可参见本书的第2章。

(2) 管孔的组合：可分以下4种(图4-14)。

单管孔：管孔单独存在于木材中，管孔周围全由其他组织包围，它不与其他管孔相连，如栎木等。

复管孔：指由2至数个管孔相连成径向或弦向排列，除两端的管孔仍为圆形外，中间部分的管孔则为扁平状的一组管孔，如桦木、槭木等。

管孔链：指一串相互连接但各自仍保持原来形状的单管孔，呈径向排列，如冬青等。

管孔团：指许多呈圆形或不规则形状的管孔聚集在一起呈集团状，如桑树、榆树等。

4.2.1.3 导管分子的穿孔

2个导管分子纵向相连时，其端壁相通的孔隙称为穿孔。在2个导管分子端壁间相互连接的细胞壁称为穿孔板。穿孔板的形状随其倾斜度而不同。如穿孔板与导管分子的长轴垂直，则为圆形，随倾斜度增加，呈卵圆形、椭圆形及扁平形等多种形态。穿孔起源于导管分子的发育过程中，根据纹孔膜消失的情况，穿孔可分两大类型(图4-15)。

(1) 单穿孔：穿孔板上具有一个圆或略圆

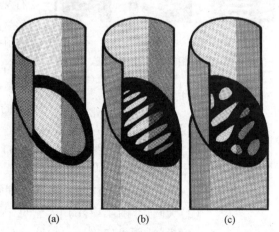

图4-15　导管分子的穿孔
(a) 单穿孔　(b) 复穿孔：梯状穿孔　(c) 复穿孔：网状穿孔

的开口。导管分子在原始时期为一个大的纹孔，当导管发育成熟后，导管分子两端的穿孔板全部消失而形成的穿孔称为单穿孔，绝大多数的树种其导管分子为单穿孔。单穿孔代表进化的树种。

(2)复穿孔：导管分子两端的纹孔在原始时期，为许多平行排列的长纹孔对或圆孔，当导管分子发育成熟后，纹孔膜消失，在穿孔板上留下很多开口称复穿孔。

复穿孔可分3种类型：

梯状穿孔：穿孔板上具有平行排列扁而长的复穿孔，如枫香、光皮桦。

网状穿孔：穿孔板上有许多比穿孔细的壁分隔，呈许多密集的穿孔，或壁的部分常具不规则分歧，形成网状外观的穿孔，如虎皮楠、双参、杨梅等。

筛状穿孔：穿孔板上具有像筛状的圆形或椭圆形许多小穿孔的复穿孔，如麻黄等，故又称麻黄状穿孔。

在同一树种中，若单穿孔与梯状穿孔并存，则早晚材导管也有显著的差别，早材导管多为单穿孔，而晚材导管多为梯状穿孔，如水青冈、樟木、楠木、含笑等树种。

4.2.1.4 导管壁上纹孔的排列 导管与木纤维、管胞、轴向薄壁组织间的纹孔，一般无固定排列形式。而导管与射线薄壁细胞，导管与导管间的纹孔，常有一定的排列形式，是重要的识别特征。导管间纹孔排列形式有3种(图4-16)。

(1)梯状纹孔：为长形纹孔，它与导管长轴成垂直方向排列，纹孔的长度常和导管的直径几乎相等，如木兰等。

(2)对列纹孔：为方形或长方形纹孔，上下左右均呈对称的排列，形成长或短水平状对列，如鹅掌楸。

(3)互列纹孔：为圆形或多边形的纹孔，上下左右交错排列。若纹孔排列非常密集，则纹孔呈六边形，类似蜂窝状；若纹孔排列较稀疏，则近似圆形。阔叶树材绝大多数树种均为互列纹孔，如杨树、香樟等。

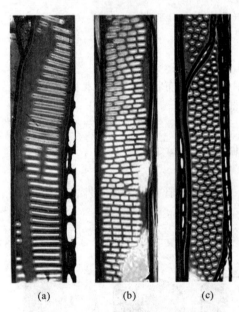

图4-16 导管相互间纹孔(崔永志，2003)
(a)梯状纹孔(木兰) (b)对列纹孔(鹅掌楸)
(c)互列纹孔(杨木)

4.2.1.5 导管-射线间纹孔式 导管与射线细胞间的纹孔式颇为奇异，其形状及大小是阔叶树材识别树种的主要特征之一。其类型有：

(1)同管间纹孔[图4-17(a)和(b)]：几乎与导管之间的纹孔式相同，常见于蝶形花科、梧桐科、茜草科的树种。

(2)单纹孔[图4-17(c)]：大小同管间纹孔，常见于杨柳科的树种。

(3)大圆形[图4-17(d)]：常见于桑科、龙脑香科。

(4)梯状[图4-17(e)]：常见于木兰科、八角、含笑等属木材。

(5)刻痕状：有纵列刻痕状(又称栅状)[图4-17(f)]和横列刻痕[图4-17(g)]。多

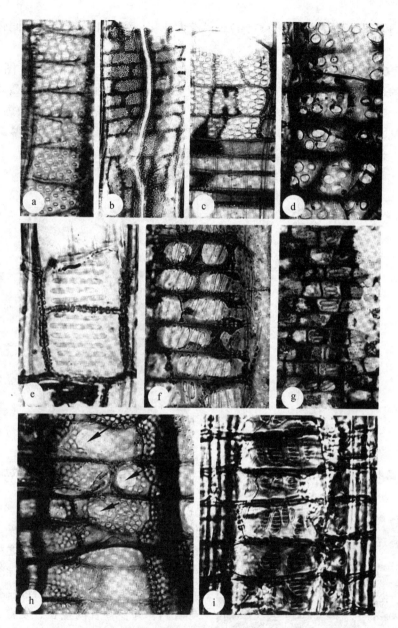

图 4-17 导管与射线之间的纹孔式
(a)(b)同管间纹孔　(c)单纹孔,大小同管间纹孔　(d)大圆形　(e)梯状　(f)栅状或纵列刻痕状
(g)横列刻痕状及同管间纹孔式　(h)大圆形及同管间纹孔式　(i)单侧复纹孔式

见于壳斗科。

(6)大孔状,类似于穿孔[图 4-17(h)]。常见于 *Chaunochiton breviflorum* 树种。

(7)单侧复纹孔式[图 4-17(i)]:一个纹孔与相邻细胞的 2 个或 2 个以上的纹孔相互对列,在一个平面上看,俨若一个大纹孔包含着数个小纹孔。在樟科和木兰科树种中常见。

有些阔叶树材的导管-射线间纹孔式存在两种类型,如图 4-17(g),既有横列刻痕状,又有同管间纹孔式;如图4-17(h),既有大孔状,类似于穿孔,又有同管间纹孔式的类型。

4.2.1.6 导管壁上螺纹加厚 螺纹加厚为导管分子次生壁上的特征(图4-18)。在阔叶树材的环孔材中,螺纹加厚一般常见于晚材导管。散孔材则早晚材导管均可能具有螺纹加厚。有的树种螺纹加厚遍及全部导管,如冬青、槭树等。有的树种螺纹加厚仅限导管的梢端,如枫香(图4-19)。导管分子内壁上的螺纹加厚为阔叶树材鉴定的重要的特征之一。例如槭树与桦木的区别,前者具螺纹加厚,后者则不具。榆属、朴属及黄波罗等树种,晚材小导管常具螺纹加厚。热带木材常缺乏螺纹加厚。

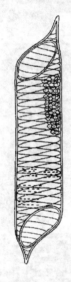

图4-18 导管分子上的螺纹加厚

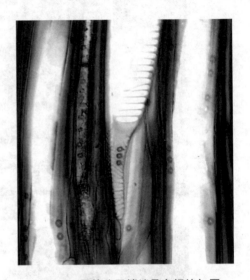

图4-19 导管分子梢端具有螺纹加厚

4.2.1.7 导管的内含物 主要有侵填体与树胶两类,以侵填体为常见。侵填体只能产生于导管与薄壁组织相邻之处,它是在薄壁组织具有生活能力时,由导管周围的薄壁细胞或射线薄壁细胞,经过纹孔口而挤入导管内,并在导管内生长、发育,以至部分或全部填塞导管腔而形成。图4-20为刺槐管孔中的侵填体。

侵填体常见于心材,但边材含水率少的地方也可能发现。侵填体极多的树种,不论心边材,几乎所有导管内都被充满,如刺槐。北美橡木(*Quercus* spp.)商品材分红橡和白橡两类,除材色差别外,侵填体的有无及数量的多少也是两者的主要差别,红橡类侵填体量少或无,白橡类具丰富的侵填体,故

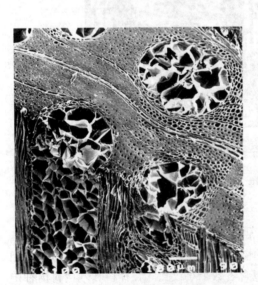

图4-20 刺槐导管中的侵填体
(崔永志,1994)

两者的用途、价格均不相同。白橡由于侵填体堵塞了导管,所以木材透水性小,适用于桶材和船舶用材。侵填体多的树种会造成木材防腐和改性处理困难。一般具侵填体的木材天然耐久性高。

在阔叶树材导管中除侵填体外,有时也含树胶,如黄波罗。树胶在导管中呈不规则的块状,填充在导管细胞腔中或成隔膜状填充在穿孔部分,而将导管封闭。树胶的颜色通常为红色和褐色,也有特殊颜色的,如芸香科木材所含树胶为黄色,乌木所含树胶为黑色,苦楝、香椿等木材导管内则含红色至黑褐色的树胶。

4.2.2 木纤维

木纤维是两端尖削,呈长纺锤形,腔小壁厚的细胞。木纤维壁上的纹孔有具缘纹孔和单纹孔两类,是阔叶树材的主要组成分子之一。约占木材体积的50%。根据壁上纹孔类型,有具缘纹孔的木纤维称纤维状管胞;有单纹孔的木纤维称韧型纤维。这两类木纤维可分别存在,也可同时存在于同一树种中。它们的功能主要是支持树体,承受力学强度的作用。木材中所含纤维的类别、数量和分布与木材的强度、密度等物理力学性质有密切关系。有些树种还可能存在一些特殊木纤维,如分隔木纤维和胶质木纤维。木纤维一般明显地比形成层纺锤形原始细胞长。长度为500~2 000μm,直径为10~50μm,壁厚为1~11μm,热带材一般直径大。在生长轮明显的树种中,通常晚材木纤维的长度较早材长得多,但生长轮不明显的树种没有明显的差别。在树干的横切面上沿径向木纤维平均长度的变动规律为:髓周围为最短,在未成熟材部分向外逐渐增长,达成熟材后伸长迅速减缓,达到稳定。

4.2.2.1 纤维状管胞 纤维状管胞是标准的木纤维细胞,腔小壁厚,两端尖削,而壁上具有透镜形或裂隙状纹孔口的具缘纹孔。纤维状管胞因树种而异,通常次生壁的内层平滑,间或也有螺纹加厚,存在于胞壁的全部或局部。纤维状管胞在一些树种中数量少或无,但在茶科、金缕梅科等属树种中极显著,为组成木材的主要成分[图4-21(a)]。

具有螺纹加厚的纤维状管胞仅为少数树种所特有,如黄波罗、女贞、冬青等。冬青属木材纤维状管胞细胞壁较薄,具缘纹孔和螺纹加厚都清晰可见。一般具有螺纹加厚的纤维状管胞,往往叠生状排列,其最显著者,以榆科及豆科所属树种最为常见。

4.2.2.2 韧型纤维 韧型纤维为细长纺锤形,末端略尖削,偶呈锯齿状或分歧状。其细胞壁较厚,胞腔较窄,外形与纤维管胞略相似。但韧型纤维具单纹孔,而纤维状管胞为具缘纹孔。韧型纤维单独存在或与纤维状管胞混合存在。韧型纤维末端与射线细胞相接触处,末端常呈锯齿状或分歧状。通常在韧型纤维壁上的纹孔分布是比较均匀的,而径面壁上纹孔较多,其内壁平滑而不具螺纹加厚[图4-21(b)]。

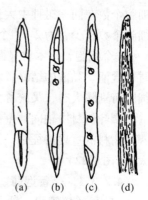

图 4-21 木纤维的类型
(a) 韧性纤维　(b) 分隔木纤维
(c) 纤维状管胞　(d) 胶质纤维

4.2.2.3 分隔木纤维 是一种具有比侧壁更薄的水平隔膜组织的木纤维,常出现于具有较大单纹孔的韧型纤维中。一般见于热带木材,是热带材的典型特征。分隔的隔膜是木质部子细胞形成次生壁后,再进行分裂而产生的。在楝科、橄榄科、豆科、马鞭草科、五加科等树种上可见,常见树种有桃花心木、非洲棟(沙比利)、奥克榄(奥古曼)、柚木、刺楸、女贞、重阳木等[图4-21(c)]。

4.2.2.4 胶质纤维 是指尚未木质化的,胞腔内壁呈胶质状的木纤维,即为次生壁呈胶质状态的韧型纤维或纤维状管胞,通常出现胶质状态的韧型纤维较纤维状管胞要多。胶质层吸水膨胀,失水收缩,常造成与初生壁接合处的分离现象。胶质木纤维是一种缺陷,见于许多树种中,常散生或集中出现在树干偏生长轮一侧,与应力木同时出现,为应拉木的特征之一。

胶质木纤维集中存在部位的木材,在干燥过程中,易造成木材的扭曲和开裂;在锯解时,常产生夹锯现象,材面易起毛,需锋利的刀刃才能使切削面光滑[图4-21(d)]。

木纤维的长度、直径和壁厚等不仅因树种而异,即使同一树种不同部位变异也很大。木纤维长度根据国际木材解剖协会规定分如下7级:极短,500 μm以下;短,500~700 μm;稍短,700~900 μm;中,900~1 600 μm;稍长,1 600~2 200 μm;长,2 200~3 000 μm;极长,3 000 μm以上。

木材密度和强度与木纤维有一定的相关性,通常随木纤维胞腔变小,胞壁变厚,木材密度和强度都显著提高。对于纤维板和纸浆等纤维用材,纤维长度和直径比值(长宽比)愈大,产品质量愈好。

4.2.3 轴向薄壁组织

轴向薄壁组织是由形成层纺锤形原始细胞衍生成2个或2个以上的具单纹孔的薄壁细胞,纵向串联而成的轴向组织。其功能主要是储藏和分配养分。

轴向薄壁组织由数个薄壁细胞轴向串联而成。在这一串细胞中只有两端的细胞为尖削形,中间的细胞呈圆柱形或多面体形,在纵切面观察呈长方形或近似长方形。一串中细胞个数在同一树种中大致相等,或有变化。一般在叠生排列的木材中,每一串链中的细胞个数较少,为2~4个细胞;在非叠生构造的木材中,每一串中的细胞数较多,为5~12个细胞,在木材显微鉴别时有一定参考价值。在轴向薄壁细胞中根据树种不同有时可含油、黏液的结晶,它们分别称油细胞、黏液细胞和含晶细胞,因含各类物质造成细胞特别膨大时,又统称为巨细胞或异细胞。

阔叶树材中轴向薄壁组织远比针叶树材发达,其分布形态也是多种多样的,是鉴定阔叶树材的重要特征之一。根据轴向薄壁组织与导管连生与否,分为傍管型和离管型两大类(图4-22)。

4.2.3.1 傍管型薄壁组织

(1)稀疏傍管状:轴向薄壁组织在导管周围单独出现,或排列成不完整的鞘状的,如拟赤杨、木荷等。

(2)单侧傍管状:轴向薄壁组织仅限于导管的外侧或内侧分布,如厚皮香、枣树等。

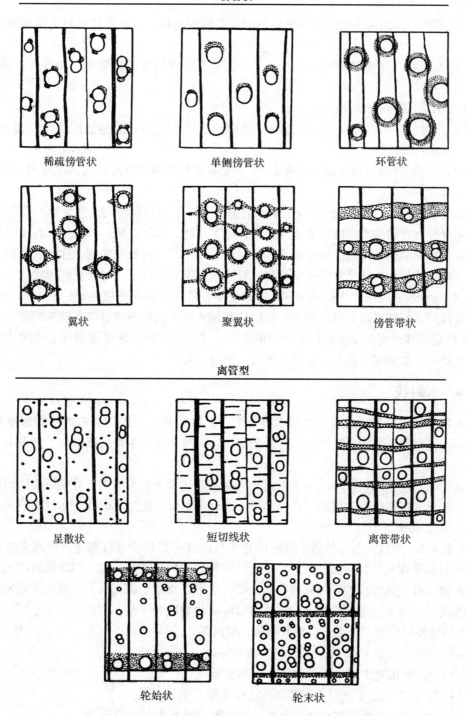

图 4-22 阔叶树材轴向薄壁组织分布类型(Jane et., 1970)

(3)环管状：轴向薄壁组织完全围绕于导管周围，呈圆形或卵圆形，如梧桐、香樟、梓树、大叶桉等。

(4)翼状：轴向薄壁组织在导管周围向左右两侧延伸，呈鸟翼状排列，如泡桐、合欢等。

(5)聚翼状：翼状薄壁组织横向相连，呈不规则的切线或斜带状，如榉树、刺槐、花榈木等。

4.2.3.2 离管型薄壁组织

(1)星散状：轴向薄壁组织单独呈不规则分散于木纤维等其他组织之间。如黄杨、枫香、桦木、桉树等。

(2)切线状：轴向薄壁组织组成1~3个细胞宽的横向断续短切线。如柿树、枫杨、核桃木等。

(3)离管带状：轴向薄壁组织宽3个细胞以上，呈同心带排列，如黄檀。带状薄壁组织宽度与所间隔的木纤维带等宽或更宽，称宽带状，如红豆树、榕树等。若轴向薄壁组织带相互间的间距与射线组织相互间的间距大致相等，构成交叉网，称网状，如橡胶木、纤皮玉蕊等。带状又分傍管带状和离管带状，两者难以区分时可统称带状。

(4)轮始状：在每个生长期初期，单独或不定宽度的轴向薄壁细胞构成连续或断续的层状排列。如柚木及胡桃科各属。轮始状和轮末状可统称为轮界状薄壁组织。

(5)轮末状：在每个生长期末期，单独或不定宽度的轴向薄壁细胞构成连续或断续的层状排列。如柳属、杨属、槭属、桑属、刺槐属等。

4.2.4 木射线

木射线是指位于形成层以内的木质部上，呈带状并沿径向延长的薄壁细胞壁集合体。阔叶树材的木射线比较发达，含量较多，为阔叶树材的主要组成部分，约占木材总体积的17%。

木射线有初生木射线和次生木射线。初生木射线源于初生组织，并借形成层而向外伸长。从形成层所衍生的射线，向内不延伸到髓的射线称次生木射线。木材中绝大多数均为次生木射线。

4.2.4.1 射线大小
是指木射线的宽度与高度，其长度难以测定。射线宽度和高度在木材显微切片的弦切面上进行。宽度计测射线中部最宽处，高度则计测射线上下两端间距离。宽度和高度均可用测尺计算长度，也可以细胞个数表示，宽度在木材鉴别时特别重要，国际木材解剖学会(IAWA)将阔叶树材射线分五类：

(1)射线组织宽1个细胞，如紫檀属、栗属等。

(2)射线组织宽1~3列，如雨树、樟木等。

(3)射线组织宽4~10列，如朴木、槭木等。

(4)射线组织宽11列以上，如栎木、山龙眼、青冈栎等。

(5)射线组织多列部与单列部等宽，如油桃、铁青木、水团花等。

阔叶树材的木射线较针叶树材要宽得多，宽度变异范围大，如杨木仅1个细胞宽，而栲木、千金榆等宽度可达数十个细胞。

4.2.4.2 射线的种类 阔叶树材木射线较针叶树材复杂,针叶树材以单列为主,而阔叶树材以多列为主,这也是相互区别的特征之一。阔叶树材中木射线分4类:

(1)单列木射线:在弦切面射线沿木纹方向排成一纵列,仅1个细胞宽者称单列木射线,几乎所有木材中均能见单列射线,但完全为单列木射线者在阔叶树材中甚少,仅在杨柳科、七叶树科和紫檀属等木材上能见。

(2)多列木射线:在弦切面上射线宽为两列以上,为绝大多数阔叶树材所具有,如核桃木、柚木、桃花心木等。

(3)聚合木射线:许多单独的射线组织相互聚集一起,在肉眼下似单一的宽射线,显微镜下各小射线由不包含导管在内的其他轴向分子所分隔。如鹅耳枥、桤木、石栎等。

(4)复合木射线:构成的分子全为射线薄壁细胞,在弦切面上看,为非常宽的射线,它由许多射线组合而成。如蒙古栎、槲栎等。

单列射线与多列射线可同时存在于同一树种,如丝栗、栎木。多列射线与聚合射线也可同时存在于同一树种,如桤木等。

4.2.4.3 射线的组成 阔叶树材的木射线主要由射线薄壁细胞组成,仅极少数具聚合射线的树种,射线中才夹杂有木纤维和轴向薄壁组织。阔叶树材射线薄壁细胞按径切面排列方向和形状分3类:横卧细胞,射线细胞的长轴与树轴方向垂直排列,即呈水平状;直立细胞,射线细胞的长轴与树轴方向平行排列,即呈直立状;方形细胞,射线细胞在径切面近似方形。

根据射线薄壁细胞类别及组合,可分同形射线和异形射线两类。为了方便木材区分和鉴别,在Kribs射线分类基础上,作了修正和补充,成为目前射线分类最广泛应用的方法:

(1)同形射线:射线组织全部由横卧细胞组成的射线。

同形单列:射线组织全为单列射线或偶见两列射线,且全由横卧细胞组成。如杨属、红厚壳木、丝棉木、海南锥[图4-23(a)]。

同形单列及多列:射线组织由单列和多列射线,全由横卧细胞组成。如桦木属、合欢属、槭木等[图4-23(b)]。

(2)异形射线:射线组织全部或部分由方形或直立细胞组成。

异形单列:射线组织全为单列或偶尔出现成对者,由横卧与直立或方形细胞所组成。如柳属、千年桐、山乌桕、乌木等[图4-23(c)]。

异形多列:射线组织全为两列以上,偶见单列,由横卧与直立或方形细胞组成。如马桑、密花树。

异形Ⅰ型:由单列和多列射线组成。单列射线由直立和方形细胞构成;多列射线弦面观察其单列尾部较多列部分要长,单列尾部由直立细胞构成,多列部分有横卧细胞构成。如乌檀、银柴、黄桐[图4-23(d)]。

异形Ⅱ型:由单列和多列射线组成。与异形Ⅰ型区别为多列射线的单列尾部较多列部分要短。如朴属、黄杞属等[图4-23(e)]。

异形Ⅲ型:由单列和多列射线组成。单列射线全为横卧细胞或方形与横卧细胞混合

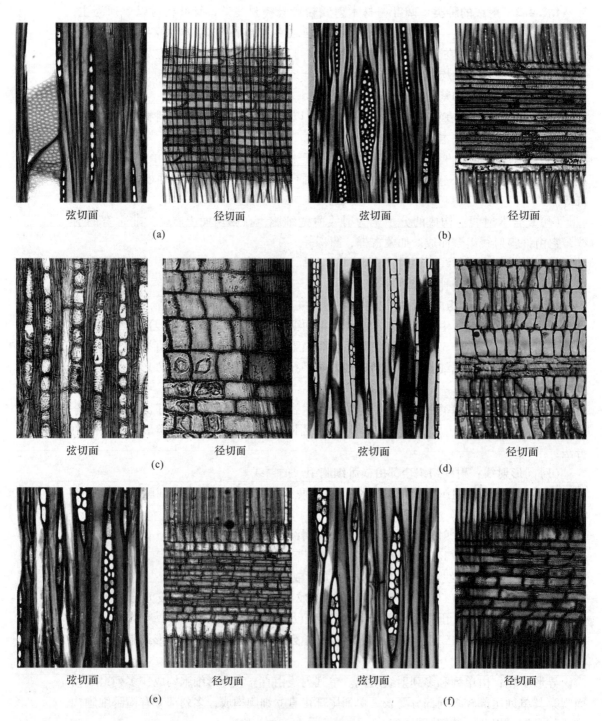

图 4-23　木射线的类型

(a) 同形单列木射线　(b) 同形单列及多列木射线　(c) 异形单列木射线
(d) 异形Ⅰ型木射线　(e) 异形Ⅱ型木射线　(f) 异形Ⅲ型木射线，少数异形Ⅱ型木射线

组成。多列射线的单列尾部通常为 1 个方形细胞，1 个以上者也应为方形细胞，多列部分由横卧细胞所组成。如山核桃、香椿、小叶红豆等[图 4-23(f)]。

4.2.4.4 射线的特殊构造 阔叶树材木射线的特殊排列和射线内具特殊细胞，常为木材识别的重要依据，射线的特殊构造主要如下：

射线叠生：在弦切面上，射线高度一致，呈水平方向整齐排列，有时肉眼下亦可见，即宏观构造中的波痕。如柿属、黄檀属、紫檀属等树种可见(图 4-24)。射线叠生热带木材多于温带木材。

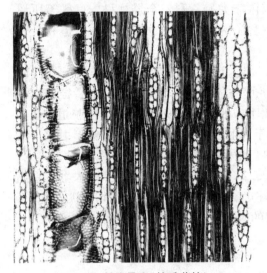

图 4-24 射线叠生（檀香紫檀）

图 4-25 油细胞（香樟）

乳汁管：存在于射线中的变态细胞，是含有乳汁的连续管状细胞。如夹竹桃科的盆架树属和桑科的榕属、箭毒木属等树种可见。

单宁管：形状与乳汁管相似，也存在于射线中，其管道甚长，管壁无纹孔，管内含铁的化合物，凝聚时呈蜡状深红色，为肉豆蔻科特有的标志特征。

油细胞：射线细胞中特别膨大、内含油分的薄壁细胞。这类细胞也可存在于轴向薄壁组织中。在木兰科、樟科某些属的木材中可见（图 4-25）。

径向树胶道：出现于纺锤形射线中径向伸展的胞间道，常含树胶。为漆树科、橄榄科某些属木材所具的特征（图 4-26）。

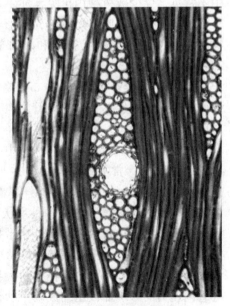

图 4-26 横向树胶道（黄连木）
（崔永志，2003）

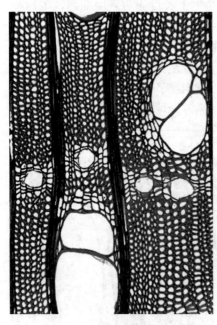

图 4-27　轴向树胶道（柳桉）
（崔永志，2003）

4.2.5　胞间道

胞间道是指不定长度的细胞间隙，通常储藏着由泌脂细胞或泌胶细胞所分泌的树脂或树胶。双子叶类木材的胞间道通常称为树胶道。阔叶树材的树胶道和针叶树材的树脂道一样，也分轴向和径向两种，但阔叶树材中两种同时具有的树种极少，仅限于龙脑香科、金缕梅科、豆科等所属的少数树种。阔叶树材中也有正常树胶道和受伤树胶道。

4.2.5.1　正常树胶道　正常轴向树胶道（图 4-27）为龙脑香科和豆科等某些木材的特征，在横切面上散生，如异翅香；正常横向树胶道（图 4-26）存在于木射线中，在弦切面呈纺锤形射线，见于漆树科、橄榄科等所属木材。

4.2.5.2　受伤树胶道　是由于树木生长受病虫害或外伤而产生，在横切面上常为切线状，常见于金缕梅科的枫香和芸香科等所属树种的木材中。

4.2.6　阔叶树材的管胞

管胞是组成针叶树材的最主要成分，在阔叶树材中不常见，仅少数树种内可见，亦不占主要地位。其长度较针叶树材管胞要短得多，且形状不规则。阔叶树材管胞可分为导管状管胞和环管管胞两类（图 4-28）。

4.2.6.1　导管状管胞　分布于晚材中，形状和排列像较原始而构造不完全的导管。但它不具穿孔，两端以具缘纹孔相接，侧壁具缘孔直径常大于导管间纹孔直径。在榆木、朴木等榆科木材中、导管状胞侧壁有具缘纹孔外，常见螺纹加厚，并与晚材小导管混杂，甚至上下相接，在晚材中同样起输导作用。

4.2.6.2　环管管胞　是一种形状不规则而短小的管胞。其形状变化很大，大部分略带扭曲，两端多少有些钝，有时还具水平的端壁，侧壁上具有显著的具缘纹孔。环管管胞多数分布在早材大导管的周围，受导管内压力的影响而被压缩成扁平状，其长度不足木纤维的一半，平均长 500～700μm，与导管一样起输导作用。环管管胞常存在壳斗科（如栎木）、桃金娘科

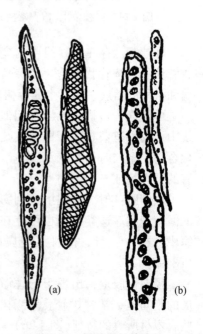

图 4-28　阔叶树材管胞
(a) 导管状管胞　(b) 环管管胞

(如桉树)及龙脑香科(如冰片香等)等木材上。

4.2.7 针叶树材和阔叶树材组织构造的比较

针、阔叶树材的组织构造有明显差异,前者组成细胞种类少;后者种类多,且进化程度高。主要表现于针叶树材主要组成分子管胞既有输导功能又具有对树体支持机能;而阔叶树材的导管司输导、木纤维司支持机能。针、阔叶树材最大差异是前者不具导管,而后者具有导管。此外,阔叶树材比针叶树材射线宽,射线和薄壁组织的类型丰富,含量多。因此阔叶树材在构造和材性上比针叶树材要复杂多变。针、阔叶树材构造上主要差异见表4-1。

表4-1 针叶树材和阔叶树材构造的主要差异

组成分子	针叶树材	阔叶树材
导管	不具有	具有(我国阔叶树除水青树和昆栏树除外),导管壁上的穿孔类型有单穿孔和复穿孔之分。
管胞木纤维	管胞是主要分子,不具有韧型纤维。管胞横切面呈四边形或六边形。早晚材的管胞差异较大。	少数树种具有阔叶材管胞(环管管胞和导管状管胞)。木纤维(纤维状管胞和韧型纤维)是主要分子,细胞横切面形状不规则,早晚材之间差异不大。
木射线	具有射线管胞,组成射线的细胞都是横卧细胞,多数是单列。具有横向树脂道的树种会形成纺锤形木射线。	不具有射线管胞,组成射线的细胞有横卧细胞、方形细胞和直立细胞。根据组成射线的细胞形态分为同形和异形射线。射线仅为单列的树种少,多数为多列射线,有些树种含聚合或复合射线。
胞间道	仅松科某些属的木材具有树脂道,其分布多为星散,或为短切线状(轴向正常的为两个树脂道隔着木射线并列,而创伤树脂道呈短切线状弦向排列)。	部分树种具有树胶道,在龙脑香科和漆树科等中常见。前者主要为轴向树胶道,呈同心圆状、短切线状或星散状;后者为横向树胶道。
矿物质	仅少数树种细胞含有草酸钙结晶,不含二氧化硅。	在不少树种细胞中含有草酸钙结晶,结晶形状多样。有些热带树种细胞中含有二氧化硅。

4.3 组织、构造的变异

4.3.1 树种间变异

4.3.1.1 细胞构成 针叶树材构造细胞中,管胞和射线薄壁细胞是所有树种都存在的基本细胞,其他种类的细胞根据树种不同而决定其存在与否。阔叶树材的特征是具有导管,构成细胞的种类也较针叶树材为多,功能向专门化发展,针叶树材的主要组成细胞为管胞,在阔叶树材中仅少数树种具有,而主要组成细胞为木纤维。针叶树材射线细胞在排列上全系横卧细胞,而阔叶树材射线构成除横卧细胞外,部分树种尚有直立细胞和方形细胞共同组成。总之,木材的细胞构成,其形状、比率、排列状态和尺寸大小等是随树种而异的特征。我国在木材组织比方面尚缺乏系统研究资料。根据《日本木材》记载,日本产18种针叶树材构成组织比的变动范围为:管胞占89.1%(罗汉松)~98.6%(金松);轴向树脂道占0~1.6%(日本五针松)。32种阔叶树材构成组织比的变动范围为：导管占4.7%（黑榆）～51.9%（连香树）；木纤维占32.1%（圆齿木青冈）～83.2%（黑榆）；轴向薄壁组织占0.2%（辽杨）～36.9%（毛泡桐）；射线组织占3.7%（椴木）～19.5%（樱木）。

4.3.1.2 细胞大小 木材组成细胞种类很多，讨论细胞大小要就其主要细胞，即针叶树材的管胞，阔叶树材的导管和木纤维。这些细胞大小显示了树种的特征，即使是同一树种，也随个体、树干及生长轮内的部位不同而异。

针叶树材管胞其大小可分长度、直径和壁厚，因早、晚材管胞大小有异，需分别计测；管胞直径和壁厚在径向和弦向有差异，通常以弦向计测。管胞长度根据树种而异，在1 000～6 700μm范围内，通常长为3 000～4 000μm；管胞弦向直径15～60μm；壁厚早材为1～3.5μm，晚材为2～8μm。

阔叶树材导管和木纤维大小同样分长度、直径和壁厚等项目。导管长度在80～1 700μm范围内；直径以弦向计，在15～260μm范围内；壁厚在1～8μm范围内。木纤维长度在300～2 500μm范围，以1 000～2 000μm为最常见，为针叶树材管胞长度的1/2～1/3左右；木纤维直径在10～60μm范围内，以20～30μm为最常见；壁厚在1～10μm范围内，常见为3～5μm。世界主要木材中，最轻的巴塞木（balsa）木纤维大小：直径40～80μm，长1 300～2 000～2 700μm，壁厚1.5～2μm；最重的愈疮木（*Lignum vitae*）木纤维大小：直径8～13μm，长330～590～770μm，壁厚3～5μm。

4.3.2 树干内的变动

4.3.2.1 水平变动 构成树木的细胞大小、壁厚及S_2层的纤丝角等，通常从髓水平向外（即径向）呈有规则的变动，将这种变动称径向变动或水平变动。

(1) 针叶树材管胞长度在近髓部位为最短（约1 000μm），从髓起向外侧移动呈急剧增长，在第10～15生长轮时增长变小，超过20生长轮后成为大致稳定（约4 000μm）。这种管胞长度规律性的水平变动模式常称K. Sanio法则。

管胞从形成层纺锤形原始细胞分生，至细胞的细胞壁形成结束为止，这全过程其长度伸长仅5%～10%，它与木纤维的成倍增长有明显区别，这意味着管胞长度强烈依存于原始细胞自身长度。事实上，针叶树材纺锤形原始细胞长度发芽后的第一年为最短，其后随形成层年龄增加而变长，至20年后大致稳定。原始细胞长度不稳定阶段所形成的木材称未成熟材；相对于此，原始细胞长度达稳定的成熟期所形成的木材称成熟材。未成熟的幼龄材材质低劣，管胞长度是判别幼龄材的重要指标，所以管胞长度是针叶树材材质评定的重要指标。

形成层原始细胞的长度随形成层年龄增加而增长外，形成层的分裂频度依存于林木的生长环境。如气候、土壤、地形、植被、营养、水分等自然环境；加上种植密度、修枝、间伐、施肥、树冠量等人为生长环境等的变化，均可影响形成层的分裂频度。

此外如初期生长受抑制的虾夷云杉和库页冷杉其管胞长度达到稳定为止需40～80年，而同一树干上部不受抑制的部位仍显示正常模式。生长在贫瘠林地上初期直径生长不良的柳杉，通过施肥，促进直径生长的树干，其管胞长度加速到达稳定，能缩短未成熟期。落叶松和赤松达到成熟龄后，生长轮宽度为1～2mm者管胞长度为最长，生长轮过宽及过窄均会使管胞长度变短。此外成为老龄的过熟龄，一般因生长衰弱，管胞长度变短。

管胞长度也受高生长的影响，在树枝上管胞长度的变异和树干各节间内的变异相似，枝的长度越长，管胞长度越长。高生长越好，则管胞长度变长。

(2) 管胞的直径、壁厚、纤丝角 从针叶树材横断面观察，管胞在径向整齐排列，其断面形状为矩形或六角形。管胞弦向直径无论近髓还是其外侧都大致相同；径向直径从髓向外侧逐渐变大，超过15年左右后大致一定，这种变化在早材管胞上特别显著，而晚材管胞变化较少。

管胞厚度的水平变化显示与直径变化有相似的倾向，但是壁厚的变化和直径相反，在晚材管胞上能明显看到，在早材管胞较少变化。

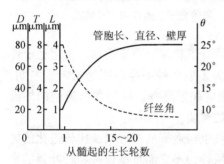

图4-29 管胞长度(L)、直径(D_R)和纤丝角(θ)的水平变动

管胞纤丝角因和针叶树材的物理、力学性质有着直接关系，所以是重要的材质指标。纤丝角在生长轮内从早材部至晚材部逐渐变小，至15生长轮左右大致一定。这种纤丝角的水平变化和管胞长度的变化大体呈相反关系。两者间有 $L = a + b\cos\theta$ 的关系式成立。L 为管胞长度，θ 为纤丝角，a 和 b 为根据不同树种而定的常数。管胞长度、直径、壁厚和纤丝角水平变动的模式如图4-29所示。

(3) 木纤维长、导管分子长：构成阔叶树材的细胞约70%以上是木纤维（包括韧形纤维和纤维状管胞）和导管。木纤维主要保持树体有足够的强度，导管起水分输导作用。

木纤维长度从髓向外侧水平变动的趋势和针叶树材管胞长度变动相似。而髓附近的木纤维最短(500~1 000μm)，随着向外侧移动急剧变长。大体超过20生长轮时（个别有50~60生长轮）成为一定长度(1 500~2 000μm)。但是木纤维长度在生长轮内的变动情况和管胞有相当明显的不同。

木纤维长度和纺锤形原始细胞长度间的关系，可分三种类型，即依存于原始细胞长度的树种(Ⅲ)、完全不依存的树种(Ⅰ)和中间型的树种(Ⅱ)。木纤维在其分化过程中，长度伸长有50%~80%，相对比，导管分子长度在分化中几乎不变，为此导管分子长度可认为是各形成部位原始细胞的长度。而根据古川71种阔叶树材木纤维长和导管分子长的水平变动的研究结果显示有明显差别，如图4-30。

将木纤维长和原始细胞长两者关系完全不依存的树种作为Ⅰ型，中间型的树种为Ⅱ型，依存的树种为Ⅲ型。它们在各生长轮内木纤维和导管分子长度变动的情况所示模式如图4-30。Ⅰ型树种是导管长度全无变化，木纤维的伸长量（可以近似看作从木纤维长度上减去导管分子长度）从髓起随生长轮数增加而增大，超过20生长轮后趋于稳定。此时木纤维的伸长生长，

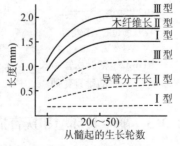

图4-30 阔叶树木纤维和导管分子长度的水平移动

仅为细胞尖端部侵入到周围细胞之间的生长，称插入生长。对于Ⅲ型树种，不仅导管分子长度从髓起随生长轮数增大而增长，在生长轮内从生长轮形成早期至晚期也增长；木纤维长度也作对应的变动，而Ⅲ型树种其木纤维伸长量远比Ⅰ型为小，木纤维长度变动完全依存于原始细胞长度，这一点和针叶树材管胞的水平变动相类似（图4-31）。

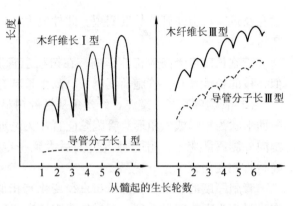

图 4-31　阔叶树Ⅰ型、Ⅲ型的木纤维长和导管分子长的径内水平移动

考虑这类木纤维长度水平变动的特性，如仅用木纤维长度来区分阔叶树的未成熟材和成熟材时，就会成为问题了。用导管分子长度判别原始细胞长度稳定性的方法是行之有效的。如以原始细胞长作基准，认为Ⅰ型树种不存在明显的未成熟期，事实证明了Ⅰ型的典型树种榉木，在近髓的材质（密度和强度等性质）和远离髓的外侧的材质之间无大的不同，在树干全体上有大致稳定的材质。

属于Ⅰ型的树种榆科、豆科、槭类等多为具有叠生构造等的树种以及比较进化的树种。Ⅲ型的树种如樱树、连香、樟树等以稍原始的树种为多。而Ⅲ型树种和针叶树的水平变动类型相类似，其中包含有很深的含义。

（4）木纤维及导管分子的直径、壁厚这类细胞水平变动尚缺乏系统的研究，仅有片断的结果，如导管分子平均直径近髓处小，分布密；从髓向外侧移动时，其直径变大，分布变疏，其后稳定等。

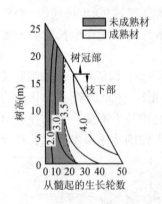

图 4-32　落叶松管胞长的垂直变动

4.3.2.2　垂直变动　如取树干不同地上高作水平变动，将这些数据在树干解析图或树干纵切形状图上作成曲线，就可以了解树干内或地上高度方向的变动（垂直变动）。

图 4-32 所示为落叶松树干内管胞长的垂直变动情况。管胞长度最长的部位，即是材质最优良的部位。它是从树干的胸高附近起至树冠基部为止的区段内分布在树干外侧的部分（成熟材部分）。此外，未成熟材在树干内的分布大致呈圆筒形，其范围是从髓起至第 20 生长轮的内侧、离髓距离 5～8cm 以内的部分，而树冠材大体被未成熟材所占据。阔叶树材（粗栎、麻栎）木纤维长度的垂直分布与针叶树材落叶松的情况大致相同。

4.3.3　随生长环境和抚育措施的变动

4.3.3.1　生长轮年代学　生长轮年代学（denrochronology）广义而言，是从木材宽度的变动来确定形成该木材的年代，以此为基础而研究过去的气候和环境变化的一门科学。木材的生长轮宽度在生长环境(气候)共同的地区其变动的图谱非常相似。应用该原理,以采伐年的木材作为基点,从古建筑木材、遗址出土木材、埋没木材等搜集的木材标本上,将具有同样生长轮宽度变动图谱的部分重叠,能得到很久远连续年代的生长轮宽变动的标准图谱。把这样所制得标准图谱称为历年标准生长轮宽度变动图谱,简称为历年标准图谱(standard chronology)。

生长轮年代学不是以生长轮宽绝对值的大小,而是以生长轮宽变动的倾向作基准的。在日本用扁柏木材已完成从现代起至公元前317年为止,约2 200生长轮宽的历年标准图谱。另有从生长轮宽的变动来推断古气候的研究领域,称为生长轮气象学(dendroclimatology),世界各国都在研究。根据最近研究,从美国加利福尼亚产的狐尾松(*Pinus balfouriana*)过去2 000年生长轮宽的分析,认为从6月份起至1月份的气温和生长轮宽有密切关联。另外这种气温对照太阳的活动,认为是以125年作周期性变动。

4.3.3.2 由环境造成构造、材质的变动 给树木生长造成影响的环境因子极多,因相互关联和组合,作单独评价有困难,就几个主要影响因子加以讨论。

温度是影响形成层活动的主要因素之一,低温不仅使形成层活动推迟,也使形成层活动过早停止,因而缩短了生长期,使生长轮变窄。相反,高温也常常抑制树木的直径生长。在控制环境的实验结果表明:在某温度范围内,管胞的直径长度随温度增大而增大;管胞的壁厚随夜间温度上升而减少,这是认为夜间温度高,由呼吸而引起同化物质消耗变多的缘故。

树木生长所需的水是土壤中的有效水分,而对木材的影响在不同生长时期是不同的。一般在整个生长时期,或从春至初夏,具有充足水分时,生长轮宽度变宽,晚材率减少,因此木材密度下降。此外,在晚材形成时期,如存在有充分的水,晚材形成期延长,木材的晚材率增加,木材密度变高。水应力越高,形成层活动衰减,活动期变短,生长轮宽度变狭。

Larson在多脂松(*Pinus resinosa*)的苗木上用实验证明了若在生长期造成人工的水不足,则形成直径窄的细胞,再给予水分时则细胞直径增大,形成了假生长轮。认为这是因为水分不足,顶端生长活动衰弱,供给细胞的植物生长激素量减少所致。

土壤的性质和树种的不同也给予木材影响,认为这是因为土壤对水分和养分保持能力差的缘故。

关于木材性质的地理变动方面,认为是由于场所不同,造成温度、降水量、土壤、日照等不同所给予的影响。北美伊利诺斯州的松类的木材密度从北向南逐渐减小;加勒比松和湿地松的晚材率在其天然分布范围内,从北向南,从西向东逐渐增加。认为这些是由于在生长期间土壤中的水分不同的缘故。另外,还存在有适应于这种温度、降水量、日长等环境因子的地理品种,如欧洲赤松的管胞长度从南到北变短。关于气候对生长轮宽度影响方面,也有认为前一年的气候比生长期间的气候更重要的报道。

4.3.3.3 抚育造成构造、材质的变动 抚育能给予木材性质影响的是间伐、打枝和施肥。

间伐是在林分郁闭,林木间竞争开始后,为了调节生长,采伐其中一部分,调节立木密度的重要抚育措施。立木密度不仅影响树枝的大小和发达程度,树干形状和生长量,也影响木材品质,因枝条在木材中形成节,节是木材重要的缺陷因子。根据加纳的研究，柳杉人工林，密植能减少节子数和减小节直径，使树干圆满，枝下高变高。疏植会造成树干圆满度下降，制品的成品率降低，同时低品质的未成熟材比例增加，木材密度降低。另外尚有管胞长度减少等报道。从材质考虑，间伐常采用弱度间伐。因强度间伐会造成树冠变大，枝的尺寸增大，生产树冠材偏多，有些树种会产生不定芽的不良情况。

打枝是为了生产无节材而除去枝条。从材质考虑，打枝作用有：① 能生产无节材；② 使干形圆满；③ 能控制单树的生长轮宽度；④ 能减少树冠材（未成熟材）的数据；⑤ 能加速心材化进程。而打枝可能产生木材的缺点有：① 会发生变色；② 有时会产生不定芽；③ 打枝后会暂时形成木材不规则乱纹；④ 打枝反复进行会形成木材密度分布不规则。综合利弊，打枝是利远大于弊的抚育措施。

施肥是增大森林收获量的抚育措施。施肥对木材性质的影响，根据幼龄林或壮龄林的不同而异。对于未成熟材形成阶段的幼龄林，施肥不仅增加未成熟材的数量，并会推迟向成熟材过渡的时间。一般由于施肥生长轮宽度变宽，晚材率减少，伴随着木材密度减少。此外，认为管胞长度也减少。根据 Posdy 报道，由于施肥火炬松（*Pinus taeda*）晚材率从 47% 减少到 36%；木材密度从 0.48g/cm^3 减少到 0.39g/cm^3；晚材管胞长度从 3 900μm 减少到 3 400μm。但也有由于施肥早材管胞壁厚增加，晚材管胞壁厚减少，生长轮内木材密度更均一化等的相关报道。施肥对于木材性质的影响，一般认为需要数年的时间。

复习思考题

1. 名词解释：管胞、木射线、树脂道、具缘纹孔、木射线、交叉场、导管穿孔、侵填体。
2. 何谓交叉场纹孔？简述常见交叉场纹孔的类型。
3. 简述阔叶树材木射线的类型。
4. 简述针叶树材、阔叶树材的解剖构造的差异。

第 5 章　木材的化学性质

本章重点介绍了木材三大成分——木质素、纤维素及半纤维素的结构、物理性质和化学性质；简要介绍了多种存在于木材中的抽提物；简述了木材的酸碱性质。

5.1　木材的化学组成

木材的化学特征通常是以它们的化学成分表达的。木材是由无数成熟细胞组成，其化学特征实际上是成熟细胞化学成分的综合。成熟细胞可区分为细胞壁和细胞腔，此外还有胞间层。因此，论述木材化学成分时，有细胞壁物质和非细胞壁物质之分，或称为主要化学成分和少量化学成分。木材的化学组成如图 5-1 所示。

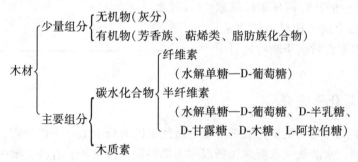

图 5-1　木材的化学组成

5.1.1　木材的主要化学成分

木材的主要化学成分是构成木材细胞壁和胞间层的物质，由纤维素、半纤维素和木质素三种高分子化合物组成，一般总量占木材的 90% 以上，热带木材中高聚物含量略低，在高聚物中纤维素和半纤维素组成的多糖含量居多，占木材的 65%~75%。

Wordrop 用电子显微镜观察纤维素、半纤维素、木质素在细胞壁中的物理形态，提出纤维素以微纤维的形态存在于细胞壁中，有较高的结晶度，使植物具有较高的强度，称微骨架结构；半纤维素是无定形物质，分布在微纤维之中，称为填充物质；对于木质素，一般认为是无定形物质，包围在微纤维、毫纤维等之间，是纤维与纤维之间形成胞间层的主要物质，称为结壳物质。

5.1.1.1　纤维素（cellulose）　纤维素是不溶于水的均一聚糖。它是由 D-葡萄糖基构成的直链状高分子化合物。纤维素大分子中的 D-葡萄糖基之间按着纤维素二糖连接的方式联结。纤维素二糖的 C_1 位上保持着半缩醛的形式,有还原性,而在 C_4 上留有一个自由羟基,纤维素具有特性的 x 射线图。

纤维素的化学结构是 1,4-β-D-吡喃式失水聚葡萄糖组成。但在自然界中它的性质和功能是通过纤维素分子聚集体所形成的结晶态和细纤维结构决定的。

5.1.1.2 半纤维素(hemicellulose) 半纤维素是除纤维素和果胶以外的植物细胞壁聚糖,与纤维素不同,半纤维素是两种或两种以上单糖组成的不均一聚糖,分子量较低,聚合度小,大多带有支链,构成半纤维素主链的主要单糖是:木糖、甘露糖和葡萄糖,构成半纤维素支链的主要单糖是:半乳糖、阿拉伯糖、木糖、葡萄糖、岩藻糖、鼠李糖、葡萄糖醛酸和半乳糖醛酸等。

各种植物纤维中的半纤维素含量、组成结构均不相同,同一种植物纤维的半纤维素一般也会有多种结构,因此,半纤维素是非纤维素碳水化合物一群物质的总和。

5.1.1.3 木质素(lignin) 木质素是一种天然的高分子聚合物。是由苯基丙烷结构单元通过醚键和碳—碳键连接而成、具有三维结构的芳香族高分子化合物。根据单元的苯基结构上的差别,可以把苯基丙烷结构单元分成三类:愈疮木基丙烷(G)、紫丁香基丙烷(S)和对羟苯基丙烷(H)。

针叶树材和阔叶树材中纤维素、半纤维素和木质素的含量见表 5-1。

由表 5-1 可见,一般针叶树材中纤维素和半纤维素的含量低于阔叶树材中的含量,但是针叶树材中木质素含量高于阔叶树材中木质素的含量。

表 5-1 针叶树材和阔叶树材中主要成分的含量

主要成分	针叶树材(%)	阔叶树材(%)
纤维素	42 ± 2	45 ± 2
半纤维素	27 ± 2	30 ± 5
木质素	28 ± 3	20 ± 4

5.1.2 木材的少量化学成分

木材的少量化学成分是一组不构成细胞壁、胞间层的游离的低分子化合物,可被极性和非极性有机溶剂、水蒸气或水提取,所以称为抽提物或浸出物。有些文献中也称为内含物、非细胞壁组分、非构造组分或副成分(包括提取成分和无机物)。

木材抽提物种类庞多,因树木的种类不同而差异很大,有些抽提物是各科、属、亚属等特有的化学成分,可以作为某一特定树种分类的化学依据。木材抽提物化学也是植物化学研究领域的一个分支。

木材抽提物包括的化学成分组成复杂,经鉴定,已有近 800 种化合物存在于木材抽提物中,主要有:脂肪酸类、萜(烯)类、黄酮类、木酚素类、含氮化合物以及水溶性碳水化合物和无机盐等。除一些树种外,一般占绝干木材的 2%~5%。主要包括以下几类化合物。

(1)脂肪族化合物:包括饱和脂肪酸、不饱和脂肪酸、脂肪、蜡、低聚糖、果胶质、淀粉、蛋白质。

(2)萜烯及萜烯类化合物:包括单萜(松节油等)、倍半萜、树脂酸、植物甾醇等。

(3)芳香族化合物:包括黄酮类化合物、单宁等。

5.1.3 树木的化学组成

5.1.3.1 木质部的化学组成

树种与产地：由于树种不同，木材的化学组成有很大差别，如针叶树材与阔叶树材。同一种树木，产地和生长环境不同，化学组成也有差异。

边材与心材：在针叶树材中，心材比边材含有较多的有机溶剂抽提物、较少的木质素与纤维素。在阔叶树材中，心材与边材差异较小。无论是针叶树材或阔叶树材，边材中乙酰基的含量较心材高。

早材与晚材：由于晚材管胞的细胞壁厚度大于早材的细胞壁，并且晚材胞间层占的比例较少，细胞壁成分的大多数为纤维素，胞间层物质大多数为木质素，所以，晚材比早材常含有较高的纤维素与较低的木质素。

在树干的不同高度处，木材的化学组成也略有差异。

5.1.3.2 树干与树枝化学组成的区别
树干与树枝化学组成差别较大，不论是针叶树材还是阔叶树材，树枝的纤维素含量较少，木质素含量较多，聚戊糖、聚甘露糖较少，热水抽提物含量较多。几种树种树干与树枝化学组成分析见表5-2。

5.1.3.3 树皮的化学组成
树皮约占全树的10%，树皮可分为外皮和内皮（韧皮），其化学组成也有不同。一些树木的树皮的化学组成见表5-3。

树皮化学组成的特点是灰分多，热水抽提物含量高，纤维素与聚戊糖含量则较少。某些树种的树皮内含有大量的鞣质（热水抽提物）及较多的木栓质（一种脂肪性物质）和果胶质。

树皮由于纤维素含量太低，不适宜用于作造纸和建筑材料，主要用于制取鞣质及作燃料。我国的落叶松树皮、油柑树皮、槲树皮及杨梅树皮可以浸提制栲胶。

表 5-2 几种树种树干与树枝化学组成分析   %

化学组成	云 杉		松		青 杨	
	树 干	树 枝	树 干	树 枝	树 干	树 枝
纤维素	58.8~59.3	44.8	56.5~57.6	48.2	51.2~52.0	43.9
木质素	28.0	34.3	27.0	27.4	21.2	25.9
聚戊糖	10.5	12.8	10.5	13.1	22.8	35.1
聚甘露糖	7.6	3.7	7.0	4.8	—	—
聚半乳糖	2.6	3.0	1.4	1.5	0.6	0.5
乙醚抽提物	1.0	1.3	4.5	3.3	1.5	2.5
热水抽提物	1.7	6.6	2.5	3.4	2.6	4.9
灰 分	0.2	0.35	0.2	0.37	0.26	0.33

表 5-3　一些树木的树皮的化学组成　　　　　　　　　　　　　　　　　　　　　　%

化学组成	松		云杉		桦木		青杨
	韧皮	外皮	韧皮	外皮	韧皮	外皮	韧皮
灰分	2.19	1.39	2.33	2.31	2.42	0.52	2.73
水抽提物	21.82	15.09	33.8	28.63	21.8	4.49	31.81
乙醇抽提物	3.85	3.48	1.7	2.62	13.1	24.78	7.5
甲氧基(包括木质素内的)	1.94	3.75	1.96	2.92	3.2	2.59	5.15
挥发酸	1.73	1.25	1.11	0.69	0.77	1.1	1.6
纤维素	19.36	17.7	25.23	16.4	19.3	3.85	10.9
聚己糖	16.3	6.0	9.3	7.7	5.1	—	7.0
聚糖醛酸	6.04	21.7	5.98	3.95	7.35	2.2	3.56
聚戊糖	12.24	6.76	9.65	7.10	12.5	4.8	11.8
木醛质	0	2.85		2.85	0	34.4	0.91
木质素	17.2	43.62	15.57	27.44	24.9	—	27.7

5.2　木质素

5.2.1　概　述

5.2.1.1　木质素的存在　木材中除去纤维素、半纤维素和抽提物后，剩余的细胞壁物质为木质素，木质素是针叶树类、阔叶树类和草类植物的基本化学组成之一。

木质素、纤维素和半纤维素是构成植物骨架的主要成分，存在于高等植物之中，菌类、藓类和藻类中没有木质素。地球上木质素的数量仅次于纤维素，估计每年全世界由植物生长可产生 1 500 亿 t 木质素。我国森林资源不是很丰富，农作物秸秆每年有 5 亿~6 亿 t。

木质素主要存在于木质化植物的细胞壁中，强化植物组织，其化学结构是苯丙烷类结构单元组成的复杂多酚类高分子化合物，含有多种活性官能团。

木质素一般可分为 3 种：阔叶树木质素、针叶树木质素和草类木质素。在木本植物中，木质素含量为 20%~35%，在草本植物中为 15%~25%。

5.2.1.2　木质素的分布　木质素在木材中的分布不均匀，一般采集部位越高，木质素含量越低。木质素在植物结构中的分布是有一定规律的，胞间层的木质素浓度最高，细胞内部浓度则减小，次生壁内层又增高，如用紫外显微分光法测定北美黄杉(花旗松)的胞间层木质素为 60%~90%，细胞腔附近为 10%~20%。

5.2.2　木质素的分离

在植物体内的木质素与分离后的木质素，在结构上是有差别的，而且分离方法不同，其结构也有变化，因此将未分离的木质素称作原本木质素。

作为科学研究来说，木质素的分离，是要获得比较纯的木质素样品或者特定结构和性质的样品,在工业上一般是利用纤维素时将木质素分离提取出来。

木质素的分离方法,按其基本原理可分为两类:一类是将植物中木质素以外的成分溶解除去,木质素作为不溶性成分被过滤分离出来;另一类是将木质素作为可溶性成分溶解,纤维素等其他成分不溶解进行分离。见表5-4 所示。

表5-4 木质素的分离方法及其特征

分离方法	木质素的名称	特 征
将木质素以外的成分溶解除去,木质素作为不溶性成分	硫酸木质素(Klason 木质素) 盐酸木质素(Willstater 木质素) 氢氟酸木质素 三氟醋酸木质素	聚糖酸水解,化学变化大或较大
	铜氨木质素(Frendenberg 木质素)	聚糖水解和溶解,发生化学变化
	高碘酸盐木质素(Purves 木质素)	聚糖的氧化作用
溶解木质素进行分离,木质素作为可溶性成分	天然木质素(Brauns 木质素)	乙醇抽提
	磨木木质素 MWL(Björkman)	振动磨磨碎/二氧六环-水提取
	纤维素酶木质素(CEL)	磨碎/酶处理/溶剂提取
	褐腐菌处理(ELL)	酶释放木质素
		(上述中性有机溶剂提取,化学变化极少)
	乙醇解木质素	乙醇/盐酸木质素
	二氧六环酸解木质素	二氧六环/盐酸
	硫代醋酸解木质素	硫代醋酸/盐酸
	酚木质素	酚/盐酸
		(上述木质素与溶剂之间有化学反应)
	有机胺木质素	胺与木质素结合
	木质素磺酸盐	亚硫酸盐或亚硫酸氢盐
	碱木质素	氢氧化钠
	硫木质素	硫化钠/氢氧化钠
		(上述木质素严重降解,一般工业制浆方法)

5.2.2.1 木质素作为不溶残渣而分离的方法 这类方法是将木材中的多糖类物质溶出,所得木质素是不溶木质素。此类分离方法的原理是木材的纤维素和半纤维素的酸水解、氧化降解或络合溶解,木质素作为水解残渣被分离。这些硫酸木质素、盐酸木质素、铜氨木质素和高碘酸盐木质素与天然木质素相比,木质素的结构已发生了很大的变化,因为在分离过程中发生高分子的解聚和缩合反应。但是,其中的硫酸木质素(Klason 木质素)是测定木质素含量的直接可靠方法。

5.2.2.2 木质素被溶出而分离的方法 此类方法可采用有机溶剂和无机溶剂进行。主要有乙醇、醋酸、二氧六环和酚等有机溶剂在酸性条件下分离木质素;用氢氧化钠、硫化钠、亚硫酸钠等无机溶剂分离木质素。此类分离方法的典型例子是造纸的制浆过程。

在木质素被溶出而分离的制备物中,磨木木质素(MWL)(milled wood lignin 缩写为

MWL)是重要的用于木质素结构研究试样。Björkman 用中性溶剂提取,磨木木质素是 1957 年 Björkman 研制的,也称为 Björkman 木质素。具体制备方法是,将用有机溶剂抽提后的试样悬浮于甲苯等非润胀溶剂中,用振动球磨机磨碎 48h 或更长时间,细磨后的木粉用含水二氧六环溶液提取,二氧六环:水 = 9:1 或 8:2。除去溶剂得到一种淡黄色的粉末即为粗磨木木质素,但其中含有杂质,主要是碳水化合物。将粗磨木木质素溶解于 90% 的醋酸中,然后注入水使木质素沉淀提纯,将沉淀物再溶解于 1,2-二氯乙烷-乙醇(体积比 2:1)混合溶液中,在乙醚中沉淀、洗涤、干燥得到磨木木质素。这种分离方法的缺点是,只能得到部分木质素,最大得率约木材天然存在木质素的 25%。在用振动球磨机磨碎 48h 后,用对纤维素和半纤维素具有高活力的酶制剂处理,然后分别用 96% 二氧六环含水溶液和 50% 二氧六环含水溶液提取,得到纤维素酶木质素。磨木木质素和纤维素酶木质素是目前分离方法得到的最接近天然木质素的制备物,适宜于作木质素结构研究试样。但与原本木质素并不相同,因为在分离中木质素大分子已经部分发生碎片化,分离的仍是部分木质素,少量化学反应使木质素中游离酚羟基和 α-羰基增加等。

5.2.3 木质素的结构

木质素是非常复杂的天然聚合物,其化学结构与纤维素和蛋白质相比,缺少重复单元间的规律性和有序性。研究表明,木质素是木质素的结构单元(木质素的先驱体)按照连续脱氢聚合作用机理,用几种形式相互无规则地连接起来形成一个三维网状的聚酚化合物。因此它不能像纤维素等有规则天然聚合物可用化学式来表示,木质素的结构是一种物质的结构模型,是按测定结果平均出来的假定分子结构。这些测定包括:元素组成、结构单元和比例、官能团、连接方式,从而推得结构模型。

5.2.3.1 木质素的元素组成 木质素的基本结构单元是苯丙烷,苯环上具有甲氧基。因此,表示元素分析结果以构成苯丙烷结构单元的碳架 C_6-C_3(即 C_9)作为基本的单位来表示。木质素的元素组成随植物品种、产地和分离方法的不同而不同。表 5-5 列出了三种磨木木质素的元素组成。

表 5-5 3 种磨木木质素的元素组成

磨木木质素	云 杉	山毛榉	桦 木
元素组成	$C_9H_{8.82}O_{2.27}(OCH_3)_{0.95}$	$C_9H_{7.10}O_{2.41}(OCH_3)_{1.36}$	$C_9H_{9.05}O_{2.77}(OCH_3)_{1.58}$

由于甲氧基是木质素结构中特征官能团之一,并且比较稳定,在表示木质素的元素组成时往往列出。

5.2.3.2 结构单元 苯丙烷作为木质素的主体结构单元,共有 3 种基本结构,即愈疮木基结构、紫丁香基结构和对羟苯基结构(图 5-2)。

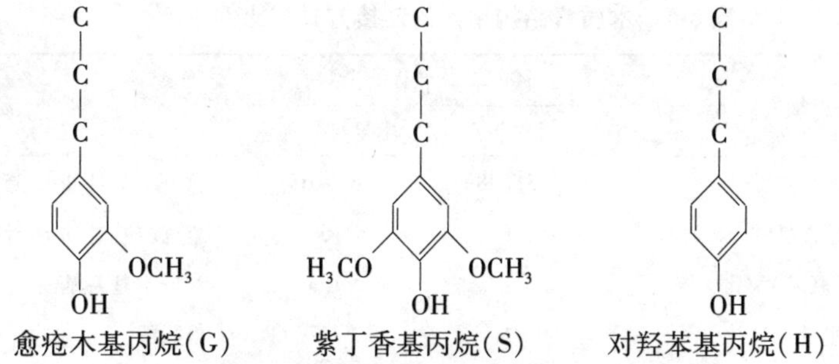

图 5-2 木质素结构单元的 3 种类型：愈疮木基丙烷(G)、紫丁香基丙烷(S)、对羟苯基丙烷(H)

针叶树木质素以愈疮木基结构单元为主，紫丁香基结构单元和对羟苯基结构单元极少。阔叶树木质素以紫丁香基结构单元和愈疮木基结构单元为主，含有少量的对羟苯基结构单元，草类木质素与阔叶树木质素的结构单元组成相似。

结构单元之间的连接方式主要是醚键，占 2/3～3/4，还有碳键占 1/4～1/3，各种键型如图 5-3 所示。其比例列于表 5-6。

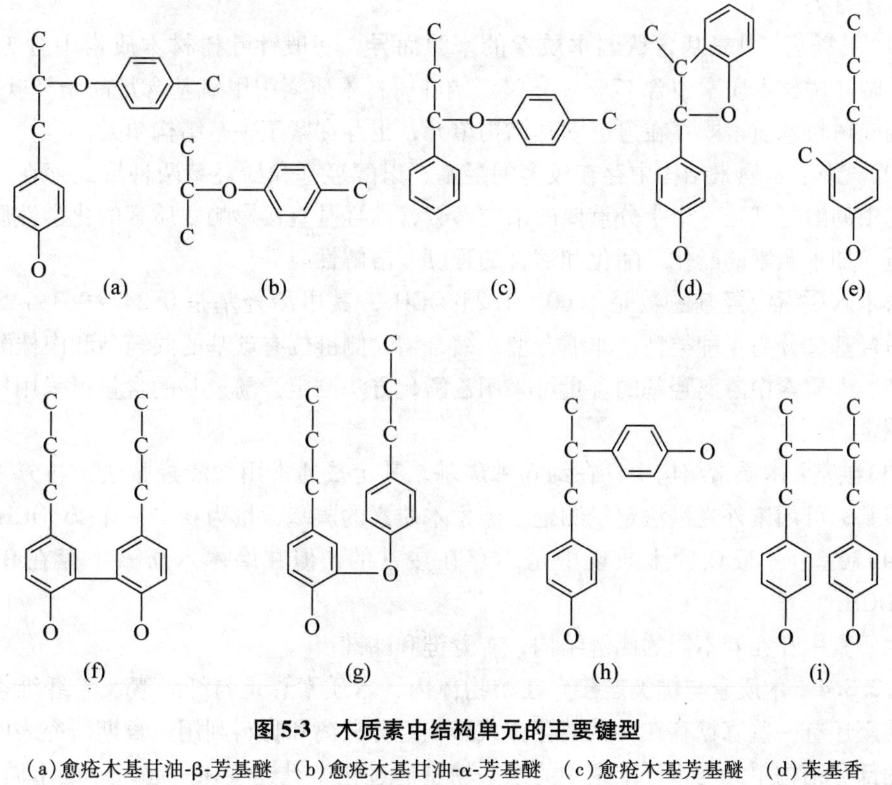

图 5-3 木质素中结构单元的主要键型
(a)愈疮木基甘油-β-芳基醚 (b)愈疮木基甘油-α-芳基醚 (c)愈疮木基芳基醚 (d)苯基香豆满 (e)α-6 型豆满 (f)二联苯愈疮木基丙烷 (g)二芳醚 (h)二芳基(愈疮木基)联丙烷 (i)愈疮木基-β-芳基丙烷

表 5-6　木质素结构单元的连接方式与比例

键　型	连接方式	100C_9 中含有的个数		名　　称
		云杉木质素	山毛榉木质素	
β-O-4 型	β-烷基芳香醚键	49~51(48)	62~65	愈疮木基甘油-β-芳基醚
α-O-4 型	α-烷基芳香醚键	6~8	6	愈疮木基甘油-α-芳基醚
4-O-5 型	二芳基(联苯)醚键	3.5~4	1.5	愈疮木基芳基醚
α-O-γ 型	二烷基醚键	0~6	4	松脂酚
β-5 型	α-烷基芳基醚 β-碳键	9~12	6	苯基香豆满
5-5 型	二苯基(联苯)碳键	9.5~11	2.3	二联苯愈疮木基丙烷
β-β 型	β-二烷基碳键	2	5	二芳基(愈疮木基)联丙烷
β-1 型	β-芳基碳键	2(7)	15	愈疮木基-β-芳基丙烷

从表 5-6 可以看出，醚键在木质素结构单元之间的连接方式中占有很大的比例，尤其是 β-烷基芳香醚键占木质素结构单元之间的连接方式的 50% 左右。

5.2.3.3　官能团　木质素结构中有复杂的官能团，其分布与种类有关，也与提取分离方法有关。

(1) 甲氧基：甲氧基含量因木质素的来源而异，一般针叶树材木质素中含 13%~16%，阔叶树材木质素中含 17%~23%。阔叶树材木质素中甲氧基含量高于针叶树材，因为阔叶树材木质素既存在愈疮木基结构单元，也存在紫丁香基结构单元。

(2) 羟基：木质素结构中存在较多的羟基，以醇羟基和酚羟基两种形式存在。木质素结构中的酚羟基是一个十分重要的结构参数，酚羟基直接影响木质素的化学性质和物理性质，如木质素的醚化、酯化和缩合的程度，溶解性能等。

磨木木质素中羟基总数是 $1.00~1.25/OCH_3$，其中酚羟基是 $0.24~0.335/OCH_3$，这些酚羟基又分为 4 种类型：非缩合型、缩合型、侧链位有羰基的共轭型和肉桂醛型的共轭型。木质素中游离羟基的含量可采用乙酰化方法测定，酚羟基的含量可采用气相色谱法测定。

(3) 羰基：木质素结构中存在约 6 种羰基，其定量通常用盐酸羟胺法，与芳香环共轭的羰基，可用紫外光谱法定量测定，磨木木质素的羰基含量为 $0.18~0.20/OCH_3$。

(4) 羧基：一般认为木质素中是不存在羧基的，但在磨木木质素中存在 $0.01~0.02/OCH_3$。

木质素中存在着不同的侧链结构，有醚键和酯键。

5.2.3.4　木质素与糖类连接　在植物体内，木质素总是与纤维素及半纤维素共存的，甚至还有一些寡糖存在，其共存方式影响组分分离和材料利用。长期研究表明，木质素的部分结构单元与半纤维素中的某些糖基通过化学键连接在一起，形成木质素-糖类复合体，称为 LCC 复合体。

与木质素缩合的糖基有如下几种：呋喃式阿拉伯糖基、吡喃式木糖基、吡喃式半乳糖基和吡喃式糖醛酸基。木质素与糖类的连接方式可分为糖苷键连接、缩醛键连接、酯键连接和醚键连接，糖苷键连接所占比例较大。

5.2.3.5 木质素的结构模型　木质素是聚酚类的三维网状高分子化合物，不同于蛋白质、多糖和核酸等天然高分子，后者的有规则结构可用化学式来表示，而木质素只能用结构模型来表达，这种结构模型所描述的也只是木质素大分子切出的可代表平均分子的一部分或一种假定结构。

由于木质素的结构非常复杂，虽然从 19 世纪后期就开始研究，但至今还没有将各种木质素的详细结构研究清楚，近 20 年来已提出了十几种结构模型，尤其是通过计算机的辅助分析提出的结构模型更趋合理。图 5-4 和图 5-5 分别是 Freudenberg 提出的云杉木质素结构示意图和 Nimz 提出的水青冈木质素结构示意图。

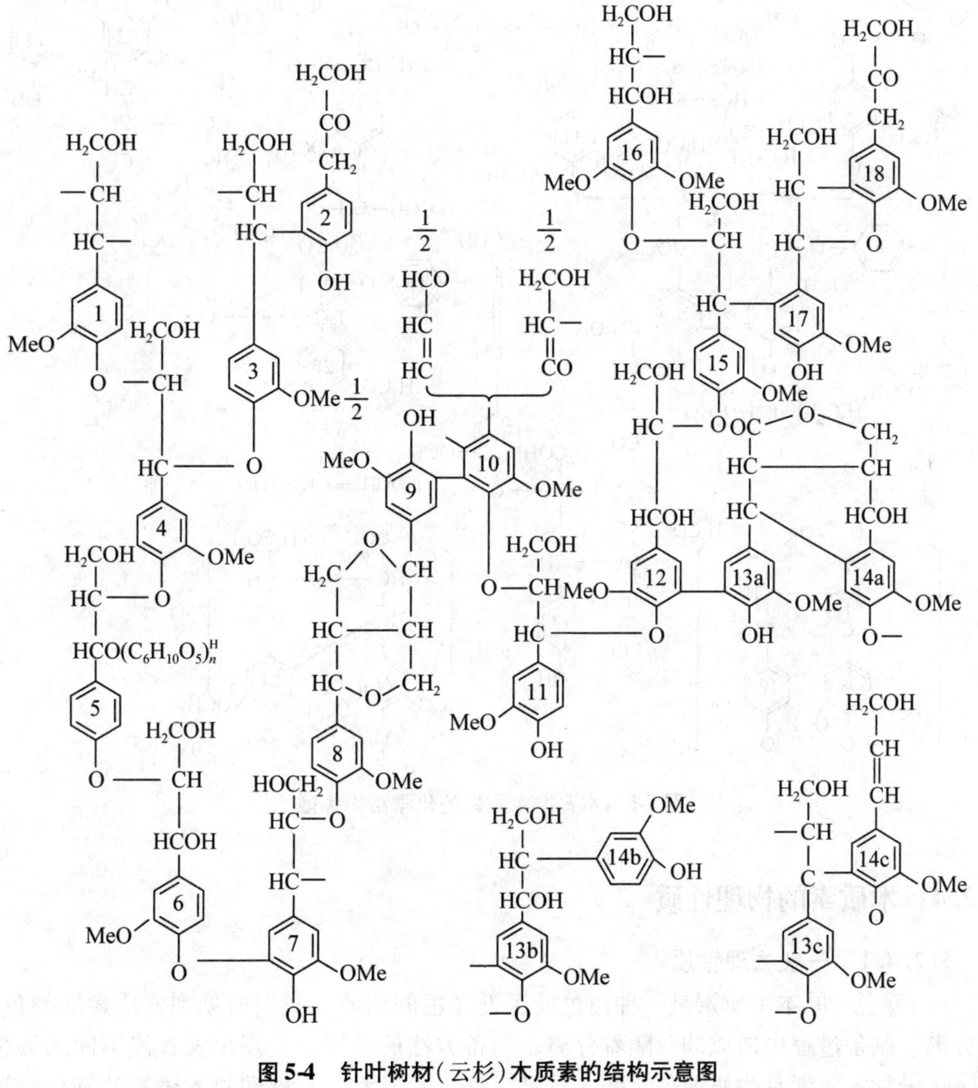

图 5-4　针叶树材（云杉）木质素的结构示意图

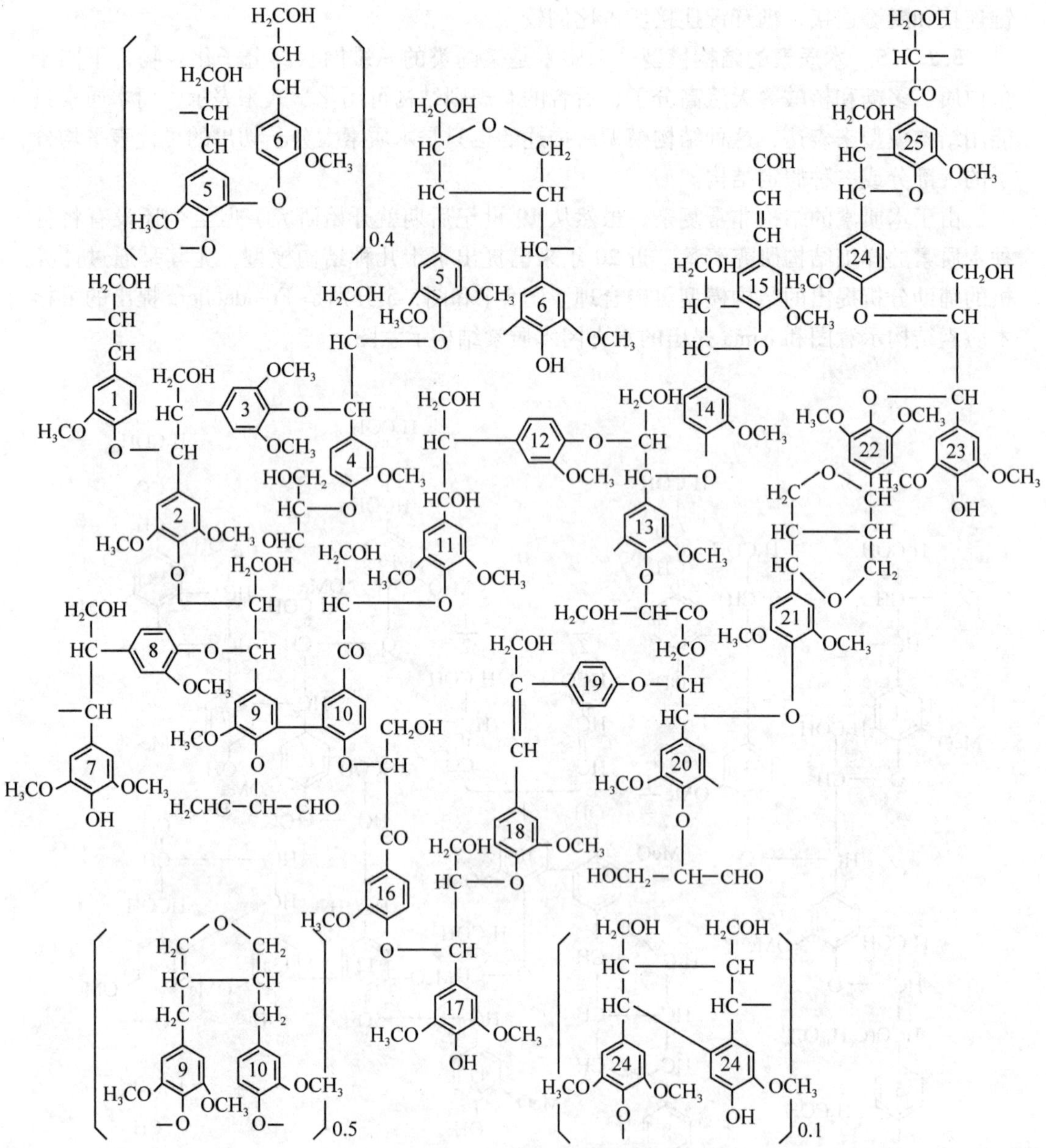

图 5-5　水青冈木质素的化学结构模型

5.2.4　木质素的物理性质

5.2.4.1　一般物理性质

(1) 颜色：原本木质素是一种白色或接近无色的物质，我们所见到木质素的颜色是在分离、制备过程中造成的。随着分离、制备方法的不同，呈现出深、浅不同的颜色，Brauns 云杉木质素是浅奶油色，酸木质素、铜氨木质素、高碘酸盐木质素的颜色较深，在浅黄褐色到深褐色之间。

(2) 相对密度：木质素的相对密度在 1.35~1.50 之间。

测定时用不同的液体得到的数据略有不同，如用水测定，松木硫酸木质素的相对密度是 1.451，用苯测定是 1.436。云杉二氧六环木质素用水作比重液，在 20℃时测定为 1.38，用二氧六环作比重液测定为 1.391。

制备方法不同的木质素，相对密度也不同，如松木乙二醇木质素是 1.362，而松木盐酸木质素是 1.348。

(3) 光学性质：木质素结构中没有不对称碳，所以没有光学活性，云杉铜氨木质素的折光率为 1.61，表明木质素的芳香族性质。

(4) 燃烧热：木质素的燃烧热值是比较高的，如无灰分的云杉盐酸木质素的燃烧热是 110kJ/g，硫酸木质素的燃烧热是 109.6kJ/g。

(5) 溶解度：木质素是一种聚集体，结构中存在许多极性基团，尤其是较多的羟基，造成了很强的分子内和分子间的氢键，因此原本木质素是不溶于任何溶剂的。

分离木质素因发生了缩合或降解，许多物理性质改变了，溶解性质也随之改变，从而有可溶性木质素和不溶性木质素之分。酚羟基和醇羟基的存在，使木质素能在浓的强碱溶液中溶解。分离的 Brauns 木质素和有机溶剂木质素可溶于二氧六环、吡啶、甲醇、乙醇、丙酮及稀碱中，但需在溶剂中加入少量的水，否则几乎不溶。碱木质素可溶于稀碱或中性的极性溶剂中，木质素磺酸盐可溶于水中，形成胶体溶液。

5.2.4.2 热性质 除了酸木质素和铜氨木质素外，原本木质素和大多数分离木质素是一种热塑性高分子物质，无确定的熔点，具有玻璃态转化温度（T_g）或转化点，而且较高。

聚合物的玻璃态转化温度（T_g）是玻璃态和高弹态之间的转变。温度低于 T_g 时为玻璃态，温度在 T_g 至 T_f 之间为高弹态，温度高于 T_f 时为黏流态（图 5-6）。当温度低于玻璃态转化温度（T_g）时分子的能量很低，链段运动被冻结为玻璃态固体，即链段运动的松弛时间远远大于力作用时间，以致测量不出链段运动所表现出的形变。随着温度升高，高分子热运动能量和自由体积逐渐增加。当温度达到玻璃态转化温度（T_g）时，分子链段运动加速，此时链段运动的松弛时间与观察时间相当，形变迅速，即出现无定形高聚物力学状态的玻璃态转化区。当温度高于 T_f 时，转变为黏流态，高聚物像黏流体一样，产生黏性流动。

高聚物的玻璃态转化温度（T_g）与植物种类、分离方法、相对分子量有关，玻璃态转化温度（T_g）与木质素的相对分子量之间成正比。同时含水率也有较大影响。见表 5-7。

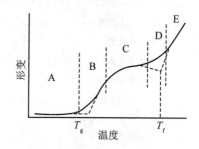

图 5-6 线性无定形聚合物的温度—形变曲线

区域 A：玻璃态；区域 B：玻璃态与高弹态转变；区域 C：高弹态；区域 D：高弹态与黏流态转变；区域 E：黏流态

表 5-7 各种分离木质素的玻璃态转化温度(T_g)

树 种	分离木质素	玻璃态转化温度(℃) 干燥状态	吸湿状态(水分%)
云 杉	高碘酸盐木质素	193	115(12.6)
云 杉	高碘酸盐木质素	—	90(27.1)
云 杉	二氧六环木质素(相对低分子量)	127	72(7.1)
云 杉	二氧六环木质素(相对低分子量)	146	92(7.2)
桦 木	高碘酸盐木质素	179	128(12.2)
杨 木	二氧六环木质素(相对低分子量)	134	78(7.2)
针叶树	木质素磺酸盐	235	118(21.2)

由表 5-7 可见，低分子的云杉高碘酸盐木质素和二氧六环木质素在湿状态的玻璃态转化温度(T_g)均低于干燥状态，其他方法制备的木质素也呈同样规律。同时分子量越低，玻璃态转化温度(T_g)越低。木质素的玻璃态转化温度(T_g)降低，可使木材的软化温度降低。木材的软化温度对于木材的热磨纤维分离、木材弯曲形变和人造板胶合均有重要影响。

5.2.4.3 木质素的相对分子质量及其分布 通常的高分子化合物，相对分子质量一般是几十万、几百万甚至上千万，木质素虽然也是高分子化合物，但分离木质素的相对分子质量要低得多，一般是几千到几万，只有原本木质素才能达到几十万。相对分子量的高低与分离方法有关，表 5-8 所列各种方法分离的云杉木质素相对分子质量差异较大。

表 5-8 不同方法分离的云杉木质素的相对分子质量

分离木质素	Mw ($\times 10^{-3}$)	Mn ($\times 10^{-3}$)	Mw/Mn
Brauns 木质素	2.8~5.7	—	—
磨木木质素	20.0	8.0	2.6
磨木木质素	15.0	3.4	4.4
木质素磺酸	5.5~13.1		3.1
二氧六环木质素	4.3~8.5		3.1
硫木质素	—	3.5	2.2
甘蔗渣磨木木质素	17.8	2.45	7.28

在分离过程中的影响因素有：①木质素分离过程的多样性；②木质素的降解；③木质素的缩合，特别是在酸性条件下；④木质素在溶液中易变性。

表 5-8 中的分散度都大于 2，表明是三维网状结构，一般直链形结构分散度在 2 左右。甘蔗渣磨木木质素的分散度远大于木材木质素的分散度。在电子显微镜下，木质素为球形或块形。

木质素相对分子质量的测定方法有：渗透压法、光散射法、超速离心法、凝胶渗透色谱法(GPC)和高效液相色谱法(HPLC)，不溶木质素的相对分子质量可用热软化法测定，这是基于 $\log Mw$ 与热软化温度 T_s 间的线性关系来测定。目前凝胶渗透色谱法的技术逐渐成熟，已成为木质素相对分子质量测定最可靠的技术，尤其可同时测定其分子质量的分布。

5.2.5 木质素的化学性质

木质素分子结构中存在着芳香基、酚羟基、醇羟基、羰基、甲氧基、羧基、共轭双键等活性基团，可以进行氧化、还原、水解、醇解、光解、酰化、磺化、烷基化、卤化、硝化、缩合和接枝共聚等化学反应。

5.2.5.1 显色反应 木材具有天然色调，与一些试剂作用或长时间放置会产生多种颜色，影响木材颜色变化的因素很复杂，其中木质素是主要成因之一。

木质素结构中存在发色基团，如与苯环共轭的羰基、羧基和烯等，还有助色基团，如酚羟基和醇羟基。因此木质素易发生显色或变色反应。木质素的显色反应可用于木质素的定性和定量分析。至今已提出了150种以上的显色反应，显色剂包括醇、酮、酚、芳香胺、杂环化合物和一些无机化合物等。木质素与酚类和芳香胺的显色反应见表5-9所示。

表 5-9 木质素与酚类和芳香胺的显色反应

酚 类	显 色	芳香胺	显 色
苯酚	蓝绿	α-苯胺	绿蓝
邻、间甲酚	蓝	苯胺	黄
对甲酚	橙绿	邻硝基苯胺	黄
邻、间硝基苯酚	黄	间、对硝基苯胺	橙
对硝基苯酚	橙黄	磺胺酸	黄橙
对二羟基苯	橙	对苯二胺	橙红
间苯二酚	紫红	联苯胺	橙
均苯三酚	红紫	喹啉	黄

这些显色反应大部分是木质素中松柏醛结构与试剂反应的结果，例如均苯三酚的酸溶液与木质素中的松柏醛结构形成红紫色的缩合物，可以定量出木质素中的松柏醛结构。

木质素重要的显色反应是 Mäule 反应，可用此鉴别针叶树材和阔叶树材。Mäule 反应是将木材试样用1%高锰酸钾溶液处理5min，水洗后用3%盐酸处理，再用水冲洗，然后用浓氨水溶液浸透。针叶树材显黄色或黄褐色，阔叶树材则显红色或红紫色。这是因为组成针叶树材和阔叶树材木材的木质素基本结构单元不同，阔叶树材的紫丁香基结构与高锰酸钾和盐酸作用时，生成甲基-O-儿茶酚，用氨水反应后形成甲基-邻醌结构显红色。

5.2.5.2 氧化反应 木质素结构中有多部位可以氧化分解，分解产物十分复杂。

可利用氧化反应研究木质素结构。如木质素的碱性硝基苯氧化可产生香草醛、紫丁香醛和对羟基苯甲醛，由此确定木质素的芳香性和木质素的基本结构单元比例。木质素也能被高碘酸盐氧化,生成一系列芳香酸,从而推断木质素的二聚体连接方式。

一般情况下,O_2 不能氧化木质素结构,但在碱性条件下(O_2—NaOH),木质素的酚型结构的酚羟基解离,给出电子而使 O_2 生成游离基(OO·),从而可与木质素发生游离基反应,即只能氧化酚型木质素结构,生成醌型等结构化合物。

臭氧具有很强的反应性,能与酚型和非酚型木质素发生亲电取代反应。

在碱性介质中,H_2O_2 不能氧化木质素结构,但能氧化侧链的羰基结构和醌型结构,破坏木质素的发色基团,达到漂白的目的。

5.2.5.3 还原反应 木质素的还原反应有两个目的:对还原产物进行分离和鉴定,可推断木质素的结构;通过控制还原条件,生产苯酚或环己烷等有价值的化工产品。木质素的催化氢化也有很多分解产物,常用的催化剂是氧化铜铬和来尼镍(Raney nickl)。

5.2.5.4 水解反应 木质素在热水中回流,也能发生部分水解,从这些水解产物中可鉴定出二聚物、三聚物和四聚物。50% 的二氧六环水溶液回流也能使木质素水解。

木质素的水解在造纸制浆的过程中是一个重要的反应,通过各种方式的碱性水解,使木质素结构单元之间的连接断裂并使之溶解出来,从而可以与纤维素分离。

5.2.5.5 光解反应 木材表面的光降解引起木材品质的劣化,而木材的光降解反应主要发生于木质素。木质素对光是不稳定的,当用波长小于 385nm 的光线照射时,木质素的颜色会变深,若波长大于 480nm,则木质素的颜色变浅。而光线波长在 385～480nm 之间时,开始颜色变浅,然后变深。木材随时间而颜色变深,主要是木质素造成的。

5.2.5.6 接枝共聚反应 木质素的酚羟基能与环氧烷烃或氯乙醇反应,产物具有较高的胶合强度和优良的耐水煮沸性能。木质素与烯类单体在催化剂作用下发生接枝共聚反应,也是木质素的重要的化学性质。已经研究了木质素或木质素磺酸盐与丙烯酰胺、丙烯酸、苯乙烯、甲基丙烯酸甲酯、丙烯腈的接枝共聚反应。其中研究最多的是木质素与丙烯酰胺的反应,因为丙烯酰胺在烯类单体中活性最大。所用的引发剂有:铈盐、H_2O_2—Fe(Ⅱ)、高锰酸钾、过硫酸盐及 γ 射线照射等。

5.3 纤维素

纤维素是构成植物细胞壁的结构物质,据统计,生活有机体的碳含量在整个生物界中约有 27×10^{10} t,而含在植物中的碳在 99% 以上。含在植物中的碳,约有 40% 结合在纤维素中,这意味着植物界中纤维素的含量为 10.7×10^{10} t。在整个植物界,纤维素的分布非常广泛,从高大的乔木到原始生物如海藻、鞭毛和细菌等到处可见。纤维素的含量因不同的植物体而异,在种子的绒毛中,如棉花、木棉以及韧皮纤维如麻、亚麻中含有大量纤维素。棉花几乎是纯纤维素,含量高达 95%～99%,麻类为 80%～90%,其次是木材和竹材,纤维素含量约

表 5-10 植物中纤维素含量

植物种类	纤维素(%)	植物种类	纤维素(%)
棉花	95～99	木材	40～60
苎麻	80～90	树皮	20～30
竹	40～60	苔藓	25～30

为 40%~50%。各种植物中纤维素含量见表 5-10。

纤维素是由许多吡喃型 D-葡萄糖基在 1→4 位彼此以 β-苷键联结而成的高聚物。

5.3.1 纤维素的化学与物理结构

5.3.1.1 纤维素的化学结构 纤维素的元素组成为：$C=44.44\%$，$H=6.17\%$，$O=49.39\%$，化学实验式为$(C_6H_{10}O_5)_n$（n 为聚合度，一般高等植物纤维素的聚合度为 7 000~15 000）。纤维素大分子的化学结构具有如下特点：

(1) 纤维素大分子仅由 1 种糖基组成，是由 β-D-葡萄糖基（六环）通过 1,4 连接的，即在相邻的两个葡萄糖单元 C_1 和 C_4 位上的羟基（—OH）之间脱去 1 个水分子而形成的，纤维素大分子可以认为是一种线型的高分子。

(2) 纤维素链的重复单元是纤维素二糖基，长度为 1.03nm。

(3) 除两端的葡萄糖基外，每个葡萄糖基具有 3 个游离的羟基，分别位于 C_2、C_3 和 C_6 位置上，所以纤维素的分子可以表示为：$[C_6H_7O_2(OH)_3]_n$。其中，第 C_2、C_3 的羟基为仲醇羟基，C_6 的羟基为伯醇羟基，它们的反应能力不同，对纤维素的性质具有重要影响，如纤维素的酯化、醚化、氧化和接枝共聚，以及纤维素分子间氢键作用，纤维素纤维的润胀与溶解等均与纤维素的羟基有关。

(4) 纤维素大分子两端的葡萄糖末端基，其结构和性质不同。一端的葡萄糖末端基在 C_4 上存在一个仲醇羟基，另一端的 C_1 存在一个苷羟基，此羟基的氢原子易转移，与基环上的氧原子相结合，使氧环式结构转变为开链式结构，在 C_1 处形成醛基，具有潜在还原性，故有隐性醛基之称（图 5-7）。左端的葡萄糖末端是非还原性的，由于纤维素的每一个分子链一端是非还原性的，另一端具有还原性，所以纤维素分子具有极性和方向性。

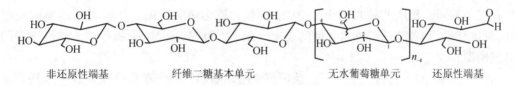

非还原性端基　　　纤维二糖基本单元　　　无水葡萄糖单元　　还原性端基

图 5-7 纤维素化学结构（唐爱民等，2000）

(5) 除了具有还原性的末端基在一定的条件下氧环式和开链式结构能够相互转换外，其余每个葡萄糖基均为氧环式结构，具有较高的稳定性。

5.3.1.2 纤维素的物理结构 纤维素的物理结构，主要表现在纤维素的微细结构和微晶结构方面。现分述如下：

(1) 纤维素的微细结构：用电子显微镜研究纤维素的微细结构，光学显微镜只能看到不同直径（3 000~5 000Å ①）的细小纤维（fibril），电子显微镜可以看到细胞壁脱木质素后直径约 250Å 的微纤维（microfibril），也能观察到微纤维在受到碱处理时容易分裂的

---

① $1Å = 10^{-10}m$

直径约为120Å的次微纤维(finer microfibril)以及次微纤维在受到进一步的部分酸水解后可以再分裂为直径约30Å(或在纤维素晶格 a-c 面上 40×30Å)的原细纤维(elemental fibril)。虽然电子显微镜的分辨率已达1.5Å,上述电子显微镜的分析结果可以归纳成一个微纤维结构模型如图5-8。

从图5-8可以看出,在原细纤维的周围存在着半纤维素,在微纤维的周围存在着木质素。因此,微纤维只有在脱木质素后才能观察到,原细纤维只有在半纤维素水解后才能观察到。

图 5-8 细胞壁结构模型
(Janesd A.)

(2)纤维素的结晶结构:研究纤维素的结晶结构,也就是研究纤维素超分子结构的主要部分。纤维素聚集态是十分复杂的。通过 X 射线衍射等实验,提出了纤维素的物理结构模型,即纤维素超分子结构二相体系理论,主要内容是纤维素是以结晶相(形成结晶区)和无定形相共存的。每个结晶区称为微晶体(也有称为微束和微胞的)。在结晶区,纤维素分子链的排列定向有序,密度较大,侧面的羟基可形成氢键构成一定的结晶格子,显出清晰的 X 射线衍射图,对强度贡献大。在无定形区纤维素分子链的排列不呈定向,无规律,不构成结晶格子,分子间距离较大。结晶区与无定形区之间无严格的界面,是逐渐过渡的。在无定形区和过渡区不显示 X 射线衍射图。由于纤维素分子链很长,一个分子链可以连续穿过几个结晶区和无定形区。纤维素除结晶区与无定形区以外,尚包含许多空隙,空隙的大小一般为1~10nm。

纤维素结晶体聚集态结构共包括 5 种结晶体,这些晶体分别属于单斜晶系和斜方晶系。纤维素在受不同条件处理以后,结晶结构有所改变。

纤维素 I:天然纤维素的结晶体称为纤维素 I,纤维素 I 结晶格子是单斜晶体,即具有三条不同的长度的轴和一个非90°的夹角,许多研究证明,纤维素 I 的晶胞长度(与纤维轴平行)相当于纤维素二糖的长度。图5-9 为 Meyer-Misch 提出的天然纤维素的晶胞模型。

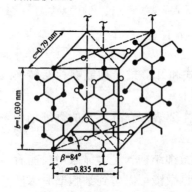

图 5-9 Meyer-Misch 纤维素 I
的晶胞模型
(Meyer, 1937)

从模型中可以看出,每个单位晶胞共有 4 个葡萄糖基,即 2 个纤维素二糖。其中 2 个位于晶胞的中央与 b 轴平行,另外 2 个位于晶胞四角的 8 个葡萄糖基,在 b 轴方向,各角的一个纤维素二糖为相邻 4 个角所共有,即每个角只占有 1/4,实际 4 个角的总和为一个纤维素链分子单位,即一个纤维素二糖。单位晶胞中心的分子链单位为单位晶胞所独有,但其高度与 4 个角上的分子链单位相差半个葡萄糖基,在四角的 4 条纤维素分子与晶胞中心的纤维素分子反方向。晶胞的基本参数:3 个轴的长度为:$a = 0.835$nm,$b = 1.03$nm(纤维轴),$c = 0.79$nm,a 与 c 的夹角 $\beta = 84°$。

J. Blackwell 提出了晶胞中心和角上的纤维素分子是

同一方向的晶胞模型。可解释纤维素结晶区内氢键的形成,研究结果表明,沿 b 轴,分子链是经由 C—O 糖苷键连接;沿 c 轴,C 和 O 的是由范德华力所作用;沿 a 轴,是由氢键所作用,这 3 种不同的力,使纤维素分子链之间结合成结晶性的结构。由于基环间 3 个轴向上的连接键型不同,因而纤维素的力学强度沿各个轴的方向也不同,是木材各向异性的基本原因所在。

5.3.2 纤维素的结晶度、可及度和氢键

5.3.2.1 纤维素物料的结晶度 纤维素结晶度是指纤维素结晶区所占纤维整体的百分率,它反映纤维素聚集时形成结晶的程度。

测定纤维素结晶度的方法有化学法(或物理-化学法)和物理法两大类。化学法主要有水解法、重水交换法、甲酰化法、吸湿法、吸碘法和吸溴法等;物理法主要有 X 射线衍射法、红外光谱法、密度法、差热分析法和反向色谱法等。其测定方法不同,结晶度值差异较大。X 射线衍射法是测定纤维素的结晶度使用最广泛的方法。

X 射线法测定纤维素的结晶度是利用 X 射线照射样品,测定入射角 θ 和相应的 X 射线衍射强度,以 2θ 为横坐标,X 射线为纵坐标,作出 X 射线衍射强度曲线,测定时,2θ 从 $10°\sim40°$。棉花纤维是唯一的天然纯净纤维素材料,纤维素含量高达 95%～97%,其结晶度大约为 70%,经过脱脂处理后是很好的研究纤维素结构及其生物降解的材料,脱脂棉纤维素的 X 射线衍射图谱如图 5-10。结晶纤维素在这个范围内应有 7 个衍射峰,分别标为 1,2,3,4,5,6,7,由于天然的棉花纤维素的结晶度低于非天然的结晶纤维素,因此,峰 5 和峰 6 不明显。

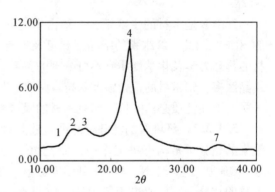

图 5-10 脱脂棉纤维素的 X 射线衍射图谱
(张玉忠,1997)

结晶度增加,纤维的抗拉强度、硬度、密度及尺寸的稳定性均随之增大,而纤维的伸展率、吸湿性、染料的吸着度、润胀度、柔顺性及化学反应性均随之减小。因此,纤维的结晶度对于纤维的性质具有很大的影响。用 X-射线衍射法测得各种纤维素物料的结晶度见表 5-11。

表 5-11 各种纤维素物料的结晶度

纤维素物料	结晶度(%)	纤维素物料	结晶度(%)
苎麻	72	云杉漂白亚硫酸盐浆	67.8
棉短绒	71.3	桦木漂白硫酸盐浆	65.1
云杉化学浆	68.8	竹漂白硫酸盐浆	59.9
云杉漂白硫酸盐浆	68.0	人造丝	45
桦木漂白亚硫酸盐浆	67.9	马尾松木材纤维素	53.8

林木的生长对结晶度有一定的影响，例如日本赤松的应力木集中的部位其结晶度略低于所对应部位的结晶度；应力木纤维素的结晶度为 41%～50%，对应部位为 50%～60%，正常木材为 50%；并发现结晶度随树干高度的上升而降低。

X 射线衍射除了用于测定纤维素的结晶度之外，也可以应用 X 射线衍射图谱来研究纤维素衍生物的结晶形态、侧序度、不同方向上的晶区宽度、晶区分子链取向、非晶区分子链取向和晶胞参数等。但由于各晶相的衍射峰（表示衍射强度）和非晶相的衍射峰（表示散射强度）互相重叠，需要用电子计算机来分解谱线叠加峰。

也可以应用红外光谱法进行纤维素结晶度的测定（红外结晶度），并且与 X 射线衍射法结晶度相关，但结晶度测定值的准确度低于 X 射线衍射法。

5.3.2.2 纤维素的可及度 可及度是指只能进入无定型区而不能进入结晶区的化学药剂所能到达并发生反应的部分占其纤维整体的百分率。几种材料的纤维素的可及度见表 5-12。

表 5-12 各种纤维素物料的可及度

纤维素物料	可及度(%)
棉花	40
各种木浆	50～56
纺织用人造丝	68
高韧度人造丝	86

纤维素是木材的主要组分，约占木材组分的 50%。因此，纤维素的结晶度和可及度与木材的物理力学及化学性质有不可分割的关系，二者之间必然具有相关性。结晶度大，即结晶区多，则木材的抗拉强度、抗弯强度、尺寸稳定性也高。反之结晶度低，即无定形区多，上述性质必然降低，而且木材的吸湿性、吸着性和化学反应性也随之增强。

5.3.2.3 纤维素的氢键 纤维素链上的主要功能基是羟基(—OH)，羟基不仅对纤维素的超分子结构有决定作用，而且也影响其化学和物理性能。主要是—OH 基之间或—OH 基与 O—、N— 和 S— 基团能够形成联结，即氢键。大多数天然和合成高分子聚合物的超分子结构取决于氢键的形成与破坏。氢键的能量弱于共价键，但强于范德华力。水分子和纤维素之间形成氢键的能量约为 26kJ/mol。

纤维素分子上的羟基可能形成两种类型的氢键，取决于羟基在葡萄糖单元的位置。一种是在同一个纤维素分子链上相邻的葡萄糖单元—OH 基之间形成的氢键（分子内氢键），这种联结能赋予单一分子链一定的钢度；另一种是在相邻的两个纤维素分子链上—OH 基之间形成的氢键（分子间氢键），这种联结对纤维素超分子结构的形成有重要作用。

氢键不仅存在于纤维素中的—OH 基之间，而且存在于纤维素与水的—OH 基之间，形成纤维素对水分子的吸着。纤维素不同部位的—OH 基之间存在的氢键直接影响木质材料的吸湿和解吸过程，与木材材性、木质材料的加工工艺有着密切的关系。

(1) 氢键与木材结构性能：氢键对纤维素的超分子的形成有重要作用，在结晶区纤维素分子之间形成较多的氢键，大量的氢键可以提高木材和木质材料的强度，减少吸湿性，降低化学反应等。

(2) 氢键与纤维加工工艺：氢键结合是湿法纤维板的主要成板理论。氢键结合理论认为，松散的纤维之所以能结合成板是由于纤维间形成氢键的缘故。打浆可以促使纤维分离和一定程度的帚化，扩大纤维表面积，增加游离羟基的数量，进而改善形成氢键的条件。板热压可以提高板内各组分功能基的活性，使功能基之间的距离缩短。当纤维中的羟基彼此缩小到 0.275nm 以下时，可形成氢键，使纤维板结构密实。

（3）氢键与木质材料的干燥过程：水分子能够进入纤维素的无定形区而使纤维素产生吸湿润胀；相反，脱水和收缩是吸湿和润胀的逆过程。在木质材料的连续干燥过程中伴随着纤维素氢键的变化，首先是水分子间的氢键被断裂，当部分水分子被移出后纤维素表面彼此相互靠近，直至在纤维素表面间只剩下一个单层分子水；其次，使水中的—OH 基和纤维素中的—OH 基之间的氢键破裂，而在纤维素表面间形成了新的氢键结合。

5.3.3 纤维素的物理性质

5.3.3.1 纤维素纤维的吸湿与解吸 纤维素具有吸湿性质。当吸收水蒸气时称为吸湿；当蒸发水蒸气时称为解吸。纤维素的吸湿直接影响到纤维的尺寸稳定性及强度。

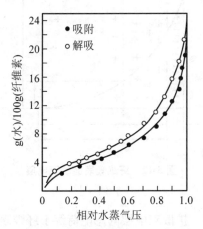

图 5-11 纤维素的吸湿等温曲线
（邬义明，1991）

（1）吸湿机理：纤维素无定形区分子链上的羟基，部分处于游离状态。游离的羟基易于吸附极性的水分子，与其形成氢键结合。吸湿性的大小取决于无定形区的大小及游离羟基的数量，吸湿性随无定形区的增加即结晶度的降低而增大。

在相对湿度较低时，吸湿或解吸所吸附的水分，初始随相对湿度的增大而迅速增加，直至相对湿度达到 60%～70% 时，吸附水的增加相对减少。当接近纤维饱和点时，吸附水的增加比相对湿度的增加快得多，等温曲线几乎与纵坐标平行，如图 5-11。当相对湿度较低时，无定形区游离羟基吸附水分，当相对湿度增加时，无定形区的部分氢键破裂形成新的游离羟基，继续吸附水分子。相对湿度在 70% 以下时，水分子被吸附在原有的和新游离出来的羟基上。当相对湿度增至 70% 以上时，形成更多的吸着中心，同时多层吸附使吸附水的迅速增加。

纤维素纤维吸附水前后的 X 射线图证明，结晶区的氢键未破坏，分子链的排列未改变。吸附水分的现象仅发生于无定形区。

（2）滞后现象：在同一相对温度下，吸湿时吸着水的量低于解吸时吸着水的量，这种现象称为滞后现象。滞后现象发生的原因是，吸湿过程中发生的润胀破坏了氢键，游离出羟基吸着水。在解吸过程中，部分羟基重新形成氢键，但受到纤维凝胶结构的内部阻力的抵抗，使已被吸着的水分不易蒸发，形成的氢键相对较少。而吸着中心相对较多，吸着水的量相应也较多。

（3）热效应：纤维素无定形区吸着的水分与纤维素的羟基结合，使水分子的排列具有一定的方向性，密度高于一般的游离水，并使纤维素发生润胀。干纤维吸湿的过程具有放热现象，即产生热效应，放出的热称为吸热或润湿热。纤维素纤维的吸着热以绝干时为最大，随着吸着水的增加而减小，直至达到纤维饱和点时则放热降为零。测定吸着热时，通常用积分吸着热的概念。积分吸着热即 1g 干纤维完全湿润时所放出的热量；所谓积分吸着热即 1g 水与大量干的或湿的纤维结合，或 1g 水自大量干的或湿的纤维所产生的热量。纤维素的积分吸着热为 21~23 kJ/mol 水，恰与氢键的键能相当。由此表明，绝干纤维最初所吸着的水是以氢键结合的，随着吸着水的增多，吸着热逐渐减少，直至纤维饱和点吸着热为零。在达到纤维饱和点以前所吸着的水分称为结合水，在达到纤维饱和点以后所吸收的水分称为自由水或游离水。自由水存在于细胞腔或大毛细管中，不使纤维发生润胀，也无热效应。纤维饱和点处所含的水分为 25%~30%。木材的吸湿与解吸、木材的热效应以及木材的软化与压缩现象均与纤维素的吸湿性质有密切的关系。

5.3.3.2 纤维素纤维表面电化学性质 纤维素的大分子中的羟基和醛基，可使纤维素表面在水溶剂中带负电。当纤维与溶液接触时，正电子由于热运动结果在纤维表面由近而远有一浓度分布，结构如图 5-12 所示。纵坐标轴表示 ε 电位，横坐标轴表示纤维表面至溶液深处的距离，由内层 a 和外层 b 组成双电层。内层即纤维表面上的负电荷。外层是溶液靠近纤维表面的部分，此处正离子的浓度较大，是与内层密切接触的离子层，当纤维移动时，移动面不是在纤维的表面上，而是在距纤维表面 b 流动层，称为吸附层，b 的厚度一般只有 1~2 个分子厚。从吸附层界面向外到达电荷浓度为零时距离为 d 的一层称为扩散层，这一层当纤维移动时不随纤维而动，扩散层是可以流动的。

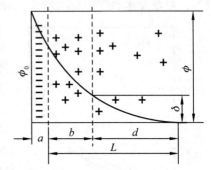

图 5-12 纤维素表面的双电层
（邬义明，1991）

由吸附层和扩散层组成的双电层称为扩散双电层。扩散双电层的总电荷等于纤维表面内层 a 的电荷，但其符号与内层 a 的相反。

在扩散双电层中，距纤维表面不同距离处，正离子浓度也不同，因而具有不同的电位。在距离纤维表面 L 处的浓度为零，故其电位也为零。纤维表面相对于该处的电位称为电极电位，纤维表面包括吸附层 b 在内的液层相对于该处的电位差称为动电电位或 ε 电位。

改变溶液中电解质的浓度，对电极电位无影响，而对动电电位影响很大。随着电解质浓度的增大，更多的正离子分布于吸附层内，过剩的正离子减少，于是扩散层的厚度变薄，引起动电电位（ε 电位）的降低。当溶液中加入足够的电解质，可使动电电位降至零，甚至改变符号。在动电电位为零时，扩散层的厚度也变为零，此时纤维处于等电状态。

在湿法纤维板制造工艺中，为了减少纤维的吸湿，一般在纤维板的浆料中施加石蜡乳液进行阻水处理。但石蜡微粒带有负电荷，于浆料中加入硫酸铝作沉淀剂，使石蜡留存在纤维表面上，经处理的浆料制成的纤维板，防水性能和体积稳定性均有所改善，可提高产品质量。

5.3.4 纤维素的化学性质

因为纤维素 C_2、C_3、C_6 原子上的羟基均为醇羟基，纤维素具有多元醇的反应性能，形成各种衍生物和其他产物，包括降解反应、酯化反应、醚化反应、置换反应、接枝共聚等。

5.3.4.1 纤维素的降解　纤维素在受各种化学、物理、机械和光等作用时，大分子中的苷键和碳原子间的碳—碳键，都可能受到破坏，结果使纤维素纤维的化学、物理和机械性质发生某些变化，并且导致聚合度降低，称为降解。

(1) 纤维素的水解：纤维素在酸性水溶液中受热，会引起苷键断裂，聚合度降低，这种反应称为酸性水解。水解初期可得到水解纤维素，最后的水解产物是葡萄糖。葡萄糖经酶的作用发酵可以制得酒精。木材水解制取酒精便是基于这一机理。

(2) 纤维素的碱性降解：纤维在热碱溶液中能够发生剥皮反应、终止反应和碱性水解。剥皮反应开始于纤维素链分子的还原性末端基，在150℃温度以下，剥皮反应是引起纤维素降解的主要原因，超过150℃就会发生碱性水解。在170℃左右，碱性水解反应激烈，引起苷键的断裂，生成碱化纤维素。

(3) 纤维素的氧化降解：纤维素经氧化剂作用后，羟基氧化成醛基、酮基或羧基，形成氧化纤维素。随着官能团的变化，纤维素的聚合度也同时下降，发生氧化降解后，纤维素的机械强度降低。

(4) 纤维素的热解：在热作用下，纤维素降解程度与加热温度、时间以及加热介质的组成相关。纤维素热解不仅引起分子链断裂，还有脱水、氧化等反应发生，在220~240℃纤维素的结晶结构明显地受到破坏，聚合度下降。在325~375℃时，纤维素热解迅速，生成大量的挥发性产物；400℃以上时，纤维素的残余部分进行芳环化；800℃以上时，逐步形成石墨化结构。

(5) 纤维素的光降解：纤维素在光的照射下可发生降解作用，尤其紫外光对纤维素的降解更为严重。光对纤维素的降解作用有两种类型：一是光照对化学键的直接破坏，与氧的存在无关，称为光解作用；二是由于光敏物质的存在，在氧及水分同时存在时，才能使纤维素发生破坏，这种光化作用称为光敏作用。实际上纤维素的破坏多数是光敏作用的结果。了解纤维素的光学裂解机理有利于防止室外用纤维材料的劣化以及提高耐候性的方法。

此外，纤维素的微生物降解是木材腐朽的主要起因，也是采用生物技术加强植物资源降解利用的依据。

5.3.4.2 纤维素的酯化和醚化　纤维素的聚合度高、分子取向度好、化学稳定性较强，利用葡萄糖基环中含有三个醇羟基特性，使纤维素发生多种反应。

(1) 纤维素的酯化：以醋酸纤维素制备为例。醋酸酐与纤维素的—OH基作用生成的酯为纤维素醋酸酯或醋酸纤维，用化学反应方程式表示：

$$[C_6H_7O_2(OH)_3]_n + 3n(CH_3CO)_2O \rightarrow [C_6H_7O_2(OCOCH_3)_3]_n + 3nCH_3COOH$$

该反应为乙酰化或醋化，生成的醋酸酯为三醋酸纤维素，羟基酯化的程度称为酯化度，醋酸纤维素是包括酯化度在 1~3 之间的一切品种，不同酯化度的醋酸纤维素的用途不同。对木材进行乙酰化处理，可使木材低酯化，改善尺寸稳定性。

(2) 纤维素的醚化：以离子型纤维素醚羧甲基纤维素为例。通常使用的是羧甲基纤维素的钠盐(CMC)。制备过程：纤维素与碱溶液反应生成碱纤维素，碱纤维素与一氯醋酸钠(或一氯醋酸)的醚化，综合反应如下：

$$[C_6H_7O_2(OH)_3]_n + nClCH_2COOH + 2nNaOH \rightarrow [C_6H_7O_2(OH)_2OCH_2COONa]_n + nNaCl + 2nH_2O$$

5.3.4.3 纤维素的接枝共聚 接枝共聚是合成高分子化合物的方式之一，也是纤维素改性的一种途径。纸浆和纸中纤维素接枝共聚后，由于纤维素大分子结构发生了改变，羟基减少了，合成高分子的支链增加了，因此物理和化学性质有了很大改善。纤维素接枝共聚的方法主要有游离基聚合和离子聚合。纤维素的游离基聚合，如以过硫酸盐为引发剂，纤维素与乙烯基单体的游离基聚合反应如下：

过硫酸盐分解：$S_2O_8^{2-} \longrightarrow 2SO_4^- \cdot$

链引发：$2SO_4^- \cdot + Cell\text{-}CH_2OH \rightarrow HSO_4^- + Cell\text{-}CHOH \cdot$

链增长：$Cell\text{-}CHOH \cdot + M \rightarrow Cell\text{-}CHOHM \cdot \quad Cell\text{-}CHOHM \cdot + M \rightarrow Cell\text{-}CHOHM_{n-1} \cdot$

链终止：$Cell\text{-}CHOHM_{n-1} \cdot + S_2O_8^{2-} \longrightarrow Cell\text{-}CHOHM_{n-1} + HSO_4^- + SO_4^- \cdot$

M 为接枝单体。

根据聚合反应机理，纤维素的游离基法接枝共聚反应可归纳为两种：即游离基引发基接枝共聚和高能辐射接枝共聚。接枝共聚所选用的单体多为乙烯基化合物，如氯乙烯、丙烯腈、丙烯酰胺、甲基丙烯酸甲酯等。

接枝共聚和交联反应，对于木材及木质材料的功能性改良处理具有重要意义。例如，将乙烯基单体接枝在木材的纤维素分子结构上可以制得一种新型而优良的材料——塑合木(WPC)。这种材料兼有木材和单体聚合物的双重优良质量。

5.4 半纤维素

5.4.1 半纤维素概述

半纤维素是植物组织中聚合度较低(平均聚合度约 200)的非纤维素聚糖类，可被稀碱溶液抽提出来，是构成植物细胞壁的主要组分。

与纤维素不同，半纤维素不是均一聚糖，而是一类复合聚糖的总称，原料不同，复合聚糖的组分也不同。组成半纤维素的糖基主要有：D-木糖基、D-甘露糖基、D-葡萄糖基、D-半乳糖基、L-阿拉伯糖基、4-O-甲基-D-葡萄糖醛酸基、D-半乳糖醛酸基、D-葡萄糖醛酸基等，还有少量的 L-鼠李糖基、L-岩藻糖基和乙酰基等。一种半纤维素一般由两种或两种以上糖基组成，大多带有短支链的线状结构。半纤维素中的单糖组成如图 5-13。

另外一些植物中的聚糖不属于半纤维素，如果胶、淀粉、植物胶等。

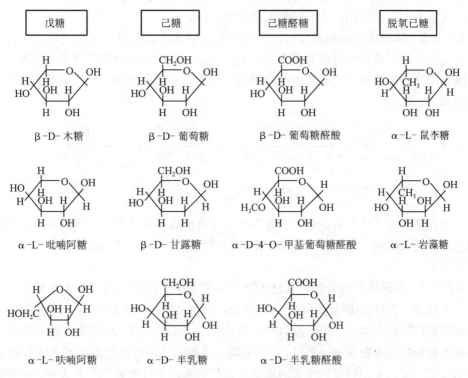

图 5-13 半纤维素中的各种单糖的 Haworth 结构

针叶树材、阔叶树材和草类植物的化学组成不同，除了纤维素含量不同、木质素含量和结构不同之外，三类植物中的半纤维素的含量和化学组成也不相同。

5.4.2 半纤维素的命名法及分枝度

5.4.2.1 半纤维素的命名法

半纤维素是不均一聚糖，由两种或两种以上糖基组成，命名时要将半纤维素的各种糖基都列出，常用的表示方法是首先列出支链的糖基，当含有多个支链时，将含量少的支链排在前面，将含量多的支链排在后面，而将主链的糖基列于最后，若主链含有多于一种糖基时，则将含量少的主链糖基排在前面，含量多的主链糖基列于最后，并于支链糖基之前加"聚"字。例如，聚-O-乙酰基-4-O-甲基葡萄糖醛酸木糖，表示木糖是主链糖基，而乙酰基和 4-O-甲基葡萄糖醛酸是支链糖基，并且乙酰基含量少于 4-O-甲基葡萄糖醛酸含量。如半纤维素具有如下结构片段：

```
            C
            |
—A—A—A—A—A—A—
        |   |
        B   B
```

A、B、C 均为糖基，半纤维素的 A 糖基为主链，支链 B 糖基多于 C 糖基，则此半纤维素可称为聚 C 糖 B 糖 A 糖。此方法可将不均一聚糖中的各个糖基皆在名称中表示出来，比较全面，是常用的半纤维素命名方法。

5.4.2.2 半纤维素的分枝度 在半纤维素的结构中，虽然主要是线状的，但大多带有短支链。为了表示半纤维素带有支链的情况，可以引用分枝度的概念，以表示半纤维素结构中支链的多少，支链多的分枝度高，如 Ⅰ、Ⅱ、Ⅲ 三种不均一聚糖，其结构的示意图如下：

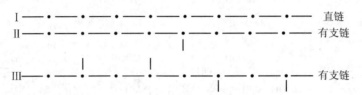

Ⅰ 为直链，Ⅱ、Ⅲ 都有支链，而 Ⅲ 的支链分枝度高于 Ⅱ，分枝度高低对半纤维素的物理性质有很大影响。例如，用相同溶剂在相同条件下，同一类聚糖，分枝度高的聚糖溶解度较大。

5.4.2.3 半纤维素的分布 木材的管胞细胞壁中，纤维素横向分布在整个细胞壁各层，但在 M+P 与 S_3 层分别仅为 10% 与 2%，绝大部分分布在 S_2 层，聚糖中的聚半乳糖葡萄糖甘露糖在 M+P 层仅为 10%，其余均在 S 层，S_2 层占 77%。聚阿拉伯糖 4-O-甲基葡萄糖醛酸木糖在 M+P 仅 1%，呈现从外到内逐渐增加的趋势，主要存在于 S_2 和 S_3 层。P. Hoffman 用扫描电子显微镜研究云杉管胞内半纤维素的分布表明，半纤维素的浓度在 S_1 层最高，从 S_1 层向 S_2 层方向降低。在 S_1、S_2 层交界处半纤维素浓度重新增加到 S_1 外层水平。在 S_2 层逐渐下降到一个水平，并在此水平基本恒定。苏格兰松正常木材管胞壁中聚糖的分布见表 5-13。

表 5-13 苏格兰松正常木材管胞壁中聚糖的分布[①]

细胞壁层	聚半乳糖	纤维素	聚半乳糖葡萄糖甘露糖	聚阿拉伯糖	聚阿拉伯糖 4-O-甲基葡萄糖醛酸木糖
M+P	20	1	1	30	1
S_1	21	11	7	5	12
S_2 外	无	47	39	无	21
S_2 内	59	39	38	21	34
S_3	无	2	15	44	32

注：① 所有数值均为相对百分比。

5.4.3 半纤维素的主要种类和结构

5.4.3.1 针叶树材、阔叶树材与禾本科植物半纤维素的比较 针叶树材、阔叶树材与禾本科植物中半纤维的组成与结构区别很大，针叶树材或阔叶树材的不同属、种之间半纤维的组成与结构也有差别，针叶树材、阔叶树材与小麦秆半纤维素聚糖比较见表 5-14 所示。

表 5-14　针叶树材、阔叶树材与小麦秆半纤维素聚糖比较[①]

聚　糖	阔叶木	针叶木	小麦秆
聚 4-O-甲基葡萄糖醛酸木糖	很大	—	—
聚阿拉伯糖-4-O-甲基葡萄糖醛酸木糖	痕迹	中等[④]	很大
聚葡萄糖甘露醋酸酯	很少	—	—
聚半乳糖葡萄糖甘露醋酸酯	痕迹(如果存在)	大至很大[⑤]	—
聚阿拉伯半乳糖	痕迹(如果存在)	痕迹至中等	很少
其他含有半乳糖基的聚合物	痕迹	痕迹(如果存在)	—
果胶质和同它一起的物料	很少[②]	很少[③]	—
淀　粉	痕迹	痕迹	—

注：① 近似量，以原料中总非纤维素碳水化合物的百分数表示。很大，80%~90%；大，60%~78%；中等，15%~30%；少，5%~15%；很少，1%~5%；痕迹，0.1%~1%。
② 在胞间层中与果胶质在一起的碳水化合物，在水解时，得到半乳糖、葡萄糖、甘露糖、阿拉伯糖、鼠李糖及几种糖醛酸。
③ 对西部红桤木($Alnus\ rabra$)中高溶解度糖类的初步检验指出，或许有非正常的含甘露糖的聚合物。
④ 此半纤维素中对酸不稳定的阿拉伯糖基易于脱裂出去，因此半纤维素成聚 4-O-甲基葡萄糖醛酸木糖。
⑤ 此半纤维素中对酸不稳定的半乳糖基枝链易于脱出去，因而此半纤维素成聚葡萄糖甘露糖。

5.4.3.2　针叶树材半纤维素结构　针叶树材中主要的半纤维素有聚半乳糖、葡萄糖、甘露糖类和聚木糖类，落叶松属木材中还存在较多的聚阿拉伯糖半乳糖。

(1) 聚半乳糖葡萄糖甘露糖类：针叶树材半纤维素中最多的是聚半乳糖、葡萄糖、甘露糖，实际上包括两类结构不同的聚糖，一类是含有少量(3%~5%)半乳糖基，一类是含有的半乳糖基较多一些。前者又称为聚 O-乙酰基葡萄糖甘露糖，由于 O-乙酰基含量也少，因此通常称为聚葡萄糖甘露糖。这种聚糖是由 D-吡喃式葡萄糖基和 D-吡喃式甘露糖基用(1→4)β 苷键连接成主链，葡萄糖基与甘露糖基的比例一般为 1:(3.5±0.8)，有些则达到 1:(5~6.5)。半乳糖基也是 D-吡喃式，以支链形式与主链连接，一般在甘露糖基的 C_6 上形成(1→6)α 苷键联结。O-乙酰基约含 6%，一般在甘露糖基的 C_2 或 C_3 上形成醋酸酯，因此，聚半乳糖葡萄糖甘露糖的化学结构如下式所示：

$$-4\text{-}\beta\text{-}M_p\text{-}1\to 4\text{-}\beta\text{-}G_p\text{-}1\to 4\text{-}(\beta\text{-}M_p)3\text{-}1\to 4\text{-}\beta\text{-}G_p\text{-}1\to 4\text{-}\beta\text{-}M_p\text{-}1\to 4\text{-}\beta\text{-}M_p\text{-}$$

$$\begin{array}{cc} 3 & 6 \\ \uparrow & \uparrow \\ 1 & 1 \\ \text{Acetyl} & \alpha\text{-D-Galp} \end{array}$$

式中：$\beta\text{-}M_p$ 为吡喃式 β-D-甘露糖基；$\beta\text{-}G_p$ 为吡喃式 β-D-葡萄糖基；α-D-Galp 为吡喃式 α-D-半乳糖基；Acetyl 为乙酰基。

另一类含半乳糖基较多的聚半乳糖葡萄糖甘露糖在针叶树材中只有少量，这是一种分子量较低的水溶性的聚糖，半乳糖基比例越大越易溶于水。一般 D-半乳糖基、D-葡萄糖基与 D-甘露糖基的比例约 1:1:3，红松中为 0.26:1.00:2.35，云杉为 0.9:0.7:3，半乳糖基一般也是以支链形式与甘露糖基 C_6 相连成 1-6α-苷键。

(2) 聚木糖类：针叶树材中的聚木糖类主要是聚阿拉伯糖-4-O-甲基葡萄糖醛酸木

糖,这种聚糖在针叶树材中含量一般为7%~12%,有些低于7%,如美国东部铁杉的这种聚糖仅4.6%。这一类聚木糖的化学结构与阔叶树材相似,主链为(1→4)β联接的D-吡喃式木糖基,4-O-甲基-D-葡萄糖醛酸基,以支链的形式联结到主链木糖基的C_2上。与阔叶树材不同的是,有L-呋喃式阿拉伯糖基以支链形式联结到主链木糖基的C_3上,还有少量的木糖支链存在,但针叶树材这类聚木糖不含乙酰基。其结构示意图如下:

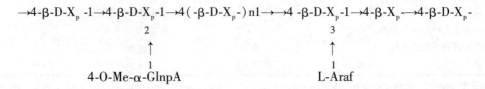

式中:β-D-X_p 为 β-D-吡喃式木糖基;4-O-Me-α-GlnpA 为 4-O-甲基-2-吡喃式葡萄糖醛酸;L-Araf 为 L-呋喃式阿拉伯糖。

(3)聚阿拉伯糖半乳糖:这种聚糖在针叶材中都存在,一般含量很少,但落叶松属含量较多,有5%~30%。

这类聚糖是高分枝度水溶性的,通常与水溶性聚半乳糖葡萄糖甘露糖一起存在。在落叶松木材中聚阿拉伯糖半乳糖的主链一般是(1→3)β 联结的 D-吡喃半乳糖基,L-呋喃式阿拉伯糖基以支链形式联结于主链半乳糖 C_6 上,在 C_6 上也有一些是联结半乳糖基或葡萄糖醛酸基。L-阿拉伯糖基与 D-半乳糖基的比例为 1:4~1:8。西方落叶松的聚阿拉伯糖半乳糖化学结构可以表示如下:

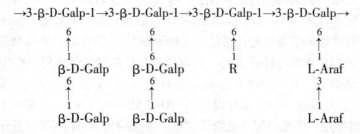

式中:β-D-Galp 为 β-D-吡喃式半乳糖基;R 为 β-D-吡喃式半乳糖基或 D-吡喃葡萄糖醛酸或 L-呋喃式阿拉伯糖基;L-Araf 为 L-呋喃式阿拉伯糖基。

除了上述的几类聚糖外,落叶松的压应木中存在一定量的聚半乳糖醛酸半乳糖。

5.4.3.3 阔叶树材半纤维素结构
阔叶树材中主要的半纤维素有:聚-O-乙酰基-4-O-甲基葡萄糖醛酸基木糖和聚葡萄糖甘露糖。

(1)聚-O-乙酰基-4-O-甲基葡萄糖醛酸基木糖:聚-O-乙酰基-4-O-甲基葡萄糖醛酸基木糖是阔叶树材的主要半纤维素,一般约占木材的20%~25%,也有高达35%的。

研究表明,它的主链是由 D-吡喃式木糖基以 1→4β 苷键联接而成的,支链有乙酰基和 4-D-甲基-2-D-吡喃式葡萄糖尾酸基。乙酰基与主链木糖基上的 C_3 成醋酸酯联结,也有一些在主链木糖基 C_2 上联结,乙酰基的量一般为阔叶树材的 3%~5%。H. Q. Bouveng 等用二甲亚砜抽提阔叶树材的半纤维素含 16.9%乙酰基,相当于每 10 个木糖基有 7.1 个酯基。4-O-甲基-α-D-吡喃式葡萄糖醛酸一般在主链木糖基的 C_2 上,也

有在 C_3 上联结的,这种糖基含量较少。另外,还发现有些阔叶树材存在木糖基支链。这种聚木糖的结构如下:

$$-[\to 4\text{-}\beta\text{-D-}X_p\text{-}1\text{-}]6\text{-}7 \to 4\text{-}\beta\text{-}X_p\text{-}1 \to 4\text{-}\beta\text{-D-}X_p\text{-}1 \to 4\text{-}\beta\text{-D-}X_p\text{-}1 \to$$

$$\begin{array}{cc} 3 & 3 \\ \uparrow & \uparrow \\ 1 & 1 \\ \text{Acetyl} & \text{4-D-Me-}\alpha\text{-D-GlupA} \end{array}$$

式中:$\beta\text{-D-}X_p$ 为 β-D-吡喃式木糖基;Acetyl 为乙酰基;GlupA 为吡喃式葡萄糖醛酸;Me 为甲基。

(2)聚葡萄糖甘露糖:聚葡萄糖甘露糖一般在阔叶树材中含量为 3%~5%。它由 D-吡喃式葡萄糖基与 D-甘露糖基用 1→4β 苷键联接,在阔叶树材中 D-葡萄糖基与 D-甘露糖基的分子比一般为 1:(1~2)。其结构式如下:

$$\to 4\text{-}\beta\text{-D-}M_p\text{-}1 \to 4\text{-}\beta\text{-D-}G_p\text{-}1 \to 4\text{-}\beta\text{-D-}M_p\text{-}1 \to 4\text{-}\beta\text{-D-}M_p\text{-}1 \to 4\text{-}\beta\text{-D-}G_p\text{-}1 \to 4\text{-}\beta\text{-D-}G_p\text{-}1$$

针叶树材材与阔叶树材材中的半纤维素不仅含量不同,而且半纤维素的组成和各种糖基的比例也有明显区别,一些木材的半纤维素中非葡萄糖单元的组成与含量见表5-15。

表5-15 针、阔叶树材半纤维素中非葡萄糖单元的组成与含量   %

树 种	甘露糖	木 糖	半乳糖	阿拉伯糖	糖醛酸	鼠李糖	乙酰基
香脂冷杉	10.0	5.2	1.0	1.1	4.8	—	1.4
欧洲落叶树	11.5	5.1	6.1	2.0	2.2	0.0	—
美国落叶树	12.3	6.0	2.4	1.3	2.8	—	1.6
挪威云杉	13.6	5.6	2.8	1.2	1.8	0.3	—
白云杉	12.0	7.0	1.9	1.1	4.4	—	1.2
黑云杉	9.4	6.0	2.0	1.5	5.1	—	1.3
美国五叶松	8.1	7.0	3.8	1.7	5.2	—	—
欧洲赤松	12.4	7.6	1.9	1.5	5.0	—	1.6
加拿大铁杉	10.6	3.3	1.8	1.0	4.7	—	1.4
金钟柏	7.4	3.8	1.5	1.7	5.8	—	0.9
湿地槭	3.3	18.1	1.0	1.0	4.9	—	3.6
加拿大黄桦	1.8	18.5	0.9	0.3	6.3	—	3.7
纸皮桦	2.0	23.9	1.3	0.5	5.7	—	3.9
疣皮桦	3.2	24.9	0.7	0.4	3.6[①]	0.6	—
美洲山毛榉	1.8	21.7	0.8	0.9	5.9	—	4.3
欧洲山毛榉	0.9	19.0	1.4	0.7	4.8[①]	0.5	—
欧洲梣	3.8	18.3	0.9	0.6	6.0[①]	0.5	—
颤杨	3.5	21.2	1.1	0.9	3.7	—	3.9
刺槐	2.2	16.7	0.8	0.4	4.7	—	2.7
美国榆	3.4	15.1	0.9	0.4	4.7	—	3.0

注:① 为4-O-甲基葡萄糖醛。

5.4.4 半纤维素的性质及其对加工利用的影响

5.4.4.1 半纤维素的性质 由于半纤维素的化学结构和大分子聚集状态与纤维素有很大差别,在天然状态为无定形物,聚合度低,可反应官能团多,化学活性强,所以化学反应比纤维素复杂,副反应多,并且反应速度快。

与纤维素酸性水解一样,半纤维素的苷键在酸性介质中被裂开而使半纤维素发生降解,在碱性介质中,半纤维素也可发生剥皮反应和碱性水解。半纤维素的羟基可发生酯化和醚化反应,形成多种衍生物,也可发生接枝共聚反应,制备各类复合高分子材料。

分离的半纤维素的溶解度一般要比天然状态的半纤维素高。聚阿拉伯半乳糖易溶于水。针叶树材材的聚阿拉伯糖-4-O-甲基葡萄糖醛酸木糖比阔叶树材材的聚-O-乙酰基-4-O-甲基葡萄糖醛酸基木糖易溶于水。主要半纤维素组成及其物理性质见表5-16。

表5-16 主要半纤维素组成及其物理性质

半纤维素种类	树种	含量（占木材%）	组成 单元	主要比率	联结	溶解性	DP_n
聚半乳糖基葡萄糖甘露糖	针叶树材	5~8	β-D-吡喃甘露糖	3	1→4	碱、水①	100
			β-D-吡喃葡萄糖	1	1→4	—	—
			α-D-吡喃半乳糖	1	1→6	—	—
			乙酰基	1	—	—	—
聚（半乳糖基）葡萄糖甘露糖	针叶树材	10~15	β-D-吡喃甘露糖	4	1→4	碱性硼酸盐	100
			β-D-吡喃葡萄糖	1	1→4	—	—
			α-D-半乳糖（吡喃）	0.1	1→6	—	—
			乙酰基	1	—	—	—
聚阿拉伯糖基葡萄糖醛酸基木糖	针叶树材	7~10	β-D-吡喃木糖	10	1→4	碱二甲基亚砜①	100
			4-O-甲基 α-D-吡喃葡萄糖醛酸	2	1→2	水①	—
			α-L-呋喃阿拉伯糖	1.3	1→3	—	—
聚阿拉伯半乳糖	落叶松	5~35	β-D-吡喃半乳糖	6	1→3	水①	200
			α-L-呋喃阿拉伯糖	2/3	1→6	—	—
			β-D-吡喃阿拉伯糖	1/3	1→6	—	—
			β-D-葡萄糖醛酸	少量	1→3	—	—
聚葡萄糖醛酸基木糖	阔叶树材	15~30	β-D-吡喃木糖	10	1→4	碱	200
			4-O-甲基 α-D-吡喃葡萄糖醛酸	1	1→2	二甲亚砜①	—
			乙酰基	7	—	—	—
聚葡萄糖甘露糖	阔叶树材	2~5	β-D-吡喃甘露糖	1~2	1→4	碱性硼酸盐	200
			β-D-吡喃葡萄糖	1	1→4	—	—

注：① 为部分溶解。

5.4.4.2 半纤维素对木材材性和加工利用的影响 半纤维素是木材高分子聚合物中对外界条件最敏感、最易发生变化和反应的主要成分。它的存在和损失、性质和特点对木材材性及加工利用有重要影响。

(1) 对木材强度的影响：木材经热处理后多糖的损失主要是半纤维素，因为在高温下半纤维素的降解速度高于纤维素，耐热性差。半纤维素在细胞壁中起粘结作用，所以半纤维素的变化和损失不但降低了木材的韧性，而且也使抗弯强度、硬度和耐磨性降低(表 5-17)。戊聚糖的降解速度大于己聚糖，高温处理后阔叶树材的韧性降低远大于针叶树材，因为阔叶树材中含有的半纤维素戊聚糖较针叶树材多 2~3 倍。

表 5-17　不同温度下针叶树材经加热 10min 后力学性质和体积稳定性的变化

温度 (℃)	重量损失 (%)	抗弯强度损失 (%)	硬度损失 (%)	韧性损失 (%)	耐磨性损失 (%)	减少膨胀与收缩 (%)
210	0.5	2.0	5.0	4.6	40	10
245	3.0	5.0	12.5	20.0	80	25
280	8.0	17.0	21.0	40.0	92	40

(2) 对木材吸湿性的影响：半纤维素是无定形物，具有分支度，主链和侧链上含有较多羟基、羧基等亲水性基团，是木材中吸湿性强的组分，是使木材产生吸湿膨胀、变形开裂的因素之一。另一方面，在木材热处理过程中，半纤维素中某些多糖容易裂解为糖醛和糖类的裂解产物，在热量的作用下，这些物质又能发生聚合作用生成不溶于水的聚合物，因而可降低木材的吸湿性，减少木材的膨胀与收缩。

(3) 对木材酸度的影响：半纤维素是木材呈现弱酸性的主要原因之一。半纤维素具有较多的还原性末端基，易氧化为羧基，在潮湿和湿度高的环境中，半纤维素分子上的乙酰基易发生水解而生成醋酸，使木材的酸性增强，当用酸性较高的木材制作盛装金属零件的包装箱时可导致对金属的腐蚀。木材的窑干过程中，由于喷蒸和升温，能加速木材中的半纤维素水解生成游离酸，因而导致长期使用的干燥室的墙壁和干燥设备出现腐蚀现象。

(4) 对纤维板生产工艺的影响：半纤维素的存在与变化对纤维板生产工艺有一定影响。木材、热磨后和热压后样品的化学组成变化见表 5-18。可以看出：综纤维素和多戊糖含量变化趋势相同，大小的顺序为：木材 > 热磨纤维 > 纤维板。木片热磨和纤维板板坯热压时，在高温条件下，一些半纤维素因支链多，聚合度低，且为无定形结构易发生水解而成为低聚糖溶出，多戊糖含量降低，从而综纤维素含量降低。

α-纤维素的变化趋势是：热磨纤维 > 木材 > 纤维板。α-纤维素是纤维素与抗碱半纤维素之和，木片热磨时纤维素难以水解，无支链和支链较少的半纤维素较易水解，经热磨后热磨纤维中易水解的半纤维素已有少部分溶出，所以热磨纤维的 α-纤维素相对含量要比木材高一些，但热压时在高温作用下不仅更多的半纤维素发生水解，而且一部分纤维素也发生水解，因此，热压后纤维板的 α-纤维素含量明显低。

木质素的变化趋势是：木材 < 热磨纤维 < 纤维板。呈这一变化趋势可能是：在热磨和热压过程中，木质素不易发生降解和水解，而半纤维素和少量低聚合度的纤维素发

表 5-18　木材经热磨后和热压后样品的化学组成

化学组分	样品		
	木材	热磨纤维	纤维板
水分(%)	8.84	10.14	6.41
热水抽提物(%)	6.06	6.25	7.82
苯-乙醇抽提物(%)	3.54	2.75	3.64
1% NaOH 抽提物(%)	17.82	16.81	20.44
综纤维素(%)	80.43	78.02	72.07
综纤维素中 α-纤维素(%)	65.55	78.65	53.43
α-纤维素(%)	52.72	61.36	38.51
多戊糖(%)	19.28	15.70	11.42
木质素(%)	26.28	28.40	43.20
游离糠醛(%)	0.37	0.81	0.93
pH 值	5.47	4.92	3.61
游离甲醛释放量(mg/100g)	未测	未测	2.0

生水解或降解溶出，导致木质素的相对含量增高，在纤维板中木质素特别高，可能是热压中形成的树脂状化合物，在 Klason 木质素制备时，难以被酸水解分离，与木质素共同作为固体留下，增加了木质素的含量。

半纤维素对湿法纤维板工艺有以下几方面的影响：

① 软化：在纤维分离之前，原料需要进行软化处理，而软化过程与半纤维素的水解作用有关，在半纤维素水解时生成的酸又成为水解过程的催化剂。半纤维素和木质素一样，也具有热塑性，其软化温度与木材含水率有关。当水分含量升高时，软化温度降低，这一特性对用热磨法分离纤维有利。

② 磨浆：半纤维素的润涨能力比纤维素强。半纤维素含量多的原料，其塑性大，容易分离成单体纤维或纤维束，缩短磨浆时间，提高设备利用率；同时由富有塑性的原料制得的浆料，横向切断少，纵向分裂多，有利于提高纤维板的强度。

③ 热压：木材中的纤维素和半纤维素都含有大量的游离羟基，热压时这些组分中的羟基相互作用形成氢键和范得华力的结合，因而湿法纤维板不施胶而能热压成板。此外，目前的研究结果表明：木质素和其降解产物(含多酚类物质)与半纤维素的热解产物(糠醛等)发生反应形成的"木质素胶"有良好的粘结作用，即"无胶胶合(self-bonding)"。因而热压后纤维板具有较高的力学强度。

④ 废水：水是湿法纤维板生产过程浆料的载体，生产厂家每天都要排放大量的废水。废水中含有大量的溶解糖类，这大部分是由于木材中的半纤维素在热磨热压过程中发生水解和降解作用的结果。废水中的溶解物质，一方面，加重了对将河湖泊及周围环境的污染，另一方面，废水中的糖类物质，可通过酶的作用而转化成为饲料酵母，提高资源利用率。

(5) 阿拉伯半乳聚糖的作用：阿拉伯半乳聚糖唯独在落叶松属木材中含量丰富，达 5%~30%，因此对落叶松木材性质、加工和利用有明显不良影响，主要表现在以下方面：

① 对落叶松木材渗透性的影响：据研究，兴安落叶松心材含有阿拉伯半乳聚糖 10%～20%，大量分布在管胞的胞腔中，严重阻碍木材内部水分以液态方式向外扩散和防腐剂等改性药液由木材表面向内部渗透，因而导致落叶松木材难以浸注而改性处理效果不佳。

② 对制浆工艺的影响：在蒸煮期间木材中含有的阿拉伯半乳聚糖消耗了大量的蒸煮药剂；同时由于本身的水解的作用，增加了制浆黑液中单糖和有机酸的含量，加剧了环境污染。

③ 对水泥固化作用的影响：在水泥刨花板制造工艺中，水泥是刨花成板的粘合剂。然而水泥并无粘合作用，只有发生水化形成结晶后才具有粘合力和整体强度，因而结晶的好坏直接关系到水泥刨花板的质量和使用性能。实验结果证明，落叶松阿拉伯半乳聚糖对水化结晶过程有严重的不良影响，会延缓水泥的凝结并降低水泥固化的强度。

5.5 木材抽提物

木材中除了含有数量较多的纤维素、半纤维素和木质素等主要成分外，还含有多种少量成分，其中比较重要的是木材的抽提物。抽提物对于木材的材性、加工及其利用均产生一定的影响。

5.5.1 木材中的抽提物

木材抽提物是采用乙醇、苯、乙醚、丙酮或二氯甲烷等有机溶剂以及水从木材中抽提出来的物质的总称。例如，用有机溶剂可以从木材中抽提出来树脂酸、脂肪和萜类化合物，用水可以抽提出来糖、单宁和无机盐类。

木材抽提物存在于边材薄壁细胞中，木质化阶段一经结束，木纤维和管胞就死亡，而横向和纵向薄壁细胞（占木材体积4%～50%）却一直维持很多年仍生活着，这些细胞作为水和无机盐类传导的通道，维持新陈代谢进程和贮存养料，经过一定时间后死亡，并逐渐形成心材。在此过程中，木材内部发生各种变化，形成大量抽提物沉积在细胞壁或填充在细胞腔和一些细胞组织中。

木材抽提物种类繁多，因树木的种类不同而差异很大，有些抽提物是各科、属、亚属等特有的化学成分，可以作为某一特定树种分类的化学依据。

木材抽提物包含有许多种物质，主要有单宁、树脂、树胶、精油、色素、生物碱、脂肪、蜡、甾醇、糖、淀粉和硅化物等。在这些抽提物中主要有三类化合物：脂肪族化合物、萜和萜类化合物、酚类化合物。

木材抽提物比较大量地存在于树脂道、树胶道、薄壁细胞中，它们的成因十分复杂，有的是树木生长正常的生理活动和新陈代谢的产物；有的是突然受到外界条件的刺激引起的。在树木生长过程中，由于薄壁细胞的死亡而逐渐形成心材，在由边材转变为心材的过程中木材发生了复杂的生理生化反应，同时产生了大量的抽提物沉积在木材的细胞组织中，因而心材中所聚积的较丰富的酚类化合物已成为心材的特征。

木材抽提物的含量及其化学组成，因树种、部位、产地、采伐季节、存放时间及抽提方法而异,譬如含量高者超过30%,低者小于1%。针、阔叶树材中树脂的化学成分不同,针叶材树脂的主要成分是树脂酸、脂肪和萜类化合物;阔叶树材树脂成分主要是脂肪、蜡和甾醇。而单宁主要存在于针、阔叶树材的树皮中,如落叶松树皮中含有30%以上的单宁。木材中的树脂含量的变化与生长地域和树干部位有关。据记载,生长在斯堪的纳维亚半岛北部的挪威云杉树木中树脂的含量要比生长在南部的高得多;同一树干树脂含量的变化很不规则,总的说来,心材比边材含有更多的树脂。在针叶树材中因树种不同其树脂含量差异很大,如红松木材中含有苯醇抽提物7.54%,马尾松木材中含有3.20%,鱼鳞云杉木材中仅含有1.63%。

木材抽提物的含量一般占绝干木材的2%~5%。

5.5.2 木材抽提物对材性、加工及其利用的影响

木材抽提物是化工、医药及许多工业部门的重要原料,具有一定的经济价值。在木材加工工业中,抽提物不仅影响木材的某些性质,而且也影响木材的加工工艺,有的还关系到操作者的身体健康。

5.5.2.1 抽提物对木材颜色的影响 木材具有的不同颜色与细胞腔、细胞壁内填充或沉积的多种抽提物有关。材色的变化因树种和部位不同而异,如云杉洁白如雪,乌木漆黑如墨,心材的颜色往往比边材深得多(是分布在心材中的抽提物明显高于边材的缘故)。

有些树种的木材含有天然色素,如黄酮类和酮类物质等。再如苏木含有苏木素,在空气中易氧化成苏木色素,使木材泛红色;驰名珍贵的紫檀心材中含有紫檀香色素,其心材显红色;红木中含有洋红色的苏木精色素,使红木呈红色。色素的存在可使木材呈现各种色调,其中有些色素能吸收太阳光中的紫外线,因而可增加木材表面抗光化降解作用。

5.5.2.2 抽提物对木材气味、滋味的影响 树种不同,其木材中所含抽提物的化学成分有差异,因而从某些木材中逸出的挥发物质不同所具有的气味也不同,未挥发的成分具有不同的滋味。具有香味的木材有降香木、檀香木、印度黄檀、白木香、香椿、侧柏、龙脑香、福建柏和肖楠等。其中檀香木具有馥郁香气,可用来气熏物品或制成工艺美术品,如檀香扇等,其香气来源于抽提物中的主要化学成分白檀精。少数热带木材,如爪哇木棉树,在潮湿的条件下会间或发出臭气;八宝树木材微具酸臭气味;冬青木材微有马铃薯气味;新伐杨木有香草味;椴木有腻子味等。日本研究者对具有臭味木材进行过分析鉴别证明,在这类木材中均含有粪臭素、丁酸、异戊酸、己酸、辛酸及二氢肉桂酸等。一般认为,木材气味的来源是木材自身所含有的某种抽提物化学成分所挥发出的气味,以及木材中的淀粉、糖类物质被寄生于木材中的微生物进行代谢或分解时而生成的产物具有的某种气味。

少数木材还具有特殊的滋味,如板栗、栎木具有涩味,因为它们都含有单宁。苦木的滋味甚苦,系因其木材中含有苦木素;檫木具辛辣滋味;八角树木材显咸略带辣味;糖槭有甜味等。木材的滋味是由于木材细胞里含有某种可溶性抽提物,如将这些木材用水抽提,木材的滋味便可清淡或消失。一般新伐材味道较干材显著,边材较心材显著。

这是因为新伐材和边材的含水率较高、可溶性抽提物较多的缘故。

5.5.2.3 抽提物对木材强度的影响 含树脂和树胶较多的热带木材其耐磨性较高。据记载，抽提物对木材强度的影响随作用力的方向有变异。顺纹抗压强度受木材抽提物含量的影响最大，冲击韧性最小，而抗弯强度则介于二者之间。有人研究美国红杉、北美香柏和刺槐木材的结果表明，木材的抗弯、顺压和冲击强度随着木材抽提物含量的增加而增加。另有人研究表明，北美红杉木材的抗弯强度与抽提物的含量无关，而弹性模量随抽提物含量的增加而减少。

5.5.2.4 抽提物对木材渗透性的影响 据记载，假榄木材的心材含有较丰富的木材抽提物，因而木材的纵向渗透性较低。但分别经热水、甲醇-丙酮、乙醇-苯和乙醚等溶剂抽提后，其渗透性可增加 $3 \sim 13$ 倍。一般说来，心材的渗透性小于边材，这是因为心材所具有的抽提物高于边材的缘故。

5.5.2.5 抽提物对胶合性能的影响

（1）抽提物使木材表面污染：抽提物是污染木材表面有碍木材胶合的最主要、最普遍的根源之一，常以下列方式降低木材的胶合质量：

① 大量抽提物沉积于木材表面，增加了木材表面的污染程度，从而降低界面间的胶合强度；

② 憎水性抽提物降低木材表面润湿性，破坏木材表面反应场所，不利于木材-胶黏剂的界面胶结；

③ 抽提物的氧化会增加木材表面酸性的趋势，促进木材表面的降解，降低表面强度。

（2）抽提物使胶黏剂固化不良：抽提物移向木材表面或接近表面时，可干扰胶-木界面的形成，在界面处形成障碍，从而可能阻止材面润湿或导致胶合强度变低；同时，还可以改变胶黏剂的特性、胶液的正常流动及其在木材表面的铺展，妨碍和延长界面间胶层的固化。有人研究了木材热处理对北美黄杉（花旗松）单板表面胶合的影响，认为单板在过分干燥时，于单板表面产生了憎水层，钝化了木材表面，从而阻止胶液润湿和渗入木材，使胶层固化不良。其原因在于在加热过程中木材抽提物向表面迁移使单板表面钝化而改变了木材表面的润湿性。

一般认为，抽提物对碱性胶黏剂固化及胶合强度的影响不十分敏感，而对酸性胶黏剂，抽提物可能会抑制或加速胶黏剂的固化速度，这取决于缓冲容量和树脂反应的 pH 值，如柚木和红栎的水溶性抽提物会延迟脲醛树脂和脲醛-三聚氰胺树脂的胶凝时间。

5.5.2.6 抽提物对涂饰性能的影响 许多实例证明，当油漆木材时，会发生漆膜变色，这是由于当木材含水率增高时，木材内部的抽提物向表面迁移在表面析出的结果。含有树脂较多的木材，特别是硬松类木材，涂刷含铅及锌的油漆时，木材中的树脂酸能与氧化锌作用，从而促使漆膜早期变坏。木材表面的油分和单宁含量高时，会妨碍亚麻仁油的油漆固化。美国红杉等木材中常含有一种水溶性抽提物，这种抽提物常常自然析溢到木材表面，从而使乳胶漆或水基底漆产生由红到褐的轻微变色。在日本紫杉心材抽提物中，有一些化学成分对不饱和聚酯漆具有较强的阻止固化的作用。

5.5.2.7 抽提物对木材接枝聚合的影响 为改善木材的性质，常采用乙烯基单体与木材分子产生接枝共聚反应制造木塑复合材。在共聚反应过程中，发现某些酚类抽提物具有阻聚作用。如桦木抽提物中含有酚类化合物，水青冈木材抽提物中含有木素类化合物，龙脑香木材抽提物中含有培酸和单宁类化合物，它们对聚合反应均起抑制或阻碍作用。

5.5.2.8 抽提物对木材表面耐候性的影响 木材表面的抽提物能促进木材对紫外光的吸收，从而加速木材表面的光化降解作用。研究结果表明，经过抽提的红松木片在紫外光下辐射 120min 后自由基浓度增加到初始浓度的 3 倍，而未经抽提的木材却增加到 5 倍。这表明，抽提物对木材表面的光化学反应起着促进作用，增加了木材表面光化降解的程度。这种促进作用可能是通过光敏作用，即抽提物吸收紫外光能量后，再将能量传递给不易吸收紫外光的纤维素分子，使纤维素分子受激活化而参与化学降解反应，从而加速木材表面的劣化。

5.5.2.9 抽提物对木材加工工具的影响 木材中多酚类抽提物含量高者在木材加工过程中易使切削刀具磨损。当锯剖未经干燥的美国西部侧柏木材时，发现刀具的碳化物齿尖的钝化率特别高；切削柚木时易使刀具变钝，并有夹锯现象，锯剖面起毛，但刨后板面光滑，触之有油腻感；越南龙脑香木材因含树脂较多，在锯剖或旋切单板时，容易黏结刀锯，若此时向锯条或刀片上喷洒热水与动物油，可消除此现象。

A. Krilov 研究了澳大利亚 15 种阔叶树材对锯片的磨蚀机理指出，当木材的 pH 值为 4.0～4.3 时，对钢锯片的腐蚀是有限的，低于这一范围，其腐蚀性迅速增加。而木材中含有的多酚类化合物对锯片的磨蚀作用远远超过木材酸度的作用。这是因为多酚分子含有两个或多个相邻的羟基，这些羟基能与铁离子反应形成络合物。在反应过程中能使铁离子从酸-金属平衡体系中不断移出，要维持这个平衡就需要不断地产生新的更多的铁离子，因而导致锯片的磨蚀加剧。

5.5.2.10 抽提物对木材声学性能的影响 乐器共鸣板的质量，在很大程度上取决于木材的声共振性。经研究发现，为了制造优质乐器，宜于使用存放多年的木材为乐器材原料。因为经长期贮存而"陈化"的木材，其中的抽提物部分被分解或去除，有助于改善木材的声学性能。И. С. Винтониl 研究指出，木材经乙醚溶剂抽提后木材的密度降低，动态弹性模量升高，音响常数增加，表明木材具有较好的声共振性。用抽提处理后的乐器用材制造乐器的共鸣板，其音响质量提高。

5.5.2.11 抽提物对工人健康的影响 有些木材抽提物含有毒性的化学成分，如松木心材抽提物中含有 3,5-二羟基苯乙烯，具有较强的毒性。含有毒带苷性抽提物的树木或木材具有较高的天然耐久性，对腐菌、白蚁等危害木材的生物具有显著的抗侵蚀能力。由于心材含有的抽提物较多，因而心材的耐腐抗蛀能力优越于边材。

含有毒性抽提物的木材可能给木材加工操作人员带来某些疾病，所以在加工这些木材时应考虑采取适当的防护措施。据统计，世界上有 100 种以上的木材（其中大多数产于热带和亚热带）含有对人体引起过敏反应的木材抽提物，在红木、柚木、侧柏及相思木等木材中均可发现这一现象。

5.5.2.12 抽提物对木材利用的影响 某些抽提物对木材的某些性质有良好的影响，而在另一方面又可能具有不利的作用。例如，美国西部侧柏木材所含抽提物，使木材具有较高的抗腐性能，但在碱法制浆中这种物质对金属设备有腐蚀。3,5-二羟基苯乙烯虽然使松木的耐久性提高，但是这种物质即使在低含量时，也会有效地抑制酸性亚硫酸盐制浆的脱木质素作用。在生产水泥刨花板和木丝板时，含糖和单宁多的木材，由于还原糖和多酚类物质的阻聚作用，可使水泥的凝固时间延迟或不易凝固，影响制品质量。例如，兴安落叶松心材中含有高达8.73%的阿拉伯半乳聚糖，边材含有5.75%，在以这种木材作原料制造水泥刨花板时，会延缓水泥的凝结时间降低固化强度。用气味浓厚的木材制造的包装箱不宜盛装茶叶和食品，含有毒性成分的木材不宜制造室内家具，等等。

综上所述，木材抽提物对木材的性质、加工工艺、人体健康和木材的合理利用均有一定影响，因而深入研究各种木材抽提物的组成、含量及特性对科学地确定木材加工工艺和合理地利用木材资源均有实际意义。

5.6 木材的酸碱性质

木材具有天然的酸碱性质，确认世界上绝大多数木材呈弱酸性，仅有极少数木材呈碱性，这是因为木材中含有天然的酸性成分。木材的酸碱性是木材的重要的化学性质之一，对木材的某些加工工艺有明显的影响作用。常用于测定木材酸碱性质的指标有三项，分别为pH值、酸碱缓冲容量和酸含量。

5.6.1 木材的酸性成分

木材中的酸性主要来自于木材抽提物、半纤维素的糖醛酸和乙酰基、木质素具有的弱酸性基和纤维素含有的羟基。

5.6.1.1 半纤维素的糖醛酸和乙酰基 木材的主要成分是纤维素、半纤维素和木质素，其中纤维素和半纤维素是由失水糖基以苷键连接构成的天然聚糖化合物。半纤维素中部分糖基含有糖醛酸，如聚-O-乙酰基-4-O-甲基葡萄糖醛酸木糖（阔叶材木材主要半纤维素成分）、聚 O-乙酰基半乳糖葡萄糖甘露糖（针叶材木材主要半纤维素成分）和聚阿拉伯糖-4-O-甲基葡萄糖醛酸木糖（针叶材木材主要半纤维素成分）。

同时半纤维素的部分糖基中的羟基与乙酰基相连形成醋酸酯，醋酸酯水解放出醋酸，其反应式如下：

$$R\text{—}OCOCH_3 + H_2O = R\text{—}OH + CH_3COOH$$
$$\text{糖基\ 乙酰基} \qquad\qquad \text{醋酸}$$

这是一个平衡反应，它使得木材中的水分常具有酸性，而且醋酸有挥发性，能从平衡体系逸出，使水解反应不断向生成醋酸的方向移动。木材水解时释放出醋酸的速度因树种不同而异，对同一种木材而言，其释放速度取决于周围的温度和木材自身的含水率，此外，也与木材的几何形状有关。乙酰基在阔叶材木材中含量为3%~5%，在针叶树材中为1%~2%。木材中乙酰基含量越高，木材的酸性越强。

5.6.1.2 木材抽提物的酸性成分 木材中含有树脂酸、脂肪酸以及一些低分子有机酸，这些化合物均可提高木材的酸性。

5.6.2 木材的 pH 值

5.6.2.1 pH 值的定义 在化学上，用 H^+ 离子浓度来表示溶液的酸碱性，有时不方便，通常用 H^+ 离子浓度的负对数来表示，称为 pH 值。

$$pH = -lg[H^+]$$

其意义是若某种溶液的 pH 值 <7，说明溶液显酸性；pH 值 =7 显中性；pH 值 >7 显碱性。

木材的 pH 值一般泛指木材中水溶性物质的酸性和碱性程度，是定量反应木材水溶液中氢离子浓度大小的指标，通常以木粉的水抽提物的 pH 值表征。它不仅是木材的重要物化性质之一，也是木材加工利用的一个重要指标。

经国内外一些研究者测试表明，世界上绝大多数木材的 pH 值介于 4.0~6.0 之间。据帕克曼 (D. F. Packman) 报道，在测定的 125 种木材中，有 120 种 pH 值在 4.0~6.0 之间，仅有 4 种木材的 pH 值超过 7.0。中国林业科学研究院李新时等测定的中国 45 种木材 pH 值中仅有一种木材的 pH 值为 7.5，其余的 44 种均分布于 4.0~6.2 之间，见表 5-19。

表 5-19 45 种中国木材的 pH 值

树　　种	Ⅰ 法测得 pH 值	Ⅱ 法测得 pH 值
针叶树材		
臭冷杉 Abies nephrolepis	4.6	5.1
杉木 Cunninghamia lanceolata	4.6	5.0
黄花落叶松 Larix olgensis	4.4	4.7
红皮云杉 Picea koraiensis	4.4	4.8
红松 Pinus koraiensis	4.3	4.4
鸡毛松 Podocarpus imbricatus	5.2	5.7
阔叶树材		
槭木 Acer mono	5.7	5.6
臭椿 Ailanthus altissima	5.9	5.9
楹树 Albzzia chinensis	5.4	5.7
南洋楹 Albzzia falata	5.3	5.4
千年桐 Aleurites montana	6.0	6.5
拟赤杨 Alniphyllum fortunei	4.5	4.9
糙叶树 Aphanathe aspera	5.5	5.6
白桦 Betula platyphylla	4.5	4.8
苦槠 Castanopsis sclerophylla	4.2	4.3
山枣 Choerospondias axillaris	4.5	4.6
华南桂 Cinnamomum austro-sinense	5.2	5.6
香樟 Cinnamomum camphora	5.8	5.7
盘壳青冈 Cyclobalanopsis patelliformis	5.9	6.1
杨梅蚊母树 Distylium myricoides	4.6	4.7
大叶桉 Eualyptus robusta	4.5	4.7
吴荣萸 Euobia rutaecarpa	4.9	5.2
马蹄荷 Symingtania populnea	4.8	5.0

(续)

树　　种	Ⅰ法测得 pH 值	Ⅱ法测得 pH 值
水曲柳 Fraxinus mandshurica	5.3	5.6
大果木姜 Litsen lancilimba	5.3	5.4
广东润楠 Machilus kwangtungensis	5.1	5.2
绿兰 Manglietia hainanensis	5.5	5.8
杨梅 Myrica rubra	4.5	4.6
香果断木姜 Neolitsea ellipsoidea	4.4	4.5
木荚红豆 Ormosis xylocarpa	4.0	4.2
桢楠 Phoebe zhennan	4.3	4.5
椤木石楠 Photinia davidsoniae	4.8	5.0
青杨 Populus cathayana	7.5	8.0
大关杨 Populus dakuanensis	5.6	5.9
异叶杨 Populus euphratica	4.6	4.5
钻天杨 Populusnigra var. italica	6.2	6.7
小叶杨 Populus simonii	6.0	6.3
大青杨 Populus ussuriensis	4.6	4.8
豆梨 Pyrus calleryana	5.0	5.2
蒙古栎 Quercus mongolica	4.7	4.8
檫木 Sassafras tsumu	4.3	4.2
鸭脚木 Schefflera octophylla	5.0	5.2
荷木 Schima superba	4.8	4.9
线枝蒲桃 Syzygium araiocladum	4.5	4.6
紫椴 Tilia amurensis	5.1	5.3

注：见李新时等，木材酸度的初步研究，林业科学，1963(3)。

依据木材的 pH 值大小，有人建议将木材分成两大类：①酸性木材，木材的 pH 值小于 6.5，绝大多数树种的边材和多数树种的心材在此范围内；②碱性木材，木材的 pH 值大于 6.5，为少数木材的心材所具有。

5.6.2.2　木材 pH 值的变化　在同一树种甚至同一树干中，不仅木材的物理、力学和化学性质有差异，就是木材的 pH 值也是如此。木材的 pH 值随树木的分布、立地条件、采伐季节、采伐后贮存时间、树干高度、边心材、木材含水率、测定方法和测定条件等因素的变化而有差异。所以在表示木材的 pH 值时，应尽可能地注明各种条件。

(1) 生长 (或采伐地域) 对木材 pH 值的影响：据 Ruben Guevara M. 等人的报告，生长在洪都拉斯塔兰加州 (Talanga) 和锡加特皮桂州 (Siguatepeque) 的同种树木——尼加拉瓜油松 (Pinus oocarpa) 的心材 pH 值相差约 10%。

往西弘次等人研究指出，土壤表面和 30cm 深处的土壤 pH 值与木材 pH 值的测定分析表明，生长在酸性较强的土壤上的木材的 pH 值较低。

(2) 贮存时间对木材 pH 值的影响：新采伐的木材在潮湿和温度较高的环境中贮存时，pH 值会发生变化。一般认为，随贮存时间的延长，木材的 pH 值降低，即酸性增

(3) 木材 pH 值因树种及木材部位不同而变化：木材的 pH 值因树种不同差异很大。同一树种，不同株木材的 pH 值也有所不同。即使同一株树木，pH 值沿树干高度和直径的分布也各有差异。同一株树木不同部位的 pH 值变化见表 5-21。部分木材的心材与边材 pH 值变化见表 5-22。

表 5-20　桦木在温度 48℃的潮湿环境中贮存时 pH 值的变化

存放时间(h)	pH 值	存放时间(h)	pH 值	存放时间(h)	pH 值
0	4.60	14	4.12	55	3.80
2	4.48	19	4.11	103	3.48
7	4.40	36	3.85	126	3.32

表 5-21　木材 pH 值沿树干高度和径向的变化

树种	部位	边材	心材	树皮	树种	部位	边材	心材	树皮
水曲柳	上	6.48	6.44	5.52	白桦	上	5.40	5.37	6.05
	中	6.38	6.08	5.87		中	5.60	5.53	6.05
	下	6.28	6.18	5.93		下	5.93	5.67	6.10
核桃楸	上	4.41	4.76	5.87	糠椴	上	5.98	5.37	5.72
	中	5.11	4.86	5.46		中	5.17	5.40	5.81
	下	5.37	6.18	5.47		下	5.28	5.38	5.80
柞木	上	5.57	4.93	5.12	小叶杨	上	5.20	5.93	5.08
	中	6.65	4.70	5.20		中	5.16	5.30	5.12
	下	5.75	4.63	4.98		下	5.24	5.52	5.43

表 5-22　部分木材的心材与边材 pH 值变化

树种	边材		心材	
	pH 均值	变异范围	pH 均值	变异范围
落叶松	5.24	4.97~5.49	4.85	4.27~5.26
春榆	5.96	5.76~6.19	8.40	6.71~9.35
大叶榆	6.09	5.93~6.33	8.49	6.62~9.66
水曲柳	5.79	5.64~5.90	6.10	6.00~6.35
紫椴	5.37	5.16~5.64	5.10	4.82~5.47
香杨	5.41	5.32~5.51	7.90	6.54~9.09
山杨	4.99	4.86~5.37	5.16	4.98~5.37
大青杨	5.76	5.40~6.89	8.67	7.10~9.32

注：各树种所列值均为 4 株标准木、12 个圆盘的 pH 值和变异范围。

由表 5-21 和表 5-22 可知，木材边材和心材的 pH 值变化明显。8 个树种边材的 pH 值均呈酸性，而春榆、大叶榆、香杨和大青杨的心材呈碱性。落叶松、水曲柳、紫椴和山杨的边心材均为酸性。

(4) 木材 pH 值因树木的生长速度不同而变化：树木的生长速度对木材的 pH 值有影响。一般生长速度缓慢的木材其抽提物含量高，pH 值较低，酸性增强。生长速度较快的木材的 pH 值较高。

(5) 木材 pH 值因木材的含水率不同而变化：木材的含水率降低，其 pH 值也随之降低，尤其当含水率在 10% 以内时，pH 值的降低更为明显。

干燥是木材加工工艺中重要的工序，干燥可以使木材的含水率发生变化。研究结果表明，随着干燥木材含水率的降低，pH 值降低。其原因是在木材干燥过程中，木材的抽提物及木材组分发生水解和降解，木材中不挥发的酸性物质浓度增加，因而木材的 pH 值降低。

5.6.3 木材的总酸度

木材的 pH 值可以定性的表示木材的酸性和碱性程度，而木材的总酸含量则可定量的表示木材的总酸度（或总碱度）以及木材与碱或酸的反应能力。酸含量表示了溶液中游离氢离子与未电离的氢离子浓度的总和，而 pH 值则仅与溶液中已电离的氢离子浓度有关。据统计世界上木材的平均总酸含量为 3.70mmol/100g（绝干木材）。

木材中含有的酸性成分为醋酸、树脂酸及具有酸性基团的主要组分等，这些均是有机羧酸，为弱酸性，在溶液中存在着电离平衡。在强碱作用下可以发生完全解离，因而采用 NaOH 溶液中和滴定或电位滴定测定木材中的总酸含量。

5.6.4 木材的酸碱缓冲容量

在化学上，在一些由弱酸及其弱酸盐，或弱碱及其弱碱盐组成的混合溶液中，加入一定量的酸或碱时，溶液的 pH 值变化很小，即能在一定程度上对外来的酸和碱具有缓冲能力，这种溶液叫做缓冲溶液，如醋酸和醋酸钠溶液，氢氧化铵和氯化铵溶液等均属于缓冲溶液。

研究表明，木材的水抽提液是具有缓冲能力的缓冲溶液，即木材具有缓冲容量，这是由于木材中含有微量碱金属和碱土金属离子与木材中的有机酸形成相应的盐类，能在一定程度上对外来的酸和碱具有缓冲能力。这种缓冲作用的大小也可以表明树木在生长期间和木材及其木制品的贮存、加工或使用期间对外界酸或碱的平衡或抵抗能力。

对于木材的缓冲容量尚无标准测定方法，李坚等采用如下方法测定了 6 种木材的酸碱缓冲容量：称取绝干试样（10g 左右）置于圆底烧瓶内，按液比 1:10（100mL 左右）加入新煮沸并冷却到室温的蒸馏水，在磨口瓶中放置 24h，过滤，各取 25mL 抽提液，分别用 0.025mol/L 的 H_2SO_4 和 0.025mol/L 的 NaOH 在不断搅拌条件下滴定，25mL 抽提液由起始 pH 降低至 3 所用 0.025mol/L 的 H_2SO_4 量（以 mmol 计）为试材对酸的缓冲容量，由起始 pH 升高到 7 所用的 0.025mol/L 的 NaOH 量（以 mmol 计）为试材对碱的缓冲容量，两者之和为木材的总缓冲量，即木材的酸碱缓冲容量。实验结果见表 5-23。据统计世界上木材的平均总缓冲容量为 0.164mmol。

表 5-23　一些木材的缓冲容量　　　　　　　　　　　　　　　mmol

树种	碱缓冲容量		酸缓冲容量		酸碱缓冲容量	
	边材	心材	边材	心材	边材	心材
黄波罗	0.120	0.100	0.010	0.020	0.130	0.120
春榆	0.230	0.200	0.024	0.019	0.254	0.279
紫椴	0.073	0.083	0.015	0.017	0.088	0.100
色木	0.074	0.018	0.013	0.026	0.087	0.144
白桦	0.051	0.066	0.083	0.093	0.134	0.150
枫桦	0.050	0.061	0.012	0.009	0.062	0.070

复习思考题

1. 描述纤维素、半纤维素和木质素、木材抽提物的定义。它们各有哪些性质？
2. 比较半纤维素与纤维素的差异。
3. 简述木质素与木材物理性质及木材材色的关系。
4. 木材的酸碱性质，木材的表面性质怎样？
5. 简述抽提物对木材物理性质和加工的影响。

第6章 木材的物理性质

主要介绍了木材密度和比重，木材的含水率状态，木材中水分的吸湿与解吸，木材的干缩湿胀，木材的电学性质、热学性质、声学性质和光学性质。

6.1 木材密度和比重

密度包括质量密度和重量密度，通常我们所说的密度为质量密度（简称密度），即单位体积的物体的质量，单位为 g/cm^3 或 kg/m^3。而重量密度则与重力加速度有关，会随着纬度和海拔高度而变化，因此对于固体和液体而言，通常以物体的重量密度与4℃时水的重量密度的比值来表示，这个相对密度的值就称为比重。在1个标准大气压下4℃时水的密度为 $1\ g/cm^3$ 或 $1\ 000\ kg/m^3$，因此比重和密度在数值上是相同的，但是比重是一个无量纲量，而密度则是有量纲量。

木材的密度和比重的定义比较复杂，因为木材的质量和体积都会随着含水率的变化而变化。因此在提到木材密度或比重的概念时，必须注意其含水率状态。另外，由于在木材学和木材工业中经常使用重量来代替质量，因此在以下叙述中所采用的重量按物理意义来说均表示质量。

6.1.1 木材密度和比重的种类

木材的密度和比重由于涉及木材的含水率状态不同，因此有的时候并不是完全对应的，有关木材的含水率状态的介绍请参见6.2.2.2。一般木材密度是在一定的含水率状态下同时测定的重量与体积的比值，如生材密度是生材重量与生材体积的比值，而木材比重的计算则是基于绝干状态的木材重量与一定含水率状态下的木材体积。木材密度可以分为生材密度、气干密度、绝干密度和基本密度。它们的定义如下：

6.1.1.1 生材密度（ρ_g） 刚伐倒的木材称为生材。木材在生材状态时的重量（m_g）与体积（V_g）的比值称为生材密度，如式（6-1）所示。

$$\rho_g = \frac{m_g}{V_g} \tag{6-1}$$

生材重量和生材体积在木材伐倒后进行测量，生材体积也可以通过在实验室条件下将木材浸泡至尺寸不变的状态下进行测量得到。

6.1.1.2 气干密度（ρ_M） 指木材在大气条件下干燥，达到气干状态时的重量（m_M）与体积（V_M）的比值，如式（6-2）所示。

$$\rho_M = \frac{m_M}{V_M} \tag{6-2}$$

由于大气条件的温度和相对湿度经常在一定范围内变化,因此木材的气干状态的含水率通常也在一定范围内(8%~15%)变化。为了方便对气干密度进行比较,通常将不同气干含水率下测得的密度按照式(6-3)折算成含水率为12%时的气干密度(ρ_{12})。

$$\rho_{12} = \rho_M\left[1-(1-K)\frac{(M-12)}{100}\right] \tag{6-3}$$

式中：M 为试材的含水率(%);K 为试材从 M 至12%的体积干缩率。

6.1.1.3 绝干密度(ρ_0)

指木材在人工条件下进行干燥至绝干状态时测得的重量(m_0)与绝干材体积(V_0)的比值,如式(6-4)所示。

$$\rho_0 = \frac{m_0}{V_0} \tag{6-4}$$

6.1.1.4 基本密度(ρ_b)

指木材在绝干状态下的重量(m_0)与生材体积的比值,如式(6-5)所示。

$$\rho_b = \frac{m_0}{V_g} \tag{6-5}$$

在以上四种密度中,最常用的是气干密度和基本密度。在运输和建筑上,一般采用生材密度。而在比较不同树种的材性时,则经常使用12%含水率的气干密度和基本密度。基本密度中所采用的 m_0 和 V_g 对于木材来说都是比较恒定的量,因此在测定时的重复性好,方便进行比较。

6.1.1.5 木材比重

木材的比重是指木材的绝干重量与一定含水率状态下的木材的体积之比与4℃时水的重量密度的比值。如木材在绝干状态及生材状态的比重在数值上分别等同于上述绝干密度和基本密度。另外在不同含水率状态下的比重可以通过图6-1进行推算。由于比重的计算中都采用绝干重量,所以含水率对比重的影响主要就是通过改变体积来实现的,因此图中含水率30%以上都可以参照30%的数值进行,因为在纤维饱和点以上木材的体积基本不变。

6.1.2 木材密度和比重的测定

为了计算不同含水率状态下木材的密度和比重,需要对不同含水率状态下木材的重量和体积

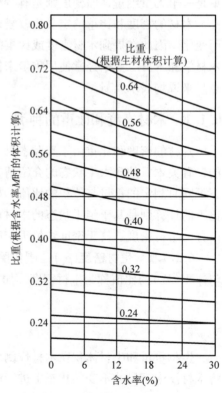

图6-1 木材比重和含水率的关系

进行测定。木材的重量可以通过天平直接测量，测定比重时使用的是木材的绝干重量。在大多数情况下，绝干重量的测定与用绝干称重法测定含水率中所用的方法一致。由于在干燥过程中抽提物可能和水蒸气一起蒸发，所以有时采用蒸馏法来得到绝干重量。具体方法将在第二节中介绍。木材的体积的测定可以采用以下方法：①对于形状规则的试材，直接测量试材的三边尺寸，计算出体积；②对于形状不规则的试材，可以用排水法测量体积；③快速测定法。

排水法的装置如图6-2所示，其中包括支架、金属针、烧杯、天平等。首先，在烧杯中加入适量液体，将金属针浸入液体中，记录天平的读数。然后用金属针尖固定试材，将试材浸入液体中，再记录平衡时天平的读数。两次天平的读数之差除以已知液体的密度，就可以得到试材的体积。一般对于生材来说，可以用水作为工作液体，因为生材的吸水量很小。但是，对于气干材等比较干燥的试材，如果仍然以水作为介质，必须在将试材浸入水之前用石蜡涂于试材表面，以防止水分渗透进试材中而使测得的体积偏低。这种情况下，也可以采用水银等不会渗入木材内的液体作为介质。

快速测定法的优点是快捷、简便，可用于林区或木材加工现场。测定时，将试材快速地浸入液体内，记录浸入前后的体积变化（图6-3）。与排水法相似，如果试材比较干燥，需要在浸入试材前用石蜡涂于试材表面。

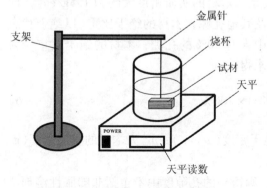

图6-2 用排水法测量木材体积

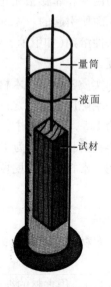

图6-3 快速测定法测量木材体积

6.1.3 细胞壁密度、实质密度和空隙度

木材的绝干细胞壁的密度可以通过比重计（密度计）或体积置换法来测量。根据置换介质种类的不同，测得的细胞壁密度的值也有差异。表6-1中所列为不同介质置换得到的结果。

由表6-1可见，以水作为置换介质得到的细胞壁密度大于以甲苯和氦作为置换介质得到的值。这是由两个方面的原因引起的：①水属于极性膨胀性介质，水分子可以进入细胞壁中更小的孔隙中；②与液态水相比，吸着水的表观体积减小。Weatherwax 和 Tar-

表 6-1 使用不同介质置换得到的木材细胞壁密度及比体积

树　种	置换介质	细胞壁密度(g/cm^3)	比体积(cm^3/g)
云　杉	水	1.524	0.656
	甲苯	1.448	0.691
	氦	1.449	0.690
花旗松(北美黄杉)(心材)	水	1.540	0.649
	甲苯	1.453	0.688
	氦	1.464	0.683
红木(心材)	水	1.505	0.664
	甲苯	1.437	0.696

数据来源：Wilfong (1966)。

kow 分别以水和硅油为置换介质测定了细胞壁的比体积，得到的结果为 $0.6470cm^3/g$ 和 $0.6825cm^3/g$，两者相差 $0.0355cm^3/g$，其中细胞壁内微小孔隙体积为 $0.0303cm^3/g$，因此可以认为由水和非膨胀性介质作为置换介质得到的细胞壁密度的差异主要是由细胞壁中的微小孔隙所引起的。Wangaard 认为，由水作为介质测得的密度是木材的实质密度，而由非膨胀性溶剂(如甲苯、氦、乙醇等)作为介质测得的密度是包含微小孔隙在内的细胞壁密度。

木材的实质密度即指木材细胞壁物质的密度。由于所有树种的实质密度大致相同，所以木材的空隙度和密度之间存在直接的关系。木材的实质密度大约为 $1.5g/cm^3$，即实质比重为 1.5。如果木材中不含有细胞腔及其他孔隙，木材的绝干比重(以绝干状态体积计算得到的比重)即为 1.5。如果木材中含有 50% 的孔隙，木材的绝干比重应为 0.75。因此，木材的空隙度可以用下式计算求得：

$$P = \left(1 - \frac{\rho_0}{\rho_{0W}}\right) \times 100\% \qquad (6-6)$$

式中：P 为木材空隙度(%)；ρ_0 为木材的绝干密度(g/cm^3)；ρ_{0W} 为木材的实质密度(g/cm^3)。

如果式中 ρ_{0W} 用木材的细胞壁密度代替，则得到的孔隙度中不包括非膨胀性溶剂所不能进入的细胞壁中的微小孔隙。

6.1.4　木材密度的影响因素

除了含水率以外，影响木材密度的因素还包括树种、抽提物含量、立地条件和树龄等。在同一棵树上，不同部位的木材密度也有较大的差异。

6.1.4.1　树种　不同树种的木材其密度有很大差异。这主要是由于不同树种的木材的空隙度不同而引起的。空隙度越大，木材的密度越小。如轻木(*Ochroma lagopus*)的空隙度高达 83.9%，因此其绝干密度只有 $0.244g/cm^3$，是国产木材中最轻的树种；而子京(*Madhuca hainanensis*)的空隙度仅为 31.9%，其绝干密度可高达 $1.033g/cm^3$。国产木材中最重的是蚬木(*Burretiodendron hsienum*)，其绝干密度可达 $1.1g/cm^3$ 以上。

6.1.4.2 抽提物含量 木材中通常含有多种抽提物,其中包括松烯、树脂、多酚类(如单宁、糖类、油脂类)以及无机化合物(如硅酸盐、碳酸盐、磷酸盐)。这些物质是在次生壁成熟期以及心材形成期沉积在细胞壁中的,因此心材中抽提物的含量高于边材,因而心材的密度通常比边材的密度大。

在不同的木材中,抽提物含量的范围从绝干质量的3%~30%不等,因此对木材的密度有很大的影响。通常,在测定密度之前可以先用水和有机溶剂(如苯和乙醇等)对木材进行抽提处理,经过抽提处理后木材的密度更为均一。

6.1.4.3 立地条件 树木的立地条件,包括气候、地理位置等对木材密度也有很大影响。通常,可以用变异系数(COV)和平均密度来确定由立地条件所引起的木材密度的变化范围。计算公式如下:

$$\rho = \bar{\rho} \pm (COV \cdot \bar{\rho} \times 1.96) = \bar{\rho} \pm 1.96 COV \cdot \bar{\rho} \qquad (6-7)$$

对于北美洲的大多数树种来说,变异系数约为10%。

6.1.4.4 树龄 一般来说,从幼龄期直至成熟期,木材的密度有随着树龄的增高呈增大的趋势,并且通常在幼龄期密度随树龄增高而增大的速率比较高,进入成熟期后趋于平缓,进入过熟期后也时有转为下降的情况。图6-4表示了不同海拔范围的花旗松的比重与树龄之间的关系。

6.1.4.5 在树干上的部位

(1)沿着树干半径方向:成熟材的树干的木材比重沿着半径方向的变化可以分为3种情况:

①平均比重沿着髓心向外呈线性或曲线增大趋势;

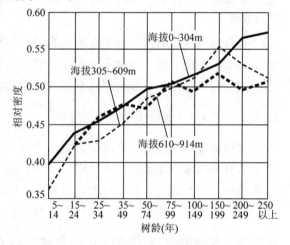

图6-4 不同海拔范围的花旗松的相对密度与树龄之间的关系(USDA, 1965)

②平均比重沿着髓心向外先减小,之后再呈增大趋势,树皮部分的木材比重或高于或低于接近髓心部分的木材比重;

③平均比重沿着髓心向外呈直线或曲线减小趋势,髓心部分的比重高于树皮部分的比重。

对于多数针叶树材树种来说,相同树种的木材比重沿着树干半径方向的变化属于同一类型。但是,也有一些树种表现为不同的类型。针叶树材木材比重沿着树干半径方向的不同变化类型与管胞直径的变化、细胞壁厚度的变化及晚材率的变化有关。

对于阔叶树材树种来说,变化要比针叶树材树种复杂,同一棵树的不同高度上的木材有可能分属于不同的变化类型。对于环孔材来说,木材比重的变化主要受晚材率的影响;而对于散孔材来说,木材比重的变化依赖于导管和纤维细胞壁的体积比的变化。

(2)沿着树干高度方向:大多数针叶树材树种的木材比重在树干基部出现最大值,

然后沿着树干高度方向呈减小趋势。阔叶树材树种的木材比重在树干高度方向上的变化很不一致,没有一个统一的方式。原因可能在于阔叶树材树种的木材中不同部位各类细胞的比例差异很大,或者是由于立地条件等的不同对树木生长有很大的影响。

6.2 木材和水分

水分在木材的形成、运输、加工和利用的各个环节都起着非常重要的作用。树木的生长是通过根系吸收的水分以及空气中吸收的二氧化碳在叶片中进行光合作用产生碳水化合物的形式来进行的,因此在树木的生长过程中,水分源源不断地通过边材的细胞输送到树木的各个部位。由于生长环境气候及土壤条件的不同,树木可以吸收的水分的多少也随之变化,因此在采伐时由于季节及生长环境等的不同,其生材水分的含量也会发生变化。采伐后的原木及其锯解后的板方材在存放和运输过程中水分进一步变化,在加工和利用的各个环节中,由于环境的影响及人为的干燥过程等的影响,木材中的水分仍会不断变化。

水分对木材的物理和力学性质有非常大的影响,从而影响到储存运输、加工利用等各个环节,因此掌握木材中水分的存在状态以及水分所引起的木材的各项性质变化对于木材的合理采运、加工和利用具有非常重要的意义。

6.2.1 木材中水分的存在状态

木材中存在的水分,可以分为自由水和吸着水(或结合水)两类。也有的教科书中认为木材中的水分除了自由水和吸着水外,还包括一类化合水。化合水是组成木材细胞壁物质构造的一部分,在木材的正常使用范围内化合水对其性质没有影响,因此本书中将只讨论和木材性质密切相关的自由水和吸着水。

6.2.2 木材的含水率的定义和含水率状态

6.2.2.1 木材含水率的定义 木材或木制品中的水分含量通常用含水率来表示。根据基准的不同分为绝对含水率和相对含水率两种。木材工业中一般采用绝对含水率(简称含水率),即水分质量占木材绝干质量的百分率。相对含水率在造纸和纸浆工业中比较常用,是水分质量占含水试材的质量的百分率。绝对含水率和相对含水率的计算公式如下:

$$MC = \frac{m - m_0}{m_0} \times 100\% ; \quad MC' = \frac{m - m_0}{m} \times 100\% \qquad (6-8)$$

式中:MC 和 MC' 分别是试材的绝对含水率和相对含水率(%);m 是含水试材的质量(g);m_0 是试材的绝干质量(g)。

由于绝对含水率的计算式中的分母为绝干质量,所以含水率有可能出现高于100%的情况。表6-2中列出几种常见的针叶树材和阔叶树材的心材及边材生材含水率。

表 6-2 几种树种的生材含水率

树种		含水率(%)	
		心材	边材
阔叶树	美洲白蜡 *Fraxinus americana*	46	44
	黄桦 *Betula alleghaniensis*	74	72
	秋榆 *Ulmus serotina*	95	92
	糖槭 *Acer saccharum*	65	72
	北美红栎 *Quercus rubra*	80	69
	琴叶栎 *Quercus lyrata*	64	78
	枫香 *Liquidambar styraciflua*	79	137
	黑胡桃木 *Juglans nigra*	90	73
针叶树	北美乔柏 *Thuja occidentalis*	58	249
	北美黄杉 *Pseudotsuga macrocarpa*	37	115
	北美冷杉 *Abies grandis*	98	160
	西南黄松 *Pinus ponderosa*	40	148
	火炬松 *Pinus taeda*	33	110
	北美红杉 *Sequoia sempervirens*	86	210
	东方云杉 *Picea orientalis*	34	128
	西加云杉 *Picea sitchensis*	41	142

6.2.2.2 木材的含水率状态 木材的含水率对木材的性质有很大的影响,因此为了方便对木材中的不同含水率状态进行描述,定义了饱水、生材、纤维饱和点、气干、窑干和绝干等几个典型的含水率状态,对应的木材细胞腔和细胞壁中的水分存在状态如图 6-5 所示。

(1) 饱水状态：饱水状态是指木材达到最大的水分容量的状态,即木材细胞腔和细胞壁中都充满水分的状态。这个状态在自然状态下一般不存在,而是在进行科研或生产时人为地将木材浸泡在水中或其他水溶液中,使水分充分进入木材中,直至木材的重量基本达到平衡为止。这个状态称为饱水状态。

(2) 生材状态：新伐倒的木材称为生材(green wood),此时木材的含水率就称为生材含水率。生材含水率与季节、树种、树龄及树干部位有关。表 6-2 中给出了几种树种的生材含水率。很明显,对于针叶材来说,一般边材的生材含水率高于心材,有的边材含水率可高达 200% 以上,如北美乔柏和北美红杉等。而对于阔叶材来说,心边材的生材含水率因树种而异,有的树种心边材的生材含水率基本相同(如美洲白蜡),也有的边材高于心材,但也有心材高于边材的情况。

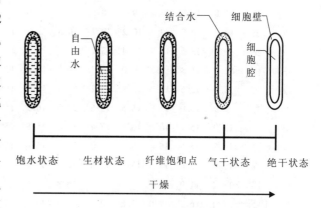

图 6-5 木材中水分的存在状态和存在位置

由于生材含水率一般都很高，所以如果直接进行人工干燥，会消耗大量的能量。因此，一般在进行人工干燥前，先将生材放在大气条件下进行自然干燥，等含水率降至一定程度后再进行人工干燥。

(3) 纤维饱和点(fiber saturation point, f.s.p.)：纤维饱和点是指木材的细胞壁中充满水分，而细胞腔中不存在自由水的临界状态。在纤维饱和点以下时，木材中的水分为吸着水；在纤维饱和点以上时，木材细胞腔中开始出现自由水。纤维饱和点在木材的性质方面也是一个很关键的转折点。在纤维饱和点以上时，含水率的变化不会引起木材尺寸的变化，木材的力学性质和电学性质也基本不会随着含水率的变化而变化；相反，在纤维饱和点以下时，含水率的变化不仅会引起木材的膨胀或收缩，而且力学和电学性质也会发生显著变化。一般，在纤维饱和点以下时木材的大部分力学强度随着含水率的下降而增大，木材的电导率则随着含水率的下降而迅速下降。

木材的纤维饱和点随着树种、温度以及测定方法的不同而有所差异，一般来说，抽提物含量高的木材树种纤维饱和点较低，如桃花心木的纤维饱和点只有22%~24%，而抽提物含量少的木材树种的纤维饱和点可高达35%。通常取30%作为木材纤维饱和点的平均值。

(4) 气干(air-dried)状态：当把生材放在大气环境中自然干燥，最终达到的水分平衡状态称为气干状态。气干状态的木材的细胞腔中不含自由水，细胞壁中含有的吸着水的量与大气环境处于平衡状态。随着地区、气候的不同，大气的温、湿度条件在不断地变化。如表6-3中列出了我国一些主要城市一年中各个月份的木材平衡含水率的数据。由图可见，木材的平衡含水率可在6.7%~19.4%范围内变动，气候干燥地区(如拉萨)和湿润地区(如成都)的差异明显。

表6-3 我国主要城市木材平衡含水率气象值 ℃

城市名称	月份												年平均值
	1	2	3	4	5	6	7	8	9	10	11	12	
北 京	9.6	10.2	10.2	9.3	9.4	10.7	14.6	15.6	13	12.6	11.6	10.4	11.4
哈尔滨	15.6	14.5	12.0	10.5	9.7	11.9	14.7	15.5	13.9	12.6	13.3	14.9	13.3
大 连	12.0	11.9	11.9	11.5	12.0	15.2	19.4	17.3	13.3	12.1	11.9	11.8	13.4
乌鲁木齐	16.8	16.0	14.4	9.6	8.5	7.7	7.6	8.0	8.5	11.1	15.2	16.6	11.6
西 宁	10.7	10.0	9.4	10.2	10.7	10.8	12.3	12.8	13.0	12.8	11.8	11.4	11.3
西 安	13.2	13.5	12.9	13.4	13.2	10.0	12.9	13.7	15.9	15.8	15.9	14.5	13.7
呼和浩特	12.0	11.3	9.2	9.0	8.3	9.2	11.6	13.0	11.9	11.9	11.7	12.1	10.9
青 岛	13.5	13.6	12.9	12.9	13.2	15.5	19.2	18.2	15.2	14.4	14.5	14.6	14.8
上 海	14.9	16.0	15.8	15.5	13.6	17.3	16.3	16.1	16.0	15.0	15.6	15.6	15.6
厦 门	13.9	15.3	16.1	16.5	17.4	17.6	15.8	15.4	14.0	12.4	12.9	13.6	15.1
宜 昌	14.8	14.5	15.4	15.3	15.2	14.6	15.9	15.1	14.1	14.7	15.5	15.5	15.0
成 都	16.3	17.0	15.5	15.3	14.8	16.0	17.6	17.7	18.0	18.8	17.5	18.0	16.9
昆 明	13.2	11.9	10.9	10.3	11.8	15.3	17.0	17.7	16.9	17.0	15.0	14.3	14.3
拉 萨	7.0	6.7	7.0	7.6	8.1	9.9	12.6	13.4	12.3	9.5	8.2	8.1	9.2

数据来源：《木材干燥》，朱政贤主编。

为了方便比较不同气干状态测得的木材性质,国际上及国内都统一定义了一个标准气干含水率,该数值为12%。这样,在不同气干含水率状态测得的密度等数据可以先折算到12%含水率时的值再进行比较。

(5) 窑干(kiln-dried)状态:在木材的实际加工利用中,由于气干过程比较缓慢,通常不能满足生产要求,另外在气干过程中有些木材容易发生蓝变、霉菌等问题,因此在工业上经常采用人工干燥法,即将木材放入干燥窑中进行窑干处理。在干燥窑中针对不同的树种可以采用不同的干燥基准,从而达到快速、高效地干燥木材的目的,同时减少变形、蓝变等缺陷的发生。窑干处理后木材的终含水率一般为4%~12%,具体按照干燥要求确定,如地板用材一般要求含水率达到8%~12%。

(6) 绝干(oven-dry)状态:当木材的细胞腔和细胞壁中的水分被完全除去时木材的状态称为绝干状态。将试材放置在温度为103℃±2℃的强制鼓风干燥箱中,当试材的重量基本达到恒定时,可以认为试材达到绝干状态。有时,为了避免高温条件下木材的热降解,也可将木材在真空条件下低温(一般取60℃)干燥至恒重,达到的状态也可认为是绝干状态。绝干状态在科研上比较常用,在木材的实际利用中较少见。

6.2.3 木材含水率的测定方法

6.2.3.1 绝干称重法 测定含水率最常用的方法是绝干称重法,即先测定含水试材的质量,然后将试材放置在温度为103℃±2℃的强制循环风干燥箱中,当试材的质量基本达到恒定时,再测定试材的质量。具体操作方法可参考国家标准 GB/T 1931—2009《木材含水率测定方法》。这种方法比较准确,简便易行,是得到公认、最常用的方法,其缺点是测定所需时间较长。由上述称重法得到的含水率高,不能满足更高精度的要求,原因主要为:干燥箱内初始相对湿度不为零;木材中的挥发性成分在干燥过程中蒸发。

干燥箱内的实际相对湿度 H' 可以通过下式进行计算:

$$H' = \frac{P}{P'_0} \times 100\% = \frac{P}{P_0} \times \frac{P_0}{P'_0} \times 100\% = H \times \frac{P}{P'_0} \qquad (6-9)$$

式中:P 是干燥箱内的水蒸气的蒸汽压;P_0 和 P'_0 分别是室温和干燥箱温度下的饱和蒸汽压;H 是室内环境的相对湿度(%)。根据该公式,如果室内环境的温湿度为20℃、相对湿度60%,那么该室内放置的干燥箱的相对湿度为1.50%(100℃)~1.26%(105℃)。此时用绝干称重法得到的试材的含水率实际上是在此相对湿度下的平衡含水率。为了使干燥箱内的相对湿度更接近零,可以采用真空干燥的方法。

6.2.3.2 蒸馏法 如果试材中挥发性成分含量较高,在干燥过程中由于成分挥发而导致测得的试材的绝干重量偏低,这样由绝干称重法得到的含水率比实际值偏高。对于这样的试材,可以采用蒸馏法。如图6-6所示,在蒸馏装置的烧瓶(500mL 或 1 000mL)中放入木片或木屑试样20~50g,然后倒入一种与水不混溶、能溶解试材中挥发性成分的溶剂120~130mL,加热烧瓶,蒸馏出的水分通过回流冷凝管,进入标有刻度的接收管中。经过4~24h 后,试样中的水分完全蒸发并冷凝,这时可以直接从接收管的刻度上读出水分的量。使用的溶剂的密度可以高于水或低于水，一般使用的溶剂包括甲苯、二甲苯和三氯乙烯等。这种方法的测定结果由于会破坏木材组织，并且读数比较粗放，因此不太精确。一般需要更为精确的测定方法为 Karl Fischer 滴定法，该方法中水分的量由滴定法得到。所进行的反应如下：

$$SO_2 + I_2 + 2H_2O \rightarrow 2HI + H_2SO_4 \quad (6-10)$$

当用目测法或电势计探测到游离碘的出现时，表明滴定反应已经完成。滴定法所需的时间较长，并且使用的溶剂较贵，因此较少使用。

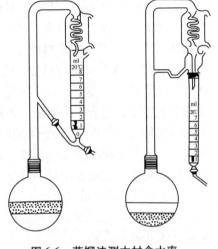

图 6-6　蒸馏法测木材含水率

6.2.3.3　电表式水分仪　绝干称重法和蒸馏法都是直接测定法，其缺点是破坏试材、操作时间长，因此不能满足生产现场测定含水率的需求，使用电表式水分仪可以弥补以上不足。

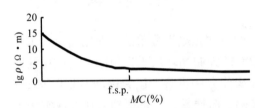

图 6-7　直流电阻率 $\rho(\Omega \cdot m)$ 的对数与木材含水率之间的关系

最常用的水分仪是电阻式水分仪。它的工作原理是测定试材的电阻，再通过电阻与含水率之间的定量关系将电阻值转换为含水率值。电阻和含水率之间的关系如图 6-7 所示，详细的介绍请参考 6.3 节。电阻式水分仪测试的含水率范围一般为 6%~30%。在纤维饱和点以上的含水率范围内，电阻随着含水率的变化很小，仪器的敏感性下降。另外，含水率大于纤维饱和点时木材的细胞腔内出现自由水，自由水中电解质含量的不同也会使电阻产生很大差异。含水率太低时，木材的电阻太高，超出普通商用电阻式水分仪的测量范围。需要注意的是，由于木材的电阻随着温度的变化而变化，所以如果木材的温度与生产厂家所提供的校正温度差距很大时，有必要对测得的含水率进行修正。

除了电阻式水分仪外，可用于木材含水率测定的电子水分仪包括交流介电式水分仪。其工作原理是测定一定频率下木材的介电常数或介电损耗角正切，通过介电常数或介电损耗角正切与含水率之间的关系得到含水率值。交流介电式水分仪又包括电容式水分仪和能耗式水分仪，其中电容式水分仪只根据介电常数来确定含水率，而能耗式水分仪通过介电常数和介电损耗角正切两者来确定含水率。电阻式水分仪、电容式水分仪和能耗式水分仪的测定精度相近，可以满足一般工业生产的要求。

6.2.3.4　红外线水分仪　最近，在绝干称重法的基础上，又新开发了红外线水分仪，如图 6-8 所示。该仪器由天平和红外线加热装置两部分构成，通过记录加热前后试材的重

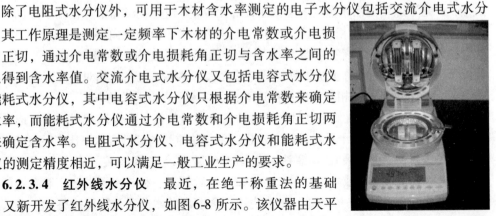

图 6-8　红外线水分仪

量,计算试材干燥前的含水率。使用该仪器可以准确、快速地测定试材中的含水率。

除了以上介绍的绝干称重法和电子水分仪以外,还可以用射线吸收法或吸着等温线法等方法来测定木材的含水率,这里不再一一介绍。

6.2.4 木材的水分吸着和解吸

这里所讨论的水分吸着(adsorption)和解吸(desorption)现象,都是在纤维饱和点以下的含水率范围进行的。在木材与水分的关系讨论中,一定要分清楚两个概念,即吸收(absorption)和吸着。吸收是一种表面现象,比如液态水进入木材的细胞腔,成为木材中的自由水的过程。而对于木材吸着水分的过程,则是水分子以气态进入细胞壁,与细胞壁主成分上的吸着点产生氢键结合的过程。

6.2.4.1 木材平衡含水率 由于木材具有吸放湿特性,当外界的温湿度条件发生变化时,木材能相应地从外界吸收水分或向外界释放水分,从而与外界达到一个新的水分平衡体系。木材在平衡状态时的含水率称为该温湿度条件下的平衡含水率(equilibrium moisture content,EMC)。木材在不同温度和相对湿度条件下的平衡含水率可以通过图6-9查取。平衡含水率随着温度的升高而下降,随着相对湿度的增大而增大。表6-3中给出了我国各个地区在一年中不同月份的木材的平衡含水率,这对于木材的加工利用具有重要的指导意义。木材在加工成木制品(如家具和地板等)之前,必须干燥至与使用环境的大气条件相适应的平衡含水率水平,这样才可以避免因为使用环境的温湿度变化而导致木制品的尺寸或形状的变化。如北京的

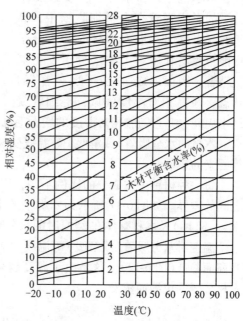

图6-9 温湿度条件与木材平衡含水率对应图

平衡含水率均值为11.4%,那么如果有制材厂向北京提供板材,那么其含水率应干燥至11.4%以下。另外,在实际使用时对木材含水率的要求还与木制品的用途有关,在有的用途中,对尺寸稳定性的要求非常严格,对含水率的要求也相对较高,如用作乐器的木材要求木材含水率在3%~6%之间;而在另外一些用途中,对含水率的要求则稍微宽松一些,如在枕木和建筑用大方材中,要求低于18%。

6.2.4.2 木材的水分吸着(或解吸)等温线 以相对湿度为横坐标,平衡含水率为纵坐标得到的曲线称为水分吸着(或解吸)等温线(sorption isotherm)。Urquhart 把吸着等温线分为五个类型,第Ⅰ类为单分子层吸着;第Ⅱ类为多分子层吸着,并且气体和固体之间的结合力较大;第Ⅲ类也是多分子层吸着,但是相互作用力小;第Ⅳ类和第Ⅴ类中最终的吸着量受到毛细管凝结作用的限制。

木材的水分吸着(或解吸)等温线属于第Ⅱ类等温线,呈"S"形曲线,具有多分子层

吸着的特征。在经典的水分吸着模型中，通常把木材中的水分视作两个部分之和，如在 BET 理论认为木材中的吸着水包括单分子层吸着水和多分子层吸着水两个部分，这两者分别对应着第 I 类和第 III 类吸着等温线类型，如图 6-10 所示。

木材的水分吸着（或解吸）等温线一般可以分为 3 个区域：在 3% ~ 5% 的含水率范围内，水分子主要以单个分子的形式吸着在木材细胞壁中；高于此含水率时，进入木材内的水分子可能与吸着在木材上的水分子发生氢键结合，因而形成"多分子层吸着"的状态；在高相对湿度区域，毛细管凝结水出现，并且随着相对湿度的增大毛细管凝结水在吸着水中的比例增大。

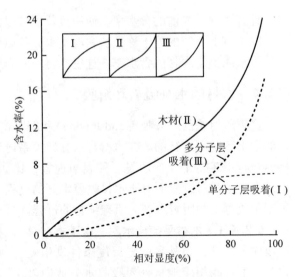

图 6-10　木材的水分吸着等温线
（Skaar, 1988）

木材的水分吸着（或解吸）等温线受树种、温度、处理方法、水分吸着或解吸经历等因素的影响。

每一种树种中主成分的比例不同，因此决定了各树种的水分吸着（或解吸）等温线之间的差异。如图 6-11 所示为木材中的半纤维素（HEMI）、综纤维素（HOLO）、Klason 木素（KLIG）及木材整体在 25℃ 时的水分吸着等温线。

温度对水分吸着（或解吸）等温线也有显著的影响。木材的平衡含水率随着温度的升高而降低（图 6-12）。这是由于温度越高，水分子的势能越高，因此水分子容易脱离木材分子的束缚而蒸发。

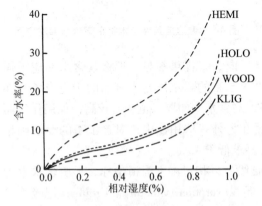

图 6-11　25℃ 时木材半纤维素（HEMI）、综纤维素（HOLO）、Klason 木素（KLIG）及木材整体的水分吸着等温线（Christensen and Kelsey, 1959）

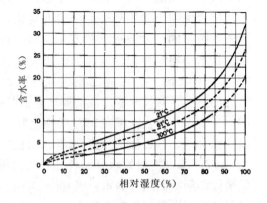

图 6-12　不同温度下木材的水分吸着等温线（Siau, 1984）

经过热处理的木材的平衡含水率下降。一般，受热温度越高或受热时间越长，木材的吸湿性下降越明显。其他的物理处理或化学处理对木材的吸着和解吸都会有不同程度的影响。

6.2.4.3 木材的水分吸着滞后现象 在相同的温湿度条件下，由水分吸着过程达到的木材的平衡含水率低于由解吸过程达到的平衡含水率，这个现象称为水分吸着滞后现象（图6-13），或称吸湿滞后现象。吸着达到的平衡含水率与解吸达到的平衡含水率之间的比值称为滞后率，通常用 A/D 表示。滞后率受树种、温度等因素的影响。在常温、相对湿度范围10%～90%的条件下滞后率在0.8左右。随着

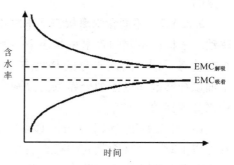

图6-13 木材的水分吸着滞后现象

温度的升高，滞后率逐渐下降。根据 Weichert(1963)的研究结果，在75℃和100℃时欧洲云杉的吸着滞后现象消失。对于木材的吸着滞后现象的机理，存在着不同的解释。其中包括基于毛细管凝结(capillary condensation)理论的"墨水瓶"说、开孔说，基于润湿接触角的 Zsigmondy 说，以及 Urquhart 提出的"有效羟基说"。根据"有效羟基说"，木材在干燥状态时分子之间距离接近，因此部分羟基和羟基之间形成相互间的氢键结合。当开始吸着水分时，一些氢键结合分离，但是另外一部分仍然保持相互间氢键结合的状态。因此，木材中能吸着水分的"有效的"羟基的数目减少，从而降低了由吸着达到的平衡含水率。而解吸过程不经过干燥状态，所以不存在这个问题。

6.2.5 木材中水分的移动

对应于木材中水分形态的多样性，木材中水分的移动形式也是多种多样的，其中包括基于压力差的毛细管中的移动，基于浓度差的扩散，自由水在细胞腔表面的蒸发和凝结，以及细胞壁中吸着水的吸着和解吸。

6.2.5.1 木材中水分的移动路径 针叶树材中水分或其他流体的路径主要是由管胞内腔和具缘纹孔对组成的毛细管体系，另外纤维方向上的垂直树脂道，射线方向上的射线管胞的内腔和水平树脂道也是流体的移动路径。具缘纹孔对位于相邻的管胞之间，由纹孔缘、纹孔腔和纹孔膜组成。纹孔缘的开口部位称为纹孔口。纹孔膜的中间增厚的部分称为纹孔塞，一般呈圆形或椭圆形。水分不能透过纹孔塞，而是通过纹孔塞周围的呈网状的塞缘。纹孔塞和塞缘组成纹孔膜。当木材心材化或是进行干燥的过程中，纹孔塞移向一侧的纹孔口，形成闭塞纹孔，阻碍水分或流体的移动(图6-14)。

阔叶树材中水分或其他流体的移动路径主要是导管，另外还包括管胞、导管状管胞等。阔叶树材的导管上具有穿孔，所以在纤维方向上水分可以通过穿孔从一个导管进入纵向邻接的另一个导管。横向上，水分可以通过导管壁上的纹孔移动。阔叶树材的导管中经常含有侵填体(tyloses)，这是阻碍木材中水分的移动的重要因素。另外，闭塞纹孔以及纹孔膜上抽提物的存在也是常见的影响水分移动的因素。在具有这些特征的木材

中，水分的主要移动途径是扩散，干燥不容易进行。例如，红杉、白橡木和胡桃木的心材几乎无法渗透。一般，多数树种的边材都是可以渗透的。

6.2.5.2 不同含水率状态下木材中水分的移动 木材在不同的含水率状态下，其水分的存在状态不同，因此水分的移动方式也不同。下面以纤维饱和点作为分界点，分别介绍木材中水分的移动方式。

(1) 纤维饱和点以上水分的移动：在纤维饱和点以上时，木材细胞腔中存在自由水，细胞壁中的吸着水达到饱和状态。细胞腔中的自由水以液态的毛细管凝结水和饱和水蒸气的状态存在。当木材进行干燥时，由于木材表面先失去水分，使木材的表面和内部形成了压力差，因此木材内部的自由水通过毛细管由内向外移动。

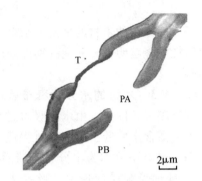

图 6-14 在短叶松(*Pinus echinata*)心材的早材导管之间的闭塞具缘纹孔对

纹孔塞(T)紧贴在纹孔缘(PB)上，呈凹陷状。粗略尺寸：纹孔口(PA)直径为 4μm，纹孔室内径为 17μm，双层细胞壁厚度为 3μm。电镜照片为弦切面(Siau, 1984)

(2) 纤维饱和点以下水分的移动：在纤维饱和点以下时，木材细胞腔中不含有自由水，细胞壁中含有一定的吸着水。这时的吸着水呈两个状态存在，一种是存在于微毛细管中毛细管凝结水，另一种是与木材细胞壁无定形区中的水分吸着点形成氢键结合的水分子。当纤维饱和点以下的木材在进行干燥时，由于木材表面失去水分，使木材细胞腔表面的含水率下降，从而在细胞壁内形成含水率梯度，微毛细管中的毛细管凝结水从细胞壁内部向外移动，然后在细胞腔表面蒸发；另外，吸着点上的水分子也会以跃迁的形式从细胞壁内部向外移动，最终使木材的含水率降低。

当然，木材中水分的移动既包括干燥过程中水分由木材内部向外的移动，同时也包括吸水和吸湿等过程中水分由外界进入木材的移动过程，由于两者的移动路径相同，因此这里不再赘述。

6.2.6 木材的干缩湿胀

6.2.6.1 木材干缩湿胀现象及成因

(1) 木材干缩湿胀现象：木材干缩湿胀是指木材在绝干状态至纤维饱和点的含水率区域内，水分的解吸或吸着会使木材细胞壁产生干缩或湿胀的现象。当木材的含水率高于纤维饱和点时，含水率的变化并不会使木材产生干缩和湿胀。

在木材的干缩湿胀过程中，尺寸的变化主要是体现在木材的细胞壁上，而木材细胞腔的尺寸是几乎保持不变的，这是由木材细胞壁次生壁上三个壁层的微纤丝取向所决定的。细胞壁中层 S_2 层的微纤丝方向与细胞长轴几乎平行，而细胞壁外层 S_1 层和细胞壁内层 S_3 层的微纤丝取向与细胞长轴接近垂直，从而限制了 S_2 层向内膨胀及向外的过度膨胀，这种作用被称作"横向箍"作用。

在绝干状态下，对于小尺寸、无应力的实木试件来说，干缩和湿胀是可逆的。大尺寸的实木试件则由于内部干燥应力的存在，干缩和湿胀是不完全可逆的。纤维板和刨花板等木质材料的干缩和湿胀也是不完全可逆的，部分原因是制造工序中包括压缩这一过程。

木材的干缩率和湿胀率可以用尺寸(体积)变化量占原尺寸(体积)的百分率表示：

$$干缩率(\%) = \frac{原尺寸(体积) - 干缩后尺寸(体积)}{原尺寸(体积)} \times 100\% \quad (6-11)$$

$$湿胀率(\%) = \frac{湿胀后尺寸(体积) - 原尺寸(体积)}{原尺寸(体积)} \times 100\% \quad (6-12)$$

体积干缩率可以用径向干缩率与弦向干缩率的和进行估算。在纤维饱和点以下的含水率范围内，体积及径向、弦向尺寸随着含水率的增大而增大[图6-15(a)]。图6-15(a)中的曲线的斜率与含水率之间的关系如图6-15(b)所示。由图6-15可见，除了绝干状态和纤维饱和点附近，大部分的含水率区域内斜率基本恒定。这说明在这个区域内，体积及径向、弦向尺寸与含水率之间呈近似线性关系。在低含水率区域，湿胀率低的原因之一是细胞壁中存在微小孔隙，一部分的水分子吸着在这些微小孔隙的内表面。而在高含水率区域，毛细管凝结水出现，单位质量的水分引起的膨胀量减小。另外，也有可能是由于膨胀应力而使湿胀率降低。

（2）木材干缩湿胀的成因：木材具有干缩性和湿胀性，是因为木材在失水或吸湿时，木材内所含水分向外蒸发，或干木材从空气中吸收水分，使细胞壁内非结晶区的相邻纤丝间、微纤丝间和微晶间水层变薄(或消失)而靠拢或变厚而伸展，从而导致细胞壁乃至整个木材尺寸和体积发生变化。而细胞壁内相邻纤丝、微纤丝和微晶间的水层是如何变薄(或消失)或变厚的呢？如图6-16，水分子要进入相邻纤丝、微纤丝和微晶间，主要是由于组成基本纤丝的分子链上存在着游离羟基，或者在水分子的作用下将分子链之

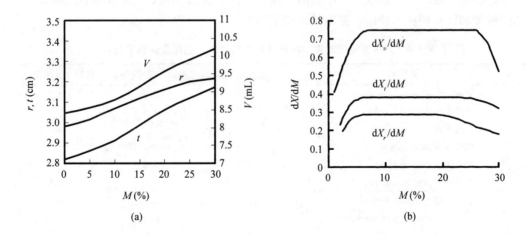

图6-15 欧洲桦木木材的干缩湿胀随含水率的变化(Keylwerth, 1964)

(a)体积 V(mL)、径向尺寸 r(cm)、弦向尺寸 t(cm)随含水率的变化

(b)以绝干尺寸或体积为分母的湿胀率 X 与含水率的比率(dX/dM)随含水率的变化

X_t：弦向湿胀率；X_r：径向湿胀率；X_v：体积湿胀率

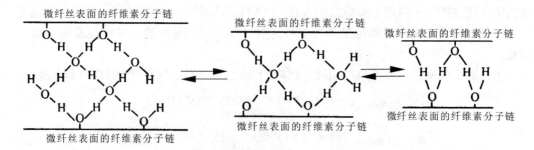

图 6-16 细胞壁内微纤丝间的水层厚度变化示意

间的氢键打开，产生新的游离羟基，再通过这些游离羟基与水分子形成新的氢键结合，从而使分子链之间的距离增大。正是由于这些分子链之间的微小距离增大的累加，最终使木材在宏观中体现为尺寸的变大。而木材的干缩正好是一个与此相反的过程，首先相邻分子链之间的氢键断裂，脱离水分子，使得相邻分子链之间的距离缩小，最终在宏观上体现为木材尺寸的缩小。

6.2.6.2 木材干缩湿胀的各向异性

（1）木材干缩湿胀的各向异性表现：木材结构特点使其在性质上具有较强的各向异性，同样木材的干缩与湿胀也存在着各向异性。木材干缩湿胀的各向异性是指木材的干缩和湿胀在不同方向上的差异。

对于大多数的树种来说，轴向干缩率一般为 0.1%～0.3%，而径向干缩率和弦向干缩率的范围则为 3%～6% 和 6%～12%。可见，三个方向上的干缩率以轴向干缩率最小，通常可以忽略不计，这个特征保证了木材或木制品作为建筑材料的可能性。但是，横纹干缩率的数值较大，若处理不当，则会造成木材或木制品的开裂和变形。另外，需要注意的是，在幼龄材和应力木中轴向干缩率可能会较大。表 6-4 中给出了几种常见的阔叶树种和针叶树种的径向、弦向及体积干缩率。

表 6-4　几种常见阔叶树种和针叶树种的径向、弦向及体积干缩率

	树　种	径向干缩率(%)	弦向干缩率(%)	体积干缩率(%)
阔叶树种	美洲白蜡 *Fraxinus americana*	4.9	7.8	13.3
	黄桦 *Betula alleghaniensis*	7.3	9.5	16.8
	秋榆 *Ulmus serotina*	4.2	7.2	14.6
	糖槭 *Acer saccharum*	4.8	9.9	14.7
	北美红栎 *Quercus rubra*	4.0	8.6	13.7
	黑胡桃木 *Juglans nigra*	5.5	7.8	12.8
针叶树种	北美乔柏 *Thuja occidentalis*	2.4	5.0	6.8
	北美黄杉 *Pseudotsuga macrocarpa*	4.8	7.6	12.4
	北美冷杉 *Abies grandis*	3.3	7.0	9.8
	美国异叶铁杉 *Tsuga heterophylla*	4.2	7.8	12.4
	火炬松 *Pinus taeda*	4.8	7.4	12.3
	西加云杉 *Picea sitchensis*	4.3	7.5	11.5

数据来源：USFPL(1974)。

(2) 木材干缩湿胀的各向异性的原因：

① 木材轴向、横向干缩湿胀差异的原因：木材干缩湿胀的各向异性这一性质主要是由木材的构造特点造成的。针叶树材的主要细胞是轴向管胞，阔叶树材的主要细胞是木纤维，它们细胞壁的结构是相似的，且在排列上都与树干的主轴呈近似平行，因此要了解木材轴向、横向干缩湿胀之间差异的原因应该从主要细胞在长度方向、直径方向变化的差异入手。下面我们再进一步从木材主要细胞的壁层结构来分析细胞壁物质形体变化与水分之间的关系。

木材主要细胞的细胞壁内微纤丝方向在次生壁外层（S_1）和内层（S_3）与细胞主轴几乎近于垂直，中层（S_2）则与主轴近似平行，而细胞壁中次生壁占的比例最大，次生壁中又以中层厚度最大。因此，木材的干缩或湿胀也就主要取决于次生壁中层（S_2）微纤丝的排列方向。次生壁中层（S_2）微纤丝的排列方向几乎是与细胞主轴相平行的，而微纤丝是由平行排列的大分子链所组成的基本纤丝构成的，当木材湿胀与干缩时，水分子难以打开分子链进入分子链内部，或难以从分子链内部中逃脱出来，而是进入分子链与分子链之间间隙相对较大、作用力较小的区域，或从此区域中逃脱出来，从而使分子链的长度几乎没有什么变化，但分子链间的间距却明显的增大或缩小了，这样，对于单个细胞来说直径方向变化较大，而轴向方向变化较小，最终在宏观上则体现了木材纵向尺寸变化很小，而横向尺寸的变化却很明显。

② 木材径向、弦向干缩湿胀差异的原因：弦向干缩率大于径向干缩率这一现象的原因是复杂的，并非由单一因素所决定的。现有不同的理论对其进行解释，主要分为三类：基于宏观木材构造的理论（包括射线限制理论和早晚材相互作用理论）、基于纤维排列重组的理论及基于细胞壁壁层差异的理论。下面归纳了几种主要解释：

a. 木射线对径向收缩的抑制。在木材细胞组成中，射线细胞是唯一横向排列的细胞。当射线细胞收缩时，由于纵向收缩小于横向收缩，因而射线细胞的纵向收缩抑制了木材径向收缩，使得径向收缩小于弦向收缩。

b. 早晚材差异的影响。木材的收缩量与其所含实质（细胞壁）量有关。晚材密度大于早材，其实质含量也多于早材，因此，晚材的收缩和膨胀量要大于早材。在木材的径向，早晚材是串联的，木材径向收缩体现为收缩量大的晚材和收缩量小的早材按照各自体积比率加权平均的效果。而在弦向，早晚材是并联相接，由于晚材的强度大于早材，因此收缩大的晚材就会强制收缩小的早材同它一起收缩，最终使木材弦向收缩大于径向收缩。

c. 径向壁和弦向壁中的木质素含量差别的影响。由于一般木质部纤维的径向壁比弦向壁的木质素含量高，因而吸湿变形性也小。同时，木材纤维的胞壁是微纤丝排列和化学组成明显不同的多层结构，这两者均是导致木材的径向、弦向干缩湿胀差异的主要因素。

d. 径壁、弦壁纹孔数量的影响。纹孔的存在使其周围微纤丝的走向偏离了细胞长轴方向，产生了可达45°的夹角，因此对细胞壁的收缩产生了较大的限制作用，而针叶树材管胞径面壁上的纹孔数量远较弦面壁的多，这使径向收缩受到的限制作用很大，对弦向收缩产生的限制很小，最终导致木材弦向干缩湿胀比径向大。

综上所述，由于木材纤维微纤丝的长度方向与垂直方向湿胀或干缩的不等性，初生壁与次生壁微观构造的差异性，次生壁各层厚度的不同性，径向壁与弦向壁木质化程度的差别性，各壁层之间的制约性，胞间层以及其他细胞组织的相互影响作用等，导致木材的干缩或湿胀产生很强的各向异性。

6.2.6.3 木材干缩性与湿胀性的测定 木材干缩率与湿胀率的测定可参考国家标准，测定木材干缩率的国家标准为 GB/T 1932—2009；测定木材湿胀率的国家标准为 GB/T 1934.2—2009。

（1）试样：试样的尺寸为 20mm×20mm×20mm，具体测量时精确到 0.01mm，其各向应为标准的纵向、径向或弦向。试样的重量称量精确到 0.001g。

（2）木材干缩率的测定：

① 原理：含水率低于纤维饱和点的湿木材，其尺寸和体积随含水率的降低而缩小。从湿木材到气干或全干时尺寸及体积的变化；与原湿材尺寸及体积之比，以表示木材气干或全干时的线干缩性及体积干缩性。

② 木材线干缩率的计算：试样从湿材至全干、气干时，径向和弦向的全干缩率、气干干缩率分别按式(6-13)、式(6-14)计算，准确至 0.1%。

$$\beta_{\max} = \frac{l_{\max} - l_0}{l_{\max}} \times 100\% \qquad (6-13)$$

$$\beta_W = \frac{l_{\max} - l_W}{l_{\max}} \times 100\% \qquad (6-14)$$

式中：$\beta_{\max}$、β_W 为试样径向或弦向全干干缩率、气干干缩率(%)；$l_{\max}$ 为试样含水率高于纤维饱和点(即湿材)时的径向或弦向尺寸(mm)；l_0、l_W 为试样全干、气干时径向或弦向的尺寸(mm)。

③ 木材体积干缩率的计算：试样从湿材到全干、气干时，体积干缩率分别按式(6-15)、式(6-16)计算，准确至 0.1%。

$$\beta_{V_{\max}} = \frac{V_{\max} - V_0}{V_{\max}} \times 100\% \qquad (6-15)$$

$$\beta_{V_W} = \frac{V_{\max} - V_W}{V_{\max}} \times 100\% \qquad (6-16)$$

式中：$\beta_{V_{\max}}$、β_{V_W} 为试样体积的全干干缩率、气干干缩率(%)；$V_{\max}$ 为试样湿材时的体积(mm³)；V_0、V_W 为试样全干、气干时的体积(mm³)。

（3）木材湿胀率的测定：

① 原理：干木材吸湿或吸水后，其尺寸和体积随含水率的增高而膨胀。木材全干时的尺寸或体积与吸湿至大气相对湿度平衡或吸水至饱和时的尺寸或体积之比，表示木材的湿胀性。

② 木材湿胀率的计算：木材的湿胀是与干缩相反的过程，同干缩率相仿，木材的湿胀率可分为线湿胀率与体积湿胀率。对于木材试样从全干到气干、从全干到吸水至尺寸稳定时的径向或弦向的线湿胀率、体积湿胀率的计算，读者可根据测定木材湿胀率的

原理，参考国家标准 GB/T 1934.2—2009 进行。

6.3 木材的电学性质

木材的电学性质泛指木材在直流电场和交变电场作用下所呈现的材料特性，包括木材在直流电场中的导电性、在交流电场中的介电性以及由外力作用引起的压电效应、热电效应等。研究木材的电学性质，对于更深入地了解木材有着重要的科学理论意义，对于促进木材在工业领域的广泛应用也具有重要作用。

近年来，关于木材电学性质的理论研究，已从初期仅研究木材的直流电、交流电基本特性，发展到探讨木材解剖分子和化学结构等构造因子以及含水率、温度、频率等因素对木材电学性质参数的影响机制，特别是进展到分子水平上研究木材的介电弛豫现象，走上木材电学现象分子论的轨道。在工业生产中，基于木材电学理论知识的木材高频电加热技术、木材微波干燥技术以及生产线用木材含水率连续无损检测技术等已开始为木材加工企业的科技进步做出贡献。

本节将主要介绍木材电学性质的基本规律和影响因素，同时简要介绍木材电学性质在木材工业生产中的应用情况。

6.3.1 木材的导电性

6.3.1.1 电阻率与电导率 电传导是物体的本性，导体的电阻与组成该导体的材料有关，评价材料导电性优劣的指标通常采用电阻率和电导率。

电阻，在一个固体的两端施加电压 $U(V)$ 的电场，固体中通过的电流为 $I(A)$，那么该固体的电阻 R 为

$$R = \frac{U}{I}(\Omega) \tag{6-17}$$

电阻率，用物理量 ρ 表示，是指单位截面积及单位长度上均匀导线的电阻值，是物体的固有属性，电阻率越大则材料导电能力越弱。电阻率 ρ 的表达式如下：

$$\rho = R \cdot \frac{A}{l} = \frac{U}{I} \cdot \frac{A}{l} \ (\Omega \cdot m) \tag{6-18}$$

式中：A 为导体的截面积(m^2)；l 是电场间导体的长度(m)。

电导率，用物理量 σ 表示，是电阻率的倒数，单位为 $\Omega^{-1} \cdot m^{-1}$，电导率越大，则说明材料导电能力越强。

按照电阻率或电导率的大小，所有材料可以划分为三类：导体、半导体和绝缘体（介电体）。导体是导电能力强的材料，电阻率范围一般在 $10^{-8} \sim 10^{-5} \Omega \cdot m$，如金属等；绝缘体的导电能力差，一般电阻率高于 $10^8 \Omega \cdot m$ 的材料可以称为绝缘体，如陶瓷、橡胶、塑料等；导电能力介于导体和绝缘体之间的称为半导体。

绝干木材的电阻率为 $10^{14} \sim 10^{16} \Omega \cdot m$，为绝缘体。随着含水率的升高，木材的电阻率急剧下降；当含水率到达纤维饱和点时，电阻率为 $10^3 \sim 10^4 \Omega \cdot m$；室温下饱湿的木

材的电阻率仅为 $10^2 \sim 10^3 \Omega \cdot m$，已属于半绝缘体范围。考察木材含水率从绝干状态上升至饱湿状态的过程中，可以发现其电导率增大了 $10^{11} \sim 10^{14}$ 倍。如此大的差异，直观上是受含水率影响所致，但其机理究竟是什么？这需要从木材的电导原理来加以解释。

6.3.1.2 木材的电导原理 在学习木材化学性质时我们知道，木材的化学结构组成决定了它几乎不含有导电性良好的自由电子，而这也正是木材导电性弱的主要原因。但研究发现木材在电场的作用下能够产生微弱的电离现象，学者们通常认为这种微弱的导电性是由离子的移动所引起，而不是电子。在直流电场中，木材所表现出的极化现象正好具有离子电离现象的典型特征，它表明，离子在木材中的定向移动对直流电场下木材的电导起到了重要的作用。木材中存在的离子可分为两类，一类为被吸附在胶束表面离子基上的束缚离子；一类为处于自由状态、在受到外部电场作用时能够迁移电荷的自由离子。从目前为止的研究结果来看，木材的电导主要是靠自由离子进行的，一般在细胞壁的非结晶区发生。木材含水率在 0～20% 的范围内，影响电导机理的主要因子是木材中的自由离子浓度（载流子的数目）；在更高的含水率范围内，被吸着的束缚离子的解离度很高，离子迁移率上升为决定电导的主要因子。由于木材的电导依存于其内部离子的存在，所以离子浓度的、分布的变化或两者的同时变化都将对木材电导产生影响。

6.3.1.3 影响木材直流电导率的因素 木材的直流电导率受含水率、温度、木材的构造、密度等影响。

(1) 含水率：从物理化学的角度，对电导的活化能 E 是决定电导的主要因子，E 是由离解能量 U 和迁移能 S 两者来决定的。而具有强极性的水分子能够削弱离子与吸着点之间的结合，所以电导活化能受木材含水率的影响。从绝干状态到纤维饱和点含水率，活化能下降，木材电导率随含水率的增加而急剧上升，增大为初始电导率的几百万倍；但从纤维饱和点至最大含水率，木材电导率的增加速度减慢下来，仅增大几十倍，如图 6-17。

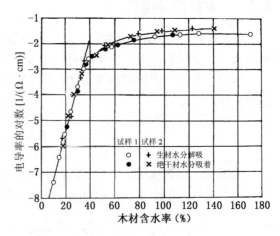

图 6-17 木材电导率随含水率的变化情况
（自 Stamm，1929）

(2) 温度：对于金属等良导体来说，电阻率随着温度升高而增大；而木材正相反，电阻率则随温度的升高而变小，这是因为木材与金属不同的导电机理而引起的，金属通过电子的迁移来导电，而木材通过自由离子即载流子的形成来导电。温度一定时，木材中载流子的数目达到相对平衡；当温度升高时，束缚离子被解离的概率增加，载流子数目随之增多，导致电导率增大。在 0℃ 以上范围内，温度对全干材影响最为显著，随温度增加，电阻率下降；从全干至纤维饱和点，随含水率的增加，温度影响变小。电导率 σ 与热力学温度 T 的经验关系式如下：

$$\sigma = 10^{(-0.8-\frac{5\,000}{T})} \quad (\Omega^{-1} \cdot m^{-1}) \tag{6-19}$$

(3)纹理方向：木材的解剖构造具有各向异性，木材的许多物理性质都与木材的纹理方向有密切关系，这其中也包括木材的电学性质。一般来说，木材横纹理方向（垂直于纤维方向）的电阻率较顺纹理方向的电阻率要大，针叶树材横纹理方向的电阻率约是顺纹理方向电阻率的 2.3~4.5 倍，阔叶树材通常达到 2.5~8.0 倍。木材顺纹理与横纹理方向的电阻率之比基本上与木材含水率无关，它主要是木材构造的各向异性在电学性质中的表现。在木材横纹理方向上，通常是弦向电阻率稍大于径向电阻率。

(4)密度、树种和试材部位：不同木材密度对于导电性也有一定的影响，但相比含水率，它们的影响又是极小的，甚至是没有意义的。在相同条件下，木材密度大者，木材实质多、空隙小，而木材细胞壁实质的电阻率远较空气为小，所以其电阻率较密度小者为小，电导率较密度小者为高。从我国测定的 37 种木材的电阻率来看，树种间的电阻率差异有时不符合密度对电阻率影响的规律，有时甚至比密度的影响更明显一些，这可能是因为木材电阻率受水溶性电解质存在的影响，而树种间某些水溶性微量成分的差异导致了树种间电阻率也产生差异，并且，这种差异大于密度因素影响的差异，往往是不容忽视的。因此，在直流式含水率电测仪中，通常设有树种因素的修正档，以减少测量误差。此外，木材中不同部位的电阻率也存在差异，主要是心材和边材之间，通常心材比边材电阻率低，这也是因为心材比边材含有更多的抽提物等内含物质。

6.3.2 木材的介电性

方向和强度按某一频率周期性变化的电流称为交流电。交流电按其频率的高低，大致可分为低频（含工频）、射频（又称高频）。木材的交流电性质，是泛指木材在各种频率的交流电场作用下所呈现的各种特性，主要包括木材的介电性质参数（介电系数、损耗角正切、介质损耗因数等）和交流电阻率（或电导率）的变化规律及影响因素。

6.3.2.1 低频交流电作用下木材的电热效应 在交流电的低频区域，木材的电学性质在很多方面与直流电情况下呈现同样特性。例如，在绝干状态下木材电阻极高，随着含水率的增加电阻显著减小，这种变化到纤维饱和点以上时又趋于平缓。

在低频交流电场中，欧姆定律对木材介质也成立，产生的焦耳热和直流电作用下相同。然而，在交流电情况下电压的大小是用有效值（最大电压的 0.707 倍）来表示的。利用木材在交流电作用下产生的焦耳热对木材进行低频加热时，电压过高有放电的危险，而干燥木材的电阻非常高，导致电流强度显著减小。要提高发热量，需要控制电压在一定限度内、木材具有较高的含水率。

6.3.2.2 射频下木材的极化和介电性 射频是频率很高的电磁波，又称高频，其频率范围大约从 0.2MHz 直至几百甚至几千兆赫。在木材工业中，用于高频电加热的频率通常在 1~10MHz 的范围；用于微波干燥的频率为 915MHz 或 2.45GHz。在射频下木材表现出介电性。所谓介电性，是指物质受到电场作用时，构成物质的带电粒子只能产生微观上的位移而不能进行宏观上的迁移的性质。表现出介电性的物质称为介电体。图 6-18 比较了直流电场中导体和介电体中带电粒子的举动。图 6-18(a) 所示为金属等良导体在直流电场中通过电子的迁移产生了电流，图 6-18(b) 则表示介电体中的带电微粒在外电场的作用下排列发生变化，即发生了极化现象。

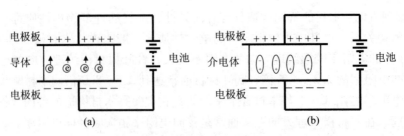

图 6-18 直流电场中导体和介电体中带电粒子的举动

木材中的极化现象有以下几类：电子极化、离子（原子）极化、偶极（取向）极化、界面（结构）极化和电解极化。电子极化是由于电子轨道在外电场的作用下发生相对于带正电荷的核的移动而引起的，它在加电场后的 $10^{-16} \sim 10^{-14}$ s 内迅速产生。离子（原子）极化是由于分子中原子的弹性移动或者带有离子键的物质中正负离子的位置互换而引起的，它在加电场后 $10^{-13} \sim 10^{-12}$ s 内产生。偶极（取向）极化是由于偶极分子或基团在外电场的作用下发生回转取向运动而产生的。在木材中不仅有纤维素、半纤维素、木素的大分子发生取向极化，而且木材中的 —OH 和 —CH_2OH 等极性基团在外电场的作用下也会相对于大分子的其他部分作回转取向运动。取向极化产生的时间由于进行取向的分子或基团的不同而产生了一定的分布，因此木材介电弛豫时间的分布较广，通常平均弛豫时间为 $10^{-6} \sim 10^{-12}$ s。界面（结构）极化是由于介电体的各向异性而产生的，在湿木材中，水分和细胞壁实质的导电性有明显的差别，在外电场作用下产生偶极矩，界面极化在加电场后 $10^{-3} \sim 10^{-8}$ s 内产生。电解极化是由于湿的材料中电离离子的移动产生了电解过程而引起的，它在加电场后 $10^{-4} \sim 10^{-2}$ s 内产生。从以上各类极化产生的时间上可以将它们分为两类：瞬时极化（包括电子极化和离子极化）和弛豫极化（包括取向极化、界面极化和电解极化）。在给定的频率范围内，有些极化占主要地位，而有些极化则可以不予考虑。在木材的介电性中，主要考察与木材细胞壁成分中的极性基团相关的取向极化和与各向异性相关的界面极化。

绝干木材属于极性介电体。低含水率的木材也仍可以看作是极性介电体。随着含水率的上升，木材中离子的迁移率增大，因此高含水率的木材表现出明显的导电性，而介电性不明显。

木材的介电性主要由介电系数 ε 和损耗角正切 $\tan\delta$ 表示。

6.3.2.3 木材的介电系数

（1）介电系数 ε：是表征木材在交流电场作用下介质的极化强度和介电体存储电荷能力的物理参数。其定义为：木材介质电容器的电容量与同体积尺寸、同几何形状的真空电容器的电容量之比值。由于空气的介电系数约等于 1，所以通常取 ε 为介质电容 C 与空气电容 C_0 之比，即

$$\varepsilon = \frac{C}{C_0} \tag{6-20}$$

介电系数值越小，电绝缘性越好。水的介电系数为 81，硬质陶瓷的介电系数为 5.73，云母的介电系数为 7.1～7.7。绝干木材的介电系数约为 2，湿材的介电系数大于

干材；木材横纹理方向的介电系数小于顺纹理方向。如绝干栎木的顺纹介电系数为 3.64，横纹介电系数为 2.46。

（2）影响木材介电系数的因素：其因素很多，主要包括木材含水率、密度、频率、树种、纹理方向、电场方向等。

① 含水率的影响：含水率对介电系数的影响十分明显。在温度和频率不变的条件下，木材的介电系数随含水率 u 的增加而增大。当含水率处于纤维饱和点以下时，在 0～5% 的含水率范围，木材中只有一次吸附水，水分子被牢固地吸附于极性基并随之在外电场作用下运动，u 对木材极化的影响很小，

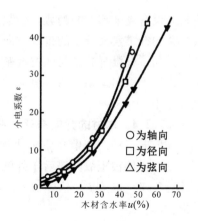

图 6-19　含水率对木材介电系数的影响
（刘一星 等，1985）

ε 仅随 u 的增加而略增高；随着含水率从 5% 向上继续增加，木材中存在二次结合水，水分子与木材细胞壁中极性基团之间的吸附力逐渐减弱，本身介电系数很高的水分，对木材的极化就起到了越来越重要的作用，ε 随 u 增加而增大的速率也不断加快。因此，在纤维饱和点以下，介电系数 ε 随含水率 u 的增加大致呈指数规律增大；在纤维饱和点以上，水分子已不受木材分子基团的吸附作用，介质系数的变化主要取决于自由水在木材中的体积百分率，此情况下 ε-u 大致呈直线关系，如图 6-19。介电法测定木材含水率就是利用了这一原理。

② 密度的影响：木材的介电系数随密度的增加而增大。当木材密度增大时，实际上就是细胞壁实质物质的体积百分率增加。由于实质率增大，单位木材体积内偶极子数目增多，增强了木材的极化反应，所以木材的介电系数随之增大。虽然密度对木材介电系数的影响比含水率的影响要小，但也不可忽视。在一定频率下，介电系数一般受含水率和密度的共同影响，所以在利用介电性作木材含水率测定时，必须做密度的修正。

③ 频率的影响：在相同含水率、温度条件下，木材介电系数随频率的增加而逐渐减小。在射频范围内，木材含水率越低，介电系数受频率的影响越小；随着含水率的升高，尤其是在 20% 以上时，频率对介电系数的影响作用越来越明显（图 6-20），这种关系取决于木材的极化现象。在射频范围内，对介质极化起主要作用的是偶极子取向运动引起的偶极极化；当频率不断升高时，偶极子的取向运动跟不上外施电场的变化，使极化作用降低，介电系数减小。

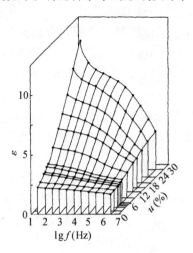

图 6-20　云杉木材在不同含水率下的介电系数 ε 频率谱（-60℃）
（赵广杰 等，1990）

④ 纹理方向：木材介电系数具有各向异性。通常，顺纹方向的介电系数比横纹方向的介电系数大 30%～60%，随着含水率的升高，这种差异对针叶

树材来说有越来越大的趋势。引起这种差异的主要原因在于木材构造的各向异性，由于大多数的纤维素大分子的排列方向与细胞长轴方向近于平行，而且绝大多数细胞沿顺纹方向排列，纤维素非结晶区的羟基在顺纹方向比在横纹方向具有更大的自由度，易于在电场作用下取向运动，所以纵向的介电系数大于横纹方向。径向和弦向的介电系数之间差异很小。

6.3.2.4　木材的介电损耗　木材一类的介质处于交流电场中，其中的偶极子在电场中作取向运动，产生介质极化现象。由于偶极子运动时的内摩擦阻力等相互间的作用，使介质偶极矩取向滞后于外施电场的变化，宏观表现为通过介质的总电流 I 在相位上滞后于极化电流 I_c，这样每一周期中有一部分电能被介质吸收发热，这种现象称为介质损耗。

(1)损耗角正切和功率因数：损耗角正切 $\tan\delta$ 是工程中常用来表示材料介质损耗的物理参数，其定义为：介质在交流电场中每周期内热消耗的能量与充放电所用能量之比，在数值上等于热耗电流 I_R 与充放电电流 I_C 之比。只有在介质损耗非常小的情况下，可以认为 δ（以弧度表示）在数值上与其正切值大致相等，此时 $\tan\delta \approx \delta$。木材的介电系数在 2~8 时，$\tan\delta$ 的范围为 $2\times10^{-4} \sim 700\times10^{-4}$。

$\tan\delta$ 多用于材料介质损耗的定量表征，而在工程上，为计算热功率消耗时，有时采用功率因数 $\cos\theta$ 来表示介质损耗。功率因数的基本定义为：每周期之内有功功率（热消耗功率）与视在功率（等于外施电压与总电流的乘积）之比，在数值上等于热耗电流与总电流之比。

绝干状态或含水率不高时，木材介质的 $\tan\delta \ll 1$，此时可由下式推算 $\cos\theta$：

$$\cos\theta = \frac{I_R}{I} = \frac{I_R}{\sqrt{I_R^2 + I_C^2}} = \frac{I_R}{\sqrt{I_C^2[1+(\tan\delta)^2]}} \approx \frac{I_R}{I_C} = \tan\delta \quad (6-21)$$

(2)介质损耗因数（也称介电损耗率）：介电损耗因数 ε' 是与能量损失成正比的量，数值上等于介电系数与损耗角正切的乘积。木材作为介电材料时，希望介电损耗尽量小；当在高频加热和胶合木材时，希望介电损耗大，功率因数高，发热量大，使木材的加热和胶合效果好。云杉木材在不同含水率下的介电损耗因数 ε' 的频率谱如图 6-21。

(3)影响木材介质损耗的主要因素：

① 含水率的影响：在相同频率下，木材损耗角正切 $\tan\delta$ 与含水率 u 的关系为：在纤维饱和点以下，$\tan\delta$ 随 u 的增加而明显增大，但是在纤维饱和点以上，这种变化趋于平缓（图 6-22）。

② 频率的影响：木材的介质损耗与频率的关系十分复杂。图 6-23 为含水率不同的红松木材损耗角正切 $\tan\delta$ 与频率的关系。绝干木材的 $\tan\delta$ 在 10MHz 左右的频率范围内呈现一个比较平缓的吸收峰，随着含水率的增加，在 $u\leqslant 20\%$ 的范围，可以观察到曲线高频侧的吸收峰逐渐向更高的频率范围移动；同时，随着含水率的增加，曲线形式发生了变化，在低频侧 $\tan\delta$ 随着频率的降低而减小逐渐变为随着频率的降低而增大。

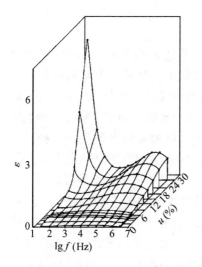

图 6-21 云杉木材在不同含水率下的介电损耗因数 ε' 的频率谱（-60℃）
（赵广杰 等，1990）

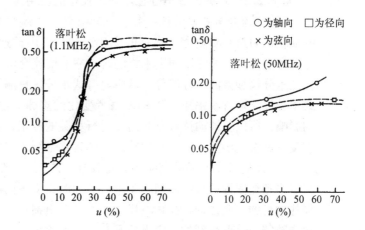

图 6-22 两种频率下含水率对木材损耗角正切值的影响
（刘一星 等，1985）

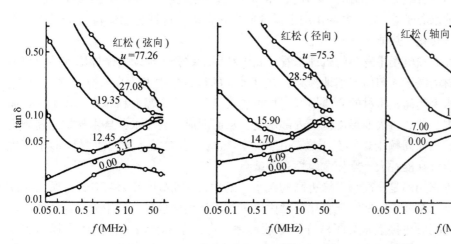

图 6-23 含水率不同的红松木材损耗角正切与频率的关系
（刘一星 等，1985）

③ 密度的影响：木材密度对损耗角正切也有一定的影响，密度增大有使 $\tan\delta$ 值增大的趋势，其影响程度不如含水率、频率的影响明显。但是，介质损耗因数 ε' 与密度 ρ 有着明显的正相关关系，ε' 随 ρ 的增加线性地增大。

④ 纹理方向的影响：木材的损耗角正切 $\tan\delta$ 和介质损耗因数 ε' 在不同纹理方向存在差异，主要表现在其顺纹方向的测量值大于横纹方向（径向和弦向），横纹中通常是径向测量值略高于弦向。这种各向异性的表现与介电系数的各向异性表现相类似，与木材细胞分子、纤维素大分子的排列方向、材质的均匀性、木射线组织的体积百分率等因

素有关。此问题在此不再赘述。

6.3.2.5　木材的介电性在木材工业中的应用

(1) 交流介电式水分仪：由于一定频率下木材的介电系数 ε 和介电损耗因数 ε' 或介电损耗正切角 $\tan\delta$ 随着含水率的变化而变化，因此通过测定木材的介电参数并将其转化成含水率的方法可以测定木材的含水率。交流介电式水分仪又包括电容式水分仪、能耗式水分仪和微波水分仪等。其中电容式水分仪只测量含水率随 ε 的变化规律，而能耗式水分仪测定含水率随 ε 和 $\tan\delta$ 两者变化的规律。由于木材的介电参数受到多种因素的影响，所以仪器的读数有时需要进行相关的校正，其中比较重要的修正因素是木材的密度，其次是湿度。对此，比较准确的含水率测定仪都设置了相应的修正档位。

(2) 木材及木制品的高频热固化胶合工艺：木材在低含水率状态下属于极性介电体，所以当把热固性的湿胶黏剂施于木材表面时，由于两者的介电性不同，可以达到选择性加热的目的。胶黏剂在高频电场中产生的介电损耗比干木材大得多，因此损耗的电能转化成热能，使胶黏剂的温度迅速升高，产生热聚合。值得注意的是，要达到上述选择性加热，必须保证电场作用线方向与胶层平行，即极板与胶层垂直配置。

(3) 高频干燥技术：与高频胶合技术利用于木材介电参数低的特点相反，高频干燥技术则是利用湿木材中的水分子在高频电场中的极化来加快干燥进程。当木材被置于高频电场或超高频电磁波场（即微波场）时，木材中大量的偶极子（分子中的极性基团以及含水木材中的水分子等）会在电场作用下做取向极化运动，这种运动使得分子间产生内摩擦，将电能转化为热能。

从木材在高频电场中发热的机理来看，属于利用木材分子运动内摩擦原理的内部加热，能使木材的温度均匀而连续地提高，并且最大的热量集中发生在水分最多的部位，这是因为含水率越高，木材的介质损耗因数也越大。由于热的辐射和导热，在木材表面产生热能损失，使木材表面温度低于内部温度，从而形成有利于水分从木材中迅速排出的温度梯度，因而高频干燥具有干燥速度快、加热均匀、热效率高、木材变形小等优点，但同时也存在能耗大、操作危险性高等缺点。

微波干燥采用的是比高频干燥更高的频率，通常为 915MHz 或 2.45GHz，所以在同样电场强度下，微波所施加的能量比高频大得多。微波加热也属于利用分子运动的内部加热，而且比高频更接近水分子的介电吸收频率，有利于木材内水分温度的提高和排出。微波干燥具有干燥速度快、木材变形小、干燥质量好、热能利用率高、适于自动化等优点，故受到国内外木材加工部门的重视。目前微波干燥尚存在耗电大、成本高及设备原件耐久性差等问题，目前限用于珍贵树种木材的干燥。

国内外在刨花板、纤维板等人造板生产中部分地采用高频（或微波）加热技术，此技术越来越引起人们的重视。此外，高频加热技术还可以在木塑复合材（WPC）的加热聚合、木材解冻、防腐和杀虫处理等方面得以应用。

除了上述介绍的几项应用以外，木材的介电性还可用于木材的弯曲成型加工技术，纤维板的定向铺装工艺等方面。

6.3.3 木材的压电效应和界面的动电性质

6.3.3.1 压电效应 具有晶体结构的电介质在压力或机械振动等作用下的应变也能引起电荷定向集聚(极化)从而产生电场,这种由力学变形而引起的介质极化称为压电效应。压电效应主要存在于具有复杂、对称程度低的结晶构造中。所以对于木材来说,压电效应主要是由纤维素的结晶区引起的,压电效应强度取决于纤维素结晶度的定向排列程度。

一般来说,木材的压电效应具有以下规律:①木材压电率与木材的弹性模量成反比;②压电率随温度升高而增大,随含水率升高而绝对值减小;③密度大的木材,其压电率也较高;④各向异性程度越高的木材的压电效应越明显。

6.3.3.2 界面的动电性质 ζ 电位是表征物体界面动电性质的基本参数。在纤维素和木材中,ζ 电位的产生是由于以纤维素为主的高分子内具有活性的羟基,或者是由于羧基失去质子。当木材的微细粉末分散于水中时,因为选择性地吸着羟基离子,所以粒子相对于水带有了负电荷,这种现象称为界面动电性,此时界面上产生的电位就是 ζ 电位。ζ 电位对纤维板制造、造纸等加工工程的施胶工艺环节具有一定的影响作用,事先调节好胶黏剂、乳化剂的界面动电性质,才能使之与木材纤维之间具有亲和性,而不产生排斥作用,从而达到预期的胶合或成纸效果。

6.4 木材的热学性质

木材的热学性质即为木材的热物理性质,它是由比热、导热系数、导温系数等热物理参数来综合表征的。这些热物理参数,在木材加工的热处理(如原木的解冻、木段的蒸煮、木材干燥、人造板板坯的加热预处理等)中,是重要的工艺参数;在建筑部门进行隔热、保温设计时,是不可缺少的数据指标。

6.4.1 木材的比热和热容量

使某物体的温度变化1℃所吸收或放出的热量称为该物体的热容量。设 θ_0 为初始温度,θ_1 为终了温度,Q 为物体上升 $\Delta\theta(=\theta_1-\theta_0)$ 所吸收的热量,则热容量用 $Q/\Delta\theta$ (kJ/℃)来表示。物体单位质量(1kg)的热容量称为热容量系数。

设质量为 m(kg)的物体的热容量 $Q/\Delta\theta$ (kJ/℃),该物体热容量系数 $C[\text{kJ}/(\text{kg}\cdot\text{℃})]$ 如下:

$$C = \frac{Q/\Delta\theta}{m} = \frac{Q}{m(\theta_1-\theta_0)} \tag{6-22}$$

$$Q = C \cdot m(\theta_1-\theta_0) \tag{6-23}$$

比热为单位量的某种物质温度变化1℃所吸收或放出的热量。在工程上对于固体或液体通常采用质量比热,即1kg物体升高1℃时所吸收的热量,其单位为 kJ/(kg·K)。因此,质量比热(以下简称比热)恰为上述定义的热容量系数,在工程应用中,它们是一致的。比热通常用符号 C 来表示。

在物理学中,某物质比热的基本定义为:使该物质的温度提高 1℃ 所需的热量与将同质量水的温度提高 1℃ 所需要的热量之比,相当于该物质的热容量系数与水的热容量系数之比。因为水的热容量系数近似为 4.2kJ/(kg·K)[= 1kcal/(kg·℃)],虽然它随温度改变而稍有变化,但范围很小,在应用上可以忽略,所以此种定义的比热在数值上与工程应用的质量比热也是一致的。现在,人们通常将实际测量得到某物质的热容量系数作为该物质的比热。

因为木材是多孔性有机材料,其比热远大于金属材料,但明显小于水(表 6-5)。邓洛普(F. Dunlap)1913 年采用热量计法测量了 20 个树种 100 块试件在 0~106℃ 温度之间的比热。结果为木材的比热与树种、木材密度、木材在树干中的部位等因子无关,但与温度、含水率等因子有较为密切的关系。比热对于木材热处理工艺所需热量的计算具有十分重要的意义。

表 6-5 各种材料 0~100℃ 温度下的平均比热   kJ/(kg·K)

材料	比热	材料	比热
铝	0.924	木材(栎木)	2.394
铅	0.130	木材(云杉)	2.730
钢	0.935	木炭	0.840
钢铁	0.483	水 10℃	4.2084
混凝土	0.882	水 20℃	4.1945
水	2.100	水 30℃	4.1887
玻璃	0.840	水 15℃	4.2000
花岗岩	0.840		

注:表中数据按 1kcal/(kg·℃) = 4.2kJ·kg^{-1}·K^{-1} 换算,所以水在 15℃ 时的比热为 1kcal/(kg·℃)。

(1)绝干材的比热:绝干材的比热随温度的升高而增大,0~100℃ 之间木材绝干材比热与温度关系的经验方程式(F. Dunlap, 1913)如下:

$$C_0 = 4.2 \times (0.266 + 0.116t) \quad [kJ/(kg·K)] \tag{6-24}$$

式中:t 为木材温度(℃)。

后来,Кириллов 根据试验结果提出了适用于 0~100℃ 温度条件的另一经验方程式:

$$C = 4.2 \times [0.28(1 + t/100)^{0.2} + 0.09] \quad [kJ/(kg·K)] \tag{6-25}$$

比较以上二式,由(6-24)式所得计算结果小于(6-25)式的结果。对此,Emyehko 指出:邓洛普的试验采用热量计法,由于试样温度不均匀和传向周围介质的热损耗等因素,导致测定值小于实际值。

(2)湿木材(含水木材)的比热:木材的比热随含水率的增加而增大。其原因在于,水的比热远大于绝干木材和空气的比热,所以含有水分的湿木材,其比热大于绝干材。湿木材的比热 C_W 可用下式近似计算:

$$C_W = \frac{WC + 100C_0}{W + 100} \approx \frac{W + 100C_0}{W + 100} \quad [\text{kcal}/(\text{kg} \cdot \text{℃})]$$

$$= 4.2 \times \frac{W + 100C_0}{W + 100} \quad [\text{kJ}/(\text{kg} \cdot \text{K})] \tag{6-26}$$

式中：W 为木材含水率(%)；C 为水的比热，通常取 $C = 1$ [kJ/(kg·K)]；C_0 为绝干木材的比热[kJ/(kg·K)]。

Кириллов 同时考虑温度、含水率两者因素，提出下列经验方程式：

$$C = 1.8\left[W\left(1 + \frac{t}{100}\right)\right]^{0.2} \quad [\text{kJ}/(\text{kg} \cdot \text{K})] \tag{6-27}$$

式(6-27)的适用范围是：含水率 10% ~ 150%，温度 20 ~ 100℃。

中国林业科学研究院和东北林业大学采用热脉冲法测定了 55 种国产木材在室温和气干状态下的比热，55 种木材的比热平均值为 1.71kJ/(kg·K)，最低值为 1.55kJ/(kg·K)，最高值为 1.89kJ/(kg·K)。

6.4.2 木材的导热系数

导热系数表征物体以传导方式传递热量的能力，是极为重要的热物理参数。导热系数的基本定义为：以在物体两个平行的相对面之间的距离为单位，温度差恒定为 1℃ 时，单位时间内通过单位面积的热量。导热系数通常用符号 λ 表示，单位为 W/(m·K)。

为了求得材料在稳定状态下传导的热量，可以将其平板的一面加热到一定的温度，并保持该面与相对面之间的温度差，求得此条件下的测量值。保持这种平衡所必需的热量，即传导的热量 Q 用下式表示：

$$Q = \frac{\lambda \cdot A \cdot t(\theta_2 - \theta_1)}{d} \tag{6-28}$$

式中：λ 为导热系数[W/(m·K)]；A 为垂直于热流方向的面积(m^2)；t 为时间(h)；θ_1 和 θ_2 分别为低温面和高温面的温度(℃)；d 为两面间的距离。

因此，导热系数 λ 可由下式表示：

$$\lambda = \frac{Q \cdot d}{A \cdot t(\theta_2 - \theta_1)} \tag{6-29}$$

式(6-29)恰好表示了前述导热系数的基本定义。

各种材料的导热系数见表 6-6 所示。由于木材仅含有极少量易于传递能量的自由电子，并且是具有很多空气孔隙的多孔性材料，所以其导热系数很小，属于热的不良导体。这正是木材常在建筑中用作保温、隔热材料，以及在民用品中用于炊具把柄材的主要原因之一。

木材的导热系数在评价木材热物理性质方面具有重要意义，在木材加工的许多工艺过程(如人造板热压、木材干燥、木材防腐、改性处理等)中，都是必要的工艺参数。

表6-6　各种材料的导热系数　　W/(m·K)

材料	导热系数	材料	导热系数
铝	203	松木(横纹)	0.16
铜	348~394	松木(顺纹)	0.35
铁	46~58	花岗岩	3.1~4.1
椴木(横纹)	0.21	混凝土	0.8~1.4
椴木(顺纹)	0.41	玻璃	0.6~0.9

中国林业科学研究院和东北林业大学采用热脉冲法对我国55种木材在室温条件下的导热系数进行了测定分析，结果为：这些气干材的导热系数在不同树种之间有较大的差异，并且明显地有随着密度的增高而增大的趋势。以弦向导热系数为例，其最低值为0.072 W/(m·K)，最高值为0.239 W/(m·K)，55种木材的平均值为0.1271 W/(m·K)。各树种径向导热系数的测定值大都略高于弦向导热系数。

影响木材导热系数的因子主要如下：

(1) 木材密度的影响：木材是多孔性材料，热流要通过其实体物质(细胞壁物质)和孔隙(细胞腔、细胞间隙等)两部分传递，但孔隙中空气的导热系数远小于木材实体物质，因而木材的导热系数随着实质率或密度的增加而增大。在绝干状态或一定含水率的气干状态下，木材导热系数随着木材密度的增加大致成比例地增加，为正线性相关，可表示为 $\lambda = A + B \cdot \rho$。其中，$\rho$ 为木材的密度；A、B 为经验方程式的系数。东北林业大学木材学教研室在室温(20℃±1℃)下，对22个国产树种气干材(含水率 $u = 12\%$)的试验结果为：在 300~800kg/m³ 的密度范围内，横纹方向的导热系数与气干密度呈十分紧密的正线性相关关系(图6-24)。

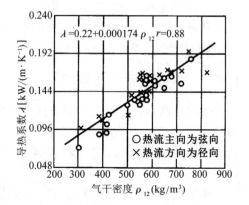

图6-24 在室温、气干含水率条件下木材密度对导热系数的影响
(刘一星，1994)

(2) 含水率的影响：水的导热系数比空气的导热系数高23倍以上，随着木材含水率的增加，木材中部分空气被水所替代，致使木材的导热系数增大。

(3) 温度的影响：对大多数多孔性材料来说，随着温度的升高，其固体分子的热运动会增加，而且孔隙空气导热和孔壁间辐射能也会增强，从而导致该材料的导热系数增大。木材亦属这种情况，其导热系数随温度的升高而增大。一般对保温材料来说，导热系数与绝对温度成反比。

(4) 热流方向的影响：由于木材在组织构造上的各向异性，使得其各方向上的导热系数亦有较大差异。同树种木材顺纹方向的导热系数明显大于横纹方向的导热系数。Кириллов 实验测得云杉、松木、桦木、水青冈、栎木等5种木材顺纹与横纹方向导热系数的比值为1.8~3.5，并指出，含水率高的木材的该比值略低于含水率低的木材。中国林业科学研究院实验测定4种国产木材顺纹与横纹方向导热系数的比值：红松为2.5；川泡桐为2.9；糖槭为3.1；柞木为2.7。上述比值的计算中，横纹方向导热系数 $\lambda_\perp$ 采用了径向导热系数 λ_r 和弦向导热系数 λ_t 的平均值。木材径向与弦向的导热系数亦有一定程度的差异,但没有顺纹方向与横纹方向差异那么明显,通常弦向导热系数比径向略小。从中国林业科学研究院、东北林业大学所测的 55 种国产木材热物理参数的结果来看,绝大多数树种木材的径向导热系数均不同程度地大于弦向(比值变异范围为 1.05~1.32,平均约相差 12.7%)。

6.4.3 木材的导温系数

导温系数又称热扩散率。它的物理意义是表征材料(如木材)在冷却或加热的非稳定状态过程中,各点温度迅速趋于一致的能力(即各点达到同一温度的速度)。导温系数越大,则各点达到同一温度的速度就越快。导温系数通常用符号 α 来表示,其单位为 m^2/s。

导温系数与材料的导热系数成正比,与材料的体积热容量成反比,即

$$\alpha = \frac{\lambda}{C \cdot \rho} \quad (m^2/s) \tag{6-30}$$

式中:α 为导温系数(m^2/s);λ 为导热系数[$W/(m \cdot K)$];C 为比热[$kJ/(kg \cdot K)$];ρ 为密度(kg/m^3);$C \cdot \rho$ 为体积热容量[$kJ/(m^3 \cdot K)$]。

导温系数是在非稳定传热过程中决定热交换强度和传递热量快慢程度的重要指标。木材在加工过程中所涉及的加热和冷却多属于非稳定传热过程。导温系数可以由导热系数、比热和密度计算,亦可由试验直接测定。

中国林业科学研究院和东北林业大学采用热脉冲法测定分析了我国 55 种木材在室温下的导温系数,结果为:导温系数在各树种间的差异不如导热系数那样显著。以弦向导温系数为例,它的变化范围为 $0.00118 \sim 0.00175 \times 10^{-4} m^2/s$,55 种木材的平均值为 $0.00140 \times 10^{-4} m^2/s$。

木材的导温系数在一定程度上也受密度、含水率、温度和热流方向等因子的影响。

(1)木材密度的影响:木材的导温系数通常随密度的增加而略有减小。从导温系数的数学表达式来看,木材密度 ρ 增大,即引起导热系数 λ 的增大,同时亦引起分母体积热容量 $C \cdot \rho$ 的增大,但密度变化对导热系数的影响小于它对体积热容量的影响;同时,因木材系多孔性材料,密度小者孔隙率大,孔隙中充满空气,而静态的空气导温系数比木材大两个数量级,所以密度低的木材,其导温系数也就相应高一些。木材导温系数还受孔隙的形状、分布状态及均匀程度等因素的影响,而不同树种的木材构造特点也各不相同,这使得木材导温系数与密度之间的负相关比较松散。

(2)含水率的影响:导温系数为导热系数 λ 与体积热容量 $C \cdot \rho$ 之比。含水率的增加同时引起木材 λ 和 $C \cdot \rho$ 的增加,但 λ 的增量小于 $C \cdot \rho$ 的增量。所以,在正温度下,木材的导温系数通常随含水率的增加而降低。从物理的角度来看,水的导温系数很小,比空气的导温系数小两个数量级,含水率的增加,使得木材中部分空气被水所替代,则导致木材的导温系数降低。

(3)温度的影响:在正温度(0~100℃)下,绝干木材的导温系数随温度的上升而略有降低,这是因为温度上升引起比热增大的程度略大于导热系数增大程度所致。但随着

木材含水率的增加,这种关系会发生变化,从导温系数与温度基本不相关过渡到导温系数随温度升高而增大的阶段。由于温度对导温系数的影响幅度较小,一般在工程计算时可不予考虑。

(4)热流方向的影响:热流方向对木材导温系数的影响与它对导热系数的影响方式相同。顺纹方向导温系数远大于横纹方向导温系数,径向导温系数通常略大于弦向导温系数。这种差异来源于木材组织构造的各向异性。

6.4.4　木材的蓄热系数

蓄热系数,是表征在周期性外施热作用下,材料储蓄热量的能力的热物理参数。蓄热系数越大,则材料在周期性热作用下表面温度的波动就越小,材料的热稳定性越好。蓄热系数通常用符号 S 来表示,其单位为 $kJ/(m^2 \cdot h \cdot K)$。

木材的蓄热系数取决于其导热系数 λ、比热 C 和密度 ρ,以及热作用的周期 $T(h)$,可按下式计算:

$$S = \sqrt{\lambda \cdot C \cdot \rho \frac{2\pi}{T}} = 10.53 \sqrt{\frac{\lambda \cdot C \cdot \rho}{T}} \quad [kJ/(m^2 \cdot h \cdot K)] \qquad (6-31)$$

当周期 $T=24h$ 时,(6-31)式可写成:

$$S_{24} = 2.14 \sqrt{\lambda \cdot C \cdot \rho} \quad [kJ/(m^2 \cdot h \cdot K)] \qquad (6-32)$$

当周期 $T=12h$ 时,(6-31)式可写成:

$$S_{12} = 3.02 \sqrt{\lambda \cdot C \cdot \rho} \quad [kJ/(m^2 \cdot h \cdot K)] \qquad (6-33)$$

在建筑的围护结构中,许多热现象都有一定的周期波动性。如室外空气温度和阳光辐射在24h的变化、供暖的间歇性引起的室温变化等,均能引起周期性的热波动。因此,蓄热系数是建筑中设计围护结构热稳定性所不可缺少的一个重要的热物理指标。由于蓄热系数与前述导热系数等热物理参数具有数学相关性,所以木材密度、含水率、温度等因子对蓄热系数也有一定的影响。

6.4.5　木材的热膨胀与热收缩

当木材从外部吸收机械能、光能或热能时,木材的温度就会上升。当温度的上升引起木材内部的能量增加时,由于分子振动的振幅增大,分子间的平均距离加大,其外形尺寸随之增大,因而产生线膨胀、面积膨胀或体积膨胀。

固体的尺寸随温度升高而增大的现象称为热膨胀。热膨胀的大小可以用线热膨胀系数 α 和体积热膨胀系数 β 来表示。对于木材,α 和 β 分别表示温度每升高1℃时木材在某指定方向上的相对伸长($\Delta L/L_0$)和整体的相对体积增加($\Delta V/V_0$)。在温度变化范围不大的条件下,可以近似将 α 和 β 看作常数。

木材的热膨胀系数很小,在 $10^{-6} \sim 10^{-5}$ 的数量级,明显小于其他建筑材料。同时,由热引起的热膨胀远小于由水分引起的湿胀,因此,除了将木材与其他材料组成复合材料的情况外,一般可忽略其热膨胀效应。但是,当木材内部有温度梯度时,会因热膨胀产生内部应力可能造成木材的变形。

木材是各向异性材料,其不同纹理方向的线膨胀系数有很大的差异。顺纹方向的热膨胀系数 α_l 很小,大约为横纹方向(弦向 α_t 和径向 α_r)的1/10,径向热膨胀系数略小于弦向。木材的热膨胀如前述来自热能引起分子振幅增大所导致的分子间平均距离增大。木材中含有40%~50%的纤维素,充当细胞壁结构的骨架物质。从它的晶胞结构特点、长链状形态以及它在主要壁层(S_2)的排列方向(与细胞长轴方向近于平行)来分析,其大分子的振幅在各个方向上是不同的,在长链的垂直方向应获得最大的振幅。因此,木材横纹方向的热膨胀系数明显大于顺纹方向。而径向、弦向的微小差异则主要与木射线的制约作用、细胞形状导致径、弦向上单位长度内细胞壁累加厚度的差异等因素有关。

木材顺纹方向的热膨胀系数与树种和密度无明显相关,但横纹方向的热膨胀系数则有随着密度的增加而增大的趋势。

值得注意的是,在正温度下,含水率在纤维饱和点以下的木材在大气中受热时经常因蒸发水分而收缩,这种干缩效应的作用方向与热膨胀的作用方向相反,但作用比热膨胀明显,对木材的外形尺寸变化起到主导作用;在负温度下,由于冰晶的形成所引起的膨胀、细胞壁内尚未冻结的水分向细胞腔移动(低温干缩)等原因,含有水分的木材会产生热收缩现象。

从上述情况来看,对于含有水分的木材,在考察温度对其外形尺寸的影响时,并不是由通常固体特性所决定的简单的"热胀冷缩",必须同时分析温度对木材含水率、细胞壁内水分含量及存在形式的影响,才能得到正确的结果。

6.4.6 热对木材性质的影响

木材在受热条件下,其物理力学性质会发生不同程度的改变或劣化,主要原因在于木材的结晶结构和化学组分在受热后会发生改变。

在一定温度下进行木材热处理时,在适当的时间阶段内可发生非结晶纤维素中部分结晶化的效应,导致木材吸湿性降低,弹性模量提高;如继续延长热处理时间,就会造成木材化学成分的热分解,导致木材力学性质降低。

木材在空气介质中被加热时,首先因其结构中的化学变化而呈现变色现象;此外,由于加热使得木材因部分物质挥发而产生收缩,细胞壁物质和超微结构也发生变化。加热温度低于100℃的条件下,木材性质不会发生明显的改变,木材全干质量仅有微量减少,是半纤维素微量分解所致。在130℃以上温度热处理之后,木材吸湿性明显降低,被认为主要是由于吸湿性较强的多糖类的热分解所致。

在长期蒸煮处理过程中,在100℃温度下,木材已有明显的质量损失。长期蒸煮处理可导致木材弹性模量减小、各种力学强度下降,尤其是对冲击韧性的影响显著,其主要原因是长期蒸煮过程中半纤维素的过度降解和脱出,其影响程度随着蒸煮温度的提高和时间的延长而增大,尤其在温度升高的情况下反应剧烈。然而,适当温度、时间条件下的水煮或汽蒸处理,可以起到释放内部应力、降低吸湿性、固定木材变形的作用,因此在生产实践中常被用于木材的软化、干燥过程中的阶段性处理、压密化木材的变形固定等。

6.4.7　木材热物理参数的测量

用于测定木材等建筑材料物理参数的测量方法可分为稳定热流法和非稳定热流法两类。

第一种方法的测量条件为：经过材料试件的热流，在数值上和方向上都不随时间而变，即温度场是稳定的。这样，可以根据稳定热流强度、温度梯度和导热系数之间的关系来确定导热系数。基于稳定热流状态的测量方法又可分为三种类型：平板法、圆管法和球体法。对木材的测量一般采用平板法。

稳定热流法的原理比较简单，计算方便，因而较容易使导热系数实现数字显示。然而，该方法为获得稳定的热流，需要有复杂、昂贵的试验装置，而且试验时间较长（4h左右），不适于含水材料的测量。此外，对试件表面的平整度要求非常严格，否则就难以保证测试精度。由于稳定热流法存在这些缺点，因而不能很好地满足当前材料热物理参数测定和研究的需要。

随着科学技术的进步，国内外对非稳定热流测定方法的研究进展很快，迄今已提出许多种方法，其中以中国建筑科学研究院研制的"热脉冲法"在国内应用得比较普遍，并在木材热物理性质的测试和木材科学的研究中得以应用。

热脉冲法具有以下特点：① 装置简单；② 试验时间短，一次试验10min左右；③ 一次试验中可同时测出材料的导热系数、导温系统和比热；④ 具有较高的准确度，综合各种误差因素，在最不利情况下的误差亦小于5%；⑤ 测量范围广，可测定密度为 $30\sim3\,000\text{kg/m}^3$、颗粒尺寸在20mm以下的干燥和潮湿的块状或粉状的建筑材料和保温材料。热脉冲法的基本原理为：以非稳定热流原理为基础，在试验材料中给以短时间的加热，测量试验材料温度发生的（与时间有关的）变化，根据其变化特点，通过联立导热微分方程的解析，快速求出被测材料的导热系数、导温系数和比热等各项热物理参数。

6.5　木材的声学性质

木材的声学性质，包括木材的振动特性、传声特性、空间声学性质（吸收、反射、透射）、乐器声学性能品质等与声波有关的固体材料特性。

6.5.1　木材的振动特性

在科学技术中振动一词通常指周期性振动，是物体（或物体的一部分）沿直线或曲线，以一定的时间周期经过其平衡位置所作的往复运动。当一定强度的周期机械力或声波作用于木材时，木材会被激励而振动（受迫振动），其振幅的大小取决于作用力的大小和振动频率。共振是指物质在强度相同而周期变化的外力作用下，能够在特定的频率下振幅急剧增大并得到最大振幅的现象。共振现象对应的频率称为共振频率或固有频率。物体的固有频率由它的几何形状、形体尺寸、材料本身的特性（弹性模量、密度等）和振动的方式等综合决定。但是，在给定振动方式、形体几何形状和尺寸条件的情况下，则固有频率完全决定于材料本身的特性。木材受到瞬间的冲击力（如敲击）之后，也会按照其固有频率发生振动，并能够维持一定时间的振动。由于内部摩擦的能量衰减作用，这种振动的振幅不断地减小，直至振动能量全部衰减消失为止。这种振动为衰减的自由振动或阻尼自由振动。

6.5.1.1 木材的3种基本振动方式与共振频率 木材等固体材料通常有3种基本的振动方式：纵向振动、横向振动（弯曲振动）和扭转振动。

（1）纵向振动：纵向振动是振动单元（质点）的位移方向与由此位移产生的介质内应力方向相平行的振动[图6-25(a)]。运动中不包含介质的弯曲和扭转的波动成分，为纯纵波。叩击木材的一个端面时木材内产生的振动和木棒的一个端面受到超声脉冲作用时木材内产生的振动都是纵向振动。纵向振动可以看作在动力学情况下，类似于静力学中压缩荷载作用于短柱的现象。

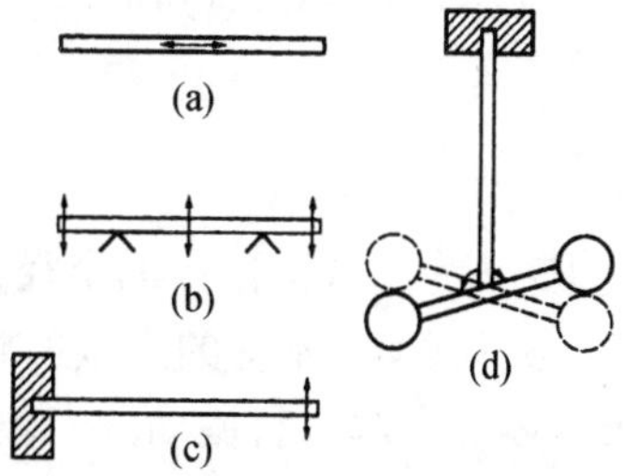

图 6-25 木材振动的3种基本类型
（Brown，1952）
(a)纵向振动 (b)(c)横向振动
(d)扭转振动

设木棒长度为 L，密度为 ρ，弹性横量为 E，则长度方向的声速 v 和基本共振频率 f_r 按下式求得：

$$v = \sqrt{\frac{E}{\rho}} \quad f_r = \frac{v}{2L} = \frac{1}{2L}\sqrt{\frac{E}{\rho}} \qquad (6-34)$$

木材的纵向振动，除了在基本共振频率 f_r（以下简称基频）发生共振之外，在 f_r 的整倍数频率处亦发生共振，称高次谐振动或倍频谐振动。

（2）横向振动：横向振动是振动元素位移方向和引起的应力方向互相垂直的运动。横向振动包括弯曲运动。通常在木结构和乐器上使用的木材，在工作时主要是横向弯曲振动，如钢琴的音板（振动时以弯曲振动为主，但属于复杂的板振动）与木横梁静态弯曲相对应的动态弯曲振动等，可以认为是横向振动。

木棒横向振动的共振频率通常比它的纵向共振频率低得多。横向共振频率，不仅取决于木材试样的几何形状、尺寸和声速，且与木材的固定（或支撑）方式，即振动运动受到抑制的方式有关。矩形试件的共振频率 f_r 可由下式表示：

$$f = \frac{\beta^2 h v}{4\sqrt{3}\pi \cdot L^2} = \frac{\beta^2 h}{4\sqrt{3}\pi \cdot L^2}\sqrt{\frac{E}{\rho}} \qquad (6-35)$$

式中：L 为试件长度（m）；h 为试件厚度（m）；v 为试件的传声速度（长度方向）（m/s）；β 为与试件边界条件有关的常数。

在木材试样处于两端悬空而在对应于基频振动节点处支撑[图6-25(b)，支点距两端点的距离均为试件长度的0.224倍位置]的情况下，用上式计算基频时，β 应为4.73。其2次、3次直至 n 次谐频的 β 值，分别以 β_2、β_3、$\cdots$、β_n 代表；$\beta_2 = 7.853$，$\beta_3 = 10.996$，当 $n>3$ 时，$\beta_n = (n+1/2)\pi$。应当注意的是，如果要测定基频以上的谐频，支点的距离也要做相应改变，移至各次谐振动节点所对应的位置。

在木材试样一端固定而另一端悬空的振动工作条件下[图 6-25(c)]计算基频 f_r 时：$\beta = 1.875$；计算谐频时：$\beta_2 = 4.694$，$\beta_3 = 7.855$，当 $n > 3$ 时，$\beta_n = (n - 1/2)\pi$。

(3) 扭转振动：扭转振动是振动元素的位移方向围绕试件长轴进行回转，如此往复周期性扭转的振动[图 6-25(d)]。此情况下，木材试件内抵抗这种扭转力矩的应力参数为刚性模量 G，或称作剪切弹性模量。如果木棒的惯性矩与外加质量的惯性矩相比可以忽略不计的话，则试件基本共振频率 f_r 取决于该外加质量的惯性矩 I、试件的尺寸和刚性模量 G，公式表示如下：

$$f_r = r^2 \sqrt{\frac{G}{8\pi \cdot I \cdot L}} \qquad (6-36)$$

式中：r 为圆截面试件的半径；L 为试件的长度。

6.5.1.2 木材的声辐射性能和内摩擦衰减 根据木材不同用途(如乐器材)的要求，还应了解木材振动的声辐射性能以及振动能量的分配、消耗方式。与之相关的，有木材声辐射品质常数、木材的(内摩擦)对数衰减率(或损耗角正切)和声阻抗等声学性质参数。

在木材受瞬时冲击力产生横向振动，或者在受迫振动过程中突然中止外部激振力的情况下，观察木材的振动随时间的变化。此时，木材的振动能量逐渐减小，振幅逐渐降低，直至能量全部消失，恢复到静止状态[图 6-24(a)]。

产生上述现象的原因是试件所获得的能量在振动过程中被消耗而衰减。木材的振动能量衰减分成两部分：一部分相当于向空气中辐射能量时为克服空气阻力所消耗的能量，这部分能量以声波的形式辐射到空气中，由此产生的衰减为声辐射衰减；另一部分是由于在木材内及周围的接触固定界面上的能量吸收，即由内部分子间的摩擦和界面上的摩擦，将动能转变为热能而被消耗，这种能量衰减称为内摩擦衰减或损耗衰减。从上述分析来看，木材振动所消耗的能量是用于声能辐射的能量分量和消耗于内摩擦的能量分量的组合。消耗于内摩擦等热损耗因素的能量越小，用于声辐射的能量越大，则声振动的能量转换效率就越高。

木材及其制品的声辐射能力，即向周围空气辐射声功率的大小，与传声速度成正比，与密度 ρ 成反比，用声辐射阻尼系数 R 来表示：

$$R = \frac{v}{\rho} = \sqrt{\frac{E}{\rho^3}} \qquad (6-37)$$

声辐射阻尼系数(以下简称声辐射常数)又称声辐射品质常数，这是因为人们常常用它来评价材料声辐射品质的好坏。木材用作乐器的共鸣板(音板)时，应尽量选用声辐射常数较高的树种。木材的声辐射常数，随树种不同有很大的变化。通常密度高的树种，其弹性模量也高，但声辐射常数往往比较低。

木材因为摩擦损耗所引起的能量损耗用对数衰减率 δ 来表示。受外部冲击力或周期力作用而振动的木材，当外力作用停止之后，其振动处于阻尼振动状态，振幅随时间的增大按负指数规律衰减。其中两个连续振动周期振幅值之比的自然对数，为对数衰减率 δ(又称对数缩减量)，用公式表示如下：

$$\delta = \ln\frac{A_1}{A_2} = \alpha T_0 \quad (6-38)$$

式中：A_1，A_2 为两个连续振动周期的振幅[图 6-26(a)]；α 为内部阻尼系数(衰减系数)；T_0 为自由振动的周期。

对于受迫振动状态下的对数衰减率 δ，按下式计算：

$$\delta = \pi \cdot \frac{\Delta f}{f_r} \quad (6-39)$$

式中：Δf 为频率响应曲线上振幅降至最大振幅的 0.707 倍时对应的两个频率之差；f_r 为最大振幅的对应频率[图 6-26(b)]。

木材的对数衰减率随树种的不同有一定程度的变异，大致在 0.020~0.036 的范围内变化。针叶树材的对数衰减率通常较低。一般来说，对数衰减率较低的木材，较适于制作乐器的共鸣板。因为 δ 低说明振动衰减速度慢，有利于维持一定的余音，使乐器的声音饱满而余韵；另外 δ 较低，则振动能量损失小，振动效率高，使乐音宏亮饱满。

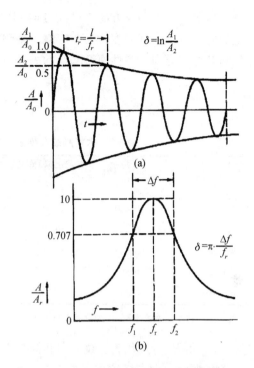

图 6-26　内摩擦引起的阻尼振动现象
（Brown，1952）
(a)自由振动中振幅 A、频率 f 与对数衰减率 δ 的关系
(b)受迫振动中振幅 A、频率 f 与对数衰减率 δ 的关系

6.5.1.3　木材的声阻抗(特性阻抗)　木材的声阻抗 ω 为木材密度 ρ 与木材声速 v 的乘积，由下式表示：

$$\omega = \rho v = \sqrt{\rho E} \quad (6-40)$$

声阻抗对于声音的传播，特别是两种介质的边界上反射所发生的阻力是有决定意义的。两种介质的声阻抗差别越大，向声阻抗小的介质一方反射就越强烈。从振动特性的角度来看，它主要与振动的时间响应特性有关。木材与其他固体材料相比，具有较小的声阻抗和非常高的声辐射常数，它是一种在声辐射方面具有优良特性的材料。

6.5.2　木材的传声特性

木材传声特性的主要指标为声速 v，在前小节已讨论了它与共振频率的关系及与木材密度、弹性模量的内在联系。由于木材是各向异性材料，根据其正交对称性，可以在轴向(顺纹方向)、径向、弦向三个主轴方向上分析木材试件的物理力学性能(表 6-7)。由于木材的细胞形状和排列方式、细胞壁的主要壁层(S_2 层)微纤丝的排列方向等构造因素具有明显的方向性和规律性，使得木材在三个主轴方向上的弹性模量和声速均具有差异,最明显的是顺纹方向与横纹方向(相当于径向和弦向的平均效果)的差异。对于给定的木材试件,其密度 ρ 为一定值,则顺纹传声速度 $v_{/\!/}$ 与横纹传声速 $v_\perp$ 之比,根据它们与各对应方向上弹性模量之间的关系可由下式表示:

$$\frac{v_{/\!/}}{v_\perp} = \sqrt{\frac{E_{/\!/}}{E_\perp}} \tag{6-41}$$

表6-7 木材顺纹及横纹方向的动弹性模量和传声速度

树 种	平均密度 (g/cm³)	平均动弹性模量 E_d(CPa)		平均传声速度 v(m/s)		$v_{/\!/}/v_\perp$
		顺纹	横纹	顺纹	横纹	
鱼鳞云杉	0.450	11.55	0.26	5 298	783	6.7
红 松	0.404	10.09	0.27	4 919	818	6.0
槭 木	0.637	12.66	1.23	4 422	1 368	3.2
水曲柳	0.585	1 243	1.61	4 638	1 642	2.8
椴 木	0.414	12.21	0.61	5 370	1 360	3.9

注:表中数据系中国林业科学研究院木材工业研究所材性研究室的试验结果。

式中:$E_{/\!/}$ 和 $E_\perp$ 分别代表顺纹方向和横纹方向的弹性模量。

除了顺纹方向与横纹方向的差异,木材的声速在径向、弦向间也有一定程度的差异,通常径向的声速比弦向的声速稍大一些。这与木射线组织比率,早、晚材密度差异程度以及晚材率等木材构造因素的影响有关。

木材的声速还受含水率的影响,在纤维饱和点以下,声速随含水率的增加呈急剧下降的直线关系;在纤维饱和点以上这种变化缓和了许多,呈平缓下降的直线关系。

6.5.3 木材声学性能品质评价简述

声学性能品质好的木材具有优良的声共振性和振动频谱特性,能够在冲击力作用下,由本身的振动辐射声能,发出优美音色的乐音,更重要的是作为共鸣板能够将弦振动的振幅扩大并美化其音色向空间辐射声能,这种特性是木材能够广泛用于乐器制作的重要依据。例如,我国民族乐器琵琶、扬琴、月琴、阮,西洋乐器钢琴、提琴、木琴等,均采用木材制作音板(共鸣板)或发音元件(如木琴),就是利用了木材的振动特性和良好的声学性能品质。在电声乐器系统中,也常常利用木材的良好音质特性,制成各种类型特殊的音箱,以调整扬声器的声学性质,创造出优美动听的音响效果。如何根据乐器对音板的要求合理选材,尤其是如何运用木材声学性质的指标参数对木材声学性能品质进行合理的评价,并以此为依据指导乐器共鸣板的合理选材,是十分重要的。

对共鸣板材料的声学性能品质评价,可归纳为三个大的方面:① 对振动效率的评价;② 有关音色的振动性能品质评价;③ 对发音效果稳定性的评价。

6.5.3.1 对振动效率品质的评价 振动效率要求音板应该能把从弦振动所获得的能量,大部分转变为声能辐射到空气中去,而损耗于音板材料内摩擦等因素的能量应尽量小,使发出的声音具有较大的音量和足够的持久性。因此,应选用声辐射品质常数较高（$R \geqslant 1\,200$）、内摩擦损耗小的木材。从声辐射阻尼 R 的表达式（$R = \sqrt{E/\rho^3}$）来看，应选用动弹性模量 E 较大且密度 ρ 较小的木材，这是一种比较简便的方法。E/ρ 代表顺纹方向细胞壁的平均动杨氏模量，而且能够以此判别振动加速度的大小；而 R 表示将入射的能量转换为声能的程度，并且能以此判别声压的大小。两者都有使振动效率增加的作用。对于内摩擦损耗的定量表征，在国内有关资料中通常采用对数缩减量 δ，而在国外资料中现多采用动力学损耗角正切 $\tan\delta$，它表征每周期内热损耗能量与介质存贮能量之比，所以更能直接地说明振动效率问题。

从目前的资料来看，用于评价（与振动效率有关的）木材声学性能品质的物理量主要有：声辐射阻尼 $\sqrt{E/\rho^3}$、比动态弹性模量 E/ρ、损耗角正切 $\tan\delta$、声阻抗 $\sqrt{E\cdot\rho}$ 以及 $\tan\delta$ 与 E 之比 $\tan\delta/E$ 等。其中，未介绍过的 $\tan\delta/E$ 可以表示振动每周期内能量损耗的大小，其与加速度有关。从振动效率的角度来看，在 $\sqrt{E/\rho^3}$、E/ρ 为较大数值，而且 $\tan\delta$、$\tan\delta/E$、$\sqrt{E\cdot\rho}$ 为较小数值的情况下，有利于声能量的高效率转换或响应速度的提高。

木材的纤丝角（细胞壁 S_2 层的微纤丝倾角）以及纤维素的结晶度对木材作为乐器共鸣板的振动效率有比较重要的影响作用。研究结果表明：随着纤丝角的增大，云杉属木材的比动弹性模量 E/ρ 不断减小，$\tan\delta$、$\tan\delta/E$ 值不断增大（图6-27），即纤丝角小者有利于其木材振动声能转换效率的提高；木材主要成分纤维素的结晶度的适量增大有利于其木材声学振动效率的提高（图6-28）。木材的生长轮宽度、晚材率与其弹性和声学性质密切相关，制琴师和技术人员常以此作为选择音板用材的基本依据。张辅刚归纳了这些经验，提出了对制琴音板用材的具体要求。对生长轮宽度的要求为：在2cm间隔内，生长轮宽度偏差不宜超过0.5mm；在整块面板上，最宽和最窄的生长轮宽度差，不宜超过1~2mm（高级小提琴1.0mm，高级大提琴1.5mm，倍大提琴2.0mm）。另外，应力木、具有斜纹理、节子或纹理弯曲等缺陷的木材，其声学性质很差，声辐射常数和比弹性模量下降，对数缩减量和损耗角正切提高，都不适于做乐器共鸣板。

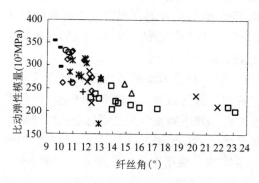 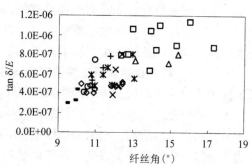

图6-27　云杉属木材纤丝角对比动弹性模量和 $\tan\delta/E$ 的影响

（刘一星 等，2001）

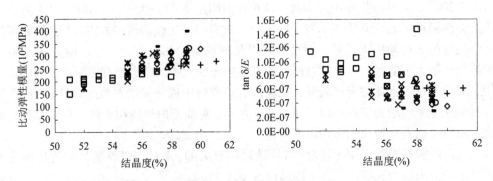

图 6-28 云杉属木材结晶度对比动弹性模量和 $\tan\delta/E$ 的影响
(刘一星 等, 2001)

6.5.3.2 有关音色的振动性能品质评价 从音乐声学的观点，针对音色问题应该分析振动的频谱特性，即分析在频率轴上基频与各高次谐频的幅值分布，以及在工作频率范围内的连续频谱。云杉木材的频谱特性，其基频和 2、3 次谐频位置的谐振峰形都比较平缓，在此范围基本呈连续谱特性(而不像金属材料那样谐振峰尖锐的离散谱特性)；而且，云杉木材从基频开始向各高次谐频各峰点连线形成的"包络线"，其特性为随频率升高而连续下降的形式，大致符合 $1/f$($1/f$ 为频率的倒数)的分布规律。乐器对音板(和共鸣箱)的要求之一是，来自弦的各种频率的振动应很均匀地增强，并将其辐射出去，以保证在整个频域的均匀性。从这点要求来看，上述云杉木材的频谱特性，明显优于金属材料，使用该材料制作的音板能在工作频率范围内比较均匀地放大各种频率的乐音。从人体生理学的观点来看，人耳的等响度曲线特性对低、中频段听觉比较迟钝，对高频段听觉非常敏锐，而云杉的频谱特性的"包络线"特征，正实现了对低、中音区的迟钝补偿和对高音区的抑制，补偿了人耳"等响度曲线"造成的听觉不足，使人感觉到的乐音在各个频率范围都是均匀响度，有亲切、自然的感觉，获得良好的听觉效果。野崎等研究结果表明：可用动弹性模量 E 与动态刚性模量 G 之比 E/G 这个参数来表达频谱特性曲线的"包络线"特性，E/G 值高者，其音色效果好。参数 $E\cdot\rho$ 与余音的长短、发音的敏锐程度等听觉心理量有关，而 E/G 则与乐音的自然程度、旋律的突出性、音色的深厚程度等听觉心理量有关。刘一星、沈隽等研究结果表明：云杉属木材结晶度的提高和纤丝角的减小有利于 E/G 参数的提高。

6.5.3.3 对发音效果稳定性的评价与改良 以木材为音板的乐器，其发音效果的稳定性主要取决于木材的抗吸湿能力和尺寸稳定性。这是因为空气湿度的变化会引起木材含水率的变化，引起木材声学性质参数的改变而导致乐器发音效果不稳定；特别是如果木材含水率过度增高，会因动弹性模量下降、损耗角正切增大以及尺寸变化产生的内应力等原因导致乐器音量降低，音色也受到严重影响。采用甲醛化处理和水杨醇处理、水杨醇-甲醛化等方法处理木材，能够在不降低木材原有声学性能品质的情况下，大幅度地提高抗吸湿性，使得相同高湿度环境条件下处理材的声学性能品质明显优于素材，不但起到了提高发音稳定性的作用，而且提高了声学性能品质。

6.5.4 木材的声传播、声共振与材质无损检测

木材中的纵波传递速度和弯曲振动的共振频率，均与木材的动弹性模量具有明确的函数关系，采用声学方法或超声波方法测量动弹性模量或刚性模量或两者同时测量（FFT 方法），可在一定精度范围内实行木材强度的无损检测。这些检测采用的方法虽然不尽相同，但其基本依据都是木材的动弹性模量等声学指标，与木材的静力学弹性模量乃至力学强度有着密切的相关关系。

超声波检测是基于纵波在木材中的传递原理进行工作的，通常采用脉冲式超声波，故称超声脉冲法。在纵波情况下，超声传播速度 v 与密度 ρ 及超声弹性模量 E_u 之间的关系为 $v=\sqrt{E_u/\rho}$。根据木材力学强度与弹性模量具有相关性的特点，通过实验测定和数据分析，确定超声弹性模量 E_u 与各种力学强度之间的相关表达式。超声弹性模量与木材的静力学弹性模量、强度之间均为紧密的正相关关系。超声波在通过不连续介质的界面时会强烈反射，在通过松软区域时其声速明显降低，波幅大为下降。根据这种特性，利用接收到穿过木材的超声波速和幅度的综合检测分析，还可以对木材的内部空洞和内部腐朽等缺陷进行无损检测。

振动法（共振法）检测是基于木材共振频率与弹性模量具有数学关系的原理进行的。利用振动（通常为弯曲振动）测量得到共振频率 f 进而得到动弹性模量，并分析它与木材静力学抗弯弹性模量、抗弯强度的关系。国内外大量研究结果表明，振动测量得到的动弹性模量 E 与抗弯强度呈正相关关系；振动法检测得到的其他声学参数如对数缩减量 δ、损耗角正切 $\tan\delta$ 也有可能成为评定木材力学强度的指标，也可采用 E、δ 两者构成的参数如 (E/δ)，估测木材的强度。

冲击应力波检测是基于纵波（或表面波）振动的原理进行工作。用固定能量的摆锤敲击木材试件一端的端面，因内应力产生的纵波沿试件长度方向传递，通过应力波速度 v 的测量及 v 与弹性模量 E 的关系，进一步对木材的强度进行估测。应力波检测的优点在于不受被测物形状和尺寸的影响，而且检测技术简便易行。

FFT 分析无损检测运用了 FFT（快速傅里叶变换）分析仪和电子计算机，拾取受敲击后木材试件的振动信号进行瞬态频谱分析，求出共振的基频和各次谐频（取前 5 次）；应用 Timoshenko 理论，用电子计算机算出试件的弹性模量 E 和刚性模量 G。FFT 检测的优点在于：与传统测量方法相比，速度快，操作简单，并且同时检测出动弹性模量 E 和刚性模量 G。

6.6 木材的光学性质

6.6.1 木材的颜色

颜色感觉是外界刺激使人的感觉器官产生色知觉。光经过物体（如木材）表面反射后刺激人眼，人眼产生了对此物体的光亮度和颜色的感觉信息，并将此信息传入大脑神经中枢，在大脑中将感觉信息进行处理，于是形成了色知觉，使人们能够辨认出物体的

颜色。颜色具有明度、色调、饱和度这三种基本特性,称为颜色的三属性。明度表示人眼对物体的明暗度感觉;色调(色相)表示区分颜色类别、品种的感觉(如红、橙、黄、绿等);饱和度表示颜色的纯洁程度和浓淡程度。

木材和其他非透明物体的颜色主要由本身的反射光谱特性所决定。如果物体选择性地吸收了一部分波长的光,而反射其余波长的光,或者在对全部可见光进行部分吸收、部分反射时呈现波长选择性,都能够产生非均匀性的反射光谱,使全部的光谱组分中的某些波长的组分被削弱,而相对突出了另一些波长的组分。这种反射光谱因不同材料而呈现不同形式的分布,也就使得不同的材料呈现出各种各样的颜色。不同树种的木材,对光谱进行各不相同的选择性吸收,所以具有各种各样的色调。对上述反射光谱来说,它与木材颜色三个基本特性之间的简要关系为:明度由全可见光波长范围光谱反射强度的平均值所决定,例如橙黄颜色的木材,对应橙黄光波长范围的反射率较高,而在其他波长范围的反射率较低;饱和度则由反射光谱分布的集中程度所决定,分布得集中则颜色纯度越高,越接近单一色。木材通常由多种颜色组分形成表面材色,所以饱和度不高,光谱分布呈连续、平缓吸收的形式。

关于颜色的表示方法,随着色度学研究的进展,各种定量表征颜色的方法逐步得以广泛应用。这些方法一般都是采用三个独立的颜色参数构成三维坐标空间的系统来完整地定量表征颜色的特征,称为表色系或表色空间(简称色空间)。目前,在国内外常用的表色系有 CIE(1964)补充标准色度系统、CIE(1976)匀色空间色度系统和孟塞尔色度系统。颜色的测定方法有视觉测色法(主观测色法)和物理测色法(客观测色法)。视觉测色法由视觉完全正常的人,在严格的规定条件下,将待测物与已知色进行比较,从而确定物体的颜色。此方法中的已知色为已被检量部门检定并已标定色度学参数的标准色卡。物理测色法利用测色仪器测定被测物的三刺激值(或反射光谱),通过机内或联机的计算机计算,直接读取 L^*、a^*、b^* 等色度学参数和 ΔL^*、Δa^*、Δb^*、ΔE^* 等色差参数。物理测色法的优点是排除了人工目视测量的主观因素和人眼疲劳因素引起的测量误差,并且具有比目视测量更高的分辨力,所以越来越广泛地得以应用。

据我国学者的研究结果,110 种具有代表性的我国主要商品材树种的木材表面材色参数的主要分布特征(除去一个黑颜色树种乌木)为:明度指数 L^* 分布范围较宽($L^* \sim 30 \sim 90$;$V \sim 2 \sim 9$),色品指数和色调值参数分布范围较窄($a^* \sim 2 \sim 20$;$b^* \sim 0 \sim 30$;$H \sim 2.5R \sim 5Y$,大部分分布在 YR 色调系内),饱和度分布范围不宽($C^* \sim 4 \sim 6$;$C \sim 0.5 \sim 6.4$)。针叶树材与阔叶树材的分布特征不同,主要区别是针叶树材分布范围较窄,且多分布在高明度范围(图 6-29);关于世界性大区域森林地理分布对木材材色的影响,结果为:木材树种群材色受地理分布的影响,在其影响因子中,纬度是主要因子;纬度对树种群材色的影响表现为:低纬度地理区域的树种群深材色树种所占百分比较大,随着纬度的增加,深材色树种逐渐减少,浅材色树种逐渐增加;针叶树材和阔叶树材树种群的材色级别分布特征不同,阔叶树材深材色树种的百分比明显高于针叶树材。

木材表面颜色定量表征参数在加工过程中的变化,归纳为以下几点:① 心边材、早晚材材色差别小的匀材色树种,其弦切面和径切面的材色无明显差异。与之相反的树

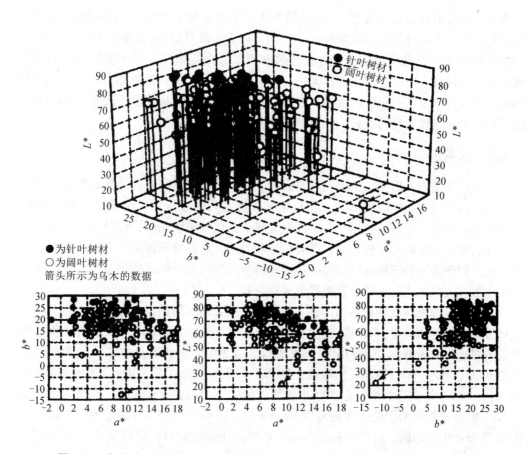

图6-29 我国110种树种木材材色测量值在 $L^*a^*b^*$ 色空间的分布(刘一星, 1993)

种，在一定条件下弦切面和径切面的材色测量值会有某种程度的差别。② 热处理温度、时间条件对木材材色有较大的影响，其中加热温度的作用更为明显。对加热处理最敏感的材色参数是明度指数，它随温度升高和时间延长而降低，此种变化趋势各树种相同，但变化程度在树种间差异很大。加热处理后色调、饱和度的变化方向和程度因树种原有材色特点而各异，本身具有鲜艳色泽的树种在较低温度下就有较明显的变化。③ 表面粗糙度的变化对某些树种的材色有一定程度的影响，一般随着表面粗糙度的降低，亮度和明度指数增加，色调角略有增大，而饱和度因树种材色的色调不同而变化各异。④ 木材在热水抽提、苯醇抽提之后，材色均有一定程度的变化，但变化方式和程度因树种不同而差异明显。处理后抽提液(热水、苯醇)的颜色及色差，与木材表面原有材色及色差呈相关性，说明木材表面材色与其所含抽提物的颜色和种类有着较为密切的关系。⑤ 木材经醇酸清漆和不饱和清漆两种透明涂饰处理后，其材色参数均为明度下降，色饱和度增加。色调仅有微量变化且在各树种之间表现不同。不饱和聚酯清漆涂饰对保持木材天然颜色的效果略优于醇酸清漆涂饰。

木材不经任何处理直接使用，其表面颜色在日光中的紫外线作用下随时间的延长而发生越来越明显的变化，此现象称为木材的光致变色。光致变色对不同的树种其表现形式各异。大致可分为以下几种：① 色调变化：木材改变了其原有的颜色特点；② 褪色：逐渐失去了木材原有的鲜艳色泽，色饱和度大为降低；③ 表面暗化：表面颜色变为暗淡的深色；④ 非均匀变色：材表显露出不均匀的色斑。这些颜色变化都不同程度地破坏了木材给人视觉心理的天然美感，影响了木制品和室内装饰材的质量和耐久性。因此，国内外学者都在积极地致力于根据不同树种材色特点及其变色机理，采取有效措施，防治木材光致变色的研究，并取得了一定程度的进展。

6.6.2 木材的光泽

木材经刨削加工后的平整表面具有光泽，它来自木材表面对光的反射作用。通常用仪器测量得到的表面光泽度(%)，即反射光强度占入射强度的百分率来定量材料表面光泽的强弱程度。木材的横切面几乎没有光泽，弦切面稍现光泽，而径切面上由于富有光泽性的木射线组织的反射作用，具有较好的光泽。这种特征在某些树种的表现非常明显，使人们作为树种识别的依据之一。通常材质致密的木材较材质疏松的木材更富有光泽，木射线组织发达的木材，其光泽度也高一些。

木材的表面光泽度具有各向异性。平行于纹理方向反射的光泽度(GZL)大于垂直于纹理方向反射的光泽度(GZT)。东北林业大学木材学教研室测量了110种国产商品材树种的木材表面光泽度(GZL 和 GZT)，并进行了有关统计分析。总体来看，未经涂饰木材的光泽度(60°—60°)镜面反射数值比较低，大都在10%以下，其变化范围为2.4% ~ 10.80%。GZL 数据基本符合正态分布规律，其分布中心在5.0%左右；垂直入射光泽度 GZT 的分布情况为：全体树种 GZT 的分布中心在4.1% ~ 5.0%的范围，与阔叶树材的 GZT 分布中心相同，针叶树材的分布中心略高于阔叶树材；光泽度比(GZL/GZT)的分布情况与 GZL 相似。

木材表面光泽度，不仅随着入射、反射角度的改变有所变化，更主要的是因入射、反射的方向不同而呈现不同的数值。从110种木材的光泽度测定值来看，绝大多数树种，平行于纹理入射条件下的光泽度测量值 GZL 均大于垂直于纹理条件下的测量值 GZT。产生这种结果的主要原因是木材组织构造上的各向异性。如果将木材经刨削平整之后的纵向表面放大来看，上面有无数个狭长的细胞被剖切所形成的凹痕，对光线有相当于凹镜的反射作用。由于细胞的长轴方向与木材纹理方向相平行，当光线顺此方向入射时，一部分光线从被剖切的细胞壁表面直接折射，一部分光线顺着细胞长轴方向从细胞内折射，反射光的散射程度较小；反之当光线垂直于纹理方向入射时，射入的胞腔内的这部分光线在反射时，往往会受到细胞内壁的阻挡(因为细胞的内径远远小于其长度)，所以反射光的散射程度较大，使木材在此方向的镜面反射率降低。而正是这种表面光学性质的各向异性，构成了木材独特的视觉特性和美感。110 种木材的 GZL 和 GZT 两者之间呈显著的线性相关，如图6-30 所示。

以上介绍的是木材在 60°—60°镜面反射测定条件下，木材表面的光泽度参数。实际上，木材等非金属材料，其反射特性包括表面反射和内层反射。当一束光照射到非金属材料表面之后，其反射光有一部分在空气与物体的界面上反射，这部分称表面反射；还有一部分光会通过界面进入到内层，在内部微细粒子间形成漫反射，最后再经过界面形成反射光,这部分称为内层反射。内层反射实际上是极靠近表面层内部微细粒状物质间的扩散反射,与表面反射相比更加接近于均匀扩散。日本学者曾采用全角度光泽度测量仪,对木材的表面反射、内层反射(对内层反射研究采用了偏光分离法)特性进行系统的研究,并采用积分的方法计算木材和其他材料在全角度定义下的光反射率(相当于各种特定反射角度下反射率的总和),发现,在这种条件下,未涂饰木材表面反射率比通常漆膜要大得多,并且各向异性特征明显,可以推定未经涂饰的木材素材表面具有独特的光泽感,木材素材表面这种特有的反射特

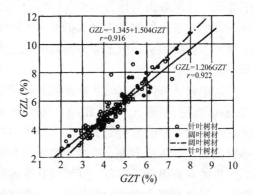

图 6-30　木材表面光泽度 GZL 和 GZT 之间的相关性
(刘一星,1993)

性,其光的反射接近于均匀扩散,比较柔和,又保持了其固有特点和美感,加之木材对紫外线的吸收和对红外线的反射作用(详见本书第 7 章),使得其表面既美观,又有保护眼睛的作用,在日本,幼儿园、小学校所用课桌大多采用未涂饰的实体木材桌面,就是基于上述道理。

6.6.3　木材的光致发光现象(冷光现象)

当物质受到外来光线的照射时,并非因温度升高而发射可见光的现象,称为光致发光现象;当外来光线的照射停止后,发光仍能维持一定的时间,称为余辉。

有些树种的木材,其水抽提液或木材表面在紫外光辐射的作用下,能够发出可见光,这种现象称为木材的光致发光现象(也被称为"荧光现象")。这种发光的颜色和程度虽然因树种而异,但大致可以分为绿色和蓝色。光致发光现象是由于木材中的某种化学物质具有与荧光物质相似的性质,受紫外线的激发作用,发出了低于紫外线波长的光。当这种光的波长进入可见光的范围时,就使人们能够观察到木材的光致发光现象。光致发光现象,有时被木材科技工作者用于树种识别。

6.6.4　木材的双折射

双折射系指射入某些晶体的光线被分裂为两束,沿不同方向折射的现象。双折射的发生是由于结晶物质的各向异性所致。木材细胞壁内的纤维素、胶束(纤维素大分子集合体)属于单斜晶系的结晶体,因而是各向异性体。而且,由于胶束在细胞内大都按近于细胞长轴的方向并行排列,使得细胞壁也呈现各向异性。当光线入射到细胞壁上时,在不同方向的折射率也不相同,从而产生双折射现象。如果胶束在细胞壁中无规则排列,则各方向上的折射率差异相互抵消,就会在所有方向上表现出同样的折射率,呈现与各向同性体相同的光学现象。这种现象称为统计意义上的各向同性。有时即使在构成元素为各向同性的非结晶体的情况下也会因排列等原因而发生双折射现象。该双折射由两相组成,其产生的必要条件为两相的折射率不同,而且其大小和相互间距必须小于光

的波长。这种双折射称为形态双折射。与此相反，前述构成元素为各向异性结晶体的物质，发生的双折射称为固有双折射。以纤维素、胶束和半纤维素以及木质素为主要构成元素的木材细胞壁，由于能够同时出现上述的两种双折射，所以使得其整体的双折射效果显著增大。

对沿树干方向排列的木质部木纤维来说，它在轴向的折射率 n_l、弦向的折射率 n_t 以及径向的折射率 n_γ 各不相同。其中 n_l 最大，n_γ 最小，n_t 居中，n_γ 与 n_t 之差较小。天然纤维素纤维的双折射率（$n_l - n_\gamma = 0.071$），约为石英双折射率的 8 倍。由于木材细胞壁内存在的木质素等非纤维素物质是非结晶体，它们的存在使得双折射率降低，所以木纤维的双折射低于棉花、麻等纯纤维素纤维的双折射。在偏光显微镜下对木材细胞的观察，就是利用了木材的双折射。如果使偏光显微镜的起偏镜和检偏镜的主平面垂直相交，此时让光线入射，因为通过起偏镜的光线振动方向与检偏镜的主平面垂直，所以入射光线不能通过检偏镜。但是，如果在这两者间放入木材或木纤维之类的各向异性物质，光线就能通过检偏镜而显示颜色。这种现象是由各向异性体双折射所分成的两束光波的干涉引起的，称为色偏振。应用这种现象，能够灵敏地鉴定出木材或木纤维的各向异性，并且能够应用偏光显微镜测定木材的微纤丝倾角或观察壁层结构。

复习思考题

1. 什么是木材的纤维饱和点和木材的平衡含水率？
2. 什么是木材的空隙度及实质密度？
3. 什么是木材的干缩湿胀，三个方向上干缩湿胀的性能有何差异？
4. 什么是木材的吸湿滞后？
5. 什么是木材的导热系数、热膨胀系数、导温系数、导电机理、压电效应。
6. 什么是介电常数？介电常数的影响因子有哪些？
7. 什么是木材声学性质的基本参数？
8. 木材的颜色、光泽有何特征？

第 7 章

木材的环境学特性

本章主要介绍了木材的视觉特性、木材的触觉特性、木材的调湿特性、木材空间声学性质、木材的生物体调节特性。

由于木材具有大自然赋予它的独特美感以及优越的材料特性，人类自古以来就喜欢用木材来装点室内环境，制作室内用家具，由此来提高居住环境的舒适性。人们由经验可熟知，有木材(或木制品)存在的空间会使人们的工作、学习和生活感到舒适和温馨，从而提高学习兴趣和工作效率，改善生活质量。

随着木材科学研究的不断深入和发展，有关木质材料作为室内环境用材的研究应运而生，并随人类生活水平的提高而与时俱进，与人类生活的关系越来越密切。20 世纪 70 年代中期由日本学者首先开始了有关"木材—人—环境"之间相互关系的研究，及至 80 年代末 90 年代初，日本、中国、美国相继深入开展有关研究工作，使这方面研究逐渐被认可并发展壮大起来，最终形成木质环境学研究领域。木质环境学的研究定位于探索木材、木质材料作为居住和装饰用材给予居住者的感觉特性、心理作用以及健康影响，运用一些客观的物理量因子和主观的评价量表来反映这种影响的好坏和程度，评价木材、木质材料所营造环境空间的可居住性及对人类生活舒适性的贡献。

本章将从木材的环境学角度出发，介绍木材与人和环境有关的应用特性——视觉特性、触觉特性、调湿特性、空间声学性质以及对生物体的调节特性。

7.1 木材的视觉特性

7.1.1 木材的视觉物理量与视觉心理量

人们习惯于用木材装点室内环境、制作室内用具，是与木材的视觉特性有着密切关系的。木材的视觉特性可以由木材表面视觉物理量与视觉心理量来描述，它们主要由木材的材色、光泽度、图案纹理等物理量参数以及与人类视觉相关并可定量表征的心理量组成。

7.1.1.1 木材颜色 是反映木材表面视觉特性最为重要的物理量，人们习惯于用颜色的三属性即明度、色调和色饱和度来描述木材的材色。应用色度学方法可以对木材材色进行定量测量，木材颜色的分布范围如图 7-1 所示。色调值主要分布在 2.5Y~9.0R (浅橙黄~灰褐色)，以 5YR~10YR(橙黄色)居多;明度值主要分布在 5~8 之间;色饱和

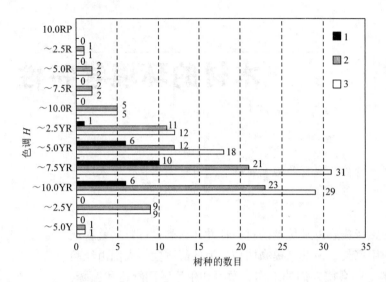

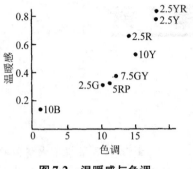

图 7-2　温暖感与色调
（增田稔，1985）

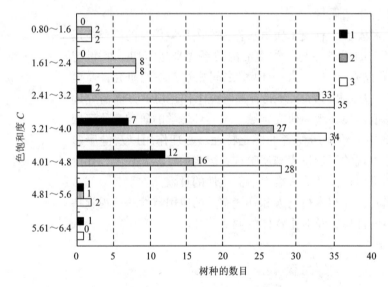

图 7-1　木材孟塞尔色调标号（H）与色饱和度（C）测量值的统计分布图
（刘一星，1993）
1. 针叶树材　2. 阔叶树材　3. 全体树种

度值主要分布在 3～6 之间。针阔叶树材的对比表明，针叶树材的材色偏重于明度较高的橙黄色和浅黄白色，而阔叶树材的材色测量值则分布在一个较宽的空间范围内。

木材的视觉心理量与木材材色物理量有着密切的关系。例如明快、素雅、轻松等心理感觉随着明度值的升高而增大，明度高的木材，如白桦、鱼鳞云杉，使人感到明快、华丽、整洁、高雅和舒畅；明度低的木材如红豆杉、紫檀，使人有深沉、稳重、肃雅之感，说明了材色明度值的改变对心理感觉产生影响。温暖心理量与木材的色调值之间具有较强的正相关，图 7-2 是采用红、黄、橙、绿、紫等不同的颜色印制一系列木纹，用主观评价的方法测得木纹颜色值与视觉心理量温暖感之间的关系，表明了材色中属暖色调的红、黄、橙黄系能给人以温暖之感。色饱和度值则与一些表示材料品质特性的词联系在一起，木材色饱和度值高则给人以华丽、刺激之感；木材色饱和度值低则给人以素雅、质朴和沉静的感觉。东北林业大学 1991—1993 年采用覆盖木材材色范围具有代表性的我国 61 种商品木材为试件，系统分析了颜色参数、光泽度参数构成的视觉物理量与人们视觉心理量之间的关系，结果表明：视觉心理量与木材的视觉物理量参数之间具有比较密切的相关性和内在联系，其结果还与我国历史文化赋予人们的心理习惯有关。

7.1.1.2 木材表面纹理 木材表面纹理(木纹)是天然生成的图案,它是由生长轮、木射线、轴向薄壁组织等解剖分子相互交织,且因其各向异性而当切削时在不同切面呈现不同图案。通常,木材的横切面上呈现同心圆状花纹,径切面上呈现平行的带状条形花纹,弦切面上呈现抛物线状花纹。

木质环境学的研究表明,木纹之所以能给人以良好感觉,原因是多方面的,但其中有三点是非常重要的:

(1)在色度学上,绝大多数树种的木材表面纹理颜色都在 YR(橙)色系内,呈暖色,是产生"温暖"视觉感的重要原因。为验证这一点,用 B(蓝)、G(绿)色系的颜色印刷制成木纹纸,但发现其"温暖"视觉感远远低于用 YR 色系颜色印刷的木纹纸,并且其他视觉心理量如"亲切感"等均大为降低。

(2)在图形学上,木纹是由一些平行但不等间距的线条构成的,给人以流畅、井然、轻松、自如的感觉;而且木纹图案又受生长量、年代、气候、立地条件等因素的影响,木材的生长轮宽度和颜色深浅呈现出涨落起伏的变化形式,这种周期中蕴藏变化的图案,充分体现了造型艺术中变化与统一的规律,赋予了木材华丽、优美、自然、亲切等视觉心理感觉。增田稔的研究也表明:对木材径切面上并列竖条状的纹理图案来说,线间隔、线宽以及材色深浅均为变化的纹理图案与完全规则的纹理图案相比较,其间的视觉感差别是很大的。变化形式的纹理图案,尤其是反差大者,其华丽、豪华的视觉感明显增强;而反差过小者则呈现出平庸、俗气的视觉感。通常,木材纹理图案呈现较低且适度的反差,因此,它非但不会产生平庸的视觉感,而且能够呈现出文雅、清秀等视觉感;而对于某些反差较大的树种,则呈现出华丽的视觉感。木纹图案用于装饰室内环境,经久不衰,百看不厌的原因就在于此。

(3)在生理学上,木材纹理沿径向的变化节律暗合人体生物钟涨落节律。武者利光对木材纹理构造中存在的涨落现象进行的研究表明:通过对木材径向纹理图案的线变化模式进行频谱特性解析,发现木材构造所呈现的功率谱符合 $1/f$ 的分布方式,而 $1/f$ 涨落分布方式是介于完全无秩序的白色涨落 $1/\sqrt{f}$ 和趋于单调的 $1/f^2$ 涨落之间的,恰如其分地避免了 $1/\sqrt{f}$ 涨落所带来的变化激烈和 $1/f^2$ 涨落所引起的贫乏的极端情况,所以给人以运动的、生命的韵律感及和谐的、流畅的自然感。木材色调、纹理、年轮间隔的这种 $1/f$ 谱分布形式与人的生理指标(如 α 脑波的涨落、心动周期的变化)的 $1/f$ 谱分布形式均相吻合,这种节律的吻合是自然界中所有生物体都具有的共同内在特性,从朴素的观点看,这是长期以来自然界优胜劣汰的结果,工业化时代、后工业化时代的某些人工材料产品恰恰是因为缺少了木材的这种特性而一直无法得到人们的信任和喜爱。图 7-3 为心脏率动涨落的功率谱密度图,图 7-4 为对木材横切面显微照片水平扫描得到的黑度功率谱密度图。

上述多为纹理的定性研究结论,尚不足以完全描述千姿万状的木材纹理特征。目前学者们正在运用计算机视觉与数字图像处理的知识对木材表面纹理进行定量化描述和分析,探求与视觉心理量积极相关的木材表面纹理特征参数,尝试运用特征参数预测纹理的视觉心理效果,指导木材的应用,已取得一些积极的进展。

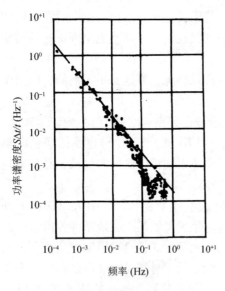

图 7-3 心脏率动涨落的功率谱密度图
（武者利光，1980）

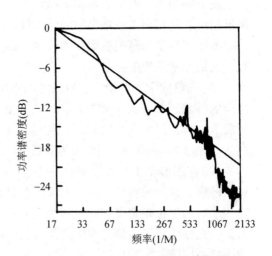

图 7-4 木材横切面显微照片的
黑度功率谱密度图
（武者利光，1980）

7.1.1.3 木材表面光泽感 当强烈的太阳光照射到贴有白色磁砖的建筑物上时，强烈的反射光线会让人难以睁眼，这是因为白色磁砖片对光线形成定向反射，反射率高达 80%~120%，而人眼感到舒服的反射率为 40%~60%。图 7-5 为几种材料的光泽特性。

从中可以看出，通常光泽的最大峰值都出现在反射角为 60°时，但不同材料的波峰大小有很大差别。大理石、不锈钢板、平板玻璃的峰值较大，且分布范围很集中；木材及印刷木纹的表面光泽度的分布范围较广，峰值也较低。未经涂饰的木材在不同方向的光泽曲线差别明显，垂直于纤维方向入射条件下所测量得到的曲线相对于平行入射情况要平缓得多，经涂饰后这种差别降低。研究表明，木材较柔和的表明光泽特性源于其独特的微观构造。木材是多孔性材料，木材表面是由无数个微小的细胞构成，细胞切断后就形成无数个微小的凹面镜，在光线的照射下，木材具有各向异性的内层反射现象，会呈漫反射或吸收部分光线，这样不但会使令人眩晕的光线变得柔和，而且凹面镜内反射的光泽还有着丝绸表面的视觉效果。因此，尽管人们正在不断研究代用木材的仿制品，但目前仿制品仍然代替不了真实木材的表面效果，这与仿制品缺乏木材真实的光泽感有直接的关系。

日常生活中，人们也经常靠光泽的高低判别物体的光滑、软硬、冷暖及其相关性。光泽高且光滑的木材，硬、冷的感觉较强；当光泽度曲线平滑时，温暖感就强一些，由此可知，温暖感不但与颜色有关，而且也与光泽度有关。

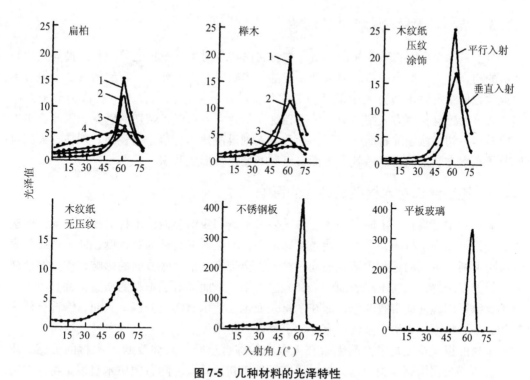

图 7-5 几种材料的光泽特性
1. 平行于纤维方向入射，涂饰 2. 垂直入射，涂饰 3. 平行入射，未涂饰 4. 垂直入射，未涂饰

7.1.2 木材对紫外线的吸收性与对红外线的反射性

虽然紫外线（330nm 以下）和红外线（780nm 以上）是肉眼看不见的，但对人体的影响是不能忽视的。强紫外线刺激人眼会产生雪盲病，人体皮肤对紫外线的敏感程度高于眼睛。图 7-6 是几种室内装修材料的分光反射曲线，从中可以看出，木材可以吸收阳光中的紫外线，减轻紫外线对人体的危害；同时木材又能反射红外线，这与人对木材有温暖感有直接联系。住宅、办公室、商店、旅馆、体育馆、饭店等场所室内所用的木材量简称木材率，木材率的高低与人的温暖感、稳静感和舒畅感有着密切的关系。

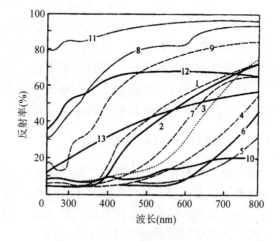

图 7-6 几种室内装修材料的分光反射曲线
1. 未涂饰扁柏径切面 2. 涂饰扁柏径切面 3. 未涂饰红柳桉 4. 未涂饰柚木 5. 未涂饰花梨木 6. 大漆涂饰
7. 木塑复合材 8. 白纸 9. 丝绸 10. 人造革 11. 石膏
12. 大理石 13. 不锈钢

7.1.3 节疤对木材视觉特性的影响

节子是木材表面自然存在的构造。据仲村匡司等对木质壁板的节疤和凹槽与人的心理量的调查研究，适当的节疤会起到一定的装饰效果，给人纯朴、自然的感觉。但节子的视觉心理感觉因东西方人生活环境、文化传统而异。过去东方人一般认为节子有缺陷、廉价的感觉；西方人则对节子情有独钟，认为它有自然、亲切的感觉。因此，东方人要想尽一切办法去除材面的节子，而西方人则设法找寻有节子的表面。现在，人们对于节子在室内装饰的自然感效果方面，已经开始逐步形成共识。

7.1.4 透明涂饰对木材视觉特性的影响

涂饰对木材具有一定的保护和装饰效果，不透明涂饰会掩盖木材的视觉效果，而透明涂饰则可提高木材的光泽度，使光滑感增强；增强木材纹理的对比度，使纹理线条表现得更清晰、更具动感和美感。但同时涂饰也会带来其他一些方面的影响，如涂饰会减弱木材的温暖感，减弱木材表面的柔和光感效果，从而降低了木材的质感，并且由于清漆本身都不同程度地带有颜色，涂在木材表面也会使木材颜色变深。因而，涂饰会使木材的豪华、华丽、光滑、坚硬、寒冷、沉静等感觉增强。

木材的视觉特性是多方面因素在人眼中的综合反映，总体反映了木材的美感、质感、价值感与实用感。关于这方面的研究还处于初级阶段。随着模仿木材视觉特性制造人造板表面装饰材料行业的兴起，木材视觉特性的研究也必将迈上一个新的台阶。

7.2 木材的触觉特性

以木材作为建筑内装饰材料以及由其制造的家具、器具和日常用具等，给人以某种感觉，包括冷暖感、糙滑感、软硬感、干湿感、轻重感等，一般常以冷暖感、粗滑感、软硬感综合评价某种物体的触觉特性。木材的触觉特性与木材的组织构造，特别是与表面组织构造的表现方式密切相关，不同树种的木材，其触觉特性也不相同。因此，木材的触觉特性反映了木材表面非常重要的物理性质。

7.2.1 木材表面的冷暖感

用手触摸材料表面时，界面间温度的变化会刺激人的感觉器官，使人感到温暖或寒冷。冷暖感是由皮肤与材料间的温度变化以及垂直于该界面的热流量对人体感觉器官的刺激结果来决定的。

实验发现，木材的导热系数能够影响热量在木材中的热流量密度、热流量速度，影响皮肤-木材界面间的温度、湿度的变化，归根到底影响木材的接触冷暖感。图 7-7 表明了木材冷暖感与木材导热系数之间的关系。木材的冷暖感心理量与热流方向

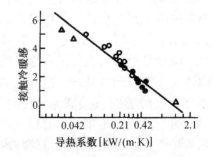

图 7-7 木材冷暖感与木材导热系数之间的关系

（原田等，1983）

的导热系数的对数基本呈直线关系，导热系数小的材料如聚苯乙烯泡沫和轻木等，其触觉特性呈温暖感，导热系数大的材料如混凝土构件等则呈凉冷感觉。由于木材顺纹方向的导热系数一般为横纹方向的 2~2.5 倍，所以木材的纵切面比横断面的温暖感略强一些。图 7-8 为皮肤-木材界面的温度随时间变化的示意图。图 7-9 为手指和材料接触时指尖温度的变化过程。

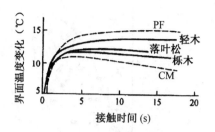

图 7-8　皮肤-木材界面的温度随时间的变化

图 7-8、图 7-9 表明，手接触试件后手指温度迅速下降，界面温度在手温以下迅速增加，达到手温后温度以不同方式变化着，并因所用的材料不同而异。对于聚苯乙烯泡沫和轻木，其温度极为缓慢地增加，而对于混凝土和密度高的木材，如栎木其温度在缓慢地降低；对于中等密度的木材，如落叶松其温度保持相对稳定。穿过皮肤-木材界面间的热流速度随时间而变化，起初热流速度非常快，以后呈指数规律下降。

铃木正治测定了手指与木材、木质人造板等多种材料接触时的热流量密度（表 7-1）。由表 7-1 可见，木材及塑料适于人类活动时使用；羊毛等柔软物质适于休息时使用。

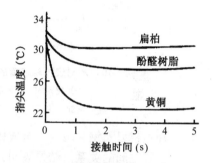

图 7-9　手指和材料接触时指尖温度的变化过程

环境温度对木材影响较小，一年四季木材都给人以适当的冷暖感。人接触地板时，依地板材料（木质、混凝土、PVC 塑胶地砖）不同，在室温 18℃ 条件下试验，皮肤温度降低以混凝土最大，其次为塑胶地砖，木地板最轻微。

表 7-1　手指与材料接触时的热流量密度

材料名称	热流量密度 (W/m²)	导热系数 [W/(m·K)]	材料名称	热流量密度 (W/m²)	导热系数 [W/(m·K)]
钢　板	238.23	38.4	扁　柏	124.77	0.084
铅　板	317.78	216.0	白　桦	141.93	0.168
玻　璃	204.32	0.816	氨基醇酸漆涂饰的柞木	130.63	0.164
陶瓷器	181.71	1.08	聚酯涂饰的胶合板	158.68	0.110
混凝土	204.32	1.92	三聚氰胺贴面板	193.01	0.30
砖	164.54	0.564	硬质纤维板	141.93	0.126
硬质氯乙烯	147.80	0.31	刨花板	136.07	0.12
脲醛树脂	136.10	0.30	纸	147.80	0.18
酚醛树脂	170.40	0.30	羊　毛	113.46	0.045
聚苯乙烯	113.46	0.042			

7.2.2　木材表面的粗滑感

粗糙感是指粗糙度和摩擦刺激人们的触觉，一般说来，材料的粗滑程度是由其表面上微小的凹凸程度所决定的。因为木材细胞组织的构造与排列赋予木材表面以粗糙度，

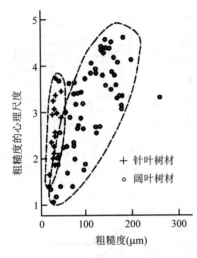

图 7-10 木材表面粗糙度的物理尺度和心理尺度
(佐道健，1977)

尽管木材经过刨切或砂磨，但是由于细胞裸露在切面上，使木材表面不是完全光滑的，刨削、研磨、涂饰等表面加工效果的好坏，在很大程度上将影响木材表面的粗滑感。

佐道健等对木材表面粗糙度与粗糙感的关系进行了研究，由仪器测得的木材表面均方根粗糙度(R_{rms})和最大深度(R_{max})与视觉、触觉综合得到的粗糙感的关系在针、阔叶树材之间有差异（图 7-10）。针叶树材的 R_{max} 比阔叶树材的分布范围窄。而粗糙感的分布范围针叶树材比阔叶树材窄。对于阔叶树材来说，主要是表面粗糙度对粗糙感起作用，木射线及交错纹理有附加作用。而针叶树材的粗糙感主要来源于木材的年轮宽度。

用手触摸材料表面时，摩擦阻力的大小及其变化是影响表面粗糙度的主要因子。铃木正治曾以9种木材以及钢、玻璃、合成树脂、陶瓷和纸张等材料为对象，研究了触觉光滑性与摩擦系数之间的关系。结果表明，摩擦阻力小的材料其表面感觉光滑。在顺纹方向针叶树材的早材与晚材的光滑性不同，晚材的光滑性好于早材。木材表面的光滑性与摩擦阻力有关，它们均取决于木材表面的解剖构造，如早、晚材的交替变化，导管大小与分布类型，交错纹理等。

目前，地板步行感方面的研究引起了有关学者的重视。木材的摩擦系数是适度的，静摩擦系数与动态摩擦系数之差几乎没有，所以，木地板步行感优良，特别当地板表面水分状态变化，非木质地板由于结露而光滑，发生障碍性事故的例子很多，木质地板难于结露，不会因此而变得容易滑动，仍能保持良好的步行感。

7.2.3 木材表面的软硬感

木材表面具有一定的硬度，其值因树种而异。通常多数针叶树材的硬度小于阔叶树材，前者国外称为软材，后者称为硬材。国产材的端面硬度平均为 53.5MPa，变化范围为 13.1~165MPa。其中针叶树材平均为 34.3MPa，变化范围为 19.2~63.8MPa；阔叶树材平均为 60.8MPa。针叶树材端面最高与最低值相差约 3 倍，阔叶树材相差 12 倍左右。针、阔叶树材均是端面硬度比侧面高，弦面硬度略比径面高。端面:径面:弦面约为 1:0.80:0.83。不同树种、同一树种的不同部位、不同断面的木材硬度差异很大，因而有的触感轻软，有的触感硬重。在漆膜物理性能检测项目中，有漆膜硬度及漆膜抗冲击性试验，这两项指标与木材的硬度有着直接关系。当木材的硬度较高时，漆膜的相对硬度也会提高。例如，桌面经常会出现一些划痕压痕等痕迹，这些痕迹的出现既有漆膜硬度较低的原因，也有木材本身强度低的缘故。因此，人们都喜欢用较硬的阔叶树材作桌面。抗冲击性与硬度的关系也有相同的道理，木材的硬度与抗冲击韧性之间有很高的相关性。

作为一种高分子物体，木材还能产生弹性和塑性变形，可让人有舒服感。在外力作用下，相邻微纤丝分子链之间发生滑移，细胞的壁层相应变形；随外力的撤消，微纤丝分子链回归原位置，变形恢复。木材还具有较好的抗冲击性能，吸收部分冲击能量，所以铺设木地板、使用木家具，使人感到有安全感。

7.2.4　木材触觉特性的生理反应

生理方面的实验也表明：人在与木材对比其他材料接触时，人的生理指标是有一定变化的，如脉搏的增加、血压的升高、呼吸节奏的变化、肢体温度的变化、心率变异程度、脑电 α、β、θ 波的功率谱变化等，在这些方面木材表现得要好于其他材料。与木材接触时，人体血压略有升高，但幅度不大，且很快恢复到原位；心跳间隔略微减小，交感神经活动略增强，但副交感神经的活动并未有多大的减弱，甚至有增强趋势；脑电的 α 波减少，β 波增加，显示兴奋性增强；此外，肢体的温度变化、痛觉等均不明显。而与其他材料如金属、石材、塑料等接触时，以上生理指标变化幅度较大，有些指标的变化趋势甚至不利于人体健康。以上都说明木材能给人以适度的刺激感，这种适度的刺激感使木材有别于其他材料，既能给人以美好感觉，同时刺激又不会很强，不至于影响人的注意力、危及人的健康。

7.2.5　木材触觉特性的综合分析

当人们接触到某一物体时，这种物体就会产生刺激值，使人在感觉上产生某种印象。而这种印象往往是以一个综合的指标反映在人的大脑中，一般常以冷暖感、软硬感、糙滑感这三种感觉特性加以综合评定。如果以 W、H、R 分别代表这三种感觉特性的心理量，则可形成一个直角坐标空间（简称为 WHR 空间）。可以认为，在 WHR 空间位置上越接近的材料，其触觉特性越相似。可按各种材料空间距离进行聚类而得出聚类分析谱系图，再按聚类距离可将这些材料分为表 7-2 所示的 7 个类别。木材及木质人造板等划归到第 V 类。比较各种材料的触觉特性可知木材及木质人造板的冷暖感偏温和、软硬感和糙滑感适中，能给人以适宜的刺激，引起良好的感觉，通过这种感官刺激大脑，进而调节人的心理与健康。

表 7-2　木材及各种材料触觉特性综合分析

类　别	材　料
I	水磨石、大理石、不锈钢(0.2mm 厚)、不锈钢(0.05mm 厚)、铝板(0.3mm 厚)、铝板(0.5mm 厚)、大理石(粗磨)、透明玻璃
II	环氧树脂板、P 瓷砖、三聚氰胺板、聚丙烯板、聚酯板
III	混凝土板、型面玻璃、石膏板、塑料水磨板、瓷砖水泥刨花板、水泥石绵、压花瓷砖
IV	水泥木丝板
V	柏木、熟皮、泡桐、被褥、柳桉、软质纤维板、硬质纤维板
VI	草垫、席子、鹿皮
VII	绒毯(羊毛)、绒毯(丙烯类)、毛皮

7.3 木材的室内环境湿度调节特性

当室内环境的相对湿度发生变化时，具有吸放湿特性的室内装饰材料或家具等可以相应地从环境吸收水分或向环境释放水分，从而起到缓和湿度变化的作用，这就是所谓的材料的湿度调节功能。与混凝土、塑料等材料相比较，木材具有优良的吸放湿特性，因而具有明显的湿度调节功能。

7.3.1 室内环境的湿度变化

相对湿度的定义为：

$$H(\%) = \frac{P}{P_0} \times 100\% \tag{7-1}$$

式中：H 为相对湿度；P 为实际水蒸气压力；P_0 为饱和蒸汽压。

室内环境相对湿度的变化主要来源于两个方面：一是由于温度的变化使室内空气中水蒸气的饱和蒸汽压(P_0)发生变化；二是由于开门、窗等产生水分的流入或流出，使室内空间的实际水蒸气量发生变化，从而引起实际水蒸气压力(P)发生变化。

在一个密闭空间内，假设所有材料都不产生吸湿或解吸，则可以通过公式计算得到一定绝对湿度下相对湿度随着温度的变化，结果如图 7-11 所示。在一定的绝对湿度下，相对湿度的对数 $\lg H(T)$ 随着温度 T 的升高呈线性下降趋势。对于不同的绝对湿度，直线的斜率十分接近。

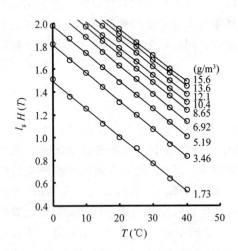

图 7-11 不同绝对湿度条件下相对湿度的对数 $\lg H(T)$ 和温度 T 之间的关系
（则元京 等，1990）

7.3.2 木材的湿度调节功能

在实际生活中，室内空间不是一个密闭的空间，所以外界的湿度变动对室内环境有必然的影响。大气环境的温度和绝对湿度随着季节的变化不断变化，而且一天之内的变化范围通常也很大。则元京等测定了冬季和夏季的一天内外界温度和相对湿度的变化，如图 7-12 所示。在没有冷暖气但用 5mm 厚的木质胶合板装饰的房间内，相对湿度的变

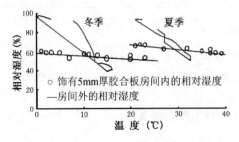

图 7-12 饰有 5mm 木质胶合板的室内与外界一天内的温湿度变化比较

化如图中圆圈所示。由图可见，与外界的湿度变化相比，饰有木材的室内相对湿度处于比较稳定的状态。

木材的湿度调节能力一般可以用 B 值来衡量。具体方法是将木材的侧边用石蜡密封，把木材铺装在一个密闭的箱体内，箱体放在一个温控箱内。箱体用导热性良好的材料制成，因此通过改变温控箱的温度可以使箱内的温度发生变化，并测定箱内相对湿度随着温度变化的变化幅度。研究发现，相对湿度的对数与温度之间呈近似的线性关系，直线的斜率可以用 B 表示。如果材料的吸放湿特性可以使相对湿度在任意温度下保持恒定值，那么 $\lg H(T)$ 和 T 之间的关系曲线的斜率为 0，即 B 值为 $0℃^{-1}$。相反，如果材料完全没有湿度调节功能，则 B 值达到最小值，约为 $-0.0245℃^{-1}$。

用 B 值作为衡量指标的依据是材料对由温度变化引起的相对湿度变化作出的反应不同。前面已经讨论过，水蒸气的流入或流出是另一个引起相对湿度变化的原因。因此，衡量材料的湿度调节能力的另一个方法是改变一个恒温空间内的水蒸气绝对量（绝对湿度），观察该空间内饰有不同材料时相对湿度的变化。

通过直接测量不同相对湿度环境中试材质量的变化，从而得到有关试材的吸放湿能力方面的信息。通过吸放湿能力与湿度调节能力之间的相关关系间接地衡量木材的湿度调节能力。

7.3.3 木材湿度调节能力的影响因素

影响木材的湿度调节能力的因素主要包括气积比 A/V、树种、木材厚度和木材的表面处理等。

7.3.3.1 气积比　所谓气积比，是指空间内装饰材料的表面积（A）与室内空间的体积（V）之间的比值（A/V），单位为 m^{-1}。随着气积比的增加，木材对室内环境的湿度调节能力呈上升趋势。图 7-13 所示为试材在一个密闭的不锈钢箱体（尺寸为 $20cm \times 20cm \times 30cm$）内的 B 值与气积比 A/V 之间的变化曲线。箱内的温度在 15~25℃ 之间循环变化，每隔 6h 温度变换一次。试材的初始含水率为 20℃，相对湿度为 65% 时的平衡含水率。由图可见，对于任何树种的木材来说，B 值随着气积比的变化趋势十分一致，即，在低气积比范围内，B 值随着气积比的增加迅速增大；在高气积比范围内，B 值的增大幅度减缓，随着气积比逐渐向 $0℃^{-1}$ 趋近。

7.3.3.2 树种　则元京等（2001）的研究表明，B 值和木材的密度之间存在一定的相关性，即 B 值随着密度的增大呈线性增长趋势。并且，在气积比低的状态下，B 值随着密度的增长趋势愈加明显。图 7-13 中各种不同的树种的 B 值之间有较大的差异。

7.3.3.3 木材厚度　由于水分传

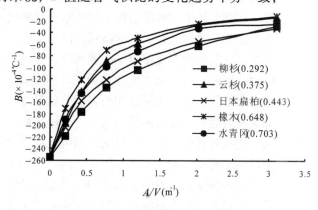

图 7-13　不同树种的木材的 B 值与气积比 A/V 之间的关系（则元京等，1990）

导需要一定的时间,所以对于短周期内木材的湿度调节能力来说,木材的厚度对湿度调节能力的影响不太明显。但是,通过对较长周期内木材的湿度调节能力的测定可以发现,木材越厚,湿度调节能力越持久。所以如果想使室内湿度在长时期内保持较稳定的状态,用于室内装饰的木材的厚度必须达到一定的值。

7.3.3.4 木材的表面处理 作为室内装饰材料的木材在使用前通常都经过表面处理,所以与室内环境直接接触的是木材上涂饰的涂料。因此,涂料的性能与木材的湿度调节能力有十分密切的关系。

7.4 木材空间声学性质

室内的声环境也是构成室内环境的重要因素。对于室内的声环境,一是要求避免听到本室以外空间传来的令人讨厌的声音,即隔声性能要好;二是要求能够听到赏心悦耳的音响,即室内的音响特性要好,回音时间、混响时间等要合适;三是要求吸音性好,能够消除一些杂音。理想的声学环境应使每一个人能在最愉快、最有效的空间中工作、学习、消遣和休息。

木材的空间声学特性,是指木材(或木质材料)作为建筑内装材料或特殊用途材料时,对室内空间声学效果(建筑声学、音乐声学)以及对房屋之间隔音效果的影响、调整作用。它与木材对声音的吸收、反射、透射特性和声阻抗等物理参数有关。木材的声阻抗居于空气和其他固体材料之间,较空气高而较金属等其他建筑材料低。因此,在对室内声学特性有一定要求的建筑物,如影院、礼堂、广播的技术用房等,木材及其制品作为吸声、反射(扩散)和隔声材料,得到了广泛的应用。

7.4.1 木材的声吸收特性

在厅堂等室内空间,如果混响过强,就会因余音过长而出现讲话声音混淆不清的情况。任何材料都具有一定的吸声能力,只是吸声能力大小不同而已。通常坚硬、光滑、结构紧密的材料吸声能力差;粗糙松软、具有相互贯穿内外微孔的多孔材料吸声能力好。厅堂设计中,常考虑用木材或木质材料构成具有吸声作用的内装材料,在这种情况下,需要了解和研究木材的声吸收特性。

当空气中的声波作用于木表面时,一部分被反射回来,一部分被木材本身的振动所吸收,还有一部分被透射。木材的声吸收能力用吸声系数 α 来表示。声波的吸声系数为吸收能量、透射能量之和与入射总能量之比。入射总能量与材料吸收、透射能量之差即为反射能量。反射能量的大小,取决于反射界面两侧介质声阻抗的差异程度,差异越大,则反射越强。由于木材的声阻抗比空气大 4 个数量级,所以作用在木材表面的声波大部分能量被反射。在整个频率范围,平均吸声系数约为 0.1,这说明有 90% 的能量被反射回声源室内。除声阻抗之外,木材的吸声系数还与其表面的平整程度以及涂饰有关,经涂漆后的木材吸声系数降至原来的 1/2 左右,这说明表面粗糙未修饰的材面能吸收更多的声能使之转换为热能。

从上述情况来看,普通的木板吸声系数较小,直接用作吸声材料似乎不太适宜。实际上，木材的吸声系数不仅与上述声阻抗、表面平整程度等因子有关，还与固定方式、后部空气层的深度有关，明显地表现出吸声的频率特性。利用这种关系，可以适当地降低木板的厚度，并加入空气层，以提高吸声系数。例如，在厅堂音质设计中往往用薄板（如胶合板）与后部空气层，结合成低频吸声系数较高的吸声结构。

综上所述，木材为多孔性吸声材料，用木质材料作墙壁的室内，回声小，混响时间适当，比混凝土、砖等结构的室内感到安静，主要归结于木材的吸声性能。

7.4.2 木材的声反射与室内混响

在建筑设计中，常需考虑声反射的问题。木材如前述因声阻抗明显高于空气声阻抗，能够将入射到其表面的声能大部分地反射回声源空间。木材还具有密度低、强重比高和便于加工的优点，安装、悬吊都比较方便。因此，为了美化厅堂的音质，往往用木材制成各种类型的反射板、扩散板，广泛地应用在厅堂的舞台、天棚或墙面上。由于板状木材声吸收与其厚度有关，太薄的木板，其本身的振动（或与空气层的共振）会产生较强的声吸收，不利于反射，所以用做反射的木板（如果不是在紧贴实墙的情况下）必须具有一定的厚度。

木质地板、天花板和木制家具在控制环境混响时间、抑制环境噪声方面比较有利，能营造较好的室内声环境，人处于其中，比在混凝土、砖等材料结构的室内感到舒适。

混响时间是声音强度衰变到1/100（降低60dB）所需的时间，取60dB是因为人听到的声音是60dB左右，衰变60dB，就是声音衰变到听不到所用的时间。混响时间一般取响度要求和清晰度（语言和律音清楚）要求之间的折中结果，因此，混响时间要根据房间使用目的有所不同。教室、起居室、会议室、报告厅、大会堂等主要为语言应用的建筑，以及办公室、实验室、研究室等脑力劳动场所，要求较短的混响时间；在音乐方面要求丰满、温暖、扩散等效果，因此音乐厅、剧院等则需要较长的混响时间；多功能厅的混响时间取中间值。

庄纯合等对木质居住环境的音响特性进行了研究。研究认为：木质内装材料与木质家具可使室内空间获得较为适中的混响时间，在交谈时可拥有良好的清晰度，且有较好的隔音效果。室内语音清晰度研究也表明，在木造居室内和混凝土造居室内的混响时间是不同的，混凝土居室内声音的混响时间为0.4~0.6s，而木造居室内为0.2~0.4s，因此，如果有两组以上的人在同一居室内谈话，则在混凝土造居室内谈话被干扰的程度大于木造居室。

7.4.3 木材的声透射与隔声性能

在居室做各种家务会发出相当大的噪声，如锯切材料的声音达70~80dB，炒菜达55~65dB，洗碗碟达60~80dB，吸尘器、洗衣机及换气扇等达70dB。为此，要考虑隔墙材料的声透射性。

透射墙壁的能量大小，取决于初始的声强、隔墙的质量（惯性）、隔墙的刚性（弹性）和隔墙的支承方式。对于单一的隔墙，声波的透射损失数 TL(dB)与面密度 W（隔墙单位面积的质量）和声波的频率 f(Hz)之间有如下关系：

$$TL = 20\lg W + 20\lg f - 48 \tag{7-2}$$

从式中可以看出，材料的隔声性能，除了与频率有关之外，主要依靠本身的质量。质量越大，其隔声效果就越好。所以，从这点来看，密度低的木材，如单独使用，难以获得好的隔声效果。但是，对建筑物中经常开启的部分，如门窗等，不可能制造得非常笨重，还是希望利用木材这种密度低、强重比大的材料。因此，常采用木材与其声阻抗差异很大的材料进行组合，例如用胶合板加以蜂窝状松散材料夹层来提高隔声性能。中尾哲也、高桥徹等进行了以木质地板降低由本层传至楼下层冲击噪音的实验，采用阻抗法以轮胎落地声模拟人体赤足步行时的声音，发现木质地板可使传至楼下的噪音减低 10dB。

7.5 木材的生物体调节特性

近几年，木质环境学的研究已将热学、声学、光学等基础科学与医学、生物学、心理学等相结合起来，综合评价室内环境对生物体及人体的影响。生物体机体的正常生理活动，实质上是它与生存环境不断进行复杂相互作用的过程。机体为了生存，常常要求生存环境具有一定的条件。基于这一原理，研究人员设计了利用生物体反馈来了解生存环境是否有利于生物体生长发育的实验，得出了一些研究成果。

7.5.1 对动物体的影响调节

对动物体的生长、发育、繁殖的影响方面，佐藤孝二、有马孝礼、李坚、赵荣军等曾分别用木材和不同种类的内装材料对小白鼠生长、发育及繁殖的有关生理指标的影响进行了比较研究，得出结论：

(1) 不同饲育箱对小白鼠的生长、发育的影响不同：木质饲养箱的小白鼠成活率高；体重方面差异很明显，木质饲养箱内的小白鼠的体重高于铝皮与混凝土箱的小白鼠；脏器数值，木质饲养箱脑质量高于其他饲养箱。

(2) 不同饲育箱对小白鼠的生殖、繁殖能力影响不同：大多木质饲养箱内小白鼠的卵巢与睾丸重量均值较高，显示木质饲养箱的小白鼠繁育器官发育良好。

(3) 不同饲育箱中小白鼠的行为学表现不同：行为学观察比较可得知，木质饲养箱中的小白鼠活泼好动、毛色均匀发亮、比较健康，而混凝土箱体中的小白鼠存活率低，铝皮饲养箱中大多数小白鼠生长状况一般。

以上说明木质材料对生物体的生理性状具有良好的调节作用，优越于混凝土箱与金属箱。

7.5.2 对人体的影响调节

对人体的影响方面，经过调查得出木造住宅与人体的心理、生理特性、舒适性等健康指标有密切关系。

7.5.2.1 木质环境对人的心理影响
增田稔研究了木材率与视觉心理量之间的关系，得出结论：

(1) 木材率与温暖感之间的关系：随木材率增加，温暖感的下限值逐渐上升，而冷感逐渐减少；当木材率低于43%，温暖感的上限随木材率的上升而增加，但当木材率高于43%时反而会下降。当室内空间平均色调在2.5YR附近时，温暖感最强。

(2) 木材率与稳静感之间的关系：稳静感的下限值随木材率上升而提高，但其上限值与木材率无明显关系。

(3) 木材率与舒畅感之间的关系：木材率较低时，舒畅感不明显，随木材率上升，舒畅感下限逐渐升高，上限保持比较稳定。钢筋混凝土住宅的人们感觉比较压抑的人数居多，这点说明，钢筋混凝土住宅的居民，在"郁闷"这种精神疲劳特别是气力衰退项目上，心理压抑呈现较高的状态。刘一星等采用我国64个树种木材的实验心理学调查研究结果表明，木材的视觉心理量与视觉物理量之间具有比较明显的相关关系，而且与历史和传统文化赋予人们的心理习惯有关。

另一项有关木质建筑材料对教室内环境影响的研究调查表明，不管春夏秋冬，用混凝土建造教室引起学生们的身体不适者会较木造教室高，在混凝土造教室的学生有发生慢性精神压力疾病的危险。

7.5.2.2 木质环境对人的生理影响 宫崎良文运用主观评价和生理指标检测的手法，从木材的视、触、声、嗅方面探讨了木材对人的自主神经系统、中枢神经系统生理指标的影响，揭示了木质环境与人的自然的舒适感的关系，其结论认为：无论是在精神层面还是在生理层面上，木质环境均能营造对人有利的自然舒适感。这方面的研究还有待于进一步开展。

7.5.2.3 木质环境对人的健康影响 经调查得知，木造住宅的小孩出生率较高，人的平均年龄也较高，长期居住在木造住宅中可以延长寿命，死亡年龄的平均值较钢筋混凝土造住宅高9~11岁。木造率较高时，肺癌、食道癌、乳腺癌、肝癌、子宫癌等引起的死亡率降低。

7.5.2.4 木质环境对人可居住性影响 中尾哲也曾以"居住在木造住宅能长寿吗？如会长寿其原因何在"为题，比较木造住宅与混凝土住宅的差异，利用受益分析法和网络分析法，取对居住舒适性有影响的温度、湿度、房间布置等21个居住因子，从满足度、影响度、认识度这3个方面分5级进行问卷调查。调查结果表明，木造住宅比混凝土住宅具有较佳的居住性，其中温度、湿度等各种居住因子的评价均很高。Thomas C. Marcin，Henry Spelter也调查研究了美国现在的建筑材料用材，结果为：过去的塑料、金属、水泥材料在新住宅中使用较少，而逐渐被胶合板与其他木质材料所替代；传统的木结构比较流行。杉山英男研究了日本未来的木质住宅，认为随着经济的发展，未来住房将趋于高层次化，传统的轴梁结构、砖木结构、土木结构房屋逐渐减少，而北美结构和预制结构的住宅将逐渐增加，因此，木结构房屋预制件、集成材等已引起人们的关注。

综上所述，就不同材料所构成的居室环境对人体心理和生理上造成的影响及可居住性而言，木质材料比传统的砖、瓦、混凝土等建筑材料具有更为突出的优越性和利用价值。

复习思考题

1. 谈一谈木材的视觉、触觉、听觉等环境学特性,以及它们在生活中有哪些应用。
2. 何谓木材的空间调湿特性?
3. 木造住宅对动物体和人体能起到什么样的调节作用?

第 8 章

木材的力学性质

本章主要介绍了木材力学性质的基本概念、木材的应力-应变关系；木材的正交异向弹性、木材的黏弹性、木材的塑性；木材的强度与破坏、单轴应力下木材的变形与破坏特点；基本的木材力学性能指标；影响木材力学性质的主要因素等。

木材力学是涉及木材在外力作用下的机械性质或力学性质的科学，它是木材学的一个重要组成部分。木材的力学性质是度量木材抵抗外力的能力，研究木材应力与变形有关的性质及影响因素。

木材作为一种非均质的、各向异性的天然高分子材料，许多性质都有别于其他材料，而其力学性质和更是与其他均质材料有着明显的差异。例如，木材所有力学性质指标参数会因其含水率(纤维饱和点以下)的变化而产生很大程度的改变；木材会表现出介于弹性体和非弹性体之间的黏弹性，会发生蠕变现象，并且其力学性质还会受荷载时间和环境条件的影响。总的来说，木材的力学性质涉及面广，影响因素多，学习时须结合力学、木材构造、木材化学性质的有关知识。

木材力学性质包括应力与应变、弹性、黏弹性(塑性、蠕变)、强度(抗拉强度、抗压强度、抗弯强度、抗剪强度、扭曲强度、冲击韧性等)、硬度、抗劈力以及耐磨耗性等。

8.1 应力与应变

8.1.1 应力与应变的概念

8.1.1.1 应力 物体在受到外力时具有形变的趋势，其内部会产生相应的抵抗外力所致变形作用的力，成为内力，当物体处于平衡状态时，内力与外力大小相等，方向相反。应力就是指物体在外力作用下单位面积上的内力。

当外力均匀地作用于顺纹方向的短柱状木材端面上，柱材全长的各个断面上都将受到应力，此时，单位断面面积上的木材就会

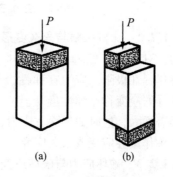

图 8-1 顺纹理加压与顺纹理剪切
(a)顺纹理加压 (b)顺纹理剪切

产生顺纹理方向的正应力[图 8-1(a)]。把短柱材受压或受拉状态下产生的正应力分别称为压缩应力和拉伸应力。当作用于物体的一对力或作用力与反作用力不在同一条作用线上,而使物体产生平行于应力作用面方向被剪切的应力,这种应力被称为剪应力[图 8-1(b)]。应力单位曾一度使用 dyn/cm^2、kgf/cm^2 等,近年来开始采用国际单位 N/mm^2($=MPa$)。

8.1.1.2 应变 外力作用下,物体单位长度上的尺寸或形状的变化称为应变,或称相对变形。应变也分为正应变 ε 或剪(角)应变 γ。正应变在 $\varepsilon>0$ 时被称为拉伸变形,在 $\varepsilon<0$ 时被称为压缩应变。正应变、剪应变用无量纲表示,也可用其百分值(%)表示。

8.1.2 应力与应变的关系

8.1.2.1 应力-应变曲线 物体在外力(载荷)作用下产生的变形与外力的大小有关,通常用载荷-变形图来表示它们的关系。载荷-变形图是以纵轴表示物体受到的载荷,以横轴表示物体的变形量,坐标轴空间中根据载荷数值和变形大小做出的曲线被叫做载荷-变形曲线;同理,把表示应力与应变的关系图定义为应力-应变图,曲线为应力-应变曲线。应力-应变曲线与材料或物质固有的性质有关,能概括性地描述物体从受外力开始直到破坏时的力学行为,是研究物体力学性质非常有用的工具。

图 8-2(a)模式地表示了应力-应变曲线的特征。即:应力-应变曲线由从原点 O 开始的直线部分 OP 和连续的曲线部分 $PEDM$ 组成。曲线的终点 M 表示物体的破坏点。

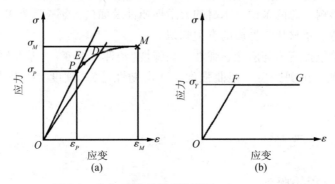

图 8-2 应力-应变曲线(模式图)(伏谷贤美,1985)

8.1.2.2 比例极限与永久变形 直线部分的上端点 P 对应的应力 σ_P 称作比例极限应力,对应的应变 ε_P 称作比例极限应变;从比例限度 P 点到其上方的 E 点间对应的应力称作弹性极限。应力在弹性极限以下时,一旦除去应力,物体的应变就会完全回复,这样的应变称作弹性应变。应力一旦超过弹性限度,应力-应变曲线的斜率减少,应变显著增大,这时如果除去应力,应变不会完全回复,其中一部分会永久残留,这样的应变称作塑性应变或永久应变。

8.1.2.3 破坏应力与破坏应变 随着应力进一步增加,应力在 M 点达到最大值,物体产生破坏。M 点对应的最大应力 σ_M 称作物体的破坏应力、极限强度等。与破坏应力对应的应变 ε_M 叫破坏应变。

8.1.2.4 屈服应力 有时,当应力值超过弹性限度值并保持一定或基本上一定,而应变急剧增大,这种现象叫屈服,而应变突然转为急剧增大的转变点处的应力叫屈服应力。图8-2(b)表示了弹性变形呈直线屈服时的情况,其中 σ_Y 表示屈服应力。

8.1.2.5 木材应力与应变的关系 木材的应力与应变的关系比较复杂,因为它的性能既不像真正的弹性材料,又不像真正的塑性材料,而属于既有弹性又有塑性的材料——黏弹性材料。在较小的应力范围和较短的时间内,木材的性能十分接近于弹性材料;反之,则近似于黏弹性材料。所以,有必要先学习一下木材的弹性以及黏弹性的知识。

8.2 弹性与木材的正交异向弹性

8.2.1 弹性与弹性常数

8.2.1.1 弹性 应力在弹性极限以下时,一旦除去应力,物体的应变就完全消失。这种应力解除后即产生应变完全回复的性质称作弹性,而仅表现弹性的物体称作弹性体。对弹性体的弹性可以用弹性常数来表示。

8.2.1.2 弹性常数

(1) 弹性模量和柔量:除大理石和橡皮以外,所有建筑材料的直线应力与相应应变的关系在比例限度以下符合虎克定律:

$$\sigma = E\varepsilon \tag{8-1}$$

这里,比例常数 E 叫做弹性模量或杨氏模量。因为 ε 是量纲为1的比例系数,所以 E 与 σ 的量纲相同,为 MPa。

弹性模量是物体产生单位应变所需要的应力,它表征材料抵抗变形能力的大小,是表示材料力学性质的重要常数。一般来说,物体的弹性模量值越大,在外力作用下越不易变形。

弹性模量的倒数称为柔量,柔量的物理意义是单位应力的变形,表征材料产生变形的难易程度。

(2) 剪切弹性模量:剪切应力 τ 与剪切应变 γ 之间,在小的范围内成比例关系,符合虎克定律:

$$\tau = G\gamma \text{ 或 } \gamma = \tau/G \tag{8-2}$$

这里,比例常数 G 为剪切弹性模量,或刚性模量。

(3) 泊松比:物体的弹性应变在产生应力主轴方向收缩(拉伸)的同时还往往伴随有垂直于主轴方向的横向应变,将横向应变与轴向应变之比称为泊松比,用 μ 表示。

$$\mu = -\varepsilon'/\varepsilon \tag{8-3}$$

式中:ε' 表示横向应变;ε 表示轴向应变;μ 为泊松比。μ 右边的负号表示 ε' 和 ε 的正负方向相反造成的。泊松比和弹性模量一样,是材料固有的常数。

(4) 弹性常数：弹性模量 E、剪切弹性模量 G、泊松比 μ 通常被统称为弹性常数。弹性常数理论上用应力-应变曲线的直线区域来确定，但在实际应用中也可以用对应的曲线区域来确定。这时，在应力-应变曲线上任意一点，引出切线或者割线，过切点的这条直线的斜率叫做该点或该曲线部分的弹性常数。

8.2.2 木材的正交对称性与正交异向弹性

8.2.2.1 正交异向弹性 若物体相互正交的3个方向表现异性，则称物体的这种性质为正交异性，这样的物体称为正交异性体。同理，弹性的正交异性称为正交异向弹性。

8.2.2.2 木材的正交对称性 木材由于组织构造的因素决定了木材的各向异性，但由于木材的绝大多数细胞和组织平行于树干沿轴向排列，而且树木形成层的分生方式决定了同一生长周期内主要细胞（轴向管胞或木纤维）的集合体在垂直于树干的横切面上来看，是呈同心环状排列的，这样就赋予了木材的圆柱对称性，使它成为近似呈柱面对称的正交对称性物体。符合正交对称性的材料，可以用虎克定律来描述它的弹性。

下面，利用正交对称性来讨论木材。如图 8-3 所示，假使从树干上距离髓心一定距离，切取一个相切于年轮的正交六面体小试样，这个试样便具有 3 个对称轴，将平行于纵向的作 L 轴，平行于径向的作 R 轴，平行于弦向的作 T 轴；它们彼此垂直，三轴中的每二轴又可构成一平面，因而又有 RT、LR 和 LT 三个面，分别对应横切面、径切面和弦切面。如果将这三个轴视为弹性对称的轴，则该试样可视为置于一个正交坐标系中，于是可以应用正交对称原理讨论其正交异向弹性。

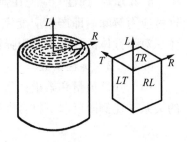

图 8-3 木材正交对称性示意
(Meredith, 1953)

8.2.2.3 木材的正交异向弹性常数 Hearmon(1953)提出用广义虎克定律分述正交对称的木材的三个主轴的应变方程，它们为：

$$\zeta_L = -E_L^{-1}(\sigma_L - \mu_{LR}\sigma_R - \mu_{LT}\sigma_T) \tag{8-4}$$

$$\zeta_T = -E_L^{-1}(-\mu_{TL}\sigma_L - \mu_{TR}\sigma_R + \sigma_T) \tag{8-5}$$

$$\zeta_R = -E_R^{-1}(-\mu_{RL}\sigma_L + \sigma_R - \mu_{RT}\sigma_T) \tag{8-6}$$

$$\gamma_{TR} = -\tau_{TR}/G_{TR} \tag{8-7}$$

$$\gamma_{RL} = -\tau_{RL}/G_{RL} \tag{8-8}$$

$$\gamma_{LT} = -\tau_{LT}/G_{LT} \tag{8-9}$$

式中：ζ_L、ζ_T 和 ζ_R 分别表示轴向、弦向和径向之应变；E_L、E_T 和 E_R 分别表示 3 个方向之弹性模量；σ_L、σ_T 和 σ_R 分别表示 3 个方向之应力。μ_{LR} 等表示泊松比（又称横向变形系数），下角注的第一个字母表示应力方向、第二个字母表示横向应变。$\mu_{LR} = \zeta_R/\zeta_L$ 即为在轴向应力作用下的径向泊松比，数值上等于径向应变与轴向应变之比。各方向的泊松比均为小于 1 的数，以压应力和拉应变为正，反之为负。γ_{TR} 表示 T 和 R 轴构成的面（即木材的横切面）的剪切应变。τ_{RL} 表示径切面的剪切应力，G_{TL} 表示弦切面的剪切模量，以此类推。

可通过上述 6 个方程式中存在的 9 个独立的弹性常数来反映木材的正交异向性，这 9 个常数是：3 个弹性模量、3 个剪切弹性模量和 3 个泊松比。不同树种间的这 9 个常数值是存在差异的，见表 8-1。

表 8-1 几种木材的弹性常数

材 料	密度 (g/cm³)	含水率 (%)	E_L (MPa)	E_R (MPa)	E_T (MPa)	G_{LT} (MPa)	G_{LR} (MPa)	G_{TR} (MPa)	μ_{RT}	μ_{LR}	μ_{LT}
针叶树材											
云 杉	0.390	12	11 583	896	496	690	758	39	0.43	0.37	0.47
松 木	0.550	10	16 272	1 103	573	676	1 172	66	0.68	0.42	0.51
花旗松	0.590	9	16 400	1 300	900	910	1 180	79	0.63	0.43	0.37
阔叶树材											
轻 木	0.200	9	6 274	296	103	200	310	33	0.66	0.23	0.49
核桃木	0.590	11	11 239	1 172	621	690	896	228	0.72	0.49	0.63
白蜡木	0.670	9	15 790	1 516	827	896	1 310	269	0.71	0.46	0.51
山毛榉	0.750	11	13 700	2 240	1 140	1 060	1 610	460	0.75	0.45	0.51

注：E 代表弹性模量，G 代表剪切弹性模量，μ 代表泊松比。E_L 为顺纹 (L) 弹性模量；E_R 为水平径向 (R) 弹性模量；E_T 为水平弦向 (T) 弹性模量。G_{LT} 为顺纹-弦面剪切弹性模量；G_{LR} 为顺纹-径面剪切弹性模量；G_{TR} 为水平面剪切弹性模量。μ_{RT} 为 T 向压力应变/R 向延展应变；μ_{LR} 为 R 向压力应变/L 向延展应变；μ_{LT} 为 T 向压力应变/L 向延展应变。

从表 8-1 中数据可以看出，木材是高度各向异性材料，纵、横向的差异程度可能是所有建筑材料中的最高者。木材三个主方向的弹性模量因显微和超微构造而异，一般表现为顺纹弹性模量 (E_L) 比横纹弹性模量 (E_R、E_T) 大得多，横纹弹性模量中径向大于弦向，即 $E_L >> E_R > E_T$。若以 E_L/E_R、E_L/E_T、E_R/E_T 作为各向异性的程度 (异向度)，根据不同树种的平均值，针叶树材的 $E_R/E_T = 1.8$，$E_L/E_R = 13.3$，$E_L/E_T = 24$；阔叶树材的 $E_R/E_T = 1.9$，$E_L/E_R = 9.5$，$E_L/E_T = 18.5$。针叶树材的异向度比阔叶树材高，这主要是由于细胞结构变异小的缘故。径向水平面的弹性模量约比弦向水平面的弹性模量大 50%，这主要是由于径向水平面有水平方向排列的细胞 (射线)，以及径切面与弦切面间的微纤丝排列方向略有不同。

木材的剪切弹性模量的规律为 $G_{LR} > G_{LT} > G_{RT}$，横切面上值最小，针叶树材的三者之比为 20.5∶17∶1，阔叶树材的三者之比为 4.3∶3.2∶1。径切面和弦切面的剪切弹性模量分别与径向和弦向的弹性模量值相近，即 $G_{LR} \approx E_R$，$G_{LT} \approx E_T$。木材的弹性模量 E 和剪切弹性模量 G 都有随密度 ρ 增大而增加的趋势。

木材的泊松比与其他材料相比为大，在正交异向上表现为 $\mu_{RL} > \mu_{LT} > \mu_{LR}$。

8.3 木材的黏弹性

与弹性材料相对，还有一类黏性流体。黏性流体没有确定的形状，在应力 σ 作用下,产生应变 ε,应变 ε 随时间的增加而连续地增加,除去应力 σ 后应变 ε 不可回复,黏性流体所表现出的这个性质就被称为黏性。目前,将讨论物体在外力作用下产生变形和流动的研究,即讨论材料荷载后的弹性和黏性的科学称为流变学。

木材作为生物材料同时具有弹性和黏性两种不同机理的变形。木材在长期荷载下的变形将逐渐增加,若荷载很小,经过一段时间后,变形就不再增加;当荷载超过某极限值时,变形随时间而增加,直至使木材破坏,木材这种变形如同流体的性质,在运动时受黏性和时间的影响。所以,讨论木材的变形时,需对木材的弹性和黏性同时予以考虑,将木材这种同时体现弹性固体和黏性流体的综合特性称作黏弹性。蠕变和松弛是黏弹性的主要内容。木材的黏弹性同样依赖于温度、负荷时间、加荷速率和应变幅值等条件,其中温度和时间的影响尤为明显。

8.3.1 木材的蠕变

在日常生活中,人们有时会看到书架中的木搁板因一直放置大批较重的书籍,由新时的非常平直逐渐被压弯变形,几年后就会出现明显的弯曲形状。这种现象就与木材的蠕变特性有关。

8.3.1.1 蠕变 在恒定应力下,木材应变随时间的延长而逐渐增大的现象称为蠕变。Denton 和 Riesenberger 证明,若木梁承受恒载为最大瞬时荷载能力的 60%,受蠕变影响,大约 1 年就破坏了。木材使用时承受不超过比例极限的荷载,由于蠕变而形成持续的、速度是递减的变形,直至破坏时所发生的变形约 2 倍于前一种情况的变形。

8.3.1.2 蠕变曲线 木材作为高分子材料,在受外力作用时,由于其黏弹性而产生 3 种变形:瞬时弹性变形、黏弹性变形及塑性变形。与加荷速度相适应的变形称为瞬时弹性变形,它服从于虎克定律;加荷过程终止,木材立即产生随时间递减的弹性变形,称黏弹性变形(或弹性后效变形);最后残留的永久变形被称为塑性变形。黏弹性变形是纤维素分子链的卷曲或伸展造成的,变形是可逆的,但较弹性变形它具有时间滞后性。塑性变形是纤维素分子链因荷载而彼此滑动,变形是不可逆转的。

木材的蠕变曲线如图 8-4 所示,横坐标为时间,纵坐标为应变。t_0 时施加应力于木材,即产生应变 OA,在此不变应力下,随时间的延长,变形继续慢慢地增加产生蠕变 AB。在时间 t_1 时,解除应力,便产生弹性恢复 BC_1($=OA$),至时间 t_2 时,又出现部分蠕变恢复(应力释放后随时间推移而递减的弹性变形),C_1 到 D 是弹性后效变形 C_1C_2,t_2 以后变形恢

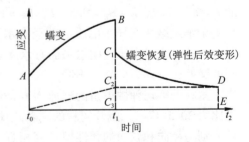

图 8-4 木材的蠕变曲线(成俊卿,1985)

复不大,可以忽略不计,于是 C_2C_3 即可作为荷载—卸载周期终结的残余永久变形(塑性变形)。木材蠕变曲线变化表现的正是木材的黏弹性质。

8.3.1.3 蠕变规律 根据上述蠕变曲线分析木材等黏弹性材料,可得如下几点结论:

(1)对木材施载产生瞬时变形后,变形有一随时间推移而增大的蠕变过程。

(2)卸载后有一瞬时弹性恢复变形,在数值上等于施载时的瞬时变形。

(3)卸载后有一随时间推移而变形减小的蠕变恢复,在此过程中的是可恢复蠕变部分。

(4)在完成上述蠕变恢复后,变形不再回复,而残留的变形为永久变形,即蠕变的不可恢复部分。

(5)蠕变变形值等于可恢复蠕变变形值和不可恢复蠕变变形值之和。

8.3.1.4 单向应力循环加载时的蠕变特点

以一个方向的应力循环作用于木材,如图 8-5 所示,每个应力加载-卸载周期都会残留一个变形,如 OB'、$B'B''$ 等;在热力学上,$A'OB'$、$A''B'B''$ 等曲线所包围的面积相当于各周期中能量的消耗。

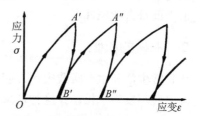

图 8-5 反复加载-卸载的应力-应变周期图
(Barkas,1949)

从图 8-5 中可以看出,能量的损耗随着每个周期增大,意味着在变形中做了更多的功,材料内部熵的损耗增大,同时造成材料蠕变的不可恢复部分越来越大。

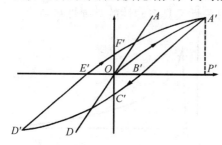

图 8-6 多向应力作用下蠕变的消除
(Barkas,1949)

8.3.1.5 蠕变的消除 如图 8-6 所示,对木材等黏弹性体施加载荷,载荷初期产生应力-应变曲线 OA',卸载产生曲线 $A'B'$,残留了永久变形 OB'。为了使永久变形消失而重新获得物体的原来形状,必须施加与产生曲线应力符号相反的应力 OC',而形成 $B'C'$ 这段曲线;当 OC' 继续增大到等于 $A'P'$,$B'C'$ 将延至 $C'D'$;卸去这个符号相反的应力,产生应力-应变曲线 $D'E'$,也不能恢复到原形,残留负向的永久变形 $E'O$。再次通过反向应力 OF',材料才能恢复原形。如果再继续增大应力,则产生曲线 $F'A'$,与原曲线构成一个环状闭合。$A'C'D'F'$ 封闭曲线所包围的面积相当于整个周期中的能量损耗。

8.3.1.6 建筑木构件的蠕变问题 建筑木构件长期承受静载荷,所以必须考虑有关蠕变问题。现将有关结论介绍如下:

(1)针叶树材在含水率不发生变化的条件下,施加静载荷小于木材比例极限强度的75%时,可认为是安全的。但在含水率变化条件下,大于比例极限强度20%时,就可能产生蠕变,随时间延长最终会导致破坏。

(2)若木材由于静载荷产生变形,其变形速率逐渐降低,则变形经一定时间后最终会停止,这种情况下木结构是安全的。反之,如果变形速率是逐渐增加的,则木结构的设计不安全,最终会导致破坏。

(3)如果木横梁承受的载荷低于其弹性极限,且短期受载即卸载,它将恢复其原有的极限强度和弹性。

(4)含水率会增加木材的塑性和变形。在含水率升高的时候,同样载荷下的木材会产生变形增加;当含水率降低到原来程度时,变形却不会退到原来含水率的状态,也就是说，由于含水率的增加，木材受一定载荷产生的变形是可以累积的。若含水率变化若干周期后，木材的蠕变量会很大，甚至最后会发生破坏。

（5）温度对蠕变有显著的影响。当空气温度和湿度增加时，木材的总变形量和变形速度也增加。一般情况下，空气相对湿度的波动范围较小，而木构件尺寸较大，所以主要受温度影响，其规律为，温度越高，木材纤维素分子链运动加剧，变形增大。夏季木梁变形大即符合此原理。

8.3.2 木材的松弛

在日常生活和生产实践中，人们发现初始钉入木材中的钉子或榫十分紧固，但经过长时间之后却发生了松动，这种现象就与木材的松弛有关。

8.3.2.1 松弛 若使木材这类黏弹性材料产生一定的变形，并在时间推移中保持此状态，就会发现对应此恒定变形的应力会随着时间延长而逐渐减小，这种在恒定应变条件下应力随时间的延长而逐渐减少的现象称为应力松弛，或简称松弛。

产生蠕变的材料必然会产生松弛。松弛与蠕变的区别在于：在蠕变中，应力是常数，应变是随时间变化的可变量；而在松弛中，应变是常数，应力是随时间变化的可变量。木材之所以产生这两种现象，是由于它是既具有弹性又具有塑性的黏弹性材料。

8.3.2.2 松弛曲线 松弛过程用应力-时间曲线表示，应力-时间曲线也被称作松弛曲线，如图8-7。

Kitazawa 根据木材的刚性找出了测定固体的松弛曲线公式：

$$\sigma_t = \sigma_1(1 - m\lg t) \qquad (8-10)$$

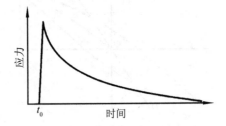

图 8-7 黏弹性材料的松弛曲线
（应变的速度为常数）
（Pentoney，1962）

式中：t 为某一时间；σ_t 为 t 时间的应力；σ_1 为单位时间内的应力；m 为松弛系数。松弛系数随树种和应力种类而有不同，但更受密度和含水率影响，m 值与密度成反比，与含水率成正比。

8.3.2.3 松弛弹性模量 单位应变的松弛应力称为松弛弹性模量 $E(t)$。

$$E(t) = \int_0^\infty E(\lambda) e^{-\frac{t}{\lambda}} d\lambda \qquad (8-11)$$

式中：$E(t)$ 为松弛弹性模量；弹性模量 E 为缓和时间 λ 的函数，用 $E(\lambda)$ 表示，称为缓和时间分布或松弛波谱。

8.3.3 木材的塑性

木材作为承重构件使用时，必须避免塑性变形的产生，设计应力或载荷重应控制在弹性极限或蠕变极限范围之内。但在弯曲木、压缩木、人造板成型加工时，又必须掌握应用塑性变形的条件，以尽快增加木材的塑性变形。

8.3.3.1 塑性与塑性变形 当施加于木材的应力在其弹性限度以内时，去除外力后变形将回复原尺寸；当应力超过木材的弹性限度时，去除外力后，木材仍会残留一个当前不能恢复的变形，将这个变形称为塑性变形。木材所表现出的这一性质称为塑性。木材的塑性是由于在应力作用下，高分子结构的变形及相互间相对移动的结果。与其他材料相比，木材特别是气干材，因屈服点不明显，且破坏也较小的缘故，所以一般被认为是塑性较小的材料。

8.3.3.2 木材塑性的影响因素 影响木材塑性的重要因素有木材的多孔性、木材的含水率和温度，其中含水率和温度的影响十分显著。

多孔性的木材如栎木、白蜡木、榆木等在承受弯曲加工时塑性大，是因为变形时坚强的韧型纤维对邻近的导管施加压力，导管的强度降低，因而导管壁被迫向腔内溃陷产生塑性变形，被坚固的韧型纤维占据其空隙。

木材的塑性随含水率的增加而增大，但在0℃以下，木材细胞腔内所含水分结冰，使其塑性降低。

木材的塑性也随温度的升高而加大，这比含水率所起的作用明显，这种性质往往被称为热塑性。木材中木质素是热塑性物质，其软化点在全干状态下为127～193℃，在湿润状态下显著降低，为77～128℃。半纤维素由于吸着水的存在，其软化点的降低和木质素有相似情况，在湿润状态下为70～80℃。纤维素的热软化点在232℃以上，其结晶性不受水分的影响，但纤维素的玻璃态转变温度随含水率的增加而降低。木材在湿润状态下加热时，有显著软化的可能性。

温度升高后，往往使木材变脆，因此，要加大木材的塑性，既要提高含水率，又要升高其温度，通常较好的方法是水蒸气处理或水热处理。

提高木材塑性的方法还有添加增塑剂，使高分子的分子间结合力减弱，使得塑性变形易于发生。

应该注意的是，木材的所谓"塑性"有别于其他塑性材料。通常的塑性材料，在外力去除后，形状并不随外力的去除而发生改变，而残留了变形，且这个变形一般不随温度、湿度等外部条件的变化而改变，所以被称为永久变形。木材的"塑性"则表现为在外力去除后的一段时间内形状或变形不发生改变，外力施加的能量被木材的结合机构（在外力施加时所形成的一些氢键结合）所束缚，即木材细胞壁骨架物质——纤维素因被迫变形所积蓄的弹性能量无法释放，其变形被暂时固定，这时木材处于一种稳态，于是被认为是具有了一个塑性变形，但实际上这种稳态需要一个"外界条件也不发生变化"的前提才能够维持下去。一旦外界条件发生了变化，如温度升高、含水率加大时，木材内部活性化学基团的活动程度和连接方式将发生改变，一些氢键结合被打开，导致木材构造移动或改变，这时原先被固定住的能量随结构的松动而被释放，木材细胞壁纤维素的弹性恢复，在木材内部产生恢复其原有形状的力作用，使木材现存的变形反向变化，在宏观上就表现为木材的变形逐渐回复、消失。所以，一般情况下（如压缩后如干燥变形固定）木材的"塑性"是相对的、有条件的、非永久性的。只有采用化学处理、水热处理、水蒸气处理等方式或者消除木材的内部应力、或者使分子基团间产生交联结合、高凝聚态结合等稳定的结合，才有可能使木材的变形达到永久固定的目的。

8.3.3.3 木材塑性的应用 木材的塑性在有些场合会发挥积极的作用。

干燥时，木材由于不规则干缩所产生的内应力会破坏其组织的内聚力，而塑性的产生可以抵消一部分木材的内应力。

在木材横纹压缩变形的定型处理中，通常以高温和高湿条件保持住木材的形变，正是利用了温度和含水率对木材塑性变形的影响。

在微波加热弯曲木材处理时，会使木材的基体物质塑化，使其变形增加到原弹性变形的30倍，产生连续而又平滑的显著变形，而不出现被弯曲压缩一侧微细组织的破坏，是木材塑性增大的一个典型实例。

8.4 木材的强度、韧性与破坏

8.4.1 木材的强度

强度是材料抵抗所施加应力而不致破坏的能力，如抵御拉伸应力的最大临界能力被称为抗拉强度，抵御压缩应力的最大临界能力称为抗压强度，抵御被弯曲的最大临界能力被称为抗弯强度等。当应力超过了材料的某项强度时，便会出现破坏。强度以 N/mm^2（=MPa）为单位，表示单位截面积上材料的最大承载能力。

木材是各向异性的高分子材料，又易受环境因素影响，其强度因所施加应力的方式和方向的不同而改变。根据所施加应力的方式和方向的不同，木材具有顺纹抗拉强度、顺纹抗压强度、横纹抗压强度、抗弯强度等多项力学强度指标，其具体试验方法和变化规律可详见本章第5节。木材强度的各种影响因素将在本章第6节具体论述。

8.4.2 木材的韧性

韧性是指材料在不致破坏的情况下所能抵御的瞬时最大冲击能量值。韧性以 kJ/m^2 为单位。材料的韧性越大，则被扩展出一个裂隙乃至破坏所需的能量越高，同时，达到破坏之前所能承受的应变值也越大。

韧性材料往往是强度大的材料，但也有许多实例说明这两个参数并无因果关系。例如，陶瓷等强度很大的材料，却表现很脆（①在很小的应变条件下就会破坏；②在受到冲击力作用时容易破坏即缺乏韧性），而有些韧性材料，例如铝，能够承受很大的应变而不致断裂，却天生强度就很弱。因此，虽然强度和韧性最终都会达到被破坏的水平，但二者所表述的概念不同，应避免混淆。

木材是具有一定韧性的材料，在国家标准中采用冲击韧性参数来表征其韧性，详见本章第5节。

8.4.3 木材的破坏

8.4.3.1 破坏　对于木材，其结构破坏是指其组织结构在外力或外部环境作用下发生断裂、扭曲、错位，而使木材宏观整体完全丧失或部分丧失原有物理力学性能的现象。木材的强度超过极限应力就会出现破坏。破坏是木材作为建筑材料在安全设计中必须考虑的一个重要因素。

除了日常生活中常见的灾难性的结构破坏,木材还有许多微(内部)破坏,如木材干燥时出现的皱裂、干裂;伐倒木出现的压裂;防腐加压浸注时的纹孔破裂等。微破坏会关系到木材的强度或浸注性等。

8.4.3.2 木材破坏的原因 木材细胞壁主要由纤维素、木质素和半纤维素组成。纤维素赋予木材弹性和强度;木质素为不定型物质,赋予木材硬度和刚性;在细胞壁起填充和部分胶着作用的是半纤维素,它赋予木材剪切强度。纤维素链状分子顺着细胞壁的长轴平行排列,横向以氢键结合构成微纤丝,微纤丝侧面之间除通过氢键结合,局部尚以果胶质胶着。细胞壁与细胞壁之间靠胞间质胶着。木材横向强度远低于纵向自身的联结强度。

因此,从细胞壁结构和细胞壁结构物质的性质来看,木材发生破坏的原因是微纤丝和纤维素骨架的填充物的撕裂,或纤维素骨架的填充物的剪切,或纤维被压溃所引起。任何条件对木材破坏的决定性作用都取决于应力状态的类型。

8.4.4 单轴应力下木材的变形与破坏特点

8.4.4.1 顺纹压缩 顺纹压缩破坏的宏观征状:肉眼见到的最初现象是横跨侧面的细线条,随着作用力加大,变形随之增加,材面上开始出现皱褶。破坏线与主轴的倾角常取决于木材密度,密度大,倾角小。实验结果栎木为57°、松木为59.5°、云杉为70°、冷杉为84.5°。破坏形状和破坏部位常取决于木材含水率和硬度等因素。湿材和软材以端部压溃破坏最为常见,破坏一般出现在木材荷载与之接触的地方,是由应力集中引起的。干的木材通常在未发生任何明显扭曲之前,产生劈裂而破坏,这是由于纤维或木射线的撕裂,而非木射线与邻接的构造分子之间的分离。而干燥的硬材仅发生剪切破坏,不会发生端部压皱现象,这是由于应力集中的现象比软材小得多,并且由于空隙度小、强度大的解剖分子比软材多,不易压皱。中等硬度的木材破坏,有时端部压溃,有时产生剪切破坏。连续破坏线一般出现于弦面,因为木材径切面刚性大于弦切面,这主要是木射线在径切面为骨架,起支撑作用,以及微纤丝在细胞壁径切面与木射线相交,产生局部扭转对剪切面方位造成了影响。径向压缩制成的压缩木,当顺纹压缩破坏时,剪切出现在径切面上。弦向压缩制成的压缩木,顺纹加压破坏时,剪切仍出现在弦切面上。因此,射线被压皱会引起顺纹理加压破坏时剪切面发生转向。

顺纹压缩破坏的微观特征:最先在纤维细胞壁上产生单一错位的裂纹状细线,称滑移线或滑移面,随着压力加大,变形随之增加,这些细线纹越来越多,直到它们形成纵横交错的网纹为止,这个过程属于初期破坏。随后在细胞壁这些细线纹地方产生剪切破坏,剪切破坏多了,整个细胞壁便扭曲。受压的皱痕使整个破坏区的细胞壁都扭曲。扭曲是木材纤维受力后弯曲而偏离原轴线,但纤维间仍保持彼此平行。它是木材受压破坏后厚壁细胞的特征。到破坏后期,早材细胞常发生扭曲,以适应木材破坏的外形。对于马尾松、落叶松等早晚材急变的针叶树材,或硬阔叶树环孔材等,因致密的晚材细胞壁能承受更大的压缩载荷而未发生明显变化,这类木材的破坏形式是早材细胞的扭曲。

8.4.4.2 横纹压缩 木材是一种多孔性天然弹、塑性的高分子材料,在一定条件下可以不破坏其结构,而塑化压缩密实,以提高密度和改善其物理、力学性质。木材横纹压缩是指作用力方向与木材纹理方向相垂直的压缩。

木材进行压缩时，应力-应变关系是一条非线性的曲线，以往学者们认为需分为常规型和三段型两种类型。常规型是散孔材横压时的特征，为不具平台的连续曲线。三段型是针叶树材和阔叶树材环孔材径向受压时的特征曲线，应力-应变曲线具有三个不同的区域，这3个区域具有不同的斜率，第一个区域为早材的弹性曲线；第二个区域是早材压损过程曲线；第三个区域是晚材的弹性曲线。弦向受压时，不出现三段式曲线。

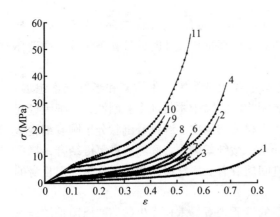

图 8-8　饱水 100℃、无约束条件下的木材横纹压缩应力-应变曲线图

(刘一星，1995)

(图中编号来源于不同树种的试件)

1. 毛泡桐　2. 山桑　3. 粗齿柞栎　4. 红脉槭　5. 日本七叶木　6. 棱柱木　7. 岳桦　8. 日本樱桦　9. 紫芯苏木　10. 红桦　11. 黄檀

刘一星、则元京等通过大量研究证实，上述木材横纹压缩变形时的应力-应变规律的描述存在一定不足。他们采用很宽密度范围($0.1 \sim 1.3 \text{g/cm}^3$)的木材为试样，分别在气干20℃、饱水20℃和饱水100℃条件下进行横纹大变形范围的压缩实验，用计算机实时采集应力-应变数据进行采集，对数据分析后提出，当木材受到横纹方向的大变形范围压缩的情况下，可由屈服点应变 ε_y 和细胞壁压密化临界应变 ε_d（即压缩过程中细胞腔完全被填充而消失时刻的应变），将应力-应变曲线为三个阶段，①细胞发生微小变形，应力与应变呈比例直线上升的弹性变形领域（$\varepsilon \leqslant \varepsilon_y$）；②在越过屈服点之后较宽的变形范围，细胞逐渐被压溃，胞壁发生向腔内塌陷的弯曲和压屈变形，应变迅速增大而应力仅略有增加的应力-应变曲线平坦领域（$\varepsilon_y < \varepsilon < \varepsilon_d$）；③压缩进行至细胞腔被完全充填、细胞壁相互接触、细胞壁实质物质开始被压缩时，应力随应变的增加而急剧增大的领域。对于不同树种的木材，横纹压缩的应力-应变特性曲线一般都不同程度地具有这样的三段特征（图 8-8），而且横纹压缩过程中应力 σ 和应变 ε 的关系可用下式定量表达：

当 $\varepsilon \leqslant \varepsilon_y$，$\sigma = E \cdot \varepsilon$

当 $\varepsilon > \varepsilon_y$，$\dfrac{\sigma}{\varepsilon_y} = 1 + C \left\{ \dfrac{\varepsilon_d}{\varepsilon_d - (\varepsilon - \sigma_y/E)} - 1 \right\}$

$$\varepsilon_d = 1 - K \dfrac{\rho}{\rho_s} \tag{8-12}$$

式中：E 为横纹方向的弹性模量；σ_y 为屈服点应力；ε_y 为屈服点应变；ε_d 为细胞壁压密化邻界应变；C 为表示屈服点后应力增大速率的参数；ρ、ρ_s 分别为木材密度和木材细胞壁物质密度；K 为由压缩试验的约束条件等因子所决定的常数，$0 < K \leqslant 1$。

木材横纹压缩时，宏观变化首先是纤维受压变紧密。局部横压时，承受板凹陷入木材，木材与承受板接触部分的纤维破坏，远离承受板的纤维未受影响。当载荷继续增加时，试件未受压的端部会突出，或呈水平劈裂。

木材受横纹压缩时的显微变化主要是细胞的横截面变形,若施加的压缩载荷足够大时,这种变形将继续扩大,直至载荷超过木材的弹性极限后,木材外部纤维及其邻接纤维的细胞壁向细胞腔内溃陷,并变得紧密,产生永久变形。外部纤维溃陷程度最大,也压得最紧密。横压试件由外向内纤维溃陷程度顺次变小。木材这种重新分配应力和吸收能量的功能,对于承压垫板,特别是木结构的节点联结处尤为重要。在用螺栓、齿板等钢构件将木构件相互联结在一起的场合,常用来传递构件的内力。

8.4.4.3 顺纹拉伸 木材顺纹拉伸破坏主要是纵向撕裂和微纤丝之间的剪切。微纤丝纵向结合非常牢固,所以顺纹拉伸时的变形不大,通常应变值小于1%~3%,强度值却很高。即使在这种情况下,微纤丝本身的拉伸强度也未能充分发挥,因为木材的纤维会在微纤丝之间撕开。木材顺纹剪切强度特别低,通常只有顺纹抗拉强度的6%~10%。顺纹拉伸时,微纤丝之间产生滑移使微纤丝撕裂破坏,其破坏断面通常呈锯齿状、细裂片状或针状撕裂。其断面形状的不规则程度,取决于木材顺拉强度和顺剪强度之比值。一般健全材该比值较大,破坏常在强度较弱的部位剪切开,破坏断面不平整,呈锯齿状木茬。腐朽材和热带脆心材,两者比值较小,且由于腐朽所产生的酸质使纤维素解聚,对大气湿度敏感性增加,这两个因素大大削弱了木材的顺拉强度,微纤丝少量出现滑行现象,而造成拉断破坏,断面处常较为平整,木茬较短。

8.4.4.4 横纹拉伸 木材横纹拉伸分径向拉伸和弦向拉伸。横纹拉伸除了径向受拉时,木射线细胞的微纤丝受轴向拉伸外,其余细胞的微纤丝都受垂直方向的拉伸。木射线只占木材体积的7%~12%,该组织的细胞壁较薄,所以径向拉伸时参与轴向拉伸的微纤丝数量比顺纹拉伸时少得多。此外,细胞壁胶着物的抗拉强度对木材的横拉强度起主要作用,胶着物的抗拉强度很低,所以木材的横纹拉伸强度很低,只有顺纹拉伸强度的1/65~1/35。由此可知,木材在径向和弦向拉伸时的强度差,取决于木材密度及射线的数量与结构。针叶材和环孔材弦向拉伸时,参与拉伸的微纤丝数量比径向拉伸时多,这是因为径向拉伸时应力集中在早材部分。散孔材参与横向拉伸的微纤丝不论在径向或弦向都是一样的,但这些树种的木材在径向拉伸时还有参与轴向拉伸的微纤丝。其中散孔材径向拉伸的强度大于弦向。木材受横拉破坏时,壁薄的细胞被纵向撕裂,壁厚的细胞常沿着初生壁拉开。

因此,在任何木结构的部件中都要尽量避免产生横纹拉应力,因为木材横纹拉伸的抗拉强度特别低,且木材在干燥过程中往往发生开裂,从而导致木材横纹的抗拉强度更低。

8.4.4.5 顺纹剪切 按剪切力与木材纹理方向之间的关系,可分为顺纹剪切、横纹剪切和切断。木材使用中最常见的为顺纹剪切,又分为弦切面和径切面。

木材顺纹剪切的破坏特点是木材纤维在平行于纹理的方向发生了相互滑移。弦切面的剪切破坏(剪切面平行于生长轮)常出现于早材部分,在早材和晚材交界处滑移,破坏表面较光滑,但略有起伏,带有细丝状木毛。径切面剪切破坏(剪切面垂直于年轮),其表面较粗糙,不均匀且无明显木毛,在放大镜下,可观察到早材的一些星散区域上带有细木毛。

在显微镜下观察,顺纹剪切破坏在晚材中剪切产生于细胞壁之间,而在较轻的木材中产生于早材细胞的细胞壁本身,最初在细胞壁上出现的细裂纹与细胞长轴成一定角度,与拉伸破坏的裂纹一样。这些裂纹逐渐增宽,直到细胞壁完全撕裂,只剩下一些细丝存在于裂缝中,也就是最后可在弦面上看到的细丝状木毛。

8.5 木材主要力学性能指标

木材的主要力学性能指标被根据外力作用的种类、载荷、加载速度等,按如下名称划分:

根据外力种类划分有:压缩强度(包括顺纹抗压强度,横纹抗压强度,局部抗压强度)、拉伸强度(包括顺纹抗拉强度,横纹抗拉强度)、抗弯强度、抗剪强度、扭曲强度、冲击韧性、硬度、抗劈力等。

根据加载速度和作用方法划分有:静态强度、冲击强度、疲劳强度、蠕变强度。

8.5.1 抗压强度

静态试验指按一定速度(加载速度或变形速度)缓慢施加外力的试验。该强度叫做静态强度,是判定和评价材质的基本数据。

8.5.1.1 顺纹抗压强度 指平行于木材纤维方向,给试件全部加压面施加载荷时的强度。

顺纹抗压试验遵照国家标准 GB1935—1991《木材顺纹抗压强度试验方法》进行,试件断面径、弦向尺寸为 20mm×20mm,高度为 30mm。计算公式:

$$\sigma_W = \frac{P_{max}}{bt}(\text{MPa}) \tag{8-13}$$

式中:P_{max} 为最大载荷(N);b,t 为试件宽度、厚度(mm)。

我国木材的顺纹抗压强度平均值为 45MPa,顺纹比例极限与强度的比值约为 0.70,针叶树材该比值约为 0.78;软阔叶树材为 0.70,硬阔叶树材为 0.66。

木材的顺纹抗压强度一般是其横纹抗压强度的 5~15 倍,约为顺纹抗拉强度的 50%。

含水率变化对木材力学指标数值影响显著,为进行不同树种间力学强度的比较,需将测定的力学试件强度调整到含水率为 12% 时的强度。顺纹抗压强度的调整按公式(8-14)计算。

$$\sigma_{12} = \sigma_w [1 + 0.05(W - 12)] \tag{8-14}$$

式中:σ_{12} 为试件含水率为 12% 时的顺纹抗压强度(MPa);W 为试件测定时的含水率(%)。

8.5.1.2 横纹抗压强度 指垂直于纤维方向,给试件全部加压面施加载荷时的强度。

横纹抗压试件尺寸为:全部受压 20mm×20mm×30mm,局部受压 20mm×20mm×60mm。计算公式为:

全部横压 $$\sigma_{yW} = \frac{P}{bL}(\text{MPa}) \tag{8-15}$$

式中：P 为比例极限载荷(N)；b 为试件宽度(mm)；L 为试件长度(mm)。

局部横压 $$\sigma_{PW} = \frac{P}{bt}(\text{MPa}) \tag{8-16}$$

式中：P 为比例极限载荷(N)；b 为试件宽度(mm)；t 为压板宽度(mm)。

上两式中，横纹压缩不能明确地判别出最大应力，通常用比例极限载荷 P 代替式中的最大载荷 $P_{\max}$ 进行计算。比例极限载荷 P 需从载荷-应变图上确定。

试件含水率为 12% 时的横纹抗压强度按公式(8-17)计算。

$$\sigma_{y12} = \sigma_{y(p)w}[1 + 0.045(W-12)] \tag{8-17}$$

式中：σ_{y12} 为试件含水率为 12% 时的横纹抗压强度(MPa)；W 为试件测定时的含水率(%)。

木材的局部横纹压缩比例极限应力高于全部横纹压缩比例极限应力。同时，局部横压应用范围较广，如枕木等。

横纹压缩根据年轮走向，加压面分为径切面、弦切面及混切面。

图8-9 是顺纹压缩、横纹不同切面压缩时的应力-应变曲线。径向压缩时弹性领域和塑性领域的界线有明显的屈服点，随着进一步压密，细胞空隙部的变形逐渐减小，应力再次急剧增加。弦向和侧向压缩时弹性领域和塑性领域的

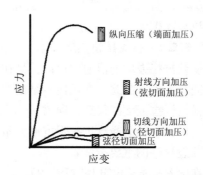

图8-9 不同方向压缩时的应力-应变图

界线和屈服点都不明显，前者产生弯曲压曲(纵向压曲)，后者早材部产生滑动压曲。横向压缩加压方向与强度的关系是：针叶材径向＞弦向＞侧向，阔叶材径向＞弦向≈侧向，其比率因树种而异。

局部压缩时，与加压板接触的附近应力分布复杂，并受压缩材余长的影响。因此与起端部加压相比，中央加压时的比例极限应力大。

8.5.2 抗拉强度

根据拉伸应力的加载方向，有顺纹抗拉强度和横纹抗拉强度之分。顺纹拉伸往往发生滑移、压碎等，实验有一定困难。因此，试件两端被夹紧部位的截面积远大于拟被拉断的部位(图8-10)。

顺纹和横纹抗拉强度均采用如下公式计算：

$$\sigma_W = \frac{P_{\max}}{tb}(\text{MPa}) \tag{8-18}$$

式中：$P_{\max}$ 为最大载荷(N)；t，b 为试件厚度、宽度(mm)。

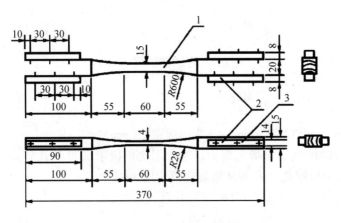

图 8-10 顺纹拉伸强度试验的试样
1. 试样 2. 木夹垫 3. 木螺钉

8.5.2.1 顺纹抗拉强度

木材顺纹抗拉的试件制作遵照国家标准 GB1938—1991《木材顺纹抗拉强度试验方法》，形状及尺寸如图 8-10，目的是使试件的中部局部削弱，确保试件产生拉伸破坏。

顺纹抗拉强度是木材的最大强度，约 2 倍于顺纹抗压强度，12～40 倍于横纹抗压强度，10～16 倍于顺纹抗剪强度。

木材顺纹抗拉强度取决于木材纤维或管胞的强度、长度及方向。纤维长度直接涉及微纤丝与轴向的夹角（纤丝角），纤维越长，纤丝角越小，则强度越大。密度大者，顺纹抗拉强度也大。

8.5.2.2 横纹抗拉强度

木材抵抗垂直于纹理拉伸的最大应力称为横纹抗拉强度。木材横纹抗拉强度的值通常很低，且在干燥过程中常常会发生开裂，导致木材横纹抗拉强度完全丧失。因此，在任何木结构部件中都要尽量避免产生横纹拉伸应力。

横纹抗拉强度值很低，通常仅为顺纹抗拉强度的 1/65～1/10。对于木射线发达的阔叶材树种，径向横纹抗拉强度略大于弦向。有时，横纹抗拉强度可以作为预测木材干燥时开裂易否的重要指标。

在国家标准 GB/T 14017—1992 中，规定了木材横纹抗拉强度的测试方法。依据该标准，抗拉强度试件的制做比较困难，参照原苏联标准（成俊卿，1985），横纹抗拉试件可制作成两个等腰梯形短边相连的形状，纹理方向与长边平行，根据受力方向与年轮的位置关系，分为径向和弦向横纹抗拉强度，试件形状及尺寸见图 8-11。试件受力破坏后，破坏面的长度和试件厚度的乘积作为荷载的作用面积。木材横纹抗拉强度按公式（8-19）计算。

$$\sigma_w = \frac{P_{max}}{b \cdot t} \tag{8-19}$$

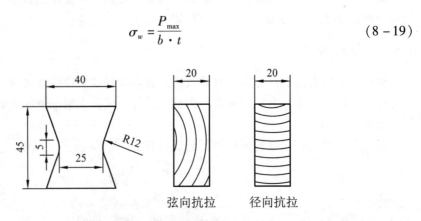

图 8-11 木材横纹抗拉强度试件

式中：P_{max}为破坏载荷；b为试件破坏面的长度(mm)；t为试件厚度(mm)。

试件含水率为12%时的横纹抗拉强度，按公式(8-20)、式(8-21)计算。

弦向抗拉试件：

$$\sigma_{12} = \sigma_w[1 + 0.025(w - 12)] \qquad (8-20)$$

径向抗拉试件：

$$\sigma_{12} = \sigma_w[1 + 0.001(w - 12)] \qquad (8-21)$$

式中：σ_{12}为试件含水率为12%时的横纹抗拉强度(MPa)；W为试件测试时的含水率(%)。

8.5.3 抗弯强度与抗弯弹性模量

木材抗弯强度和抗弯弹性模量是木材最重要的力学指标。前者常用以推测木材的容许应力，后者常用以计算构件在荷载下的变形。

8.5.3.1 抗弯强度 木材的抗弯强度亦称静曲极限强度，为木材承受横向荷载的能力。由于抗弯强度的容易测试以及在实际应用上的重要性，所以在材质判定中使用最多。抗弯强度测试遵照国家标准 GB1936.1—1991《木材抗弯强度试验方法》，试验装置如图8-12所示。试件尺寸为20mm×20mm×300mm，支座跨距为240mm，抗弯强度采用中央加荷作弦向弯曲，计算公式为：

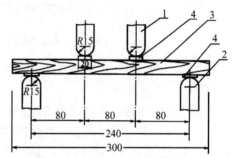

图 8-12 抗弯强度试验装置
1. 试机压头 2. 试机支座 3. 试样 4. 钢垫片

$$\sigma_{bW} = \frac{3P_{max}L}{2bh^2}(\text{MPa}) \qquad (8-22)$$

式中：P_{max}为最大载荷(N)；L为两支座距离(mm)；b为试件宽度(mm)；h为试件高度(mm)。

试件含水率为12%时的抗弯强度，按公式(8-23)计算。

$$\sigma_{b12} = \sigma_{bw}[1 + 0.004(W - 12)] \qquad (8-23)$$

式中：σ_{b12}为试件含水率为12%时的抗弯强度(MPa)；W为试件测定时的含水率(%)。

木材抗弯强度介于顺纹抗拉强度和顺纹抗压强度之间，各树种的平均值为90MPa左右，针叶树材中最大的为长苞铁杉122.7MPa，最小的为柳杉53.2MPa；阔叶树材中最大的为海南子京183.1MPa，最小的为兰考泡桐28.9MPa。径向和弦向抗弯强度间的差异主要表现在针叶树材上，弦向比径向高出10%～12%；阔叶树材两个方向上差异一般不明显。

8.5.3.2 抗弯弹性模量 木材抗弯弹性模量代表木材的刚度或弹性，是木材产生一个一致的正应变所需的正应力，亦即比例极限内抵抗弯曲变形的能力。木梁在承受

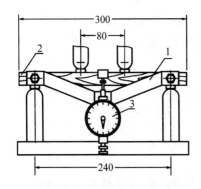

图 8-13 抗弯弹性模量试验装置
1. 百分表架 2. 试样 3. 百分表

荷载时,其变形与其抗弯弹性模量成反比,木材的抗弯弹性模量值越大,则越刚硬,越不易发生弯曲变形;反之,则比较柔曲。

顺纹抗弯弹性模量测试遵照国家标准 GB1936.2—1991《木材抗弯弹性模量试验方法》,试验装置如图 8-13。

试件尺寸为 20mm×20mm×300mm,支座跨距为 240mm,采用离支座各 1/3 处两点加荷作弦向弯曲,计算公式为:

$$E_W = \frac{23PL^3}{108bh^3f}(\text{MPa}) \qquad (8-24)$$

式中:P 为上、下限荷载之差(N);L 为两支座距离(mm);b 为试件宽度(mm);h 为试件高度(mm);f 为上、下限荷载间试件中部的挠度(mm)。

试件含水率为 12% 时的抗弯弹性模量,按公式(8-25)计算。

$$E_{12} = E_W[1 + 0.015(W-12)] \qquad (8-25)$$

式中:E_{12} 为试件含水率为 12% 时的抗弯弹性模量(MPa);W 为试件测试的含水率(%)。

由于各向异性,木材三个方向的抗弯弹性模量不同,通常径向及弦向仅为顺纹的 1/20~1/12。对于木梁而言,顺纹抗弯弹性模量最为重要。针叶树材中顺纹抗弯弹性模量最大的为落叶松 14.5GPa,最小的为云杉 6.2GPa;阔叶树材中最大的为蚬木 21.1GPa,最小的为兰考泡桐 4.2GPa。

8.5.3.3 木材抗弯强度与抗弯弹性模量的关系 柯病凡根据 356 个树种在含水率 15% 时的木材抗弯强度和抗弯弹性模量,发现二者之间存在着密切的线性相关性,并得出关系式:

$$E_W = 0.086\sigma_{bW} + 33.7(\text{MPa}) \quad (\text{相关系数 } r = 0.84) \qquad (8-26)$$

这种相关对于建筑用材的应力分级具有一定的实用意义。因为抗弯弹性模量的测量不需破坏试件,人们可利用上述相关关系,通过抗弯弹性模量的快速检测来预测木材的抗弯强度,实现木材强度的无损检测。

8.5.4 抗剪强度和扭曲强度

8.5.4.1 顺纹抗剪强度 当木材受大小相等、方向相反的平行力时,在垂直于力接触面的方向上,使物体一部分与另一部分产生滑移所引起的应力,称为剪应力。由于剪应力的作用使木材一表面对另一表面的顺纹相对滑移造成的破坏,称为剪切破坏。木材抵抗剪应力的能力称为抗剪强度。

木材用作结构材时,常常承受剪切力,例如,当梁的高度大、跨度短,承受中央荷载时,产生大的水平剪应力;木材接榫处产生平行或垂直于纤维的剪应力;螺栓联结木材时也产生平行和垂直于纤维的剪应力。胶合板和层积材常在胶接层产生剪应力。顺纹抗剪强度是剪切强度中最小的、在木材使用中最常见顺纹剪切破坏，所以经常测试它。

抗剪强度测试遵照国家标准 GB1937—1991《木材抗剪强度试验方法》，试件尺寸厚度为 20mm，分径面与弦面两种。先测试样剪切面的宽度(b)和长度(l)，准确至 0.1mm，按图 8-14 把试样装在实验装置内，使压块中心对准试机上压头的中心位置；荷载速度为 15 000N/min ± 20%，记录下破坏时的最大荷载，并立即测定试件含水率。抗剪强度的计算公式为：

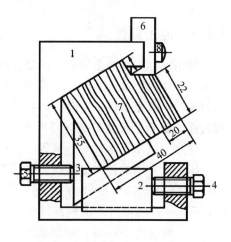

图 8-14 顺纹抗剪试验装置
1. 附件主体 2. 楔块 3. L 形垫块
4、5. 螺杆 6. 压块 7. 试样
8. 圆头螺钉

$$\tau_W = \frac{P_{max} \cdot \cos\theta}{bl} \text{ (MPa)} \qquad (8-27)$$

式中：τ_W 为顺纹抗剪强度(MPa)；P_{max} 为最大荷载(N)；θ 为荷载方向与纹理间的夹角(16°42′)；b 为试件宽度(mm)；l 为剪切面长度(mm)。

然后将试验所得的抗剪强度由下式调整为含水率 12% 之值。

$$\tau_{12} = \tau_W[1 + 0.03(W - 12)] \qquad (8-28)$$

式中：τ_{12} 为试样含水率为 12% 时的弦面或径面的顺纹抗剪强度(MPa)；W 为试样含水率(%)。

木材顺纹抗剪强度较小，平均只有顺纹抗压强度的 10%~30%。阔叶树材的顺纹抗剪强度平均比针叶树材高出 1/2。针叶树材径面和弦面的抗剪强度基本相同；阔叶树材弦面的抗剪强度较径面高出 10%~30%，木射线越发达，差异越明显。对于纹理交错或斜行、混乱的木材，其抗剪强度会明显增加。

8.5.4.2 扭曲强度 当木杆因外力而扭曲时，杆即环绕其纵轴旋转，这时产生的内阻力矩成为扭曲。木材因扭曲而破坏时所产生的相应应力称为扭曲强度。扭曲强度在木材作为螺旋桨、回转轴、车轴、农机零部件等使用中较重要。对于扭曲强度的测试，目前尚无国家标准。

不同形状的等方体试件可分别按下式计算扭曲强度：

(1) 正方形断面：$\tau_B = 4.8 M_d / a^3$

(2) 矩形断面：$\tau_B = 3 M_d / [a^2(b - 0.63a)]$

(3) 圆形断面：$\tau_B = 5.1 M_d / D^3$ $\qquad (8-29)$

(4) 环状断面：$\tau_B = 5.1 M_d D / (D^4 - d^4)$

式中：M_d 为最大扭转力矩(扭转外力×到中心轴的距离)(kg·cm)；a，b 为断面边长(cm)；D，d 为环形外径及内径(cm)。

8.5.5 冲击韧性

冲击韧性亦称冲击弯曲比能量、冲击功或冲击系数,是木材在非常短的时间内受冲击荷载作用而产生破坏时,试样单位面积吸收的能量。冲击韧性试验的目的是为了测定木材在冲击荷载条件下对破坏的抵抗能力。同时,由于冲击荷载的作用时间短促,比在短时间内受静力弯曲的破坏强度大,也可作为评价木材的韧性或脆性的指标。通常木梁、枕木、坑木、木梭、船桨等部件用材都需要有较好的冲击韧性。

国际上常用的冲击韧性试验方法有两种:一种是将试样一次击断的摆锤式冲击试验(在两端支撑梁的中央打击);另一种是连续敲打的落锤式冲击试验。现行国家标准 GB1940—1991《木材冲击韧性试验方法》属于第一种方式,试件尺寸为 20mm×20mm×300mm,跨度为 240mm,根据破坏后摆锤在反方向达到的高度或与此对应上升的角度,由下式计算冲击功:

$$Q = W(h_1 - h_2) = Wl(\cos\theta_2 - \cos\theta_1) \tag{8-30}$$

式中:Q 为试样吸收的能量(J);W 为摆锤质量;l 为从摆锤支点到打击点的距离(m);h_1,θ_1 为摆锤的起始高度(m)和摆上升角度;h_2,θ_2 为破坏后摆锤达到的高度和角度。

木材的冲击韧性由下式求出:

$$A = \frac{1000Q}{bh} \tag{8-31}$$

式中:A 为试样的冲击韧性(kJ/m^2);Q 为试样吸收的能量(J);b,h 为试件的宽度和高度(mm)。

冲击韧性与生长轮宽度具有一定关联性,生长轮特别宽的针叶树材,因密度低,冲击韧性也低。胞壁过薄、壁腔比过低,S_2 层的微纤丝倾角过大,都会降低木材的韧性;从化学组分上,木质素含量过高也会降低木材的韧性。

早晚材差别明显的树种,其弦向和径向的冲击韧性有明显差别。如落叶松径向冲击韧性比弦向高 50%,云杉高 35%,水曲柳高 20%。早晚材差别不明显的树种,径、弦向冲击韧性几乎相同。

8.5.6 硬度与耐磨性

木材硬度表示木材抵抗其他刚体压入木材的能力;耐磨性是表征木材表面抵抗摩擦、挤压、冲击和剥蚀以及这几种因子综合作用的耐磨能力。两者具有一定的内在联系,通常木材硬度高者耐磨性大;反之,耐磨性小。硬度和耐磨性可作为选择建筑、车辆、造船、运动器械、雕刻、模型等用材的依据。

8.5.6.1 硬度 木材硬度测试根据国家标准 GB1941—1991《木材硬度试验方法》,试样加工尺寸为 50mm×50mm×70mm,采用半径为 5.64mm 的钢球,在静荷载下压入试样深度为 5.64mm 时,其横断面积恰好为 100mm^2;对于易裂树种,压入深度允许减至 2.82mm,截面积为 75mm^2。硬度按下式计算:

$$H_W = KP \tag{8-32}$$

式中：H_W 为试样含水率为 $W\%$ 时的硬度(N)；P 为钢半球压入试样的荷载(N)；K 为压入试样深度为 5.64 mm 或 2.82 mm 时的系数，分别等于 1 或 4/3。

试件含水率为 12% 时的硬度，按公式(8-33)计算。

$$H_{12} = H_W[1 + 0.003(W - 12)] \tag{8-33}$$

式中：H_{12} 为试件含水率为 12% 时的硬度(N)；W 为试件测试时的含水率(%)。

木材硬度又分弦面、径面和端面硬度 3 种。端面硬度高于弦面和径面硬度，大多数树种的弦面和径面硬度相近，但木射线发达树种的木材，弦面硬度可高出径面 5% ~ 10%。木材硬度因树种而异，通常多数针叶树材的硬度小于阔叶树材。木材密度对硬度的影响极大，密度越大，则硬度也越大。

8.5.6.2 耐磨性 木材与任何物体的摩擦，均产生磨损，例如，人在地板上行走，车辆在木桥上驰行，都可造成磨损，其变化大小以磨损部分损失的质量或体积来计量。

由于导致磨损的原因很多，磨损的现象又十分复杂，所以难以制定统一的耐磨性标准试验方法。各种试验方法都是模拟某种实际磨损情况，连续反复磨损，然后以试件质量或厚度的损失来衡量。因此，耐磨性试验的结果只具有比较意义。常用的磨耗仪有科尔曼磨耗仪、泰伯磨耗仪和斯塔特加磨耗仪。

木材耐磨性的计算公式为：

$$Q = \frac{g_1 - g_2}{g_1} \times 100 \tag{8-34}$$

式中：Q 为质量磨损率(%)；g_1，g_2 为试样试验前后的质量(g)。

耐磨性还和密度呈密切的线性关系，可由密度推导得出：

$$Q = \beta \cdot \gamma_0 + \alpha \tag{8-35}$$

式中：γ_0 为木材密度；β，α 为取决于树种、材面等条件的常数。

8.5.7 抗劈力

木材纤维方向具有易开裂的性质，抗劈力是木材抵抗在尖楔作用下顺纹劈开的力。木材抗劈测试根据国家标准 GB1942—1991《木材抗劈试验方法》，试样尺寸为 20mm × 20mm × 50mm，形状如图 8-15。

木材抗劈力为线强度，计算公式为：

$$C = \frac{P_{max}}{b} \tag{8-36}$$

式中：C 为抗劈力(N/mm)；P_{max} 为最大荷载(N)；b 为抗劈面的宽度(mm)。

劈裂按其破坏面分为弦面劈裂和径面劈裂。针叶树材随着开裂从弦面向径面变化，抗劈力值增加，阔叶树材相反。特别是射线组织大且数量多的木材，抗劈力值显著减小。

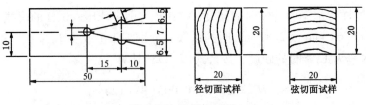

图 8-15 抗劈力试样

8.5.8 握钉力

木材的握钉力是指钉在从木材中被拔出时的阻力。

握钉力以平行于钉身方向的拉伸力计算,通常用经验公式表示:

$$P = 1\,150\gamma_0^{2.5} \cdot D \tag{8-37}$$

$$P = 1\,700\gamma_0^2 \cdot D \tag{8-38}$$

式中:P 为垂直纹理拔钉时遇到的握钉力;γ_0 为钉尖埋入处木材的密度;D 为钉身直径。

有许多因素影响握钉力,如木材的密度、可劈裂性、木材的含水率、钉尖形状、钉身直径、钉入深度等。

8.6 影响木材力学性质的主要因素

了解木材力学性质受哪些因素的影响、其影响的作用方向和程度如何,对于木材利用者来说是十分重要的。

8.6.1 木材密度的影响

木材密度是单位体积内木材细胞壁物质的数量,是决定木材强度和刚度的物质基础,木材强度和刚性随木材密度的增大而增高。木材的弹性模量值随木材密度的增大而线性增高;剪切弹性模量也受密度影响,但相关系数较低。密度对木材顺纹拉伸强度几乎没有影响,这是由于木材的顺纹拉伸强度主要取决于具有共价键的纤维素链状分子的强度,与细胞壁物质的多少关系不大。针叶树材的密度值小、差异也小,而阔叶树材的密度差异要大得多,因此阔叶树材的强度和刚度整体较针叶树材要高,且树种间差异程度大。木材韧性随密度的增加也成比例地增长。阔叶树材的环孔材生长轮增宽,晚材率高,密度大,韧性较好;针叶树材的生长轮增宽,但晚材率并没增加,只是早材的比例相对增加,所以韧性反而下降。

牛林和威尔逊研究表明,木材密度与各种力学性质之间的关系在数学上可用 n 次抛物线方程式表示:

$$\sigma = a\gamma^n + b \tag{8-39}$$

式中:σ 为强度值;γ 为木材密度;n 为曲线的斜率;a,b 为试验常数。

设密度 $\gamma=0$，则没有强度，因而 $b=0$，式(8-39)变为：

$$\sigma = \alpha\gamma^n \quad (8-40)$$
$$\lg\sigma = \lg a + n\lg\gamma \quad (8-41)$$

设密度 $\gamma=0$，则 $\lg\gamma=0$，于是

$$\lg\sigma_1 = \lg a \quad (8-42)$$
$$\lg\sigma = \lg\sigma_1 + n\lg\gamma \quad (8-43)$$

利用两对 σ 与 γ 值，联立方程式解出 n 值。按此方法得出木材的各种强度与密度的方程式，列于表8-2。

表 8-2　木材各种强度对密度的方程式

强　度		方程式	
		生　材	气干材
静　曲			
	比例极限应力	$\sigma=10\,200\gamma^{1.25}$	$\sigma=16\,700\gamma^{1.25}$
	抗弯强度	$\sigma=17\,600\gamma^{1.25}$	$\sigma=25\,700\gamma^{1.25}$
	弹性模量×1 000	$E=2\,360\gamma$	$E=2\,800\gamma$
顺纹抗压强度			
	比例极限应力	$\sigma_c=5\,250\gamma$	$\sigma_c=8\,750\gamma$
	抗压强度	$C=6\,730\gamma$	$C=12\,200\gamma$
	弹性模量	$E=2\,910\gamma$	$E=3\,380\gamma$
横纹抗压强度			
	比例极限应力	$C=3\,000\gamma^{2.25}$	$C=4\,630\gamma^{2.25}$
硬　度			
	端　面	$H_C=3\,740\gamma^{2.25}$	$H_C=4\,800\gamma^{2.25}$
	径　面	$H_{SR}=3\,380\gamma^{2.25}$	$H_{SR}=3\,720\gamma^{2.25}$
	弦　面	$H_{ST}=3\,460\gamma^{2.25}$	$H_{ST}=3\,820\gamma^{2.25}$

8.6.2　含水率的影响

含水率在纤维饱和点以上时，自由水虽然充满导管、管胞和木材组织其他分子的大毛细管，但只浸入到木材细胞腔内部和细胞间隙，同木材的实际物质没有直接相结合，所以对木材的力学性质几乎没有影响，木材强度呈现出一定的值。当含水率处在纤维饱和点以下时，结合水吸着于木材内部表面上，随着含水率的下降，木材发生干缩，胶束之间的内聚力增大，内摩擦系数增高，密度增大，因而木材力学强度急剧增加(图8-16)。

在含水率从纤维饱和点起下降至零的范围内，除抗拉强度外，其他强度都会显著地增大。例如，含水率每降低1%，顺纹抗拉强度增加约1%，横纹抗拉强度增加约1.5%，抗弯强度增加约5%，顺纹抗剪强度增加约3%；弹性模量、剪切弹性模量值在含水率为5%~8%时会达到极大值，这是水分子进入非结晶领域，纤维素分子链再取向等造成的。

《美国木材手册》曾介绍过木材强度随含水率的变化规律，见表8-3。表中所列的数值为针叶树材54种、阔叶树材113种的气干材(含水率=12%)的强度 σ_{12} 与生材(含水率>30%)强度 σ_g 之比(σ_{12}/σ_g)，以及含水率增减1%时对应的强度减增(%)。

根据我国木材物理力学试验方法规定，木材强度值都应调整到含水率12%时的强度值，所以，测定木材强度时，为了保证测定结果的准确，必须注意含水率的影响，必要时需做含水率的修正。可利用下式进行换算：

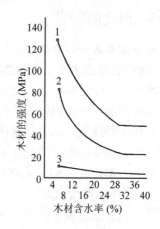

图 8-16　含水率对松木力学强度的影响
1. 横向抗弯　2. 顺纹抗压
3. 顺纹抗剪

表 8-3 含水率对木材强度的影响

强度种类	54 种针叶材强度比 σ_{12}/σ_g	113 种阔叶材强度比 σ_{12}/σ_g	含水率增减1%对应强度的增减率(%)
静 曲			
比例极限应力	1.80	1.81	5
抗弯强度	1.59	1.61	4
弹性模量	1.31	1.28	2
顺纹抗压强度			
比例极限应力	1.74	1.86	5
最大抗压强度	1.95	1.97	6
横纹抗压强度	1.84	1.96	5.5
硬 度			
端 面	1.55	1.67	4
侧 面	1.33	1.40	2.5
顺纹抗剪	1.43	1.37	3
垂直纹理抗拉强度	1.20	1.23	1.5

(*Wood Handbook*, 1955)

$$\sigma_\omega = \frac{\sigma_{12}}{1 + \alpha(\omega - 12)} \qquad (8-44)$$

式中：σ_ω 为含水率在 ω 时的强度值；σ_{12} 为含水率在12%时的强度值；α 为调整系数，即含水率每改变1%，强度值改变的百分率，可查阅国家标准 GB1927~1943—1991《木材物理力学试验方法》。

8.6.3 温度的影响

木材像其他任何固体(尤其是结晶性固体)一样，由于温度升高(温度在熔点或热解点以下时)，纤维素的晶格受热膨胀，原子势能增大，热分子的振荡加剧，原子间平均距离增大，产生热膨胀，对变形的抵抗性降低。研究表明，在温度 20~160℃ 范围内，木材强度随温度升高而较为均匀地下降；当温度超过160℃，会使木材中构成细胞壁基体物质的半纤维素、木质素这两类非结晶型高聚物发生玻璃化转变，从而使木材软化，塑性增大，力学强度下降速率明显增大。湿材随温度升高而强度下降的程度明显高于干材。例如，温度在 +50~-50℃ 的范围内，每改变温度1℃，抗弯强度在含水率4%时将改变0.3%；在含水率11%~15%范围内，抗弯强度改变0.6%/℃；在含水率18%~20%范围内，抗弯强度改变0.9%/℃。

在保持含水率不变时，木材的弹性模量、剪切弹性模量与温度之间的关系(图8-17)可用方程式表示：

$$\left.\begin{array}{c}E_2\\G_2\end{array}\right\} = \left[\begin{array}{c}E_1\\G_1\end{array}\right][1 - a(t_2 - t_1)] \qquad (8-45)$$

式中：E_1，E_2 及 G_1，G_2 分别为温度 t_1、t_2 对应的弹性模量和剪切弹性模量值。系数 a 为温度影响系数。

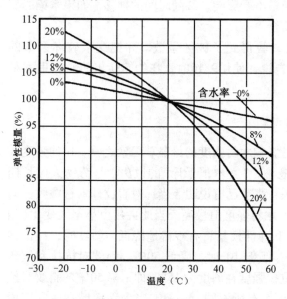

图 8-17　温度-含水率对木材力学强度的影响
(Sulzberger, 1953)

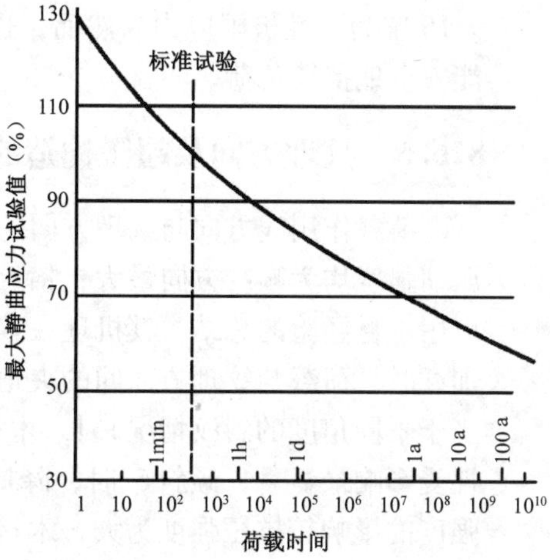

图 8-18　木材最大静曲应力值随荷载时间的变化情况

式(8-45)适合在 $-200 \sim +180℃$ 的温度范围内使用，但在低温域比在高温域更适用。E 对应的温度影响系数 a 值，顺着绝干木材的纤维方向、纤维垂直方向分别约为 0.001、0.002℃$^{-1}$。G 对应的 a 值也在 0.002℃$^{-1}$ 左右。

有时会出现这种情况，在不人为控制含水率时，温度升高，会导致木材的弹性模量降低，但温度的升高同时会使木材的含水率也降低，而含水率的减低会影响木材弹性模量的升高，这样温度增加和含水率降低所导致的木材弹性模量的变化产生一部分相互抵消。

8.6.4　长期荷载的影响

木材的黏弹性理论已表明，荷载持续时间会对木材强度有显著的影响(表 8-4，图 8-18)。

表 8-4　松木强度与荷载时间的关系

受力性质	瞬时强度(%)	当荷载为下列天数时，木材强度的百分率(%)				
		1d	10d	100d	1 000d	10 000d
顺纹受压	100	78.5	72.5	66.7	60.2	54.2
静力弯曲	100	78.6	72.6	66.8	60.9	55.0
顺纹受剪	100	73.2	66.0	58.5	51.2	43.8

如果木材的应力小于一定的极限时，木材会由于长期受力而发生破坏，这个应力极限称为木材的长期强度。木材长期强度与木材瞬时强度的比值，随木材的树种而异，为顺纹受压 0.5~0.59，顺纹受拉 0.5~0.54，静力弯曲 0.5~0.64，顺纹受剪 0.5~0.55。

有关研究调查结果表明，对于长期负荷的横梁：①如果在破坏前卸去载荷，那么应力在弹性极限以下时，静态强度和弹性模量不受影响。②随时间的推移，如果木梁的变形速度呈减少状态，则在长期负荷下也安全。

美国测试材料协会通过标准的弯曲试验得到了破坏系数，并把这个破坏系数的 9/16 定为弹性极限应力。然而，也有报告说，使用 9/16 时，在约 500 年的时间里木材能安全地持续负荷。

8.6.5 纹理方向及超微构造的影响

荷载作用线方向与纹理方向的关系是影响木材强度的最显著因素之一。拉伸强度和压缩强度均为顺纹方向最大，横纹方向最小。"立木顶千斤"的说法，是劳动人民长期应用木材经验的总结，其机理在本章 8.4.4 小节已有说明。当针对直纹理木材顺纹方向加载时，荷载与纹理方向间的夹角为 0°，木材强度值最高。当此夹角由小至大变化（相当于不同角度的斜纹情况）时，木材强度和弹性模量将有规律地降低。斜纹时，冲击韧性受影响最显著，倾斜 5°时，降低 10%；倾斜 10°时，降低 50%。斜纹对抗拉和抗弯强度的影响较抗压强度为大，木材顺纹抗拉强度在斜度为 15°时即下降 50%。斜纹对抗压强度的影响随水率、木材密度的变化而有所不同。一般，当含水率增高或密度增大，木材顺纹、横纹抗压强度的差异程度减小，同时斜纹对抗压强度的影响也减小。

细胞壁的次生壁 S_2 层占木材细胞壁的体积最大，其微纤丝与细胞长轴方向的夹角即微纤丝倾角对顺纹理弹性模量及强度能产生较大程度的影响。Cave. I. D(1959) 测量了辐射松管胞弹性模量与微纤丝倾角之间的关系，当微纤丝倾角从 10°增大至 25°左右时，弹性模量已降至 10°时的 50%；当微纤丝倾角进一步增大到 35°时，弹性模量已降至 10°时的 25%。

8.6.6 缺陷的影响

节子是结疤和纤维的混乱等原因造成，其结果是，有节子的木材一旦受到外力作用，节子及节子周围产生应力集中，与同一密度的无节木材相比，表示出小的弹性模量。Ylinen(1942) 指出，有一个节子的松木的弹性模量只有周围木材的 1/7。木材发生腐朽或降解，韧性会显著地下降，所以借韧性的变化可以判断有无腐朽与降解现象。

8.7 木材的容许应力

木材各种强度值一般都是用无疵小试件在特定的条件下按规定的试验标准测定的，与实际的使用情况有很大差别。因此在实际应用中要考虑各种因素的影响。如木材强度的变异性、木材的缺陷、长期荷载以及可能遇到的荷载过量等。根据这些因素以及从实际使用中得到的经验，对标准试验方法所测得的强度值进行适当折扣，所得的强度值称为容许应力。折扣率称为折扣系数。木材容许应力是指木构件在使用或载荷条件下，能长期安全地承受的最大应力。

木材的容许应力可用下式计算：

$$[\sigma] = \sigma_{\min} \cdot k_1 \cdot k_2 \cdot k_3 \cdot k_4 \cdot \frac{1}{k_5 \cdot k_6} \quad (8-46)$$

式中：$[\sigma]$ 为木材的容许应力；$\sigma_{\min}$ 为无疵小试样试验所得的强度最低值；k_1 为荷载长期作用下木材强度的折减系数；k_2 为木材缺陷减低木材强度的折减系数；k_3 为木材干燥减低木材强度的折减系数；k_4 为木材构件缺口处应力集中的折减系数；k_5 为实际荷载可能超过标准荷载的系数；k_6 为设计与施工允许的偏差，可能使内力增加的系数。

各项因素对不同类型木材强度的影响系数列于表 8-5 中。

表 8-5　各项因素对木材强度的影响系数

受力性质	k_1	k_2	k_3	k_4	k_5	k_6
抗　弯	0.67	0.52	0.80	—	1.20	1.10
顺纹抗压	0.67	0.67	1.00	—	1.20	1.10
顺纹抗拉	0.67	0.38	0.85	0.90	1.20	1.10
顺纹抗剪	0.67	0.80	0.75	—	1.20	1.10

木结构部件安全系数为折减系数之倒数，为强度平均值 σ 与容许应力 $[\sigma]$ 的比值，其计算公式为：

$$A = \frac{1}{K} = \frac{\sigma}{[\sigma]} \quad (8-47)$$

在我国木结构的安全系数一般为 3.5~6.0，比金属等其他材料要高。

复习思考题

1. 名词解释：弹性、塑性、蠕变、松弛、容许应力。
2. 何谓木材的应力松弛现象？
3. 简述木材力学性质的影响因素？
4. 木材的主要力学指标有哪些？
5. 用木材的蠕变曲线来说明木材属于黏弹性材料。

第 9 章

木材缺陷

本章介绍木材缺陷的形成与分类，并重点讲述木材的生长缺陷、构造缺陷、加工缺陷等主要缺陷；同时，简要介绍原木缺陷与锯材缺陷的检测方法及木材的自动检测技术。

9.1 木材缺陷概述

9.1.1 木材缺陷的定义

关于木材缺陷的定义，目前有以下几种观点：Côte 认为，从经济的观点，木材缺陷是指降低木材商品价值的性状；Panshin 认为，木材缺陷是指木材适用于某一特殊用途的质量缺损或偏离；Brown 认为，木材缺陷是指降低木材商品价值的非正常的和不规则的部分。我国有关木材国家标准 GB155.1—2006《原木缺陷》和 GB/T4823—1995《锯材缺陷》中关于木材缺陷的定义是：用肉眼可以看到的影响木材质量和使用价值或降低强度、耐久性的各种缺点。

任何树种的木材都可能存在缺陷，它存在于健全树木的木材中，但与健全树木木材的材质有差异。木材中缺陷的种类和数量因树木的遗传因子、立地条件、生长环境、贮存和加工条件等各种因素不同而可能有较大差别。作为木材工作者，应着重了解木材缺陷的类别和表现形式，以及它们对木材加工过程及木材产品质量的影响，同时也应了解木材缺陷的基本检测方法。

9.1.2 木材缺陷的形成及分类

根据木材缺陷的形成过程，通常将木材缺陷分为生长缺陷、生物危害缺陷和加工缺陷三类。

生长缺陷是指在树木生长过程中形成的木材缺陷，是存在于活立木木材中的缺点。它是由树木的遗传因子、立地条件和生长环境等综合因素造成的。生长缺陷包括：节子、心材变色和腐朽、虫害、裂纹、应力木、树干形状缺陷、木材构造缺陷和伤疤等。

生物危害缺陷是指由真菌、细菌、昆虫和海洋昆虫等危害所造成的木材缺陷。包括：变色、腐朽和虫害等。

加工缺陷是指在木材锯解和干燥过程中形成的木材缺陷。

生长缺陷、生物危害缺陷和加工缺陷中有些缺陷的类别虽然相同，但缺陷的性质和状态不同。如生长缺陷中的变色和腐朽位于心材，而生物危害引起的变色和腐朽主要出现于边材；由树木生长形成的斜纹和加工过程中造成的斜纹在纹理倾斜状态上不同；危害立木和伐倒木的昆虫有异，虫眼的状态也就不同。

生长缺陷可以通过人为的干涉减轻，但不可避免。生物危害缺陷和加工缺陷可以通过控制木材的贮存条件和加工条件避免。

在我国，关于原木和锯材的国家标准主要有：GB142《直接用原木》，GB4812《特级原木》，GB143《针叶树加工用原木》，GB4813《阔叶树加工用原木》，GB144《原木检验》，GB155《针叶树木材缺陷》，GB4823《阔叶树木材缺陷》等。根据用途不同，对木材缺陷的等级要求而有所区别。

9.2 木材的主要缺陷

9.2.1 生长缺陷

9.2.1.1 节子

(1) 节子的定义及分类：

① 根据节子的质地及与周围木材的连生程度，将节子分为活节和死节(图9-1)。

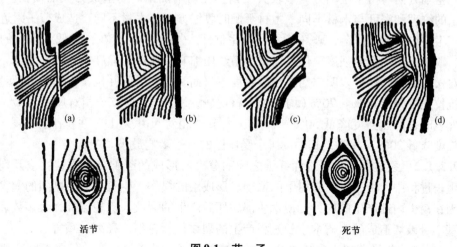

图9-1 节 子
(a)(b)活节 (c)(d)死节 (b)(d)隐生节

活节：由树木的活枝条形成，活节的木材组织与其周围的木材组织全部紧密相连，分布在树干的上部，主要在树冠一带和靠近树冠下部的地方。活节的质地坚硬，构造正常。

死节：由树木的枯死枝条形成，节子的木材组织与周围木材部分脱离或完全脱离，主要分布在树干的中下部。有的死节质地坚硬，在板材加工或干燥后往往脱落，在板面上形成空洞。有的死节本身已经开始腐朽，节子的木质已全部或局部改变了原有的构造，已极度软化，仍然保持着完整的形状，但周围木材健全，称为松软节。松软节的颜色不一，有时还杂有黑色或白色的斑点。

② 根据节子的材质，将其分为健全节、腐朽节和漏节。

健全节：节子没有任何腐朽的象征，颜色与周围木材的一样或稍深，这种节子对木材的使用影响很小。

腐朽节：节子本身已经腐朽，但未透入树干内部，其周围木质良好。

漏节：节子本身的木质已经基本破坏（常形成筛孔状、粉末状或成空洞），并且已深入到树干内部，和树干的内部腐朽相连。

(2)节子的形成：节子位于树木树干和树枝木质部内的树枝的基部。树枝产生于侧芽，依靠侧芽顶端的初生长不断延伸，依靠形成层原始细胞的弦向分裂（次生长）进行直径的增大。树枝和树干的形成层是连续的，因此树枝和树干的生长轮和组织是连续的。这种连续性在树枝的下侧比较明显，在树枝的上侧不明显，树干的纹理在节子的周围呈局部不规则状。当节子枯死后，形成层的分裂活动停止，但树木主茎的形成层仍然具有生机继续分生，树枝和主茎之间木材组织的连续性被破坏。随着主茎形成层的不断分生，枯死的节子逐渐被埋藏于主茎木质部之中，最终在树干的外表难于观察到其存在，此种节子称为隐生节[图9-1(b)(d)]。

(3)节子对木材材质的影响：节子是对木材材质影响最大的缺陷。① 在节子周围，木材纹理产生局部紊乱，并且其颜色较深，破坏了木材外观的一致性。② 节子的硬度很大，主轴方向与树干主轴方向呈较大夹角，在切削加工时易造成刀具的损伤。③ 由于节子的纹理和密度与木材不同，木材干燥时收缩方式与木材不同，造成节子附近的木材易产生裂纹，死节脱落，破坏了木材的完整性。④ 节子的存在，降低了木材的顺纹拉伸、顺纹压缩和弯曲强度，但可以提高横纹压缩和顺纹剪切强度。

对松木的检测结果表明，当节子的宽度占材面宽度的1/4并位于构件的边缘时，其顺纹抗拉强度降低60%～70%（均与无节材比较，下同）；当节子相对尺寸为1/3并在方木外表时，静曲强度降低50%～55%；当节子相对尺寸为1/3并位于方木之中时，静曲强度降低20%～40%，其中以居于受压区的节子影响最小。

9.2.1.2 裂纹　木材纤维和纤维之间的分离所形成的裂隙，称为裂纹或开裂。树木在生长过程中，由于风引起树干的振动、形成层的损伤、生长应力、剧烈的霜害等自然原因在树干内部产生的应力，使木质部破坏后产生的裂纹。除轮裂外，大多数裂纹是细胞壁本身破坏造成的。树木生长过程产生的裂纹包括轮裂、径列、霜害。

(1)轮裂：指沿着树木生长轮开裂而形成的裂纹[图9-2(a)]。存在于所有树种的木材之中。根据裂纹的程度，轮裂又可以分为环裂（指开裂占生长轮圆周的一半或一半以上者）和弧裂（指开裂占生长轮圆周一半以下者）。轮裂是在树木生长过程中形成的，但在树木被伐倒后的干燥过程中，会继续扩展；轮裂在原木断面上多见于大头（兜部）的截面，呈弧形裂纹或环形裂纹，在成材断面上呈月牙形裂纹；沿着树干长轴方向，轮裂的开裂长度不大。

(2)径裂：指从髓心沿着木射线，垂直于生长轮方向开裂而形成的裂纹[图9-2(b)]。存在于所有树种的木材之中。通过髓心只有一条裂纹的称为单径裂。沿着髓心辐射出多条裂纹的称为星裂或辐射状径裂。径裂是在树木生长过程中形成的裂纹，树木采伐后可以见到；径裂通过或从髓心开始，但达不到树干的皮部；径裂较长，自树干的根部向上开裂，常能达到活枝条上；在原木断面，尤其是根部断面以及成材的侧面，都

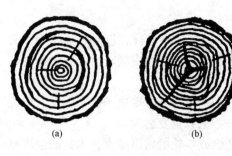

图 9-2 裂 纹
(a)轮裂 (b)径裂

可以见到径裂。

(3)霜害：立木由于低温而产生的开裂。包括霜冻轮和冻裂。

① 霜冻轮：指在一个生长轮范围内，平行于生长轮的褐色带。霜冻轮颇似伪年轮，肉眼可以观察到。这个褐色带是立木生长时，形成层和形成层附近尚未木质化的细胞受到霜冻而产生的伤害。霜冻轮的特点是：一部分已经木质化的细胞呈崩溃状；存在异常多的薄壁细胞；木射线比正常材的宽。

② 冻裂：指从立木基部附近的外部向其内部的木质部，沿着射线方向产生的树干轴向裂纹。冻裂存在于严寒条件下生长的树木，阔叶树材较多，易产生于具有发达的根和茂密树冠的壮龄树木中，很少在幼树中发生。

在下一个生长季节中，立木形成层产生的愈合组织将冻裂的裂隙连接起来。但该连接很脆弱，通常在接下来的冬季重新破裂。经过若干年的多次开裂和愈合，结果沿裂纹边缘形成凸起的组织，这种沿树干主轴的隆起被称为冻肋。

裂纹破坏了木材的完整性，降低了木材的强度，还可以成为生物因子危害木材的通道。

9.2.1.3 树干形状缺陷 树干形状缺陷是指树木在生长过程中，受外界环境影响而形成的不正常形状缺陷。包括弯曲、尖削、大兜、凹兜和树瘤等 5 种，其中对加工和利用影响较大的是弯曲和尖削。

(1)弯曲：指树干的轴线(纵中心线)不在一条直线上，向任何方向偏离两个端面中心的连线。弯曲一般分为单面弯曲和多面弯曲两种(图 9-3)。单面弯曲为木材上只有一个方向的弯曲。多面弯曲为木材上同时存在几个不同方向的弯曲。弯曲见于所有树种的木材，是木材的主要缺陷之一。但有些树种在自然条件下易生弯曲的树干，如部分阔叶树材。

弯曲对木材的纵向抗压强度影响很大，因此直接使用原木及建筑原木中，对弯曲度有严格的限制。多向弯曲对木材强度的影响比单向弯曲大。弯曲对成材的总出材率有很大影响，弯曲度每增加 1%，出材率减少 10%。原木弯曲不仅影响出材率，而且它对成材的尺寸也有很大的影响。

(2)尖削：指树干在全长范围内大头直径与小头直径之差超过正常的递减量。尖削度大的原木加工时降低出材率，容易造成人为斜纹。

9.2.1.4 木材构造缺陷 凡是树干上下由于不正常的木材构造所形成的各种缺陷，统称木材构造缺陷。木材构造缺陷有斜纹、乱纹、涡纹、应压木、应拉木、髓心、双心、树脂囊、伪心材、水层

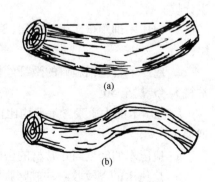

图 9-3 弯 曲
(a)单向弯曲 (b)多面弯曲

和内含边材等。

(1) 斜纹：指木材中纤维的排列方向与树干的主轴方向不平行。包括螺旋纹理、交错纹理、波纹和皱状纹理等。其中螺旋纹理对木材的材质和使用影响较大，属于木材的重要缺陷。

螺旋纹理广泛存在于各种树木的木材之中，其基本排列式样取决于遗传因子，螺旋的斜率随树龄而变化，环境因子对螺旋的斜率和分布也有重要影响。

斜纹对木材强度的影响随斜纹的斜度而定，纤维或年轮的斜度越大，木材的强度越小。斜纹对木材顺纹抗拉强度的影响最大，对顺纹抗压强度的影响最小，对弯曲强度的影响介于上述两者之间。斜纹木材的纵向收缩加大，干燥时板材易产生翘曲变形。

(2) 应力木：在倾斜的树干或与树干的夹角超过正常范围的树枝中所出现的畸形结构。其应力为树木为了保持树干笔直、或使树枝恢复到正常位置所产生的一种生长应力，树木中具有这种应力的部位被称之为应力木。针叶树材和阔叶树材所产生的应力木的类型、位置和性质完全不同。

① 应压木：指在针叶树材倾斜或弯曲树干和枝条的下方，即受压部位的木质部断面上，一部分年轮和晚材呈现特别偏宽的现象（图9-4）。偏宽年轮的形成主要是由于树木在生长时受环境条件的影响所致。有偏宽年轮的树干，其髓心亦偏向一边。有的偏宽年轮只在树干断面的局部年轮中出现，并无明显的偏心现象，因此称为局部偏宽年轮。

图9-4　应压木

应压木和正常材存在以下区别：

a. 正常材晚材管胞的横截面基本上是长方形，应压木晚材管胞的横截面有趋于圆形的倾向，因此相邻的3~4个管胞之间存在细胞间隙。

b. 应压木早材管胞的细胞壁厚度比正常材的厚，晚材管胞的细胞壁厚度与正常材基本相同，因此早材至晚材的变化比同树种正常材缓慢。

c. 在同一年轮内，应压木的管胞长度比正常材的短，管胞末端通常变细及（或）产生分歧。

d. 应压木细胞壁次生壁外层（S_1）和中层（S_2）的厚度比正常材的大，没有次生壁内层（S_3）。

e. 应压木管胞细胞壁的微纤丝倾角比正常材的大，次生壁中层（S_2）的纤维角比正常材大45°甚至50°。

f. 应压木的木质素含量平均比正常材高9%，纤维素含量降低10%，半纤维素含量增加7.8%。

g. 应压木的密度与正常材的密度之比约为4:3。

h. 应压木的顺纹收缩率或膨胀率比正常材大。

i. 密度相同的气干材，应压木比正常材的顺纹抗压强度稍微降低，顺纹抗拉强度、弹性模量、弯曲强度和冲击强度显著降低，脆性增大。由于应压木的干缩系数与正常材有较大差异，锯材易产生弯曲变形和开裂。

② 应拉木：指在阔叶树材倾斜或弯曲树干和枝条的上方，即受拉部位的木质部。其断面上，一部分年轮呈现明显偏宽的现象（图9-5）。在心材颜色较深的阔叶树材中，应拉木的颜色比正常材的浅，有顺着纤维方向的绢丝光泽，该光泽是应拉木早材部位的胶质纤维光泽。

应拉木与正常材存在以下区别：

a. 通常在应拉木的早材中存在胶质纤维。
b. 应拉木的管孔尺寸和数量减少。
c. 应拉木的木质纤维一般比正常材多。
d. 早材木质纤维细胞的横截面呈圆形，次生壁显著加厚。

图9-5　应拉木

e. 应拉木中所具胶质纤维的次生壁层次结构与正常材不同。由于胶质层（G层）的存在，使细胞次生壁形成以下三种结构：$S_1+S_2+S_3+G$（非常少）、S_1+S_2+G（普遍）、S_1+G（普遍）。

f. 应拉木的纤维素含量增加，半纤维素和木质素的含量降低。
g. 应拉木的密度比正常材大。
h. 应拉木的顺纹干缩率比正常材显著增大，横向干缩率降低。
i. 应拉木的抗压强度、顺纹剪切强度、冲击强度、抗弯强度和弹性模量比正常材低。由于胶质纤维的存在，使其加工时容易出现起毛现象，并且难于干燥，易产生翘曲和开裂。

(3) 双心：指在树干的同一横断面有两个或两个以上髓心的现象。双心材的树干截面不呈圆形而呈椭圆形。由于双心材的构造不均匀，其加工后的板材易产生翘曲变形和开裂。

(4) 伪心材：指心、边材区别不明显的阔叶树材，其中心部位颜色较深，且不均匀，形状也很不规则。在树干的横截面上，伪心材的形状有圆形、星状、铲状或椭圆形等，其颜色呈暗褐色或红褐色、有时并带有紫色或深绿色。

伪心材是真菌侵入所致，分为未腐朽伪心材和腐朽伪心材两类。伪心材破坏了木材外观的一致性，腐朽伪心材还使木材整体强度降低。

(5) 树脂囊（油眼）：指呈现在木材横切面或径切面上的充满树脂的弧形裂隙，在弦切面上表现为充满树脂的椭圆形浅沟槽，位于一个生长轮范围内，弧形裂隙平坦的一面靠近髓心。树脂囊的尺寸变化很大，径向尺寸一般小于1.27cm，沿着生长轮方向可以延伸10~20cm。

树脂囊中的树脂污染木制品表面，降低木材的胶合性能。

(6) 压缩破坏：指立木木质部在纤维方向受到大于比例极限的压缩应力（生长应力、风或其他外力等产生的应力）作用，在接近于纤维直角方向产生的压曲破坏（图9-6）。用显微镜观察，可以明显看到纤维压曲产生的错移面。压缩破坏大多数存在于树干的中心部位，树干内的轴向生长应力是造成压缩破坏的主要原因。

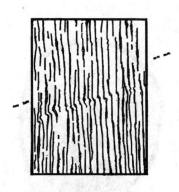

图 9-6 压缩破坏

压缩破坏降低了木材的强度,特别是抗冲击强度和压缩破坏面位于受拉侧的弯曲强度。

9.2.1.5 损伤 树木在生长过程中受到机械损伤、火烧、鸟害、兽害而形成的伤痕称为损伤或伤疤。包括外伤、夹皮、偏枯、树包、风折木及树脂漏等。

(1) 外伤:指树木受到刀、斧、锯等工具或鸟害、兽害、火烧及其他因素损伤而产生的伤痕。外伤包括立木外伤和木材外伤两类。立木外伤指树木在生长过程中受到机械损伤(如采脂)、鸟类啄食、兽类啮齿或火烧而形成的伤痕。木材外伤指在树木采伐、运输、选材和加工时,倒地撞击、以及刀、斧和锯等工具的作用而造成的损伤。

立木外伤通常形成夹皮、偏枯和树包等缺陷。外伤破坏木材的完整性,降低木材材质,容易引起生物侵害。

(2) 夹皮:指立木的局部受到伤害后(如鸟类啄食、昆虫侵蚀),形成层死亡而停止分生活动,但周围的组织仍继续生长,将受伤部分全部或局部包入树干中形成的缺陷。

夹皮分内夹皮与外夹皮两种(图9-7)。夹皮破坏了树木正常的生长发育,破坏了木材构造的完整性,夹皮周围的生长轮产生弯曲,降低了木材材质。

(3) 偏枯:指树木在生长过程中,树干局部受创伤或烧伤后,树皮剥落导致表层木质部枯死的部分(图9-8)。偏枯沿树干轴向伸展,在树干表面成凹沟状,常伴有树脂漏、变色及腐朽。

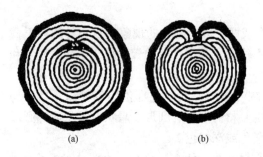

图 9-7 夹 皮
(a)内夹皮 (b)外夹皮

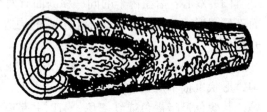

图 9-8 偏 枯

偏枯改变了树干形状,容易造成木材变色和腐朽,降低了木材利用率和材质。

(4) 树脂漏:指树干局部受伤(采脂或虫蛀等)后,树脂大量聚集并渗透到周围木质部中,呈条状,其颜色较周围的木材深的部位。其薄片常呈透明状,常见于含树脂的针叶树材。

有树脂漏的木材,其密度增大、冲击韧性降低、渗透性减小,影响木材的干缩、油漆和胶黏等性能。

(5) 风折木:指树木在生长过程中,受强风雪等气候因素的影响,使其部分纤维折断,愈合后又继续生长而形成的木质部。因其在外观上似竹节,又称"竹节木"。风折木因纤维局部有断裂，对强度和利用影响较大。

9.2.2 生物危害缺陷

生物危害缺陷指由微生物、昆虫和海洋钻孔动物等外界生物侵害木材所造成的缺陷。对木材的质量和使用影响较大的生物危害缺陷有变色、腐朽和虫害三大类。

9.2.2.1 变色 变色指原木和锯材的颜色产生的不正常变化。

引起木材颜色产生不正常变化的因素归纳起来分为化学性变色、初期腐朽变色、酶变色和变色菌变色。

(1) 化学性变色：指伐倒木或锯材由于化学和生物化学的反应过程而引起的浅棕红色、褐色或橙黄色等不正常的颜色。化学性变色其颜色一般比较均匀，分布仅限于表层（深1~5mm）。化学性变色木材经过干燥后，变色部分颜色会变淡，但水运的针叶树材边材部分在快速干燥后会产生黄斑现象。化学性变色对木材的物理力学性质没有明显影响，但某些变色会损害木材的外观一致性和装饰效果。

(2) 初期腐朽变色：指木材在腐朽初期所发生的颜色变化。初期腐朽变色最常见的是红斑，它在木材横切面上呈现出粉红色、浅红色、褐色、紫色、栗色、灰色或黑紫色等各种不同的颜色，以及月牙形、环状或块状等不同形状的斑点，在纵切面上则呈现上述各种颜色的条纹。

立木时期发生的红斑一般位于树干的心部，木材在贮存过程中发生的红斑通常位于边材部位。

初期腐朽变色与霉变色或变色菌变色的区别见表9-1。

表9-1 初期腐朽变色与霉变色或变色菌变色的区别

项目	初期腐朽变色	霉变色或变色菌变色
位置	边材虽然较严重，但并不总限定在边材	大多限于边材，有时全部在边材
颜色	针叶树材常呈暗或红褐色，有时略带紫色；阔叶树材呈白色或暗褐色	蓝灰色、绿色或黑色，偶粉红色、黄色或橘黄色
形状	通常呈块状或条纹	一般呈延散分布，常在木射线中，在木材横切面上常呈楔形
交界	可呈现为黑色或暗色的条纹	决不会呈现为有明显分界的条线
材质	用螺丝刀可以感觉出纤维变弱，并断裂变短	用螺丝刀感觉不出纤维变弱

初期腐朽变色的木材仍保持原有的构造，物理力学性质变化不大，有时木材的抗冲击强度有所降低，耐久性较一般木材差，渗透性提高。

(3) 霉菌变色：指在潮湿的边材表面，由霉菌的菌丝体和孢子体侵染所形成的颜色变化。霉菌变色木材的颜色因菌丝体和孢子体的颜色以及所分泌的色素等不同而异，有白色、黄色、蓝色、绿色、黑色、紫色、红色等不同颜色。通常呈分散的斑点状或密集的薄层。见于所有树种的伐倒木、贮存中的木材以及木制品，部分树种如杨木产生的霉菌变色非常严重，一般局限于边材表面。

引起霉变色的霉菌大多数属于子囊菌和半知菌，这类真菌的体形呈棉花状或绒毛状。霉菌在潮湿、温和及通风不良的环境下繁殖很快,在空气相对湿度高于90%时迅速繁殖。

霉菌主要以吸收木材表面细胞腔内的糖类、淀粉为营养物质,不破坏木材细胞壁的结构,对木材强度没有影响,变色只限于木材表面,干燥后可以消失或刨切后也可以消除。但如果不清除,则有时在木材表面会残留污斑,因而会损害木材外观。

(4) 变色菌变色:指木材受变色菌的侵蚀而引起的颜色变化。变色菌引起的木材变色大多发生在边材,又称边材变色。变色菌变色木材的颜色因木材树种和变色菌的种类不同而异,有蓝变、褐变、黄变、绿变或红变等各种颜色,其中以蓝变(又称青皮)的危害最大。蓝变在针叶树材中较多,尤以松木最为常见。

变色菌寄生的条件:木材的含水率超过纤维饱和点,足够的氧气,24~30℃的适宜温度。

变色菌以木材细胞腔(主要是薄壁细胞)中贮存的营养物质为养分,不破坏或轻微损害细胞壁的结构。变色菌在木材细胞中的移动以穿过细胞壁上的纹孔为主,直接穿过细胞壁时孔洞非常细小,仅为菌丝直径的数分之一。因此,被侵染的木材,其物理力学性质几乎没什么变化。蓝变严重时,木材的抗冲击强度降低,并损害其外观。

9.2.2.2 腐朽 腐朽指木材由于木腐菌的侵入,逐渐改变其颜色和结构,使细胞壁受到破坏,物理力学性质随之改变,最后变得松软易碎,呈筛孔状或粉末状等形态。

(1) 引起木材腐朽的真菌:主要有担子菌亚门层菌纲的多孔菌科、革孔菌科、齿菌科、伞菌科,子囊菌亚门核菌纲的炭角菌科。

(2) 木材腐朽菌寄生的条件:

① 适宜的温度。对147种真菌的实验结果表明,真菌活性生长的最低温度为4℃,最高温度为38℃,最佳生长温度为24.4~30℃,低于或高于最佳生长温度均会抑制真菌的生长。

② 充足的水分。真菌寄生的最佳木材含水率是稍高于纤维饱和点,通常木材含水率在30%~40%最适合于腐朽菌的生长,少数菌种需要更高的含水率才能更好的生长。

③ 氧气的供给。真菌依靠呼吸作用得到能量。呼吸作用需要氧气,并排放出二氧化碳和水。贮存于水中的木材不会发生腐朽和变色,就是木材中缺少真菌发育所需要的氧气。

④ 养料的供给。构成木材细胞壁的纤维素和半纤维素,细胞腔中的单糖和淀粉等是木材腐朽菌、变色菌和霉菌寄生和发育所需要的养料。

⑤ 介质的酸度。木材腐朽菌适合在弱酸(pH值=4.5~5.5)介质中生长和发育。

(3) 木材腐朽的分类:

① 按腐朽的性质分为白腐和褐腐。木材腐朽菌分泌纤维素酶和酚氧化酶的数量因菌种的不同而异,有些以分泌纤维素酶为主,有些则以分泌酚氧化酶为主。因此,腐朽的形态和化学成分有所不同,通常分为白腐和褐腐两种类型。

白腐:由既破坏木质素又破坏纤维素的白腐菌引起的腐朽。受害木材多呈白色、淡黄白色或浅红褐色、暗褐色等,干燥时木材表面不开裂,有大且浅色或白色斑点,并显露出纤维状结构,木材横断面好似许多小蜂窝或筛孔,故这种腐朽也叫筛孔状腐朽或腐蚀性腐朽。白腐后期,材质松软,容易剥落。

褐腐:由破坏木材细胞壁碳水化合物的褐腐菌引起的腐朽。受害木材外观呈红褐色或棕褐色等,质脆,中间有纵横交错的块状裂隙。褐腐木材的纤维素量剧烈减少,而木质素含量基本无变化。褐腐后期,木材变为深浅不同的褐色粉块,很容易捻成粉末,所以又称粉末状腐朽或叫破坏性腐朽。

白腐和褐腐的区别见表9-2。

表9-2 白腐和褐腐的区别

项目	白腐	褐腐
菌的种类	白腐菌	褐腐菌
侵入木材的方式	针叶树材:由管胞上的纹孔和打通细胞壁进入细胞腔 阔叶树材:由导管的穿孔、木纤维上的纹孔和打通细胞壁进入细胞腔	针叶树材:由管胞上的纹孔进入细胞腔 阔叶树材:由导管的穿孔进入细胞腔
酶的种类	酚氧化酶、纤维素酶和半纤维素酶	纤维素酶和半纤维素酶
被分解的木材成分	酚氧化酶首先分解木质素,纤维素酶和半纤维素酶以同样的速度分解碳水化合物,个别白腐菌分解碳水化合物的速度大于分解木质素	纤维素酶和半纤维素酶分解碳水化合物;木质素有脱甲基反应和环的羟化反应,木质素的结构被改变
酶分解木材细胞壁的次序	菌丝分泌的酶首先分解细胞壁次生壁内层(S_3),之后再分解次生壁中层(S_2)和外层(S_1)	酶迅速通过细胞壁次生壁内层(S_3)到达次生壁中层(S_2),首先分解次生壁中层(S_2),之后再分解次生壁外层(S_1),最后分解次生壁内层(S_3)
腐朽后木材的状态	材色浅,细胞壁变薄,木材呈海绵状、丝状或孔状	材色呈褐色,细胞壁的厚度基本无变化,细胞保持原形,材质脆,易开裂

② 按腐朽在树干内外的部位分边材腐朽(外部腐朽)和心材腐朽(内部腐朽)。

边材腐朽:是立木伐倒后或枯立木时,木腐菌从边材外表侵入所形成的腐朽。腐朽在木材横切面的外围呈环状,因腐朽产生在树干的边材部分,故又称外部腐朽。木材保管不善是导致边材腐朽的主要原因。如遇合适条件,边材腐朽会蔓延到心材或成熟材部分。

心材腐朽:是立木受木腐菌侵害在心材(或熟材)部分所形成的腐朽。心材腐朽多数位于树干横切面的中央部位,又称内部腐朽。心材腐朽有时也会偏向一边,甚至会出现在树干横切面的外围部分。引起内部腐朽的真菌,在伐倒木中多半不再继续蔓延,但有时也会在伐倒木中蔓延。心材腐朽成空心状,空心周围材质坚硬者,称"铁眼"。

③ 按腐朽在树干上下部位分根部腐朽和干部腐朽。

根部腐朽:是腐朽菌自根部或兜部外伤处侵入树干而形成的腐朽。腐朽沿树干往上蔓延,高度从几厘米至几米不等,通常越往上腐朽部分越小,似楔形。立木中这种腐朽可以从兜部外伤处看出,或者用斧背敲击树干来判断。

干部腐朽:是腐朽菌从树枝折断处或树干外伤处侵入,向上下蔓延,形如雪茄烟状的腐朽。干部腐朽向下蔓延的程度,一般达不到树干兜部;向上蔓延的高度不一,最高的可使树干全部可利用部分都腐朽。立木的干部腐朽可根据在树干表面上着生的真菌子实体而察觉。如果没有子实体,也可根据漏节或树干上的旧伤而判定。

(4) 腐朽对材质的影响:

① 化学成分:木材腐朽过程是木腐菌分泌的各种酶分解木材主成分和抽提物的过程。由于树种、木腐菌的种类和腐朽的程度不同,腐朽材的有机组成不同。引起白腐的真菌使木材中木质素的含量显著减少,而纤维素和半纤维素的含量变化较小,碳的含量略微减少或很少变化;而褐腐正好相反,细胞壁中纤维素和半纤维素的含量大幅度减少,而木质素的绝对量几乎没有变化,碳的含量略微增加。腐朽材单宁的绝对含量大多数不变,或者其至较健康材有所增加。

② 材色:木材腐朽通常伴随着材色的变化。白腐在初期阶段就造成木材颜色的明显变化,褐腐在初期阶段通常不会使木材的颜色发生明显变化。在腐朽发展阶段,木材材色变化非常显著,白腐使木材的颜色变浅,褐腐使木材的颜色变暗。

③ 物理性质:木材在腐朽初期的密度一般不降低,而在某些情况下,由于木材内聚集有色素,密度甚至会提高。随着腐朽的继续发展,腐朽材的密度减小,在腐朽后期密度较正常材明显降低,一般为正常材的 2/5~2/3。

腐朽材的吸水性和渗透性,在腐朽初期与健全材没有明显区别,在腐朽后期吸水性增加、渗透性显著提高。由于腐朽材的吸水性大,所以易于注入无机盐类防腐剂。

腐朽材在干燥时比健全材易产生翘曲变形,收缩率比健全材大,处于相同腐朽阶段的褐腐比白腐明显。

④ 燃烧性能:腐朽使木材的密度减小,单位体积的发热量降低。由于木质素含有的碳素比纤维素和半纤维素多,木材如产生褐腐,木质素的相对含量增加,单位质量的发热量要大于健全材;相反,如发生白腐,单位质量的发热量要低于健全材。如果木材带有两种性质的腐朽,单位质量的发热量比健全材低。

⑤ 木材的力学性质:木材在腐朽初期,除了冲击弯曲强度外,其他力学性质几乎没有变化。随着腐朽的继续发展,木材的强度显著降低。腐朽材力学性质的降低与腐朽时木材密度的减小有密切的关系。随着密度的减小,抗压、抗弯等强度降低。但腐朽材强度降低的幅度比密度的减小快得多,褐腐在木材质量减少 10% 时冲击韧性降低 95%。这是因为腐朽材的质量损失虽然还不很大,但木材组织已遭到严重破坏。

腐朽使木材的化学成分、材色、密度、物理性质和力学性质等都有所改变,并破坏木材的完整性和均匀性,这种缺陷对木材质量的影响很大。

9.2.2.3 虫害 虫害指因各种昆虫危害造成的木材缺陷。

(1) 危害木材的昆虫:主要有鞘翅目的粉蠹科、窃蠹科、天牛科和长蠹科的甲虫,等翅目的白蚁等。鞘翅目的昆虫虽然大小、形状和颜色各不相同,但其蛀蚀的木材均呈粉状,统称为留粉甲虫。最常见的害虫有小蠹虫、天牛、吉丁虫、象鼻虫、白蚁和树蜂等。

(2) 木材害虫的寄生条件:木材害虫与木材腐朽菌一样,对生存环境条件有一定的要求。

① 含水率:木材害虫对木材的含水率比较敏感,甲虫蛀蚀弱立木及采伐后湿原木,

一般在木材干燥后就不再孳生第二代幼虫。但有些害虫，如白蚁能在建筑中的干燥木材内栖居繁殖。根据受虫害木材的含水率，木材害虫可以分为三类：侵害立木的蛀干害虫，常见的有小蠹虫、天牛、吉丁虫、象鼻虫和树蜂等，其中小蠹虫和天牛的危害最为严重；侵害木材含水率高于纤维饱和点的新采伐原木的湿材害虫，常见的有棘胫小蠹科、长小蠹科、天牛科、大象甲虫和白蚁等；蛀入干燥木材，危害干燥木材、家具和木制品的干材害虫，常见的有粉蠹科、天牛科、长小蠹科和白蚁科等。

② 温度：昆虫在 -10 ～ -40℃时会因结冰而死亡，温度高于8℃时发育，温度高于44℃时可以在短时间内死亡。

③ 营养物质：危害木材的昆虫通过两种方式将构成木材的化合物变为营养物质：一是分泌一种霉菌，霉菌以木材为营养物质进行繁殖，昆虫再以霉菌为自己的营养物质；二是与昆虫共生的原生动物将纤维素和半纤维素同化为昆虫可以消化的营养源。

(3) 虫害木的分类：根据木材受蛀蚀的程度，虫害可以分为以下几类：

① 表面虫眼和虫沟：指昆虫蛀蚀木材的深度不足10mm的虫眼和虫沟。多数由小蠹虫、象鼻虫和少数天牛的蛀蚀而形成。

② 小虫眼：指虫孔最大直径不足3mm的虫眼。大多数由小蠹虫、长小蠹虫的蛀蚀而形成。主要发生在新采伐的原木和生材锯材内，主要是边材，有时也损坏心材。木材干燥后，这类昆虫的危害便停止。

③ 大虫眼：指虫孔的最大直径超过了3mm的虫眼。多由大甲虫（如大黑天牛、云杉天牛等的幼虫）或树蜂蛀蚀而形成。

(4) 对材质的影响：虫害在各种木材中都可能发生。不同种类的害虫，给木材带来的危害不同，有的只危害树皮及边材表层，虫眼一般深度较浅，对木材强度及使用影响不大，特别是圆材经过锯解、旋切后，虫眼可随边皮一起去掉，危害性较小；有的虽然也蛀入木质部，但虫眼很浅，当制成板材时，虫眼部可随板皮锯去；但有的钻入木质部深处，使木材破坏很大。除上述直接危害外，菌害可能随着虫孔而发生，由于木材表层受到破坏，间接地促进了真菌孢子侵入木材内部引起木材变色和腐朽。

9.2.2.4　海生钻木动物危害缺陷　海生钻木动物危害缺陷指海生钻木动物对浸在海水中的船、桩木和护木的侵蚀引起的危害。

(1) 海生钻木动物可以分为以下两大类：

① 软体类钻木动物：包括船蛆科的船蛆属、节铠船蛆属和海笋属，分布于热带和温带海域中。

② 甲壳类蛀木动物：包括蛀木海虱属和团海虱属，主要分布于热带和亚热带海域。

(2) 海生钻木动物对木材的危害过程：船蛆属和节铠船蛆属的钻木动物长有甲壳，用于钻蛀木材，幼虫进入木材后，分泌出的纤维素酶消化木材，在木材内生长发育成为成虫。

蛀木海虱属的钻木动物依附在木材表面，用点状颚钻孔，分泌出的纤维素酶消化木材。

海笋属和团海虱属的钻木动物在木材上钻孔作为藏身地，以猎取浮游生物为食物。

9.2.2.5　湿材　湿材指由细菌侵入造成的木材缺陷，特征是在木材的横切面呈水浸状，位于心材或心材与边材的交界区以及边材中的局部区域。存在于大多数阔叶树材和少数针叶树材中。

湿材的材色较暗，呈浅灰色、粉红色、深红色、褐色或黑色。木材经过干燥后，一部分湿材的材色趋于与正常材一致，另一部分湿材材色会变暗或产生化学褐色变。湿材的密度和力学性能无明显变化。

9.2.3 加工缺陷

木材加工缺陷指在木材加工过程中所造成的木材表面损伤。分为锯割缺陷和干燥缺陷两类。

9.2.3.1 锯割缺陷 木材在锯割过程中形成的缺陷，包括缺棱、锯口缺陷和人为斜纹等。

（1）缺棱：指在整边锯材中残留的原木表面部分。缺棱分为钝棱和锐棱。

钝棱：锯材材边未着锯的部分（材边全厚的局部缺棱）叫做钝棱。

锐棱：锯材材边局部长度未着锯的部分（材边全厚的缺棱）叫做锐棱。

缺棱减少材面的实际尺寸，木材难以按要求使用，改锯则增加废材量。

（2）锯口缺陷：指木材因锯割而造成的材面不平整或偏斜的现象，有瓦棱状锯痕、波状纹、毛刺糙面、锯口偏斜等。

瓦棱状锯痕：锯割工具在锯材表面上留下的凹凸痕迹，如瓦棱状。

波状纹锯痕（水波纹、波浪纹）：锯口不成直线，材面呈波浪状，造成材面不平整的现象。

毛刺糙面：木材在锯割时，因纤维受强烈撕裂或扯离而形成毛刺状，造成材面十分粗糙的现象。

锯口偏斜：凡相对材面相互不平行或相邻材面相互不垂直而发生偏斜的现象。端面锯口偏斜主要是指端面与轴心线不垂直的现象。

锯口缺陷使锯材厚薄或宽窄不匀或材面粗糙，影响产品质量，难以按要求使用，降低木材利用率。

（3）人为斜纹：指因下锯不合理，锯解方向与纤维方向呈一定角度，将纹理通直的原木锯成带有斜纹的锯材。

9.2.3.2 干燥缺陷 指木材在干燥、保管过程中所产生的变形和开裂。

（1）变形：指木材在干燥过程中所产生的形状改变，分翘曲和扭曲两类。

① 翘曲：按翘曲的方向，可分为横弯、顺弯和翘弯3种。

横弯：在与材面平行的平面上弯曲，即沿材长方向的左右横向弯曲，其特点是仅材边弯曲，材面不弯曲，如图9-9(a)。

顺弯：材面沿材长方向成为弓形的弯曲，其特点是材面材边同时弯曲，如图9-9(b)。

翘弯：系锯材沿材宽方向成为瓦形的弯曲，即瓦形弯曲，其特点是仅材面弯曲，材边不弯曲，如图9-9(c)。

② 扭曲：指材面四角不在同一平面上，或沿材长方向呈螺旋状弯曲，如图9-9(d)。

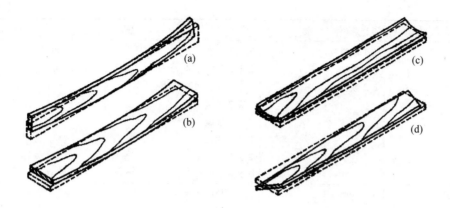

图 9-9　干燥变形
(a)横弯　(b)顺弯　(c)翘弯　(d)扭曲

（2）开裂：木材在干燥过程中由于不均匀收缩而产生内应力，导致薄弱环节裂开。裂纹的大小和数量因干燥条件、树种和锯材的断面尺寸而异。分为端裂、表裂和内裂。

① 端裂：指锯材端部的裂纹，常见于锯材端面。

② 表裂：指原木材身和锯材表面的裂纹。表裂是木材内外层干燥不均匀和径弦向的干燥收缩差异造成的，通常限于弦向，沿着木射线产生，并沿径向发展。

③ 内裂：指原木或木材内部的裂纹。

9.3　木材缺陷检测方法简介

9.3.1　木材检验中的缺陷分类

我国现行的木材标准，GB/T155—2006《原木缺陷》将原木缺陷分为六大类，GB/T4823—1995《锯材缺陷》将锯材缺陷分为九大类，各大类又分成若干分类和细类，详见表9-3，表9-4。

表 9-3　原木缺陷分类表

大　类	种　类	细　目	
1 节子	1.1 表面节 1.2 隐生节 1.3 活节 1.4 死节 1.5 漏节	1.1.1 健全节 1.1.2 腐朽节	

(续)

大　类	种　类	细　目	
2 裂纹	2.1 端裂	2.1.1 径裂	2.1.1.1 单径裂
		2.1.2 环裂	2.1.1.2 复径裂
	2.2 纵裂	2.2.1 冻裂和震击裂	
		2.2.2 干裂	
		2.2.3 浅裂	
		2.2.4 深裂	
		2.2.5 贯通裂	
		2.2.6 炸裂	
3 干形缺陷	3.1 弯曲	3.1.1 单向弯曲	
		3.1.2 多向弯曲	
	3.2 树包		
	3.3 根部肥大	3.3.1 大兜	
		3.3.2 凹兜	
	3.4 椭圆体		
	3.5 尖削		
4 木材结构缺陷	4.1 扭转纹		
	4.2 应力木	4.2.1 应力木	
		4.2.2 应拉木	
	4.3 双心或多心木		
	4.4 偏心材		
	4.5 偏枯		
	4.6 夹皮	4.6.1 内夹皮	
		4.6.2 外夹皮	
	4.7 树瘤		
	4.8 伪心材(只限阔叶)		
	4.9 内含边材		
5 由真菌造成的缺陷	5.1 心材色变及条斑		
	5.2 边材	5.2.1 青变	
		5.2.2 边材色斑	
	5.3 窒息木(只限阔叶)		
	5.4 腐朽	5.4.1 边材腐朽	
		5.4.2 心材腐朽	
	5.5 空洞		
6 伤害	6.1 昆虫伤害(虫眼)	6.1.1 表层虫眼	
		6.1.2 浅层虫眼	
		6.1.3 深层虫眼	6.1.3.1 小虫眼
			6.1.3.2 大虫眼
	6.2 寄生植物引起的伤害		
	6.3 鸟眼		
	6.4 夹杂异物		
	6.5 烧伤		
	6.6 机械损伤	6.6.1 树皮剥伤	

（续）

大类	种类	细目
6 伤害		6.6.2 树号
		6.6.3 刀伤
		6.6.4 锯伤
		6.6.5 撕裂
		6.6.6 剪断
		6.6.7 抽心
		6.6.8 锯口偏斜
		6.6.9 风折木

表 9-4　锯材缺陷分类表

大类	分类	种类	细类
1 节子	1.1 按连生程度分	1.1.1 活节 1.1.2 死节	
	1.2 按材质分	1.2.1 健全节 1.2.2 腐朽节 1.2.3 漏节	
	1.3 按断面形状分	1.3.1 圆形节(含椭圆形节) 1.3.2 条状节 1.3.3 掌状节	
	1.4 按分布密度分	1.4.1 散生节 1.4.2 簇生节	
	1.5 按位置分	1.5.1 材面节 1.5.2 材边节 1.5.3 材棱节	
2 变色	2.1 化学变色 2.2 真菌变色	2.2.1 霉菌变色 2.2.2 变色菌变色 2.2.3 腐朽菌变色	
3 腐朽	3.1 按类型和性质分	3.1.1 白腐 3.1.2 褐腐 3.1.3 软腐	
4 蛀孔	4.1 虫眼	4.1.1 表面虫眼和虫沟 4.1.2 针孔虫眼 4.1.3 小虫眼 4.1.4 大虫眼	
	4.2 蜂窝状孔洞		
5 裂纹	5.1 按类型分	5.1.1 径裂(心裂) 5.1.2 环裂 5.1.3 干裂 5.1.4 贯通裂	
	5.2 按部位分	5.2.1 材面裂纹 5.2.2 材边裂纹 5.2.3 材端裂纹	

(续)

大 类	分 类	种 类	细 类
6 木材构造缺陷	6.1 斜纹 6.2 乱纹 6.3 涡纹 6.4 应力木 6.5 髓心 6.6 树脂囊(油眼) 6.7 伪心材 6.8 内含边材	6.4.1 应压木 6.4.2 应拉木 6.5.1 髓心材	
7 加工缺陷	7.1 缺棱 7.2 锯口缺陷	7.1.1 钝棱 7.1.2 锐棱 7.2.1 瓦棱状锯痕 7.2.2 波状纹 7.2.3 毛刺糙面 7.2.4 锯口缺陷	
8 变形	8.1 翘曲 8.2 扭曲 8.3 菱形变形	8.1.1 顺弯(弓弯) 8.1.2 横弯(边弯) 8.1.3 翘缩(瓦形弯)	
9 损伤	9.1 机械损伤 9.2 夹皮 9.3 树脂漏 9.4 髓斑	9.2.1 单面夹皮 9.2.2 贯通夹皮	

9.3.2 原木缺陷检测

木材缺陷的允许限度是原木等级评定的依据,因此等级评定工作的首要环节和主要内容就是对原木的木材缺陷进行正确的检量。关于原木缺陷名称、定义的解释,按GB/T 155—2006 的规定执行。

(1) 节子的检量、计算与个数的查定:节子尺寸的检量是与树干纵长方向成垂直量得的最大节子尺寸与检尺径相比,用百分率表示。

节子个数的查定按以下方法执行:在材身检尺长范围内,以任意选择1m 内节子个数最多的查定节子个数。

(2) 腐朽的检量:

①边材腐朽(外部腐朽)的检量。断面上的边材腐朽(包括不正形的)检量,是以通过腐朽部位径向量得的最大厚度与检尺径相比,用百分率表示。

②心材腐朽(内部腐朽)的检量。心材腐朽的检量,是以腐朽面积与检尺径断面面积(按检尺径计算的面积)相比,用百分率表示。

(3) 虫眼的检量:在材身检尺长范围内,以任意选择1m 内虫眼最多的查定个数。

(4) 裂纹的检量:原木中一般只计算纵裂纹。纵裂纹是以其长度与检尺长相比,用百分率表示。

(5)弯曲的检量：检量弯曲是从大头至小头拉一直线，其直线贴材身两个落线点间的距离为内曲水平长，沿着与该水平直线成垂直的方向量取弯曲拱高，再与该内曲水平长相比，用百分率表示。

(6)扭转纹的检量：检量小头 1m 长范围内的纹理扭转起点至终点的倾斜高度(在小头断面上表现为弦长)，再与检尺径相比，用百分率表示。

(7)外夹皮的检量：外夹皮深度不足 3cm 的不计。自 3cm 以上的，则检量其夹皮全长与检尺长相比，用百分率表示。

(8)偏枯的检量：检量偏枯径向深度，再与检尺径相比，用百分率表示。

(9)外伤的检量：外伤包括割脂伤、摔伤、烧伤、风折、刀斧伤、材身磨伤和其他机械损伤(打枝伤、刨沟眼不计)。外伤中除风折是查定个数，锯口伤限制深度外，其他各种外伤均量其损伤深度再与检尺径相比，用百分率表示。

9.3.3 锯材缺陷检测

关于锯材缺陷名称、定义的解释，按照国家标准 GB/T 155—2006 的规定执行。

(1)节子的检量、计算与个数的查定：根据锯材标准，基于节子的等级评定，不但要限制最大一个节子的尺寸大小，还要限制任意材长 1m 范围内节子最多的个数，即两个因子都要检量评等，以降等最低的一个因子为准。

①节子尺寸的检查，是与锯材纵长方向成垂直量得的最大节子尺寸或节子本身纵长方向垂直检量其最宽处的尺寸，与所在材面标准宽度相比，用百分率表示。

②节子个数是在标准长度内任意选择节子最多的 1m 中来查定。

(2)腐朽的检量：锯材中的腐朽，是按其面积与所在材面面积相比，用百分率表示。

(3)裂纹和夹皮的检量：

①裂纹的基本计量方法为，沿材长方向检量裂纹长度(包括未贯通部分在内的裂纹全长)，再与材长相比，用百分率表示。

②夹皮仅在端面存在的不计，在材面上存在的，按裂纹计算。

(4)虫害的检量：对虫眼无深度规定，其最小直径足 3mm 的，均计算个数，但在钝棱上深度不足 10mm 的不计。

(5)钝棱的检量：钝棱是以宽材面上最严重的缺角尺寸与检尺宽度相比，用百分率表示。计算时，用检尺宽减去着锯宽度再与检尺宽相比；用百分率表示。

(6)弯曲的检量：锯材的弯曲分横弯、顺弯和翘弯 3 种。标准规定只计算横弯和顺弯两种，翘弯不计。

弯曲的基本检量方法是在检尺长范围内量得的最大弯曲高度与内曲水平长度相比，用百分率表示。

对正方材量其最严重的弯曲面，按顺弯评等。

(7)斜纹的检量：斜纹的基本检量方法是在任意材长范围内检量其倾斜高度，并与该水平长度相比，用百分率表示。

9.3.4 木材缺陷自动检测

木材缺陷检验工作的具体方法一般都是按照有关国家标准或行业标准来执行的,其检测手段过去大都是依靠检验人员人工检定和目视评定。随着科学技术的发展,国内外木材科学工作者将传感器技术、无损检测技术和电子计算机应用技术不断引用到木材检验的研究和实践之中。对于原木内部缺陷(腐朽、空心等)的自动检测,通常采用 X-射线的方法,将原木内部缺陷的部位、大小等信息传输到控制加工过程的计算机中,由此确定剔除缺陷、获得高出材率的造材、制材下锯方案。对于锯材中节子的检测,目前德国已生产出运用数字化高速摄像机、图像处理装置、计算机控制的高速截断锯来自动识别节子所在部位并将其切除的专用设备。一些工业发达国家的制材厂和贮木场已基本实现自动化,在解放了劳动力的同时,提高了生产的效率和质量,也提高了管理水平。

复习思考题

1. 名词解释:木材缺陷、节子、木材腐朽、应力木。
2. 判定木材缺陷有何意义?
3. 木材的天然、生物危害和加工缺陷各是什么?
4. 描述节子、应力木对材质的影响。
5. 如何对原木、锯材的缺陷进行检测?

本篇参考文献

1. Kollmann F F. 木材学与木材工艺学原理—实体木材[M]. 江良游, 朱政贤, 等, 译. 北京: 中国林业出版社, 1991.
2. 潘欣 A J, 等. 木材学[M]. 张景良, 柯病凡, 等, 译. 北京: 中国林业出版社, 1991.
3. 尹思慈. 木材学[M]. 北京: 中国林业出版社, 1996.
4. 申宗圻. 木材学[M]. 2版. 北京: 中国林业出版社, 1993.
5. 成俊卿. 木材学[M]. 北京: 中国林业出版社, 1985.
6. 成俊卿, 等. 中国热带及亚热带树木识别、材性和利用[M]. 北京: 科学出版社, 1980.
7. 刘一星, 于海鹏, 张显权. 木质环境的科学评价[J]. 华中农业大学学报, 2003, 22(5): 499-504.
8. 刘一星, 戴澄月. 软 x 射线法测定木材生长轮密度的研究[J]. 林业科学, 1990, 6.
9. 刘一星. 木材视觉环境学[M]. 哈尔滨: 东北林业大学出版社, 1994.
10. 刘仁庆. 纤维素化学基础[M]. 北京: 科学出版社, 1985.
11. 李文深, 戴澄月, 高瑞堂, 等. 木材热传导问题的研究[J]. 东北林业大学学报, 1987, 4.
12. 李坚, 赵荣军. 木材-环境与人类[M]. 哈尔滨: 东北林业大学出版社, 2002.
13. 李坚, 栾树杰, 等. 生物木材学[M]. 哈尔滨: 东北林业大学出版社, 1993.
14. 李坚. 木材科学新篇[M]. 哈尔滨: 东北林业大学出版社, 1991.
15. 李坚, 等. 木材科学[M]. 2版. 北京: 高等教育出版社, 2002.
16. 吴东儒. 糖类的生物化学[M]. 北京: 高等教育出版社, 1987.
17. 何天相. 木材解剖学[M]. 广州: 中山大学出版社, 1994.
18. 张文庆, 徐淑霞, 陈锦芳. 木材热物理性质测定方法的研究[J]. 中国林业科学研究院木材工业研究所研究报告, 1985, 14(5).
19. 张辅刚. 木材的声学性质[J]. 中国木材, 1990, 6.
20. 陈国符, 邬义明. 植物纤维化学[M]. 北京: 轻工业出版社, 1980.
21. 周勤, 陆熙娴, 黄洛华. 七种人工林针叶材抽出物含量比较[J]. 木材工业, 1999, 13(1): 23-26.
22. 赵广杰, 戴芳天, 王金满. 木材的介电弛豫和分子运动[J]. 东北林业大学学报, 1993, 6.
23. 赵学增, 刘一星, 李坚, 等. 用FFT方法分析木材的打击音响——快速测定木材弹性常数的研究[J]. 东北林业大学学报, 1988 增刊.
24. 高洁. 纤维素科学[M]. 北京: 科学出版社, 1996.
25. 曹绿菊, 刘自强, 刘一星, 等. 木材介电系数的研究[J]. 东北林业大学学报, 1986, 3.
26. 鲍甫成, 胡荣, 谭鸥, 等. 木材流体渗透性及影响因子的研究[J]. 林业科学, 1984, 3.
27. 蔡力平, 刘一星, 尚德库. 用有限元法分析木材中的温度分布[J]. 林业科学, 1992, 1.
28. 戴澄月, 刘一星, 刘自强, 等. 木材介质损耗参数的研究[J]. 东北林业大学学报, 1989, 3.
29. Cao Jinzhen, Zhao Guangjie. Dielectric relaxation besed on adsorbed water in wood cell wall under non-equilibrium state 1[J]. Holzforschung, 2000, 54: 321-326.
30. Cao Jinzhen, Zhao Guangjie. Dielectric relaxation besed on adsorbed water in wood cell wall under

non-equilibrium state 2[J]. Holzforschung, 2001, 55: 87-92.

31. Cao Jinzhen, Zhao Guangjie. Dielectric relaxation besed on adsorbed water in wood cell wall under non-equilibrium state 3[J]. Holzforschung, 2002, 56

32. 野崎欣也, 林田甫, 山田俊也. ピアノ响板材料特性のエジニアリグ—搆造的视点から[J]. 木材工业, 1990, 10

33. 渡边治人. 木材理学总论[M]. 日本东京: 农林出版株式会社, 1978.

34. 佐伯浩. 木材の搆造[M]. 日本东京: 日本林业技术协会, 1983.

35. 原田浩. 木材の搆造[M]. 日本东京: 文永堂出版株式会社, 1992.

36. 古野毅. 木材科学讲座 2—组织と材质[M]. 日本大津: 海青社, 1994.

37. 岛地谦など. 木材の组织[M]. 日本东京: 森北出版, 1978.

38. 北原觉一. 木材物理[M]. 日本东京: 森北出版, 1970.

39. 高桥彻, 中山义雄. 木材科学讲座 3—物理[M]. 日本大津: 海青社, 1992.

40. 伏谷贤美. 木材の物理[M]. 日本东京: 文永堂出版株式会社, 1991.

41. 黑田尚宏, 堤寿一. 木材の电気伝导率への电压の影响[J]. 日本木材学会志, 1979, 1.

42. 黑田尚宏, 堤寿一. 木材の电気伝导率への含水率の影响—电压效果と时间效果について[J]. 日本木材学会志, 1980, 8.

43. 黑田尚宏, 堤寿一. 木材の电気伝导率の周波数依存性への含水率と温度の影响[J]. 日本木材学会志, 1981, 9.

44. 黑田尚宏, 堤寿一. 木材の电気伝导率の举动に关する 傑方性[J]. 日本木材学会志, 1982, 1.

45. 赵広傑, 则元京, 山田正, 等. 木材に吸着した水の诱电缓和[J]. 日本木材学会志, 1990, 4.

46. 刘一星, 则元京, 师冈淳郎. 木材の横压缩大变形(Ⅰ): 応力-ひずみ図と比重[J]. 日本木材学会志, 1993, 10.

47. 山田正. 木质环境の科学[M]. 日本大津: 海青社, 1986.

48. 佐道健. 新编木材工学[M]. 日本东京: 养贤堂, 1985.

49. 高桥彻, 铃木正治, 中尾哲也. 木材科学讲座 5—环境[M]. 日本大津: 海青社, 1995.

50. 则元京, 山田正. 木造モデルハウスにぉける室内调湿机能に关する研究[J]. 木材研究资料, 1977, 11.

51. 则元京, 大釜敏正, 山田正. 木材の湿度调节[J]. 日本木材学会志, 1990, 36(5): 341-346.

52. 上野崇, 大釜敏正, 则元京. 内装材料の调湿效果に及ぼす换気の影响[J]. 日本木材学会志, 1997, 43(10): 839-846.

第 2 篇

竹类资源材料

第 10 章　竹材资源分布　*254*

第 11 章　竹材的生物学特性与解剖构造　*257*

第 12 章　竹材的性质　*268*

第10章

竹材资源分布

本章介绍了竹材的植物分类、竹子品种及其在世界和中国的分布情况。

10.1 竹子的植物分类

10.1.1 竹子的植物分类

竹类属种子植物门(Spermatophyta)被子植物亚门(Angiosperms)单子叶植物纲(Monocotydons)禾本目(Graminales)禾本科(Gramineae)竹亚科(Bambusoideae)。

竹亚科和禾亚科同属禾本科。两者区别是,竹亚科为木本,秆茎木质化程度高、坚韧、多年生,叶片具短柄,与叶鞘连接处常具关节而易脱落;而禾亚科为草本,秆通常为草质,叶片不具短柄而与叶鞘连接,也不易自叶鞘上脱落。

10.1.2 竹类植物种类

世界竹类植物有70多属1 200多种,中国为世界上种类资源最丰富的国家,有约48属近500种。

我国作为竹材利用的主要竹种有刚竹属(*Phyllostachys*)的毛竹(*P. pubescens*)、桂竹(*P. bambusoides*)、淡竹(*P. glauca*)、刚竹(*P. viridis*),矢竹属(*Pseudosasa*)的茶秆竹(*P. amabilis*),苦竹属(*Pleioblastus*)的苦竹(*P. amarus*),簕竹属(*Bambusa*)的车筒竹(*B. sinospinosa*),牡竹属(*Dendrocalamus*)的麻竹(*D. latiflorus*),慈竹属(*Neosinocalamus*)的慈竹(*N. affinis*)等。其中毛竹在我国分布最广、蓄积量和产量最大,是人工栽培工业用竹材中最重要的竹种。

10.2 竹类植物的地理分布

竹类植物分布于热带和亚热带,目前全世界竹林面积约2 200万 hm^2,可分为三大竹区:亚太竹区、美洲竹区和非洲竹区。主要分布于亚洲,其次为非洲、拉丁美洲、北美洲和大洋洲,欧洲无天然分布,仅有少量引种。

10.2.1 世界竹类资源分布

10.2.1.1 亚太竹区 亚太竹区是世界最大的竹类资源分布区。竹林面积超过

1 000万 hm²。分布于南至新西兰（南纬42°），北至俄罗斯库页岛（北纬51°），东至太平洋诸岛，西至印度洋西南部的广大地区。本区竹子50多属，900余种。其中有经济价值的100多种。主要产竹国有中国、印度、缅甸、泰国、孟加拉国、柬埔寨、越南、日本、印度尼西亚、马来西亚、菲律宾、韩国、斯里兰卡等。其中中国和印度是世界上最大的两个产竹国。

10.2.1.2 美洲竹区 分布于南至南纬47°的阿根廷南部，北至北纬40°的美国东部，共有18个属270多种。在美洲竹区，竹子主要分布于南北美洲的东部地区，北美乡土竹种仅数种，而南北回归线之间的墨西哥、危地马拉、哥斯达黎加、尼加拉瓜、洪都拉斯、哥伦比亚、委内瑞拉和巴西的亚马孙河流域是竹子的分布中心，竹种资源也丰富，竹林面积近1 000万 hm²。

10.2.1.3 非洲竹区 竹类植物在非洲地区的分布范围较小，南起南纬22°的莫桑比克南部，北至北纬16°苏丹东部。在这范围内，分布从西海岸的塞内加尔南部直到东海岸的马达加斯加岛，形成从西北到东南横跨非洲热带雨林和常绿落叶混交林的斜长地带。非洲竹子种类少，仅10余种，竹林面积近150万 hm²。

10.2.2 中国竹类资源的分布

中国竹类资源十分丰富，竹林面积421万 hm²，蓄积量大、种类多。分布于北纬40°黄河流域以南的广大地区。由于地理环境和竹种生物学特性的差异，我国竹子分布具有明显的地带性和区域性，大致可分为四个区域。

10.2.2.1 黄河至长江竹区 位于北纬30°~40°，包括甘肃东南部、四川北部、陕西南部、河南、湖北、安徽、江苏、山东南部及河北西南部。主要分布有刚竹属、苦竹属、箭竹属（*Fargesia*）、青篱竹属（*Arundinaria*）、赤竹属（*Sasa*）等的一些竹种，以散生竹为主。

10.2.2.2 长江至南岭竹区 位于北纬25°~30°，包括四川西南部、云南北部、贵州、湖南、江西、浙江和福建的西北部。这是我国竹林面积最大、竹子资源最丰富的地区，其中毛竹的比例最大，仅浙江、江西、湖南三省的毛竹林合计占全国毛竹林总面积的60%左右。在本区内，主要有刚竹属、苦竹属、箭竹属、短穗竹属（*Brachystachyum*）、大节竹属（*Chimonobambusa*）、方竹属（*Indosasa*）、慈竹属等属的竹种。

10.2.2.3 华南竹区 位于北纬10°~25°，包括台湾、福建南部、广东、广西、云南南部。这是我国竹种数量最多的地区，主要有箬竹属、酸竹属（*Acidosasa*）、牡竹属（*Dendrocalamus*）、藤竹属（*Dinochloa*）、巨竹属（*Gigantochloa*）、单竹属（*Lingnania*）、矢竹属、梨竹属（*Melocanna*）、滇竹属（*Oxytenanthera*）等属的竹种，是丛生竹分布的主要区域。

10.2.2.4 西南高山竹区 位于华西海拔的1 000~3 000m的高山地带。本区主要为原始竹丛，主要有方竹属（*Indosasa*）、箭竹属、慈竹属、筇竹属（*Qiongzhuea*）、玉山竹属（*Yushania*）等属的竹种。

我国的竹种资源数量丰富，竹秆高大、竹径较粗，具工业化利用价值的仅10余种，而且大多较具经济价值的竹种，其竹林常呈成片集中分布，这为我国的竹材工业化利用提供了十分有利的条件。我国最具经济价值的毛竹，竹林面积约 300 万 hm^2，占总竹林面积的 71%。全国每年采伐竹材产量 1 000 万 t 以上，其中毛竹约占 80%，达 4 亿根左右。我国竹林面积超过 30 万 hm^2 的重点产竹县有湖南省的桃江县、安化县、浏阳市，福建省的建瓯市、顺昌县、永安市、浦城县，江西省的宜丰县、奉新县，浙江省的安吉县、临安市，安徽省的广德县。

复习思考题

1. 竹子在植物分类中的地位如何？
2. 全世界竹林的地理分布和竹林面积如何？
3. 中国竹资源主要分布区域、毛竹在工业化利用的地位如何？

第 11 章
竹材的生物学特性与解剖构造

本章主要介绍了竹子的植物形态、竹材解剖构造，同时简要讲述了竹子的生长与繁育。

11.1 竹子的植物形态

11.1.1 地下茎

竹秆的地下部分和根状茎，统称为地下茎。地下茎是竹类植物在土壤中横向生长的茎部。地下茎具有节和节间，节上生根，节侧有芽，可以萌发为新的地下茎或发笋出土成竹。按植物学观点，地下茎是"竹树"的主茎，竹秆是"竹树"的分枝。一片竹林地上分散的许多竹秆，其地下则互相连接于同一或少数"竹树"的主茎。但一般在竹材茎的构造研究中，仍以秆材为对象。

根据竹子地下茎的形态特征，可分为 3 种类型（图 11-1）。

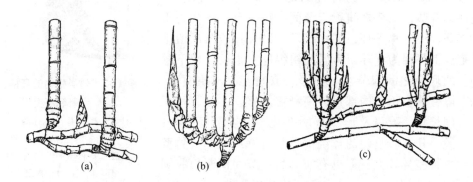

图 11-1 竹类植物的地下茎类型
(a)单轴型(散生竹) (b)合轴型(丛生竹) (c)复轴型(混生竹)

11.1.1.1 单轴型 地下茎细长，横走地下，也称竹鞭。竹鞭细长，具节和节间，节上有鞭根，每节通常有一鞭芽，交互排列，有的鞭芽抽长成新竹鞭，在土壤中可长距离蔓延生长；有的鞭芽发育长成笋，出土长成竹秆。这类竹秆稀疏散生，逐渐发展为成片竹林。具有这样繁殖特点的竹子其地下茎为单轴型，长出的竹子称散生竹，如刚竹属、唐竹属(*Sinobambusa*)。

11.1.1.2 合轴型 地下茎不是横生为细长竹鞭，而是向上、粗大、短缩，顶芽出土成笋，长成竹秆，状似烟斗的秆基。这种类型的地下茎不能在地下作长距离的蔓延生长，顶芽出笋长成的新竹一般都靠近老秆，形成密集丛生的竹丛。由于在新竹秆基上又发芽抽笋，使得秆基堆集成群。这种地下茎为合轴型，由它生成的竹子称丛生竹，如簕竹属、慈竹属、牡竹属等。

11.1.1.3　复轴型　母竹秆基上的侧芽可长成细长的根状茎，在地下横走，并从竹鞭节上的侧芽抽笋长成新竹，秆稀疏散生，又可以从竹子秆基的侧芽直接萌发成笋，长出密丛的竹秆。这种兼具单轴型和合轴型特点的地下茎，为复轴型，由它生成的竹子称混生竹，如矢竹属、苦竹属。

11.1.2　竹　秆

竹秆是竹子的主体，分为秆柄、秆基、秆茎三部分(图11-2)。

11.1.2.1　秆柄　是竹秆的最下部分，连接于母竹秆基或根状茎，由十余节至数十节组成，直径向下逐减，节间很短，通常实心。节上有退化叶，但不生根、不发芽。

11.1.2.2　秆基　位于竹秆下部，是竹秆入土生根部分，由数节至十数节组成。节间缩短，直径粗大，节上密生不定根。随竹种不同，秆基上有数枚至10枚互生大型芽，可萌笋长竹；也有芽数量较少，可萌芽，也可抽鞭；或仅有能长成根状茎的芽。

11.1.2.3　秆茎　为竹秆的地上部分，通常端直，圆筒形，有节，二节之间称为节间。每节有彼此相距很近的二环，下环称箨环，又称鞘环，系秆箨脱落后留下的环疤；上环称为秆环，为居间组织停止生长后留下的环疤。两环疤之间为节内。相邻二节间有一木质横隔，称为节隔，着生于节内部位，使秆更加坚固。随竹种不同，节间长短、数目及形状有所变化。一般节间中空，即为竹腔，其木质坚硬的环绕部分是秆壁或竹壁，竹壁厚度随竹种差异较大，但也有实心竹。节间横断面有圆形(或稍呈椭圆形)、三角形和近于方形的几种。

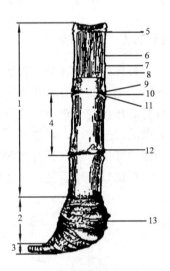

图 11-2　竹类植物的秆柄、秆基和秆茎

1. 秆茎　2. 秆基　3. 秆柄　4. 节间　5. 竹隔　6. 竹青　7. 竹黄　8. 竹腔　9. 秆环　10. 节内　11. 箨环　12. 芽　13. 根眼

11.1.3　枝

竹枝中空有节，枝节由箨环和秆环组成。按竹秆正常分枝情况可分下列4种类型。

(1) 一枝型：竹秆每节处单生1枝，如箬竹属(*Indocalamus*)竹种。

(2) 二枝型：竹秆每节处生枝2枚，一主一次长短大小有差异，如刚竹属竹种。

(3) 三枝型：竹秆每节处生枝3枚，一中心主枝，两侧各生一枚次主枝，如苦竹属竹种。

(4) 多枝型：竹秆每节多枝丛生，如慈竹属、簕竹属、单竹属、牡竹属等竹种。有的主枝很粗长，如麻竹(*Dendrocalamus latiflorus*)、撑篙竹(*Bambusa pervariabilis*)、硬头黄竹(*Bambusa rigida*)；有的主枝和侧枝区别不大，如青皮竹(*Bambusa textilis*)、粉单竹(*Lingnania chunggii*)、孝顺竹(*Bambusa multiplex*)、慈竹等。

11.1.4 叶和箨

竹秆上枝条各节生叶，互生，排列成两行。每叶包括叶鞘和叶片两部分。叶鞘着生在枝的节上，包被节间。叶片位于叶鞘上方，叶片基部通常具短的叶柄，叶鞘与叶片连接处常向上延伸成一边缘，在内侧边缘有时较高，成为一舌状突起，称叶舌；叶片基部两侧的耳状突起称叶耳。

竹子主秆所生之叶称叶箨，或笋箨，箨着生于箨环上，对节间生长有保护作用。当主节间生长停止后，竹箨一般都会自然脱落，也有少数竹种的竹箨可缩存于竹秆上达数年。箨鞘相当于叶鞘，纸质或革质，包裹竹秆节间。

11.1.5 花和果

竹子的花与果一般与禾本科植物花与果基本相同。但竹子罕见开花，故也罕见结果。花后竹子多枯死，俗称自然枯。竹子的果实通常为颖果，也有坚果或浆果的。

11.2 竹子的生长与繁育

11.2.1 竹类植物的繁育

开花结实是种子植物的共同特性。竹子开花的周期不规则，30~40年或以上，通常是集聚发生，不同竹龄、相距甚至超过千里的同一竹种近于全部秆茎和竹丛在数年时间内陆续开花。大多数竹类仅1次开花，在结实后陆续死亡。由此竹林衰败，需重新造林恢复。开花后的竹子迅速死亡变质而无利用价值。竹子的地下茎具有很强的无性繁殖能力，竹子的引种和更新主要是通过营养体的分生来实现。

竹子开花是种子植物生命期中的正常过程。有性繁殖使生物能更具充满对环境适应的生命力。只因对竹子开花结实还认识不足，人们还不能充分利用这一自然现象。

竹类种子，立即播种发芽率较高。实生竹苗成活率高，长势强。中国已有利用毛竹种子人工育苗的成功经验。

11.2.2 竹类植物的生长

竹类生长可分为三个阶段，即竹笋的地下生长、秆形生长和秆茎的材质成熟。竹类的地下生长因地下茎类型不同稍有差别。但第二、三阶段的生长发育规律基本相同。

11.2.2.1 竹笋的地下生长 竹类植物地下部分的侧芽在湿度适宜时开始萌发分化为笋芽。笋芽顶端分生组织经过不断的细胞分裂和分化，全笋(也就是全秆)的节数到出土前已定，出土后不再增加新节。

顶端分生组织是植物体生长的最初来源，由它产生的细胞还有分生能力，但这部分细胞追源还是由顶端分生组织分生而来。竹类秆茎顶端分生组织只在高生长期间有作用，而针、阔叶树主茎的顶端分生组织则是长时间有分生机能。

顶端分生组织直接衍生的细胞发育成熟过程，是初生生长。这一发育过程的开始，细胞还保持有分生作用，同时又在进行分化。这是它和顶端分生组织的根本区别。竹类，只有初生生长。由顶端分生组织生成竹类的初生分生组织，一般称居间分生组织。在幼竹高生长中，有分生机能的居间分生组织是散布在全秆茎的各节间。

11.2.2.2 竹笋的秆形生长 竹子是生长最快的植物，能在 40~120 天的时间内达到成竹的高度(15~30m 或 40m)。竹笋和由其生成的秆茎高生长，主要靠居间分生组织形成的节间生长来实现。竹笋中已生成的各单个竹节伸长累积的总和，就是秆茎的高生长量。

竹笋出土后到高生长停止所需的时间，因竹种而有差异。毛竹生长量大，需时较长，早期出土的竹笋约 60 天，末期笋约需 40~50 天。

竹笋各节的节间生长不是同时开始，而是从基部的节间开始，细胞分裂也不是以等同速度进行的，是由下而上，按慢-快-慢的速度和节奏而逐节不同。这使得竹类秆茎在高生长完成后，中部节间最长。节间长度的变化，自下向上，是由短逐渐增长，再逐渐减短。

节部细胞分裂活动比节间弱，这反映节部组织的老化程度高于其节上和节下组织。

在竹笋至幼竹高生长中，竹秆的直径也稍有增加，竹壁也略有增厚。但这种增加的比例，与高生长相比就显得微不足道了。

竹笋在生长高峰时，一昼夜可达 1m 左右，能在短时间(40~50 天)完成幼竹的高生长，其原因除了因居间分生组织分布于全竹各节间，整个节间都能进行细胞分裂外，同时，旺盛的细胞分裂活动也是它能快速生长的重要因素。

在居间分生组织中，细胞分裂和分化是同时进行的。细胞的分化在各节都是由节间上部开始而后向下发展。它是各类细胞的伸长。纤维长度经历了显著的增长，自仅几微米增至 2~3mm，约增长 100 倍。高生长中的细胞分化，除细胞增长外，还有细胞壁增厚。

同时，木质化也是这一阶段中最显著的材质变化。它表现在木素含量在竹材有机组成中不断提高。

11.2.2.3 秆茎的成熟过程 竹子的秆形生长结束后，其高度、直径和体积不再有明显变化，但秆茎的组织幼嫩，含水率高。毛竹幼竹基本密度仅相当于老化成熟后的 40%。这意味着其余 60% 要靠日后的材质成熟过程来完成，因此，该过程对于竹材的各类重要性质具有显著的影响。

秆茎材质成熟期中，材质变化有 3 个阶段，即增进阶段、稳定阶段和下降阶段。在第一阶段，竹秆细胞壁随竹龄逐渐加厚，基本密度增加，含水率减小，竹材的物理力学性质也相应不断增加。第二阶段，秆茎的材质达最高水平，并稳定。一般认为，第三阶段秆茎的材质有下降趋势。

材质随竹龄的变化，因竹种而不同。毛竹的寿命长，5 年生尚处于增进阶段，6~8 年生为稳定阶段，9~10 年生或以上属老龄下降期。

表 11-1 列出竹材和木材在生成上的差异。

表 11-1 竹材和木材在生成上的差异

项目	竹材	木材
高生长	高生长时间短，主要依靠居间分生组织，在 2～4 个月内即完成；秆茎上、下的高生长虽起始有早、晚，结束有先、后，但可认为居间分生组织在全长范围内均有作用	在树木全生活期均有高生长，主要依靠顶端的原始分生组织完成，在次生生长的树径（形成层）部位是不会产生高生长的
直径生长	居间分生组织在竹笋—幼竹高生长期，秆茎基本保持不变，竹壁、直径略有加粗；在高生长完成后，秆径不再增大	树木的直径生长是由形成层分生完成的，在树木整个生活期中均有直径生长

11.3 竹材解剖构造

竹材的构造与木材有所不同，主要区别为：竹材是单子叶植物，维管束成不规则分布，没有径向传递组织和形成层，具有节间分生组织，因此竹子只有高生长而没有直径生长；无真正的髓和射线组织，节中空、节间以节膜相隔，具空髓；所有细胞都严格地按轴向排列，其构造较木材为整齐；因此竹材的抗拉强度较大，但易于劈裂，即抗剪强度小。木材是双子叶植物，维管束在幼茎初生组织中呈环状分布，束中形成层连成一圈，形成形成层，能进行直径生长；具髓和木射线；与竹材相比，抗拉强度相对较小，抗剪强度较大。

11.3.1 竹壁的构造

竹壁的构造是秆茎竹壁在肉眼和扩大镜下观察的构成，可以说是竹材的宏观结构。

竹壁横切面上，有许多呈深色的菱形斑点；纵面上它呈顺纹股状组织，用刀剥镊拉，可使它分离。这就是竹材构成中的维管束。

竹壁在宏观下自外向内由三部分构成：竹皮、竹肉和髓环组织（髓环和髓）。

竹皮是竹壁横切面上不具维管束的最外侧部分，表面光滑，具蜡质，俗称竹青。

髓外组织是竹壁邻接竹腔的一层薄膜，为发育不完全的髓的一部分，俗称竹衣或竹膜，它也不含维管束。

竹肉位于竹皮和髓外组织之间，在横切面上有维管束分布，维管束之间是基本组织。竹肉中维管束的分布，从外向内，由密变疏。外侧，质地坚韧、组织致密，俗称竹青，即维管束数量多的外侧部分；

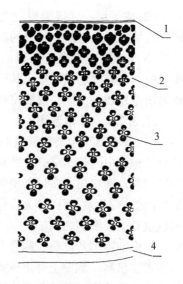

图 11-3 竹壁横切面宏观结构图
1. 竹皮 2. 基本组织 3. 维管束
4. 髓外组织

内侧，质地脆弱、组织疏松，俗称竹黄，即维管束少的内侧部分。

图 11-3 所示为竹壁横切面维管束在宏观下的分布。

11.3.2 竹壁的解剖构造

竹类植物的秆茎由表层系统（表皮、皮下层、皮层）、基本系统（基本组织、髓环和髓）和维管束系统组成。表层系统是竹皮，位于秆茎的最外方。髓环和髓位于最内侧。它们形成竹（秆）壁中的内、外夹壁，把基本组织和维管束系统紧夹其间。

整个竹秆组织含有薄壁细胞组织约 50%、纤维 40% 和输导组织（含导管与筛管）10%，上述比例随不同竹种而略有变异。

11.3.2.1 表层系统

（1）表层系统：表皮层是竹壁最外面的一层细胞，由长形细胞、栓质细胞、硅质细胞和气孔器构成（图 11-4）。长形细胞占大部分表面积，顺纹平行排列。栓质细胞和硅质细胞形状短小，常成对结合，插生于长形细胞的纵行列之中。栓质细胞略成梯状（六面体），小头向外。硅质细胞近于三角状（六面体或五面体），顶角朝内，含硅质。表皮层细胞的横切面多呈方形或长方形，排列紧密，没有缝隙，外壁通常增厚。表皮上穿插着许多小孔，是气孔。

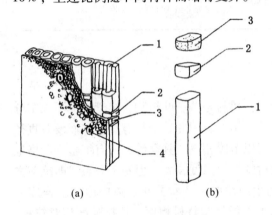

图 11-4　竹材的表皮层
(a) 立体图　(b) 细胞形态
1. 长形细胞　2. 硅质细胞　3. 栓质细胞　4. 气孔器

（2）皮下层：紧接表皮层之下的是皮下层，由 1~2 层柱状细胞构成，纵向排列，横切面呈方形或矩形；一般的细胞壁稍厚或很厚。

（3）皮层：位于皮下层以内，是无维管束分布的部分，细胞亦呈柱状，纵向排列；横切面上呈椭圆形或矩形，其形状较皮下层细胞大。禾本科植物的茎不像双子叶植物那样能清楚地划分皮层，仅能将秆茎外缘没有维管束分布的部分笼统地称为皮层。

11.3.2.2 基本系统

（1）基本组织：是薄壁组织，主要分布在维管束系统之间，其作用相当于填充物，是竹材构成中的基本部分，故称基本组织（图 11-5）。基本组织细胞一般较大，大多数胞壁较薄，横切面上多近于呈圆形，具明显的细胞间隙。纵壁上的单纹孔多于横壁。从纵切面的形态，它可区分为长形的和近于正立方形的矩细胞两种，但以长细胞为主，短细胞散布于长细胞之间。

长形细胞的特征是，胞壁有多层结构，在笋生长的早期阶段已木质化，其胞壁中的木质素含量高，胞壁上并出现瘤层。短细胞的特点是胞壁薄，具稠浓的细胞质和明显的细胞核，即使在成熟竹秆中也不木质化。

1~2 年生竹材长形薄壁细胞中的淀粉含量丰富，而生长不到 1 年的幼竹中几乎没有，在数年以上的老竹内也不存在，但在短细胞中不含淀粉。

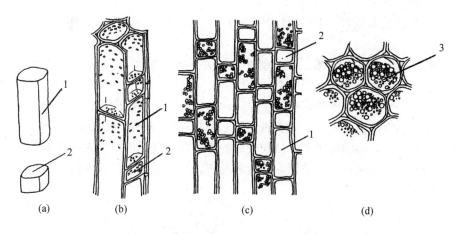

图 11-5　竹材秆茎中的基本组织薄壁细胞
(a)基本组织薄壁细胞形态　(b)纵向成串的基本组织薄壁细胞
(c)基本组织薄壁细胞的纵切面　(d)基本组织薄壁细胞的横切面
1. 长形细胞　2. 短细胞　3. 淀粉粒

（2）髓环：位于髓腔竹膜的外围。它的细胞形态和基本组织不同，呈横卧短柱状，有如烟囱内壁的砌砖。其胞壁随竹龄加厚，或发展为石细胞。

石细胞一般由薄壁组织细胞形成。当石细胞成熟时，次生壁具有特别的增厚过程，最后细胞壁变得很厚。

（3）髓：一般由大型薄壁细胞组成。髓组织破坏后留下的间隔，即竹秆的髓腔。髓呈一层半透明的薄膜粘附在秆腔内壁周围，俗称竹衣，但也有含髓的实心竹。

11.3.2.3　维管束系统　维管束是散布在竹壁的基本组织之中，是竹子的输导组织与强固组织的综合体。通过维管束中的筛管与导管下连鞭根，上接枝叶。沟通整个植物体，并输送营养。由于竹子个体通常比较高大，为了保护输导组织的畅通，在输导组织的外缘有比较坚韧的维管束鞘组成的强固组织加以保护。在维管束之间，则具有薄壁组织细胞，它们比较疏松，起缓冲作用，以刚柔相济来增强竹秆弹性。

维管束在横切面上略呈4瓣"梅花形"（图11-6），平周方向（弦向）左右两个"花瓣"是维管束内的后生木质部，外观像眼睛一样形状的两个大的孔状细胞，是后生木质部的梯纹导管。在垂周方向（径向），上、下也有个"花瓣"，其中一瓣中心为完整的网眼状，而另一瓣中心为破碎状，或有一中孔或二中孔。其网眼状范围为初生韧皮部，而破碎状部

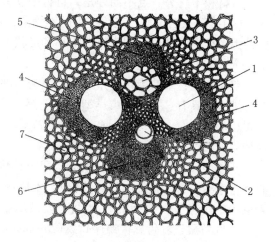

图 11-6　竹材秆茎的维管束横切面
1. 后生木质部梯纹导管　2. 原生木质部梯纹和环纹导管
3. 初生韧皮部　4. 侧方纤维帽　5. 外方纤维帽　6. 内方纤维帽　7. 基本组织薄壁细胞

位或中孔处为原生木质部。按它们在秆壁中的方位,韧皮部位于外侧,原生木质部在内侧。

竹材维管束四周是纤维鞘,向秆壁外侧的为外方纤维帽,向髓腔方向为内方纤维帽,位于维管束两侧的为侧方纤维帽。

以上为散生竹秆壁中维管束构成状况。丛生竹与散生竹的维管束的结构不同,丛生竹维管束由中心维管束和纤维股两部分构成(图 11-7),即在竹壁的内方或内、外两方还具有一个或两个分离的纤维股,位于外侧的为外纤维股,内侧的为内纤维股,这些纤维股的横断面积往往超过中心维管束的横断面积,有的超过 1 倍或 1 倍以上。

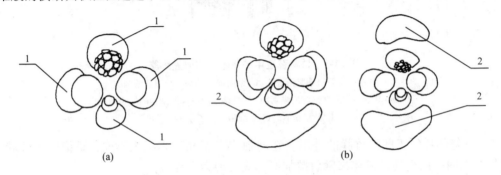

图 11-7　竹材维管束中的纤维鞘和纤维股
(a)散生竹　(b)丛生竹
1. 纤维鞘　2. 纤维股

竹材维管束中的韧皮部,其结构相当于树木的韧皮部分,是维管束中的原生木质部和后生木质部的总和,相当于针、阔叶树的木材部分。这样,一个维管束的结构就相当于一株树茎。但竹材维管束内没有形成层,所以竹材在完成高生长后也就不存在直径生长;竹材和木材另一点不同处是,竹材中没有横向的射线组织。

(1)维管束的类型:在竹秆中的维管束,不仅因竹种之不同而类型不同,即使同一竹种因在秆内的部位不同也有着大小和形状上的差异。一般来讲,竹材维管束可分为以下 5 个基本类型。

双断腰型:维管束被薄壁细胞分隔为三部分,即中心维管束的外方和内方各增生一个纤维股,具有这一维管束类型的竹子都是丛生竹竹种,如泰竹属(*Thyrsostachys*)、滇竹属(*Gigantochloa*)、绿竹属(*Dendrocalamopsis*)、藤竹属、牡竹属以及籁竹属等的个别种。

断腰型:维管束由两部分组成,即中心维管束和一个的纤维股组成,纤维股位于中心维管束的内方,在细胞间隙处(原生木质部)的鞘(即内方纤维束鞘)通常小于其他维管束鞘。具有这一类型的竹类也全都是丛生竹竹种。如籁竹属、悬竹属(*Ampelocalamus*)、绿竹属、牡竹属、镰序竹属(*Drepanostachyum*)以及滇竹属等的个别种。

紧腰型:不存在纤维股,即仅有中心维管束,支撑组织仅由硬质细胞鞘来承担,在细胞间隙处的鞘(内方维管束鞘)显著地较其他三个维管束鞘为大。具有这一类型维管束的竹类有梨竹属以及空竹属(*Cephalostachyum*)等的个别种。

开放型:维管束只由一个部分组成,即没有纤维股的中心维管束,支撑组织仅由硬质细胞鞘来承担,四个维管束鞘大小相等,互相对称,具有这一维管束类型的竹类有刚竹属、苦竹属以及空竹属等的个别种。

半开放型:不存在纤维股,但侧方维管束鞘与内方维管束鞘相连。具有这一维管束类型的竹类有赤竹属(*Sasa*)、玉山竹属、箭竹属以及大节竹属等的个别种。

(2)维管束在竹壁中的分布:竹秆横断面维管束的形状和分布,一般是位于外侧的小而密,位于内侧的大而疏(见图11-3),近表皮通常分别有1层或2层未分化的维管束,这种没有分化的维管束没有筛管与导管,只有纤维团或纤维束,形状也不规则,排列十分紧密,形成竹秆坚硬的外壁,往内具有1~3列半分化的维管束,这种半分化的维管束开始具有输导组织,排列仍然比较紧密,在半分化的维管束的内侧出现典型维管束。典型维管束通常位于竹秆横切面的中部或内部,按斜行排列具有2行或多达10行以上,在接近秆内壁的维管束其形态与排列往往出现混乱与倒置,因此接近内壁的维管束不能称为典型维管束。由于竹壁外侧维管束密而多,而内侧稀而少,所以竹材的相对密度和力学强度都是竹壁的外侧大于内侧。在竹秆长轴方向上,维管束的大小从秆基至顶端逐渐减小,维管束的数目随着竹秆高度的增加而递减。

(3)维管束在竹秆中的排列:竹材的维管束在竹秆节间相当平行而整齐地沿长轴方向排列,形成直纹理。但是,通过竹节时,除了竹壁最外层的维管束在笋箨脱落处(箨环)中断及一部分继续垂直平行分布外,另一部分却改变了方向,竹壁内侧维管束在节部弯曲,伸向竹壁外侧,另一些竹壁外侧的维管束弯曲而伸向竹壁内侧,还有一些维管束从竹秆的一侧通过节隔交织成网状分布而伸向竹秆的另一侧。竹节维管束的走向,纵横交错,有利于加强竹秆的直立性能和水分、养分的横向输导,但对竹材利用则是缺陷之一。

11.3.3 维管束系统的组成细胞

11.3.3.1 初生韧皮部的筛管和伴胞 初生韧皮部位于初生木质部的外方,它从形成上可分为原生韧皮部和后生韧皮部。原生韧皮部是在竹子秆茎各部分正在伸长时成熟的,其构成的细胞被拉紧,失去了原有的作用,最后它们完全消失掉。所以,竹材文献上,对竹材维管束韧皮部的构成,常不区分原生和后生,而统称初生韧皮部。它在竹类植物生命期中一直维持输导作用。其组成的特征性细胞是筛管和伴胞。

筛管是由许多细胞构成的纵行管状组织,每一细胞称为一筛管分子。筛管分子呈长圆柱状,较其他细胞大,腔大壁薄。在它的端壁或近端壁上形成了筛板。筛板上有许多小穿孔,是筛孔。每一韧皮部区或含筛管数个至十数个。

筛管分子旁边往往紧贴着一个或几个和它相伴的长形薄壁细胞,即伴胞。它们在整个生命期中都有细胞质结构,伴胞和筛管在生理上具有十分密切的相互依存关系。

11.3.3.2 初生木质部导管 竹类植物维管束内的木质部有原生木质部和后生木质部之分。原生木质部分化生成在前,而后生木质部在后。后生木质部的成熟,大部分是在秆茎高生长停止以后,而原生木质部的生成却在高生长之中。这样,后生木质部比原生木质部较少受到周围组织的伸长的影响。这两部分虽有一些区别特征,但它们呈现较强的中间过渡,因此常很难清楚地划分出两者的界线。

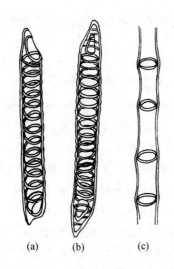

图 11-8　原生木质部中的导管类型和环纹导管被拉伸的状况
(a)螺纹导管　(b)环纹导管
(c)环纹导管被拉伸的状况

初生木质部的特征性细胞是导管。导管是由一连串轴向细胞上、下头尾相连而成的管状组织。构成导管的单个细胞是导管分子。导管末端壁是以无隔膜的孔洞相通。竹材和木材一样,只有导管具有这种形态。根据对慈竹、茶秆竹、矢竹等17种竹子的导管测定,竹材导管平均直径为 $85\mu m$,沿竹壁垂周方向由内向外变小,内侧直径可达 $40\sim120\mu m$;竹材导管的平均长度为 0.74mm。

初生木质部包括原生木质部和后生木质部,在竹材的横切面上,其总轮廓大体成"V"字形。原生木质部位于"V"字形的基部,它含环纹导管和螺纹导管。环纹导管直径比较小,在导管壁上每隔一定距离,有环状增厚部分。螺纹导管直径比环纹导管稍大,导管壁上的增厚部分呈螺旋状。原生木质部导管常因不能适应快速纵向扩张而破裂形成空腔,留下可见者多为环纹导管。如图 11-8。

"V"字形的两臂各为一个大型的导管,就是后生木质部。它的导管壁全部增厚,仅留下具丝纹孔没有加厚。其纹孔类型有:对列或互列(纹孔导管);梯纹导管壁上的增厚部分成横条突出,与末端增厚部间隔,呈梯状(梯纹导管);导管壁上的增厚部分交错连接成网状,"网眼"为未增厚的部分(网纹导管)。

原生木质部的环纹导管和螺纹导管是胞壁未全面增厚的形态,而后生木质部的梯纹或网纹导管均为全面增厚的纹孔状态。后生木质部导管一般是单穿孔,具水平或稍斜的边缘。少数竹种有梯状穿孔或网状穿孔。在维管束弯曲的节间处能发现新类型的穿孔。在导管的周围,充满了薄壁组织或厚壁组织。

11.3.3.3　薄壁细胞　初生木质部和初生韧皮部除外侧有纤维部分外,全都被木质化的薄壁细胞所包围。维管束之内的薄壁细胞通常小于基本组织的那些薄壁细胞,并在胞壁上具有较多的单纹孔。

11.3.3.4　纤维　是竹材结构中的一类特殊细胞。其形态特点是,细而长、两端尖削,其横切面近于圆形,细胞壁很厚,约由 10 层微纤丝组成;竹材中纤维通常壁厚随竹龄增加。胞壁上有少数小而圆的单纹孔,属韧性纤维。其平均长度在 1.5~4.5mm,直径变化为 $11\sim19\mu m$,长宽比大,(150~250):1,是纸浆工业的适宜原材料。在一节间内纤维的纵向长度变化很大,最短的纤维始终在靠近节部,最长的在两节之间的中部;随竹秆高度的增加,纤维长度略有减小。

表 11-2 为 4 年生毛竹不同部位的纤维和导管形态和各组织所占比量。

表 11-2　安徽广德毛竹纤维和导管形态和组织比量[①]

部位	纤维（μm）			导管（μm）			竹壁全厚平均组织比（%）			
	长度	宽度	长宽比	长度	宽度	长宽比	总胞壁率	薄壁组织	输导组织	纤维束
上部（第11节）	2 815	14.5	190	900	174	5.2	60.0	68.6	5.00	26.4
中部（第17节）	2 546	14.8	173	916	179	5.1	63.9	63.4	6.32	29.8
下部（第23节）	2 524	15.5	163	975	186	5.2	68.7	63.2	6.93	29.84

注：① 摘自王朝晖《竹材材性变异规律及其与加工利用关系研究》博士论文，2001。

复习思考题

1. 竹子的地下茎有哪 3 种类型？形态上各有何特征？
2. 竹秆由哪几部分组成？秆茎又由哪几部分组成？
3. 竹子的生长有何特点？竹子成熟过程有哪几个阶段？
4. 竹子的生长与木材的生长有何差异？
5. 竹壁由哪几部分组成？各部分由哪些细胞组成？
6. 简述竹材维管束系统由哪几部分组成，又由哪些细胞组成。

第 12 章

竹材的性质

本章重点介绍竹材的化学性质、物理性质，同时也介绍了竹材的力学性能。

12.1 竹材的化学性质

12.1.1 竹材的化学成分

12.1.1.1 竹材细胞壁的主要成分 竹材和木材相似，主要化学成分为有机组成，是天然的高分子聚合物，主要由纤维素（约55%）、木质素（约25%）和半纤维素（约20%）构成。

（1）纤维素：不同竹种，竹材的纤维素含量在40%~60%。同一竹种，不同竹龄、不同部位的竹材中纤维素含量也是有差异的。

据马灵飞等研究，毛竹纤维素含量随竹龄增加，纤维素含量减少，到3年左右，纤维素含量趋于稳定，用硝酸乙醇法测定表明，2个月竹龄的竹材纤维素含量显著地高于1年至数年竹龄的竹材，1年生竹材与5、7、9年生的相比，纤维素含量有显著差异，而3、5、7、9年生竹材之间的纤维素含量无显著差异。不同竹秆部位的纤维素含量也存在差异：从下部到上部略呈减少趋势。竹壁内、外不同部位差异显著，由竹壁内层到竹壁外层纤维素含量是逐渐增加的，见表12-1。

表12-1 不同竹秆部位毛竹材纤维素含量

竹壁部位	竹秆高度	不同高度平均含量(%)	竹壁内壁的平均含量(%)
内层	下部	39.20	
	中部	38.25	38.66
	上部	38.54	
中层	下部	39.99	
	中部	39.07	40.28
	上部	41.77	
外层	下部	44.02	
	中部	43.89	43.18
	上部	41.63	

(2) 半纤维素：竹材的半纤维素成分几乎全为多缩戊糖，而多缩己糖含量甚微。纤维素大分子的主链为聚戊糖，即木聚糖，占大分子的 90% 以上；而支链上则有多缩己糖，即 D-葡萄糖醛酸，也有多缩戊糖，即 α-L-阿拉伯糖。实验表明，竹材半纤维素是聚 D-葡萄糖醛酸基阿拉伯糖基木糖，它包含 4-氧-甲基-D-葡萄糖醛酸、L-阿拉伯糖和 D-木糖，它们的分子比为 1.0:(1.0~1.3):(24~25)。

竹材和针、阔叶树材的阿拉伯糖基木聚糖在糖的组成比上有不同外，另外，竹材木聚糖的聚合分子数比木材高。

竹材戊聚糖含量在 19%~23%，接近阔叶材的戊聚糖含量，远比针叶材(10%~15%)高得多。说明它用于制浆或水解生产的同时，萃取糖醛的综合利用是可取的。

(3) 木质素：竹材木质素的构成类似于木材，也由 3 种苯基丙烷单元构成，即对羟基苯丙烷、愈疮木基苯丙烷和紫丁香基苯丙烷。但竹材是典型的草本木质素，含有较高比例的对羟基苯丙烷。

竹材木质素的构成定性地类似于阔叶树材木质素，但 3 种结构单位的组成比例有较大差异，对于阔叶树材，愈疮木基苯丙烷和紫丁香基苯丙烷的比例一般为 1:3，只有少量的紫丁香基苯丙烷，而竹材的对羟基苯丙烷、愈疮木基苯丙烷和紫丁香基苯丙烷按 10:68:22 分子比组成。

竹子木质素特殊之处在于它除了含松柏基、芥子基和对-羟基苯基丙烯醇的脱氢聚合物外，尚含有 5%~10% 的对-羟苯基丙烯酸酯。1 年生竹子的木质素含量在 20%~25%，接近阔叶材和一些草类(如麦秸 22%)的木化程度，比针叶材略低，木质素含量稍低，说明在制浆蒸煮过程中耗药量减少，且较易于成浆。

12.1.1.2 竹材化学组成的变异

(1) 秆茎不同部位有机组成的差别：表 12-1 和表 12-2 所列为毛竹的有机组成，可看出，竹材的有机组成与竹壁部位有关。

表 12-2 四川长宁毛竹的有机组成　　　　　　　　　　%

组成部分	3 年生		4 年生		6 年生		8 年生	
	竹青	竹黄	竹青	竹黄	竹青	竹黄	竹青	竹黄
纤维素	42.91	34.82	45.62	37.41	43.68	34.79	44.30	37.21
半纤维素	23.29	22.74	22.92	21.90	22.94	21.53	21.75	21.21
木质素	30.83	26.71	32.37	28.08	30.33	26.76	31.90	26.33

表 12-3 列出日本产毛竹竹笋上、中、下段和成熟竹材，以及浙江临安产毛竹的梢、中、基部的化学组成，由日本毛竹分析结果看出：竹材中灰分、热水抽提物、1% 氢氧化钠抽提物和苯醇抽提物的含量高于竹笋；戊聚糖在竹材中的含量比竹笋中小。由浙江毛竹分析结果看出：梢、中、基部有机组成的差异较小，对竹材利用不至于产生影响。

(2) 竹材有机组成在竹龄间的差异：从表 12-3 可以看出，在竹笋萌发阶段，随竹笋成熟程度的增加，灰分、热水抽提物、1% 氢氧化钠抽提物和苯醇抽提物的含量逐渐减

表 12-3　毛竹的化学组成(干重的%)[1]

产地和部位		灰分	热水抽提物	1% 氢氧化钠抽提物	苯-醇抽提物	纤维素[2]	多戊糖	木质素
日本	竹笋 尖部	1.61	16.16	45.44	4.72	31.69	25.40	2.25
	竹笋 中部	0.88	14.73	32.86	2.33	38.48	36.20	7.80
	竹笋 基部	0.70	15.78	34.17	3.00	35.44	31.62	6.21
	成熟竹材	1.31	19.96	32.19	4.63	49.12	27.70	26.06
浙江临安	梢部	1.22	7.00	25.26	5.99	41.22	31.84	24.73
	中部	1.20	8.43	27.62	7.35	42.35	30.81	24.49
	基部	1.10	9.25	28.75	7.39	42.89	82.84	23.97

注：[1] 我国和日本采用分析方法有差别，分析结果不能作对比；
　　[2] 日本竹材引文注为 α-纤维素；浙江竹材引文注为纤维素。

小；纤维素、戊聚糖、木质素随成熟而增加。

根据 Itoh(1990)研究表明，在第一个生长季节中，木质素含量显著增加。自第二年后秆茎木质素含量几乎保持同一水平，并随竹龄老化而略有下降。表明全部细胞的木质化过程是在一个生长季节内完成。

在材质成熟阶段，从表 12-4 和马灵飞(1997)的研究表明，过了半年之后，竹子只稍微增加其木质化和角质化程度。可以粗略地看出这样一种趋势，即随着竹龄的增长，综纤维素、α-纤维素和灰分的含量略有下降，而木质素和苯-醇抽提物含量则基本不变或略有增加。

表 12-4　不同竹龄化学成分测定结果的比较　　　　%

竹种	竹龄	水分	灰分	冷水抽提物	热水抽提物	1%氢氧化钠抽提物	苯-醇抽提物	木质素	多戊糖	综纤维素	α-纤维素
毛竹 *Phyllostachys pubescens*	半年生	9.00	1.77	5.41	3.26	27.34	1.60	26.36	22.19	76.62	61.97
	1 年生	9.79	1.13	8.13	6.31	29.34	3.67	34.77	22.97	75.07	59.82
	3 年生	8.55	0.69	7.10	5.11	26.91	3.88	26.20	22.11	75.09	60.55
	7 年生	8.51	0.52	7.14	5.17	26.83	4.78	26.75	22.01	74.98	59.09
青皮竹 *Bambusa textilis*	半年生	9.09	2.39	6.64	8.03	32.27	4.59	18.67	22.22	77.71	51.96
	1 年生	10.58	2.08	6.30	7.55	30.57	3.72	19.39	20.83	79.39	50.40
	3 年生	10.33	1.58	6.84	8.75	28.01	5.43	23.81	18.87	73.37	45.50
淡竹 *Phyllostachys meyeri*	半年生	10.70	1.68	3.60	5.15	27.27	1.81	23.58	21.95	78.17	49.97
	1 年生	8.29	1.21	10.70	8.91	34.28	7.04	23.62	22.35	72.84	57.88
	3 年生	9.33	1.85	8.81	12.71	35.32	7.52	23.35	22.49	62.40	39.95

注：摘自陈友地，秦文龙，李秀玲等，《10 种竹材化学成分的研究》，林产化学与工业，1985(4)：32~39。

12.1.1.3　竹材的少量成分　抽提物是指可以用冷水、热水、醚、醇和 1% 氢氧化钠等溶剂浸泡竹材后，从竹材中抽提出的物质。竹材中抽提物的成分十分复杂，但主要是一些可溶性的糖类、脂肪类、蛋白质类以及部分半纤维素等。

一般竹材中冷水抽提物为 2.5%~5%，热水抽提物为 5%~12.5%，醚、醇抽提物为 3.5%~9%，1% 氢氧化钠抽提物为 21%~31%。此外，蛋白质含量为 1.5%~6%，还原糖的含量约为2%，脂肪和蜡质的含量为2%~4%，淀粉类含量为2%~6%。

同一竹种，不同竹龄的竹材中，各类抽提物的含量是不同的，如慈竹中1%氢氧化钠抽提物，嫩竹为34.82%，1年生竹为27.81%，2年生竹为24.93%，3年生竹为22.91%。

竹种不同，各种抽提物的含量也是不同的，见表12-5。

表12-5 不同竹种的抽提物含量　　　　　%

抽提物类别	毛竹	淡竹	撑篙竹	慈竹	麻竹
冷水抽提物	2.60	—	4.29	—	—
热水抽提物	5.65	7.65	5.30	—	12.41
醇、乙醚抽提物	3.67	—	5.44	—	—
醇、苯抽提物	—	5.74	3.55	8.91	6.66
1%氢氧化钠抽提物	30.98	29.95	29.12	27.72	21.81

燃烧后残存的无机物称灰分，占竹材总量的1%~3.5%，含量较多的有五氧化二磷、氧化钾、二氧化硅等。灰分中以二氧化硅含量最高，平均约1.3%。

竹材抽提物中抗腐成分少，随竹龄的增加天然耐久性没有增强的趋势。对此，尚缺乏理论研究。

12.2 竹材的物理性质

12.2.1 含水率

竹材在生长时，含水率很高，依据季节而有变化，并在竹种间和秆茎内也有差别。新鲜竹材的含水率一般在70%以上，最高可达140%，平均80%~100%。

通常竹龄愈小，其新鲜材含水率愈高，如1年生毛竹新鲜材的含水率约135%，2~3年生的约为91%，4~5年生的约为82%，6~7年竹的约为77%。

竹秆自基部至梢部含水率逐步降低，如某7年生毛竹新鲜材的基部含水率为45.7%，而其梢部含水率可达97.1%。竹壁外侧（竹青）含水率最高，中部（竹肉）和内侧（竹黄）次之，如某毛竹新鲜材的竹青含水率为36.7%，竹肉含水率为102.8%，竹黄含水率为105.4%。

气干后的平衡含水率随大气的温、湿度的变化而增减，根据测定，毛竹在北京地区的平衡含水率为15.7%。

12.2.2 密 度

竹材基本密度在$0.40~0.9 \text{ g/cm}^3$。这主要取决于维管束密度及其构成。一般，竹秆上部和竹壁外侧的维管束密度大，导管直径小，因此竹材密度自内向外、自下向上逐渐增大。节部密度比节间稍大。

不同竹种的密度有较大的差异，表 12-6 为一些竹种的气干密度和基本密度值。

表 12-6　不同竹种的密度值　　　　　　　　　　　　　　　　　　g/cm³

竹　种	基本密度	气干密度	竹　种	基本密度	气干密度
毛竹 *Phyllostachys pubescens*	0.61	0.81	硬头黄竹 *Bambusa rigida*	0.63	0.88
刚竹 *Phyllostachys viridis*	0.63	0.83	撑篙竹 *Bambusa pervariabilis*	0.58	0.67
斗竹 *Arundinaria spongiosa*	0.39	0.55	车筒竹 *Bambusa sinospinosa*	0.67	0.92
水单竹 *Lingnania papillata*	0.77	1.0	龙竹 *Dendrocalamus giganteus*	0.52	0.64
簕竹 *Bambusa spinosa*	0.64	0.97	黄竹 *Dendrocalamus membranaceus*	0.83	1.01

从竹笋长成幼竹，完成高生长后，竹秆的体积不再有明显的变化。但竹材的密度则随竹龄的增长而有变化，如毛竹，前 5 年，由于竹材细胞壁随竹龄增长及木质化程度的提高，竹材密度逐步增加，5～8 年稳定在较高的密度水平，8 年后，随着竹子进入老龄，竹材密度开始略有下降，见表 12-7。

表 12-7　毛竹竹材密度与竹龄的关系　　　　　　　　　　　　　　　　g/cm³

竹　龄	幼竹	1	2	3	4	5	6	7	8	9	10
密　度	0.243	0.425	0.558	0.608	0.626	0.615	0.630	0.624	0.657	0.610	0.606

12.2.3　干缩性

竹材采伐后，在干燥过程中，由于水分蒸发，而引起干缩。竹材的干缩，在不同方向上，有显著差异。毛竹由气干状态至全干，测定其含水率每减少 1% 的平均干缩率，结果为：纵向 0.024%，弦向（平周）0.1822%，径向（垂周）0.1890%（有节处 0.2726%，无节处 0.1521%）。可看出，纵向干缩要比横向干缩小得多，而弦向和径向的差异则不大。

竹材秆壁同一水平高度，内、外干缩也有差异。竹青部分纵向干缩很小，可以忽略，而横向干缩最大；竹黄部分纵向干缩较竹青大，而绝对值仍小，但横向干缩则明显小于竹青。不同竹龄的毛竹，竹龄愈小，弦向和径向干缩率愈大，而竹龄对纵向干缩影响很小。

表 12-8 为一些竹种的全干缩率值，供参考。

表 12-8　不同竹种的全干缩率值　　　　　　　　　　%

竹　种	纵向干缩率	径向干缩率	弦向干缩率	体积干缩率
毛竹 Phyllostachys pubescens	0.32	3.0	4.5	—
车筒竹 Bambusa sinospinosa	0.1	2.5	3.8	6.3
硬头黄竹 Bambusa rigida	—	5.5	4.7	10.6
水单竹 Lingnania papillata	—	4.3	5.5	10.0

12.3　竹材的力学性质

12.3.1　竹材力学的特点

竹材与木材相似，是非均质的各向异性材料。竹材密度小、强度相对较大，可以说它是一种轻质高强的材料。竹材的物理、力学性质极不稳定，在某些方面超过木材，如竹材的顺纹抗拉强度约比密度相同的木材高 1/2，顺纹抗压强度高 10% 左右。其复杂特性主要表现在以下几方面：

（1）由于维管束分布不均匀，使密度、干缩、强度等随竹秆不同部位而有差异。一般，竹材秆壁外侧维管束的分布较内侧为密，故其各种强度亦较高；竹材秆壁的密度自下向上逐渐增大，故其各种强度也增高。

（2）含水率的增减亦引起密度、干缩、强度等的变化。据测定，当含水率为 30% 时，毛竹的抗压强度只相当于含水率为 15% 时的 90%；但也有报告影响的程度较此大 1 倍。

（3）竹节部分与非竹节部分具有不同的物理、力学性质。如竹节部分的抗拉强度较节间为弱，而顺纹抗壁性则较节间大。

（4）随竹材竹龄的不同，其物理、力学性质也不一致。一般 2 年以下的竹材柔软，缺乏一定的强度；4~6 年则坚韧富有弹性而力学强度高；7 年以上，质地变脆，强度也随之减低。

（5）竹材三个方向上的物理、力学性质也有差异。如竹材的顺纹抗劈性甚小。

综上所述，竹材的物理、力学性质差异较大，影响因素复杂，所以利用竹材时应充分考虑上述情况。

12.3.2　竹材主要力学强度指标

由于竹材胞壁物质分布不均匀且呈空心圆柱状，已有的关于竹材力学强度的测定数据都是测定竹材完整壁厚试样的结果。表 12-9 为浙江和四川产毛竹的力学性能数据。

表 12-9　毛竹的主要力学强度指标

力学强度指标	四川产	浙江产	安徽广德[①]
顺纹抗拉强度(MPa)	212	181	150~210
顺纹抗压强度(MPa)	51	71	80~100
静弯曲强度(MPa)	135	154	150~180
顺纹抗剪强度(MPa)	12	15	20~25
冲击韧性(kJ/m^2)	—	—	100~230

注：①摘自王朝晖.《竹材材性变异规律及其与加工利用关系研究》. 博士论文, 2001。

复习思考题

1. 竹材主要化学成分有哪些？所占比例如何？
2. 竹材主要化学成分含量与竹龄、竹秆高度有何关系？
3. 竹材中的少量化学成分有哪些？所占比例如何？
4. 新鲜竹材和气干竹材的含水率大致为多少？
5. 竹材的干缩性和力学性质有何特点？
6. 竹材的利用途径主要有哪些？

本篇参考文献

1. 周芳纯. 竹林培育学[M]. 北京：中国林业出版社，1998.
2. 马灵飞，马乃训. 毛竹材材性变异的研究[J]. 林业科学，1997，33(4)：356－363.
3. 徐有明，郝培应，刘清平. 竹材性质及其资源开发利用的研究进展[J]. 东北林业大学学报，2003，31(5)：71－77.
4. 张齐生，等. 中国竹材工业化利用[M]. 北京：中国林业出版社，1995.
5. 北京林学院. 木材学[M]. 北京：中国林业出版社，1983.
6. 陈绪和，郝颖. 21世纪的竹藤产业[J]. 人造板通讯，2001，6：7－10.
7. 辉朝茂，杨宇明. 材用竹资源工业化利用[M]. 昆明：云南科学技术出版社，1998.
8. Itoh T. Lignification of during its growth. Holzforschung[J]. 1990，3：191－200.

第 3 篇
藤类、灌木类资源材料

第 13 章　藤类资源材料　*278*
第 14 章　灌木类资源材料　*295*

第 13 章

藤类资源材料

本章介绍藤类资源在世界及中国的分布状况、生长习性、植物形态，重点讲解藤类资源的细胞结构，分析了藤类资源的化学成分及其主要的化学和物理性质，另外介绍了世界上几种重要的商品棕榈藤种。

藤（学称棕榈藤）类植物是世界植物资源和森林资源的重要组成部分，具有生产周期短、经济价值高、特殊观赏文化价值、易实现可持续经营等显著特点，已成为最重要的非木材木质资源之一。

棕榈藤又是热带森林宝库中的多用途植物资源，具有相当可观的商用价值和开发潜力。它的去鞘藤茎（藤条）表皮乳白色，柔韧，抗拉强度大，是编织和制作家具的优良材料，如原藤已成为仅次于木材和竹材的重要非木材林产品，其相关产业已形成数十亿美元的国际市场，吸纳 100 余万人就业，对地区经济和社会发展起到了重要推动作用。目前，估计全世界约有 7 亿人正在从事或涉及藤产品的生产和消费，因此有关藤类资源材料的知识需要被了解重视。

13.1 资源分布概况

英国植物分类学家 Uhl 和 Dransfield 系统整理和归纳了世界棕榈植物的形态学、解剖学的研究成果，把棕榈藤植物归为棕榈科（Palmae）省藤亚科（Calamoideae）省藤族（Calameae），分为 13 属。在分类的基础上，通过全世界范围内的广泛调查，已查明全世界约有藤种 600 余种，93 变种。见表 13-1。

表 13-1 棕榈藤的世界地理分布

属 名	中国	泰国	缅甸	印度	菲律宾	马来西亚	几内亚	斯里兰卡	斐济群岛	大洋洲	西非	估计种数
省藤属 Calamus	+	+	+	+	+	+	+	+	+	+	+	400
美苞藤属 Calospatha	-	-	-	-	-	-	-	-	-	-	-	1
角裂藤属 Ceratolobus	-	+	+	+	+	+	-	-	-	-	-	6
黄藤属 Daemonorops	+	+	+	+	+	+	+	-	-	-	-	115
单苞藤属 Eremospatha	-	-	-	-	-	-	-	-	-	-	+	7
戈塞藤属 Korthalsia	-	+	+	+	+	+	+	-	-	-	-	26
脂种藤属 Laccosperus	-	-	-	-	-	-	-	-	-	-	+	7
多鳞藤属 Myrialepis	-	+	+	-	-	+	-	-	-	-	-	1

(续)

属　名	中国	泰国	缅甸	印度	菲律宾	马来西亚	几内亚	斯里兰卡	斐济群岛	大洋洲	西非	估计种数
肿胀藤属 Oncocalamus	-	-	-	-	-	-	-	-	-	-	+	5
钩叶藤属 Plectocomia	+	+	+	+	+	+	-	-	-	-	-	16
类钩叶藤属 Plectocomiopsis	-	+	-	-	-	+	-	-	-	-	-	5
鬃毛藤属 Pogonotium	-	-	-	-	-	+	-	-	-	-	-	3
网苞藤属 Retispatha	-	-	-	-	-	-	-	-	-	-	-	1
分布属数	3	7	5	4	4	9	3	1	1	1	4	13
估计种数	42	50	30	46	54	104	50	10	3	8	24	600

注："+"代表有,"-"代表无。

13.1.1　世界分布概况

从分布上，棕榈藤属世界热带分布植物种群，主要分布在热带和南亚热带地区，其现代分布中心为东南亚地区，扩展分布至中南半岛的东部和大洋洲的东北部，延伸分布至西非热带地区。其中亚洲分布有 10 属 300～400 种；大洋洲北部有 1 属 8 种；西非热带地区有 4 属 24 种。棕榈藤的世界地理分布见表 13-1。从林分上，估计全球 3 500 万 hm² 以上的天然林有棕榈藤分布，其中东南亚地区就约有 2 920 万 hm²，集中分布于印度尼西亚、马来西亚等国家。

大多数藤种因质量差或茎短而不能商业利用。国际市场最重要的藤种有 3 种：一是玛瑙省藤(*Calamus manan*)，大径，直径可达 100mm，马来半岛及苏门答腊蕴藏丰富；二是西加省藤(*Calamus caesius*)，产于马来半岛、苏门答腊、加里曼丹及菲律宾；三是粗鞘省藤(*Calamus trachycoleus*)，仅分布南加里曼丹。后两种直径较小，7～15mm。

13.1.2　中国分布概况

中国棕榈藤分布位于北纬 24°以南的热带和南亚热带区域，处于世界棕榈藤分布中心的北缘，天然分布有 3 属 40 种 21 变种，约占全世界总属数的 23.1%，已知种数的 6.7%。由于中国东南部和西南部自然地理和气候条件的明显差别，形成了分别以海南岛和云南西双版纳为中心的东南部和西南部两大分布区，东南分布区包括华南诸省(自治区)及台湾，有 3 属 25 种 6 变种，西南分布区包括云南、贵州、西藏三省(自治区)及广西西南部局部区域，有 2 属 19 种 16 变种。中国各省(自治区)棕榈藤种属分布，见表 13-2。

我国棕榈藤，除了省藤属原始省藤亚属和钩叶藤属藤种外，其余都不同程度被利用。我国的主要商品藤种在资源分布上，海南岛以黄藤、白藤、大白藤、厘藤及杖藤为主，年产量约 4 000t；云南以小糯藤、大糯藤为主，年产量在 1 000～2 000t，两产区产量占全国总产量的 90% 以上，质量好、分布广、资源数量大的藤种采收后，以原藤制成家具和器具出售，形成了一定的商品市场。一些质量较好的藤种，如小茎藤、桂南省

表 13-2　中国各省(自治区)棕榈藤种属分布

属　　名	海南	广东	广西	福建	江西	浙江	湖南	台湾	贵州	云南	西藏
省藤属 Calamus	11+1v	11+3v	9+2v	3	2	1	1	3+1v	4	15+21v	1+1v
黄藤属 Daemonorops	1	1	1	–	–	–	–	–	–	–	–
类钩叶藤属 Plectocomiopsis	1	–	1	–	–	–	–	–	–	3	–
合计	13	12+1v	11+3v	3+2v	2	1	1	3	4+1v	18+21v	1+1v

注：v 表示变种。

藤等,虽然茎粗细均匀、韧性好、具优良工艺特性、市场价值高,但因其分布范围窄、资源数量少,目前尚未得到合理利用。

13.2　植物形态与细胞结构

棕榈藤是一种多年生攀缘经济植物,具有很强的萌蘖力,栽植后,每隔 5~8 年采割一次,经营周期长达 40~50 年。棕榈藤具有庞大的藤冠系统,有良好的水土保持作用。因此,棕榈藤可作为热带、亚热带地区退耕还林的首选植物。下面具体了解一下棕榈藤的植物形态与细胞结构。

13.2.1　植物形态

13.2.1.1　根　棕榈藤大部分种类是攀缘的,但有些种类是直立、无茎或蔓生的。棕榈藤没有粗大的垂直生长的主根,只有须根。须根在土壤中分布较浅,在土表以下 3~5cm 就能发现根系,根系一般集中分布在 30cm 深的土层内,水平分布距离为 100~150cm 以上,根的粗细通常为 3~12mm。

13.2.1.2　茎　棕榈藤的茎,商品上俗称藤条,往往为叶鞘及其残留物所包被,叶鞘脱落后方能露出光滑的茎表面。藤茎的直径大小从 3~100mm 甚至 200mm 不等。藤茎直径不像木材那样通常随年龄的增加而增粗,藤茎基部较粗,向上则变细小些;而它的长度往往随生存环境和种类的不同而差异极大,有时可长达数百米。直径为商用藤的分级基础,商用藤的直径范围为 3~80mm,一般以 18mm 为大径藤与小径藤的分界。小径藤容易弯曲,弯曲时不折断;大径藤难以弯曲,弯曲时会损坏,中国藤器厂有认为直径在 6~12mm 的藤最适宜加工。藤茎的表皮颜色有奶黄、乳白、灰褐、黄褐等,有或无光泽,多数优良藤种的表皮颜色常为奶黄或乳白色,有光泽,给人们留下一种印象,似乎藤材的质量同其表皮色泽有关,而实际上高质量的藤茎是与均衡分布的维管束和薄壁组织木质化高度相关的,木质化程度较低和维管束分布不均匀的藤条通常质量较差,外表坚硬、藤心柔软的藤茎也往往是无用的。

13.2.1.3　叶　棕榈藤叶由叶鞘、叶柄、叶轴和羽片组成。叶鞘是叶柄的基部下面扩大形成一个完全包围着整个节间和上面节的一部分的管状物,通常具刺,刺的种类、排列样式多样,质地变异很大,是种类鉴定的重要依据。叶鞘上部的末端狭成叶柄,延续至叶轴。成熟的植株,叶柄通常缺失或不明显,幼龄植株的叶柄往往存在。叶柄上有时覆被保护植株的大刺,大刺中还分布有小刺。叶轴顶端延伸成为一具倒钩刺的纤鞭,叶轴背面及两侧常着生爪状刺,这些为植株攀缘发挥了作用。叶片呈"羽状复叶",形状通常为线形、剑形或椭圆形,偶见菱形或扇形,羽片具刚毛,有数条纵向叶脉,叶片及羽片边缘通常具微刺或刚毛。

13.2.1.4 花 棕榈藤的不同种类具有不同的开花结实习性,多次开花结实的种类(如省藤属),开花后植株可继续生长,其藤茎往往具有均匀的结构,质地良好;而一次开花结实的种类(如钩叶藤属),开花后植株营养消耗殆尽而死亡,并且由于其具有将制造的营养贮存于髓里的特点,使其茎具有较软的髓部,并造成易受虫害和真菌的侵袭,而使藤茎使用价值降低。

13.2.1.5 果实 棕榈藤植物的果实通常为椭圆形或球形,果实外果皮覆盖着一层有光泽、覆瓦状排列整齐、纵列的多数鳞片,鳞片下面是果皮,最里面是种子,种子包着一层肉质种皮。果实的成熟度可由鳞片的颜色变化指示出来,当鳞片颜色由绿色变成淡黄色(或灰白色、或橙红色、或红褐色)时,即表明果实已成熟。

13.2.2 细胞结构

与木材相似,棕榈藤茎是棕榈藤主要的木质部利用部位,因此有必要对它的微观形态的细胞结构加以了解,为随后学习掌握棕榈藤的有关化学、物理、力学等性质奠定基础。下面主要阐述棕榈藤茎的解剖性质以及细胞结构特征。

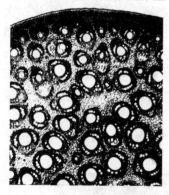

图13-1 小省藤茎横切面

棕榈藤茎外围为表皮及皮层,其内为中柱,主要由基本组织及维管束构成。如图13-1。

13.2.2.1 表皮 为一层未木质化细胞,有3种形态:横卧,长边在径向;直立,长边在轴向;等径。横卧形最常见,径向长边 12~60μm。3 种形状细胞的弦向长度 10~15μm。在横切面,弦向外壁最厚,胞腔有10种形状,*Calamus* 及 *Daemonorops* 2 个大属表现很大的属内变异。细胞的形状和大小轴向变化小。一些表皮覆盖硅质层的藤种,表皮细胞也高度硅质化;另一些藤种则覆盖角质层,表皮细胞也角质化。

13.2.2.2 皮层 表皮及维管组织之间的区域,由几层至10余层薄壁细胞及分布在其中的维管束、不完全维管束构成;非洲特有3属,有一轮皮下纤维。皮层薄壁细胞圆形、椭圆形、矩形;木质化;部分硬化。有些藤种在皮层与表皮之间有下皮层。

13.2.2.3 维管组织 维管束由木质部、韧皮部及纤维组成。木质部包含有后生木质部、原生木质部及其周围的薄壁组织。后生木质部在多鳞藤属(*Myrialepis*)、肿胀藤属(*Oncocalamus*)、单苞藤属(*Eremospatha*)3 属及类钩叶藤属的 *Plectocomiopsis geminiflora* 具2导管(图13-2),另10属具1导管(图13-1)。在中柱外围及中部,导管直径 40~110~450μm,多数在后一范围;管壁有椭圆形半具缘纹孔,但后者数量少;极少数藤种的导管分子仅为单穿孔。导管分子长度与节间长度变化一致,宽度则表现为茎长的藤种，宽度较大，即与输导功能需要有关。原生木质部管状分子一般 3～5 个，直径 30～80μm；次生壁具环状纹或螺旋加厚；通常属于长而无穿孔的管胞。韧皮部由筛管及伴胞构成，在非洲特有 3 属及钩叶藤属（*Plectocomia*）、类钩叶藤属（*Plectocomiopsis*）、多鳞藤属为单韧皮部（图 13-2），位于后生木质部导管上方，同原生木质部相对应，另 7 属为双韧皮部，位于后生木质部导管两侧（图 13-1），前者筛管数 10～16 个，后者每侧筛管 3～7 个。筛管分子长 1～3mm。多数藤种的筛管分子仅具单筛板，在单苞藤属、脂种藤属（*Laccosperms*）、省藤属（*Calamus*）也有端壁很倾斜的复筛板。

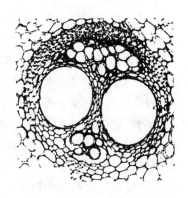

图 13-2 茎横切面（单韧皮部及后生木质部导管）

木质部为两种不同形态的薄壁所围绕，紧靠后生木质部导管的一层薄壁细胞，具矩形大纹孔（图 13-3），其余薄壁细胞具圆形小纹孔。

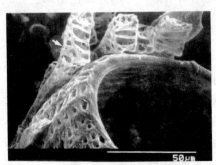

图 13-3 茎离析材料
（薄壁细胞的矩形大纹孔）

纤维围绕韧皮部及部分木质部，形成鞘状，在中柱外围，此种机械组织十分发达，输导组织少；向内，前者减少，后者增多；自基部向上，二者也呈相同的变化趋势。纤维高度木质化；次生壁为多层聚合结构（图 13-4），宽层与窄层相间，微纤丝方向相反，微纤丝倾角一般约 40°，纤维长 1～3mm，壁厚 1.9～4.0μm，自茎的外围向内、基部向上，纤维壁厚减小，宽度及胞腔增大。同株内，纤维长度与节间长度的变化一致。

在戈塞藤属（*Korthalsia*）、多鳞藤属、钩叶藤属及类钩叶藤属，第一层维管束纤维鞘外缘的硬化纤维形成"黄帽"（图 13-5）。

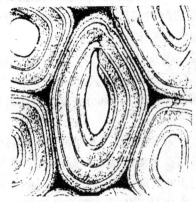

图 13-4 茎横切面（Weiner, 1992）
（纤维壁的多层聚合结构 3 800×）

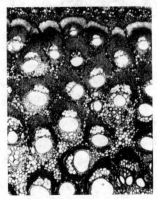

图 13-5 茎横切面
（外缘维管束的"黄帽" 32×）

在横切面，外围的维管束小而密集，内部的则大而稀疏；在轴向，维管束的大小及密度均变化很小。

作为维管束组成部分的纤维束，在茎的径向和轴向均具有与维管束不同的分布规律。纤维比量自外向内的下降率与下降梯度可以反映藤材的质量，下降率小、梯度平缓的，为材质良好的构造特征。

13.2.2.4 基本组织 由具单纹孔、约为等径的薄壁细胞构成，胞壁为多层聚合结构。在纵切面，可分为横卧型和异型。横卧型由主轴在横向的椭圆形或矩形细胞叠成纵行（图13-6）；异型由长、短两种细胞间隔地叠成纵行（图13-7）。对省藤属的多个藤种的研究表明，在省藤属一属内甚至这两种类型均存在。

13.2.2.5 黏液道或针晶囊 为薄壁未木质化的异型细胞，横切面呈圆形，直径显著大于周围的基本组织细胞；单独或几个连接；胞腔内常见针晶体，有时可见沉积的暗色胶状物（图13-8）。

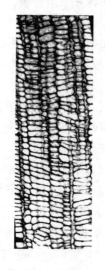
图 13-6 茎纵切面
（横卧型基本薄壁组织细胞 80×）

图 13-7 茎纵切面
（异型基本薄壁组织细胞 80×）

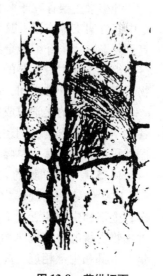
图 13-8 茎纵切面
（黏液道及针晶囊 80×）

13.2.2.6 硅石细胞 普遍存在于藤茎中，形成于纤维与薄壁细胞之间，硅体呈晶簇状，圆形，被膜包围（图13-9）。

13.2.2.7 具鉴别意义的解剖特征 ①皮层外缘是否有纤维轮；②中柱外缘维管束是否有"黄帽"；③韧皮部单或双及筛管排列；④后生木质部导管数1或2；⑤基本薄壁组织横切面及纵切面的形态；⑥黏液道或针晶囊有或无；根据上述解剖特征，可做出鉴别至属的检索表。

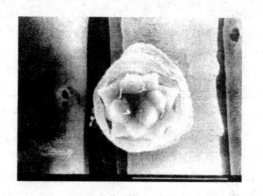
图 13-9 茎离析材料（硅石细胞）

13.3 化学和物理性质

13.3.1 化学成分分析

与木材相近，藤材也是天然生长的有机材料，主要由综纤维素（纤维素与半纤维素的总称）、木质素（木素）、抽提物以及水分、灰分组成。其中高分子量的综纤维素和木质素分别占到了藤材质量的70%和23%，合计共占藤材总质量的92%~95%，是构成藤材的最主要物质。抽提物是藤材中的低分子有机物，包括单宁、树脂、树胶、精油、色素、脂肪、蜡、醇、糖、淀粉和硅化物等，它们中主要有三类化合物：脂肪族化合物、萜烯化合物、酚类化合物。灰分为藤材中的无机物质，含量较少，一般占藤材总质量的1%~7%，含硅、硫、磷、钠、钾、钙、镁等元素。

纤维素主要存在于藤材的细胞壁中，为一种线性的葡萄糖基高分子聚合物，在细胞壁中起骨架支撑作用，其化学性质和超分子结构对藤材的物理、力学性质以及加工性能有重要影响。半纤维素是细胞壁中与纤维素紧密联结的物质，起粘结作用，主要由各种多糖组成，其中最重要的一种是聚戊糖。木质素是由苯基丙烷单元组成的芳香族化合物，它贯穿于纤维之间，起着强化细胞壁的作用。

各种藤材的化学组成常因藤种、生长地域、生长部位的不同而发生变异。但藤材中各化学组分的含量比例还是相对稳定的，仅随藤种和部位差异而略有变化。下面以在我国蓄积量大的白藤、单藤、黄藤为例，分析藤材的化学组成及变化情况。

13.3.1.1 白藤的化学成分分析 白藤芯在不同部位的各化学组成含量不同（表13-3）。它们的规律为：木素含量为上部>下部>中部。综纤维素含量以下部为最多，上部和中部相近。不同部位聚戊糖含量相近，为23%左右。灰分含量和1% NaOH抽出物含量的分布规律相一致，均为上部>中部>下部。冷水抽提物和热水抽提物含量，上部和中部相近，高于下部。

表13-3 白藤芯不同部位的化学成分分析

部位	水分(%)	灰分(%)	抽提物(%)				综纤维素(%)	木质素(%)			聚戊糖(%)
			苯醇抽提物	热水抽提物	冷水抽提物	1% NaOH抽提物		酸不溶木质素	酸溶木质素	总木质素	
上部	8.41	1.87	3.80	13.49	10.67	35.81	70.18	20.34	3.81	24.15	23.49
中部	7.79	1.25	4.13	13.85	10.55	33.35	70.22	19.84	3.33	23.17	23.08
下部	7.51	1.17	3.86	11.68	8.99	31.32	73.77	20.23	3.52	23.75	23.27

注：上部，指接近藤梢部分；中部，指中间部分；下部，指靠近基部的部分。

白藤皮的化学成分分析结果（表13-4）表明：白藤皮的木质素含量为上部>下部>中部，中部木质素含量最小，为25%左右。综纤维素含量为上部>下部>中部，含量为70%~72%。不同部位的聚戊糖含量相近，为21%左右。灰分含量为上部<中部<下部。冷水抽提物、热水抽提物、1% NaOH抽提物含量的规律相一致，中部最高，下部最低。而苯醇抽提物含量则为上部最高，中部最低。

表 13-4　白藤皮不同部位的化学成分分析

部位	水分(%)	灰分(%)	抽提物(%)				综纤维素(%)	木质素(%)			聚戊糖(%)
			苯醇抽提物	热水抽提物	冷水抽提物	1% NaOH抽提物		酸不溶木质素	酸溶木质素	总木质素	
上部	6.77	4.10	4.19	9.83	7.30	31.82	72.03	22.34	3.18	25.52	21.08
中部	6.52	5.20	3.42	11.09	8.21	32.39	70.26	21.30	3.59	24.89	20.79
下部	6.78	6.25	3.87	9.08	5.82	29.75	70.83	22.15	3.09	25.24	20.53

注：上部，指接近藤梢部分；中部，指中间部分；下部，指靠近基部的部分。

13.3.1.2　单藤的化学成分分析　从表 13-5 中可看出，单藤芯的酸不溶木质素含量为：上部＞中部＞下部；酸溶木质素含量相近；故总木质素含量仍为上部＞中部＞下部，总木质素含量为 23.2%～24.7%。综纤维素含量上部略高于中部和下部，为 75% 左右。聚戊糖含量为上部＞中部＞下部。灰分、1% NaOH 抽提物含量的规律一致，均为上部＞中部＞下部。而苯醇抽提物含量则相反，为上部＜中部＜下部。单藤芯上部和中部的冷水抽提物和热水抽提物含量相近，低于下部。

表 13-5　单藤芯不同部位的化学成分分析

部位	水分(%)	灰分(%)	抽提物(%)				综纤维素(%)	木质素(%)			聚戊糖(%)
			苯醇抽提物	热水抽提物	冷水抽提物	1% NaOH抽提物		酸不溶木质素	酸溶木质素	总木质素	
上部	8.36	1.24	2.78	5.58	3.32	27.50	75.90	21.20	3.51	24.71	26.37
中部	8.14	0.86	3.92	5.37	3.35	25.67	75.00	20.57	3.53	24.10	24.94
下部	8.24	0.48	5.37	7.32	5.63	25.37	74.91	19.57	3.64	23.21	23.51

注：上部，指接近藤梢部分；中部，指中间部分；下部，指靠近基部的部分。

单藤皮的化学成分分析结果（表 13-6）表明：单藤皮的酸不溶木质素为：上部＞中部＞下部，酸溶木质素含量相近，故总木质素含量仍为上部＞中部＞下部；单藤皮的总木质素含量为 28.6%～29.8%，比单藤芯高。综纤维素含量为上部＞中部＞下部，含量为 68.2%～73.6%，比单藤芯低。聚戊糖含量也为上部＞中部＞下部，含量比单藤芯低。灰分含量、苯醇抽提物、1% NaOH 抽出物含量的规律相一致，均为上部＜中部＜下部。冷水抽提物、热水抽提物含量均为中部最低。

表 13-6　单藤皮不同部位的化学成分分析

部位	水分(%)	灰分(%)	抽提物(%)				综纤维素(%)	木质素(%)			聚戊糖(%)
			苯醇抽提物	热水抽提物	冷水抽提物	1% NaOH抽提物		酸不溶木质素	酸溶木质素	总木质素	
上部	7.25	4.46	1.29	5.37	2.32	26.20	73.58	26.65	3.16	29.81	22.19
中部	7.92	5.28	1.98	4.98	1.51	26.32	71.71	26.26	3.43	29.69	22.71
下部	8.02	9.17	3.15	5.49	1.89	27.06	68.16	25.23	3.40	28.63	20.83

注：上部，指接近藤梢部分；中部，指中间部分；下部，指靠近基部的部分。

13.3.1.3 黄藤的化学成分分析 从表 13-7 中可看出,黄藤芯的酸不溶木质素、酸溶木质素和总木质素含量均为上部>中部>下部;总木质素含量为 20.7%~26.3%。综纤维素含量为上部>中部>下部,综纤维素含量 60.5%~65.6%。灰分含量和聚戊糖含量亦为上部>中部>下部。而冷水抽提物、热水抽提物、1% NaOH 抽提物、苯醇抽提物含量则相反,为上部<中部<下部。

表 13-7 黄藤芯不同部位的化学成分分析

部位	水分(%)	灰分(%)	抽提物(%)				综纤维素(%)	木质素(%)			聚戊糖(%)
			苯醇抽提物	热水抽提物	冷水抽提物	1% NaOH 抽提物		酸不溶木质素	酸溶木质素	总木质素	
上部	8.40	1.73	6.79	14.20	10.53	40.91	65.62	23.52	2.75	26.27	23.26
中部	8.02	1.10	10.89	22.21	16.89	42.34	63.29	19.71	2.61	22.32	19.39
下部	8.46	0.75	11.02	22.60	18.28	42.03	60.55	18.27	2.41	20.68	18.64

注:上部,指接近藤梢部分;中部,指中间部分;下部,指靠近基部的部分。

黄藤皮的化学成分分析结果(表 13-8)表明:黄藤皮的酸不溶木质素含量为上部>下部>中部,酸溶木质素含量相近,故总木质素含量仍为上部>下部>中部,含量为 23.4%~28.7%,比芯高。综纤维素含量为上部>下部>中部,含量为 70%~72.6%,比芯低。聚戊糖含量为上部>中部>下部。黄藤中部和下部的灰分含量相近,略高于上部。冷水抽提物、热水抽提物、苯醇抽出物、1% NaOH 抽提物含量以上部最少。

表 13-8 黄藤皮不同部位的化学成分分析

部位	水分(%)	灰分(%)	抽提物(%)				综纤维素(%)	木质素(%)			聚戊糖(%)
			苯醇抽提物	热水抽提物	冷水抽提物	1% NaOH 抽提物		酸不溶木质素	酸溶木质素	总木质素	
上部	7.32	2.51	3.74	7.22	4.10	30.57	72.58	25.59	3.12	28.71	21.14
中部	6.92	2.86	4.44	11.87	9.23	32.60	69.57	20.34	3.02	23.36	20.26
下部	6.95	2.81	5.14	11.64	7.85	31.41	70.07	22.79	3.25	26.04	19.49

注:上部,指接近藤梢部分;中部,指中间部分;下部,指靠近基部的部分。

13.3.2 物理性质

13.3.2.1 密度 对藤皮、藤芯分别取样的,采用最大含水率法测量;以整段藤茎为试样的,则以排水法测生材体积,取全干质量的方法测量。所得结果均为基本密度,简称密度。通过对省藤属 10 余种,黄藤属(*Daemonorops*)、戈塞藤属及钩叶藤属各 1~2 种的研究表明,各藤种密度平均值在 0.32~0.65g/cm³。在横切面,径向 1~2mm 的外围藤皮,密度不小于 0.40g/cm³,藤芯一般不小于 0.30g/cm³,密度在 0.25g/cm³ 以下的藤芯会明显脆弱(如黄藤)。沿径向取 1mm 为长度单元,则外围两层之间的密度相差很大,规律是密度自外向内逐层次缓慢递减。在轴向,自基部向上,密度顺层次逐渐减小。

密度在株内的变异趋势与纤维密度高度相关,纤维密度变量可占总体平均密度变量的72%~78%。此外,棕榈科植物的纤维为长寿细胞,胞壁物质的沉积随年龄增加,因此年龄也是密度变异的原因之一。

13.3.2.2 含水率 藤材生材含水率自基部向上增大,在基部为60%~116%,到顶部可达144%~154%。在20℃、相对湿度65%条件下的平衡含水率也表现自基部向顶部增大的趋势。由于密度自基部向上减小,说明密度愈大,藤茎中保存的水分愈少。纤维壁厚、纤维比量及后生木质部导管直径这些因素占藤种初含水率变因的80%~91%。

13.3.2.3 干缩率 原藤横切面的面积干缩率、纵向干缩率及二者相加的体积干缩率,均以生材的测量值为基数。

面积干缩率:从生材至气干的面积干缩率为3.46%~7.56%,平均5.14%;从生材至全干的面积干缩率为8.37%~13.73%,平均9.91%。

纵向干缩率:从生材至气干的纵向干缩率为0.25%~0.64%,平均0.43%;从生材至全干的纵向干缩率为0.86%~1.47%,平均1.30%。

体积干缩率:从生材至全干的体积干缩率为9.6%~15.2%,平均11.2%。

同木材相比,藤材的纵向干缩率大,原因除了与藤材纤维细胞壁的微纤丝倾角大(40°~60°)有关,尚需做进一步研究。自茎基部向上,面积与体积的干缩率均表现减小趋势,同纤维比量、纤维壁厚及密度一致,说明干缩主要是由于纤维中水分逸出而引起;但纵向干缩率则呈增大趋势,原因有待研究。

13.3.2.4 力学性质 主要为轴向抗拉强度及抗压强度。由于藤茎中机械组织分布得很不均匀,在没有统一的方法而又分别藤皮、藤芯取样的情况下,各试验抗拉强度的测定值缺乏互相比较的基础,但各项试验本身能说明某些问题。

藤材的抗拉强度约比抗压强度大10倍。一些含节部位的拉力试样在节部破坏,表明节部可能是藤材的最弱点或应力集中部位。用硫磺烟雾或漂白粉漂白藤材,可使抗拉强度减小,尤其是藤芯部分;其中漂白粉的影响更大。野生藤的强度有大于栽培藤的趋势。

藤材的抗压强度试样为整段藤茎,其长度取直径的2~3倍以上。试验藤种轴向抗压强度的种平均值为16.6~39.2MPa。气干材强度大于生材强度。

藤材达到破坏时的(总)变形量大,而比例极限变形量占总变形量的比值小,即具有较大的塑性变形,因此藤材柔韧,这种优良的工艺特性同藤茎的薄壁细胞含量高有关。

藤材的抗压强度、抗压弹性模量、抗拉强度、抗拉弹性模量与密度及纤维比量呈显著正相关,与薄壁组织比量有显著负相关。

藤材内应力发源于纤维。纵向压应力存在于外围,纵向拉应力存在于心部。自基部向上及外围向内,应力减小,与纤维比量在株内的变化一致。纤维比量与应力及弹性模量均有显著正相关。

马来西亚研究人员曾试图将藤材用于建筑构件,但试验表明,藤材和混凝土之间的黏着力低;藤筋混凝土梁常因斜向拉力破坏。

13.3.2.5 加工利用性质 成熟藤茎的叶鞘干枯，松脱，此时方可采收。一般于距地面30cm处砍断，逐节清除藤茎上的叶鞘，弃除藤茎顶端1m左右的未成熟部分。根据商品藤收购要求截成若干段，一般大径藤截成2.5m或3m长，小径藤截成5~7m长。

针对市场上的需求，藤材可以加工成3种类型：①原藤：未经加工处理；②半制品：经过初加工，成为清洁硫化藤；③制品：如藤家具。

因为小径藤多为硅质藤，大径藤及少数小径藤为油质藤，所以需要通过初加工以获得清洁硫化藤，二者的加工方法不同。对于硅质藤，用金属刷或刀片、竹片除去藤材表层的硅沙及残存叶鞘等杂质，阳光干燥几天，硫磺烟熏12h，再阳光干燥。对于油质藤，在热柴油中煮30~45min（油浴），阳光干燥2~3天，硫磺烟熏12h，再阳光干燥。油浴可以排除角质、树胶及水分，能改善颜色和光泽，也可减少菌、虫害。

在利用上，以藤材的规格、长度、直径、节间长度，以及由此衍生出有关质量的因素，如直径在全长的均匀性，节部的长度及厚度（是否有突起）作为分级的基础。在质量上，藤材需成熟，清洁及干燥，否则会出现皱纹、变色，开裂、污斑等缺陷。有些质量因素属于藤材固有特性，如颜色及其均匀性，柔韧性，通直性，圆度，叶鞘残存。外来作用引起的缺陷主要有两个方面：①机械损伤：采收及搬运过程产生的伤疤，伤痕；②生物危害：藤材含水率不低于20%，会发生真菌变色；含水率10%~50%易发生虫害。

13.3.2.6 藤制品 主要为家具等编织品，其他有手杖、登山杖、马球棒、棒球及曲棍球棒、伞柄等。藤厂的产品主要有两类，即半制品及编织品（制品）。

(1) 半制品：主要用小径藤加工成藤皮及藤芯，用以生产编织品，本身也作为半制品出售。

藤皮（rattan peel）：有多种规格，要求抗拉强度大。中国广东省的藤厂一般按用途将藤皮分为5类：笪丝，编织藤笪；席丝，编织藤席；合丝及车皮，编织家具；沙丝，编织家具及织件。

藤芯（rattan core）：原藤经刨藤机或手工开出藤皮后的剩余物，有圆芯、扁芯、角芯等，大量用于藤织件，也用于家具的骨织类（用藤芯包缠的藤家具）及装饰。生产上主要用圆芯，直径1.5~12.0mm，常用2~4mm者。编织时，藤芯常被弯曲，因此要求柔韧，纤维不爆起（表面光滑，无毛刺感）。

(2) 编织品：主要为藤笪、藤席、藤家具及藤织件。

藤笪（rattan webbing）：多种规格，用于家具、屏风、室内间隔及装饰等。品种有眼笪、稀笪（方形眼孔）及密笪（无眼孔），主要产品为眼笪，高质量印尼藤开出的置丝方可编织2、2.25及2.66眼三种藤笪，一般原藤只能用于编织1、1.33及1.6眼三种。

藤席：含床席及枕席两类。床席有多种规格，并开发出一面为藤席，另一面为丝绸的床褥，冬夏皆适用。

藤家具：品种及规格很多，并不断创新。藤器业将其归为6类：油藤类，上油漆；磨光类，磨光，上油；藤枝类，用原藤编织；藤皮类，用藤皮包缠，如藤椅；骨织类，用圆芯包缠；花类，着眼于制品的局部装饰，使造型美观。

藤织件（rattan wares）：品种及规格繁多，常具有独特的艺术性。藤器业将其归为5

类：动物型，可放置小件物品，常作为工艺品陈设；餐篮类，有盖及提柄，可大小成套，放置食品；斗碟类，较餐篮小，长方形或椭圆形，适宜在餐桌上放刀叉、水果及鲜花；架类，放书；篮、筐、篓类，粗细档次多种规格，适宜不同需求。

13.4 几个重要的商品棕榈藤种

13.4.1 西加省藤 Calamus caesius

西加省藤是国际上最知名的三大优质商品藤种之一（图13-10）。

13.4.1.1 天然分布 西加省藤广泛分布于东南亚地区，包括马来西亚半岛、苏门答腊、婆罗洲、菲律宾和泰国南部。近年来中国、泰国和南太平洋地区及非洲的一些国家引种试种。

13.4.1.2 形态特征 西加省藤为中小径藤种，丛生攀缘性强，雌雄异株，植株可长达100m或更长，藤丛植株密集生长。去鞘藤茎直径7.0～12.0mm，带鞘直径约20mm；节间长50cm或更长。带鞘叶长达2m；叶鞘暗绿，具少而白的10mm×5mm的大三角刺，刺间具灰色绒毛，有时具小刺和（或）棕色鳞片；幼年叶柄长达50cm，在成年攀缘茎上很短；叶轴长约75cm，在下表皮具零星反曲的刺，末端叶轴延长成约73cm长的纤鞭，具4爪锚状的几组反曲刺；叶轴两侧的小叶长约15cm，不规则排列，常交互对生，披针状，上表面暗绿

图13-10 西加省藤

色，下表面常呈青白色。花序着生于叶鞘上，长达2m，雌雄外表相似；着花的枝相当细，雌株长达10cm，雄株短；雄花黄绿色，约5mm×3mm，雌花较雄花大。成熟果实仅具1种子，果实卵圆形，约15mm×10mm，外有淡绿反曲的鳞片均匀覆盖，干时呈黄色。

13.4.1.3 采收和加工 原藤生长速度为每年2.5m，种植后的第8年可以有选择地采收成熟原藤。36 000m的原藤可产1t干藤；种植后第9年每年每公顷产量0.5t，植后第12年产量可提高到每年每公顷1.5t。采收时，从离地10～30cm处割下藤株后，尽量拖出树冠，然后把藤株缠在树干上用刀去除叶鞘，获原藤条，把原藤条切成约6m长的藤段扎捆。原藤采收后应及时洗去泥土和去除残存的叶鞘，干燥和用硫磺烟熏，以防病虫害，提高原藤色泽。

13.4.1.4 材料性质和利用 西加省藤茎柔韧，节间长度长，藤节无明显突起，均匀光滑，表皮黄白色。藤的质量与年龄、含水量和生长过程中的光线（影响节间长度）等因子有关。长久以来，农民就利用西加省藤制作篮子、席子、地毯、手工艺品、绳子和建房材料。目前，其商业利用已超出传统，现代人们利用其优良的工艺特性，或用原

藤，或用其表皮和藤芯制作高级名贵家具和工艺品。

13.4.2 玛瑙省藤 *Calamus manan*

图13-11 玛瑙省藤

玛瑙省藤是国际市场最著名的三大商品藤种之一（图13-11）。

13.4.2.1 天然分布 玛瑙省藤为广布种，原生种分布于马来西亚半岛、苏门答腊和婆罗洲南部。生长在山地陡坡龙脑香科树种的森林内。

13.4.2.2 形态特征 单茎藤种。雌雄异株，植株攀缘，粗大，茎长达100m。去鞘直径小于80mm，带鞘直径80~110mm。节间长40cm。叶长可达8m；叶鞘暗灰绿色，密被黑绒毛，边缘有侧生或散生的三角形小刺；叶柄两边都有三角形小刺；叶轴长15cm，向地面具散生的小刺，顶端延伸成具钩状刺的纤鞭；未成熟小叶片形状不规则，成熟叶规则，叶轴每边45片，披针形，浅灰绿色，叶膝被叶鞘所包裹，托叶鞘不明显。花序庞大，雄花序比雌的宽，长2.5m，每边有9个长约70cm的分枝，所有苞片都密被三角形小刺和红褐色柔毛。成熟果实圆形或卵圆形，28mm×20mm。种子卵圆形，表面有凹迹；胚乳多而粗皱。

13.4.2.3 采收和加工 玛瑙省藤的人工林一般需要种植15年后才能达到收获时期。去除植株2~3m长的未成熟的茎梢，清除藤茎上残留的干叶鞘和污物，获得原藤条。采收后的原藤，通常要进一步进行干燥、防虫防霉、打节、抛光及分类等处理。印度尼西亚和马来西亚普遍采用将原藤置于阳光下晒1~2周，用硫磺熏蒸法防病虫侵染，用柴油和椰子油混合蒸煮改善藤条的色泽。经处理的原藤色泽金黄光亮，品质提高。

13.4.2.4 材料性质和利用 玛瑙省藤为大径藤种，原藤径级50~80mm，节间长度30~50cm，节无明显突起，整藤均匀平顺，表皮黄白色，藤材品质优良，抗弯强度高，易于造型。由于其具有优良品质，为制作高级藤家具的优选材料。

13.4.3 粗鞘省藤 *Calamus trachycoleus*

粗鞘省藤是国际市场最重要的三大商品藤种之一（图13-12）。

13.4.3.1 天然分布 粗鞘省藤特产于印度尼西亚加里曼丹中南部，地理位置为南纬2°~3°。当地村民在河流的两岸广泛种植。现今，在沙巴地区的马来洲有大范围种植，面积4 000~5 000hm^2。另外在沙捞越（Pahay）也有少量种植。

13.4.3.2 形态特征 丛生，具匍匐茎，雌雄异株，藤长60m或更长。匍匐茎长2~3m，直径

图13-12 粗鞘省藤

3~4cm。茎散生，向外扩张，大小中等，去鞘直径4.5~13.5mm，带鞘直径20mm以上。节间长15~30cm或更长。叶具纤鞭，长2.3m，叶片包括纤鞭长1m，叶柄长1.5~2.5cm；叶鞘长95cm，上部裸露，有零星硬长刺，尖端深褐色，基部绿色，具许多小刺；托叶鞘呈一围4mm高的隆起，叶柄横切面呈半圆形至宽三角形，下面有叶鞘包围；有小叶15对，不规则排列，披针形，中脉两边各有3条纵脉，叶缘有褐色硬刺。雌雄花序外表相似，长170cm，有11~14对分枝，雄3回分枝，雌2回分枝。雄性小穗比雌性更密，小穗长16cm，有6~12对2列花，雌性除顶部外大多数分枝上都有10对小穗。

13.4.3.3 采收和加工 一般种植8年后即可采收藤条，原藤产量为每公顷2t干藤，之后每年每公顷的产量1.5~2.2t。成熟藤植株的下部叶已变黄、掉落，只留下死叶鞘。采收时，在基部10~20cm处砍断植株，拉拽植株脱离树冠，清除藤茎叶鞘，再切成约6m长的藤段捆扎成束，运回原藤处理中心进行干燥、去除硅质表皮、熏蒸等粗加工处理。

13.4.3.4 材料性质和利用 为中小径级藤种，原藤去鞘直径80~100mm，品质优良，是国际上最重要的商品藤种之一。传统上，采集原藤制作篮子、捕鱼工具、筏子上用的绳子以及船上索具。商业上，用其原藤条或茎表皮、藤芯编织各种器具、工艺品和作为家具材料。

13.4.4 美丽省藤 *Calamus ornatus*

美丽省藤是国际知名的商品藤种之一（图13-13）。

13.4.4.1 天然分布 美丽省藤为广布种，原产于东南亚地区，分布于从泰国南部、苏门答腊、爪哇、婆罗洲、苏拉威西到菲律宾的原始林和次生林中。

13.4.4.2 形态特征 美丽省藤为丛生型棕榈藤植物，能攀缘50m，雌雄异株。去鞘藤茎粗40mm，带鞘茎粗70mm。节明显，节间距30cm。叶子稠密，叶鞘灰白到墨绿色，不规则的分布着淡黄色、窄扁平三角状的黑刺；膝突明显；托叶鞘短，撕裂；纤鞭多，墨绿色，长10m或更长；叶柄线性排列，100cm×4cm，常稀少；羽片整齐排列；叶轴微卷，叶片上表面靠近顶部的主脉附近密被刺。花序鞭状，长8m，具4~6个分枝花序，长80cm；雌花序具粗壮的放射状小穗轴，雄花序具枝状小穗轴。成熟的果实椭圆形，3cm×2cm，具15列黄棕色到深黑色的直立鳞片。种子椭圆形，扁平的后表面有洼穴；果核浆果状。

图13-13 美丽省藤

13.4.4.3 材料性质和利用 美丽省藤材质优良，是国际上知名的商品藤种之一，为菲律宾、马来西亚、印度尼西亚和泰国的主要栽培藤种。藤茎主要用于做家具。东南亚当地人认为其叶片能预防流行性疾病，治疗腹痛和腹泻，根部提取液可缓解妇女分娩阵痛。果实亦是热带特有水果，菲律宾和马来西亚市场有售。

13.4.5 白藤 Calamus tetradactylus

白藤是中国华南热带及南亚热带地区森林的主要伴生藤本植物之一（图13-14）。

13.4.5.1 天然分布 白藤天然分布于中国23°30′以南的海南岛和广东、广西、福建等省（自治区）的南部地区，中心分布区在惠来、惠东、珠海、阳江、高州一线以南。在中心分布区，海拔600m以下的低山、台地广为分布，600m以上的山地密林少见。

图13-14 白 藤

13.4.5.2 形态特征 有刺、丛生、攀缘小型藤本，藤茎长可达30m以上。带鞘茎粗9~12mm，去鞘茎粗5~8mm；节长15~25cm。成藤叶掌状或羽状全裂；叶轴两侧裂片单生或2~3片成束，每侧7~11片，裂片披针形，顶端和边缘具刚毛状刺；叶鞘环包藤茎，轮状排列，外具坚硬刺，带钩刺纤鞭着生于叶鞘上部。肉穗状花序，鞭状，单性，雌雄异株，花序着生于叶鞘。果实球形，直径0.7~1.0cm；外被覆瓦状鳞片，成熟时果皮黄色或漆黄色，鳞片隆起具光泽，果肉绿黄色。种子黄褐色或褐色，嚼食状，质坚，种胚短圆柱状，外被胶质种胚盖。

13.4.5.3 采收和加工 一般种植8年后即可采收藤条，原藤产量为每公顷2t干藤，之后每年每公顷的产量1.5~2.2t。成熟藤植株的下部叶已变黄、掉落，只留下死叶鞘。采收时，在基部10~20cm处砍断植株，拉拽植株脱离树冠，清除藤茎叶鞘，再切成约6m长的藤段捆扎成束，运回原藤处理中心进行干燥、去除硅质表皮、熏蒸等粗加工处理。

13.4.5.4 材料性质和利用 藤茎不具次生形成层，茎粗终生变化小，工艺性能良好，是藤编织家具及工艺品的优良材料，具有较高的经济价值和开发应用前景，为华南山区林地实行多种经营而广泛推广栽培的主要商品藤种之一。

13.4.6 黄藤 Daemonorops margaritae

黄藤是中国华南热带及南亚热带地区森林的主要伴生藤本植物（图13-15）。

13.4.6.1 天然分布 黄藤为中国特有种，其天然分布以海南岛为中心，延伸至北纬23°30′以南的广东和广西南部地区，福建漳州及云南西双版纳有人工栽培。在中心分布区，从沿海低丘到海拔1 100m的原始森林、次生林内均有分布，但现有天然资源多集中于海南岛中部及西南部山区，在广东和广西南部仅见于海拔300m以

图13-15 黄 藤

下的残存阔叶林中。

13.4.6.2 形态特征 有刺、丛生、攀缘大型藤本,藤茎长可达50m以上。带鞘茎粗30~50mm,去鞘茎粗8~12mm。成藤羽叶掌状全裂,叶轴延伸成具爪状倒钩刺鞭,背面及边缘被刚刺;叶鞘环包藤茎,轮状排列,着生于藤茎形成节,节间长度15~40cm。肉穗状花序单性,雌雄异株,花序轴上的佛焰苞舟状,外被褐色扁平刺。果实球形,直径1.5~2.0cm,成熟时果皮呈黄色,具光泽,果肉胶质,褐色。种子肾状,坚硬,褐色,种胚短圆柱状,外被坚实的种胚盖。

13.4.6.3 材料性质和利用 藤茎不具次生形成层,茎粗终生变化小。黄藤藤茎具良好工艺特性,是藤制家具及工艺品的优良材料;藤嫩梢富含人体所需的多种营养成分,可做蔬菜食用;果实可萃取"麒麟血竭",藤种质地坚硬,是制作"佛珠"的传统材料。因此,黄藤是具有较高经济价值和开发前景的多用途珍贵森林植物,亦是华南地区广泛推广人工栽培的主要商品藤种之一。

13.4.7 单叶省藤 *Calamus simplicifolius*

单叶省藤是中国特有棕榈藤种之一,华南地区推广栽培的优良藤种(图13-16)。

13.4.7.1 天然分布 单叶省藤天然分布于中国海南岛中部及西南部山区的凌水、乐东、昌江、保亭、琼中、屯昌及文昌诸县,海拔300~1 100m的原始林和次生林中均可见有原生植丛生长,但随海拔高度的变化,其在森林群落中分布的密度较大,在海拔600~800m的山地雨林,分布密度到达500丛/hm^2。由于森林面积的迅速缩减及野生原藤的过度采收,现存资源主要集中于海南岛中南部的尖峰岭、坝王岭和吊罗山林区。目前,单叶省藤的人工栽培已扩大到广东、广西和福建等省(自治区)的南部地区。

13.4.7.2 形态特征 有刺、丛生、攀缘大型藤本。去鞘藤茎粗8~20mm,节间长15~30cm;叶羽状全裂,具爪状倒钩刺鞭。圆锥状花序,雌雄异株。果球形或近球形,直径1.6~2cm;未成熟果皮浅绿色,成熟时呈黄白色,具光泽;果肉胶质、褐色,可食用。种子褐色,圆形或近圆形;种胚短圆柱状,基生或侧生,外被种胚盖;胚乳坚硬,表面嚼烂状、深裂。

图13-16 单叶省藤

13.4.7.3 材料性质和利用 藤茎无次生形成层,茎粗变化小,上下均一。藤皮及藤芯的抗拉强度均较大,易于加工,工艺性能良好,是藤编家具及工艺品的优良材料。

13.4.8 云南省藤 *Calamus yunnanensis*

云南省藤是中国特有棕榈藤种之一(图13-17)。

13.4.8.1 天然分布 云南省藤为中国特有种,以西双版纳为天然分布中心,间断分布至云南西南部临沧地区、西北部的贡山县独龙江和西藏，多分布于海拔1 500～1 600m的季节性山地阔叶密林中，高分布可达1 850m，低至850m。云南西双版纳格朗和布朗山等地群众栽培于1 500m地区，生长良好；在低海拔地区栽培生长不良。

13.4.8.2　形态特征　茎攀缘，单生，带鞘茎粗20～25mm，裸茎粗10～13mm。叶长约90cm，顶端不具纤鞭；羽片在叶轴每侧有6～8片，不等距，椭圆状披针形或倒披针形，长26～35cm，具6～8条明显叶脉，上面疏被微刺或无刺，边缘疏被微刺，先端具纤毛状尖；叶柄长5～10cm，周围被刺或爪状刺；叶鞘略具囊状突起，被灰褐色斑点和长短、大小不等的近半圆锥状的刺。雌雄花序同型，2回至部分3回分枝，长1.5～1.8m，顶端具纤鞭，有7～9个分枝花序，顶端具短纤鞭；一级佛焰苞长管状至圆筒形，具少数单生的爪或针刺；小穗状花序上每侧有4～5朵花；花卵

图13-17　云南省藤

形，长4～5mm。果实椭圆形至近球形，直径1.5～1.7cm；鳞片15～18纵列，中央有浅沟槽，新鲜时橙红色，干时红褐色。种子长圆形，压扁，表面具小瘤突；胚乳嚼烂状，胚基生。

13.4.8.3　材料性质和利用　中径级藤种，去鞘茎粗10～13mm。原藤材质优良，为优质藤家具、工艺品和日用器具的编织材料；藤嫩梢富含人体所需的多种营养成分，可作蔬菜食用。

复习思考题

1. 藤的主要化学成分有哪些？
2. 藤的细胞结构有何特点？
3. 简述藤的物理性质。

第 14 章

灌木类资源材料

本章概述了灌木类资源状况,重点讲述了灌木的生物学特性、细胞形态及灌木材的构造和主要物理化学性能。

14.1 灌木类资源概述

灌木是无明显直立主干的木本植物,通常于基部分枝,呈丛生,有的虽有主干,也较矮,树高均在 3m 以下。根据灌木的枝条形态不同可分为:垂枝灌木、攀缘灌木、丛生灌木、直立灌木、蔓生灌木。枝条高 1m 以下者为小灌木。若茎在草质与木质之间,上部为草质,下部为木质,则称其为半灌木或亚灌木。根据灌木所处的生态环境不同可分为:酸性灌木、钙性灌木、沙漠灌木、沙生灌木、耐寒灌木、耐荫灌木、粗骨土灌木、盐土灌木、碱土灌木、旱生灌木、中生灌木、超旱生灌木、湿生灌木。根据灌木的防护功能与使用价值可分为:防护灌木(改良土壤灌木、固土灌木、水源涵养灌木)、能源灌木(肥料灌木、燃料灌木、饲料灌木)、环境灌木(观赏灌木、风景灌木)、特用经济灌木(药用灌木、工艺编织灌木、食用灌木、调味料灌木、香料灌木)等类型。现以内蒙古为例介绍灌木资源的科属和分布。

内蒙古地域辽阔,大部分地区属干旱、半干旱地区,由北向南又呈现寒温型、中温型、暖温型 3 种植被类型,东部的大兴安岭地区为湿润和半湿润区。除东部地区分布有大面积以乔木为主体的森林外,全区各地灌木广泛分布,种类丰富。据统计,全区成林灌木面积约为 212 万 hm^2,共有灌木树种 289 种,占木本植物总数的 59.8%,半灌木树种 72 种,占木本植物总数的 14.9%,分为 442 科 107 属。

14.1.1 灌木的特性

由于生态环境不同,灌木具有不同的生物生态学特性。例如有刺灌木的枝叶或托叶退化为刺状,以减少蒸腾面积,适应干旱区气候;常绿灌木当年生的叶不脱落,一年四季保持绿色,通常 2 年以上才脱落,如沙冬青、松、岩高兰等;旱生灌木具有同化枝,许多旱生灌木的叶子退化,或仅有基生叶,光合作用的功能已经部分或全部为幼嫩的绿色枝条所代替,例如沙拐枣等;叶或枝条的表面被有白色的绒毛,叶呈灰白或灰绿色,如柠条、沙冬青等;多肉灌木的枝或叶肥厚呈肉质状,含水量较高,如珍珠柴、梭梭等;少汁液旱生灌木含水量较低,一般为 50%～60%,狭叶锦鸡儿的含水率为最低,仅为 47.2%;超旱生灌木的根系发达,叶子的保水力强,可以在地表水和土壤水极度缺少的环境中生长,如珍珠、红砂、泡泡刺和沙冬青等;多液旱生灌木由于其叶子肥厚或肉质化，能保持较多的水分，并且具有良好的保护组织，如蒺藜科的霸王、白刺、泡泡刺、蓼科的珍珠、梭梭、柽柳科的红砂等；盐生灌木对土壤盐分具有高度的适应性和抵抗能力，能在含盐量非常高的土壤中生长的盐生灌木按其抗盐的方式可分为3类：真盐生灌木，如盐爪爪；淡盐生灌木，如沙枣；泌盐灌木，如柽柳等。

14.1.2 灌木的经济价值

灌木根据其经济价值大体可分为薪炭用灌木、工艺灌木、观赏灌木、饲料灌木、香料灌木和药用灌木等。除此之外灌木还可以作造纸、染料等，好多灌木兼有多种用途。

灌木薪炭林（能源灌木）：以灌木的枝干、根、叶、皮作为燃料取得热能的林分。由于树木的光合作用，把太阳能转变为化学能贮存于树体内，燃烧后产生大量的热能可用于取暖、做饭等。森林是一种再生性资源，薪炭林作为能源与煤和石油相比，可以做到永续利用。

工艺灌木：由于灌木的枝条纤细，可用于编织工艺品，如杞柳、紫穗槐、胡枝子、柠条、沙柳、乌柳等都是编制篓筐、席和日用工艺品的必要原料。

观赏用灌木：以观赏为主的灌木植物是园林、城镇绿化的主要树种。选用时除考虑美观外，还要注意其环境保护作用和经济价值。可分为观叶类、香木类、林木类、观花类和蔓生类等。

饲料灌木林：灌木的枝叶含有各种动物所需要的营养物质，如粗脂肪、无机氮浸出物、粗蛋白质等。灌木植物的特性是耐动物啃食，并可多次平茬，对发展畜牧养殖业有重要的意义。

香料灌木：许多灌木植物是生产香料油、香料醇、香精的原料。如玫瑰是经济价值很高的香料灌木，是食物添加剂和化妆品的主要原料。特别是由玫瑰花提取的玫瑰油其价格比黄金还要昂贵。唇形科的植物等可以提取香料。

药用灌木：有些灌木的根、茎、叶、花或果实等器官可作为药用。如罗布麻和枸杞等。

14.1.3 灌木的生态作用

灌木丛可改变光和热的再分配，抑制喜光植物的扩展。灌木深广的根系同时抑制了杂草的侵入。在灌木遮荫的影响下创造出更适于苔藓类、微生物和土壤动物的繁殖环境，再加上枯枝落叶较多，从而改变了其他植物的定居条件。因此灌木丛具有改善和美化环境的作用。具体是：

固沙和保持水土作用：在流沙地段，如灌木的覆盖率达30%以上时，流沙基本被固定；在水土流失的斜面，灌木的覆盖率在40%以上时，水土流失可以被控制。

对降水分配的影响：灌木林不仅可以吸收降水，也可调节地表径流，以控制和调节土壤径流的速度和性质，在降水后可形成涓涓不断的"控山水"。

对乔木树种起辅佐作用：灌木能控制乔木树种侧枝的发育和萌芽，加速乔木树种的自然整枝。如杨树、刺槐、松树等与紫穗槐、沙棘、锦鸡儿等混生，常可收到良好的效果。

改善土壤的性质：灌木根系发达，从土壤中吸收营养物质多，再加上枯枝落叶量多，所以成土作用大，可提高土壤的肥力。特别是有的灌木根具有根瘤或寄生菌根，可以固定空气中的氮素，使土壤的有机物含量增加。

14.2 灌木材的构造和物理化学性能

以生长在沙漠地区的沙棘材、柠条材、杨柴材、沙柳材、花棒材、黄柳材、乌柳材、宽叶水柏枝材和榛子材 9 种灌木为例，介绍灌木材的构造和性质。

14.2.1 沙棘 Hippophae rhamnoides

14.2.1.1 沙棘材的宏观构造 沙棘为胡颓子科沙棘属植物。外皮灰白色至灰绿色，局部有横纹，外皮较光滑，老时形成纵裂，质柔软（图 14-1）。沙棘的心边材区分明显，边材窄，黄白色，心材黄褐色，有光泽，木材纹理多倾斜，节子多，髓心棕黄色，质地松软，圆形。年轮界限明显，晚材管孔星散分布，放大镜下可见，木射线细密，轴向薄壁组织在放大镜下不可见。沙棘材材质均匀，木射线和导管都分布均匀，材性较好。树皮含量较大，质量百分比为 28.7%，体积百分比为 26.42%，在制板过程中，将影响板面质量和胶合质量。

图 14-1 沙棘材宏观特征

14.2.1.2 沙棘材的显微构造

(1) 导管：在横切面上管孔呈圆形或卵圆形，早材管孔明显大于晚材管孔，中间形成过渡，为半环孔材；早材管孔呈星散状排列，多数为单管孔，偶见复管孔，管孔的复合数目为 2 或 3 个，排列有切线状、径列或斜列，如图 14-2；导管分子间为单穿孔，圆形或卵圆形，底壁水平或倾斜，如图 14-3；管间纹孔为具缘纹孔，圆形、椭圆形，互列或对列，纹孔口内含。导管内壁具螺纹加厚（图 14-7）。

(2) 木纤维：沙棘材中的木纤维包括数量很多的韧性纤维和数量较少的纤维状管胞，在横切面上呈多边形或圆形。

(3) 轴向薄壁组织：数量少，轮界状，沿年轮排列的宽度很小，一般为 1～3 层细胞，如图 14-4。

(4) 木射线：属异型Ⅲ型（图 14-5），分单列、双列及多列。多数为双列，3～17 个细胞高，两端单列部分 1～3 个细胞高；少数为单列，3～7 个细胞高，叠生排列，如图 14-6。直立细胞 1～2 个，横卧细胞 2～16 个。

(5) 阔叶树材管胞：有导管状管胞和环管管胞。

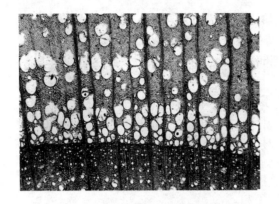

图 14-2　沙棘材横切面上管孔分布
（100×）

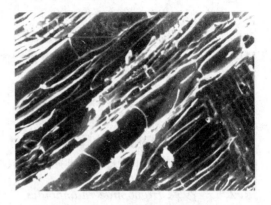

图 14-3　沙棘材径切面的扫描电镜图片
（1 500×）

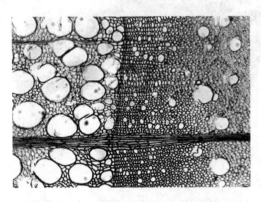

图 14-4　沙棘材轮界状轴向薄壁组织
（200×）

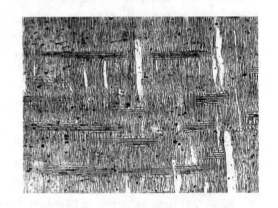

图 14-5　沙棘材径切面上异型木射线
（100×）

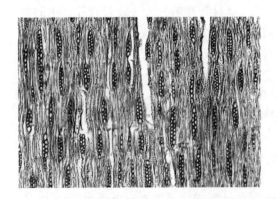

图 14-6　沙棘材弦切面上木射线分布
（200×）

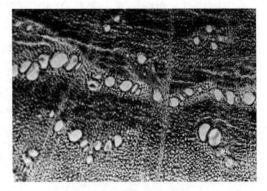

图 14-7　柠条横切面
（100×）

14.2.1.3 沙棘材的纤维形态 沙棘材的纤维形态见表14-1。沙棘材经离析后,有韧性纤维、纤维状管胞、导管分子、轴向薄壁细胞和木射线薄壁细胞。据观测,韧性纤维多于纤维状管胞,是沙棘的机械组织。木纤维组织比量占74.65%,纤维得率高有利于制浆造纸和制造纤维板。由表14-1可知,同一植株的纤维形态,同一年轮内随其部位的不同而不同,如纤维长度由伐根向上逐渐增长,到梢部又开始减短,中部纤维最长。沙棘材各年轮处的纤维平均长度均大于500μm,认为可以生产出合格的纤维板(赵砺等,1991)。随着年轮的增加,纤维长度逐渐增长,2年沙棘纤维长度全部位平均为580.83μm,到4年纤维长度快速增长至705.09μm。但第4年各部位的纤维长度相差不大,增长变缓,细胞生长进入成熟期。到5年纤维长度增长至745.23μm,达到最大,随后从第6年开始减短,为720.00μm,之后细胞生长将进入衰退期。蓝登明等(1998)在研究沙棘平茬与根蘖更新时指出,平茬简单易行,是沙棘抚育管理、更新复壮的重要方法,其中6~7龄平茬根蘖能力最强,以采收沙棘果实为主要目的的天然沙棘林,在平茬更新时最好选择在8~10龄。从沙棘材的纤维形态来讲,6龄以后的细胞生长进入衰退期,选择这一时期平茬,既不影响其根蘖能力也不会影响采收果实,还会得到较理想的纤维形态,有利于沙棘的综合利用。

14.2.1.4 沙棘材的密度 沙棘材的基本密度、气干密度和全干密度及统计量见表14-2所示。

表14-1 同株沙棘纤维形态

年轮	部位	长度(μm)		宽度(μm)		长宽比	壁厚(μm)	壁腔比
		平均值	均方差	平均值	均方差			
2年	上部	541.27	93.04	16.3	2.99	33.2	2.64	0.48
	中部	611.69	155.77	16.5	2.82	37.07	3.00	0.57
	下部	589.52	106.17	17.3	3.39	34.08	2.10	0.32
	平均	580.83	—	16.70	—	34.78	2.58	0.46
3年	上部	585.68	98.06	17.72	2.50	33.05	2.59	0.41
	中部	713.58	133.55	18.03	2.51	39.58	2.46	0.38
	下部	656.38	79.51	18.73	3.01	35.05	2.56	0.38
	平均	651.90	—	18.16	—	35.89	2.54	0.39
4年	上部	672.11	103.75	17.32	2.11	38.81	2.49	0.40
	中部	726.09	92.48	18.65	2.07	38.45	2.47	0.36
	下部	717.08	133.13	16.61	2.17	43.71	2.38	0.40
	平均	705.09	—	17.53	—	40.32	2.45	0.39
5年	上部	701.52	124.27	17.88	2.90	39.23	2.46	0.38
	中部	795.95	140.72	19.43	3.00	41.25	2.25	0.31
	下部	738.23	95.17	17.96	2.78	41.1	2.59	0.41
	平均	745.23	—	18.42	—	40.53	2.43	0.37
6年	上部	—	—	—	—	—	—	—
	中部	732.81	118.56	18.90	2.37	38.47	2.16	0.29
	下部	707.19	108.61	19.66	3.11	35.97	2.62	0.36
	平均	720.00	—	19.28	—	37.22	2.39	0.33

表 14-2 沙棘材密度与常用针、阔叶材比较

树种	密度 (g/cm³)	样本数 n	平均值	标准误差 S_r	标准差 S	变异系数 V (%)	准确指数 P (%)
沙棘材	气干	15	0.574	0.0145	0.056	9.8	5.0
	基本	25	0.432	0.0098	0.049	11.38	4.58
	全干	15	0.514	0.0126	0.049	9.68	3.88
落叶松[①]	气干	—	0.696	—	—	13.2	1.9
	基本	—	0.528	—	—	8.6	1.0
	全干	—	—	—	—	—	—
毛白杨[①]	气干	—	0.525	—	—	6.1	0.6
	基本	—	0.433	—	—	6.2	0.6
	全干	—	—	—	—	—	—

注：① 表中气干密度为已校正成含水率15%时的数值。（成俊卿）

从表14-2可见，沙棘材的气干密度为 0.574 g/cm³，居于落叶松和毛白杨之间，依据我国木材气干密度分级情况（成俊卿），属中等密度。用于生产纤维板的木材，以密度为 0.4~0.6 g/cm³ 较好，因此，从密度这一方面来讲，沙棘材是较好的纤维板生产用材。沙棘材的基本密度为 0.432 g/cm³，与毛白杨接近，而小于落叶松。

14.2.1.5 沙棘材的干缩率 表14-3中沙棘材径向全干缩率略小于红皮云杉，弦向略大于红皮云杉。从变异系数上看，沙棘材的弦向全干缩率的离散程度最大。由于木材的干缩随着密度的增加而增大，红皮云杉的密度为 0.372 g/cm³，小于沙棘材，所以体积全干缩率沙棘大于红皮云杉。根据体积干缩系数的大小，国产木材干缩性可分为5级，沙棘材的体积干缩系数为 0.35%，属很小级。

表 14-3 沙棘材的干缩率与红皮云杉人工林比较

树种	项目		样本数 n	平均值	标准误差 S_r	标准差 S	变异系数 V (%)	准确指数 P (%)
沙棘材	全干缩率(%)	体积	39	11.041	0.264 1	1.650	14.942	4.785
		径向	39	3.264	0.071 94	0.449	13.764	4.407
		弦向	39	7.859	0.241 7	1.509	19.206	6.151
	体积干缩系数(%)		15	0.349	—	—	—	—
红皮云杉[①]	全干缩率(%)	体积	496	10.805	—	1.594	14.757	1.325
		径向	496	3.530	—	0.884	25.038	2.248
		弦向	496	7.506	—	1.107	14.624	1.514

注：① 数据由徐魁梧提供。

14.2.1.6 沙棘材的横纹（全部）抗压强度 沙棘材的横纹（全部）抗压强度测试结果见表14-4，径向为9.2，弦向为6.0，二者均大于落叶松和毛白杨，可能是由于沙棘材本身的密度较大，木射线细密，叠生排列，使得它的抗压强度较大。另外，沙棘材的

表 14-4　沙棘材横纹(全部)抗压强度与常用针、阔叶材比较

树种	项目		样本数 n	平均值	标准误差 S_r	标准差 S	变异系数 V (%)	准确指数 P (%)
沙棘	横纹抗压强度 (MPa)	径向	12	9.2	0.396	1.37	14.9	8.6
		弦向	12	6.0	0.220	0.76	12.8	7.4
落叶松	横纹抗压强度 (MPa)	径向	—	4.21	—	—	20.3	2.8
		弦向		4.6			25.0	3.3
毛白杨	横纹抗压强度 (MPa)	径向		5.1	—	—	11.4	10.6
		弦向		2.7			1.8	1.8

横纹(全部)抗压强度弦、径向差异较大,这与针叶树材的特性相似,而阔叶树材在弦、径向间差别不显著。

14.2.2　柠条 Caragana sp.

14.2.2.1　柠条材的宏观构造　柠条为豆科锦鸡儿属植物。外皮光滑,黄褐色,有光泽,髓心较明显,直径为 470～1 720μm,约为端向直径的 1/20,髓心部分松软。柠条树皮含量高,约占柠条材体积的 18%,其树皮由外皮和内皮组成,其中内皮占 60% 左右,内皮中韧皮纤维含量较高。柠条心边材区分明显,边材淡黄色,心材黄色至褐色。木材有光泽,纹理直或斜,结构均匀,硬度较大,强度中等,韧性高,可压缩性大。柠条年轮明显,为半环孔材,管孔小,肉眼下不可见,放大镜下略明显。轴向薄壁组织在放大镜下可见,环管状。木射线较发达。

14.2.2.2　柠条材的显微构造　主要由导管、木纤维、木射线薄壁细胞及少量轴向薄壁细胞组成。其中导管占 28.6%,木纤维占 60.0%,木射线薄壁细胞占 3.4%,其他占 1.3%。横切面上,早材管孔为卵圆形和圆形,略具多角形轮廓,多为单管孔,管孔团偶见,部分含有褐色树胶,侵填体常见(图 14-7)。早材导管壁厚度为 2.8μm,最大弦径 93μm,多数在 52～80μm,长 50～170μm,平均 104μm。晚材带管孔多为圆形和椭圆形,通常呈管孔链(2～4 个),导管壁厚为 2.75μm,弦径多为 46～72μm,长 48～180μm,平均 108μm,具有螺纹加厚。导管上多具单穿孔,椭圆形及圆形,底壁水平或略倾斜。管间纹孔呈互列,多为椭圆形,其长径为 3μm,纹孔口内含,椭圆形横列。轴向薄壁组织傍管带状及环管状,未见叠生构造。

木纤维长度略短而胞壁较厚,直径多为 5～13μm,长度一般在 379～649μm,平均 540μm。木射线同型,单列或多列,横切面上每 1mm 2～6 条,多列射线宽至 3～5 个细胞,射线高 4～36 个细胞,多数为 10～21 个

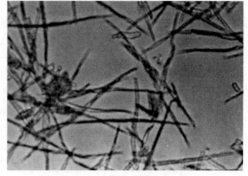

图 14-8　柠条纤维形态特征
(100×)

细胞。射线细胞中树胶发达，晶体未见，端壁直行。

14.2.2.3 柠条材的纤维形态 柠条材经离析后，有韧性纤维、纤维状管胞、导管分子、轴向薄壁细胞、射线薄壁细胞，其中据实验定性观测，韧性纤维含量明显多于纤维状管胞。韧性纤维和纤维状管胞是两端尖削、壁厚腔小、细而长的细胞（图 14-8），为柠条的机械组织，是优良的纤维原料，特别是柠条材的韧性纤维含量高，这更有利于制浆造纸和制造纤维板。

5 年生柠条材不同部位的纤维形态见表 14-5。

表 14-5　柠条材不同部位的纤维形态

部位		长度(mm)		宽度(μm)		长宽比
		平均值	均方差	平均值	均方差	
木质部分	上	0.48	0.10	8.3	4.1	58
	中	0.55	0.13	7.8	5.6	71
	下	0.56	0.18	9.5	3.3	58
树皮部分	上	0.58	0.20	8.2	2.1	71
	中	0.57	0.13	7.6	3.4	75
	下	0.56	0.07	7.5	3.5	74

由表 14-5 可知，同一植株的纤维形态随其部位的不同而不同，如纤维长度由伐根向上逐渐增长到梢部又开始减少，到梢头最短。此外，柠条的纤维形态也好于沙柳。可与速生杨材媲美。

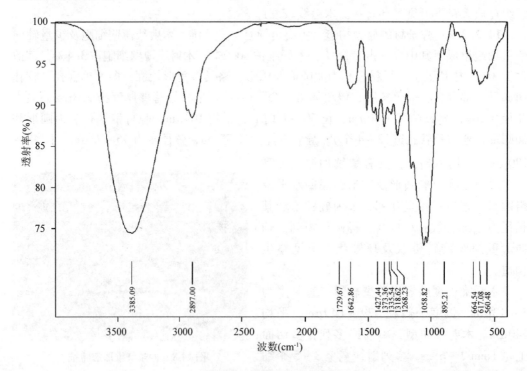

图 14-9　柠条材红外谱图

14.2.2.4 柠条材红外分析 图14-9为柠条材的红外光谱特征,在3 385cm^{-1}处出现的峰为O—H伸缩振动,2 897cm^{-1}处的峰为C—H伸缩振动,在1 729cm^{-1}处的峰值对应的为 C=O 伸缩振动(木聚糖乙酰基 CH$_3$C=O),1 427cm^{-1}代表的是苯环骨架结合 C—H 在平面变形伸缩振动,1 373cm^{-1}处表示 C—H 弯曲振动(纤维素和半纤维素),1 268cm^{-1}为木质素酚醚键 C—O—C 伸缩振动,1058cm^{-1}为仲醇和脂肪醚中的 C—O 伸缩振动。

14.2.2.5 柠条材的化学成分 柠条材的化学成分主要是纤维素、半纤维素和木素。其中纤维素以微纤丝形式存在,形成细胞壁的骨架,而半纤维素和木素起填充作用,使纤丝彼此联结起来。柠条材的化学成分见表14-6。

表14-6 柠条材的化学成分

指 标	数值(%)	指 标	数值(%)
灰 分	2.87	苯乙醇抽提物	6.2
冷水抽提物	9.24	综纤维素	72.71[①]
热水抽提物	10.01	半纤维素	22.81
1%NaOH抽提物	32.11	木 素	19.72

注:① 亚氯酸钠法综纤维素含量。

柠条材的灰分含量为2.87%,其含量小于沙柳材而大于乔木木材(一般为1%)。在灰分中,SiO$_2$占60%以上,它不仅阻碍了脲醛树脂胶的胶合,影响制板强度,而且在制浆过程中会使浆液变黑,污染浆料,影响水循环。因此,在用柠条材作原料时,应针对柠条树皮外表层含有结壳物质和灰分含量较大的特点,尽量采取去皮后使用。冷热水抽提物亦称水抽提物,是利用冷水或热水作为溶剂,使植物纤维中的可溶性物质溶解出来。这些物质一般为无机盐、多糖、单宁和色素等物质。冷水抽提物与热水抽提物含量大体相同,但由于水温越高其抽提物含量越大,因而热水抽提物含量大于冷水抽提物含量。柠条材的冷水和热水抽出物含量均高于常用乔木木材,但与沙柳相比,前者大于沙柳,后者小于沙柳。水抽提物中的大部分物质与纤维板生产工艺有关,如单宁可与各种金属盐类形成特殊颜色的沉淀物质而损害板面质量。这就要求,对于水抽提物含量较高的原料,则不宜采用湿法生产工艺,而应考虑干法或半干法生产工艺。柠条的1%NaOH抽提物含量较高,说明柠条材中的中低级碳水化合物含量较高。为了防止热压时粘板,在原料软化时须加入一定数量的NaOH,以去除部分抽提物。柠条的苯乙醇抽提物含量为6.2%,略高于常用针、阔叶树材,其含量高将有利于提高人造板的耐水性。但苯乙醇抽提物含量过高会影响胶合力。柠条的纤维素含量较高,其综纤维素含量为72.71%,可见为制浆和制造纤维板的优质原料。

14.2.3 杨柴 *Hedysarum leave*

14.2.3.1 杨柴材的宏观构造 杨柴为蝶形花亚科植物。外皮灰褐色,常呈纤维状剥落,内皮灰黄色。树皮较厚,占杨柴总体积的18.80%。

心、边材区分不明显,管孔多而小,在放大镜下可见,属散孔材。木材纹理直,结构细，硬度较大。髓心呈圆形。直径 2～3mm。早晚材区分明显，早材黄白色，晚材略显灰红色。木射线呈浅色细线，肉眼下清晰可见。

14.2.3.2 杨柴材的显微构造　导管在横切面上呈不规则的多角形，管孔组合多为孔团状，也有少数单管孔。早材管孔数目多于晚材，平均分布数为 8～16 个/mm^2，晚材管孔内常含有树胶、导管分子长度一般为 123～167μm，平均 148μm，宽度范围为 69.6～121.8μm，平均 100.8μm，壁厚一般为 2.5～4.2μm，平均 3.0μm。管间纹孔数量丰富，呈互列，纹孔口长型，导管分子底壁倾斜，多为单穿孔。木纤维细而长，在横切面上呈多角形，纤维最大长度为 1142μm，最小长度为 544μm，一般为 640～960μm，平均为 830μm。弦向直径一般为 8.4～18.6μm，平均为 13.9μm，壁厚一般为 1.4～5.1μm，平均为 2.4μm。具纤维状管胞和韧性纤维（图 14-10）。轴向薄壁组织较发达，为轮界型和傍管束状。木射线同型，多为 3～6 个细胞宽的多列射线，一般为 38～60 个细胞高，每 1mm 6～9 条。射线长度较短，射线细胞内常含有树胶。

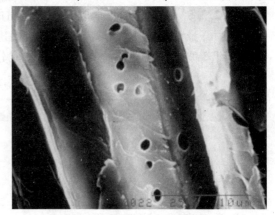

图 14-10　杨柴材韧型纤维上的纹孔
（R4000×）

14.2.3.3 杨柴材的纤维形态　杨柴材经离析后，有韧性纤维、纤维状管胞、导管分子、轴向薄壁细胞和射线薄壁细胞。其中韧性纤维和纤维状管胞为杨柴的机械组织，是优良的纤维原料，特别是据实验室观测，杨柴材的韧性纤维含量明显多于纤维状管胞，这更有利于制造纤维板和制浆造纸。

5 年生杨柴材不同部位的纤维形态见表 14-7。

表 14-7　杨柴材的纤维形态

部位	纤维长度(μm)		纤维宽度(μm)		单壁厚度(μm)		纤维长宽比	纤维壁腔比
	平均值	均方差	平均值	均方差	平均值	均方差		
上	760	130	13.0	3.9	2.3	0.73	58.4	0.55
中	890	100	14.0	3.3	2.4	0.83	63.6	0.50
下	850	90	14.2	4.1	2.5	1.20	59.8	0.52

由表 14-7 可知，同一植株的纤维形态，随其部位的不同而不同。由伐根向上，纤维长度逐渐增加，到梢部又开始减短，而纤维直径和细胞壁厚度由伐根到顶部则有下降趋势，而且观察到，杨柴材的纤维平均长度随树龄的增加而增加。杨柴材与沙柳材和幼龄新疆杨比较，其纤维长度大，长宽比大，壁腔比小，纤维形态与白桦相接近，故是制造纤维板和刨花板的优良原料。但从制浆造纸方面来看，与针叶树材纤维相比则差异很大。杨柴材的纤维长度较短且挺直，其缺点是短纤维影响了纤维之间的结合，从而降低了纸的强度。如果在针叶树材纸浆中混入一定比例的杨柴材纤维，可改善浆料的匀度。

14.2.3.4 杨柴材的化学成分 与其他沙生灌木材一样，杨柴材的化学成分主要是纤维素、半纤维素和木素。具体见表14-8。

表14-8 杨柴材的化学成分

指 标	数值(%)	指 标	数值(%)
灰 分	1.86	苯乙醇抽提物	4.26
冷水抽提物	2.83	综纤维素	77.24①
热水抽提物	14.5	半纤维素	23.43
1% NaOH 抽提物	23.68	木 素	20.76

注：① 亚氯酸钠法综纤维素含量。

由表中可以看出，杨柴的灰分和1% NaOH 抽提物含量与其他沙生灌木相近，但远高于白桦和云杉；苯乙醇抽提物及木素含量与白桦相近；综纤维素含量较高。

14.2.3.5 杨柴材的酸碱特性 木材的酸碱特性包括木材的 pH 值和酸碱缓冲容量，经测定，杨柴的 pH 值平均为 5.92，呈弱酸性，酸缓冲容量为 1.23mL，碱缓冲容量 5.92mL，总缓冲容量 7.15mL。

14.2.4 沙柳 Salix psammophila

14.2.4.1 沙柳材的宏观构造 沙柳为杨柳科植物。外皮灰白色，光滑无裂隙，树皮约占25.4%，心边材区分不明显，材色白黄，木材纹理通直，结构甚细，均匀。年轮分界不明显，属散孔材。管孔、木射线，在放大镜下略清晰，分布均匀。

14.2.4.2 沙柳材的显微构造 沙柳材主要由导管、木纤维、木射线薄壁细胞及少量轴向薄壁细胞组成。其中导管占27.1%，木纤维占68.4%，木射线薄壁细胞占3.4%，其他占1.1%。在横切面上早材管孔数多于晚材管孔，星散分布且均匀，每 $1mm^2$ 约 256 个。多为单管孔，极少为复管孔（图 14-11），侵填体少见。弦向直径一般为 $25\sim78\mu m$，径向壁厚 $1.3\sim2.0\mu m$，导管分子长度 $219\sim318\mu m$，1年生沙柳导管长略小于2、3年生沙柳。单穿孔，穿孔板倾斜。管间纹孔互列，圆形或椭圆形。轴向薄壁组织较少，星散型。

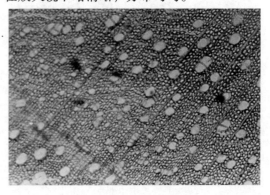

图14-11 沙柳材横切面
（X100×）

沙柳材中木纤维仅见纤维状管胞，胞壁较薄，一般为 $2\sim4\mu m$。弦向直径一般为 $14\sim15\mu m$。

木射线，在横切面上每1mm 10~14 条，单列，有 4~6 个细胞高，射线组织异型。

14.2.4.3 沙柳材的纤维形态 沙柳材1年、2年和3年生沙柳材的纤维长度和宽度见表14-9。

表 14-9　沙柳材的纤维形态

部　位	木纤维			
	长(μm)		宽(μm)	
	范　围	平　均	范　围	平　均
1 年	350～670	470	12～26	18
2 年	390～770	540	12～24	17
3 年	390～770	540	12～24	17

由表中可知，沙柳材的纤维形态较好，木纤维所占比例较大，其长度在 350～700μm，平均为 510μm，纤维长度分布均匀，是制造人造板及造纸的优质原料。

14.2.4.4　沙柳材红外光谱分析　图 14-12 给出了沙柳材的红外光谱特征，在 3 422 cm^{-1} 处出现的峰为 O—H 伸缩振动，2 919 cm^{-1} 处的峰为 C—H 伸缩振动，与 1 740 cm^{-1} 处的峰值对应的为 C=O 伸缩振动（木聚糖乙酰基 $CH_3C=O$），在 1 509 cm^{-1} 处的峰值对应的为苯环的碳骨架振动（木质素），1 462 cm^{-1} 表示的是 C—H 弯曲振动（木质素、聚糖中的 CH_2），苯环的碳骨架振动（木质素），1 374 cm^{-1} 处表示 C—H 弯曲振动（纤维素和半纤维素），1 325 cm^{-1} 代表的是愈疮木基和紫丁香基的缩合及紫丁香基 C—O、CH_2 弯曲振动，1 247 cm^{-1} 表示木质素酚醚键 C—O—C 伸缩振动，1 036 cm^{-1} 对应峰值为仲醇和脂肪醚中的 C—O 伸缩振动。

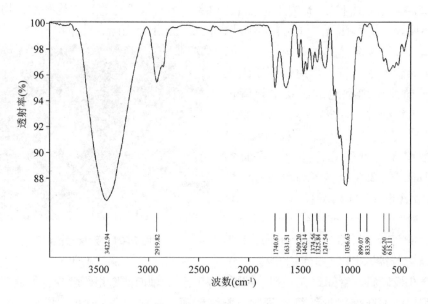

图 14-12　沙柳红外谱图

14.2.4.5　沙柳材的化学成分　沙柳材的化学成分主要是纤维素、半纤维素和木素，以及少量抽提物和灰分。其中纤维素以微纤丝形式存在，形成细胞的骨架，而半纤维素和木素起填充作用，使纤丝彼此联结起来。其化学成分及含量见表 14-10。

表 14-10　沙柳材的化学成分

指　标	数值(%)	指　标	数值(%)
灰　分	3.20	苯乙醇抽提物	2.91
冷水抽提物	8.21	综纤维素	78.96[①]
热水抽提物	10.33	半纤维素	23.37
1% NaOH 抽提物	28.18	木　素	18.20

注：① 亚氯酸钠法综纤维素含量。

沙柳材的灰分含量为 3.2%，远远大于其他乔木（一般为 1%），冷水抽提物含量为 8.21%，热水抽提物为 10.33%，其数值高于木材，低于麦草、芦苇和葵花秆。因此，如做为纤维板生产原料，应考虑半干法生产工艺和干法生产工艺。

沙柳材的 1% NaOH 抽提物为一般木材的最高值，说明沙柳材的中低级碳水化合物含量为木材的上限；苯乙醇抽提物为 2.9%，位于木材中间，其中包括脂肪、蜡和树脂，若含量较大有利于提高板的耐水性。沙柳的纤维素含量较高，用亚氯酸钠法测定其综纤维素含量为 78.96%，可见，沙柳是制造人造板的优质原料。

14.2.4.6　沙柳材的密度　从表 14-11 中看出，沙柳材的 3 种密度的准确指数均小于 5%，说明实验结果比较可靠。沙柳材的基本密度为 0.462 g/cm³，气干密度为 0.582 g/cm³，全干密度为 0.551 g/cm³。依据我国木材气干密度分级情况，密度小于 0.3，为很小级；密度在 0.351~0.55 g/cm³，为小级；在 0.551~0.75 g/cm³，为中等；在 0.751~0.95 g/cm³，为大级。所以，沙柳材的密度等级属于中等。

表 14-11　沙柳材的密度

项目	样本数 n	平均值	标准差 S	标准误差 S_r	变异系数 V (%)	准确指数 P (%)
基本密度(g/cm³)	10	0.462	0.0207	0.0065	4.48	2.8
全干密度(g/cm³)	10	0.551	0.0301	0.0095	5.46	3.4
气干密度(g/cm³)	10	0.582	0.0289	0.0091	4.96	3.1

14.2.4.7　沙柳材的干缩率　表 14-12 是沙柳材的干缩率，沙柳材的体积干缩率为 16.41%，弦向干缩率为 8.55%，径向干缩率为 3.31%，弦径向干缩比为 2.58。

表 14-12　沙柳材的干缩率

项目	样本数 n	平均值	标准差 S	标准误差 S_r	变异系数 V (%)	准确指数 P (%)
全干体积干缩率(%)	25	16.41	0.0180	0.0036	10.77	4.3
全干弦向干缩率(%)	25	8.55	0.0103	0.0021	12.05	4.9
全干径向干缩率(%)	25	3.31	0.0037	0.0007	11.18	4.5

14.2.4.8 沙柳材的顺纹抗压强度（表 14-13）

表 14-13　沙柳材的顺纹抗压强度

项目	样本数 n	平均值	标准差 S	标准误差 S_r	变异系数 V（%）	准确指数 P（%）
压缩强度（MPa）	30	53.3	4.3000	0.8276	8.07	2.8
破坏强度（MPa）	30	52.8	4.3000	0.8276	8.14	3.1
屈服强度（MPa）	30	48.1	6.2000	1.1320	12.88	4.7

14.2.4.9 沙柳材的抗弯强度（表 14-14）

表 14-14　沙柳材的抗弯强度

项目	样本数 n	平均值	标准差 S	标准误差 S_r	变异系数 V（%）	准确指数 P（%）
抗弯强度（MPa）	30	199.2	9.5200	1.7381	4.78	1.7

14.2.5 乌柳 Salix cheilophila

14.2.5.1 乌柳材的宏观构造　乌柳属杨柳科植物。外皮灰褐色，光滑粗糙且有裂隙，树皮约占 14.7%，心边材区分明显，材色白黄，木材纹理通直，结构甚细，均匀，年轮界限明显，早材导管较大，在放大镜下可见。木射线发达且较细，肉眼不可辨别，在放大镜下清晰，分布均匀。

14.2.5.2 乌柳材的显微构造　乌柳材主要由导管、木纤维、木射线薄壁细胞及少量轴向薄壁细胞组成。其中导管占 25.8%，木纤维占 66.2%，木射线薄壁细胞占 6.2%，其他占 1.3%。

导管：管孔为圆形或卵圆形，呈星散分布且均匀，多为单管孔，少数为径列复管孔，偶见管孔团，侵填体含量较少。管孔分布数平均 92 个/mm²，导管的一般长度 300~388μm，壁厚 3μm。单穿孔，穿孔板倾斜。管间纹孔互列，圆形或卵圆形。

木纤维：乌柳材中的木纤维多为韧性纤维。木纤维壁均较薄。一般直径 15~17μm，平均长度 526μm。

木射线：木射线均为单列异型木射线，4~30 个细胞高，在横切面上条数为 9~27 根/mm。

轴向薄壁组织：轴向薄壁组织含量较少，星散型。

14.2.5.3 乌柳材的纤维形态（表 14-15、图 14-13）

表 14-15　乌柳材的纤维形态

测定次数	长度（μm）			宽度（μm）			长宽比	壁腔比	腔径比
	范围	平均值	均方差	范围	平均值	均方差			
100	237~842	526	1.43	7.2~27.0	16.0	1.14	33.0	0.74	0.76

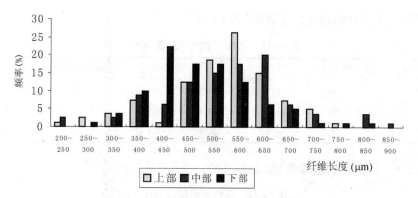

图 14-13　乌柳材不同部位纤维长度频率分布

14.2.5.4　乌柳材的酸碱特性　木材的酸碱特性包括木材的 pH 值和酸碱缓冲容量，经测定，乌柳的 pH 值平均为 5.27。呈弱酸性，酸缓冲容量为 0.028mmol，碱缓冲容量 0.441mmol，总缓冲容量 0.489mmol，脲醛树脂胶的凝胶时间为 86.2s。

14.2.5.5　乌柳材的密度　由表 14-16 中看出，密度的准确指数小于 5%，说明实验结果比较可靠。乌柳的基本密度为 0.551 g/cm^3，全干密度为 0.592 g/cm^3，气干密度为 0.625 g/cm^3。依据我国木材气干密度分级情况，密度小于 0.3 g/cm^3，为很小级；密度在 0.351~0.55 g/cm^3，为小级；在 0.551~0.75 g/cm^3，为中等；在 0.751~0.95 g/cm^3，为大级。所以，乌柳的密度等级属于中等。

表 14-16　乌柳材的密度

项目	样本数 n	平均值	标准差 S	标准误差 S_r	变异系数 V（%）	准确指数 P（%）
基本密度(g/cm^3)	10	0.551	0.0288	0.0091	5.62	3.5
全干密度(g/cm^3)	10	0.592	0.406	0.128	6.80	4.3
气干密度(g/cm^3)	10	0.625	0.0401	0.0127	6.42	4.1

14.2.5.6　乌柳材的干缩率　表 14-17 是乌柳材的干缩率，乌柳材的体积干缩率为 16.76%，弦向干缩率为 9.05%，径向干缩率为 4.24%。乌柳材的弦径向干缩比为 2.13。

表 14-17　乌柳材的干缩率

项目	样本数 n	平均值	标准差 S	标准误差 S_r	变异系数 V（%）	准确指数 P（%）
全干体积干缩率(%)	25	16.76	0.0181	0.0036	11.04	4.4
全干弦向干缩率(%)	25	9.05	0.0102	0.0020	11.27	4.5
全干径向干缩率(%)	25	4.24	0.0048	0.0010	11.32	4.5

14.2.5.7 乌柳材的顺纹抗压强度(表14-18)

表14-18 乌柳材的顺纹抗压强度

项目	样本数 n	平均值	标准差 S	标准误差 S_t	变异系数 $V(\%)$	准确指数 $P(\%)$
压缩强度(MPa)	30	59.2	6.8000	1.3600	11.48	4.6
破坏强度(MPa)	30	58.7	6.9000	3.800	11.75	4.7
屈服强度(MPa)	30	54.2	7.2000	1.3416	13.28	4.9

14.2.5.8 乌柳材的抗弯强度(表14-19)

表14-19 乌柳材的抗弯强度

项目	样本数 n	平均值	标准差 S	标准误差 S_t	变异系数 $V(\%)$	准确指数 $P(\%)$
抗弯强度(MPa)	30	241.8	13.4300	2.452	5.55	2.0

14.2.6 黄柳 Salix flavida

14.2.6.1 黄柳材的宏观构造 黄柳属杨柳科植物。外皮灰黄色，光滑无裂隙，树皮约占13.9%，心边材区分不明显，材色白黄，木材纹理通直，结构甚细，均匀，年轮界限明显，早材导管较大，在放大镜下可见。散孔材。木射线肉眼不可辨别，在放大镜下清晰，分布均匀。

14.2.6.2 黄柳材的显微构造 黄柳材主要由导管、木纤维、木射线薄壁细胞及少量轴向薄壁细胞组成。其中导管占19.7%，木纤维占70.4%，木射线薄壁细胞占8.1%，其他占1.8%。导管，黄柳材在横切面上均为圆形或卵圆形，管孔呈星散分布且均匀，多为单管孔，少数为径列复管孔，偶见管孔团，侵填体含量较少。管孔分布数为139个/mm^2，胞壁平均厚度2.5μm，管孔一般直径为31~41μm，导管分子长度281~400μm。单穿孔，穿孔板倾斜。管间纹孔互列，圆形或卵圆形。木纤维，黄柳材中的木纤维多为韧性纤维，木纤维壁均较薄，一般直径15~21μm，平均长度469μm。木射线为单列异型木射线，一般为4~27个细胞高。轴向薄壁组织，含量较少，星散型。

14.2.6.3 黄柳材的纤维形态(表14-20、图14-14)

表14-20 黄柳材的纤维形态

测定次数	长度(μm)			宽度(μm)			长宽比	壁腔比	腔径比
	范围	平均值	均方差	范围	平均值	均方差			
100	223~729	469	1.10	4.3~25.8	13.4	0.95	35.1	0.58	0.58

14.2.6.4 黄柳材的酸碱特性 木材的酸碱特性包括木材的pH值和酸碱缓冲容量，经测定，黄柳的pH值平均为5.48。呈弱酸性，酸缓冲容量为0.026mmol，碱缓冲容量0.468mmol，总缓冲容量0.494mmol，脲醛树脂胶的凝胶时间为90.2s。

14.2.6.5 黄柳材的密度 从表14-21中可以看出，黄柳材的基本密度为0.445 g/cm^3，气干密度为0.550 g/cm^3，全干密度为0.582 g/cm^3，依据我国木材气干密度分级情况，密度小于0.3 g/cm^3，为很小级；密度在0.351~0.55 g/cm^3，为小级；在0.551~

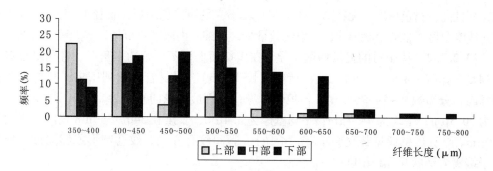

图 14-14　黄柳材不同部位纤维长度频率发布

0.75 g/cm³，为中等；在 0.751~0.95 g/cm³，为大级。所以，黄柳的密度等级属于小级。

表 14-21　黄柳材的密度

项目	样本数 n	平均值	标准差 S	标准误差 S_r	变异系数 $V(\%)$	准确指数 $P(\%)$
基本密度(g/cm³)	10	0.445	0.032 3	0.010 2	7.26	4.6
全干密度(g/cm³)	10	0.528	0.031 9	0.010 1	6.04	3.8
气干密度(g/cm³)	10	0.550	0.040 8	0.012 9	7.42	4.7

14.2.6.6　黄柳材的干缩率　表14-22是黄柳材的干缩率，黄柳材的体积干缩率为11.08%，弦向干缩率为6.95%，径向干缩率为3.04%。黄柳材的弦径向干缩比为2.28。

表 14-22　黄柳材的干缩率

项目	样本数 n	平均值	标准差 S	标准误差 S_r	变异系数 $V(\%)$	准确指数 $P(\%)$
全干体积干缩率(%)	25	11.08	0.012 8	0.002 6	11.55	4.6
全干弦向干缩率(%)	25	6.95	0.006 8	0.001 4	9.75	3.9
全干径向干缩率(%)	25	3.04	0.001 7	0.000 3	5.59	2.2

14.2.6.7　黄柳材的顺纹抗压强度（表14-23）

表 14-23　黄柳材的顺纹抗压强度

项目	样本数 n	平均值	标准差 S	标准误差 S_r	变异系数 $V(\%)$	准确指数 $P(\%)$
压缩强度(MPa)	30	50.8	6.500 0	1.186 8	12.79	4.8
破坏强度(MPa)	30	50.7	6.500 0	1.186 8	12.82	4.8
屈服强度(MPa)	30	45.2	6.900 0	1.260 0	13.74	5.0

14.2.7　榛子 Corylus heterophylla

14.2.7.1　榛子材的宏观构造　榛子属桦木科榛属植物。外皮光滑，灰褐色，有细纵裂，外皮有黄色皮孔，内皮黄至黄绿色。树皮较薄，占榛子材总体积的11.7%。榛子材心边材区分不明显，管孔多而小，在放大镜下始见，属散孔材。木材纹理直，结构细，韧性高，材色白净，无特殊气味。髓心较小，呈浅棕色圆形，直径 1~1.5mm。生长轮界线略明显，呈波浪状细线，木射线数量少，甚细，肉眼下不可见，放大镜下略见。

14.2.7.2 榛子材的显微构造 导管在横切面上呈不规则的多角形，管孔组合多为径列复管孔（2~4个），也有少数单管孔（图 14-15）。早材管孔排列密集，晚材管孔排列稀疏，分布数 9~14 个/mm^2，侵填体罕见，导管最大弦向直径为 81μm，最小弦向直径为 20.3μm，平均为 44.4μm，平均壁厚为 3.4μm，长度在 340~560μm 之间，平均为 440μm。导管内壁偶见螺纹加厚（图 14-16），管间纹孔互列，纹孔圆形或卵圆形，导管分子端头为梯状穿孔（图 14-17）。

木纤维细而长，在横切面上呈多角形，沿径向排列。纤维最大长度为 1 107μm，最小长度为 437μm，一般为 680~950μm，纤维宽平均为 14.3μm，壁厚一般为 2.0~4.0μm，平均 2.9μm。轴向薄壁组织数量较少，仅见离管型轮界状，1~2 层细胞。木射线同型，单列或多列，一般为 10~20 个细胞高，每 1mm 10~18 条，射线长度较短，射线细胞内常含有树胶。

14.2.7.3 榛子材的纤维形态 榛子材的纤维细胞占其木材总体积的 67% 左右，其中包括纤维状管胞和韧性纤维，它们是榛子材的机械组织。纤维形态特征见图 14-18。7 年生榛子材的纤维形态见表 14-24。

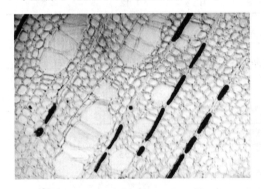

图 14-15 榛子材横切面（X200×）

图 14-16 榛子材导管螺纹加厚（T600×）

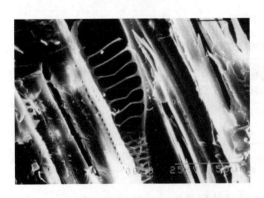

图 14-17 榛子材导管梯状穿孔（T2000×）

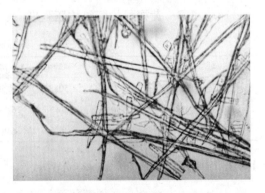

图 14-18 榛子材纤维形态特征（100×）

表14-24 榛子材的纤维形态

部位		长度(μm)		宽度(μm)		壁厚(μm)		胞腔直径(μm)		长宽比	壁腔比
		平均值	均方差±σ	平均值	均方差±σ	平均值	均方差±σ	平均值	均方差±σ		
木质部分	上	740	100	12.8	1.5	2.7	0.5	9.6	2.2	57.8	0.56
	中	900	110	14.0	1.3	2.7	0.3	11.1	1.4	64.2	0.48
	下	840	110	16.1	1.8	3.4	0.8	12.5	2.2	52.2	0.54
树皮部分	上	690	160	13.8	1.8	2.8	0.6	9.8	2.4	50.0	0.57
	中	880	260	14.4	1.5	3.0	0.3	11.1	2.0	61.1	0.54
	下	860	220	15.9	3.2	3.4	1.1	12.8	2.2	54.0	0.53

由表14-24可知，同一植株的纤维形态随其部位的不同而不同。纤维长度由伐根向上逐渐增加，到梢部又开始减短，而且长度最大的纤维出现在树干中部靠外。从树干伐根到顶部，纤维直径及细胞壁厚度有下降趋势。方差分析表明，树皮部分纤维长度差异和宽度差异较显著。此外，从表中还可以看出，榛子材的木纤维长而窄，壁厚且挺直，长宽比和壁腔比等参数优于沙柳而与白桦相接近，因此是制造人造板的优良原料。

作为制浆造纸的原料，榛子材的纤维长度比针叶树材（如云杉）短得多，这对于纤维之间的结合不利，因而单独用榛子材纤维制得的纸强度会很差。但较短且挺直的纤维可使纸的松厚度较好，因此，将榛子材纤维适量混合到针叶树材纤维中，能改进纸的匀度。

14.2.7.4 榛子材的化学成分（表14-25）

表14-25 榛子材的化学成分

指标	数值(%)	指标	数值(%)
灰分	1.69	苯乙醇抽提物	4.08
冷水抽提物	4.22	综纤维素	77.96①
热水抽提物	8.40	半纤维素	26.31
1% NaOH 抽提物	21.80	木素	21.27

注：① 亚氯酸钠法综纤维素含量。

14.2.8 花棒 Hedysarum scoparium

14.2.8.1 花棒材的宏观构造 花棒属蝶形花亚科植物。灌丛高度多在2m以内，主干粗多在4cm以内，茎上枝叉多，树体蓬松，冠幅较大，外皮呈灰色，易脱落，厚1mm，约占花棒材体积的8%。髓心明显，呈不规则卵圆形。心边材区分明显，边材黄白，心材红褐色，整体材色较深，年轮不甚明显。散孔材，管孔在放大镜下可见。木射线发达，宽，肉眼可见。轴向薄壁组织在放大镜下可见，为环管状。木材纹理直或斜，结构均匀，硬度中等。

14.2.8.2 花棒材的显微构造 花棒材主要由导管、木纤维、木射线薄壁细胞及少量轴向薄壁细胞组成。其中导管占 20.4%，木纤维占 64.9%，木射线薄壁细胞占 12.8%，其他占 1.9%。导管，横切面上为圆形、卵圆形，略具多角形轮廓，散布，每 $1mm^2$ 7~13 个。多为单管孔和复管孔，管孔团偶见，有侵填体和树胶。导管分子长度为 30~41μm，平均长 39μm，壁薄，厚度为 2.72~4.08μm，平均 3.3μm，具螺纹加厚，单穿孔，椭圆形及圆形，底壁倾斜，管间纹孔互列，圆形，密集。

木纤维：木纤维长 856.8~952μm，平均 938.4μm，壁薄，平均厚度为 2.3μm，木纤维宽度分布 11.06~11.83μm，平均 11.00μm。

木射线：单列、双列或多列，偶有多列聚合木射线。射线高度平均 25 个细胞。射线细胞内含物丰富。木射线异型，主要由直立细胞组成。

轴向薄壁组织：轴向薄壁组织发达，环管束状或围管翼状，宽 4~8 个细胞。

14.2.8.3 花棒材的纤维形态 花棒材经离析后，有韧性纤维、纤维状管胞、导管分子、轴向薄壁细胞、射线薄壁细胞组成。3 年生花棒材不同部位的纤维形态见表 14-26。可知，花棒材的纤维形态较好，表现为导管分子占比例较少，长度范围为 30~40.8μm，极差较小，平均值为 39μm，木纤维所占比例较大，其长度在 856.8~952μm，平均 938.4μm，且壁较薄，厚度平均 2.3μm。其他细胞中木射线薄壁细胞多，木薄壁细胞较少。从表中可知花棒的纤维形态较好，纤维长度平均 940μm，属中等长度。长宽比大，优于其他沙生灌木。纤维细胞壁较薄，在制浆与热压过程容易压扁成为带状，柔软性好，接触面积较大，利于纤维交织。纤维细胞壁虽较薄，但由于细胞腔较窄，故壁腔比较大。花棒是制浆造纸、纤维板、刨花板的优质原料。

表 14-26 花棒材的纤维形态

长度(μm)		宽度(μm)		壁厚(μm)	长宽比	壁腔比
平均	范围	平均	范围			
940	860~940	11.00	10.06~11.83	2.30	85	0.72

14.2.8.4 花棒材的化学成分（表 14-27）

表 14-27 花棒材的化学成分

指　标	数值(%)	指　标	数值(%)
灰　分	0.93	苯乙醇抽提物	8.01
冷水抽提物	2.44	综纤维素	84.101[①]
热水抽提物	3.65	半纤维素	18.31
1%NaOH 抽提物	14.76	木　素	14.39

注：① 亚氯酸钠法综纤维素含量。

14.2.9 宽叶水柏枝 *Myricaria platyphylla*

14.2.9.1 宽叶水柏枝材宏观构造 宽叶水柏枝为柽柳科水柏枝属植物。外树皮坚硬，灰黄微褐色，呈不规则纵裂沟槽状；内皮薄，淡黄褐色，树皮含量为 11.5%。心边材区别明显，界限分明，心材呈灰褐色，边材呈浅黄绿色，宽度为1.12cm(3~4年轮)。生长轮明显，平均宽度为1.86mm，宽度由髓心向树皮逐渐增大，第4年出现最大值，随后又逐渐下降。早材管孔呈环带状排列，肉眼下可见，晚材管孔呈切线状排列，扩大镜下可见，早晚材中间形成过渡，属半环孔材。木射线数量较多，在放大镜下明显可见，轴向薄壁组织在放大镜下不明显。波痕略见。髓心浅红褐色，为圆形实心结构，直径2.74mm。

14.2.9.2　宽叶水柏枝材显微构造　宽叶水柏枝材主要由导管、木纤维、轴向薄壁细胞和木射线薄壁细胞组成。组织比量分别为：木纤维52.6%，导管13.02%，木射线23.96%，轴向薄壁组织10.42%。

管孔在横切面上呈圆形或卵圆形，早材管孔明显大于晚材管孔；多为单管孔(图14-19)，少数径列复管孔(2~3)。管孔数多，早材平均63~82个/mm^2，晚材平均24~40个/mm^2；部分导管内含有块状或隔膜状树胶，侵填体少见。早材导管分子长457~929μm，弦向直径85~114μm，壁厚3.2~8.2μm。晚材导管分子长286~780μm，壁厚3.9~7.5μm，弦向直径57~100μm。螺纹加厚未见。根据阔叶树材管孔直径标准分级，宽叶水柏枝材管孔直径属稍小级别。管间纹孔式互列，纹孔为圆形及卵圆形，纹孔口外展及合生(图14-20)，透镜形，径壁具缘纹孔较密集。导管分子叠生，单穿孔(图14-21)，穿孔板在早材大导管上水平，在晚材小导管上倾斜。

木纤维在横切面上早材呈多边形或卵圆形，排列无定向；晚材呈矩形，径向排列。纤维细胞形体较小，非叠生。木纤维长度较短，平均值为617.14μm。胞壁甚薄，径壁厚一般为1.65~3.85μm，弦向直径一般为8.26~16.25μm。纤维细胞中的一部分为较大的具缘纹孔，纹孔口细长，呈凸透镜形；另一部分为单纹孔，纹孔小且极少，纹孔口椭圆形(图14-22)，直径小于3μm。由于木纤维中有单纹孔纤维，且纹孔口接近圆形，这些木纤维在横切面上聚集成团状，表明宽叶水柏枝材中具有韧性纤维。胶质木纤维普遍，分隔木纤维未见。

轴向薄壁组织含量较多，环管管束状及轮界型(轮末)，沿年轮排列3~6层细胞。叠生。部分胞腔内含有树胶；晶体未见。

木射线发达，形态短而高，平均6根/mm，多数为多列射线，宽3~9列细胞，高多数26~56个细胞，射线细胞在弦切面呈多边形或卵圆形，射线细胞形体和壁厚与常见阔叶树材相比均较小。射线组织异型单列及多列，方形细胞比横卧细胞略高(图14-23)，根据Kribs的射线分类方法，属异型Ⅰ型射线。射线细胞内多含树胶(图14-24)，晶体未见。射线细胞壁上纹孔少见。

14.2.9.3　宽叶水柏枝材纤维形态　灌木材的利用主要是纤维的利用，研究其纤维形态特征对纤维原料评价与利用有直接意义，也可为造林育种，材质预测提供基础数据。随着原料树种越来越多，注意纤维形态与产品质量、成本的关系，必将取得事半功倍之效。表14-28为宽叶水柏枝材距伐根0.25m位置不同生长轮龄的纤维形态特征。

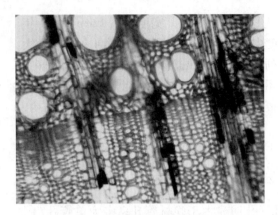

图 14-19　宽叶水柏枝材管孔分布
（X200×）

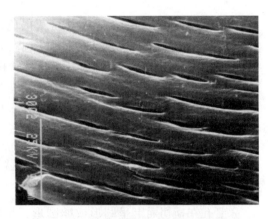

图 14-20　宽叶水柏枝材管间互列纹孔
（T4000×）

图 14-21　宽叶水柏枝材叠生导管分子
（T500×）

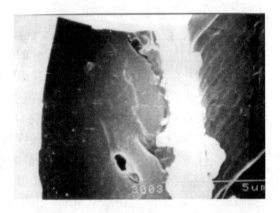

图 14-22　宽叶水柏枝材韧型纤维上的纹孔
（R8000×）

图 14-23　宽叶水柏枝材异型木射线
（R600×）

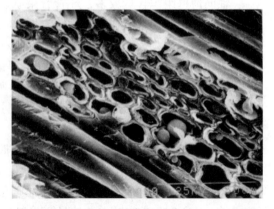

图 14-24　宽叶水柏枝材射线细胞中的内含物
（T200×）

表 14-28　宽叶水柏枝材不同生长轮龄纤维形态特征

生长轮龄/a	长度(μm)	宽度(μm)	壁厚(μm)	长宽比	壁腔比
1	535.36 ± 7.72	13.45 ± 3.03	2.09 ± 1.28	41.97 ± 11.65	0.45 ± 0.77
2	609.76 ± 98.82	13.19 ± 3.04	2.07 ± 1.14	49.15 ± 15.65	0.46 ± 0.31
3	606.91 ± 73.76	12.05 ± 2.28	2.24 ± 1.00	52.39 ± 13.27	0.59 ± 0.43
4	625.95 ± 111.30	13.58 ± 2.05	2.85 ± 0.92	47.12 ± 11.11	0.72 ± 0.40
5	692.38 ± 144.96	11.86 ± 2.37	2.52 ± 1.08	60.57 ± 16.84	0.74 ± 0.76
6	595.83 ± 98.85	13.51 ± 2.35	2.56 ± 0.98	45.21 ± 9.94	0.61 ± 0.47
7	612.86 ± 71.24	14.28 ± 1.91	2.93 ± 0.74	43.74 ± 8.23	0.70 ± 0.32
8	638.57 ± 97.36	13.33 ± 2.25	2.21 ± 0.88	49.21 ± 10.81	0.50 ± 0.39
9	596.31 ± 76.30	14.58 ± 1.66	2.92 ± 0.89	41.44 ± 7.38	0.67 ± 0.42
10	619.52 ± 90.50	13.09 ± 1.66	2.40 ± 1.02	48.31 ± 10.44	0.58 ± 0.59
11	647.14 ± 98.28	14.10 ± 1.77	2.95 ± 0.72	46.71 ± 9.89	0.72 ± 0.31
12	624.76 ± 90.57	14.11 ± 1.98	2.91 ± 0.97	44.96 ± 8.13	0.70 ± 0.55

宽叶水柏枝材木质部的纤维长度范围在 535.72~664.31μm 之间，纤维长度总平均值为 617.14μm，属短纤维树种。纤维长度从髓心至树皮逐渐增加，在第 5 年轮出现最大值，达 692.38μm，然后到第 6 年轮明显下降，在 6~12 年间呈稳定状态(图 14-25)。

纤维长度从树干基部开始，随树高的增加，到 45 cm 处达到最大值，随后下降，下降过程中有所波动(图 14-26)。对试验中 1 860 根木材纤维长度统计结果表明宽叶水柏枝材纤维长度呈正态分布，500~700μm 数量最多，占 90.6%(表 14-29)。

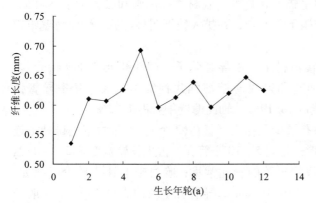

图 14-25　宽叶水柏枝纤维长度的径向变化曲线

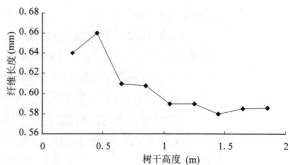

图 14-26　宽叶水柏枝纤维长度的纵向变化曲线

表 14-29　宽叶水柏枝纤维长度分布频率表

组号	组距	根数	分布频率(%)	组号	组距	根数	分布频率(%)
1	0.20	0	0.0	7	0.80	102	5.5
2	0.30	5	0.3	8	0.90	12	0.6
3	0.40	43	2.3	9	1.00	7	0.4
4	0.50	396	21.3	10	1.10	5	0.3
5	0.60	816	43.9	11	1.20	1	0.1
6	0.70	472	25.4	12	1.30	1	0.1

宽叶水柏枝材纤维长宽比平均45。宽叶水柏枝的纤维壁厚平均为2.8μm，与榛子、杨柴等灌木材相近。从髓心到树皮方向壁厚逐渐增大，并呈现规律性起伏，但变幅不大，基本趋于稳定。不同部位纤维的壁腔比平均为0.73，沿径向变化为随树龄的增加逐渐增大，在第5年轮到最大值0.74，然后到第6年下降，以后趋于平稳。

一般认为长宽比大于30～40、壁腔比小于1的纤维适合做为造纸原料。因此从纤维形态来看，宽叶水柏枝材可以满足纤维板及造纸原料的要求。而且5年以后平茬复壮可以获得较好的纤维原料。但木射线含量较常用灌木材高，若作为人造板原料整株带皮利用时，杂细胞影响可能要高于常用灌木材。

14.2.10　梭梭 *Haloxylon ammodendron*

14.2.10.1　梭梭材宏观构造　梭梭为藜科梭梭属植物。树皮呈不规则纵裂沟槽状，不易剥落；外皮呈灰白色，条状剥落；内皮薄，浅绿色；树皮厚为0.16～0.245mm。梭梭材材质坚硬，呈浅绿色，直纹理，结构略粗，无特殊气味和滋味。树皮较硬，平均为0.21mm，树皮质量百分比为4.61%～6.92%，平均为5.87%，体积百分比为5.35%～9.63%，平均为7.6%。生长轮明显，呈波浪状，宽窄不一，呈先增大后减小的趋势，生长轮宽度最小为0.71mm，最大为1.05mm，平均为0.89mm。心边材区别不明显。环孔材，早材管孔肉眼下观察呈辐射状排列，晚材管孔肉眼和放大镜下不可见。髓较小为圆形实心结构。木射线在肉眼下不明晰，在扩大镜下明显可见。轴向薄壁组织在扩大镜下不明显。

14.2.10.2　梭梭材显微构造　梭梭材主要由导管分子、韧性纤维，纤维状管胞，胶质木纤维，环管管胞、轴向薄壁细胞和射线薄壁细胞几种细胞组成。其中导管占14.30%、木纤维占66.19%、木射线占18.19%，轴向薄壁细胞占1.32%。

梭梭材管孔圆形或卵圆形，单管孔及少数径列复管孔(2个)。在早材带上排列不连续，呈辐射状，纹孔对列及互列，圆形；每列5～10个管孔，占生长轮宽度的2/3～1/2，列宽通常1～2列(图14-27)；含有块状树胶的管孔常见；晚材带上管孔量少或缺如。管孔数量较少，管孔分布数早晚材平均19个/mm^2。导管分子弦向直径46μm，一般长为60～150μm，壁薄。管间具缘纹孔，纹孔对列及互列，圆形。纹孔口内涵，透镜形及卵圆形(图14-28)。木纤维长度为251～345μm，平均为285μm；纤维宽度为11～15μm，平均为12.54μm；纤维壁厚为0.6～1μm，平均为0.81μm。其中少量为纤维状管胞，多数为韧性纤维(图14-29)。环管管胞量多，围绕在早材导管周围。射线组织异型Ⅰ型，多数为多列，高度293μm(5~9个细胞)，宽度45μm(2~5个细胞)，射线长度较短，由方形细胞组成，截面呈矩形或纺锤形。射线细胞内常含有棒状晶体(图14-30)。

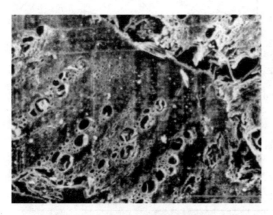

图14-27　梭梭材横切面(X80×)

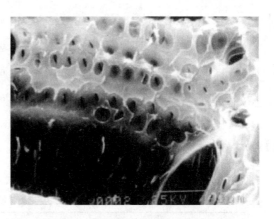

图14-28　梭梭材管间纹孔(R2000×)

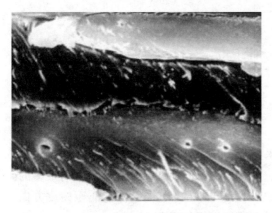

图14-29　梭梭材韧形纤维上的纹孔(R2000×)

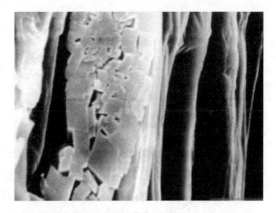

图14-30　梭梭材射线细胞内的晶体(T3000×)

14.2.10.3　梭梭材纤维形态　梭梭材整株纤维平均长度为285μm，210~350μm占76.98%，350~420μm占14.74%，420~504μm占1.61%，总体趋于210~350μm之间，属于较短纤维。长宽比为20~29，平均23。梭梭材由于纤维太短，长宽比小，但从纤维长度在不同高度上和不同年轮上的变异曲线可以反映出梭梭材的梭梭材纤维形态均匀，变异小(图14-31，图14-32)。而且梭梭材纤维细胞含量多、材质坚硬、密度大，内含物丰富，可以考虑生产碎料板或考虑其他方面的加工利用。

14.2.10.4　梭梭材化学成分　梭梭材的主要化学成分见表14-30，从表中可以看出，梭梭材半纤维素、1%NaOH抽提物和灰分含量均高于常用灌木材。

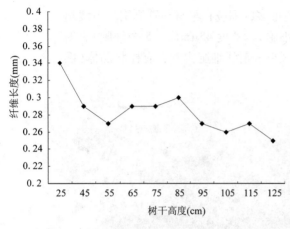

图 14-31　梭梭材不同高度纤维长度变异曲线　　图 14-32　梭梭 25cm 处纤维长度径向变异曲线

表 14-30　梭梭材化学成分(带皮)

指标	数值(%)	指标	数值(%)
灰分	5.10	苯乙醇抽提物	4.01
冷水抽提物	4.78	综纤维素	77.50[①]
热水抽提物	9.69	半纤维素	33.25
1% NaOH 抽提物	28.76	木素	15.02

注：①亚氯酸钠法综纤维素含量。

14.2.11　水冬瓜赤杨 *Alnus sibirica*

14.2.11.1　水冬瓜赤杨材宏观构造　　水冬瓜赤杨为桦木科赤杨属植物。散孔材，中等硬度，材色黄白。结构细腻，纹理较直，无特殊气味。树皮灰青色，表面有较多的斑点状突起。心边材颜色无区别。生长轮明显，宽度 1.0~3.0mm，由髓心至树皮方向逐渐增大。管孔和木射线在肉眼下不明晰。轴向薄壁组织轮界型。

14.2.11.2　水冬瓜赤杨材显微构造　　组成水冬瓜赤杨材的细胞有导管分子、木纤维、轴向薄壁细胞和射线薄壁细胞等几种细胞，其中导管占 11.88%，木纤维占 76.88%，木射线占 8.13%，薄壁细胞占 3.13%。

管孔近多角形，单管孔，稀呈短径列复管孔(3~5 个)(图 14-33)。管孔分布数为 40~60/mm²。导管分子一般长度 80~110μm，弦向直径平均 25μm。梯状穿孔，穿孔板倾斜，横隔窄(图 14-34)。管间纹孔式互列，扁圆形具缘纹孔，纹孔口内涵，透镜形横列(图 14-35)，螺纹加厚、侵填体和树胶均未见。木纤维壁薄，在横切面上呈多角形，多数径向排列，具缘纹孔圆形，纹孔口内含，透镜形常直列(图 14-36)。胶质纤维极少见。轴向薄壁组织量少，轮界状，宽 2~3 个细胞。射线组织同形单列(图 14-37)，高度 158μm(6~10 个细胞)。射线长度较短，射线横切面密度 30 根/mm，射线细胞内含物少见。阔叶材管胞缺如。

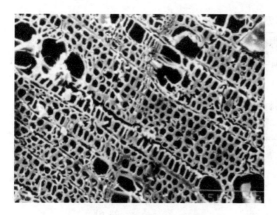

图 14-33　水冬瓜赤杨横切面
（X200×）

图 14-34　水冬瓜赤杨导管上的梯状穿孔
（X200×）

图 14-35　水冬瓜赤杨管间纹孔
（R3000×）

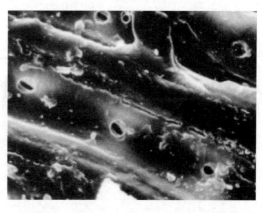

图 14-36　水冬瓜赤杨纤维管胞上的具缘纹孔
（R2000×）

14.2.11.3　水冬瓜赤杨材纤维形态　水冬瓜赤杨的纤维形态特征见表 14-31。纤维长度分布频率见表 14-32，从表中可知水冬瓜赤杨材的纤维长度为 585.2μm，纤维大部分分布在 500～700μm 之间，占了总数的 55.35%，长度小于 300μm 的纤维很少。所以水冬瓜赤杨材可以作为生产纤维板的原料。

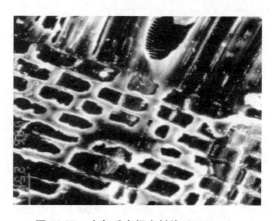

图 14-37　水冬瓜赤杨木射线（R300×）

表 14-31 水冬瓜赤杨材纤维形态

长度(μm)	宽度(μm)	壁厚(μm)	长宽比	壁腔比
585.2±81.03	15.54±2.46	2.34±0.58	39.48±8.65	0.24±0.08

表 14-32 水冬瓜赤杨材纤维长度分布频率

组号	组距(μm)	根数	分布频率(%)
1	<300	10	0.69
2	300~400	59	4.10
3	400~500	283	19.65
4	500~600	412	28.61
5	600~700	385	26.74
6	700~800	218	15.14
7	800~900	67	4.65
8	900~1000	6	0.42
9	>1000	0	0

14.2.11.4 水冬瓜赤杨材红外光谱分析 水冬瓜赤杨材红外光谱见图 14-38，图中 A、B 分别为不含树皮和含树皮的水冬瓜材的 FTIR。在 3 500~2 900 cm^{-1} 区域有 2 个较强的吸收峰，分别是木质素、纤维素、半纤维素等物质中羟基(—OH)，甲基和亚甲基

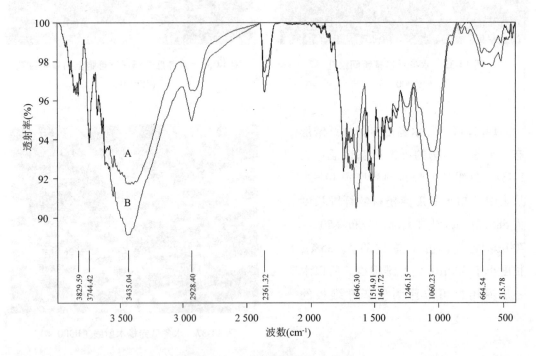

图 14-38 水冬瓜赤杨红外光谱图

(—CH_3、—CH_2)伸缩振动吸收峰,这说明水冬瓜木材中含有大量的纤维素和半纤维素,并且含树皮的水冬瓜材 B 在 3 435 cm^{-1}归属于 O—H 伸缩振动要比不含树皮的水冬瓜材 A 吸收峰强,表明树皮中含有大量的羟基(—OH)。同样在 2 928cm^{-1}处归属于 C—H 伸缩振动的吸收峰 B 比 A 强,表明树皮中甲基和亚甲基(—CH_3、—CH_2)含量比较多。1 514cm^{-1}处是苯环存在的重要峰,为木质素中苯环的碳骨架振动。1 246cm^{-1}处为木素中愈疮木基芳环的 C—O 伸展振动。

另外,木质素主要由愈疮木基丙烷与紫丁香基丙烷。对于一般树种,紫丁香基吸收位置位于 1 517cm^{-1},随着紫丁香基含量的增加,芳香环变形震动的位置就会降低。对于水冬瓜木材来说,它的吸收峰位于 1 514cm^{-1}处,较常见阔叶树材高,说明木质部中含有较多的紫丁香基木质素。

14.2.11.5 水冬瓜赤杨材密度和干缩率 水冬瓜赤杨材气干密度及干缩率见表 14-33。气干密度平均 0.519g/cm^3,属中等密度。干缩率较常用乔木材小,各个方向的干缩有明显差异,差异趋势与乔木材相同,横向大于纵向,弦向大于径向。

表 14-33 水冬瓜赤杨材气干密度及干缩率

气干密度(g/cm^3)		干缩率(%)							
		弦向		径向		纵向		体积	
平均值	标准差 S_r	平均值	标准差 S_r	平均值	标准差 S_r	平均值	标准差 S_r	平均值	标准差 S_r
0.522	0.027	3.03	3.835	2.95	1.843	0.66	0.393	5.42	0.042

14.2.12 兴安杜鹃 *Rhododendron dauricum*

14.2.12.1 兴安杜鹃材宏观构造 兴安杜鹃为杜鹃科杜鹃花属植物。散孔材,材质轻软,结构细腻,具螺旋纹理,光泽强,树皮灰褐色呈细鳞片状。生长轮在扩大镜下明晰,年轮间宽度差异较大,近髓心的最宽,在中部有宽窄相间。髓心圆形实心结构,棕黄色。心边材无区别。

14.2.12.2 兴安杜鹃材显微构造 组成兴安杜鹃材的细胞有导管分子、木纤维、轴向薄壁细胞和射线薄壁细胞等几种细胞,其中导管占 16.49%,木纤维占 66.38%,木射线占 13.58%,薄壁细胞占 3.55%。

管孔为多角形,单管孔,管孔分布数为 85 个/mm^2(图 14-39)。导管分子长 40~140μm,弦向直径平均为 23μm。管间纹孔式对列,圆形,纹孔口内含,椭圆及透镜形(图 14-40)。梯状穿孔,穿孔板底壁倾斜(图 14-41)。导管内树胶偶见。木纤维壁薄,在横切面上呈多角形,多数径向排列,具缘纹孔圆形,纹孔口内含,透镜形斜向排列 1~2 列。胶质纤维极少见。轴向薄壁组织不发达,轮界状,1~2 层细胞。木射线横切面密度 16 根/mm,射线组织异形单列型,射线高度为 219(8~12 个细胞),射线细胞内常含有树胶。阔叶材管胞缺如。

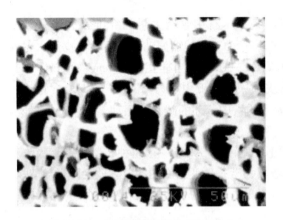

图14-39 兴安杜鹃横切面（X400×）

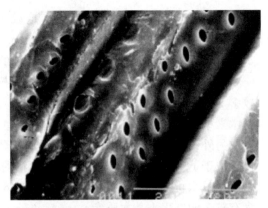

图14-40 兴安杜鹃管间纹孔（T2000×）

14.2.12.3 兴安杜鹃材纤维形态 纤维形态特征见表14-34，纤维长度分布频率见表14-35。作为纤维原料，了解纤维不同长度占的百分比和频率，可依据它确定在造纸工业中各种纤维浆料的配比，纤维板生产中依据它确定原料的搭配。对实验中的轴向1 800根纤维长度统计结果表明兴安杜鹃材纤维长度呈正态分布，350～500μm的数量最多，占77.44%，属短纤维树种。

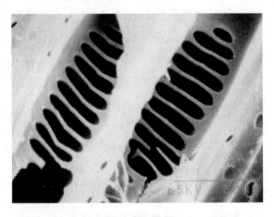

图14-41 兴安杜鹃导管上的穿孔（T1500×）

表14-34 兴安杜鹃材纤维形态特征

纤维长度（μm）	纤维直径（μm）	纤维壁厚（μm）	长宽比	壁腔比（%）	腔径比（%）
416.73±62.04	13.59±2.65	2.28±0.67	31.89±8.21	53.95	66.16

表14-35 兴安杜鹃材纤维长度分布频率分析

组号	长度范围(μm)	平均值(μm)	纤维根数	百分比(%)
1	<250	242.85	1	0.06
2	250～300	289.46	57	3.17
3	300～350	331.15	204	11.33
4	350～400	381.10	556	30.89
5	400～450	429.00	447	24.83
6	450～500	472.76	391	21.72
7	500～550	524.91	110	6.11
8	550～600	572.32	31	1.72
9	>600	614.26	3	0.17

14.2.12.4　兴安杜鹃材密度和干缩率　木材的密度具有很重要的意义，它不但可以暗示木材的孔隙度、密实程度，而且直接影响木材的物理力学性能。一般来说，密度越大，力学性质越好。兴安杜鹃材气干密度的平均值 0.482 g/cm³，气干密度变化范围在 0.467~0.507 g/cm³；木材的干缩特性决定了木材在使用中的稳定性，也从某些角度反映了木材细胞中的化学成分。兴安杜鹃材干缩率纵向干缩率较高，弦、径向干缩差异不大（表 14-36）。

表 14-36　兴安杜鹃材密度和干缩率

气干密度 (g/cm³)		干缩率(%)							
		弦向		径向		纵向		体积	
平均值	标准差 S_r	平均值	标准差 S_r	平均值	标准差 S_r	平均值	标准差 S_r	平均值	标准差 S_r
0.482	0.014	3.93	0.219	2.82	0.022	0.95	0.038	4.51	1.638

14.2.13　臭柏 *sabina vulgaris*

14.2.13.1　臭柏材宏观构造　臭柏为柏科圆柏属匍匐灌木，又名沙地柏。外皮暗灰色，披针形无裂隙，树皮体积比约为 9.9%。无孔材。心边材区分明显，心材红褐色，边材白色，木材纹理通直，结构粗细不均匀，年轮分界不明显，髓心直径约 1mm，呈深棕色圆形。有特殊的气味。

14.2.13.2　臭柏材显微构造　臭柏的主要组成细胞为管胞、轴向薄壁细胞、射线薄壁细胞。其中管胞占 98.66%，轴向薄壁细胞占 0.49%，木射线占 0.75%。

管胞在横切面上呈多边形或方形，沿径向排列（图 14-42）。管胞直径、壁厚在早晚材上差异不大，弦向直径平均 16μm，壁厚平均 3μm，长度平均 615μm。管胞壁上纹孔为具缘纹孔，径壁上纹大而且多，圆形，纹孔口圆形，遍布于整个管胞长度（图 14-43）；弦切面上纹孔少而且小。树脂管胞常见。螺纹加厚缺如。轴向薄壁组织为星散状，胞腔内常含有内含物，横向端壁具节状加厚。木射线单列（图 14-44），全部由薄壁细胞组成，高度较低，2~5 个细胞高。交叉场纹孔式为柏木型（图 14-45）。

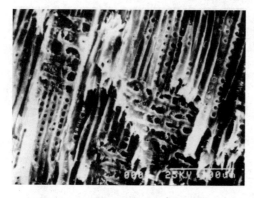

图 14-42　臭柏材横切面（X300×）

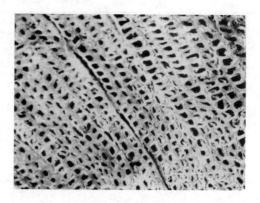

图 14-43　臭柏材管胞径壁上的纹孔（R300×）

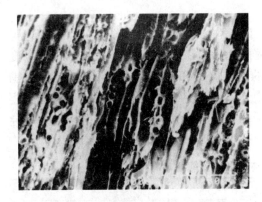
图 14-44 臭柏材木射线（T700×）

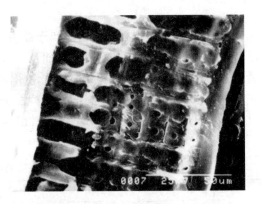
图 14-45 臭柏材井字区纹孔（R800×）

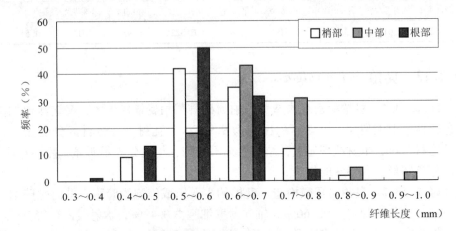
图 14-46 臭柏不同部位纤维长度分布频率

14.2.13.3 臭柏材纤维形态 纤维长度介于 0.39～0.98mm 之间，宽度介于 12.9～18.7μm 之间。其纤维长度和宽度与常用针叶树材相比较小，纤维形态与常见有孔灌木材相近，不同部位纤维形态特征见表 14-37。臭柏的纤维长度主要集中在 0.5～0.8mm 之间，纤维长度分布均匀，其不同部位纤维长度分布频率见图 14-46。

表 14-37 臭柏不同部位纤维形态

部 位	长度(mm)		宽度(μm)		壁厚(μm)		长宽比	壁腔比
	平均值	均方差	平均值	均方差	平均值	均方差		
木质部梢部	0.60	0.09	16.1	2.6	3.1	1.3	37.3	0.71
木质部中部	0.67	0.16	13.9	3.7	2.8	0.9	48.2	0.63
木质部根部	0.59	0.08	15.9	2.9	3.1	1.42	37.1	0.74
树皮梢部	0.61	0.07	16.4	1.8	3.02	0.65	37.2	0.64
树皮中部	0.71	0.04	18.7	3.5	2.9	1.04	38.0	0.54
树皮根部	0.51	0.06	12.9	1.7	2.8	0.9	39.5	0.66

复习思考题

1. 比较沙柳、乌柳、黄柳、旱柳的微观构造特征。
2. 简述沙棘材物理力学性能的特点。

本篇参考文献

1. 江泽慧. 世界竹藤[M]. 沈阳：辽宁科学技术出版社，2002.
2. 许煌灿，尹光天，孙清鹏. 棕榈藤资源及利用研究现状[J]. 林业科技开发，2000，14(2)：3-5.
3. 李旸，腰希申. 棕榈藤的电镜观察[J]. 林业科学，2002，38(1)：173-175.
4. 蔡则谟. 棕榈藤茎的解剖特性及商用藤归类[J]. 林业科学，1994，30(3)：209-216.
5. 许煌灿，尹光天，张伟良，等. 我国棕榈藤资源的天然分布及其利用研究[J]. 林业科学研究，1993，6(4)：380-389.
6. 蔡则谟，刘英，方文彬. 藤茎的导管分子[J]. 林业科学，1993，29(4)：293-297.
7. 蔡则谟. 藤茎的抗拉强度试验[J]. 林业科学，1994，30(1)：93-95.
8. 王喜明，冯利群. 沙生灌木显微构造及其材性的研究[J]. 林产工业，2003(增刊).
9. 冯利群，高晓霞，王喜明. 沙柳木材显微构造及其化学成分分析[J]. 内蒙古林学院学报，1996(1).
10. 高晓霞，黄金田，周世东. 柠条、花棒、杨柴材的pH值、缓冲容量及其脲醛树脂固化时间的影响[J]. 内蒙古林学院学报，1997(1).
11. 张海升，高晓霞. 柠条材的构造、纤维形态及化学成分的分析研究[J]. 内蒙古林学院学报，1997(2).
12. 冯利群，牛耕芜，吴珊. 榛子材的构造、纤维形态及其化学成分的分析研究[J]. 内蒙古林学院学报，1997(3).
13. 冯利群，郭爱龙. 杨柴木材的构造、纤维形态及其化学成分的分析研究[J]. 内蒙古林业科技，1997(4).
14. 郑宏奎，高晓霞，冯利群，等. 花棒材的构造、纤维形态及化学成分研究[J]. 木材研究，1998(3).
15. 高晓霞. 内蒙古多枝柽柳的构造及纤维形态研究[J]. 木材研究，1998(3).
16. 潘石峰，王喜明，赵亚军. 沙柳材的特性及其重组材的研究[J]. 林产工业，1993(5).
17. 马玉明. 内蒙古资源大辞典[M]. 呼和浩特：内蒙古人民出版社，1998.
18. 高志悦，郭爱龙，牛耕芜，等. 柠条特性与刨花板生产工艺的关系[J]. 木材加工机械，1998(4).
19. 王喜明. 沙柳的材性及其胶接特性的研究[J]. 中国木材，1995(2).
20. 高晓霞，郭爱龙，牛耕芜，等. 柠条、红柳、花棒的构造及纤维形态研究[J]. 内蒙古科技与经济，1997(8).
21. 冯利群，马蓓，侯玲艳. 宽叶水柏枝材构造及微纤丝角研究[J]. 安徽农业科学，2008(31).

第4篇
作物秸秆类资源材料

第15章　禾本科植物茎秆概述　*330*
第16章　稻　草　*335*
第17章　麦　秸　*340*
第18章　麻　秆　*347*
第19章　棉　秆　*357*
第20章　芦　苇　*362*
第21章　玉米秸　*368*
第22章　高粱秸　*373*
第23章　甘蔗渣　*377*

第 15 章

禾本科植物茎秆概述

本章主要概述了禾本科植物茎秆的生物学构造、细胞形态、禾本科植物的细胞类型，同时简要介绍了禾本科草类纤维超微构造结构模型。

15.1 禾本科植物茎秆的生物学构造与细胞形态

禾本科植物属于被子植物亚门中的单子叶植物纲，单子叶植物胚仅1个发育子叶。禾本科分为竹亚科和禾亚科，竹亚科茎秆为木质，禾亚科茎秆为草质。

禾本科植物的分生组织多分布于植物的末梢和节部，没有皮下分生组织，基秆没有次分生组织，因而禾苗长成后，茎秆横向不再有明显的加粗，只作纵向延伸，而茎秆的增大，主要靠初期细胞的增长。在维管束和其他初生构造分化完成以后，茎也就不再加粗了。

在茎秆的横切面上，在光学显微镜下可以看到3种组成：表皮组织、基本薄壁组织和维管束组织。有的禾本科植物还有纤维组织带。图15-1是芦苇秆部的横切面。

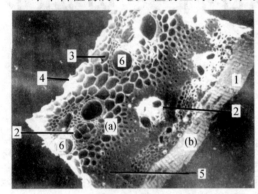

图 15-1 芦苇秆部横切面（SEM×25）
（自王菊华，1980）
(a) 横向切面 (b) 表皮部
1. 外表皮膜及表皮细胞 2. 维管束 3. 薄壁细胞
4. 内表皮膜 5. 纤维组织带 6. 导管

15.1.1 表皮组织

是植物茎秆最外面的一层细胞，由表皮膜、表皮细胞、硅质细胞和栓质细胞组成。是1个长细胞与2个短细胞交替排列，如图15-2所示。长细胞边缘多呈锯齿形，故称锯齿细胞；短细胞分为两种，充满 SiO_2 的称为硅质细胞，具有栓质化的细胞，称为栓质细胞。由于硅质化和栓质化的结果，表皮层能防止茎秆内部水分过度蒸发和病菌的侵入。

15.1.2 维管束组织

禾本科单子叶植物草本茎与双子叶植物草本茎的主要区别是：维管束散生于基本薄壁组织中，因而区别不出皮层和髓的界线；维管束组织由纤维、导管和筛管组成，纤维

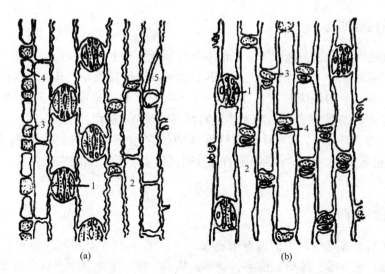

图 15-2　禾本科草类植物叶子(a)和茎(b)的表皮层(表面观)(邬义明，1991)
1. 气孔器　2. 长细胞　3. 栓质细胞　4. 硅质细胞　5. 表皮毛

在导管周围作环状排列，形成维管束鞘。

散生的维管束由原形成层形成，分布不均匀。维管束的外面由维管束鞘包围，维管束鞘为大型的薄壁细胞，其中有造粉体，以及包含着的大淀粉粒。维管束中韧皮部和木质部均已发育，主要为筛管和导管。

从放大的维管束可以看到：原生韧皮部的一部分被破坏成为小的细胞间隙，韧皮部大部分为后生韧皮部分子，即筛管和薄壁细胞。木质部中有原生木质部的导管存在，后生木质部的导管尚未成熟，仍具有生命力，可见大型的细胞核和细胞质，其壁的增厚刚开始。未成熟的导管分子之间的端壁穿孔亦未发生。在维管束周围是薄壁细胞。

15.1.3　纤维组织带

在外表皮层下，有一圈由纤维细胞连接而成的纤维组织带，其中嵌有较小直径的维管束，这里的纤维壁厚，细胞腔小，力学强度较高。

15.1.4　薄壁组织

由薄壁细胞组成，在各种组织构造中薄壁组织所占体积比例较大，相对密度较小，主要生长在靠近内壁的维管束周围，在外表皮和纤维带之间，也有少量薄壁组织，细胞直径较小，多为棒状。细胞腔内常含有叶绿体等色素。

15.2　禾本科植物的细胞类型

禾本科植物的细胞类型主要有以下几种：

15.2.1 纤维细胞

纤维细胞两端尖削，胞腔较小，常不明显。纤维壁上有单纹孔，也有无纹孔的，但有横节纹，胞腔较小。除竹类、龙须草和甘蔗的纤维比较长外，其他禾本科植物的纤维都比较短、小，平均纤维长度在 1 000~1 500 μm，平均宽度除甘蔗渣较宽以外均为 10~20 μm。纤维细胞的含量占细胞总量的 50%~60%（按面积法测定）。玉米秸秆纤维含量较低，约为 30%。禾本科植物纤维细胞的含量较针叶树材木纤维细胞（90%~95%）的含量低得多，而非纤维细胞的含量则高得多。纤维细胞主要生长在维管束和纤维组织带中。

15.2.2 薄壁细胞

分布在基本薄壁组织中的薄壁细胞在形状、大小上各不相同，通常有杆状、长方形、正方形、椭圆形、球形、桶形、袋形、枕头形等。细胞壁上有纹孔或无纹孔。草类植物薄壁细胞含量较高，如稻草中的薄壁细胞含量高达 46%（面积法）。薄壁细胞胞壁很薄，在制浆造纸和人造板加工过程中容易破碎，一部分在洗涤时流失。薄壁细胞滤水性差，如含量太多会使产品物理强度下降。

15.2.3 表皮细胞

表皮细胞可分为长细胞和短细胞。长细胞多呈锯齿状，有的一面有齿，有的两面有齿，也有的边缘平滑无齿。短细胞由于有硅细胞和木栓细胞而使其密度较大。

15.2.4 导管与筛管

和阔叶树材一样，导管细胞是组成导管的基本单位，为两端开口的管状细胞，一般比阔叶树材长，底壁平直，有的略有倾斜。导管形状较多，有环纹、螺纹、网纹及孔纹等。草类植物导管分子两端一般都是平直的，即横隔膜与周壁垂直。筛管存在于韧皮部，是运输营养物质的组织细胞。筛管与导管一样是沿茎秆纵向排列。与导管不同的是，筛管的细胞壁较薄，一般没有木质化，主要由纤维素组成。相连的两个筛管分子的横隔膜与周壁垂直，也有斜的。横隔膜上有许多小孔，小孔称为筛孔。筛管的数量较少。

15.2.5 石细胞

石细胞为非纤维状的厚壁细胞，尺寸较小，易在加工过程中洗涤流失。除纤维状细胞之外，含有若干非纤维状的细胞，简称为杂细胞。草类原料中的导管、薄壁细胞、表皮细胞、石细胞，韧皮原料中的薄壁细胞、筛管等，统称为杂细胞。它们都随着纤维伴生于植物原料中，不易严格分离，从而造成生产上的困难，影响产品质量。若干植物细胞含量见表 15-1。

表15-1 若干原料纤维与非纤维细胞含量   %

原料	纤维	薄壁细胞		导管	表皮细胞	竹黄[①]	其他
		杆状	非杆状				
马尾松	98.5	—	1.5	—	—	—	—
落叶松	98.5	—	1.5	—	—	—	—
红松	98.2	—	1.8	—	—	—	—
桉树	82.4	—	5.0	12.6	—	—	—
钻天杨	76.7	—	1.9	21.4	—	—	—
白皮桦	73.3	—	1.5	25.2	—	—	—
慈竹	83.8	—	—	1.6	—	12.8	1.8
绿竹	74.7	—	—	4.1	—	18.0	3.2
西凤竹	68.9	—	—	5.6	—	24.6	0.9
毛竹	68.8	—	—	7.5	—	23.7	—
黄竹	65.1	—	—	1.5	—	32.4	1.0
黑龙江苇	64.5	17.8	8.6	6.9	2.2	—	—
棉秆芯	71.3	—	21.8	6.9	—	—	—
龙须草	70.5	6.7	4.9	3.7	10.7	—	3.5
荻荻草	67.3	17.9	11.2	1.0	0.8	—	1.8
荻	65.5	4.9	24.5	4.8	0.3	—	—
甘蔗渣	64.3	10.6	18.6	5.3	1.2	—	—
稻草	46.0	6.1	40.4	1.3	6.2	—	—
麦草	62.1	16.6	12.8	4.8	2.3	—	1.4
高粱秸	48.7	3.5	33.3	9.0	0.4	—	5.1
小叶樟	48.1	41.0	5.4	1.9	3.1	—	0.5
巴矛秆	46.9	9.7	35.4	6.6	0.4	—	1.0
芦竹	38.5	16.2	42.2	2.0	—	—	1.1
玉米秸	30.8	8.0	55.6	4.0	1.6	—	—

注：① 在竹类原料中有较多的薄壁细胞和石细胞，由于它们形状近似，测量时不易严格区分，故把它们统称为竹黄。

15.3 禾本科草类纤维超微构造结构模型

在植物解剖学领域内，将光学显微镜看不到而在电子显微镜下才能看到的微细结构称为超微结构。即主要指纤维细胞壁的分层结构及各层纤维壁上微细纤维的排列状态。

禾本科草类植物与木材生物结构有诸多相似之处，但禾本科草类植物的微细结构与木材的纤维微细结构仍有差异。根据禾本科草类植物的结构特点，可以概括成4种结构模型(图15-3)。

第一种胞腔较大，模型和某些针叶树材纤维结构形态相似，但 S_1 层较厚，S_2 微纤维角度较大，由 ML、P、S_1、S_2、S_3 组成。微纤维排列状态：ML 为网状，S_1 为近横向交叉螺旋形，S_2 为缠绕角为30°~40°的平螺旋形，S_3 为近于横向交叉螺旋形。

第二种模型和某些树皮纤维结构相似，特点是细胞腔极小，细胞壁厚，S_2层是细胞壁的最主要部分，S_2层微纤维的缠绕角为30°~40°。稻草、麦草纤维主要是由第一、二模型的纤维构成的。

第三种模型为草类纤维所独有，其特点是细胞壁中S_3也是细胞壁中层的主要组成部分，其厚度往往和S_2相当。S_2和S_3微纤维方向往往是相反的，其细胞壁内层为S_4。芦苇、荻、甘蔗渣、芒秆等均由第二、三两种模型的纤维组成。

第四种模型为禾本科纤维所独有，主要特点是细胞壁中层呈更多层结构，多者可达8~9层或更多。各层壁之间的松紧程度不一样，微纤维走向不一样，木素含量不一样，交错排列有S形和Z形两种螺旋缠绕方式，竹子、龙须草主要由第二、四两种模型的纤维组成。

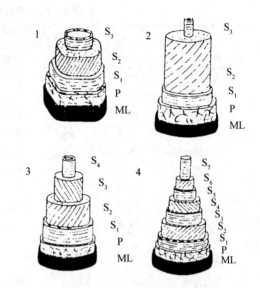

图15-3　禾本科植物纤维的4种结构模型
（自王菊华，1999）
1、2. 稻草、麦草　　2、3. 芦苇、蔗渣、荻
2、4. 龙须草、竹子

复习思考题

1. 简述禾本科植物茎秆的细胞形态。
2. 禾本科植物的细胞类型主要有哪些？
3. 描述禾本科草类植物的4种结构模型。

第 16 章

稻 草

本章简要介绍了稻草的资源分布,重点讲述了稻草的生物学构造、细胞形态及稻草的主要化学和物理性质。

16.1 稻草的资源分布

稻(*Oryza sativa*)禾本科禾亚科稻属,别名:禾、粳、糯。产地:全国各地。生长环境:栽培植物。稻是重要的粮食作物。

稻草(rice straw),茎秆纤维可制造包装纸、普通文化用纸、草纸板等。稻草是主要的作物秸秆资源之一,根据联合国粮农组织统计,全世界稻草年总产量为44 982.7万 t,稻草主要分布在中国、印度、日本等国,其中我国为17 218.4万 t,占38.3%。除在部分地区有作造纸(制造包装纸、普通文化用纸、草纸板等)、种植食用菌等外,大部分直接燃烧。

16.2 稻草的生物学构造与细胞形态

16.2.1 稻草的生物学构造

稻是1年生草本植物,秆直立,丛生,高1m左右(矮秆稻50~60cm),其秆直径约4mm,秆壁厚约1mm,髓腔较大。

茎秆横切面的构造如图16-1所示,表皮下面由4~6层厚壁纤维细胞组成的纤维组织带,向内是基本薄壁组织。维管束排成两圈,外围维管束呈扁圆形,嵌在脊状突起的纤维组织带内。内圈维管束较大,呈椭圆形,维管束外面有1~2层纤维细胞组成的维管束鞘。稻草茎部维管束的排列呈环状,维管束沿茎轴作环状排列,茎秆是空心的。

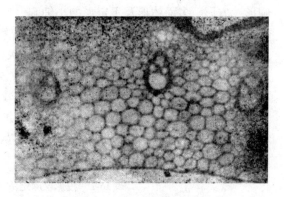

图 16-1 稻草茎的横切面
(邬义明,1991)

16.2.2 稻草的细胞形态

稻草是草类植物中纤维较短而细的一种，其纤维平均长度不到 1 000 μm，宽度只有 8 μm 左右。纤维细胞壁上有明显的横节纹，细胞腔较小。

稻草的非纤维状细胞（杂细胞）含量甚大，达到 54%（面积比），其中主要是薄壁细胞，形状多为枕形、椭圆形、方形、多面体形及不定形的小细胞。表皮细胞体积小，呈锯齿状，齿距小，齿峰不高。

纤维形态如图 16-2，纤维细胞壁上有明显的纹孔（图 16-2 中 5 所示）或不明显纹孔（图 16-2 中 6,7），有横节纹，细胞腔较小。

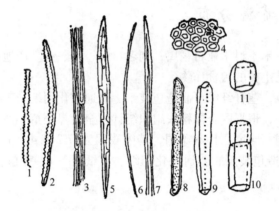

图 16-2　稻草细胞示意图（邬义明，1991）
1、2、3. 表皮细胞中的长细胞　4. 纤维横截面　5、6、7. 纤维　8、9、10、11. 薄壁细胞

由于薄壁细胞在植物体中的部位不同，形状变化较大，大多数为非杆状的枕形、椭圆形、方形、多面体形及不定形的小细胞，如图 16-2 中的 8~11。

导管有螺纹、环纹及纹孔 3 种，纹孔导管平均长 400 μm 左右，宽约 40 μm。表皮细胞体积小，表皮细胞中的长细胞多为锯齿状（图 16-2 中 1 和 2），齿距小，齿峰不高。也有边缘平滑的（图 16-2 中 3）。图 16-2 中 4 为纤维横截面。

稻草不定形的小细胞较多，纤维较短、较细，稻草叶、草节和草穗中的非纤维细胞比茎部多，这些均是稻草的突出特征。稻草纸浆中无杆状的薄壁细胞。表皮细胞的锯齿端不甚削尖。投影仪测定稻秸的纤维长度、宽度结果见表 16-1，光学显微镜测定稻秸的纤维细胞壁壁厚和腔径结果见表 16-2。

表 16-1　投影仪测定稻秸的纤维长度、宽度

部 位	长度（mm）				宽度（μm）				长宽比
	算术平均	最大	最小	一般	算术平均	最大	最小	一般	
茎部	1.02	2.12	0.40	0.52~1.41	9.1	18.8	4.5	6.0~13.0	112

表 16-2　光学显微镜测定稻秸的纤维细胞壁壁厚和腔径

部位		平均(μm)	最大(μm)	最小(μm)	一般(μm)	壁腔比
茎部	壁厚	1.6	—	—	1.6	0.37
	腔径	8.7	—	—	8.7	

注：样品采集地为北京。

16.3　稻草的化学和物理性质

16.3.1　稻草的化学性质

稻草中稻秆的木质素含量低于一般禾本科植物，但其草叶、草节、草穗的木质素含量很高。稻草的木质素属于愈疮木基－紫丁香基木质素类（GS－木质素），基本结构单元为愈疮木基和紫丁香基，含有少量的对羟苯基。紫丁香基与愈疮木基之间的比例为 $0.5 \sim 1.0$。木质素含量较低。木质素中含有 $7\% \sim 12\%$ 的酯基，其中对香豆酸和阿魏酸是酯基化合物的主要组成。木质素中含碳量达 $60\% \sim 66\%$，含氢 $5\% \sim 6.5\%$。木质素含碳量高，含氢量低，分子量低，降低了木质素的化学稳定性。

稻草的主要半纤维素是阿拉伯糖基葡萄糖醛酸基木糖。与许多草类分离的聚木糖相似，由 β-D-吡喃式木糖以 1→4 联结的长链为主链，也带有短支链。α-L-呋喃阿拉伯糖基支链以 1→3 连接到木糖基的 C_3 位置上，还有 D－吡喃式葡萄糖醛酸基以 1→2 连接在主链木糖基的 C_2 位置上。其结构简式如下：

$$
\begin{array}{cc}
\text{4-O-Me-D-Glup} & \text{L-Aral} \\
| 1 & | 1 \\
2\ (3) & 3\ (2)
\end{array}
$$

→4) D-xylp-｜Â(1→4) D-xylp｜Â(1→4) D-xylp｜Â(1→4) D-xylp｜Â(1→4)

式中：L-Aral 为 L-呋喃阿拉伯糖基；D-xylp 为 D-吡喃木糖基；D-Glup 为 D-吡喃葡萄糖醛酸基。

部分稻草的化学组成见表 16-3。

表 16-3　部分稻草的化学组成　　　　　　　　　%

	水分	灰分	苯乙醇	热水	1%NaOH	木质素	酸溶木质素	综纤维素	多戊糖
泥田稻草茎秆[①]	—	13.39	3.64	—	45.31	11.66	—	—	22.45
沙田稻草茎秆	—	16.79	4.06	—	50.06	8.32	—	—	20.15
稻草穗部	—	16.50	—	25.0	44.06	33.00	—	—	24.4
稻草节部	—	13.30	—	12.7	47.80	27.10	—	—	24.4
稻草叶及鞘	—	17.40	—	15.50	48.30	30.20	—	—	23.60
新草[②]	12.8	13.29	7.64	—	48.42	12.00	4.04	52.31	—
陈草[②]	10.75	12.67	7.03	—	50.54	12.18	3.72	52.72	—

注：① 泥田稻草茎秆和沙田稻草茎秆：浙江；
　　② 新草和陈草：辽宁盘锦，新草 1.5 年，陈草 2.5 年。

稻草中灰分含量高(3%~12%)，尤其草叶、草穗又高于茎秆，灰分中 SiO_2 含量很高，达60%以上。粗蛋白含量3%，粗脂肪含量1%左右。稻草草节成分分析见表16-4。

表16-4 稻草草节成分分析

分析项目	含量(%)	分析项目	含量(%)
水　分	12.25	灰分分析:	
灰　分	12.82	二氧化硅	89.50
苯醇抽提物	6.58	铁铝氧化物	1.57
1% NaOH 抽提物	58.04	氧化钙	6.41
硝酸乙醇纤维素(不含灰分)	27.46	氧化镁	1.07
木　素	10.11		
聚戊糖	21.67		

16.3.2 稻秸的物理性质

稻草自身的导热系数很小，仅为 $0.035W/(m·℃)$，5mm 稻草板导热系数为 $0.108W/(m·℃)$，稻秆的密度很小，热值约为煤的一半，能量密度低。

生物质作为可再生资源中的一种，贮量丰富，利用便利。稻秆是生物质资源中贮量最为丰富的一种，我国每年产量近2亿t，若考虑与稻秆性质相近的农作物秸秆，则一年总量计5.52亿t，折合标准煤约2.26亿t。

稻草与煤的化学组成和结构相比，其基本结构单元中具有较少的缩合芳香环化合物和较多的脂肪烃结构以及较多数量和种类的含氧官能团，侧链比较长，这些特点使得稻秆在较低的温度下就发生热解反应，析出挥发分迅速，但析出的气态物中存在高含量的碳氧化物，挥发分热值较低。稻秆在热解过程中生成气、液、固三种产物。

以早稻稻草(早稻秆，简称原料1)和晚稻稻秆(晚稻秆，简称原料2)为样品，其物理性质数据为：粒径范围 0~4mm，平均几何尺寸 $(φ2~φ2.5)mm×10mm$，堆积密度 $59.3~59.6kg/m^3$，能量密度 $871.7~900MJ/m^3$，分析数据见表16-5所示。

表16-5 稻草的性能分析

样品	元素分析					H/C	O/C	热值 (kJ/kg)
	C	H	O	N	S			
1	40.99	4.58	33.88	1.07	0.22	1.34	0.83	14 625.60
2	33.96	5.00	34.67	1.07	0.10	1.77	1.02	15 175.21

稻草的 H/C 与 O/C 值较高，H/C 值越高，越有利于生成液态的轻质芳烃或气态的烷烃，一般苯和苯酚的 H/C 值等于或大于1，CH_4 的 H/C 是4，而 O/C 高表明包含有氧的桥键(O)相关的各种基团容易断裂键而形成气态挥发性产物。稻草经高度热解得到的生物油性能见表16-6所示，由表16-6可知，该生物油须经一定的处理才可用以替代石油。

表 16-6　早稻秆生物油分析

元素分析						密度	酸值	黏度	热值
C	H	N	S	O	M	(kg/m^3)	(mg$_{KOH}$/g)	(MPa·S)	(kJ/kg)
60.91	4.09	2.40	0.08	23.47	9.05	1 120.60	20.70	3.70	26 807.25

复习思考题

1. 描述稻草的化学和物理性质。
2. 描述稻草的细胞形态。

第 17 章

麦 秸

本章简要概述了麦秸资源的分布状况与麦秸的生物学构造、细胞形态，重点讲解了麦秸的主要化学、物理性质。

17.1 麦秸资源分布

麦（*Triticum aestivum*）禾本科禾亚科麦属。产地：全国各地。生长环境：旱地栽培植物。

麦秸（wheat straw），我国麦秸资源年产量达 1 亿 t 左右，大部分未得到合理利用，造成了资源的极大浪费。茎秆可供编织与造纸，我国有 80% 以上的造纸原料为非木材原料，其中麦秸是主要的原料，同时利用麦秸生产人造板。

17.2 麦秸的生物学构造与细胞形态

17.2.1 麦秸的生物学构造

麦秸是 1 年生禾本科植物。小麦由茎秆、叶子、叶鞘、穗轴等组成，其根系为茎须根系，秆高可达 1m 以上，叶片披针形。茎秆的节间质量比为 52.4%，叶子为 29.1%，节子为 9.2%，穗轴为 9.3%。

完全成熟的小麦茎，又叫茎秆（即麦秸），其表面光滑带有浅沟，表面有一层蜡状物，支持着植株的地上部分。麦秸由节及节间组成，节上长叶，具有支持、输导、光合和贮存作用。地上节间有 4~6 个，一般为 5 节。高度为 29~97cm，秆直径为 2~3mm，秆壁厚为 0.3~0.7mm，髓腔直径为 0.9~1.9mm，秆壁厚度由下而上变薄，以基部第一节间壁最厚；同一节基部最厚，顶端最薄，中间介于两者之间。第一节较细，从第二、三节加粗，最上一节又变细。叶鞘长度占全叶长 30%~50%，基部第一叶鞘最短，越往上越长。

麦秸由下列组织所组成：①表皮组织；②下皮层或皮下机械组织；

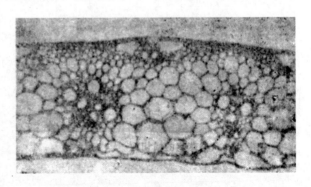

图 17-1 麦秸的横切面（邹义明，1991）

③基本薄壁组织；④维管束。

从麦秸的横切面上可见表皮组织、基本薄壁组织和维管组织（图17-1），可以看到表皮下面有3~5层纤维细胞组成的纤维组织带即下皮层，其中并分布着少数薄壁细胞群即同化组织。在皮下层与髓腔之间，为数层基本薄壁组织细胞。维管束排列2圈：外圈纤维束较小，嵌埋于下皮层的纤维组织带中；内圈维管束呈圆形或椭圆形，由1~2层纤维细胞组成维管束鞘细胞包围，并分散排列在基本薄壁组织内。

大多数小麦的茎秆横切面为圆形，但在有的品系中其横切面的轮廓为波纹状，这些秆的外表皮具有深沟，髓腔很大。

17.2.1.1 表皮 表皮由厚25~30μm、长300~650μm、宽约20μm的细胞所组成，纵向壁平直，壁上具单纹孔。多数为1个栓质细胞和1个硅质细胞纵向排列，少数为栓质细胞单个分布。栓质细胞多呈长方形，硅质体呈狭长形。壁有纹孔，并强烈加厚，其不为叶鞘包围的部分有发达的角质层，有的小麦品种茎的表面上，则覆有微小的薄片状蜡质颗粒。

17.2.1.2 下皮层 下皮层为有强弹性或筒状的机械组织，含木质化的纤维，具有狭长的细胞腔及坚强的壁，约有4μm厚。在茎秆的横切面上，紧接于表皮之下，为一连续不断的细胞区，厚度不一致。

同一茎秆上，下皮层的厚度从下部节间向上逐渐减少，最基部节间的下皮层比其他各节都厚。同一节间又以基部的下皮层最厚，其次是顶部，中间的下皮层最薄。

17.2.1.3 基本薄壁组织 基本薄壁组织从下皮层扩展至中部，在大多数小麦中，可到达其中空的髓腔，并含有薄壁的、具有细小纹孔的细胞，从横切面观察，为多角形或圆形，包围在坚实组织外的，为长而狭的细胞（约350μm长，直径约为35μm），近中央部分的为较短而宽的细胞（长150~250μm，直径可达100μm）。上述这些细胞很快死去，并失去其细胞的内含物。

在最下部的节间中，薄壁组织的壁部变厚并木质化，这一组织给予下皮层坚实组织以机械支持，借以巩固茎秆的基部。

17.2.1.4 维管束 从中空的节间作横切面，可见维管束对称的散生在茎壁中。下皮层之中埋藏有一环很细小的维管束，彼此分离得很开。接近中央部分，在柔软的薄壁组织中，有大型维管束，其排列有些呈环状。有时偶尔有中等大小的维管束，靠近下皮层的内侧边缘上。

大型维管束为闭合外韧型，以其木质部对向茎的中央，其主要的导管排列呈"V"形。原生木质部位于"V"字的尖端部分，有一个或二个环纹或螺纹导管。两个孔纹导管具有较大的细胞腔，位于"V"的左右。介于导管之间为细小的管胞。纤维束的韧皮部为筛管及伴胞所组成，位于"V"字开展部分，并略有扩展。

17.2.2 麦秸的细胞形态

从细胞组成看，麦秸的纤维细胞约占62.1%，薄壁细胞占29.4%，导管占4.8%，表皮细胞占2.3%，另有1.4%其他杂细胞。

麦秸纤维较稻草纤维长而粗，长度在1 000~1 500μm之间者约占一半，胞腔较大，胞壁上有明显的横节纹。薄壁细胞壁上有网状加厚，细胞形状多为杆状及枕形，其中杆状细胞约占杂细胞总数的一半左右。麦秸和稻草相比，麦秸没有不定形的小细胞，薄壁细胞体积较大，多呈杆状，锯齿状的表皮细胞亦较粗大，齿形尖，齿距大小不均匀，这些都是麦秸的主要特征（表 17-1）。投影仪测定的纤维长度、宽度结果见表 17-2，光学显微镜测定的纤维细胞壁壁厚、腔径见表 17-3。

表 17-1 稻草、麦秸杂细胞含量百分比比较 %

原料	纤维	薄皮细胞		导管	表皮细胞	其他
		杆状	非杆状			
稻草	46.0	6.1	40.4	1.3	6.2	—
麦草	62.1	16.6	12.8	4.8	2.3	1.4

表 17-2 投影仪测定的纤维长度、宽度结果

部位	长度（μm）				宽度（μm）				长宽比
	算术平均	最大	最小	一般	算术平均	最大	最小	一般	
茎部	1 390	2 880	580	1 020~1 570	13.0	25.2	8.0	9.0~16.0	107

表 17-3 光学显微镜测定的纤维细胞壁壁厚、腔径

部位		平均（μm）	最大（μm）	最小（μm）	一般（μm）	壁腔比
茎部	壁厚	2.0	—		2.0	0.33
	腔径	12.3	18.4	8.2	10.2~14.3	

注：样品采集地为北京近郊。

17.2.3 麦秸的超微结构

植物纤维的初生壁（P）的微细纤维是零乱的网状结构。纤维细胞壁上的微细纤维，在初生壁及次生壁外层上的排列状态，在不同品种的植物纤维中没有明显差异，但次生壁中层上的微细纤维排列状态，在不同品种中则有较大差异，微细纤维与纤维轴夹角，有的较小，有的较大。微细纤维与纤维轴交角小的纤维，在纤维分离过程中容易纵裂，产生较长的纤维丝，即易帚化；微细纤维角度大于 30°的纤维，在纤维分离过程中很少产生纵裂帚化。另外，微细纤维的夹角还与纤维自身强度有关，夹角越小的纤维，单根纤维的强度越大。

麦秸纤维的细胞壁中 S_1 层较厚，S_1 与 S_2 层之间连接紧密。S_1 层微细纤维是交叉螺旋排列，而 S_2 层微细纤维是近乎纤维轴向的排列，与纤维轴夹角 30°~40°，因此在纤维分离过程中往往较木纤维难于分丝帚化，同时由于夹角较大，单根纤维的强度也很小。

麦秸纤维长度接近阔叶材纤维，只是宽度较小，麦秸纤维的平均长度为 1 500μm，宽 14μm，厚 3μm。节间纤维最长，长宽比值最大，节的纤维最短，长宽比值最小，各部分纤维形态见表 17-4，可见麦秸纤维具有不均一性，长宽变化的幅度较大。

表 17-4　麦秸不同部位的纤维形态　　　　　　　　　　　　　　　　　　μm

部位	长度			宽度		
	平均	最大	最小	平均	最大	最小
全部	1 320	2 940	610	12.9	24.5	7.4
节间	1 520	2 630	660	14.0	27.9	8.3
穗轴	1 200	2 390	390	11.5	24.5	7.4
叶鞘	1 260	3 310	440	14.7	34.3	8.8
叶子	860	1 470	240	12.1	19.6	6.4
节子	470	1 290	180	17.8	43.1	8.3

17.3　麦秸的化学性质和物理性质

17.3.1　麦秸纤维原料的化学特性

17.3.1.1　化学成分在纤维细胞组织中的分布　麦秸的主要化学组成成分在细胞壁中分布情况与纤维分离过程有密切的关系。在纤维细胞壁各形态区中，纤维素的分布是不同的：纤维素在整个次生壁中近于均匀分布，胞间层没有发现微细纤维，初生壁有松散和凌乱的微细纤维。

阔叶树材和草类原料木质素在细胞壁中的分布情况，与针叶树材有某些差别，其胞间层及细胞壁外层的木质素较多，而不像针叶树材的木质素较多地深入到内层（次生壁中层和内层）。非木材植物纤维木质素在细胞壁中的分布规律基本相同，即：

木质素浓度：CC > CML > S

木质素占总木质素的百分数：S > CML 和 CC

用溴化法 SEM – EDXA 分析麦秸纤维不同形态区的木质素分布的研究结果表明，麦秸复合胞间层（CML）和角隅区（CC）木质素的密度较高。厚壁纤维 CML 和 CC 木质素密度分别为 S 层的 2.45 倍和 3.4 倍；薄壁纤维则分别为 S 层的 2.2 倍和 4.3 倍。麦秸纤维木质素含量以 S 层最多。麦秸纤维原料木质素在细胞壁中的分布见表 17-5。

半纤维素主要分布在纤维的次生壁，但不同的植物纤维原料的半纤维素分布情况有差别。

表 17-5　麦秸纤维原料木质素在细胞壁中的分布（SEM – EDXA 分析）

形态区		校正体积百分数(%)	Mn 计数	Mn 相对计数	密度(%)(g 木质素/g 组织)	木质素(%)(占总木质素)
厚壁纤维	CC	5.4	2 992	1.85	0.571	14.5
	CML	9.3	2 156	1.35	0.412	18.0
	S	83.5	1 620	1	0.168	67.5
薄壁纤维	CC	—	3 336	2.49	0.604	22.2
	CML	—	2 004	1.50	0.339	20.3
	S	—	1 340	1	0.154	57.5

17.3.1.2 麦秸纤维原料主要化学组成的结构特征 麦秸主要化学成分是纤维素、半纤维素和木质素。麦秸节间纤维素含量最高。麦秸半纤维素中聚戊糖含量相当于阔叶树材的最高值。麦秸的次要成分中的灰分含量远高于木材,而灰分中 95% 以上是 SiO_2。麦秸的热水抽提物含量也较高,为 10%~23%,其中果胶质仅为 10% 左右,大部分为淀粉等低聚糖。麦秸的 1% NaOH 抽提物含量大约比木材高 1 倍,说明麦秸中低分子碳水化合物的含量较高。

非木材植物纤维素的平均聚合度低于木材纤维素。非木材植物纤维原料中的木质素与阔叶树材的木质素相似,是由 G、S、H 三种类型组成的,但其 H 型的比例远高于针叶树材和阔叶树材中相应的比例。此外,非木材植物纤维原料木质素中,尚含有较多的对-香豆酸和阿魏酸,以酯的形式联结于木质素结构单元的侧链上。

表 17-6 中列出了麦秸纤维原料木质素碱性硝基苯氧化物的分析结果,可得到木质素中三种基本结构单元的比例。

表 17-6 麦秸木质素的结构单元

	愈疮木基 G (%)	紫丁香基 S (%)	对羟苯基 H (%)	总醛得率 (%)	摩尔比 V:S:H
MWL	14.58	13.5	3.59	31.76	1:0.77:0.31
CEL	6.67	9.25	1.39	17.4	1:1.16:0.26

注:MWL 为磨木木质素;CEL 为酶分离木质素。

麦秸纤维原料木质素经皂化及温和酸解后的降解产物中含有多种酚酸,主要为对-香豆酸,还有少量阿魏酸等(表 17-7)。麦秸纤维原料木质素中含有较多的酚酸,这是其不同于木材木质素的重要特点。在木材中,除少数树种外,大多不存在酯键。酯键在碱介质中是不稳定的,极易断裂。

表 17-7 麦秸纤维木质素皂化与酸解产物

对香豆酸(%)		阿魏酸(%)	
酯	醚	酯	醚
1.47	1.33	痕量	痕量

非木材植物纤维原料木素的重均相对分子质量 M_w 在 7 500~12 000,数均相对分子质量 M_n 在 3 000~4 500,比木材木质素的分子量要小的多。非木材植物纤维的相对分子质量低,多分散性大,这是非木材植物纤维不同于木材的另一特点,也是它在纤维分离过程中易溶出的重要原因。麦秸木质素分子质量及相对分子质量分布见表 17-8。

表 17-8 麦秸磨木木质素分子质量及相对分子质量分布

重均相对分子质量 M_w	数均相对分子质量 M_n	M_w 分布范围			
		20 000	20 000~10 000	10 000~1 000	1 000
7 500	3 400	5%	20%	70%	5%

半纤维素对纤维分离有重要的影响。各种植物半纤维素的结构有很大差异,组成半纤维素的高聚糖种类不同。非木材植物纤维中的高聚糖,基本上都是戊聚糖,主要是木聚糖。麦秸的半纤维素主要是阿拉伯糖基-葡萄糖醛酸基-木聚糖。这种高聚糖的主链是 $\beta(1\rightarrow4)$ 连接的 D-吡喃式木聚糖,支链由 L-呋喃式阿拉伯糖基和 D-吡喃式葡萄糖醛酸基构成,此外,分子上还有乙酰基。在聚木糖的主链木糖基上,同时有两个阿拉伯糖基分别连接在 C_3 和 C_2 位置上。

不同产地麦秸半纤维素的结构也会略有不同。对江苏高邮麦秸半纤维素的聚木糖进行研究,结果在半纤维素结构中,葡萄糖醛酸含量较多,但没有发现木糖支链。部分麦秸及纤维各项指标分析结果见表17-9。不同部位麦草中金属离子分布见表17-10。

表17-9 各地麦秸及纤维各项指标分析　　　　　　　　　　%

	水分	灰分	原料中的SiO_2	灰分中的SiO_2	苯乙醇	冷水	热水	1%NaOH	木质素	综纤维素	综纤维素α纤维素	原料α纤维素	多戊糖
江苏麦秸	8.87	3.64	1.64	45.05	1.59	6.35	8.68	33.28	19.93	75.13	55.40	41.62	24.91
江苏草叶	8.47	6.54	4.47	68.35	3.04	7.07	11.26	41.35	17.16	75.76	58.98	44.68	26.33
黑龙江麦秸	8.23	6.99	4.89	69.96	2.60	7.18	11.04	37.10	22.19	72.33	61.22	44.28	24.55
河南麦秸	7.23	4.62	2.75	59.14	3.03	6.47	10.02	33.96	18.14	77.95	54.75	42.78	25.13
四川麦秸	11.1	4.72	4.32	68.29	5.09	7.53	10.57	35.59	18.35	78.08	59.02	46.08	25.64
5号纤维	9.44	8.41	5.78	68.73	5.12	11.90	13.46	43.66	20.68	64.54	63.67	41.09	21.42
3号纤维	8.28	8.70	5.69	65.40	5.60		13.39	41.94	22.05	66.99	55.69	37.31	23.16
7号纤维	9.7	7.94	5.17	65.11	5.73	7.98	10.78	39.08	21.45	70.99	56.97	40.44	23.68

表17-10 不同部位麦草中金属离子分布　　　10^{-6} g/g 绝干样品

	样品部位	Mn	Cu	Fe	Ca	Mg	Al	Na	Si	Co	Ni
麦草	秆	9.1	5.4	64	2 325	1 535	63.3	122	14 005	<0.1	1.78
	节	16	4.27	106	3 995	3 937	170.9	294	17 827	<0.1	1.61
	叶	40	4.61	329	5 061	4 376	54.1	357	4 032	<0.1	2.35
	穗	30	3.0	279	1 421	1 421	662.5	132	19 422	<0.1	1.21

注:河南省漯河第一造纸厂提供试验用麦草。

17.3.2 麦秸的物理性质

麦秸自身密度较小,节间的平均密度为 $0.313g/cm^3$(含水率 $W=8.9\%$),接近根部的节间壁较厚,密度为 $0.316g/cm^3$,节的平均密度为 $0.341g/cm^3$($W=8.9\%$),节鞘的平均密度为 $0.257g/cm^3$($W=8.9\%$)。从节间的横切面看,表皮处坚实,平均密度为 $0.383g/cm^3$,中层为 $0.307g/cm^3$,内层为 $0.298g/cm^3$。

测量不同表面张力的液体对麦秸的接触角,推算出麦秸表面的自由能,结果表明:麦秸表面的自由能较低,比木材要低得多。异氰酸酯(MDI)对麦秸的润湿性较好,脲醛树脂(UF)对麦秸的润湿性较差。麦秸的纵向和横向均存在润湿性能的差异。麦秸表面的自由能从麦秸的根部向上，麦秸表面的润湿性能逐渐变好，但变化不大，麦秸中心层的润湿性能要比其内、外表面好。因此，在制造麦秸刨花板时，原料粉碎细一些，有利于其胶合性能的提高。

以麦秸为原料，配用少量无毒、无害的胶黏剂，经切割、磨碎、分级、拌胶、铺装成型、加压、砂光等工序制成的麦秸人造板，具有质轻、坚固耐用、防蛀、抗水、无毒等特点，可广泛用于家具、建筑装修、建筑物的隔墙、吊顶及复合地板等。生产麦秸人造板的胶黏剂主要是异氰酸酯(MDI)和脲醛树脂(UF)。前者生产的麦秸板不含游离甲醛、物理力学和化学性能优良，但价格较高，后者虽然价格较低，但如果不对其进行功能改进处理，则胶合强度较低，难以生产高质量的麦秸板。

复习思考题

1. 简单描述麦秸与木材的差异之处。
2. 根据麦秸的化学和物理性质，如何对麦秸加以利用？

第 18 章

麻 秆

本章简要概述几种主要麻秆资源的分布状况,重点讲述麻秆的生物学结构与细胞形态,另外也简要讲述了麻秆的主要化学和物理性质。

18.1 麻秆资源分布

18.1.1 苎麻 Boehmeria nivea

苎麻(ramie or china-grass)为被子类 1 年生草本植物,苎麻科苎麻属。别名:苎麻、刀麻、绳麻、乌龙麻、中国荨麻、中国草(英)等。苎麻茎秆丛生,其品种因环境条件而异,一般可达 2~3m,呈圆柱形,粗 1~2cm,花期中秋,果实秋末成熟,次年春抽芽发叶复茂。原产于我国,为最古栽培的农作物之一。蔡伦造纸所用的破布和敝渔网,其原料当时主要是苎麻。其后日本、越南、朝鲜半岛、印度和东南亚各国均产之,均从我国引种,后来渐渐传入欧美、非洲等地,但质量不佳。我国的苎麻产量为世界第一位,占世界总产量的 80% 以上,产地分布较广,除东北和西藏高原较寒地带外,黄河、长江和珠江流域等地区都有栽培,其产量以四川、湖北等省为最多。

供纺织用的苎麻多为栽培的草本麻,在温带地区每年收割两次,在亚热带或热带地区每年收割 3~4 次。苎麻纤维是麻类纤维中最优良的品种,可织造麻布、帆布、强韧绳索、降落伞等。造纸多用其下脚料、破布、破麻袋等,常在钞票纸、证券纸、卷烟纸等高级纸张中使用。苎麻种子可以榨油。

18.1.2 大麻 Gannbis sativa

大麻(hemp)为被子类 1 年生草本植物,桑科大麻属。别名:火麻(四川)、汉麻、苴麻、井麻、绳索、魁麻、绿麻、老黄麻、小麻子(陕北)、山川麻等。为我国最主要且产量最多的麻类作物之一,全国各地无论气候寒暖,土壤瘠沃均盛产之,西藏高原也有种植。大麻原产地是我国,公元前 1300 多年,人们种此麻,剥皮织作布匹和搓制绳索。蔡伦用破布、绳头造纸,后来遍及各地,其中就有大麻。

18.1.3 亚麻 Linum ustiatissimu

亚麻(flax)为被子类 1 年生草本植物,麻科亚麻属。别名:鸦麻、胡麻(甘肃)、野芝麻、土芝麻(四川)、大芝麻(四川),商业上所称的亚麻为整株亚麻茎秆内表皮的韧皮纤维部。木质部也可用于造纸,但纤维很短。我国的亚麻是汉代与葡萄、棉花同时从国外引入。由于亚麻对气候的适应性强,南起印度,北至俄罗斯都有种植,最适宜的种植地区为北纬 48°~55°。我国东北、西北、华北地区都是种植亚麻的黄金地带。普通栽培的亚麻，按其使用的目的可分为 3 种：①皮用亚麻或称纤维用亚麻，纤维较长，韧皮纤维含量较高，多用于纺织工业；②油用亚麻，韧皮纤维含量较低，种子含油量高，可达 34%~38%，可榨取食用油或工业用油，食用油即麻油或称香油；③两用亚麻，纤维及油含量介于上述二者之间。

亚麻纺的布透气性和抗水性较好、柔韧、坚韧，除生活用布之外，还可以作降落伞等国防和工业用布。亚麻纤维也是造纸的优良原料。钞票纸、证券纸、字典纸、卷烟纸等常掺部分亚麻纤维，多系纺织厂所余的废弃麻屑及破旧麻布和绳索等。亚麻厂在提取麻纤维后的余物，主要是麻茎秆木质部，其上还附着有部分未分离尽的麻纤维。近年纸厂用此废弃物造纸，曾取得较好的经济效益。

18.1.4　黄麻 Corchorus capsularis

黄麻（jute）多为 1 年生的草本植物，椴树科黄麻属。别名：络麻、绿麻、铁麻、草麻、印度麻等。黄麻是一种热带和亚热带植物，一般茎高 1~3m，茎秆圆形或椭圆形，直径可达 3cm 左右。黄麻原产地为印度，现在盛产于印度、巴基斯坦、巴西等地区。黄麻在我国分布较广，多在长江流域以南地区，野生和栽培都有。黄麻多用以编织麻袋、地毯、绳索等，又可与棉、亚麻、羊毛等混合纺织品用，也作造纸原料。

18.1.5　红麻 Hibiscus cannabinus

红麻（kenaf）为 1 年生草本植物，又名洋麻、槿麻、葵麻等。我国除青海、西藏等地外各地都有种植，其种植面积和总产量居世界首位，其中以河北、山东、河南、江苏、安徽、湖南、湖北等省种植面积较大。多用于麻绳、麻袋编织业。

红麻起源于印度和非洲，分布于世界各地，但主要集中于亚洲和非洲地区。中国、泰国、印度、前苏联、越南种植面积较大。我国南方的红麻多引种于印度，质量较好，北方红麻多引种于前苏联。耐寒及抗病虫害能力较强。

红麻产量大，生长周期短。抗碱性、耐寒性强，病虫害少，在土层含碱量 0.25% 以下的地区仍能正常生长，红麻的嫩叶、嫩梢是良好的饲料，其中蛋白质含量 14.3%~29.7%，脂肪 3.1%~8%，种子含油量 20% 左右，可食用或作肥皂。

全秆红麻是一种很有潜力的造纸原料，可采用现有的硫酸盐木浆、苏打 – AQ 浆、机械半化学浆等一般生产工艺。可用以生产许多常用纸及特种纸，可以配合其他纤维使用，也可以单独使用，制浆的综合成本比一般针叶树材便宜 20%~40%。

18.2　麻秆的生物学构造与细胞形态

大麻、亚麻、苎麻、黄麻、红麻、棉秆等的茎秆主要由两部分组成，即韧皮纤维及木质部。从茎秆的横切面来看，由外到里依次可分为表皮层、厚壁细胞组织、薄壁细胞组织、韧皮部、形成层、木质部和髓。

18.2.1 韧皮纤维超微构造

从纤维横切面观察,大多数韧皮纤维都是细胞壁厚、胞腔较小,纤维断面主要呈多角形和圆形。细胞壁一般也由胞间层(ML)、初生壁(P)、次生壁外层(S_1)、次生壁中层(S_2)及次生壁内层(S_3)组成。

韧皮纤维一般都细而长,是造纸和人造板的好原料。木质部纤维较短,形似阔叶树材纤维。韧皮纤维在茎秆中的排列和组合状态随品种而异。有的韧皮部较发达,皮质较厚,薄壁细胞含量少,从横切面看,每个"径向行"都由 5~6 个纤维束组成,如红麻、棉秆皮等的皮部组织比较发达,皮部比例高达 25%~30%(质量分数)。而亚麻、大麻等仅有 15%~20%,纤维束也较少。

在细胞壁的分层状态上,韧皮纤维也有它的特殊状态,一般是初生壁及次生壁 S_1 层较薄,如亚麻和大麻,在打浆时,初生壁及次生壁 S_1 层即大量破裂,暴露出较大面积的次生壁 S_2 层;另外,在一部分韧皮纤维(如大麻和苎麻)中有一部分纤维的次生壁 S_2 层,是由两层以上组成,如图 18-1 所示。

韧皮纤维的微纤丝,有两种排列类型,主要区别在次生壁 S_2 层上,一种是 S_2 层微纤丝的缠绕角度大,另一种角度特别小。而初生壁和次生壁 S_1 层的微纤丝状态基本上和木材相似。小角缠绕的韧皮纤维,如大麻、亚麻等,S_2 层微纤丝对纤维轴的绕角,(即纤丝角)一般都不大于 10°,如图 18-2 所示。这种类型的纤丝,一般较长,微纤丝直径较大。由于微纤丝的缠绕角度小,打浆时极易细纤维化,纤维纵裂成很多细长的纤维絮丝;具有大角度缠绕的品种,如红麻、黄麻、桑皮等,微纤丝倾角约 30°,有的还要大一些,微纤丝的直径也较小。由于细胞壁厚,胞腔直径小,纤维挺硬。在打浆时纤维不容易分丝帚化,易被切断。

麻类植物的木质部,断面形态实际上近似阔叶树材的散孔材,导管散布在纤维细胞及木射线细胞之间。射线细胞较多,从髓心一直延伸到皮部,并呈多行排列。在麻类植物的木质部,一般薄壁细胞含量较高,往往高达 30%~40%(体积比),超过一般阔叶

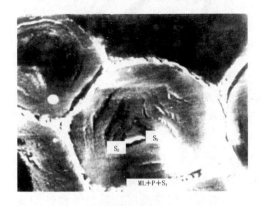

图 18-1 大麻纤维横切面(T6000×)
(王锐,1991)

图 18-2 大麻 S_2 层微纤丝走向,其微纤丝倾角不到 10°(T6000×)(王锐,1991)

树材的杂细胞含量。其原因是除木射线细胞之外还有髓细胞，纵向薄壁细胞。各类麻分述如下。

18.2.2 苎 麻

苎麻内表皮层（即韧皮层）易于剥取，与茎秆芯部分离。在微细结构上，苎麻纤维的特点是纤维壁为多层结构，即细胞壁的 S_2 层多由两层以上的结构组成，而且微纤丝又多呈轴向排列，吸收性及透气性较差。

苎麻纤维为植物纤维中最长的品种，最长者可达 26 000 μm，平均为 10 000 μm 左右，在纸浆中，苎麻的纤维多次被切断，但从纤维自然端头出现的几率可以推断出原料是很长的。在同一根纤维上，其宽度各区段不一致，有的部位宽，有的部位窄。纤维两头渐尖，端部多呈钝圆形或锥形。纤维壁上有明显的横节纹，有明显的细胞腔及纵向节纹。细胞腔中余留着一些细粒状物质及原生质。苎麻中有白苎麻、青苎麻、水苎麻等品种，但很难从纤维特征上加以鉴别。苎麻的纤维形态特征，如图 18-3 所示。以白苎麻为例的纤维长宽度测定见表 18-1。

表 18-1 显微镜及投影仪对白苎麻纤维长宽度测定

纤维长度（μm）		纤维宽度（μm）	
平均	一般	平均	一般
10 300	2 000~26 000	30	12~60

(a) (b)

图 18-3 苎麻的纤维形态特征图（王菊华，1991）
(a) 苎麻纤维，细而长的端部（LM80×） (b) 苎麻纤维段，明显的细胞腔（LM190×）

18.2.3 大 麻

大麻茎秆挺直，直径 3~5cm，高达 2~4m。茎秆韧皮部、木质部和髓部所占的比例约为 16%、80%、4%（质量分数）。在韧皮部的表面有一层角质层，是造纸和纺织无用的部分。木质部纤维短，早先都作烧火用，近年研究和试用结果表明，此木质部纤维如与长纤维浆混合使用仍是很有使用价值的。

大麻纤维的次生壁也为多层结构，围绕细胞腔出现若干个同心圆，在 100~200 倍的显微镜可见这些同心圆,从纤维表面上看呈现出若干纵向条纹,这是大麻和苎麻所特有的现象。此外大麻和其他麻类纤维一样,纤维壁上有明显的横节纹。与苎麻相比,大麻纤维较短、较细,细胞腔较小,但其胞腔则比亚麻的大且是连续的。纤维的尖端不如亚麻尖锐,呈钝圆形。大麻木质部的纤维近似阔叶树材,导管为杨木型导管,壁上有纹孔,髓细胞壁薄多呈圆形。

大麻纤维的 S_2 层微纤丝基本上都平行于轴向排列。大麻纤维形态测定见表 18-2。大麻纤维特征如图 18-4。

表 18-2　显微镜及投影仪对大麻纤维长宽度测定

项目		平均	最大	最小	一般	长宽比
纤维长度(μm)	皮部	16 000	30 000	3 000	12 000~25 000	364
	芯部	540	930	310	540~720	28
纤维宽度(μm)	皮部	18.6	31.0	8.3	12.4~24.5	
	芯部	19.3	28.9	12.4	14.5~24.8	
纤维壁厚度(μm)	皮部	7.4	10.0	5.0	6.0~9.0	
	芯部	2.4	4.0	2.0	2.0~3.0	
胞腔直径(μm)	皮部	5.8	10.0	2.0	4.0~8.0	2.25(壁腔比)
	芯部	10.1	18.0	4.0	4.0~10.0	0.48(壁腔比)
纤维粗度(mg/100m)	皮部	14.86				
	芯部	6.01				

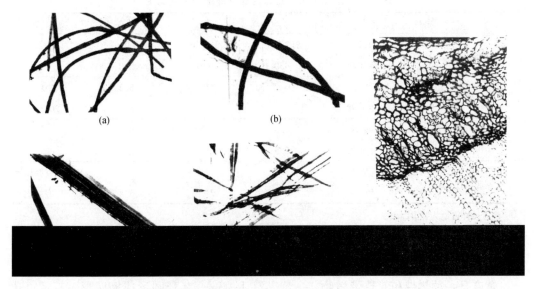

图 18-4　大麻纤维形态特征图(王锐,1991)
(a)(b)大麻纤维,具有横节纹(L80×)　(c)大麻纤维段(L190×)　(d)木质部纤维
(e)大麻秆横切面(L80×)(1. 韧皮部　2. 木质部)

18.2.4 亚麻

亚麻茎秆一般高 1m 左右，亦偶有高达 1.5m 者。茎秆较细，仅 1~3mm。两用亚麻较粗，但最粗者其根部直径也不超过 5mm。亚麻茎秆韧皮部质量仅占 15%~30%，梢部较高，比例可达 35%。

亚麻韧皮部和其他韧皮原料一样，除纤维外也含有薄壁细胞、导管和筛管分子等成分。亚麻纤维的纤维素含量较高，纤维圆柱形，表面平滑，中段直径均匀，两端逐渐变细，渐细的部分较长，可达纤维全长的 1/4，端头尖削，纤维壁较厚，并有明显的横节纹及膨胀节，节形多为"｜""×""∨"形。亚麻纤维的细胞腔非常小，显微镜下往往只见一条黑线，有时胞腔闭合，黑线消失。亚麻纤维壁上的横节纹多生长在初生壁外部，扫描电镜下有节纹突起的现象，这种现象随打浆程度的增加而减少，以致消失。亚麻纤维明显的横节纹，以及非常小的细胞腔，是鉴别亚麻的两大特征。另外还有一种湿-干实验法，也可作为鉴别亚麻的参考，即将一根湿的纤维，手持一端，另一端悬空，端部面向观察者，仔细观察纤维由湿变干的一瞬间，亚麻纤维做顺时针方向旋转，大麻纤维则作逆时针方向旋转，即所谓的湿-干实验法。亚麻木质部纤维特征与其他麻类作物木质部相类似，形态特征类似阔叶树材，有纤维、导管、薄壁细胞、射线细胞等。其特点是薄壁细胞比其他麻类少，体积小，而且多为杆状。

在超微结构方面，亚麻纤维的横切面表现异常的壁厚、腔小，S_2 层微纤丝多作轴向排列，由于 S_2 层微纤丝角度小，仅 5°左右。纤维形态测定见表 18-3。纤维形态特征如图 18-5。

表 18-3 显微镜及投影仪对亚麻纤维长宽度测定

项目		平均	最大	最小	长宽比值
纤维长度(μm)	皮部	14 370	29 620	3 040	—
	木质部	430	710	200	—
纤维宽度(μm)	皮部	17.5	41.1	8.2	820
	木质部	16.4	26.8	8.2	26.3
纤维壁厚度(μm)	皮部	7.5	10.4	6.2	
	木质部	2.5	2.7	2.0	
胞腔直径(μm)	皮部	5.4	12.5	2.1	4.41(壁腔比)
	木质部	13.1	21.4	5.4	0.58(壁腔比)

注：试样产地为甘肃固原。

18.2.5 黄麻

黄麻是一种热带和亚热带植物，一般茎高 1~3m，茎秆圆形或椭圆形，直径可达 3cm 左右。

黄麻是所有麻类中纤维最短的品种，纤维平均长度只 2 000μm 左右。与其他韧皮纤维相同，在显微镜下，黄麻纤维壁上有明显的横节纹。黄麻纤维细胞壁较厚，胞腔较

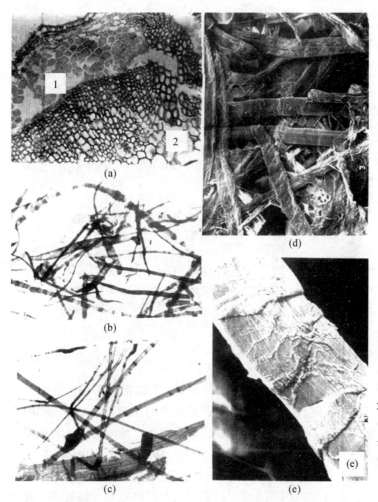

图 18-5　亚麻纤维形态特征图
(王菊华, 1991)
(a)亚麻秆横切面(LM80×)(1. 韧皮部 2. 木质部)　(b)亚麻秆纤维(LM80×)　(c)亚麻韧皮纤维段(LM80×)　(d)亚麻全秆纤维(SEM200×)　(e)亚麻纤维段(SEM560×)

小，纤维多呈柱状，纤维的横断面则呈5°~6°的多角形，细胞腔呈圆形或椭圆形，细胞壁中的次生壁层(S_2层)不显多层结构。纤维宽度不均匀，同一根纤维有的部位宽，有的部位窄。透过纤维壁观察，纤维细胞腔明显，但胞腔直径大小不均匀，小者呈一直线以至消失。黄麻纤维最大的一个特点是纤维表面木质化程度较高，因此黄麻机械浆、未漂化学浆与碘－氯化锌染色剂作用常呈黄色，近似漂白化学木浆的色泽，这种现象是其他韧皮纤维所少见的，一般韧皮纤维多呈棕红色或酒红色，可作为鉴别黄麻纸浆的重要依据。黄麻纤维形态特征如图18-6。黄麻纤维形态测定见表18-4。

表 18-4　显微镜黄麻纤维测定　　　　　　　　　　　　　　μm

项目		平均	最大	最小	一般	长宽比值
纤维长度	韧皮部	2 140	4 540	900	1 500 ~ 2 500	—
纤维宽度	韧皮部	17.2	26.4	13.2	18 ~ 24	12.4

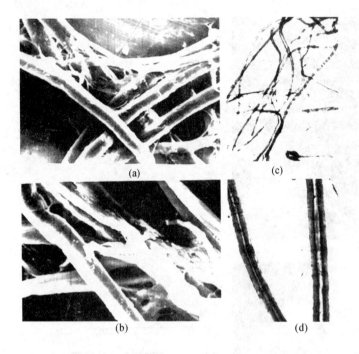

图18-6 黄麻纤维形态特征图
（王菊华，1997）
(a) 圆柱状黄麻韧皮部纤维（SEM500×）
(b) 黄麻茎秆纤维（SEM400×）
(c) 黄麻纤维，纤维宽度不匀（LM80×）
(d) 黄麻纤维段，具有不均匀的细胞腔（SEM560×）

18.2.6 红麻

红麻具有一个直立茎秆，茎秆高度3～5m，直径1～3cm，下部粗上部细。红麻茎秆的韧皮部、木质部和髓部三部分在茎秆上、中、下各部位所占的比例不同。韧皮部的比例是下小上大，木质部及髓部相反，髓部组织是上段比下段发达。按质量计，各种组织的质量比例平均是韧皮部30%～40%，木质部40%～50%，髓部10%～20%。

红麻韧皮部与木质部纤维形态差异较大，其纤维形态特征分述如下。

韧皮部由纤维、薄壁细胞、形成层组织等组成。红麻韧皮部纤维较长，接近于针叶树材的纤维长度，但宽度仅约为针叶树材纤维的一半，纤维壁上有明显的横节纹，腔胞直径较小，且不均匀，腔径大者约占纤维宽度的1/3，小者在图片上仅见一条黑线。纤维两端尖削。

薄壁细胞的细胞壁极薄，受外力后极易变形破损或卷曲，细胞壁上纹孔明显，薄壁细胞直径为纤维直径的2～3倍，形成有圆形、椭圆形、方形、长方形等。

形成层为一些半透明的膜状组织，常与若干未成熟的、仅初现轮廓的薄壁细胞或韧皮纤维或木质部纤维连接成片状，这些初形成的细胞一般只具有膜状的初生壁的组织。

不同品种的红麻，在纤维形态测定数值上有一定的差异，但并不十分显著。对20个品种的红麻作了测定，其韧皮纤维的算术平均长度多在2 600～2 900μm，略短于针叶树材木纤维（3 000～3 500μm）。红麻纤维宽度远比针叶木纤维小，红麻韧皮纤维宽度多在17～19μm，而针叶树材的纤维宽度一般平均为40μm。另外红麻韧皮纤维的细胞壁较厚，胞腔较小，壁腔比多在1.0以上，但由于纤维较细，成纸的纤维结合力仍然会很好，红麻韧皮浆优于一般的针叶树材木浆，不仅综合强度指标好，而且成纸细平，并有较好的印刷适应性。

红麻木质部纤维平均长度在 700~800μm，宽度多在 20~25μm。其纤维长宽度和杨木纤维相似。但和杨木相比，红麻木质部纤维细胞壁薄，厚度多在 1.5~2μm，而一般杨木为 3~4μm，而且红麻杂细胞含量比杨木高，杂细胞中又多半都是薄壁细胞。红麻木质部纸浆成纸撕裂度低，不透明度低，但纤维与纤维间的结合强度相当好。

红麻韧皮纤维的微纤丝在细胞壁上的排列状态和很多植物纤维不同的是：红麻 S_2 层虽为近轴向排列，但取向角度较大，与纤维轴交角为 30°~40°，与一般麻类纤维如亚麻、苎麻、大麻等不同，一般麻类纤维 S_2 层的纤丝角仅为 0°~5°。因此，同为麻类植物，而红麻与亚麻等植物物理性能不同。红麻纤维形态特征如图 18-7。

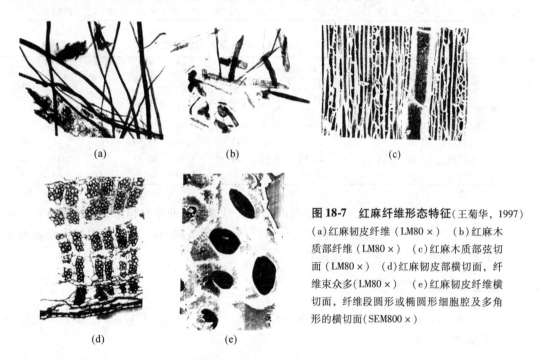

图 18-7　红麻纤维形态特征(王菊华，1997)
(a)红麻韧皮纤维（LM80×）　(b)红麻木质部纤维（LM80×）　(c)红麻木质部弦切面（LM80×）　(d)红麻韧皮部横切面，纤维束众多(LM80×)　(e)红麻韧皮纤维横切面，纤维段圆形或椭圆形细胞腔及多角形的横切面(SEM800×)

18.3　麻秆的化学和物理性质

18.3.1　麻秆的化学性质

麻类纤维原料均有较多的纤维素，除少数麻如黄麻、青麻外，其木质素含量较少，果胶质较多，常见麻类的化学组成见表 18-5。麻是韧皮纤维的一种，几种韧皮纤维原料的化学组成见表 18-6。

麻秆的化学组成与麦秸等相似，主要化学成分是纤维素、半纤维素和木质素。麻秆半纤维素中聚戊糖含量相当于阔叶树材最高值。麻秆的灰分含量远高于木材。麻秆的热水抽提物含量也较高，为 10%~25%，大部分为淀粉等低聚糖。麻秆的 1% NaOH 抽提物含量高于木材。

表 18-5　麻类的化学组成　　　　　　　　　　　　　　　　　　　　　　　　　　　　%

原料	水分	灰分	溶液抽提物					聚戊糖	木质素	酸溶木质素	果胶质	克贝纤维素
			冷水	热水	乙醚	苯醇	1% NaOH					
大麻	9.25	2.85	6.45	10.50	5.0	6.72	30.76	4.91	4.03	—	2.00	69.51
亚麻	10.56	1.32	5.94	—	2.34	—	—	—	—	—	9.29	70.75
苎麻	6.60	2.9	4.08	6.29	—	—	16.81	—	1.81	—	3.41	82.81
青麻	8.89	1.26	3.55	3.92	4.89	4.06	11.87	18.79	15.42	—	0.37	67.84
黄麻	9.40	5.15	8.94	—	—	—	—	—	11.78	—	0.38	65.32
红麻(湖南)	—	2.41	3.45	8.18	—	1.85	24.35	15.80	18.83	3.56	1.96	46.83
红麻皮	—	4.13	13.31	13.36	—	3.23	29.74	20.33	9.31	4.50	2.60	49.50

表 18-6　几种韧皮纤维原料的化学组成　　　　　　　　　　　　　　　　　　　　　%

原料	水分	灰分	溶液抽提物				聚戊糖	蛋白质	木质素	果胶质	硝酸乙醇纤维素
			冷水	热水	乙醚	1% NaOH					
桑皮(河北)	—	4.40	—	10.42	6.13	8.74	8.84	54.81	—	2.00	69.51
构皮(贵州)	11.20	2.70	5.85	9.48	6.04	14.32	9.46	39.98	—	9.29	70.75
雁皮(浙江)	10.37	2.48	6.70	12.45	5.18	17.46	12.84	38.49	—	3.41	82.81
三丫皮(贵州)	12.43	3.25	7.25	10.12	5.54	12.15	8.81	40.52	—	0.37	67.84
檀皮(安徽)	11.86	4.79	6.45	8.14	4.25	10.31	5.60	40.02	4.50	2.60	49.50

非木材植物纤维素的平均聚合度低于木材纤维素。非木材植物纤维原料中的木质素与阔叶树材的木质素相似，是由 G、S、H 三种类型组成的，但其 H 型的比例远高于针叶树材和阔叶树材中相应的比例。

18.3.2　麻秆的物理性质

麻秆芯结构致密、纤维长。红麻密度较小，为 $0.14\sim0.17\text{g/cm}^3$，仅为一般造纸用针叶树材的 1/2。

复习思考题

1. 描述麻秆的韧皮纤维超微构造及其与木材的异同。
2. 麻秆化学性质的特点是什么？

第19章

棉　秆

本章简要概述我国棉秆资源的分布状况,重点讲述棉秆的生物学构造、细胞形态及棉秆的主要化学和物理性质。

19.1　棉秆资源分布

棉秆(cotton stalk)是双子叶草本植物。棉秆在分类学上属锦葵科,棉属。是半木质化原料。

我国每年约有棉秆4 000万t。黄河流域、西北、华北、东北、华南为主要产棉区。生长环境:旱地栽培。1年生草本植物,也有多年生而近于灌木。

棉花虽为造纸工业的优良原料,但它主要是作为纺织工业的原料。棉秆皮即棉花茎秆的韧皮,用于制绳、织麻袋、造纸、造船填缝等。棉秆芯制成浆后可与长纤维浆料配合抄纸。全棉秆是很好的造纸和人造板的原料。

19.2　棉秆的生物学构造与细胞形态

19.2.1　棉秆的生物学结构

棉秆、大麻、亚麻、苎麻、红麻、黄麻等属于韧皮纤维。棉秆高度多在2m以下,主茎直径多在2cm以下。正株棉包括根、茎、冠三部分,根系由主根和毛根组成;茎由主干和支干组成;冠由分枝、叶、桃组成。韧皮纤维的茎秆主要由两大部分组成,即韧皮部和木质部。从茎秆的横切面上看,由里到外依次可分为表皮层、厚角细胞组织、韧皮部、形成层、木质部和髓。按质量比,皮占总量的30%,木质部占65%,髓占4.5%。按体积比,皮占总体积的20.75%,木质部占63.3%,髓占15.95%。棉秆横切面如图19-1。

皮质部分厚度在2mm左右,皮质部分又分为表皮,表皮角质层约0.1mm厚;皮层薄壁细胞约厚0.1mm和初生韧皮部厚0.4~0.5mm。纤维的平均长度1 720μm,最长的可达4 500μm,平均宽度20μm。表皮外层细胞近长方形,外壁角质化,并覆有角质膜,表皮上有气孔茸毛。气孔是植物体与外界交换气体的通道,皮层外部有一层蜡质似角质细胞形成木栓层,占棉秆重量0.3%~0.6%的表皮角质层为深褐色薄片状,遇水氧化成黑色,它使人造板和纸张表面形成黑斑。

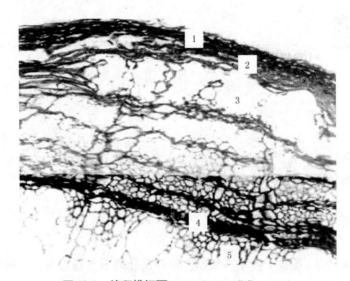

图 19-1　棉秆横切面(LM175×)(王菊华，1991)
1. 表皮层　2. 厚角细胞组织　3. 韧皮部　4. 形成层　5. 木质部

19.2.2　棉秆的细胞形态

棉纤维的结构与木材纤维类似，外壁是初生壁，内层为次生壁，中间中空的部分为胞腔。棉纤维没有胞间层，初生壁主要由蜡和果胶质组成，初生壁厚 $0.1\sim0.2\mu m$，成熟棉纤维的初生壁占全纤维质量的5%以下，初生壁微细纤维交织成疏松网状。S_1 层厚度约 $0.1\mu m$，微细纤维绕纤维轴螺旋并行排列，螺旋角很大，S_2 厚度大，微细纤维走向与 S_1 层几乎垂直，与纤维轴夹角为 $20°\sim30°$。

棉皮属韧性纤维，韧性很强，与其他韧皮纤维相比，棉秆皮的纤维较短，一般只有 $2\,000\mu m$ 左右。棉秆皮纤维细胞壁上少纹孔而有明显的节纹，纤维外壁常附有一层透明的胶膜。纤维的端部为尖形。棉秆皮浆料中，有螺纹型和环纹型导管及一些不定形物。

棉秆细胞壁比木材薄，细胞腔大，细胞之间的纹孔数量多。植物液体通路的体积与植物的容积成反比，与压缩比成正比，如容积比低的植物，液体通路的体积可达50%以上，棉秆的导管长度达几厘米，水分疏导很快，每小时可达1m。细胞壁有纤维素和果胶质组成。

棉秆的木质化部分主要由导管、木纤维、射线和轴向薄壁组织等组成，其中木纤维在棉秆内起骨架作用。棉秆芯纤维较短，枕形和球形薄壁细胞较多，导管分子两端开口，具有蛇状尾部，与阔叶树材导管形态相似。棉秆中还有一定量的果胶，主要分布在韧皮部及形成层中。

棉秆的髓心占棉秆总体积的8%，是较大的薄壁细胞组成，呈多面体或椭圆形，细胞排列疏松，有明显的胞间隙，强度低而易碎，是人造板和造纸的不利因素。棉秆纤维测定见表 19-1 和表 19-2。

表 19-1　投影仪测定的皮部、芯部的纤维长度、宽度结果

部位	长度(μm)				宽度(μm)				长宽比值
	算术平均	最大	最小	一般	算术平均	最大	最小	一般	
皮部茎部	2 200	6 100	620	1 420～3 060	18.0	30.2	9.0	15.2～21.8	122
芯部茎部	800	2 030	400	600～900	26.6	56.6	12.0	20.1～33.6	30

表 19-2　光学显微镜测定的皮部纤维细胞壁壁厚、腔径

部位		平均(μm)	最大(μm)	最小(μm)	一般(μm)	壁腔比值
皮部茎部	壁厚	5.8	8.0	3.0	4.0～7.0	2.7
	腔径	4.3	12.0	1.0	2.0～8.0	
芯部茎部	壁厚	2.7	5.0	1.5	2.0～4.0	0.3
	腔径	18.9	42.0	4.0	8.0～30.0	

注：样品采集地为山东省。

19.3　棉秆的化学和物理性质

19.3.1　棉秆的化学性质

棉纤维和棉绒化学组成主要是纤维素，棉纤维不含木质素，此外含少量的果胶质、脂肪与蜡，极少的灰分。棉纤维经脱脂后，几乎纯由纤维素组成。棉纤维和棉绒化学组成见表 19-3。

棉秆皮的外皮中含有较多的蜡和果胶质，与棉纤维的化学组成有较大差别，棉秆的化学组成见表 19-4。

表 19-3　棉纤维和棉绒化学组成　　　　　　　　　　　　　　　　　　　　　　%

项目	纤维素	木素	果胶质及聚戊糖	脂肪与蜡	氮(Kjeldhl 法)	灰分
棉纤维	95～97	—	1	0.3～1.0	0.2～0.3	0.1～0.2
棉绒：未精制	90～91	3	1.9	0.5～1.0	0.2～0.3	1～1.5
棉绒：精制	98.5～98.6	—	1～1.2	0.1～0.2	0.02	0.18～0.3

表 19-4　棉秆的化学组成　　　　　　　　　　　　　　　　　　　　　　　　　%

项目	棉秆皮		棉秆芯		秆皮混合料(四川)
	四川	河北邯郸	四川	河北邯郸	
灰　分	6.85	4.87	1.66	1.56	3.20
苯醇抽提物	2.10	3.92	0.98	1.57	1.43
1% NaOH 抽提物	46.40	55.83	20.68	40.84	28.53
聚戊糖	17.51	17.41	21.19	19.33	19.21
果胶质	—	7.38	—	1.35	—
木　素	19.18	15.26	23.07	16.55	22.00
纤维素[①]	44.69	55.26	54.47	64.26	50.23

注：①亚氯酸钠法综纤维素。

棉秆随贮存时间的延长和贮存条件不同，化学成分、纤维质量及制成的产品的物理力学性能均有变化。棉秆中棉皮纤维韧性很强，适宜于作人造板和制浆造纸的原料，但不易切断，给刨花制备、干燥、铺装等造成困难。

据分析，棉秆中含粗蛋白 4.9%，粗脂肪 0.7%，粗纤维 41.4%，可溶性碳水化合物 53.6%，粗灰分 3.8%，还有丰富的矿质元素。近年来，我国大力推广低酚棉，种植面积不断增加。低酚棉秸秆含水分 6.27%，粗蛋白 6.01%，粗脂肪 0.47%，无氮浸出物 4.80%，粗灰分 5.07%，钙 1.81%，磷 0.08%，纤维素 42.26%，半纤维素 20.80%，木质素 14.43%，所以低酚棉秸秆可作草食家畜的饲料资源。

19.3.2 棉秆的物理性质

19.3.2.1 棉秆的力学性能　由棉秆的生物构造和化学组成可以推断，与一般木材相比，棉秆的力学性能相差较大，约与最低级木材相当，棉秆与木材的力学性能比较见表 19-5。

表 19-5　棉秆与木材的力学性能比较　　　　　　　　　　　　　MPa

原料		轴向抗拉强度	垂直抗拉强度	静曲强度	抗压强度 顺纹	抗压强度 横纹	剪切极限	密度（g/cm³）	硬度
棉秆		18	0.55	45	28	3.5	5.5	0.3	27
木材	甚低级	15		<50	<25	<3	<5.0	<0.4	<30
	低级	20		50~80	25~35	3~4	5.0~10.0	0.4~0.55	30~50
	中级	25	1.1	80~120	35~56	4~6	10~15	0.55~0.70	50~70
	高级	25		120~170	65~84	6~8.4	15~20	0.701~0.85	70~100
	甚高级	40		>170	>84	>8.4	>20	>0.55	>100

19.3.2.2 棉秆的物理性能　棉秆的物理性能与木材相比有较大不同，它的绝干密度低于木材，只有 0.3g/cm³，吸湿性能高于木材，吸湿速度快，热容量低于木材，pH 值高于木材，棉秆与木材物理性能比较见表 19-6。

表 19-6　棉秆与木材物理性能比较

类别	密度（g/cm³）	含水率（%）	热容量	pH 值
棉秆	0.3	15	0.22	7.2
中级木材	0.5~0.8	30~50	0.328	5~6

棉秆的吸湿特性具有实际意义，根据不同的原料采取不同的工艺措施，以达到预期效果。棉秆与木材经热压后自然吸湿、吸水性能比较列于表 19-7。

表 19-7 表明，自然吸湿 8h 后的吸湿膨胀率棉秆原料平均 10.55%，木材平均为 0.56%，棉秆高出木材的 18.8 倍，水浸泡 4h 后吸湿膨胀率，棉秆原料与阔叶树材基本相当，吸湿膨胀率最小的是针叶树材。

表 19-8 是棉秆与柳桉、落叶松木材绝干时的横截面积和含水率 20% 时的横截面积与膨胀率以及水饱和时的横截面积比较，吸湿含水率 20% 时的截面积和膨胀率基本相

表 19-7 棉秆与木材经热压后自然吸湿、吸水性能比较

类别	自然含水率(%)	原高度(mm)	热压后含水率(%)	热压后高度(mm)	自然吸湿 8h 后高度(mm)	吸湿膨胀率(%)	吸水 4h 后高度(mm)	吸水膨胀率(%)
棉秆 1	19.7	12	0.5	3	4	11.1	8	55
棉秆 2	19.7	14	0.5	4.5	5.5	10	12	79
水曲柳	19	19	0.8	20.7	21	0.6	35	78.1
柞木	19	39	0.8	20.5	20.6	0.54	32	62.2
榆木	19	39	0.8	20	20.1	0.54	37.5	92
落叶松	21	39	0.8	21	21	—	23	11.1

注：棉秆与木材在温度 160℃，2.0MPa 热压 15min。

表 19-8 棉秆与木材横截面吸湿吸水膨胀比较

类别	绝干时横截面积(mm²)	含水率20%横截面积(mm²)	膨胀率(%)	水饱和时横截面积(mm²)	膨胀率(%)
棉秆 1	268.7	283.4	1.055	314	1.1686
棉秆 2	158.3	165	1.042	176.7	1.1156
柳桉	400	424.3	1.06	423.6	1.0824
落叶松	400	410	1.025	420	1.05

当，水饱和时棉秆比木材的截面积和膨胀率高。

我国每年约有 4 000 万 t 棉秆，每年全国有 85% 的棉秆作为燃料消耗，如用其中 1/3，可制板材约 1 400 万 m³。近十年来，各国都在研究棉秆制板技术，国内外也都建立了棉秆刨花板生产线。

棉秆中纤维素含量高，其中以性能优良的 α 纤维素为主，是棉短绒、木浆原料的重要补充。

复习思考题

1. 描述棉秆的细胞形态。
2. 棉秆有何化学和物理性质？

第 20 章

芦 苇

本章简单讲述了我国芦苇资源分布状况,重点介绍了芦苇的生物学构造、细胞形态及芦苇的主要化学和物理性质。

20.1 芦苇资源分布

芦苇(reed)是禾本科芦苇属,为根茎型多年生高大挺水草本植物,营养繁殖力强,天然种群以根茎繁殖补充更新,是典型的无性系植物。

芦苇喜生沼泽地、河漫滩和浅水湖,广布全球各大洲。我国北自寒温带,南至亚热带都有分布。芦苇对土壤要求不严,耐盐,可以在潮湿无水或水深1m左右正常生长,在pH值6.5~9.0的偏酸性、中性、碱性以及在氯离子含量高达0.5%的滩盐土或水边都可形成以芦苇为优势种和伴生种的群落。生长季节长,生长快,产量高。优势芦苇群落其高度一般为2~3m,盖度在80%以上。发育良好的芦苇群落郁闭度很高,在适宜环境条件下常形成单种群落。

芦苇具有较高的经济价值和生态价值。可用于造纸、编织、药材等,营养生长期粗蛋白含量在禾草中居于上等,是优良的饲草,叶、茎、花絮、根亦可入药,与木材相仿,是优质的造纸原料,在我国造纸工业中居重要的地位。河漫滩芦苇湿地对工业污水中的有毒有害物质有较强的吸收和吸附能力,减缓水流速度和加快泥沙沉降,具有排洪、固沟、护堤的作用。浅水湖芦苇湿地是世界珍稀禽类的栖息和繁殖场所,有的已被列入国际重要湿地名录。

我国每年大约生产芦苇200万t,约占其世界总产量的6%,主要分布在湖南、湖北、江苏、河北、辽宁、黑龙江和新疆等省(自治区)。由于其适应性强,地下茎具有强劲的营养繁殖能力,使芦苇沼泽成为我国分布面积最大的沼泽植被。

20.2 芦苇的生物学构造与细胞形态

20.2.1 芦苇的生物学构造

20.2.1.1 芦苇的解剖结构 芦苇是典型的无性系植物,天然种群主要依靠营养繁殖补充更新。芦苇根茎存活时间最多为6年,根茎从第5年开始大量死亡,至最高6龄级仅占甚小比重。

芦苇秸秆长2.5~4.2m,直径一般为0.3~0.8cm(最大为1~1.2cm),茎秆壁厚

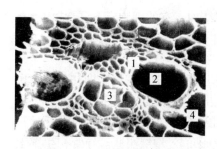

图 20-1 芦苇秆维管束的横切面
（SEM84×）（王菊华，1980）
1. 纤维 2. 导管 3. 筛管 4. 薄壁细胞

0.3~0.9mm。芦苇上下部直径相差较小，与荻不同，节间无枝丫，节部包有鞘叶，荻花穗易散落，芦苇花穗则不易散落。

芦苇秆维管束的横切面生物构造如图20-1。芦苇茎部维管束的排列呈环状，维管束沿茎轴作环状排列，茎秆是空心的。

芦苇茎秆的内皮，比一般禾本科植物厚，常称其为芦苇膜，不透明，硅质化程度较高，受到外力时容易和与其相连的薄壁组织分离。

芦苇叶部也有表皮组织、薄壁组织、维管束组织等。但与茎秆构造不同，叶部没有纤维组织带，纤维细胞很少，生长在维管束周围，构成极薄的纤维束鞘。叶部的表皮细胞含硅量比茎部多，表皮细胞多呈锯齿状，叶部的表皮细胞、硅质细胞、栓质细胞、气孔器、边毛细胞等较多，排列状态也与茎部不同。此外，叶部还比茎部多液泡组织，在成熟叶中形成较大空腔。芦苇叶部横切面如图20-2。

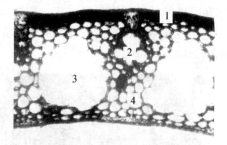

图 20-2 芦苇叶的横切面
（SEM100×）（王菊华，1980）
1. 表皮组织 2. 维管束 3. 液泡 4. 薄壁细胞

20.2.1.2 芦苇的超微结构 芦苇纤维的层状结构：针叶树材木纤维的次生壁一般分为3层，即外层（S_1）、中层（S_2）、内层（S_3），S_2层是主要部分，占细胞壁的70%~80%。芦苇却不同，各层在纤维中的比例不一致，有的纤维S_2层比例大，有的纤维三者各占1/3，而且芦苇中有一部分纤维的次生壁的分层超过3层，这种次生壁分为4层或4层以上的纤维，多是厚壁纤维，在芦苇的维管束区和纤维组织带区都有，占纤维总数的1/3~1/2。形成这种多层现象的原因与木纤维形成三层的原因类似，是由于微纤丝的角度或方向发生变化，在层间界面上，化学成分与其他部位也有所不同，由于次生壁层数增加，往往只在次生壁中层上，故以次生壁1、2、3、4命名，用S_1、S_2、S_3、S_4表示。如图20-3。

芦苇纤维的微纤丝状态：芦苇纤维的微纤丝排列方式和针叶树材木纤维相比，有部分类似之处，即在胞间层（ML）无微纤丝组织，初生壁（P）微纤丝成网状排列，次生壁外层（S_1）微纤丝呈交叉螺旋形，方向接近与纤维轴垂直，在次生壁中层（S_2）微纤丝的角度逐渐减小，由70°~80°逐渐减小到30°~40°，直至近乎与轴平行，部分微纤丝的方向由S形螺旋形转变成Z形螺旋形。这种现象称为微纤丝排列的异向性，并在两

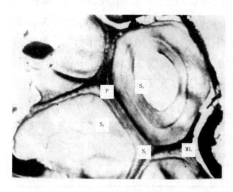

图 20-3 芦苇纤维的横切面（TEM9000×）
（王菊华，1980）

层异向组织的界面处出现明显的分层界面。至于 S_3 层结构,有的细胞有 S_3 层结构,有的无明显的 S_3 层,S_3 的微纤丝呈平行的横向螺旋状排列。芦苇纤维次生壁中层(S_2)的横切面如图 20-4。

芦苇的导管和薄壁细胞共同的特点是细胞壁薄,但细胞壁仍分三层,即初生壁、次生壁外层、次生壁内层,在细胞与细胞交接的区域常出现空隙(即无胞间层组织)。次生壁外层与次生壁内层间有明显的界限,两层厚度相差不多,薄壁细胞上的微纤丝排列,P 呈乱网状,S_1 及 S_2 呈规则的网状,S_2 的微纤丝倾角较 S_1 层小些。导管初生壁上微纤丝亦是网状,次生壁上由于有许多纹孔,纹孔口附近的微纤丝呈环状排列,其他部位的微纤丝较紊乱。表皮细胞壁较厚,呈多层状态,胞腔直径较小,其中常有内填物。

芦苇的纹孔:芦苇纹孔的种类随细胞类型而不同。薄壁细胞上的纹孔为单纹孔,纤维和导管的纹孔都为具缘纹孔,与针叶树材的具缘纹孔相比,纹孔较窄,纹孔膜上无纹孔托,纹孔室呈锥形。与针叶树材一样,纹孔膜上的微纤丝为网状结构。芦苇导管纹孔如图 20-5。

图 20-4 芦苇纤维次生壁中层(S_2)的横切面
(TEM6000×)(王菊华,1980)

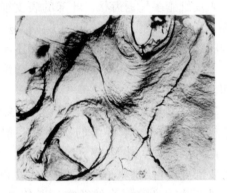

图 20-5 芦苇导管纹孔(TEM16500×)
(王菊华,1980)

20.2.2 芦苇的细胞形态

芦苇纤维长度、宽度介于稻草和麦秸之间,平均长度为 1 120 μm 左右,宽度为 9.7 μm 左右。芦苇的纤维形态与稻草很相似,但芦苇非纤维细胞比稻草和麦秸少,非纤维细胞中有较多的杆状薄壁细胞。芦苇的导管及表皮细胞都较稻草的粗而长,表皮细胞有一边有锯齿的,也有两边都有锯齿的,齿形均匀,齿端较尖。芦苇中的穗、鞘、节、膜上的表皮细胞、薄壁细胞较多。纤维测定见表 20-1 和表 20-2。

表 20-1 投影仪测定的纤维长度、宽度结果

部位	长度(μm)				宽度(μm)				长宽比
	算术平均	最大	最小	一般	算术平均	最大	最小	一般	
茎部	1 160	4 170	400	630~1 300	10.0	26.7	4.3	6.0~14.0	116

表 20-2 光学显微镜测定的纤维细胞壁壁厚、腔径

部 位		平均(μm)	最大(μm)	最小(μm)	一般(μm)	壁腔比
茎部	壁厚	3.0	5.0	1.5	2.0~3.5	0.33
	腔径	3.4	12.0	1.0	1.5~6.0	

注：样品采集地为天津近郊。

20.3 芦苇的化学和物理性质

20.3.1 芦苇的化学性质

芦苇的主要成分是纤维素、半纤维素和木质素，还有少量的可溶性糖类、粗蛋白等。

芦苇纤维素分子由 800~1 200 个葡萄糖分子组成，其平均聚合度为 1 000 左右。

芦苇的木质素属于愈疮木基-紫丁香基木质素类（GS-木质素），基本结构单元为愈疮木基和紫丁香基，含有少量的对羟苯基。紫丁香基与愈疮木基之间的比例为 0.5~1.0。木质素中含有 7%~12% 的酯基，其中对香豆酸和阿魏酸是酯基化合物的主要组成。木质素含碳量高，含氢量低，分子量低，降低了木质素的化学稳定性。

芦苇的主要半纤维素是阿拉伯糖基葡萄糖醛酸基木糖。与许多草类分离的聚木糖相似，由 β-D-吡喃式木糖以 1→4 联结的长链为主链，也带有短支链。约 52 个吡喃式木糖构成的主链上，联有 3.2 个 L-呋喃阿拉伯糖基支链和 1.7 个 D-吡喃式葡萄糖醛酸基，一般连接在主链木糖基的 C_2 和 C_3 位置上。主要化学组成见表 20-3。

表 20-3 辽宁盘锦芦苇的化学组成　　　　　　　　　　　　　　　　%

灰 分	苯-乙醇	1% NaOH	木质素	酸溶木质素	综纤维素	聚戊糖
4.39	3.57	35.06	20.13	1.62	73.30	32.89

一般高等植物体中含氮 14mg/g 干重，含磷 2mg/g 干重。而芦苇属于富营养化沼泽植物，对氮和磷等营养物质的要求较高。据测定，芦苇植株含氮 18mg/g 干重，含磷 3mg/g 干重。新鲜芦苇富含蛋白质、糖分、矿物质和维生素，纤维素较少，营养相对平衡，是较好的动物饲料。但不同生长环境的芦苇化学组成有差异，5 月采集甘肃临泽地区不同生态环境鲜芦苇的营养成分含量见表 20-4。

表 20-4 不同生态环境芦苇的营养成分含量　　　　　　　　　　　mg/100mg

种 类	可溶性糖	淀粉	纤维素	粗蛋白	可溶性蛋白	灰分
沼泽芦苇	15.7	37.6	10.5	15.51	2.15	4.90
盐化芦苇	11.5	37.3	11.9	17.63	0.64	10.40
过渡带芦苇	17.6	36.0	9.0	15.50	3.57	10.41
沙丘芦苇	16.5	46.1	11.4	16.30	0.77	4.65

过渡带芦苇是盐化草甸-沙丘类芦苇，沼泽芦苇、盐化草甸芦苇、沙生芦苇和盐化草甸-沙丘芦苇的含水率不同，由表可以看出不同生态环境芦苇的化学成分有所不同，盐化芦苇的可溶性糖和可溶性蛋白含量低。另外，不同生长时期的芦苇，营养成分也不同，营养期的化学组成更适宜于作为饲料。不同生育期芦苇的营养成分见表20-5。

表20-5　不同生育期芦苇的营养成分　　　　　　　　　　　　　　　%

生育期	水分	粗蛋白	粗脂肪	粗纤维	无氮浸出物	粗灰分	钙	磷
营养期	6.21	12.49	2.25	29.13	44.42	5.5	0.45	0.16
抽穗期	6.14	9.94	1.67	29.77	42.73	9.75	0.14	0.06
结实期	6.53	7.10	1.71	35.08	39.96	9.62	0.28	0.10

注：柴达木地区。

芦苇叶含有一定量的黄酮类化合物，具有一定的医药功能和抗氧化作用，高等植物通过根部从土壤中吸收 N、S、P、K、Ca、Mg、Fe 等元素，此外，还需要吸收一定的"微量元素"，包括 Mn、Cu、Co、Ni 等。由于不同土壤环境中金属离子分布的差异，造成生长在不同地理环境的植物体中金属离子的种类及含量不同；由于不同植物生长所需元素的差异，使植物在吸收金属离子时存在选择性。用原子吸收光谱法测定芦苇的金属元素含量及分布，原料用40目标准筛进行筛分，留40目部分称为片，过40目部分为末。

表20-6　芦苇中金属离子分布　　　　　　　10^{-6} g/g 绝干样品

样品	Mn	Cu	Fe	Ca	Mg	Al	Na	Si	Co	Ni
芦苇片	460.2	9.9	481.4	1 569	625	763	134	941.3	<0.1	<0.2
芦苇末	305.2	102.2	243.9	428.5	1 569	1 628	805	24 285	0.1	12.1

注：湖南省岳阳造纸厂芦苇。

由表20-6可知，草类原料的金属元素含量明显高于木材原料。芦苇原料中存在着多种金属元素，其中以 Si、Ca、Al、Fe、Mn、Na、Mg、Cu 元素为主，Si 和 Al 含量高，使碱法草浆的黑液提取和碱回收等产生严重的硅干扰。芦苇中 Cu、Mn、Fe、Al、Na 的含量高于其他植物原料的相应含量。

由于禾本科原料中含有大量(比木材原料中高得多)的 Ca、Mg 元素，较多量的 Mg^{2+} 和 Ca^{2+} 离子，用 O_2 漂时具有保护碳水化合物的作用。

不同的植物器官在植物生长过程中功能不同，带来了不同部位中金属离子分布等的差异。除苇末中的 Mn、Fe 含量稍低于苇片外，其他各种金属元素均是苇末及竹末中的含量显著高于苇片及竹片的相应含量。这是由于不同级分中的薄壁细胞、表皮细胞及纤维细胞的含量不同所造成的。体积大的级分中，含纤维较多，含薄壁细胞较少，体积小级分的样品中，含有较多的纤维碎片及大量的薄壁细胞。薄壁细胞是植株中的贮存器官，含有较多的金属离子，表皮细胞中则含有大量的硅细胞。因此，随着级分的粒度变细，样品中金属离子的含量增加。

20.3.2　芦苇的物理性质

芦苇是一种优质的植物原料，其茎中的纤维素含量达40%~60%。芦苇的物理化学特性接近于木材，芦苇的优点是纤维素含量与木材相当，比杨木高，比红松略低。缺点是芦苇秆壁密度偏大，气干密度为 $0.65g/cm^3$。

芦苇可作为生产刨花板原料，由于芦苇秆壁密度大导致刨花板密度大，尤其是灰分含量较高，一般为 3.0%~5.0%，分别是棉秆、甘蔗渣和亚麻屑的 2、2.5 和 3 倍，是木材的 4~12 倍，这些灰分对生产芦苇刨花板的质量是有害的。苇叶和苇膜中 SiO_2（灰分的主要成分）含量非常高，备料工段应尽量除去。芦苇可以代替木材用于造纸是优质的造纸原料，在我国造纸工业中居重要的地位。

复习思考题

1. 描述芦苇的解剖结构与超微结构。
2. 芦苇有何化学和物理性质？

第 21 章

玉米秸

本章简单讲述了我国玉米秸资源分布状况,重点介绍了玉米秸的生物学结构、细胞形态及玉米秸的主要化学和物理性质。

21.1 玉米秸资源分布

玉米是禾本科禾亚科玉蜀黍属。别名:包谷(通称)、包米(东北)、棒子(山东)、玉米(河北、广西、四川)、玉菱(山西)。产地:全国各地。生长环境:旱地栽培作物。玉米在世界粮食生产中的产量居第三位。全世界每年玉米秸的产量超过 7.9 亿 t,其中我国约为 2.2 亿 t,仅次于美国而位居世界第二。我国每年约有 2.2 亿 t 玉米秸(corn stalk),占农作物秸秆总产量的 30% 左右。因此玉米秸资源丰富,可用于酿酒、生产人造板和造纸。但是目前玉米秸除了极少一部分被用作牛羊等畜类饲料外,绝大部分被废弃,并未得到合理应用。

21.2 玉米秸的生物学构造与细胞形态

21.2.1 玉米秸的生物学构造

玉米秸在禾本科植物中较为粗壮,长度为 0.8~3m,直径 2~4.5cm,有明显的节和节间。每亩[①]玉米可产气干秸秆 400~500kg。玉米秸主要由叶和茎组成,其中茎又由外皮和髓组成。茎中含有较多的髓是玉米秸的特点。叶、外皮和髓的含量见表 21-1 所示。

表 21-1 玉米秸秆各部分含量及特性

组分名称	叶	外皮	髓	其他
密度(g/cm^3)	0.23	0.39	0.045	—
纤维(%)	30	50	20	—
质量比(%)	40	35	15	10
容积比(%)	47.5	29.7	22.9	—

如同其他禾本科植物一样,在玉米茎秆的横切面上,在光学显微镜下可以看到 3 种组成:表皮组织、基本薄壁组织和维管组织。

---

① 1 亩 = 1/15hm^2。

表皮是植物茎秆最外面的一层细胞,是 1 个长细胞与 2 个短细胞交替排列,几乎充满 SiO_2(称为硅细胞)和另一种具有栓质化的细胞(称为木栓细胞)组成短细胞。由于矿质化和栓质化的结果,表皮含有较多的玉米秸硅化物和蜡质。

在扫描电子显微镜下可见,玉米秸维管束散生于基本组织中,因而区别不出皮层和髓的界线;各维管束中不形成侧生形成层,无次生构造。

散生的维管束均由原形成层形成,分布不均匀,愈往外围愈小而密集,近中心则大而排列较为疏散。在近中部的放大维管束中,在茎尚未停止生长时就已成熟的原生木质部被撑破,留下空隙,导管是在茎停止生长后形成的,属于后生木质部,存在少量初生韧皮部,木质部和韧皮部的外围是纤维所包围。在靠近表皮的边缘维管束中,围绕输导组织的纤维更多,具有机械支撑作用的组织延伸到表皮的内层,形成包围整个茎的一环,靠近茎外围的薄壁细胞的壁要比内部的薄壁细胞厚些。维管束散布在整个茎秆的断面上,呈星状排列,近表皮的排列较密,髓部较稀,维管束鞘较薄。

21.2.2 玉米秸的纤维形态

玉米秸和其他禾本科草类原料最大的不同点是杂细胞含量大,占总面积比的 70% 左右(未去髓),纤维长度一般在 520~1 550μm,两端尖削,胞壁上有显著的节纹而少纹孔。纤维分布的情况和甘蔗渣近似,不过近心部的纤维更少。薄壁细胞的形状也和甘蔗渣中相似,只是数量较多,约为甘蔗渣的 2 倍。其表皮细胞和导管也都和甘蔗的相似,但体积较小。玉米秸纤维的测定见表 21-2 和表 21-3,玉米秸秆纤维形态及与其他植物的对比见表 21-4。

表 21-2 投影仪测定玉米秸的纤维长度、宽度结果

部位	长度(μm)				宽度(μm)				长宽比
	算术平均	最大	最小	一般	算术平均	最大	最小	一般	
茎部	1 360	2 800	400	700~2 000	15.1	29.6	7.2	10.0~20.0	90

表 21-3 光学显微镜测定的纤维细胞壁壁厚、腔径

部位		平均(μm)	最大(μm)	最小(μm)	一般(μm)	壁腔比
茎部	壁厚	3.0	3.9	2.0	2.7~3.5	0.34
	腔径	17.5	20.5	12.3	13.8~18.8	

注:样品采集地为辽宁省锦县。

表 21-4 玉米秸秆纤维形态及与其他植物的对比

原料名称	玉米秸秆		麦草	蔗渣	棉秆	稻草	白桦
	外皮	叶					
纤维长度(μm)	1 600	1 280	1 320	1 700	1 010	920	1 210
纤维宽度(μm)	10.67	13	12.9	22.5	22.2	8.1	18.7
长宽比	156	98	102	75.5	46.4	114	65

21.3 玉米秸的化学和物理性质

21.3.1 玉米秸秆的化学组成

玉米秸的主要成分是纤维素、半纤维素、木质素、粗蛋白、脂肪和水等。玉米秸中多戊糖为17%~26%，纤维素为20%~30%，木质素为19%~23%。

玉米秸纤维素分子由800~1 200个葡萄糖分子组成，其平均聚合度为1 000左右。玉米秸的木质素属于愈疮木基-紫丁香基木质素类（GS-木质素），基本结构单元为愈疮木基和紫丁香基，含有少量的对羟苯基。紫丁香基与愈疮木基之间的比例为0.5~1.0。木质素中含有7%~12%的酯基，其中对香豆酸和阿魏酸是酯基化合物的主要组成。木质素中含碳量达60%~66%，含氢5%~6.5%。木质素的化学性质不稳定性，使玉米秸较易蒸煮。

玉米秸的半纤维素由β-D-吡喃式木糖以1→4联结的长链为主链，也带有短支链。玉米秸半纤维素的支链上的糖基是L-呋喃阿拉伯糖基及D-吡喃木糖基。玉米穗轴半纤维素聚糖的支链上的糖基是4-O-甲基-葡萄糖醛酸基或葡萄糖醛酸基，一般连接在于主链木糖基的C_2上，数量是每100 g聚木糖含0.7g 4-O-甲基-葡萄糖醛酸基及0.4g葡萄糖醛酸基。另在支链上还连有阿拉伯糖基，数量为木糖基：阿拉伯糖基=（10~20）∶1。主要化学成分见表21-5。

表21-5 玉米秸化学组成分析　　　　　　　　　　　　　　　%

项目	水分	灰分	乙醚	冷水	热水	1% NaOH	木质素	硝酸乙醇纤维素	多戊糖	蛋白质
茎秆	9.64	4.66	0.56	10.67	20.4	45.62	18.38	37.58	21.58	3.83

玉米秸及其根茬施入土壤后分解对土壤有效微量元素，如锌、锰、铁、铜等，通过络合或螯合作用，提高了微量元素的有效性；同时有机酸降低了土壤的pH值，促进了土壤中难溶性锌、锰、铁、铜的溶解，增加有效微量元素的含量。

玉米秸在未成熟和成熟期均具有一定的营养价值，表21-6是成熟期春玉米秸各结构部位营养分析。从表21-6可知，成熟期春玉米秸粗蛋白含量以叶片最高，雄穗和茎秆次之，苞叶最低，粗纤维以茎皮最高，茎髓次之，叶片最低；粗脂肪以叶片最高，雄穗最低，各结构部位营养排序从高到低依次为叶片、雄穗、茎秆和苞叶。茎秆中茎皮占

表21-6 成熟期春玉米秸秆各结构部位营养分析

部位	干物质	粗蛋白	粗脂肪	粗纤维	粗灰分	无氮浸出物	总能(MJ/kg)	全株比例
雄穗	90.43	4.24	0.62	30.60	9.23	45.74	13.79	1.80
叶片	90.70	4.67	1.25	24.93	11.60	48.25	14.00	25.54
茎秆	90.89	4.20	0.81	34.32	4.28	47.28	14.04	52.77
茎皮	92.54	3.01	0.75	38.16	5.60	45.02	16.75	34.20
茎髓	92.80	3.54	0.78	31.12	6.00	51.36	15.93	18.57
苞叶	90.33	2.75	0.91	31.98	2.74	51.95	15.01	19.87

注：茎秆是茎皮和茎髓之和。

64.8%，茎髓占 35.2%。

禾本科中两种主要谷类茎秆玉米秸和麦秸的化学组成见表 21-7。表 21-7 中玉米秸的木质素含量低于与麦秸，玉米秸中聚半乳糖、聚阿拉伯糖、聚木糖的含量与麦秸中的含量相似，均没有甘露糖，即半纤维素主要是 4-O-甲基葡萄糖醛酸阿拉伯糖木糖，但玉米秸的半纤维素含量较高。玉米秸和麦秸的纤维素含量相近。

表 21-7　玉米秸和麦秸的化学组成　　　　　　　　　　　%

样品	水分	粗蛋白	中性洗涤纤维	酸性洗涤纤维	木质素	酸不溶灰分	纤维素	半纤维素
麦秆	6.93	4.64	72.31	50.24	12.69	5.03	32.52	22.07
玉米秸	7.00	6.73	67.64	44.36	6.92	2.74	34.70	23.28

秸秆中蛋白质含量很低，一般在 2%～4%（质量比），氨基酸组成不平衡，做为反刍动物饲料直接应用，营养价值很低，玉米秸经纤维毛壳菌发酵后制成的纤维蛋白饲料作为粗蛋白源，喂饲白鼠和白兔，毒理和营养价值测定（急性毒性、蓄积毒性、致突变、90 天喂养毒性）分析表明，玉米秸发酵后作为动物饲料有安全性，具有粗蛋白可被消化而残余粗纤维难被消化的特点，适用于反刍动物粗蛋白的部分替代物。

目前我国利用玉米芯的半纤维素中的多戊糖生产糠醛、木糖醇。据报道玉米秸经预处理、水解、净化、催化加氢、浓缩和结晶等步骤制取木糖醇，木糖收率 9.5%，木糖醇收率 5%，木糖醇可达食用级质量标准。

我国石油、天然气资源不足，快速热解可较为快速将生物质转化为燃料和化学品，成本较低，是国际上生物质利用研究的一个热点，尤其是生物质快速热解制生物油，可代替现代运输燃料，玉米秸的热解汽化是一项开发中的技术。

21.3.2　玉米秸的物理性能

玉米秸的叶（叶片和叶鞘）的质量比约为 40%，纤维量为 30%，其特点是厚度小，相对表面积大，表面有光滑的蜡质层，其机械强度很低，粉碎时易形成粉末。因此叶不宜于作为生产人造板和纸浆造纸的原料。叶片作为饲料其营养价值与全秆无明显差异，并且一些营养指标高于其他部位。

髓的质量比约为 15%，纤维量为 20%，髓由薄壁组织和散生于其中的维管束组成，髓密度很小，蓬松柔软，吸水性强，机械强度极低。叶片和髓两部分占秸秆的 55% 以上，从其特性分析均不利于作为人造板和造纸的原料。但蓬松柔软适合于制作缓冲包装材料，可以用于蔬菜、禽蛋和陶瓷、玻璃等包装。

玉米秸外皮厚度约为 0.04mm，外皮质量比约为 35%，纤维含量为 50%，是玉米秸中机械强度最好的部分，其纤维形态与蔗渣、棉秆相当，是生产人造板和造纸的较好原料，玉米秸外皮碎料板的主要性能指标在中密度下能达到国家标准中 A 类刨花板优等品的要求，但其含量相对较少，若将其余部分弃之，原料成本上升。外皮含量与玉米秸最大平均径之间无明显的关系，但随着茎节的升高，外皮在茎秆中的含量和厚度均呈减小趋势。玉米秸表皮有一层脂肪性物质，对胶液的润湿和胶合不利。表皮和束状组织间的接合力随秸秆的含水率降低而减弱，干缩后下部茎节部分表皮会起皱脱落。

目前国内外利用玉米秸生产人造板的技术开发虽已取得许多研究成果，但迄今尚未大规模用于生产。其中主要问题是玉米秸特性与木材相比差异很大，尤其均一性差，使产品质量不稳定，加工工艺难度大。

复习思考题

1. 描述玉米秸的纤维形态。
2. 玉米秸有何化学和物理性质？

第 22 章

高粱秸

本章主要讲述世界及中国的高粱秸资源分布状况，另外也讲解了高粱秸的生物学构造、细胞形态及高粱秸的主要化学和物理性质。

22.1 高粱秸资源分布

高粱秸是禾本科禾亚科高粱属。别名：蜀黍、番麦。产地：东北、华北、西北。生长环境：旱地栽培。

高粱是世界四大粮食作物之一，在世界的谷物粮食中，高粱排在小麦、稻谷、玉米和大麦之后，位居第5。种植总面积曾达到4 920 万 hm^2。种植面积较大的国家有印度、美国、尼日利亚和中国。近年来国外高粱发展较快。美国由于饲料用量的增加，高粱种植面积比原来扩大了近3倍，总产量提高近13倍。欧洲面积扩大1倍，总产量提高3倍。法国由原来的 670 hm^2 增加到 8 万 hm^2。澳大利亚由原来的 17.3 万 hm^2，增加到 66.7 万 hm^2。阿根廷由原来的60 万 hm^2，增加到153.3 万 hm^2。在印度它的产量占第三，仅次于稻谷和小麦。拉丁美洲是世界高粱生产的最新发展地区，高粱种植约占世界高粱面积的8%，年生产约900 万 t 高粱，占世界高粱产量的15.3%。它也是世界半干旱热带地区和亚热带地区的主要农作物。大部分种植在不适宜玉米生长的地区。

我国的高粱年产600 万 t 左右，为世界第3 位。我国高粱分布较广，种植面积较大的省有辽宁、河北、山东等省，种植面积在66.7 万~132 万 hm^2，其次是吉林、黑龙江、山西等省，种植面积为32.4 万~49.3 万 hm^2，其他各省在26.7 万 hm^2 以下。随着人民生活水平的提高，食品结构的不断变化，高粱从人用向饲用和工业用转变。

高粱适应性强，具有耐旱、耐涝、耐盐碱、耐瘠薄和较强的适应性与稳产性。高粱用途广泛，其籽粒不仅可食用、饲用，还是制造淀粉、酿酒和酒精的重要原料。加工后的副产物如粉渣和酒糟是家畜的良好饲料，粉渣是做醋的上等原料。

22.2 高粱秸的生物学构造与细胞形态

22.2.1 高粱秸的生物学构造

如玉米秸秆一样，高粱秸秆在禾本科植物中较为粗壮，有明显的节和节间。秸秆主要由叶和茎组成，其中茎又由外皮和髓组成。茎中的髓少于玉米秸。

高粱是耐旱、耐涝、耐瘠、耐盐碱作物，根系发达比玉米的多1倍；根系渗透压高，从土壤吸水能力是玉米的2倍；蒸腾系数低，高粱秸表面对光反射率高，可防止植物体温度增高，减少水分过度蒸腾，高粱每生产1g干物质需水250～300g，玉米每生产1g干物质需水250～450g，每生产小麦1g干物质需水270～600g；高粱叶片气孔多，恢复能力强，叶片上气孔约是玉米2倍，气孔多，雨涝时可以加强蒸腾，增加干物质积累，天旱时关闭气孔，减少体内水分蒸腾。

高粱生长期最短的仅36天，最晚的199天；株高：最矮的仅0.55m，最高的达6.55m；穗长：最短的仅2.5cm，我国的许多帚用高粱品种可达80cm。

在高粱秸秆的横切面上，光学显微镜下可以看到三种组成：表皮组织、基本薄壁组织和维管组织。几种高粱秸秆的解剖结构的数字特征见表22-1所示。高粱秸的生物结构如图22-1和图22-2。敖杂1号高粱秸的细胞结构松散，物理力学强度较低。341高粱秸的细胞结构紧密，物理力学强度相应较高，抗倒伏能力强。

表22-1　高粱秸秆的解剖结构的数字特征

品　种	茎壁厚度(cm)	基部四节叶鞘层数(层)	髓部维管束(个/cm²)	茎壁维管束(个/cm²)
熊岳253	0.094	1.0	75.95	115.8
1338	0.116	2.0	139.26	150.5
341	0.203	3.7	152.26	208.1
Ta623A	0.130	2.0	121.29	150.5
敖杂一号	0.099	2.0	78.43	127.4
341衍生系	0.200	3.0	149.78	150.5

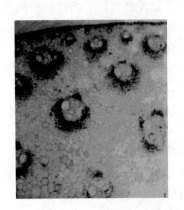

图22-1　敖杂1号茎壁及髓维管束密度
(SEM264×)(孙守均等，1999)

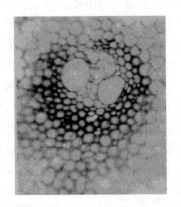

图22-2　敖杂1号茎壁及髓维管束密度
(SEM1320×)(孙守均等，1999)

22.2.2　高粱秸的纤维形态

高粱秸的杂细胞含量比甘蔗渣多，比玉米秸少。纤维比玉米秸的纤维略长、略细，薄壁细胞甚薄，多呈球形。玉米和高粱是世界和我国重要的粮食和饲料作物，在植物分类上同属禾本科，二者具有相似的形态、生理、生化特性，但它们的生态适应性有所差异。纤维形态见表22-2和表22-3。高粱秸秆的纤维形态如图22-3和图22-4。

表22-2 投影仪测定的纤维长度、宽度结果

部位	长度(μm)				宽度(μm)				长宽比
	算术平均	最大	最小	一般	算术平均	最大	最小	一般	
茎部	1 470	3 260	400	600~1 820	12.9	23.8	5.0	7.6~16.0	114

表22-3 光学显微镜测定的纤维细胞壁壁厚、腔径

部位		平均(μm)	最大(μm)	最小(μm)	一般(μm)	壁腔比
茎部	壁厚	1.9	3.1	1.0	1.6~2.2	0.27
	腔径	14.2	20.5	8.2	12.3~16.4	

注：样品采集地为辽宁省锦县。

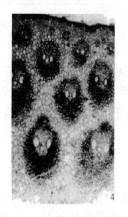

图22-3 茎壁及髓维管束密度
(SEM 264×)(孙守均等, 1999)

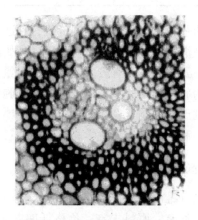

图22-4 茎壁及髓维管束密度
(SEM 1320×)(孙守均等, 1999)

22.3 高粱秸的化学和物理性质

22.3.1 高粱秸的化学性质

高粱秸的木质素属于愈疮木基-紫丁香基木质素类(GS-木质素)，基本结构单元为愈疮木基和紫丁香基，含有少量的对羟苯基，木质素的含量为17%~23%。紫丁香基与愈疮木基之间的比例为0.5~1.0。木质素中含有7%~12%的酯基，其中对香豆酸和阿魏酸是酯基化合物的主要组成。

高粱秸的半纤维素由β-D-吡喃式木糖以1→4联结的长链为主链，也带有短支链。化学成分见表22-4。

表22-4 高粱秸化学成分   %

项目	水分	灰分	乙醚	冷水	热水	1% NaOH	木质素	硝酸乙醇纤维素	多戊糖	蛋白质
茎秆	9.48	4.76	0.10	8.08	13.88	25.12	22.52	39.70	44.40	1.83

高粱秸与其他禾本科植物相似，提取物含量较高，含有较多的可溶性糖、淀粉和少量蛋白质，可作为动物饲料或化学或生物技术处理后，制备化学品。不同品种高粱秸的木质素及糖分含量见表22-5。

表22-5　不同品种高粱秸的木质素及糖分含量　　　　　　　　　　%

品种	木质素	可溶性糖	总糖	淀粉
熊岳253	30.37	5.47	27.45	19.78
1338	26.76	7.63	27.89	18.21
341	25.22	10.89	31.41	18.47
Ta623A	26.41	6.71	31.87	22.64
敖杂一号	29.79	6.66	25.06	16.56
341衍生系	25.71	10.21	29.05	16.96

高粱的茎叶具有较高的饲用价值，且适口性强，是一种优质的青饲料作物。杂交高粱秸不但易消化，营养成分高，又能提高奶的产量。

因为高粱根液中含有较多的酚酸、含氰糖苷和双氢醌氧化形成的P-苯醌植物毒素，这些化合物破坏了杂草和其他作物体内细胞膜的渗透性，导致生物中毒，种子的胚芽和初生根受到严重抑制，初生根生长缓慢、畸型，抑制正常生长，而对高粱本身影响较少。因此，利用高粱这种化学相克特性通过合理轮作，能起到良好的除草效果。

22.3.2　高粱秸的物理性质

高粱秸纤维的平均长度和直径之比值与一般木材的比值相当，表皮坚硬且轻，容易得到笔直的秆茎，原料丰富，价格低廉，适宜质量轻强度大的板材，与木材人造板比较，具有绝热、保温、隔音、防水、轻便、坚固耐用等优点，应用领域广泛。高粱秸人造板另一重要特点是素板与贴面一次热压成型，省去贴面生产线的设备。经贴面后可用于室内装修、房间隔音、铺设地面板及家具制造，高粱秸还可以做编织工艺品。

高粱秸也是制取纤维素、造纸以及工业化学品的良好原料。高粱秸还可以提取抗高温蜡质，是制造蜡纸、油墨、鞋油的原料。高粱秆含有红色花青素，可以做皮革和羊毛的染料。

复习思考题

1. 描述高粱秸的生物学构造与高粱秸的纤维形态。
2. 高粱秸有何化学和物理性质？

第 23 章

甘蔗渣

本章简单讲述了我国甘蔗资源分布状况、甘蔗的植物分类，重点介绍了甘蔗的生物学构造、蔗茎的解剖构造及甘蔗渣主要的化学性质。

甘蔗是制糖的主要原料，蔗糖占我国食糖总产量的 80% 左右。由于糖是人类必需的食品之一，还是食品、医药、化学工业的重要原料，所以食糖工业在我国国民经济中起着重要作用。

甘蔗在压榨制糖过程中，除获得主产品蔗糖外，还有蔗渣、废糖蜜、蔗泥三大副产品，特别是蔗渣数量巨大。以压榨 1t 甘蔗计，大约可获得蔗糖 120kg、湿蔗渣 270kg、废糖蜜 36kg、蔗泥 36kg。

蔗渣是优良的非木材植物纤维原料，可直接用来作燃料，或作制浆造纸、纤维板和刨花板原料，还可用作饲料或培养食用菌，制取纤维素、糠醛、乙酰丙酸、木糖醇等化学产品。

23.1 甘蔗资源分布

23.1.1 甘蔗资源分布

我国是世界上最早种植甘蔗的国家之一，华南、云南南部一带是世界甘蔗原产地之一。此外，几内亚一带、印度也是甘蔗原产地。

甘蔗属热带、亚热带作物，具有喜高温、需水量大、吸肥多、生长期长的特点，对热量和水分的要求尤为严格。在长达 10~12 个月的生长期中，需日平均气温 18~30℃，生长的有效温度 15℃ 以上，蔗茎生长以 30℃ 左右最为旺盛，10℃ 以下停止生长；由于是高秆作物，要求土壤深厚、肥沃，年降水量 1 200mm 以上。

甘蔗主要分布在北纬 33°到南纬 30°之间，而尤以南北纬 25°之间为最多。种植面积较大的国家依次为巴西、印度、古巴、中国、巴基斯坦、泰国、墨西哥、美国、哥伦比亚、澳大利亚、阿根廷、菲律宾、南非、印度尼西亚、越南，这 15 个国家的种植面积占全世界的 85%。甘蔗种植面积和总产量的 90% 以上集中在亚洲和拉丁美洲。

目前全世界甘蔗种植面积约 1 700 万 hm^2，蔗糖年产量约 11.2 亿 t，中国种植面积约 112 万 hm^2（不含台湾），年加工原料甘蔗 6 500 余万 t，蔗糖产量约 700 万 t，产生的湿蔗渣据推算达 1 760 万 t。

我国甘蔗分布按气候带划分，可分为三大蔗区：①华南蔗区，包括广东、广西北纬

24°以南,台湾全省、福建东南沿海和云南南部海拔1 100m以下的地区,是我国目前甘蔗栽培最集中、蔗糖产量最多的蔗区,全区甘蔗种植面积约占全国总种植面积的70%。②华中蔗区,主要包括福建除东南沿海外的其余部分,广东、广西北纬24°以北部分,贵州除西部外的其余部分,四川成渝地区,陕西秦岭以南部分,河南南部边缘,安徽北纬32°以南部分,江苏长江以南部分,以及浙江、江西、湖南、湖北四省。本蔗区甘蔗种植面积次于华南蔗区,其中的四川盆地和江西南部蔗区种植较为集中,是本蔗区的重要蔗糖基地。③西南蔗区,包括贵州西部高原及基西南隅、四川西部高原的南部、云南除南部外的大部分地区、西藏东南部喜马拉雅山脉以南地区,南起北纬23°左右,北约达北纬29°。

23.1.2 甘蔗的植物分类

23.1.2.1 中国蔗 *Saccharum sinense* 常称中国种,是最古老的栽培种,一说发源于中国,也有说自印度传入中国,主要分布中国、印度北部、马来西亚一带。该种蔗茎挺直高大,蔗皮硬厚,纤维多,糖分高,是传统糖坊制糖的唯一原料。因蔗茎坚硬、表皮灰黄绿色,又称竹蔗(bamboo cane)或芦蔗。

23.1.2.2 肉蔗 *Saccharum officinarum* 常称热带种,是栽培种之一,原产南太平洋新几内亚群岛、印度尼西亚群岛。该种产量高、糖分高、纤维少、蔗汁多、茎粗蔗肉厚、蔗皮薄软,适于加工制糖。因传统为嚼食用蔗,又称食用蔗(chewing cane)。

23.1.2.3 印度种 是栽培种之一,主要分布在印度恒河流域,中国南方也有分布。该种植株矮,早熟、纤维多、糖分含量较高。

23.1.2.4 细茎野生种 *Saccharum spontaneum* 又称割手密,野生种之一。该种分布很广,南纬10°至北纬40°内均有发现。最多分布于我国云南省南部及西南部、缅甸、中南半岛、印度尼西亚、马来西亚和印度一带,喜马拉雅山麓及山坡上也有分布。其特点是纤维多、蔗汁少、空心、糖分低。

23.1.2.5 大茎野生种 *Saccharum robustum* 野生种之一,亦称伊里安野生种,原产南太平洋新几内亚群岛一带,主要分布伊里安岛、婆罗洲岛及西里伯斯岛等,分布范围有限。该种生长势旺,茎坚硬、纤维多、糖分低。

23.2 甘蔗的生物学构造与蔗茎的解剖构造

23.2.1 甘蔗的生物学构造

甘蔗由根、茎和叶三部分组成,通常茎秆高2~4 m,茎秆直径3~4 cm,蔗茎为制糖原料,甘蔗渣即蔗茎压榨后的主要副产物。

23.2.1.1 根 甘蔗栽培主要采用茎节播种,其根系发生于土下茎各节的根带上,为须根系。种苗种植后,有两种根的生长,即种根和苗根(图23-1)。

种根自蔗和节上的根点发出,条数较多,一般纤细,分支多。在苗根未形成前,幼苗生长所需水分及营养主要靠种根吸收。但种根寿命不长,一般为6~8周,有效生长时间约 4~6 周,所以种根又称临时根。

苗根又叫新株根或次生根,由新株基部节上的根点长出,一般较种根粗壮,呈白色富肉质,分支少,寿命长,所以又称永久根,是甘蔗的主要根系。

23.2.1.2 茎 蔗茎是栽培的收获作物,蔗糖的原料。蔗茎由若干个节和节间组成。其上着生叶、顶芽和侧芽(图 23-2)。蔗茎一般为圆柱形或略带弯曲,茎高可从不足 0.5~6m 以上。蔗茎常两端细中间粗,直径平均 3~4cm。蔗茎有不同颜色,有淡黄绿色、紫红色等,有的还有花纹。

(1)节间:两个节之间的部分称为节间,上从叶痕起,下至生长带止,不包括生长带和叶痕。一根蔗秆的节间数目一般 10~30 个不等,热带地方有的多达 80 多节,节间的长度在 5~25cm,因品种特性和环境条件不同而差异很大。节间的形状大致可分为圆筒形、腰鼓形、细腰形、圆锥形、倒圆锥形和弯曲形(图 23-3)。蔗茎的节间上有蜡粉、生长裂缝、木栓裂缝、木栓斑块和芽沟等附属物或特征。

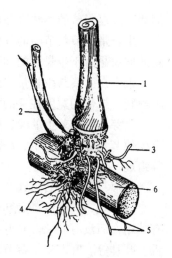

图 23-1 甘蔗的根系结构
1. 主茎 2. 分蘖茎 3、5. 苗根
4. 种根 6. 蔗种

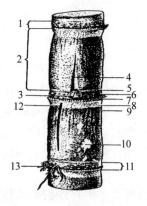

图 23-2 甘蔗茎的构造
1. 节 2. 节间 3. 侧芽 4. 芽沟 5. 生长带 6. 根带 7. 叶痕 8. 蜡粉带 9. 木栓裂缝 10. 木栓斑块 11. 根带 12. 生长裂缝 13. 气根

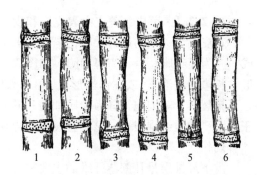

图 23-3 节间的各种形状
1. 圆筒形 2. 腰鼓形 3. 细腰形 4. 圆锥形
5. 倒圆锥形 6. 弯曲形

蜡粉是茎表皮细胞的分泌物,具有保护作用,在每个节间的上部有一环蜡粉特别厚,成白色圈,称蜡粉带。

生长裂缝又称水缝,为节间生长过程中内外生长不协调所致。这种裂缝从蔗皮纵裂深入节间组织内部,长度可贯穿节间。

木栓裂缝是节间表皮细胞组织干枯老化,形成一种分布不规则的小纵裂缝,老的节间上木栓裂缝常结合而成木栓斑块。

芽沟是芽的上方凹入节间表面的纵沟,也称芽槽。

(2)节:蔗茎的节如圆环,节的范围上自生长带,下至叶痕,包括生长带、根带、侧芽和叶痕。节的形状有凸出、平直、凹陷和倾斜等。

生长带为节与节间的分界，在根带之上，通常无蜡粉，颜色较淡，为分生组织。节间的伸长是由于生长带的细胞(居间分生组织)不断分裂和细胞伸长增大的结果。

根带在叶痕与生长带之间，其上着生侧芽和数列根点(根原基)。根点排列成行或不规则。根带的宽度在芽的一侧较对侧为宽。

侧芽指蔗茎节上的芽，生于叶痕上方，也有生于叶痕之内的。通常每节有1芽，也有少数节无芽或有2个、2个以上的孪生芽。侧芽由数片芽鳞(原始叶)、芽翼和生长点等组成。

叶痕是叶脱落后留在茎上的痕迹。

(3)叶：甘蔗叶有原始叶和真叶两种。原始叶即包被蔗芽外的芽鳞，发芽伸长后只有叶鞘，而没有叶片。真叶由叶片和叶鞘组成，在叶片和叶鞘的交界处有肥厚带、叶舌、叶耳等。叶着生于茎节基部，每节着生一叶，在茎的两侧相互交错排列成两行。

叶片常呈绿色，宽1.5~6cm，长100~180cm。叶鞘自节的最下部位长出，两边缘相互重叠，紧包蔗茎呈管状。叶鞘与节基部相连处有明显的隆起，称叶节或叶鞘节。叶鞘长15~52cm，外表呈绿或绿中带红紫色，多蜡粉和茸毛，内表面呈白色，无毛而发亮。

23.2.2 蔗茎的解剖构造

23.2.2.1 蔗皮 蔗皮由表皮层和皮下纤维层所组成。

表皮层为蔗茎的最外层，由若干层皮层细胞组成。皮层细胞由两种厚壁细胞所组成，一为长细胞，另一为短细胞，如图23-4。长细胞和短细胞交错排列。长细胞呈长方形，长边为波浪形(或称锯齿形)，相邻细胞间交错密接，可提高细胞间的结合力，使之不易裂开。短细胞又分为栓质细胞和硅质细胞，栓质细胞似有缓冲作用，可防表皮热胀冷缩；硅质细胞很小，显示有棱镜分光功能，对紫外光有强反射能力，可防止蔗皮为烈日灼伤。

皮下纤维层是甘蔗茎纤维的主要来源，它由几层直径很小的纤维细胞所组成，纤维层由节间通过节部与相邻的节相连，是蔗皮的主要组成部分。

23.2.2.2 蔗肉 蔗肉是蔗茎的运输储藏中心，主要由维管束及基本组织(薄壁细胞)组成。前者的功能为运输，后者主司储藏，甘蔗光合作用所合成的蔗糖，即储藏在该组织中。

(1)维管束：由木质部、韧皮部、纤维细胞组成，如图23-5。纤维细胞是围绕在木质部、韧皮部外围，称维管束鞘，"鞘"的功能是保护"束"内的木质部和韧皮部，给蔗秆以支撑力。维管束鞘是甘蔗茎纤维的另一主要来源。维管束在甘蔗的生长过程中，起着输导和支撑作用。在蔗秆中，蔗茎横断面上，维管束分布主要集中在茎的

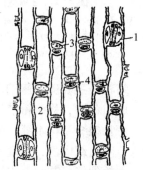

图23-4 蔗皮的表皮层细胞
1.气孔器 2.长细胞 3.栓质细胞 4.硅质细胞

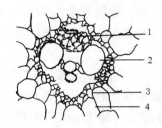

图 23-5 节间中央的维管束横切面
1. 韧皮部筛管 2. 木质部导管 3. 维管束鞘 4. 基本组织(薄壁细胞)

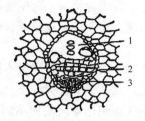

图 23-6 甘蔗节部的维管束横切面
1. 木质部 2. 韧皮部 3. 厚壁细胞

外围，愈向茎的中心，愈稀疏，即茎的中央多由薄壁细胞所组成；在蔗秆的末端，维管束的分布相对也较稀疏。作纤维原料利用的甘蔗渣纤维主要分布在蔗茎的外圈。

维管束的韧皮部是外韧型的，其位置在每一维管束靠近蔗皮一侧。韧皮部由筛管和伴胞组成，筛管和伴胞都是活细胞，由一个母细胞分裂而成。伴胞很小，通常由 3～5 个伴胞与一个筛管相连接，筛管间通过筛板相通。筛管和伴胞的细胞壁很薄、孔多。筛管和伴胞的功能是将蔗叶光合作用所产生的物质由上向下输送。

木质部由 2 个大的后生导管和 1～3 个小的原生导管，组成 V 字状。两个大导管分别在 V 字的两臂，与韧皮部毗邻；原生小导管在 V 字的中间底部，指向节茎中心。原生导管壁上有环状或螺旋状增厚，因而为环纹导管或螺纹导管。后生导管为梯纹导管或网纹导管，因导管壁上的增厚部分呈横条突出，似梯状(梯纹导管)，或导管壁上的增厚部分交错连接成网状，"网眼"为未增厚的部分(网纹导管)。

蔗茎的维管束是纤维质的管，通过维管束达到节间与节间联接。在节间内，每一个维管束均被薄壁细胞(基本组织)包围着，彼此分开，与蔗茎平行，没有分枝。但在节内，维管束是相互连接的，且韧皮部与木质部的位置正好相反(即内韧型的)，如图 23-6 所示。研究表明，还存在着横向的维管束。

(2) 基本组织：蔗肉中除维管束外，其余均由直径大而壁薄的薄壁细胞所组成，植物学上称之为基本组织，在蔗茎的组成中又称蔗髓。

薄壁细胞又称髓细胞，是甘蔗的储藏器官，甘蔗汁储藏在薄壁细胞的液泡之中，榨糖时，经压榨、破裂而流出。薄壁细胞具有弹性，当蔗汁被挤出后，即吸入空气、恢复原状，干燥后在搬运、备料过程中常形成蔗尘而污染环境。

薄壁细胞有方形、球形、杆状等不同形状。由于甘蔗茎中薄壁细胞含量较高；细胞形态多为圆形、方形和枕形；长度短，仅 250～400μm，宽度大 54～87μm；长宽比值极小(低于 5)，作纤维原料交织能力差，吸水率为纤维细胞的 30 倍。薄壁细胞的大量存在，将直接降低蔗渣浆的质量，给造纸和人造板生产及产品质量带来不利影响，并且给备料、磨浆工序中带来污染和治理污染造成困难。

23.2.2.3 蔗茎细胞组成的特点 蔗茎是甘蔗生长的主干，也是甘蔗种植的主要产物。甘蔗品种不同，纤维细胞和薄壁细胞(又称髓细胞)的比例也不同(表 23-1)，由此将直接影响蔗茎的强度(如抗风力、硬度)和产糖率。一般来说，竹蔗及其他硬皮蔗种，蔗茎皮较厚，纤维含量高，薄壁细胞含量低，蔗茎弹性好，抗风力强，蔗汁少，糖分含量低；而肉蔗、大茎蔗则皮较薄，薄壁细胞含量高，蔗汁多，纤维含量低，强度差，易被风折断。

蔗种不同，蔗茎的纤维含量不同，影响蔗渣的综合利用价值，特别是制浆造纸和人造板生产的产品质量，甘蔗纤维量愈高，蔗渣作为纤维原料的利用价值也愈高。蔗茎所含薄壁细胞的组织比量因蔗种不同差异颇大，大致为23%~36%。大量的薄壁细胞是蔗渣浆中杂细胞的最主要成分，是造成蔗渣浆质量低下的重要原因，因此在造纸和人造板生产中，除髓成为一道重要的工序，这也是蔗渣作纤维原料利用时的一个显著特点。

表23-1 蔗渣细胞的组成与形态

项目名称	纤维	薄壁细胞		导管	表皮细胞
		杆状	非杆状		
组织比量(%)	64.3	10.6	18.6	5.5	1.2
细胞平均长度(μm)	1 000~2 000	250~400		—	—
细胞平均宽度(μm)	14~28	54~87		—	—

同一蔗秆的不同位置，纤维细胞的密度也不同。在蔗茎的高度方向，纤维细胞的含量由底部向梢部逐渐减少，底部的纤维细胞含量可比梢部高23%左右。节部的纤维含量高于节间的纤维含量；茎外周的纤维含量则远远高于茎中心的纤维含量。

23.2.3 甘蔗纤维的形态

23.2.3.1 甘蔗纤维形态 甘蔗纤维的形态，包括纤维的长度、宽度、胞壁的厚度、细胞腔的直径、长宽比、壁腔比等。各种甘蔗的纤维形态不同，蔗渣作为纤维利用的价值，纸张、纤维板、刨花板等产品的质量亦有差别。

对甘蔗的纤维形态，国内外学者做了大量研究工作。台湾学者研究表明，甘蔗纤维的平均长度为1 700μmm、宽度为20μm；日本大野教授称，2705POF品种的纤维长度为2 450μm、宽度为17.4μm；我国原轻工业部造纸研究所测定的甘蔗纤维的平均长度为1 700μm、宽度为22.4μm、长宽比值为76。这些差别与蔗种、取样及测定方法等的不同有关。

国内外的数据表明，各种甘蔗的纤维形态是不同的，同一品种，由于种植的地域、气候及生长期不同，也可造成纤维形态的差异。总的来说，甘蔗纤维的长度为1 000~2 000μm，宽度为14~28μm，长宽比值为60~80，壁腔比值则远小于1，具有长度中等、宽度较大、壁腔比很小的特点。

与木材纤维相比，甘蔗纤维的长度仅为针叶材的一半，比阔叶材略优；宽度小于针叶材纤维，而与阔叶材纤维相近，长宽比与木材纤维相似，壁腔比则小于木材纤维。在常用的禾本科原料中(竹子除外)，甘蔗纤维的长度比较长，宽度远大于其他品种，壁腔比则为禾本科原料中最小的(表23-2)。

通常认为，纤维的长宽比值小于 45 者就失去造纸价值，因其缺乏交织能力，成纸强度太低。一般也认为，壁腔比值大于 1 时，纤维较僵硬，抄纸时纤维间接触面小、结合力低。因此，甘蔗纤维具有的特点，可以满足一般文化用纸的要求。

表 23-2　常用纤维原料茎秆中部纤维形态比较

原料类别	长度（μm）	宽度（μm）	双壁厚（μm）	腔径（μm）	长宽比值	壁腔比值
针叶材	2 400~3 600	25~65	4~10	10~45	60~100	0.25~1.3
阔叶材	700~1 500	15~35	6~9	8~15	35~70	0.5~1.2
甘蔗秆	1 730	22.5	6.5	16	77	0.41
稻草秆	1 260	7.26	3.7	3.6	172	1.03
小麦秆	1 660	14.2	6.5	7.8	117	0.82
高粱秆	1 960	10.86	8.58	2.28	180	3.76
玉米秆	1 180	14.45	6.3	8.15	82	0.77
芦苇秆	1 690	14.46	10.08	4.38	117	2.30

23.2.3.2　甘蔗纤维形态的变化　研究发现，同一蔗秆的不同位置中，如不同节中、同一节的不同高度处、同一高度上内外不同部位处等，纤维形态指标均有差别。并且，纤维形态的变化具有相同的规律性，即按照植物生长的 S 形曲线而分布。

(1) 不同高度的变化：蔗茎下部靠地面处的节中，纤维的长度、宽度、壁厚等都比较小，随着节序升高，相应指标逐渐增大，至一定节序时达最大值，往后，随着节序升高，有关的指标则逐渐变小。见表 23-3 中所示，该甘蔗的纤维长度最大值在第 13 节，宽度的最大值在第 11 节，壁厚的最大值在第 5~9 节之间。因此，同一蔗秆中，纤维的长度以中段为最佳，梢部次之，基部最差；纤维的宽度、壁厚的数值，尽管在不同的节中存在一定的差异，但都明显地表现出甘蔗纤维粗大、柔软的基本特点，中段是纤维原料的最好部分，基部及梢部则较差些。

表 23-3　甘蔗纤维形态不同高度的变化

纤维形态	节序									
	2	5	9	11	13	15	17	22	24	26
长度(μm)	1 090	1 370	1 680	1 980	2 080	1 960	1 820	1 770	1 670	1 640
宽度(μm)	21.28	23.95	23.27	25.31	24.27	22.98	23.46	24.01	22.40	23.22
长宽比值	51.2	57.2	72.2	76.3	85.7	85.3	77.6	73.7	74.6	62.0
双壁厚(μm)	4.27	4.57	4.43	4.17	3.93	4.05	4.15	4.03	3.90	3.80

(2) 在同一蔗节中的变化：同一蔗节中，节部纤维的长度、宽度、长宽比值等项指标都是最小的；而节间中段，纤维的长度、宽度、长宽比值等项指标则是整个节中最大的。有研究表明，粤糖 57-423 品种的蔗茎第 11 节中纤维形态分别为：节部纤维的长度 1 020μm、宽度 19.81μm、长宽比值为 51.49；节间中段相应指标依次为 2 330μm、22.89μm、101.79，节间其他位置上相应的指标介于节部和节间中段之间。

在同一高度，皮下纤维层的纤维既细又短；靠外周的维管束纤维，既长又粗；靠茎中心处，纤维较细而长度最短。日本学者测定，在蔗茎的同一高度，从外到里，纤维长度分布是：皮下纤维 1 180 μm，蔗茎外周纤维 1 690 μm，蔗茎中部纤维 1 310 μm，蔗芯纤维 1 310 μm。表 23-4 为我国原轻工业部造纸研究所测定，在同一蔗节中不同部位纤维形态差异。

表 23-4 蔗茎同一蔗节不同位置上纤维形态的变化

纤维形态	皮部	节芯	节部
长度(μm)	2 260	1 470	960
宽度(μm)	23.8	20.7	32.3
长宽比值	95	71	30

蔗节中纤维形态的分布表明，节部纤维较短，茎中心处纤维长度也较短(且纤维含量最低)，纤维质量较差，茎的外周纤维形态最佳。

23.3 甘蔗渣的化学性质

23.3.1 甘蔗渣的化学成分

甘蔗中含量最高的化学成分是水，其次是糖分、各类细胞的细胞壁成分(即纤维素、半纤维素和木素)，以及少量的抽提物(脂肪、蜡)和灰分等。

甘蔗在糖厂中经过预处理(粉碎或撕裂)、提取蔗汁后留下来的大量纤维性废渣，俗称甘蔗渣。甘蔗的蔗渣产率为 20%～30%，新榨出的蔗渣含水量(压榨法)为 46%～52%。

甘蔗渣的主要化学成分是纤维素、半纤维素和木素，其次是抽提物。与甘蔗最主要的区别是蔗渣的热水抽提物和 1% NaOH 抽提物含量相对较低。表 23-5 为蔗渣和蔗髓的化学成分。蔗髓中的灰分、抽提物、树脂含量均高于蔗渣中各部分的平均值，木素与纤维素含量低于蔗渣，造成制浆中水解严重，浆料质量差。

表 23-5 蔗渣及蔗髓的化学成分   %

原料	醋酸乙醇纤维素	聚戊糖	木素	树脂	灰分	热水抽提物	1% NaOH抽提物
蔗渣	45.62	26.51	20.25	2.09	1.33	2.70	32.77
蔗髓	38.15	26.89	19.53	2.22	4.67	2.84	39.31

从表 23-5 还可看出，蔗渣的化学成分与木材相比，聚戊糖含量、1% NaOH 抽提物含量和灰分含量较高，木素和纤维素的含量与阔叶材的杨木相近，略低于针叶材。

23.3.2 甘蔗渣的元素分折

甘蔗渣的化学元素组成中，最主要的元素是碳，其次是氢和氧，也含有少量的灰分。含水量为 49% 的蔗渣的化学元素组成见表 23-6。

甘蔗渣灰分的元素组成有一个共同的特点，即在灰分中硅是最主要的，二氧化硅的含量一般占灰分总量的 65%～80%。

表 23-6　甘蔗渣的元素组成　　　　　　　　　　　　　　　%

元素名称	C	H	O	灰分	水分
含量	23.7	3.0	22.8	1.5	49.0

23.3.3　甘蔗渣 pH 值

蔗渣的 pH 值对蔗渣纤维利用的生产工艺有一定影响，除髓后的蔗渣用蒸馏水浸提法测定其 pH 值，原料与蒸馏水的比例为 1:20，其结果见表 23-7。

表 23-7　甘蔗渣的 pH 值

浸提时间（h）	8	16	24
pH 值（平均）	23.7	3.0	22.8

可见蔗渣的浸提液呈弱酸性，随浸提时间的延长，pH 值还有降低趋势。这对利用蔗渣原料生产人造板时使用脲醛树脂胶，在酸性条件下固化是有利的。但在造纸、纤维板生产中，由于磨浆中蔗渣较木材易于水解，同时蔗渣中的残糖在酸性条件下加热，有部分转变成极易吸水的转化糖和果糖，所以在热磨后浆料的 pH 值可降至 3.5～5.0，因此在湿法生产中就要求进行洗浆。

23.3.4　甘蔗渣贮存过程中化学成分的变化

由于甘蔗制糖是季节性生产，作为以蔗渣为原料综合利用的造纸厂或人造板厂，对糖厂所榨出的蔗渣用适当的方式贮存是必不可少的，如新鲜的蔗渣用于作纤维原料生产，不仅耗碱量较多，纤维质量也差。因此新榨出的蔗渣一般都不马上用来生产，而是贮存一段时间后再使用。

甘蔗渣中所含的糖分会分解转化成酒精、乳糖和醋酸等。醋酸在 40℃ 以上对纤维水解有促进作用，会降低蔗渣纤维的强度，使其在除髓时易被粉碎。因此除去蔗渣中残留糖分也是提高蔗渣纤维原料质量的一项重要措施。

23.3.4.1　蔗渣贮存过程中引起蔗堆温度升高和糖分下降　蔗渣贮存过程中，由于水分含量高达 50% 左右、又有 2%～6% 的可溶性固体物含量（主要为残留糖分），为微生物生长提供了良好的条件。微生物的迅速繁殖（即产生发酵）放出大量的热量，导致蔗渣温度升高，水分挥发，残糖迅速分解。

蔗渣发酵引起蔗堆温度上升，当糖分完全分解，温度会缓慢下降。贮存过程中，蔗堆内温度的变化情况也与蔗渣的含水量有密切关系。含水率为 50% 的蔗渣打包贮存后，一周内温度可升至最高，约 65℃；然后逐渐下降，至大约 45 天后，温度趋于恒定，约 30℃ 左右。含水率为 20% 的蔗渣贮存，温度上升速度很快，但最高温度较低，持续时间也较短，一般贮存后第 3 天便达到最高温度 50℃，随后很快下降，至第 10 天便趋于恒定，保持在 30℃左右。

研究表明，含水量为 50% 左右的蔗渣打包贮存，4 天后糖分减少了 90%，存放 17~20 天后，糖分完全分解。经过初步干燥(含水量为 20% 左右)的蔗渣打包贮存，其糖分可保留 50 天左右。显然蔗渣的含水量高低，对糖分的残留时间有直接影响。

23.3.4.2　蔗渣贮存可降低其水分含量　在贮存过程中，蔗渣含水率也遵循由高至低，然后趋于稳定的变化过程。随着蔗渣发酵的进行，产生大量的热量，蔗渣中的水分被加热，逐渐蒸发并散出堆外。含水率为 50% 的新蔗渣，经过 40 天的堆存，水分含量可降到 25%；60 天后，含水率可降至 20%，随后达到稳定状态。

23.3.4.3　蔗渣贮存过程中有自然损失　蔗渣经过一定时间的贮存，其干物质量会有一定程度的减少。这主要是由于蔗渣中含有残糖及少量的果胶、淀粉等物质，在贮存过程中会由于发酵、发热而造成分解，使蔗渣质量减少；另一方面，在散热不良时，会造成蔗渣的热解变质甚至会烧焦变黑，使损失增加。残糖含量越高，贮存损失越大。含水率为 50% 的蔗渣打包贮存，其损失大于经预干燥处理(含水率为 20%)的贮存。我国传统采用的半干法(含水率为 50%)打包贮存，若保管得当，其自然损失可控制在 10% 左右，但也有高达 25%~30% 的；预干燥处理的打包贮存，由于发热程度较轻，损失率较低，一般为 4%~5%。

研究和实践表明，新鲜蔗渣，最好经过 2~3 个月的贮存，使糖分分解，水分蒸发、温度降低，达到稳定状态后再使用。

复习思考题

1. 描述甘蔗的生物学构造与蔗茎的解剖构造。
2. 甘蔗渣有何化学和物理性质？

本篇参考文献

1. 邬义明. 植物纤维化学[M]. 北京：中国轻工业出版社，1997.
2. 中野准三，等. 木材化学[M]. 鲍禾，等，译. 北京：中国林业出版社，1989.
3. 中国制浆造纸手册编写组. 制浆造纸手册(第一分册)·纤维原料与化工原料[M]. 北京：轻工业出版社，1987.
4. 窦正远. 甘蔗渣制浆造纸[M]. 广州：华南理工大学出版社，1990.
5. 王菊华. 中国造纸原料纤维特性及显微图谱[M]. 北京：中国轻工业出版社，1999.
6. 彭定祥. 甘蔗高产高效栽培[M]. 北京：科学技术文献出版社，1999.

附 录

中英文名词对照

第1篇 木材资源材料
MATERIALS OF WOOD RESOURCES

4-甲基葡萄糖醛酸	4-methylglucuronic acid
阿拉伯糖	arabinose
安全系数	safety factor
澳柏型加厚	callitrisoid thicking
白腐	white rot
柏木型纹孔对	cupressoid pit pair
半环孔材	semi-ring porous wood
半具缘纹孔对	half-bordered pit pair
半乳葡甘露聚糖	galactoglucomannan
半乳糖	galactose
半散孔材	semi-diffuse porous wood
半纤维素	hemicellulose
傍管类	paratracheal predominantly associated with the pores
傍管型薄壁组织	paratracheal parenchyma
胞间层	true middle lamella
胞间道	intercellular canal or duct
被子植物	angiosperms
苯丙烷	phenylpropane
吡喃葡萄糖	glucopyranose
闭塞纹孔对	aspirated pit pair
边材	sapwood
边材变色	sap stain
边材树	sapwood tree
边材树种	sap wood trees
变色	stain; discoloration
变色菌变色	discoloration caused by stain fungi
变形	deformation
变易系数	coefficient of variability
表面虫眼和虫沟	surface insect-hole and gallery
表皮	epidermis
表皮原	dermatogen
泊松比	poisson's ratio
薄壁组织	parenchyma
不均匀结构	uneven texture
不连续年轮	discontinuous ring
材边节	edge knot
材棱节	arris knot
材面节	face knot
材色	color
材身纵裂	side shake
采脂伤	blaze
侧向支根	lateral branch root
成熟树木	mature trunk
齿状突起	dentate
虫害	insect damage
虫眼	insect hole
抽提物	extractive
抽提	extraction
初期腐朽	incipient decay
初生壁	primary cell wall
初生长	primary growth
初生分生组织	primary meristem
初生木质部	primary xylem
初生韧皮部	primary phloem
初生组织	primary tissue
穿孔	perforation
穿孔板	perforation plate
串型(索状)管胞	strand tracheid
窗格状纹孔对	window-like pit pair
创伤胞间道	traumatic intercellular canal
创伤树胶道	traumatic gum canal
创伤树脂道	traumatic canal
垂周分裂	anticlinal division
次生壁	secondary cell wall
次生木质部	secondary xylem; secondary wood

次生韧皮部	secondary phloem	对羟苯基丙烷	p-hydroxyphenyl propane unit
次要成分	secondary components	多酚	polyphenol
粗结构	coarse texture	多列射线	multiseriate ray
粗视结构特征	gross structure feature	多糖	polyose
脆心	brittle heart	多糖成分	polysaccharide fraction
脆性	brashness	多向弯曲	compound curvature
大虫眼	large insect hole	方材断面菱形变形	diamonding
大分子	macromolecule	纺锤形成层原始细胞	fusiform cambial initial
单穿孔	simple perforation		
单管孔	solitary pore	纺锤形木射线	fusiform ray
单列射线	uniseriate ray	纺锤形原始细胞	fusiform initial
单宁（鞣质）	tannins	纺锤型木射线	rusiform ray
单纹孔	single pit	非结晶区	amorphous area
单纹孔对	simple pit pair	非纤维素多糖	noncellulosic olysaccharides
单向弯曲	simple curvature	非正常年轮	ring of abnormal type
单子叶植物	monocotyledons	分隔木纤维	septate wood fibre
弹性	elasticity	分隔纤维管胞	septate fibre tracheid
弹性变形	elastic deformation	分泌的胞间隙	secretory intercellular space
弹性常数	elastic constant	分生组织	meristematic tissue
弹性常数系	systems of elastic constant	分应变	strain component
弹性单元	elastic element	分应力	stress component
弹性极限	elastic limit	分枝	branch
弹性模量	modulus of elasticity	蜂窝状孔洞	honeycomb hole
导管	vessel	腐朽	decay; rot
导管穿孔	vessel perforation	腐朽节	decay knot; rotten knot
导管分子	vessel element	腐朽菌变色	discoloration caused by decay fungi
电传导	electrical conductivity	附物纹孔	vestured pitting
电导率	conductivity	复胞间层	compound lamella
电容及射频功率损耗型木材含水率测定仪	capacity and radio-frequency power-loss type moisture meter	复管孔	multiple pore
		干腐	trunk rot
		干裂	seasoning check; drying shake
电阻	electrical resistance	干缩差异	ratio of tangential shrinkage to radial shrinkage
电阻型木材含水率测定仪	resistance-type moisture content of wood		
		干缩系数	coefficient of shrinkage
叠生木射线	storied ray	甘露糖	mannose
顶端分生组织	apical meristem	刚性模量	modulus of rigidity
顶端生长点	apical growing point	高聚糖	polysaccharide
动态试验测定	determination by dynamic test	高生长	elongation; elongation of tree stem; grow length
冻裂	frost crack		
端裂	end shake	隔膜	septum (pl: septa)
对称轴	axis of symmetry	隔条	bars
对列纹孔式	opposite pitting	隔音	sound transition loss; separating noise source
对木材识别有价值的物理特性	the physical properties of wood of value inidentification		
		各向异性	anisotropy

根腐	butt root	健全节	sound knot
根系	root system	渐变	gradual transition
功率因素	power factor	降解反应	degradation reaction
管胞	tracheid	交叉场	cross field
管孔	pore	交叉场纹孔	cross-field pitting
管孔链	pore chain	胶乳	latex
管孔团	pore cluster	胶质木纤维	gelatinous fiber
管孔形状	pore shape	节子	knot
贯通裂	through shake	结构	texture
灌木	shrub	结晶区	crystalline area
光泽	luster	结晶细胞	crystal-bearing cell
国产木材	domestic wood	解吸	desorption
含水率测定仪	electrical moisture meter	介电常数	dielectric constant
褐腐	brown rot; brown decay	浸提（萃取）	extration
横切面	cross section	径列状	radial section
横卧射线细胞	procumbent ray cell	径裂	heart shake
横向树脂道	transverse resin canal	径切板	quartersawn lumber
后期腐朽（重腐）	final decay; destruction stage	径切面	radial section
弧裂	round shake	径向收缩	radial shrinkage
互补纹孔	complementary pit	径向组织	horizontal ray tissue
互列纹孔式	alternate pitting	静力试验测定	determination by static test
化学变色	chemical stain	具缘纹孔	bordered pit
化学水	chemically combined water	具缘纹孔对	bordered pit pair
环管管胞	vasicentric tracheid	锯材缺陷	saw timber defects
环管束状薄壁组织	vasicentric parenchyma	锯口偏斜	deviation of sawkerf
环孔材	ring porous wood	聚合度	degree of polymerization
灰分	ash	聚合木射线	aggregate ray
活节	live knot	聚翼状薄壁组织	confluent parenchyma
活皮（内皮）	living inner bark	均匀结构	even texture
火焰状	flame-like	空间声学	acoustics of space
机械降解	mechanical degradation	孔隙度	porosity
机械损伤	mechanical damage	宽带状薄壁组织	broad-bands parenchyma
基本密度	basic density	宽木射线	broad ray
基本纤丝	elementary fibril	扩散	diffusion
极限强度	ultimate strength	阔叶树	broad-leaved tree; deciduous tree
极性分子	polar molecule	阔叶树材管胞	hardwood tracheid
极窄木射线	rays indistinct to the naked eye	拉伸	tension
急变	abrupt transition	老材	old tree
己聚糖	hexosan	离管类	apotracheal predominantly independent of the pores
季节性活动	seasonal activity		
夹皮	inbark; bark pocket	离管型薄壁组织	apotracheal parenchyma
尖削	tapering	理想弹性变形	ideal elastic deformation
尖削度	taper	裂生的	schizogenous
健全材	sound wood	裂纹	shake; check

林产品	forest products
流变模型	rheological model
流变曲线	flow curve
瘤状沉积	warty deposit
瘤状结构	wart structure
漏节	seriously decayed knot
炉干法	oven-drying
炉干密度	oven-dried density
炉干质量	oven-dried mass
炉干重	oven-dried weight
炉干状态	oven-dried condition
孪生（分离）管胞	disjunctive tracheid
乱纹（交错纹）	grain; cross grain
轮界状薄壁组织	terminal parenchyma
轮裂	ring shake
螺纹加厚	spiral thickening
螺旋纹理	spiral grain
裸子植物	gymnosperms
麻黄型穿孔	ephedroid perforation
毛刺糙面	rough saw cut
眉条	crassulae
霉菌变色	discoloration by mould
密度	density
母细胞	mother cell
木本植物种类	kinds of woody plants
木材表面性质	surface properties of wood
木材冲击韧性	toughness of wood
木材触觉特性	touchable characteristic of wood
木材弹性异向性	the anisotropic elasticity of wood
木材的比热容	specific heat of wood
木材的导温	diffusivity of wood
木材的电阻率	specific resistance of wood
木材的构造	structure of wood; wood structure
木材的交流电性质	alternating-current properties of wood
木材的介电性质	dielectric properties of wood
木材的热传导	thermal conductivity of wood
木材的声波阻抗	wave resistance in wood
木材的声学性质	acoustical properties of wood
木材的压电性质	piezoelectric properties of wood
木材的直流电性质	direct-current properties of wood
木材调湿	humidity conditioned by wood
木材分等	timber grading
木材分子	wood element
木材干馏	wood dry distillation
木材构造缺陷	defects of wood structure
木材含水率	moisture content of wood or M C
木材横纹抗压弹性模量	modulus of elasticity in compression perpendicular to grain of wood
木材化学	wood chemistry
木材化学组成	chemical composition of wood
木材加工缺陷	defects of process
木材解剖学	wood anatomy
木材静曲弹性模量	the modulus of elasticity in static bending of wood
木材抗剪强度	cleavage strength of wood
木材抗弯强度	bending strength of wood
木材流变学	rheology of wood
木材气化	gasification of wood
木材色度	color characterization of wood
木材实质密度	density of dry wood substance; cell wall density
木材视觉特性	visible characteristics of wood
木材水解	hydrolysis of wood
木材顺纹抗剪强度	shearing strength parallel to grain of wood
木材顺纹抗拉强度	tensile strength parallel to grain of wood
木材顺纹抗压强度	compressive strength parallel to grain of wood
木材松节油	wood turpentine
木材物理学	timber physics
木材硬度	hardness of wood
木材元素	elements of wood
木材中的声传播	sound transmission in wood
木材中的声速	sound velocity in wood
木材最大含水率	maximum moisture content of wood
木焦油	wood tar
木聚糖	xylan
木射线	wood ray; xylem ray
木射线薄壁细胞	broad ray parenchyma
木栓	phellem
木栓细胞	phellem cell
木栓形成层	cork cambium phellogen
木素碳水化合物复合体	lignincarbohydratic complex
木炭	charcoal

木糖	xylose	热膨胀系数	coefficient of thermal expansion
木纤维	wood fibre	韧皮部（内皮）	phloem (inner bark)
木质部（木材）	xylem (wood)	韧皮部分子	phloem element
木质部分子	xylem element	韧型木纤维	libriform woodfibre
木质化	lignification	韧型纤维	libriform fiber
木质茎	woody stem	容许应力	permissible or allowable stress
木质素	lignin	柔度	compliance
木质藤本植物	woody liana; woody climber	柔量	compliance
耐磨性	abrasion resistance	蠕变	creep
内含纹孔口	included aperture	蠕变恢复	creep recovery
内含心材	included sapwood	软材、针叶树材	softwood
内夹皮	closed inbark	软腐	soft rot; soft decay
内摩擦	internal friction	软木	cork
年轮	annual ring	软松	soft pine
黏弹性	viscoelasticity	塞缘	margo
黏性单元	viscous element	散孔材	diffuse porous wood
黏滞流动变形	viscous flow deformation	色度测定	quantitative color measurement
扭曲	cupping	色素	pigment
扭转纹	spiral	森林覆盖率	forest coverage; forest cover percent
排水测容法	determing volume by weighing before and after immersing the wood sample	森林覆盖面积	forest-covered area
		杉木型纹孔对	taxodioid pit pair
膨胀	swelling	伤疤	damage
劈裂	felling shake	商用木材	commercial timber
皮层	cortex	上皮薄壁组织	epithelial parenchyma
皮层原	periblem	上皮细胞	epithelial cell
疲劳	fatigue	烧焦	char
疲劳强度	fatigue strength or resistance	射线薄壁组织	ray parenchyma
偏枯	scar	射线管胞	ray tracheid
平衡含水率	equilibrium moisture content or EMC	深虫眼	deep insect hole
		甚硬	very hard
平周分裂	periclinal division	生材密度	green density; density of green wood
气干密度	air-dried density		
气味	odor	生长点	terminal growing point; apical growing point
乔木	tall tree		
翘曲	distortion; warp	生长轮	growth ring
切线状薄壁组织	metatracheal parenchyma	声反射	reflection of sound
侵填体	tylosis (pl: tyloses)	声辐射阻尼	damping of sound radiation
青变	blue stain	声能	sound energy
缺棱	wanting arris	声压	sound pressure
染料	dye	湿材	wet wood
热带木材	tropical wood	收缩	shrinkage
热导率	thermal conductivity	受伤心材	wound heartwood
热降解	thermal degradation	输导组织	conducting tissue

熟　材	ripe wood	微细压缩裂隙	minute compression failure
熟材树种	ripe wood trees	微纤丝	microfibril
树　包	knob	微纤丝角	microfibrillar angle
树　干	stem; trunk; bole	维管管胞	vascular tracheid
树干形状缺陷	defects of trunk shape	维管植物	vascular plant
树　根	root	维管组织	vascular tissue
树　胶	gum	伪年轮	false ring
树　瘤	cancer	伪心材	false heartwood
树　木	tree	温带树木	temperate-zone tree
树木生长应力	growth stresses in tree	纹　孔	pit
树脂道	resin canal	纹孔道	pit canal
树脂漏	resinous wood	纹孔对	pit pair
树脂囊	resin pocket; pith pocket	纹孔环	pit annulus
双列射线	biseriate ray	纹孔口	pit aperture
双　心	double pith	纹孔膜	pit membrane
双子叶植物	dicotyledons	纹孔内口	inner aperture
水银测容器	apparatus for determination of density by immersion in mercury	纹孔腔	pit cavity
		纹孔塞	torus
顺弯弓变	bow; camber	纹孔式	pitting
死　节	dead knot	纹孔室	pit chamber
死皮（外皮）	dead outer bark	纹孔外口	outer aperture
松　香	rosin	纹孔缘	pit border
松型纹孔对	pinoid pit pair	纹　理	grain
塑　性	plasticity	握钉力	holding power of nails and screws
塑性变形	plastic deformation	无分泌的胞间隙	non-secretory intercellular space
髓	pith	无孔材	nonporous wood
髓　斑	pith fleck	无损试验	nondestructive testing
髓射线	pith ray	戊聚糖	pentosan
髓　心	pith heart center	吸　声	absorbing sound within a space
梯型穿孔	scalariform perforation	吸　湿	adsorption
梯状纹孔式	scalariform pitting	吸湿滞后	sorption hysteresis
体积模量	bulk modulus	吸着水	bound water
天然木质素	native lignin	细　胞	cell
条状节	splay knot	细胞壁	cell wall
同形射线	homogeneous homocellular ray	细胞壁化学成分	chemical constituents in the cell wall
椭圆形节	oval knot		
瓦棱状锯疤	deep saw mark	细胞壁加厚	thickening of the cell wall
外夹皮	opened inbark	细胞间隙	intercellular space
外延纹孔口	extended aperture	细胞腔	lumen (pl: lumina)
弯　曲	bending; curvature	细结构	fine texture
晚　材	latewood; summerwood	纤　丝	fibril
晚材百分率	summerwood percentage	纤　维	fiber
网型穿孔	reticulate perforation	纤维饱和点	fiber saturation point or f. s. p.
微生物降解	microbiological degradation	纤维二糖	cellobilose

纤维管胞	fiber tracheid	应拉木	tension wood
纤维聚糖	cellulosans	应力	stress
纤维素	cellulose	应力-应变曲线	stress-strain curve
纤维素的氧化	oxidation of cellulose	应力集中	stress concentration
纤维素分子链	cellulose chain	应力木	reaction wood
纤维素醚	cellulose ethers	应力松弛	stress relaxation
纤维素衍生物	cellulose derivatives	应压木	compression wood
纤维素酯	cellulose esters	硬材、阔叶树材	hardwood
纤维状导管分子	fibriform vessel element	硬度	hardness
弦列状	tangential section	硬松	hard pine
弦切板	flatsawn lumber	永久组织	permanent tissue
弦切面	tangential section	油细胞	oil cell
弦向收缩	tangential shrinkage	有孔材	porous wood
相对密度（比重）	(specific gravity)	有色物质	coloring material
香油树脂、含油树脂	oleoresin	幼材	young tree
小虫眼	small insect hole	愈疮木基丙烷单元	guaiacyl unit
小根	rootlet	原分生组织	promeristem
小枝	branchlet	原木缺陷	defects in log
斜列状	oblique	原生木质部	protoxylem
斜纹	cross grain	原生韧皮部	protophloem
斜纹理	cross grain	原形成层	procambium
卸载	unloading	圆材	round stuff
心材	heartwood	圆形节	round knot
心材变色	heart stain	云杉型纹孔对	piceoid pit pair
心材树种	heart wood trees	载荷	loading
星散状	solitary	早材	earlywood; springwood
星散状薄壁组织	diffuse parenchyma	炸裂	popping
形成不规则心材的树木	tree with irregular heartwood formation	窄木射线	rays distinct to the naked eye
		掌状节	palmate knot
		针孔虫眼	pin hole
形成层	cambium	针叶树	coniferous tree; conifer
形成层活动	cambial activity	真菌变色	fungus stain
形成层射线原始细胞	cambial ray initial	蒸馏法	distillation method
		正常年轮	ring of normal type; normal growth increment
形成层原始细胞	cambial ray initial		
形成规则心材的树木	tree with regularly formed heartwood	正常树胶道	normal gum canal
		正常树脂道	normal resin canal
压缩	compression	正常心材	normal heartwood
压缩系数	compressibility figure	正交对称性	rhombic symmetry
杨氏模量	young's modulus	支持组织	supporting tissue
异型射线	heterogeneous heterocellular ray	直立射线细胞	upright ray cell
翼状薄壁组织	aliform parenchyma	直纹理	straight grain
隐生节	enclosed knot	植物分类	plant classification
应变	strain	植物生长激素	plant growth hormone

质量	weight; mass	子细胞	daughter cell
中腐	intermediate decay	紫丁香基丙烷单元	syringyl unit
中硬	medium hard	自由水	free water
中柱	central core stele	纵向收缩	longitudinal shrinkage
中柱原	plerome	纵向树脂道	longitudinal resin canal
周皮	periderm	纵行管胞	longitudinal tracheid
轴向薄壁组织	longitudinal parenchyma	综纤维素	holocellulose
轴向索状管胞	longitudinal strand tracheid	组织	tissue
轴向组织	longitudinal axial tissue	最大体积收缩和膨胀	maximum volumetric shrinkage and swelling
主要成分	primary components		
主枝	limb	最大载荷	maximum loading
贮存组织	storage tissue	最轻材	the lightest wood
准确指数	index of accuracy	最重材	the heaviest wood
滋味	taste		

第 2 篇 竹类资源材料
MATERIALS OF BAMBOO RESOURCES

鞭-竹系统	rhizome-culm system	高生长	height growth
鞭柄	rhizome stem	钩梢	top cutting; heading off
鞭根	rhizome root	硅质细胞	siliceous cell
鞭龄	rhizome age	基本组织	ground tissue
鞭鞘	rhizome tip	节	node
鞭笋	rhizome shoot	节隔	nodal septa
鞭系结构	rhizome structure	节间	internode
鞭系延伸	rhizome elongation	节间生长	internodal elongation
濒危竹种	endangered bamboo	居间分生组织	intercalary meristem
岔鞭	crotch	眉径	eyebrow-height diameter
成熟竹	mature bamboo	鞘环	sheath ring
成竹率	stocking percentage	去鞭	going part of rhizome
春笋	spring shoot	筛管	sieve tube
丛生竹	clumping bamboo	栓质细胞	suberized cell
地下茎	rhizome	髓环	pith-ring
顶端分生组织区域	apical meristematic zone of a bamboo shoot	髓环组织	pith-ring tissue
		笋干	dried shoot
冬笋	winter shoot	笋壳	shoot sheath
发鞭	rhizome developing	笋芽	shoot bud
发笋率	shooting rate	箨（叶）原基	sheath (leaf) primordia
秆壁	stalk wall	箨	sheath of bamboo shoot
秆柄	rhizocaul	箨环	sheath ring
秆环	stalk ring	维管束	vascular bundle
秆基	culm bas	下皮	hypodermis
秆节间	culm internode	纤维帽	fibre cap
秆茎	culm stem	叶耳	blade ear

叶箨	leaf sheath	竹简	bamboo slip
原套原体	tunica-corpus	竹浆	bamboo pulp
原形成层（原维管束）	procambia provascular bundle	竹节	bamboo node
		竹类植物	bamboo plants
竹壁	bamboo stalk	竹篾成积材	bamboo curtain plywood
竹编胶合板	bamboo mat plywood	竹皮	bamboo skin; bamboo chips
竹鞭	bamboo rhizome	竹皮系统	rind system of bamboo
竹材	bamboo; bamboo wood	竹片	bamboo strip
竹材产量	bamboo timber output	竹腔	bamboo cavity
竹材胶合板	bamboo plywood	竹肉	bamboo pulp
竹材木质素	bamboo wood lignin	竹丝	bamboo thread
竹材翘曲	bamboo warping	竹碎料板	bamboo particleboard
竹材贮存	bamboo wood storage	竹笋	bamboo shoot
竹地板	bamboo flooring	竹炭	bamboo charcoal
竹秆	culm; bamboo stalk	竹席	bamboo mat
竹根	bamboo root	竹衣	bamboo covering
竹冠	bamboo crown	竹制家具	bamboo furniture
竹冠结构	bamboo canopy structure	竹制品	bamboo ware
竹黄	bamboo with its green covering removed	竹中密度纤维板	bamboo MDF
		竹种	bamboo botanic
竹基本系统	basic system of bamboo	壮龄竹	middle-aged bamboo

第3篇 藤类、灌木类资源材料
MATERIALS OF PALMY CANE AND SHRUB RESOURCES

苞片	interfoyles	藤茎	rattan
不定芽	adventive bud	藤皮	rattan peel
粗蛋白质	crude protein	藤条	cane
粗灰分	crude ash	藤芯	rattan core
粗纤维素	crude cellulose	藤织件	rattan wares
粗脂肪	crude fat	托叶	stipule
大藤	large rattan	无机氮	inorganic nitrogenous fertilizer
单体雄蕊	monadelphous stamen	无性繁殖	agamogenesis
鹅耳枥	hornbeam	小藤	small rattan
根蘖	root sprout	盐生灌木	saline shrub
工艺灌木	craft bush	叶柄	footstalk
观赏灌木资源	ornamental bush resources	叶鞘	leaf sheath
灌木	shrub	叶轴	rachis
灌木资源	shrub resources	有刺灌木	echinate shrub
旱生灌木	xerophilous shrub	有性繁殖	amphigenesis
花序轴	rachis	羽片	pinna
基生叶	radical leaf	棕榈藤	palmy cane
藤笪	rattan webbing		

第4篇 禾本类资源材料
MATERIALS OF GRAMINEOUS PLANT RESOURCES

（烟叶）发酵	fermentation	麻 袋	gunny sack
胞间层	true middle lamella	麻 秆	hemp stalk
表皮细胞	cutis cell	麻 屑	tow
表皮组织	coat tissue	麦 秸	wheat straw
薄壁细胞	parenchyma cell	麦秸定向板	oriented split straw board
薄壁组织	parenchyma cell	麦秸内表面接触角	inner surface contact angle of wheat straw
大 麻	hemp		
大 麦	barley	麦秸刨花板	wheat straw particleboard
导 管	vessel	麦秸劈削机	alberta straw splitting machine (ASSM)
稻草板	rice straw board		
稻 秸	rice straw	麦秸外表面接触角	outer surface contact angle of wheat straw
粉 渣	flour		
甘 蔗	sugarcane	麦秸纤维	wheat straw fiber
甘蔗蜡	cane sugar wax	麦秸中心层表面接触角	center layer surface contact angle of wheat straw
甘蔗渣	bagasse		
高 粱	sorghum	毛 根	rootlet
高粱秸	sorghum straw	棉短绒	linters
冠	coronal	棉 秆	cotton stalk
硅化细胞	siliceous cell	棉秆刨花板	cotton stalk particleboard
果胶质	pectic substance	棉秆水泥刨花板	cotton stalk cement particleboard
横隔膜	horizontal septa	棉秆纤维板	cotton stalk fiberboard
环 纹	cricoid grain	棉秆箱板纸	cotton stalk kraft liner paper
黄 麻	jute	棉秆芯	cotton stalk core
机械组织	mechanism tissue	棉秆重组材	cotton stalk scrimber
基本薄壁组织	basic parenchyma tissue	棉花茎秆	cotton culm
基本薄壁组织	basic parenchymatous tissue	棉 绒	lint
基本组织	basic tissue；ground tissue	棉纤维	cotton fiber
接触角	contact angle	棉纤维素	cotton cellulose
秸秆人造板	straw-based panel	苗 根	shoot root
节 间	internode	木草复合板	wood-straw hybrid particleboard
茎秆纤维	stalk fiber	木质部	xylem
茎 节	stem node	尼古丁含量	nicotine content
经济作物类秸秆	industrial crops straws	农作物秸秆	agricultural straws
酒 糟	lees	农作物纤维复合板	agrofiber-based composite panels
粮食作物类秸秆	cereal crops straws	鞘	sheath
芦 苇	reed	轻质麦秸板	low density heat insulation wheat straw board
芦苇茎秆	reed culm		
芦苇刨花板	reed particleboard	全棉秆	whole cotton stalk
芦苇纤维	reed fiber	韧皮部	phloem
螺 纹	spiral grain	韧皮纤维	phloem fiber

肉蔗	*Saccharum officinarum*	烟叶梗	tobacco stick
筛管	sieve tube	洋麻	kenaf
晒干	sun-curing	叶耳	auricle
上部叶（顶叶）	leaf	叶痕	leaf scar
食用蔗	chewing cane	叶鞘	leaf sheath
髓	pith	叶舌	ligule
髓腔	pith cavity	营养繁殖	nutrition breed
穗轴	cob	玉米秸	corn straw
糖蜜	molasses	玉米芯	cob
外皮	cortex	蔗茎	sugar cane stem
微纤维	microfibril	蔗糖	cane sugar
维管束鞘	vascular bundle sheath	植物纤维	plant fiber
维管束组织	vascular bundle tissue	中部叶（腰叶）	cutters
无性系植物	clone plant	种根	set-root
下部叶（脚叶）	lugs	竹蔗	bamboo cane
纤维细胞	fiber cell	主干	main stem
纤维用亚麻	fibre flax	主根	taproot
芽	bud	苎麻	ramie
亚麻	flax	苎麻纤维	ramie fiber
烟秆	tobacco stalk		
烟秆无胶纤维板	non-adhesive fiberboard of tobacco stem		